陕西师范大学史（1944—2024）

编审委员会

主　任：李忠军　游旭群

常务副主任：李　磊

副主任：卢胜利　石　峰　罗永辉　杨祖培　任晓伟　董治宝
　　　　　周正朝　陈新兵　马晓云　李贵安　袁一芳　王云博

委　员：（以姓氏笔画为序）
　　　　　王海彬　王耀明　曲洪刚　刘　瑜　刘少锋　闫文浩
　　　　　闫亚平　许广玺　李小玲　李秉忠　李保新　辛　峰
　　　　　辛向仁　宋战良　张卫兵　张凌云　罗卫涛　赵　丽
　　　　　柯西钢　郭建中　黄　玲　路正社　雒朝梁　樊　婧
　　　　　薛　东

编写组

主　编：李　磊　栗洪武

责任编辑：刘建斌

成　员：（以姓氏笔画为序）
　　　　　卜学海　方海兴　任晓伟　李后东　沈萍霞　邵志毅
　　　　　周兆海　郭响宏　常亚慧

咨询委员会

主　任：王　涛

成　员：（以姓氏笔画为序）

上官养志　马振铎　马晓雄　王振亚　王新民　甘　晖

白剑利　冯武鸣　乔忠武　刘　锋　刘　路　安水泉

李田会　李西建　李国庆　李振斌　李晋东　但　锋

张宏伟　张治勋　张建成　张积玉　张肇民　陈杰瑶

陈答才　邵宏谟　罗增儒　周延辉　房　喻　赵世超

钞曦旭　袁奋光　高经纬　郭欣根　郭祖仪　黄文仓

曹乃生　曹豫莪　董德运　程光旭　谢振中　解勇国

1944—2024

陕西师范大学史

本书编审委员会 ◎ 编

陕西师范大学出版总社

图书代号：SK24N1841

图书在版编目（CIP）数据

陕西师范大学史：1944—2024 / 本书编审委员会编.
西安：陕西师范大学出版总社有限公司，2024.9.
ISBN 978-7-5695-4703-0

Ⅰ．G649.284.11
中国国家版本馆 CIP 数据核字第 2024D02Q11 号

陕西师范大学史（1944—2024）
SHAANXI SHIFAN DAXUE SHI（1944—2024）

本书编审委员会　编

出版统筹 /	刘东风　雷永利
执行编辑 /	杜莎莎　杨　杰
责任编辑 /	杜莎莎　崔胜强　王丽敏　张　姣
责任校对 /	谢勇蝶　熊梓宇
装帧设计 /	王伟博　安　梁
出版发行	陕西师范大学出版总社
	（西安市长安南路 199 号　邮编 710062）
网　　址 /	http://www.snupg.com
印　　刷 /	中煤地西安地图制印有限公司
开　　本 /	787 mm × 1092 mm　1/16
印　　张 /	44.25
插　　页 /	22
字　　数 /	670 千
版　　次 /	2024 年 9 月第 1 版
印　　次 /	2024 年 9 月第 1 次印刷
书　　号 /	ISBN 978-7-5695-4703-0
定　　价 /	268.00 元

读者购书、书店添货或发现印刷装订问题，请与本公司营销部联系、调换。
电话：（029）85307864　85303629　传真：（029）85303879

陕西省立师范专科学校校门

西北大学师范学院校门

西安师范学院校门

陕西省中等教育师资训练班校门

陕西师范学院校门

20世纪60年代陕西师范大学校门

20世纪80年代陕西师范大学校门

20世纪90年代陕西师范大学校门

21世纪初陕西师范大学雁塔校区校门

21世纪初陕西师范大学长安校区校门

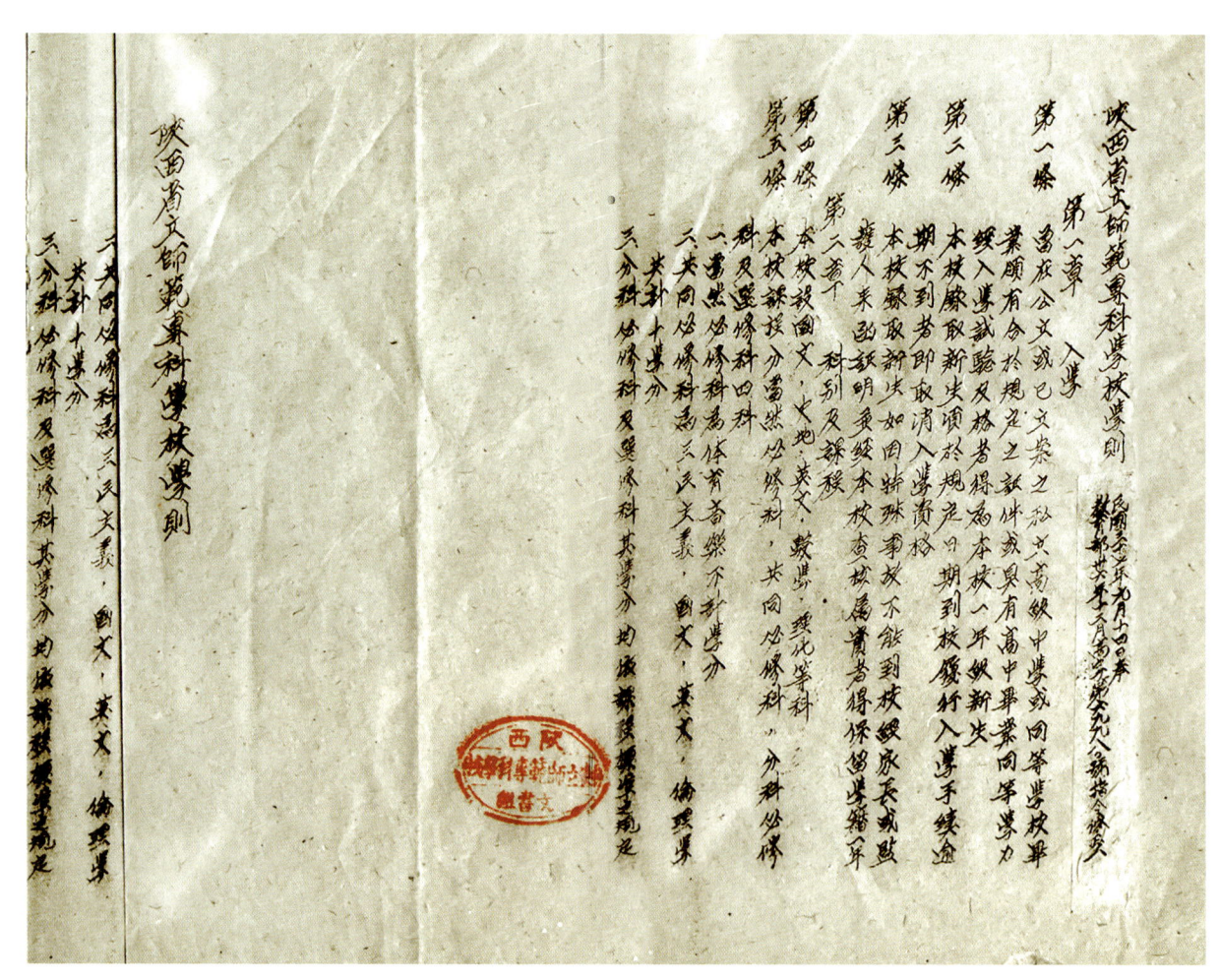

陕西省立师范专科学校学则

1951年西北大学师范学院史地系师生与刘泽如院长（前排右四）合影

1954年10月17日西安师范学院成立大会

西安师范学院1958—1959

陕西省中等教育师资训练班学员合影

西安师范学院 1958—1959 学年毕业生合影

陕西师范专科学校校长原政庭（前排左一）同支援西藏、内蒙古、青海、新疆的毕业生合影

陕西师范学院第一届毕业生合影

陕西师范大学成立时全校师生员工合影

陕西师范大学首届毕业生合影

陕西师范大学第一期越南留学生现代汉语学习班结业留影

恢复研究生招生制度后第一届研究生毕业合影

陕西省立师范专科学校办公及实验楼

西北大学师范学院教学楼、科学楼落成纪念

西安师范学院图书馆

陕西师范专科学校教学楼

陕西师范专科学校、陕西师范学院图书馆

陕西师范大学雁塔校区图书馆

陕西师范大学长安校区图书馆

前言

　　陕西师范大学是教育部直属的"211工程"重点建设高校和首批"双一流"建设高校,是国家培养高等院校、中等学校师资和教育管理干部以及其他高级专门人才的重要基地,被誉为西部"教师的摇篮"。学校历史沿革的主体源头,是创建于1944年的陕西省立师范专科学校;1949年8月省立师范专科学校归并国立西北大学文学院教育学系,组建国立西北大学师范学院;1954年学院独立设置,定名为西安师范学院;1960年西安师范学院与陕西师范学院合并成立陕西师范大学,是学校提升办学层次、扩大教育规模、提高教育质量的重大之举;1978年陕西师范大学划归教育部直属,是学校获得在更大平台上快速发展的划时代大事;2005年、2008年学校先后跻身国家"211工程"重点建设高校与"985工程"教师教育优势学科创新平台建设行列,在陕西师范大学发展史上具有里程碑式意义;2017年学校入选国家首批"双一流"建设高校,实现了高质量发展节点上又一次历史性飞跃。这一件件大事牵系着一件件小事,倾注着几代陕西师大人的智慧与勤劳,汇聚成为陕西师范大学八十年波澜壮阔的发展史。

　　八十载栉风沐雨,八十载春华秋实,陕西师范大学砥砺前行,历经每一项平凡工作业绩积累,通过每一位师生员工辛勤耕耘,使学校事业在重大历史节点上取得一次次突破,谱写出一篇篇瑰丽华章。抚今追昔,一代又一代陕西师

大人始终坚守教师教育主责主业，为教育救国克难攻坚，为教育建国筚路蓝缕，为教育兴国勇立潮头，为教育强国踔厉奋发，坚韧不拔，矢志不渝，肩负起培育英才与传承文化的光荣责任，铸就了陕西师大"西部红烛两代师表"精神，事业发展取得了丰硕成果，为国家建设、社会发展、文明进步，特别是为西部地区教育事业发展做出了突出贡献。

一、续红色根脉：坚守初心　铸魂育人

陕西师范大学的历史，是一段从创立到发展、从探索到创新不断攀升的辉煌历程，同时也是一部赓续红色根脉、坚守初心使命、锤炼育人精神的教育史诗。

学校肩负教育救国之重任，抗战创校、艰辛办学，点亮西北师范教育之烛光。 在抗日战争的烽火岁月里，随着陕西高等师范教育格局发生深刻变革，当1944年8月抗战即将胜利、光复教育的曙光显现之际，陕西省立师范专科学校创立，主要任务是为陕西乃至西北地区培养中学师资，让更多的中学毕业生有机会升入大学深造。创校之初，郝耀东校长怀着深厚的历史使命感和时代责任心，将自己的教育思想融入省立师专的建设之中，为学校发展领航，艰苦奋斗办学。师生"常能以人力之充沛，补物力之不足"，席地卧薪，栉风沐雨，以坚韧不拔之精神，克服种种困难，维系正常的教育教学。学校的首批毕业生从古都西安毅然奔赴祖国边陲的教育岗位，以对国家民族和教育事业的赤胆忠诚，在西北广袤的大地上无私奉献，绽放时代光芒。陕西省立师范专科学校应运而生，从抗日战争的烽火中走来，以主体源头流向陕西师范大学这条奔腾的大河中。

学校筑牢教育建国之基石，初心不改、育才兴邦，书写中华人民共和国教育之新篇。 1949年5月西安解放后，西安市军事管制委员会迅速接管了当地的大中小学校，为新中国教育事业提供了接管改造的前期经验。同年8月，以陕西省立师范专科学校为基础归并国立西北大学文学院教育学系，成立国立西北大学师范学院。从延安走出来的革命教育家刘泽如、李绵等人主持学院工作，

他们继承和发扬延安时期师范教育的历史经验，引领陕西高等师范教育创新发展。1954 年 8 月，为适应西北高等师范教育发展需求，学院正式独立为西安师范学院。西安师范学院在办学中坚持正确教育方向，积极探索社会主义办学道路，重视培养教师专业素质，不断提高教学质量，扩大教育规模，提升办学层次。1959 年 9 月，西安师范学院在绥德师范学校创办分院，继承绥德师范的红色基因和革命传统，为地方社会发展注入了新的教育活力。1960 年 5 月，为适应国家新的教育发展形势，西安师范学院与陕西师范学院合并成立陕西师范大学，升格为适应国家高等师范教育大区布局的重点师范大学，致力于为西北地区的教育事业做出更大的贡献，展现其筑牢教育建国之基的大校担当与坚定信念。

学校培育教育兴国之英才，矢志不渝、竭诚服务，滋养教师教育之土壤。 自陕西师范大学成立以来，办学层次显著提升，专业建设快速发展，教学质量稳步提高，为培养更多优秀人才夯实基础。1978 年 2 月，学校划归教育部直属，标志着陕西师范大学开始以师范教育"国家队"之一员肩负起科教兴国的重大使命，在学校发展史上具有划时代意义。随着改革开放的深入推进，高等教育由数量扩张向内涵式发展转变，国家提出"构建以高水平大学为先导的现代教师教育体系"的战略规划，陕西师范大学确立了"以教师教育为主要特色的综合性研究型大学"的办学目标。为实现这一目标，学校持续推进综合改革，逐步构建起现代大学的管理体制和治理体系，注重人才培养模式的多样化改革，以及通过科学研究促进学科和教学发展的实践探索，成为在西北引领教师教育发展的中坚柱石。

学校树牢教育强国之信念，拼搏进取、臻于至善，共筑中华民族伟大复兴梦。 进入 21 世纪，学校先后入选国家"211 工程"重点建设高校和"985 工程"教师教育优势学科创新平台项目单位，随后又进入国家首批"双一流"建设高校行列，在全国高校学科评估中有 3 个学科位列 A 类。立足新时代，踏上新征程，陕西师范大学又肩负起教育强国使命，开启了加速教育高质量发展的新征程。学校坚持和加强党对教育工作的全面领导，认真贯彻党的教育方针，聚焦国家战略和重大需求，坚定不移固牢优势，锚定目标攻坚克难，综合实力和办学水平跃上新台阶；加强治理体系和机制现代化建设，补齐制度短板，深化改革创新，治理能力和管理水平显著提升；提升人才培养质量和社会服务能力，以质量创品牌，以服务获支持，以贡献求发展，办学影响力和社会美誉度不断提高。

二、孕红蕾生长：务实奋进　把准航向

回顾陕西师范大学的办学历史，从教育救国、教育建国，到教育兴国、教育强国，一代代师大人接续奋斗，绘就了绚丽的历史画卷。八十年的教育报国之路，孕育了深厚的红色底蕴，铸就了鲜明的办学特色，陶冶了崇高的理想追求，彰显了永恒的创业品格。

"为国而生、与党同行"，赋予了陕西师范大学深厚的红色底蕴，更孕育出独特的红色基因。 在创建和发展的历史进程中，学校不断汲取中华优秀传统文化养分，积淀了优良的教育传统。尤其是受先进思想影响，沉淀着魏野畴、李子洲等陕西师范教育先驱为国家和民族前途不懈奋斗的革命精神，搏动着郝耀东校长等引领者奋力救国的赤胆忠心，凝结着刘泽如、李绵、郭琦等从延安走出来推动新式师范教育发展的开拓者积累的宝贵经验。所以，学校今日之发展中依然强烈地显现出流淌不断的红色血脉和精神追求。

"初心不改、强师报国"，雕刻出陕西师范大学鲜明的办学特色，锤炼了学校勇负使命、务实奋进的厚重品格。 在中国共产党的正确领导下，以省立师专为基础归并国立西北大学教育学系，历经西北大学师范学院、西安师范学院，以及陕西师范学院到陕西师范大学，活跃在三秦大地上的陕西高等师范教育踔厉前行，汇入新中国高等教育发展体系中。20世纪60年代，即使在国民经济出现严重困难的情况下，学校在党的领导下，坚持育人主业，重视科学研究，

提升办学层次，初步发展成以本科教育为主的师范大学。

"矢志不渝、竭诚服务"，铭刻着陕西师范大学崇高的价值追求，铸就了坚守西部和服务国家战略需求的时代使命。学校把服务基础教育作为坚持正确办学方向和落实科教兴国伟大战略任务的重要组成部分，坚持"立足西北、面向西部、辐射全国"服务社会发展的思路，引导和激励无数陕西师大学子树立"扎根西部、脚踏实地；爱岗敬业，服务教育；心系人民，矢志报国"的理想信念。一代代陕西师大人像种子一样，扎根在祖国大地基础教育一线，用无怨无悔的平凡坚守和辛勤付出，点亮共和国西部，特别是西北贫困地区和边境国门的教育之光，奉献自我，教育报国，淬炼出"西部红烛两代师表"的精神特质。

"拼搏进取、臻于至善"，铸就了陕西师范大学永恒的奋斗品格，谱写着扎根中国大地建设世界一流大学的新篇章。从优化学科体系、兴建长安校区、跻身"211"行列，到跻身国家"双一流"建设高校行列、学科建设取得重大突破、自主培养院士实现突破……学校脚踏实地的每一步都值得记取和尊重，每一次突破性成就都赢得了广泛赞誉。这既是学校对"拼搏进取、臻于至善"教育理念的生动诠释，也是对"扎根中国大地建设世界一流大学"这一目标坚定追求的丰硕回报。

三、铸红烛精神：传薪筑梦　聚萤成光

八十年奋斗历程，是陕西师范大学从创立、发展到壮大的真实记录，也是一部富有生命力的教育史册。它以细致入微的描绘，展现不同时期学校的发展样貌，凝聚着广大师生不懈追求教育真谛的坚定信念和执着精神，体现了"吾将上下而求索"的教育初心。

八十年铸魂育人，牢固铺筑起陕西师范大学为党育人、为国育才的道路。学校始终坚持以党的教育方针为指导，不断完善领导体制，切实加强党建和思想政治工作。在领导体制方面，学校坚持并不断加强党的领导，持续加强党的

组织建设，完善学校治理体系。从实行党委领导下的校务委员会负责制，到党委领导下的校长分工负责制，再到贯彻执行党委领导下的校长负责制，学校领导体制改革不断深化，党的建设不断加强，确保了学校发展的正确方向和稳步前进。同时，学校还注重发挥学术委员会、教职工代表大会等组织的作用，保障学术民主和教职工的合法权益；紧密围绕中心工作，积极探索教职工参与学校民主管理和监督的合理机制，提升民主管理水平，促进各项事业发展，加快了管理的民主化进程。在党建和思想政治工作方面，学校坚持"育人为本、德育为先"理念，不断加强思想政治教育和师德师风建设；通过举办各种形式的培训、讲座、研讨会等活动，提高教职工的思想政治素质和教育教学水平；注重发挥党员和学生干部的模范带头作用，引导学生树立正确的世界观、人生观和价值观。这些举措有效促进了学校党建和思想政治工作的深入开展，将思想政治教育真正落到了实处。

八十年砥砺前行，充分彰显了陕西师范大学"崇真务实、开放包容、勇于创新、追求卓越"的办学理念。 学校始终把师范教育作为核心使命，通过深化内部管理体制、人事分配制度、师资队伍建设、学科建设及评价体系等方面的综合改革，不断优化管理体制，激发办学活力，取得了显著的办学成效。学校拥有雁塔和长安两个校区。雁塔校区古朴典雅、钟灵毓秀，人文气息浓厚，享有"美在师大"的美誉，曾荣获教育部"文明校园"称号；长安校区现代开放、气势恢宏，自然环境优美，矗立多个地标建筑。学校学科布局完善，拥有26个学院（部），学科门类涵盖哲学、经济学、法学、教育学、文学、历史学、理学、工学、医学、管理学、艺术学、交叉学科等。目前，学校拥有23个博士学位授权一级学科和35个硕士学位授权一级学科，形成了包括本科、硕士、博士、博士后以及成人教育、教师进修、留学生培养在内的多层次、综合性人才培养模式。在师资队伍建设方面，学校致力于引进和培养高层次人才，打造一流师资队伍。

现有专任教师 2100 余人，包括 675 名正高级教师、876 名副高级教师，其中博士生导师 574 名、硕士生导师 1038 名。同时，学校还注重基础研究和科技创新，聚焦关键技术和重点领域，积极推进高水平对外开放，已与全球 38 个国家和地区的 190 余所高等院校、教育机构建立了良好的合作关系。学校还拥有西北地区高校中藏书量最大的图书馆，馆内保存珍本、善本等各类纸质图书 416 万余册、电子图书 268 万余册；建有国内首座综合性教育博物馆，藏有教育历史和妇女文化方面的稀缺文物；主办有《陕西师范大学学报》《中国历史地理论丛》《当代教师教育》等一系列高水平学术刊物。在后勤服务方面，学校是全国最早实行后勤社会化改革的高校之一，探索出具有广泛影响的"陕西师大模式"，有效提升了后勤管理水平和服务质量。经过几代陕西师大人的艰苦奋斗和辛勤耕耘，学校已发展成为一所立足西北、面向西部、辐射全国的综合性一流师范大学，为国家和社会累计培养了 50 余万名优秀毕业生。

八十年春风化雨，细致诠释了陕西师范大学"扎根西部、甘于奉献、追求卓越、教育报国"的崇高精神品格。学校坚持为基础教育服务与为地方经济建设服务相结合，探索构建铸魂育人新路径、校地协同新机制、服务西部教育发展的新载体，为建设教育强国特别是推动西部基础教育和教师教育事业高质量发展贡献力量。作为扎根祖国西部的一所师范院校，学校始终牢记师范大学的责任与使命，坚持与民族命运同频共振，与国家教育事业发展紧密相连，坚持为基础教育服务，用理想、信念和情怀扛起了西部教育大旗，铸就了陕西师大特有的"西部红烛两代师表"精神，忠实履行为党育人、为国育才的光荣使命。建校八十年来，学校以发展教育、传播文化、服务社会为己任，激发师生源源不断的热情和动力。无数毕业生怀揣着对国家和民族的赤诚之心，扎根西部，锤炼自我，默默奉献在基础教育第一线。"西部红烛两代师表"精神已经融入陕西师范大学每一位师生的血脉中，成为师大人共同的价值追求。这里的"红"是陕西师范大学师生对国家、民族教育事业的赤胆忠诚，"烛"凝聚着对教师教育的奉献与执着；而"两代"是在人才培养的空间状态中对教师与学生及其未来职业选择和事业发展的整体性概括，其中一代是陕西师范大学辛勤耕耘、教书育人的教师群像，一代是由陕西师范大学培养出来，特别是走上教育岗位履行为党育人使命、发挥立德树人作用的陕西师范大学毕业生群像。这种精神，是爱国、奋斗、坚守和奉献的精神，是陕西师范大学的灵魂，如同点点烛光照亮师生不断前行的道路。

八十年长风破浪，深情诉说了陕西师范大学发展的美好愿景，描绘出学校新时代的发展蓝图。站在中国特色社会主义进入新时代的历史交汇点上，直面世界百年未有之大变局和社会主义现代化强国建设的新征途，学校迎来了改革发展的重大战略机遇，也进一步明确了办学指导思想、战略目标和改革发展思路。党的十八大以来，在习近平新时代中国特色社会主义思想的指导下，学校逐步形成"两条主线、一个根本、一个关键"的发展思路，即坚持教师教育和学科建设两条主线不动摇，以人才和队伍建设为根本，将教育评价改革作为推动学校治理体系和治理能力现代化的关键环节，推动学校重要领域的指标取得了新突破，内部治理改革取得了新进展，综合办学实力实现了新提升。学校坚定不移地瞄准中国特色世界一流大学的建设目标，将道路自信、理论自信、制度自信、文化自信转化为以高质量教育培养高水平人才的自信，肩负起时代赋予的光荣使命，积极响应国家"师范院校把办好师范教育作为第一职责"的号召，主动融入中国式现代化进程中，聚焦高等教育高质量发展，强化学校发展定位，对接国家创新驱动发展战略，努力成为国家教师教育创新的探索者、引领者和示范者，以高质量发展为核心，不断提升人才培养质量、科学研究水平和社会服务能力。同时，学校将进一步健全和完善领导体制与治理体系，以"双一流"建设为契机打造学科高峰，坚持以内涵发展推动高层次人才培养质量全面提升，以优秀人才培养和旗帜型人才选拔为重点加强师资队伍建设，构建全方位立体型的西部教育援助体系。通过深化综合改革，坚持内涵、特色和重点发展，不断提升学校的教育教学质量和综合办学实力，为实现中华民族伟大复兴的中国梦贡献智慧和力量。

四、编校史体例：主以编年 辅以纪事

八十度春秋易序，八十载日新又新。细阅历史，陕西师范大学始终坚守立德树人的根本使命，春华秋实，桃李天下；遵循教学立校、人才兴校、科研强校的办学方针，名师汇聚，成绩斐然；坚持师范大学育人育才定位和教师教育办学特色，咬定青山，守正创新；传承和赓续特有的陕西师大精神，抱道不曲，拥书自雄。一代又一代的陕西师大人秉承"厚德、积学、励志、敦行"的校训，薪火相传，不断前行。

学校事业的点点滴滴，构建起陕西师范大学光辉的发展历史；学校育人的春风细雨，滋润出陕西师范大学深厚的文化底蕴。为了铭记这段历程，我们秉持尊重历史、实事求是的原则，采用主以编年、辅以纪事的体例，以"一线、三纲、九章"的结构安排，编写了这部校史。"一线"即一条红色主线，指学校事业紧跟国家大事件，与民族命运同频共振；"三纲"指党的建设和思想政治工作、教师教育以及各项事业发展；"九章"就是校史共由九章内容构成，序章为时代背景章，第一至第八章为校史主体章。九章整体采用编年体；每一章的断章时间所遵循的原则，一是学校自身历史沿革的节点，二是对学校产生影响的国家重大事件的起止时间，三是学校历次党代会的起止时间，并以章首提要的方式界定各章起止时间。涉及高等教育的主要内容，如本科教学（第六章第四节）、科学研究（第六章第五节）、非师范教育（第七章第四节）、研究生教育（第七章第五节）等，则采用纪事体。这样的章节安排，目的是理清陕西师范大学八十年历史发展脉络，尽可能全面地展现学校的重大事件和发展

节点，突出学校在不同历史阶段的办学理念、制度建设、教育改革和人才培养等活动，着重反映广大师生在学校建设中的主体作用，以及学校各方面工作所取得的辉煌成就和宝贵经验。

值此陕西师范大学八十周年华诞之际，谨将这部校史献给全校师生和亲爱的校友，愿其成为我们共同的精神财富，鼓舞全体陕西师大人赓续事业，砥砺前行，踔厉奋进，续写辉煌。

本书编审委员会

2024 年 6 月

目 录

序章 教育铸魂
马克思主义教育思想在陕西的传播与实践 /001

第一节 20世纪初马克思主义教育思想在陕西的传播 /003
  一、民国时期陕西师范教育的发展 /003
  二、五四运动后马克思主义教育思想在陕西的传播 /007
  三、杜斌丞、李子洲等人开创陕西师范教育的新局面 /010
  四、郝耀东的教学实践及其对陕西师范教育的贡献 /012

第二节 陕甘宁边区师范教育的创新发展 /016
  一、新民主主义教育体系中的边区师范教育发展 /017
  二、边区师范教育发展的成就和经验 /019
  三、边区时期刘泽如对心理学和教育学的研究及实践 /020

第三节 全面抗战时期陕西师范教育的变迁 /029
  一、全面抗战爆发后陕西高等教育格局的变化 /029
  二、抗日战争胜利前夕陕西高等师范教育的新挑战 /031

小结 /034

第一章 抗战创校
陕西省立师范专科学校的办学与接管 /035

第一节 陕西省立师范专科学校的筹备和成立 /037
  一、谋划文教复兴,成立建校筹委会并多方筹措 /037

二、省厅做出决议，任命人选拟定办法宣告成立 /040

第二节 陕西省立师范专科学校的早期建设和人才培养 /042
一、勤力开拓奠基，师生同甘共苦购置办学设施 /042
二、完善组织机构，创办陕南分校服务地方建设 /045
三、扩大专业招生，加强专修科建设与人才培养 /049
四、创办师专校刊，促进学术交流丰富校园文化 /055
五、组织研究演讲，活跃教学氛围提升专业素养 /056

第三节 陕西省立师范专科学校的共产党组织及其革命活动 /062
一、培育先进青年，秘密创建师专共产党的组织 /062
二、传播革命知识，团结积极分子发展进步力量 /064
三、引导学运方向，为争取合法权益而不懈斗争 /065

第四节 接管陕西省立师范专科学校 /066
一、西安解放，派军代表进驻学校实施接管 /067
二、成立校务委员会，全面改造省立师专 /069
三、归并教育学系，组建成立西北大学师范学院 /070

小结 /073

第二章 归并调整
陕西高等师范院校的演变与发展 /075

第一节 西北大学师范学院的形成和发展 /077
一、教育学系筹建，教育大家鼎力师资培养 /077
二、学院独立设置，归并喜迎良好发展契机 /078
三、选址建校发展，破旧立新提升专业水平 /079
四、加强组织建设，引导师生开展思政教育 /083

第二节 西安师范学院的成立和发展 /086
一、学院独立设置，满足高等师范教育发展需求 /086
二、推进学院建设，完善组织机构和基础设施 /088
三、改进教育教学，增强师资力量助推科研产出 /092
四、坚持正确方向，探索社会主义的办学道路 /095

第三节　西安师范学院绥德分院的筹办和发展　/099
　　一、熔铸红色基因，继承绥德师范的革命传统　/100
　　二、传承延安精神，建立西安师范学院绥德分院　/101
　　三、坚守师范使命，以创新模式培育地方师资　/104
　　四、赓续红色血脉，以奋斗精神引领党建工作　/105
第四节　陕西师范学院的建立和发展　/109
　　一、适应教育形势，筹备中等教育师资训练班　/109
　　二、贯彻高教精神，扩建成立陕西师范专科学校　/110
　　三、完善内部设置，全面建成陕西师范学院　/113
　　四、加强党的领导，重视思想政治工作　/117
第五节　陕西高等师范教育在变革中的融合　/120
　　一、接管合并，对陕西高等师范教育的改造　/121
　　二、院系调整，对陕西高等师范教育的推进　/122
　　三、融合发展，对陕西高等师范教育的变革　/124
小结　/125

第三章　充实提高
陕西师范大学的成立与办学水平的提升　/127

第一节　陕西师范大学的成立和办学层次的提高　/129
　　一、陕西师范大学成立时的社会背景，"教育革命"与经济困难交织　/129
　　二、西安师范学院与陕西师范学院合并，成立陕西师范大学　/132
　　三、明确学校合并后的中心任务，重点向提高办学层次发展　/133
第二节　第一、二、三次党代会对学校办学方针的规划和实施　/135
　　一、第一次党代会召开，提出两年内的奋斗目标和工作任务　/135
　　二、第二次党代会召开，确定贯彻落实"高教六十条"的举措　/138
　　三、第三次党代会召开，指出学校的办学方向和今后的主要任务　/144
第三节　学校领导体制及党建和思想政治工作的新探索　/149
　　一、探索学校领导体制建设，逐步形成有效的治校方式　/150

二、结合形势开展思想政治教育，落实党的知识分子政策 /151

三、贯彻"高教六十条"，不断加强学生思想政治教育 /154

四、按照党中央指示，组织师生参加社会主义教育运动 /155

第四节 学校在初期发展中的专业建设和人才培养 /156

一、凸显系科发展特色，坚守培养师资主阵地 /157

二、坚持以教学为主，全面提高教育质量 /158

三、突出基础理论研究，兼顾科学技术研发 /166

四、加强教学和后勤建设，保障学校中心工作 /169

第五节 学校在西北地区教育发展中的地位和贡献 /170

一、把握国家教育改革脉搏，创建服务西北地区教育品牌 /170

二、立足西北教育发展实际，打造高师本科教育龙头 /172

小结 /174

第四章 隶属部委
拨乱反正后学校秩序的恢复与新发展 /175

第一节 "文化大革命"中学校工作的曲折开展及第四次党代会的召开 /177

一、校内"文化大革命"运动开展，教学科研工作受到冲击 /177

二、工宣队、军宣队进驻学校，校内局势趋于稳定 /179

三、学校第四次党代会召开，教学科研工作逐步恢复 /180

第二节 "文化大革命"结束后学校秩序的恢复和直属教育部的新发展 /186

一、拨乱反正落实政策，各项工作重新步入正轨 /186

二、划归教育部直属，学校发展史上划时代的大事件 /193

三、端正办学指导思想，以教学和科研为中心 /195

第三节 第五次党代会的召开与学校事业的新发展 /202

一、学校第五次党代会召开，干部队伍建设逐步加强 /202

二、围绕提高教育质量开展教改工作，教学和科研水平持续跃升 /206

三、狠抓师资队伍建设，教师政治和业务水平不断提高 /215

四、服务教学科研工作，后勤改革和基本建设长足发展 /217

第四节　学校在改革开放中的学科建设和人才培养　/220
　　一、学校召开首届教代会，落实教学和科研两个中心并重方针　/220
　　二、明确方向深化改革，科学研究服务社会成效显著　/222
　　三、深入开展教学改革，提高本科教学质量　/227
　　四、增获硕博学位授权点，研究生教育快速发展　/229

第五节　服务西北地区基础教育发展　/232
　　一、开拓多渠道办学途径，助力西北地区基础教育师资培训　/232
　　二、成立专门培训机构，承担西北地区教育人才培训重任　/235

小结　/236

第五章　改革推进
学校各项事业的全面开展与探索　/237

第一节　第六、七、八次党代会对学校奋斗目标与发展蓝图的制定和规划　/239
　　一、第六次党代会召开，描绘学校教育改革蓝图　/239
　　二、第七次党代会召开，确定"全国一流师范大学"目标　/243
　　三、第八次党代会召开，制定跨世纪学校发展规划　/250

第二节　学校领导体制改革和党建及思想政治工作的全面开展　/255
　　一、深化学校领导体制改革，贯彻党委领导下的校长负责制　/255
　　二、加强学校党建工作，推进师生思想政治工作全面开展　/260
　　三、完善教职工代表大会制度，逐步推进学校民主管理　/267

第三节　学校管理体制和教育教学及后勤产业的综合改革　/271
　　一、优化学校管理体制，增强学校办学活力　/272
　　二、继续深化教学改革，不断提高人才培养质量　/276
　　三、开展后勤产业改革，不断提升服务水平　/281

第四节　五类学科协调发展的学科结构调整与建设　/286
　　一、优先扶持重点学科，建设初见成效　/286
　　二、持续发展教育学科，凸显师范特色　/289
　　三、同步发展三类学科，优化布局结构　/291

第五节　校园文明建设和育人环境的优化　/294
　　一、启动校园文明建设，创造良好育人环境　/294
　　二、创建高校文明校园，实现文明建设目标　/299
　　三、巩固校园文明成果，推进精神文明建设　/301

第六节　新时期服务西北地区基础教育的重要举措　/306
　　一、发挥师范优势，服务西北地区人才培养和教学改革　/307
　　二、发展职后教育，促进西北地区师资水平提升　/312
　　三、办好中教参杂志，助力中等教育教学改革　/316

小结　/319

第六章　谋篇布局
"211工程"引领学校突出特色实现综合化的规划与建设　/321

第一节　进入新世纪落实学校第八次党代会目标任务和承接第九次党代会的召开　/323
　　一、新世纪之初的五年，全面落实第八次党代会的目标任务　/323
　　二、第九次党代会召开，确立以教师教育为主要特色的综合性研究型大学的办学目标　/329

第二节　跻身"211工程"建设高校和"985优势学科创新平台"的学科规划和创新发展　/335
　　一、跻身"211工程"建设高校，学校发展迎来新起点和新机遇　/335
　　二、入选"985优势学科创新平台"，探索突出特色实现综合化的新路径　/342

第三节　两校区办学格局的形成与学校规模的扩展　/346
　　一、长安校区的启用，形成一校两区办学格局　/346
　　二、学校规模的扩展，推进专业新增和院系调整　/352
　　三、办学条件的改善，推动学校规模和质量同步发展　/353

第四节　以本科教学工作水平评估推进人才培养模式的多样化探索　/355
　　一、本科教学的历史和现状，长期坚持以教学和科研为中心的办学方针　/356

二、完善本科教学管理机构和制度，为培养高质量人才构建基础
保障 /365

三、全员参与本科教学水平评估工作，获得优秀的评估结果 /368

四、探索多样化的教学改革和人才培养模式，整体提高学校办学
水平 /372

第五节 以科研强学科促教学全力建设有特色综合性研究型大学 /375

一、从专业到学科的演变，以科学研究促进学科发展 /375

二、优化科研过程服务，做好科研保障工作 /379

三、不断改革考核评价方式，激励教师从事科研活动 /382

四、大力开展学术交流，拓展师生学术视野 /388

第六节 创新管理体制推进治理水平的不断提升 /390

一、深化机关与院系改革，增强学校办学活力 /391

二、改革人事与分配制度，调动教职工积极性 /395

三、完善学术委员会制度，健全学术管理体系 /400

四、优化教学委员会组织，完善教学工作机制 /403

五、推进后勤社会化改革，提高全员服务质量 /405

六、第四、五届教代会召开，促进学校民主化管理 /409

第七节 发挥特色优势服务国家西部大开发战略 /414

一、坚持面向西部办学，培育扎根奉献的教师队伍 /414

二、开展校县共建工作，推动西部县域教育发展 /417

三、响应西部开发战略，对口支援西北地方院校 /420

四、面向西部开展支教，服务地方教育事业发展 /424

小结 /426

第七章 踔厉奋进
推进"双一流"建设强化学校的特色发展 /429

第一节 第十次党代会的召开和学校内涵的发展 /431

一、完成既定目标任务，高水平大学特征初步彰显 /431

二、确定新的目标任务，加快高水平大学建设 /433
三、推动各项事业发展，学校工作取得卓越成绩 /437

第二节 学校领导体制和治理体系的健全完善 /445
一、完善党委领导下的校长负责制，坚持党对学校工作全面领导 /445
二、推进机构改革和干部聘任工作，提升学校治理能力和管理水平 /447
三、召开第六届教职工代表大会，完善学校民主管理和监督制度 /451

第三节 以"双一流"建设为统领着力打造高峰学科 /455
一、开启"双一流"建设，党和国家对高等教育的战略规划 /455
二、聚焦"双一流"目标，学校全面启动一流学科建设 /456
三、推动高峰学科快速发展，入选"双一流"对学校的影响 /461

第四节 实施拔尖创新计划，提高非师范专业人才培养质量 /464
一、开办非师范专业，多渠道服务经济建设和社会发展 /464
二、扩展招生专业领域，稳步推进非师范人才培养 /469
三、实施拔尖创新计划，进一步提高人才培养质量 /474

第五节 全学科研究生教育体系的逐步形成和高质量建设 /479
一、开启研究生教育，发展高层次人才培养方式 /479
二、设立研究生处，推动研究生教育制度化建设 /481
三、成立研究生院，构建全学科多层次人才培养体系 /488

第六节 以优秀人才培养和旗帜型人才选拔为重点的师资队伍建设 /493
一、制定专门政策，新时代师资队伍总体规划 /493
二、采取积极举措，面向重点学科有效落实 /494
三、涌现高端人才，师资队伍建设取得卓越成绩 /497

第七节 全方位立体型援助西部教育体系的建构和实施 /501
一、对口支援，践行部属高校新时代新使命 /502
二、教育帮扶，在伟大脱贫攻坚中勇挑重任 /507
三、校地合作，在服务地方发展中贡献力量 /513

小结 /521

第八章　再谱华章
中国特色、世界一流师范大学的全面推进　/523

第一节　第十一次党代会的召开和学校"十四五"规划的制定　/525
　　一、第十一次党代会召开，绘制学校发展新蓝图　/525
　　二、制定"十四五"发展规划，确定未来五年的发展目标　/535
　　三、第七届教职工代表大会召开，彰显教职工民主参与治校　/543

第二节　学校"二一一"发展思路提出及其实现的主要举措　/546
　　一、契合国家战略需求，提出"二一一"发展思路　/547
　　二、明确"二一一"发展思路内涵，理顺其内在逻辑关系　/548
　　三、制定具体实施举措，落实"二一一"发展思路　/551
　　四、开展新一轮机构改革和人员聘任，推进"二一一"发展思路落实　/553

第三节　以特色立校加快建设服务国家发展战略的人才培养体系　/559
　　一、彰显教师教育特色，持续优化教师教育培养体系　/559
　　二、契合国家发展战略，探索"四新"体系下拔尖创新人才培养　/567
　　三、贯通本硕博一体化培养，全面提升研究生培养质量　/570
　　四、加强校园文化建设，以新校训引领学校新风尚　/571

第四节　以学科强校着力构建并实施"四维驱动"的学科发展体系　/574
　　一、规划"四维驱动"，学科发展体系形成的时代背景　/575
　　二、强化顶层科学设计，全面构建"四维驱动"学科格局　/576
　　三、坚持"有所为有所不为"，分层分类学科建设模式逐步形成　/578
　　四、加强学科内涵和平台建设，全面提高学科发展水平　/580

第五节　以人才兴校全面提升人才队伍的建设体系　/582
　　一、支持学校高质量发展，提升人才和队伍建设体系的时代背景　/583
　　二、完善党管人才制度，统筹运行人才建设机制　/584
　　三、加强师德师风建设，落实立德树人根本任务　/586
　　四、优化人才人事管理，提高人才队伍建设质量　/589

第六节　以评价荣校科学保障实现高质量发展的制度体系　/593
　　一、聚焦重大改革课题，推进教育评价改革的时代背景　/593
　　二、围绕"2+4+X"制度体系，制定学校教育评价改革实施方案　/594

三、贯彻"四个落实"，构建彰显师大特色的评价机制　/597
　　四、遵循"四个坚持"，构建国内一流的教育评价模式　/600
　第七节　附中、附小、幼儿园的历史沿革和发展成就　/605
　　一、附属中学的办学历史及对陕西师范大学发展的贡献　/606
　　二、附属小学的办学历史及对陕西师范大学发展的贡献　/610
　　三、幼儿园的办园历史及对陕西师范大学发展的贡献　/614
　第八节　推进西部教育现代化的精准教育援助　/618
　　一、响应党和国家号召，精准援助西部贫困地区教育　/618
　　二、发挥学校教师教育优势，以"四个服务"助力西部乡村振兴　/623
　　三、弘扬"西部红烛两代师表"精神，助推西部教育高质量发展　/628
　小结　/631

附录　/633

后记　/685

序章 教育铸魂

马克思主义教育思想在陕西的传播与实践

20世纪初，马克思主义教育思想在中国广泛传播，也推动陕西走上探索新师范教育的历史道路。其间，中国共产党在陕甘宁边区领导的新民主主义师范教育，展现出师范教育发展的新方向和新道路，为陕西师范大学八十年的发展提供了宏阔的历史背景，经过刘泽如、李绵、郭琦等边区师范教育参与者的传承，培植了陕西师范大学鲜活的红色根脉。这也是本章所记述教育历史的基本时限。

近代以降，西学东渐，在一代代进步人士探索中华民族伟大复兴的历史征程中，师范教育逐渐出现在 20 世纪初期中国的舞台上，成为中国新式教育的一道亮丽风景，开始绘就中华民族教育救国、教育建国、教育兴国、教育强国的伟大蓝图。这一时期，陕西与全国其他省域一样，师范教育从无到有、由小到大，在崎岖坎坷的道路上负重前行。五四运动后，马克思主义教育思想开始在陕西传播，在与陕西师范教育实际结合中，奠定了陕西师范教育事业创新发展的科学理论基础。中共中央在延安十三年艰苦卓绝的伟大斗争中开创出中国教育的新篇章，深刻影响着新中国师范教育的发展方向。在 20 世纪中国教育发生格局性变革的进程中，以郝耀东、刘泽如为代表的陕西师范大学的先驱们怀揣教育报国的坚定理想，积极开展师范教育的理论研究和教学实践，取得了具有深远历史影响的重要成果，为陕西师范大学在新的社会条件下开展教育铸魂伟大事业注入强大的红色基因和红色血脉。

第一节　20 世纪初马克思主义教育思想在陕西的传播

鸦片战争开始，民族蒙辱、人民蒙难、文明蒙尘，激起一批又一批有识之士在适应世界教育发展形势下探索中华民族国家出路的过程中，极力倡导和兴办师范教育。五四运动后，马克思主义教育思想在中国广泛传播，陕西师范教育开始呈现出新的发展面貌。陕西省立师范专科学校第一任校长郝耀东教授积极开展师范教育实践，鲜明地体现了在新思想推动下陕西教育的变化。

一、民国时期陕西师范教育的发展

鸦片战争后，一些进步人士在思考和探索国家和民族命运的过程中，逐步认识到发展师范教育对民族复兴和国家发展的重要性。19 世纪六七十年代的进步中国人已经意识到："教者既苦乏才，学者亦难精择。""师范学堂，尤为学堂一事先务中之先务。""普及有本，本在师范。""教育为实业之母，师范为教育之母。""国民之智愚贤否,实关国家之强弱盛衰;师范生将来有教育国民之重任,当激发其爱国志气,使其学成以后必当勤学诲人,以尽报效国家之义务。"① 1904 年,清政府颁行《奏定学堂章程》,开始对新式师范教育进行实践探索。辛亥革命之后,孙中山进一步强调师范教育的重要性,指出:"中国人数四万万人,此四万万之人皆应受教育。然欲四万万人皆得受教育,必倚重师范,此师范学校所宜急办也。"②

1912 年 9 月颁布的《师范教育令》,开启了中国早期师范教育兴起的新阶段。民国初期,全国划分为六大师范区,即直隶区、东三省区、湖北区、四川区、广东区、江苏区。在六大区分别设置 6 所高等师范学校。此外,蒙古、青海、西藏等地另行组织,新疆另划一区。到 1915 年,已设有国立和省立高等师范学校 10 所,学生 1917 人。③ 这一时期,中国师范教育取得了重要的历史成就,"许多著名的政治家、革命活动家、教育家、科学家、作家出自师范。师范学校不仅成为培养合格师资和教育行政领导人员的摇篮,而且也是革命实践的场所"④。20 世纪 20 年代,中国开始向美国学习教育体制。在这个过程中,师范学校与中学开始合并,相对独立的师范教育体系逐渐被破坏。全国师范学校和师范生的数量有较大幅度的减少,而中学和中学生的数量不断增加,使得 30 年代面临严重的"师资荒",特别是中小学"师资荒"。因此,30 年代后,师范教育进入了复苏发展阶段。从 1928 年到 1933 年,全国师范学校由 236 所增加到 893 所,师范生的数量也从 2.9 万余人增加到 10 万余人。这一时期,面向农村的师范教育也受到关注,并逐步发展。

全面抗战爆发后,受日本帝国主义侵略摧残,全国的教育事业遭到严重破坏,师范学校和师范生数量再次大幅下降。在这种艰难局面下,国民政府采取了一些改革手段以解决师范教育面临的困境:一方面,开始设置独立的高等师

---

① 张燕镜编:《师范教育学》,福建教育出版社,2013 年,第 49—51 页。
② 《孙中山全集》第 2 卷,人民出版社,2015 年,第 253—254 页。
③ 张燕镜编:《师范教育学》,福建教育出版社,2013 年,第 56 页。
④ 张燕镜编:《师范教育学》,福建教育出版社,2013 年,第 58 页。

范学校，一部分综合大学也设置了独立的师范学院，形成"多种体制、多种模式、多种形式并存的高师教育体系"[①]；另一方面，颁布师范教育实施方案，积极推动师范教育发展。到1946年，全国的师范学校增长到902所，师范生的数量增长到24万余人。

陕西的师范教育始于清朝末年。根据《陕西教育志·民国时期教育概述》和《陕西省志·教育志》的相关记述：陕西省的师范教育从清末始有记载，如清光绪二十九年（1903）陕西巡抚升允启奏改建西安关中书院为陕西师范学堂，岁支银3.4万两。学级分优、初两级，优级储中等学校之师，初级储小学之师，其特点是注重德育。光绪三十一年（1905）正月，商州中学堂增聘兴平车正轨为教习，创办商州师范传习所（隶属商州中学堂），招收郡学生员与中学学生年龄稍长者30名入所学习，并购置东背街王姓隙地建筑斋舍22间，改修讲堂3间。同年，凤翔知府尹昌龄依据"中学堂须附设师范传习所，以应小学堂教员之急需""以习普通学科外，兼讲明教授管理之法"的学部规定，在凤翔中学堂设传习所，初招一班相当高小毕业程度的学生入读，修业三年，并设科目12门，即修身、读经讲经、中国文学、教育学、历史、地理、算学、博物、物理及化学、习字、画图、体育等。同时规定："凡师范不纳学费，但毕业后都有充当小学教员的义务"。师范传习所为凤翔府所属8州县师范教育之发端。光绪三十二年（1906），兴平县的槐里书院改建为师范学堂，有教员1名，学生40名，为兴平县兴办师范教育之始。至宣统二年（1910），商州、凤翔、西安、同州、兴安、汉中共设初级师范6校。

民国初期，由陕西地方政府创办的师范学校有男师第一、二、三、四、五、六、七、八等校，有女师一、二、三校。民国十八年（1929），男三师、八师分别归并于一师及省立二中，四师于民国十九年（1930）停办，六师停止筹备。各县成立的师范讲习所共6校。民国二十一年（1932），省立师范学校共有学级39个，学生1476人，其中男生968人，女生508人。毕业生274人，其中男

[①] 张燕镜编：《师范教育学》，福建教育出版社，2013年，第64页。

生184人，女生90人。教职员工196人，其中男187人，女9人。全面抗战时期，陕西中等师范学校发展到14所。按区划分，汉中区6所：省立的有汉中师范、汉中女师、兴安师范、西安师范；县立的有西乡师范、汉阴师范。关中区5所：省立的有户县师范、同州师范、凤翔师范、邠州师范；县立的有渭南师范。陕北区3所：富延师范、绥德师范、榆林女师，均属省立。民国三十年（1941），陕西的师范学校增加到23所，其中省立12所，包括省国民教育师资训练所，省立中学附设的1所，县立的1所，县立初中附设的9所。总之，民国时期陕西的师范教育事业总体是十分薄弱的，全省平均每万人中仅有中等师范学生2.2人；这一时期陕西师范教育最突出的问题是，中等师范教育薄弱，高等师范教育极度匮乏。

近代陕西的高等教育发端于1902年设在西安的陕西大学堂以及设在三原的宏道大学堂，但发展非常缓慢。根据1909年的统计，也只有2所高等学堂、1所优级师范选科、1所政法学堂、1所存古学堂，共有教职工97人，专任教师43人，学生数量为656人。[①]进入民国以后，到全面抗战爆发之前，虽然办了一些大学，但办办停停，少有建树，没有省立大学，只有一所农林专科学校，在校学生300多人。[②]全面抗战爆发后，全国的高等教育受到严重破坏，为了维持战时高等教育的生存，国民党政府采取战时紧急措施，把一部分重点大学迁往内地办学。因陕西处于抗战的战略后方，所以北平大学、北平师范大学、天津的北洋工学院合并组成西安临时大学迁往西安，还有山西大学、河南大学、河北女子师范学院也迁到陕西办学。这些高等学府的迁入，既推动了陕西高等教育事业的发展，也增强了陕西高等教育的实力，带动了陕西省专科学校的发展。到1945年，陕西省有3所公立专科学校、2所私立专科学校，在校学生数

---

① 陕西省地方志编纂委员编：《陕西省志·教育志》上册，三秦出版社，2009年，第540页。1906年7月21日《学部订定优级师范选科简章》曰："优级师范选科之设，以养成初级师范学堂及中学堂教员为宗旨"。所谓"选科"，即相对于"完全科"而言，课程不如完全科完备，修学年限比完全科少一年。存古学堂是清末高等教育的另一系统。1905年最早在武昌设立了存古学堂，陕西在1909年成立了存古学堂。

② 陕西省地方志编纂委员编：《陕西省志·教育志》上册，三秦出版社，2009年，第541页。

增长到近1300人。① 抗日战争胜利后，陕西公立和私立专科学校基本稳定发展，到1948年时有4所公立和私立专科学校维持办学，一共有1200多名在校学生。其中，陕西省立师范专科学校学生数量最多，占到当时陕西全部师范专科学校学生数的一半以上，② 承担着全省师范教育和中等学校师资培养的任务。

二、五四运动后马克思主义教育思想在陕西的传播

五四运动后，马克思主义在中国广泛传播，陕西的师范教育开始受到马克思主义教育思想的洗礼。

1919年5月，当五四运动爆发的消息传到陕西后，学生热烈响应，成立了陕西各校学生代表联席会议，积极支持北京学生的爱国运动，并一致通过罢课、游行、示威的决议案，广泛组织学生开展反对北洋政府卖国行径的斗争。陕西学生联合会成立后，把陕西的学生运动推进到一个新的阶段，并建立起与全国运动的直接联系。五四运动之后，陕西学生反帝反封建的爱国运动虽遭到反动政府的镇压而走向低潮，但这次运动却成为新民主主义革命在陕西的开端。"9月以后，五四运动在陕西转入学习、宣传新思想、新文化，主要是宣传俄国十月革命及马克思主义的新阶段"③，在这个过程中，马克思主义教育思想在陕西也得到广泛的传播。这一时期，陕西靖国军总司令部设立了教育处，专门负责教育事业的恢复和发展，倡导地方教育事业，致力恢复原有的各级学校，大兴办学之风，先后建立了三原渭北中学、三原女子学校、富平立诚中学、凤翔右辅中学和一大批小学等。④

与此同时，陕西的旅京学生联合会创办了《秦钟》刊物，提倡平民教育。后又创办《共进》杂志（半月刊），成立了共进社，以提倡文化、改造社会为

---

① 陕西省地方志编纂委员会编：《陕西省志·教育志》上册，三秦出版社，2009年，第544页。
② 陕西省地方志编纂委员会编：《陕西省志·教育志》上册，三秦出版社，2009年，第546页。
③ 中共陕西省委党史研究室编：《中国共产党陕西历史》第1卷，陕西人民出版社，2009年，第24页。
④ 中共陕西省委党史研究室编：《中国共产党陕西历史》第1卷，陕西人民出版社，2009年，第12页。

宗旨，积极开展同教育界反动势力的斗争。《共进》号召青年学生和先进的教员们起来做政治斗争，认为政治问题不解决，教育问题就不可能解决。由此很快就把革命引向了陕西教育领域，掀起了陕西教育领域的革命斗争。

1921年，魏野畴从北京高等师范学校毕业回到陕西。五四运动期间，魏野畴积极参加李大钊领导的学生爱国运动和新文化运动，并在北京组织共进社，团结陕西旅京进步学生进行革命活动，并在1923年经李大钊介绍加入中国共产党，是"陕西地区最早的马列主义传播者，陕西党组织的创始人之一"。魏野畴回陕之后，先在华县的咸林中学任教。他激烈反对旧的教育制度和陈腐庞杂的旧教材，积极宣传新思想和新文化，通过各种形式组织学习马列主义，利用课外活动给学生讲社会进化史、社会科学概论等理论知识，通过马克思主义启蒙教育，把进步学生团结在自己周围，使咸林中学成为党的组织活动和马克思主义思想教育的重要阵地。当年在咸林中学上学的学生回忆起魏野畴时说："针对当时广大青年，特别是农村青年很难登进大学之门的现实，他呼吁将中学的四年制改为三三制，以便使上不了大学的青年们，在中学阶段能够学到更多的文化科学知识。考虑到当时中学毕业生所能找到的职业基本上是教书这一事实，他主张中学从三年级起就按升学班和师范班分别授课，以便使毕业出去的学生能够胜任他所找到的教书工作。为了使女子得到与男子同样的受教育机会，他提出在办好女子小学的同时，在咸中办一个女子部，使那些要求进步的女青年也能接受中等教育。他还特别重视学生的外语学习，亲自为学校聘请英语教师。这些从实际出发而造福于广大青年的先进的革命的教育思想，深得校内外青年学生的拥护。"① 1923年，受杜斌丞的邀请，魏野畴赴陕北榆林中学任教。他在榆林中学期间继续宣传新思想、新文化，积极推动教学改革，反对文言文，提倡白话文，并公开讲解《共产党宣言》《国家与革命》等马克思列宁主义经典著作；还积极从事翻译编译工作，翻译了《政治经济学原理》《美国劳工运动史》，修订编写了《中国近世史》。在他的

---

① 杜松寿：《终生难忘的人》，见陕西省教育厅《陕西省教育志》编纂办公室编：《陕西教育志资料选编》6，第22页。

教育思想和革命行动影响下,许多学生开始摆脱八股教育,走上接受进步的新教育之路。

1923年8月,被称作"西北守常"的李子洲从北京大学毕业回到陕西,应三原渭北中学校长郝梦九聘请,任该校训育主任。李子洲是新思想、新文化的积极倡导者,1923年初经李大钊、刘天章介绍加入中国共产党。李子洲在传播马克思主义的同时,还提倡改革教育。在他的推动下,渭北中学的教学内容和教学方法都有很大改进,教学仪器、图书资料、体育设施大大增加,文艺活动积极开展,"渭北中学成了陕西很有名气的一所学校,许多革命青年心向往之"①。1924年春天,李子洲赴榆林中学任教,并于当年秋天任设在绥德的陕西省立第四师范学校校长。他把在三原任教时的做法带到绥德四师,在传播马克思主义的同时,非常重视对马克思主义教育思想的宣传和对学校教育工作的改进,特别重视教育与社会、政治的结合。他吸收学生代表参加校务会议,利用假期和重要节日组织学生下乡锻炼,还积极推动社会教育,"为倡导社会教育,他改组绥德劝学所为教育局","兴办平民学校和社会补习学校"。②

此外,还有一些旅外的优秀学生回陕以后,积极宣传和实践马克思主义教育思想。如被毛泽东称为西北地区共产主义新思潮启蒙运动中"最先进最英勇的战士和旗手""陕西青年的伟大导师"③的杨明轩,1919年7月从北京高等师范学校毕业后回陕,就立即投入与旧教育做斗争和推动新教育的活动。1921年5月,他先后任省立二中教务主任、省立第一师范学校校长,积极宣传马克思主义教育思想,影响先进的学生。还有王尚德于1922年8月回陕后,在渭南赤水创办了两所职业小学,通过教学活动,向学生讲授革命道理,宣传社

---

① 陕西省教育厅《陕西教育志》编纂办公室编:《陕西教育志资料选编》下卷,陕西人民出版社,1988年,第65页。

② 陕西省教育厅《陕西教育志》编纂办公室编:《陕西教育志资料选编》下卷,陕西人民出版社,1988年,第61页。

③ 陕西省教育厅《陕西教育志》编纂办公室编:《陕西教育志资料选编》下卷,陕西人民出版社,1988年,第51页。

主义思想，并以学校为基础，创办平民学校。①

新思想引领新发展。马克思主义教育思想与陕西的基础教育和师范教育紧密结合，陕西的教育发展开始出现新的变化。

三、杜斌丞、李子洲等人开创陕西师范教育的新局面

杜斌丞于1917年从北京高等师范学校毕业后，在陕北联合县立榆林中学任教务主任兼史地教员，1918年任榆林中学校长。

榆林中学创建于1903年，是当时陕北23县仅有的一所中等学校。学校创建伊始，经费短缺，设备匮乏，加之沿袭旧制，教学内容陈腐，教育活动死气沉沉。杜斌丞到来后，苦心规划，锐意革新，联系各方，筹措经费，扩建校舍，购置图书仪器，开创新的学风，提高教学质量。他聘请了不少学识渊博、品行高尚、思想进步的人士来校执教，其中有魏野畴、李子洲、李可亭、夏家驹、王森然等，讲授新文化运动、中国革命和马列主义等课程，传播新思想和新文化。他自己讲授史地课，并不是单纯传授知识，而是通过教学对学生进行爱国主义教育，宣传革命思想。在杜斌丞等具有新思想的教师的积极倡导和教授下，榆林中学的学生团体、学术组织相继成立，青年思想和学术空气都很活跃，全校生气勃勃，成为陕北最早推行进步文化教育和传播革命思想的学府，很多学生在这里接受了共产主义思想的启蒙。如刘志丹在1922年考取榆林中学，一来到学校，魏野畴就送给他两本书——《共产党宣言》和《国家与革命》。"从此，刘志丹怀着极大的热情和兴趣，认真阅读这两本伟大的著作"，马克思列宁主义的伟大革命真理"照亮了刘志丹前进的征程"。1923年，刘志丹在一篇文章中写道："狂风虽凶，它能敌过上帝的清风使者吗？飞沙虽猛，它能战胜和平的细雨神仙吗？到了这个时候，只有我们的自由！只有我们的光明，抵抗！快起来抵抗吧！"② 这鲜明反映了在马克思主义新思想的洗礼中

---

① 《王尚德创办赤水农职学校与中共党组织在陕西地区的建立》，见陕西省教育厅《陕西省教育志》编纂办公室编：《陕西教育志资料选编》4，第12页。

② 刘志丹：《刘志丹文集》，人民出版社，2012年，第11页。

一大批青年学生的思想转变和人生选择。

李子洲对陕西教育新局面的开创也做出了杰出贡献。1922年，他在北京读书期间撰写《陕西师范学校应革新的几点》一文指出，"新思想的波已涌进潼关了，新学制的实行已开始运动了。陕西的学校有改革的必要，是不待说的"①，并且从采用新的学制、减少授课钟点、改革课程结构、设立图书馆、筹备实验室等方面阐述了陕西师范教育革新的趋向。1923年，他从北京大学毕业后回陕，并于1924年起担任刚刚成立一年的陕西省立第四师范学校（即后来的绥德师范学校）校长。他从北京、上海等地聘请了王懋廷、王复生、田伯英等人赴绥德四师任教，"他们在课堂公开讲授《共产党宣言》《国家与革命》《马克思主义浅说》和瞿秋白的《社会科学概论》等革命理论，向学生推介《向导》《先驱》《中国青年》等进步刊物，传播马克思主义科学真理"。在李子洲任校长之前，这所学校的学生，除课本外再无多少可读的书刊，对新事物、国家大事全然无知。自李子洲接任校长后，成立图书杂志辅导委员会，由杨明轩、韩叔勋负责，购买图书刊物2000多册，刊物中有《中国青年》《向导》《政治生活》《共进》等为学生学习文化科学知识，阅读进步刊物，传播马列主义创造了有利条件。每天到图书馆的学生络绎不绝，教职员还进行读书辅导。李子洲等人经常给学生介绍进步书籍、刊物，如《国家与革命》《新青年》等。他们和学生一起学习研究《哥达纲领批判》《共产国际纲领》《中国农民》《五年来中国共产党之政治主张》等党内重要理论著作和时局主张。② 1924年7月25日，李子洲在开学典礼上郑重地宣布自己是马克思主义者，办四师的目的，不只是为陕北培养新的师资，改变陕北文化落后的面貌，更重要的是用科学的马克思主义思想武装学生，唤醒工农劳动大众起来改造中国，为实现共产主义而奋斗。在进步教师的教育下，白明善、王兆卿、马文瑞、乔国桢、

---

① 陕西省革命烈士事迹编纂委员会编：《李子洲——传记·回忆·遗文》，陕西人民出版社，1985年，第141页。
② 《马克思主义在榆林中学和绥德第四师范早期的传播》，见中共陕西省委党史研究室编：《五四运动和马克思主义的早期传播在陕西》，陕西人民出版社，1990年，第329—330页。

贾拓夫、张达志、安子文、霍维德、唐洪澄等一大批革命青年先后走上了革命道路。① 正如1925年12月王懋廷在写给邓中夏的信中所说的，不到半年时间，"我们的主义在学生中已经种下极深的根苗了"。1925年，北京大学学生王子休赴绥德四师考察后总结道："在一个多月的时间里，我有机会与四师学生进行广泛的接触和了解。四师学生不但思想开阔，富于理想，善于思考，勤学好问，学习成绩优良，而且懂礼貌，讲道德，爱劳动，守纪律，忠诚老实，艰苦朴素，已蔚然成风，成为每个学生的自觉的行动。"②

在杜斌丞、李子洲的积极推动下，陕西教育出现了新的局面，呈现出新的特点。虽然教育中新因素的影响在当时还很微弱，但真理的种子一旦种下，必然要长大，成长为参天大树。

四、郝耀东的教学实践及其对陕西师范教育的贡献

1913年，郝耀东考取陕西省西洋留学生资格。1914年陕西政局有变，令未出国者停止出国，郝耀东失去留学机会，遂考入上海吴淞中国公学大学预科，1916年秋季考入天津北洋大学法科。从北洋大学毕业后，考取了教育部第二次公费留美生，于1920年冬赴美留学，先后在1921、1923年获得美国加州大学学士学位和斯坦福大学硕士学位，并开始接触马克思主义。郝耀东在自述中说："这时我初次读到了《共产党宣言》，并深深地相信社会主义最后一定会取代资本主义。"③ 1924年，郝耀东完成学业，从斯坦福大学毕业；同年8月，进入哥伦比亚大学师范学院工作。1925年8月，受爱国主义思想驱使，他辞去哥伦比亚大学师范学院的工作，携带三箱学习笔记和学术稿件归国。回国后，他先后在国立西北大学和省立安徽大学任教，参与西北军的建设和安徽教育厅的工作。全面抗战爆发后，郝耀东重返西安，任教于国立西安临时大学。1938年春，西

---

① 中共陕西省委党史研究室编：《中国共产党陕西历史》第1卷，陕西人民出版社，2009年，第27页。
② 陕西省教育厅《陕西省教育志》编纂办公室编：《陕西教育志资料选编》下卷，陕西人民出版社，1988年，第70—71页。
③ 郝耀东：《郝耀东先生论著译著选编》，陕西师范大学出版总社，2015年，第311页。

安临时大学迁到陕西汉中的城固，改名为国立西北联合大学。1939年8月，西北联合大学师范学院分出独立，成立国立西北师范学院，郝耀东任西北师范学院教育系主任。1941年，西北师范学院先在甘肃兰州设立分院，后逐渐全部迁至兰州，他赴兰州任教。1944年8月，陕西省立师范专科学校成立，郝耀东受聘出任第一任校长。

郝耀东是20世纪中国教育史上一位重要人物，在多个方面对心理学、教育学的发展做出了重大贡献，是中国近代科学心理测量的先驱之一、中国系统介绍天才研究的第一人，也是中国近代教育事业的积极探索者。[①]1930年，他在《吾人应有之努力》的讲演中，针对世界教育变革和中国新教育发展的大趋势，从健全体格、自治能力、公平竞胜、科学方法、致用学问五个方面论述了中国教育的变革，指出："上列五种事项，都是我们中国很缺乏、我们最应当注意的，如果样样能办到，不特可使教育发达，中国富强的基础即在于此。"特别是他在讲演中提出要重视劳动教育，强调："现在我们虽然提倡劳工教育，而一般号称智识阶级的先生们仍然存了这一种劳心治人的观念，不肯实际的去作生产事业，所以教育愈发达、不劳而食的人愈多，这是一种很不幸的事。""所以当学生、当教师的人，都应注意此点，然后那学校才有价值，教育才有意义。"[②]

1934年，在《中国教育改造之途径》一文中，郝耀东系统地反思了中国教育存在的问题，认为中国教育过去的失败，主要有五个方面的原因：一是国家无一贯的政策，教育宗旨不断地变化。"统观历来的教育宗旨，没有能彻底实行十年而不变的。"二是设学未能根据社会需要。"设学但问经费之有无，不问需要之缓急。所以往往有学校的地方，招不下学生，有学生的地方，没有可入的学校。且社会所需要的人才，学校没有培养，学校所制造的出品，社会上无人过问。这也是中国教育上的一大弊病。"三是学校名不副实。"下自幼儿

---

① 参见舒跃育、赵梓溢、汪李玲：《郝耀东：生平与学术贡献》，载《心理研究》2020年第5期，第399—401页。
② 郝耀东：《吾人应有之努力：郝耀东先生在暑期学校讲》，载《安徽教育》1930年第1卷第17期。

园，上至大学，往往徒有学校之名，内容简陋，常出乎人意料之外。"四是社会改造未能与教育同时并进。"教育的重要目标，在改善人生。但人生不能离开社会，如果全社会不良，学校也是无能为力的。"五是读书为做官的传统思想未能革除。"学生心目中仍视学校为仕进阶梯，不屑作生产事业。"根据对中国教育中存在问题的认识，他提出改革中国教育的五条基本原则：一是确定教育计划及步骤；二是质与量两个方面须兼顾；三是注意求知方法；四是注意非正式教育，即家庭教育和社会教育；五是注意人格教育。"中国之教育目的，品格陶冶要较知识灌输为重。"① 同时，他在《一个教师的人生观》一文中提出："我们的人生观，就是要从苦中求乐，失败中求成功，服务中求享受。"要实现这一人生观，必须坚持以理智控制情感，以能力限制欲望，以热诚填补缺陷，以劳力计算报酬，以群性制裁个性，以行为代替宣传。这六个原则"就是我们站在教育的立场上所持的人生观，也就是解释我们怎样从困苦中求快乐，失败中求成功，服务中求享受的道理"。②

　　郝耀东始终心怀民族、国家的前途命运来思考和践行教育事业，他说："个个教育者，都要以复兴民族为己任，不特能坐而言，还要能起而行，先由学风变成士气，再由士气变成民族精神，然后国家才有办法。"③ 正是从民族复兴的梦想和抱负出发，他非常关注西北的教育。1932年，郝耀东在《大公报》上发表《提议设国立西京大学案》，缘由是："查西北陕甘诸省为中国文化发源之地。论地理则陆海奥区，野沃千里；论民族则车辚驷铁，关学渊源。实羲皇后稷之所创业，周秦汉唐之所经营。其制度、典章、经术文物，在历史上之价值，不啻为中国之希腊、罗马。乃自海通以还，交通阻隔，风气闭塞，人材凋敝，文化落后。士子囿于故习，民俗日就犷悍。科学思想既不发

---

① 郝耀东：《中国教育改造之途径》，载《安徽大学月刊》1934年第1卷第6期"文学院专号"。
② 郝耀东：《一个教师的人生观》，载《湖北教育月刊》1934年第1卷第8期"湖北教育问题专号"。
③ 郝耀东：《中国教育改造之途径》，载《安徽大学月刊》1934年第1卷第6期"文学院专号"。

达，物质文明等于乌有。货弃于地而不知开发，农困于野而不知补救。虽外人对此间有考察研究之举，而本国人士则未尝注意及之。自上海事变发生后，东南各省岌岌可危，于是国人始渐知西北之重要，主张用国家力量开发之者颇不乏人。惟开发之道多端，而造就开发人材实为当务之急。且长安既定为陪都，该处文化事业亦有积极提倡之必要。故拟在西安先设一国立西京大学，以为开发西北及繁荣西京之初步。"① 在这一提案中，郝耀东对未来西京大学的办学专业也提出设想，拟设三个学院：理工学院，先设采矿冶金系、土木工程系及应用化学系；农学院，先设农艺系、畜牧系及森林系；文法学院，先设中国历史系、教育系、法律系及政治经济系。这是近代以来中国教育史上对西北地区高等教育的一次重要设计。

郝耀东对陕西的师范教育的重要贡献有两个方面：一方面，他长期坚持在陕西教育界耕耘育才。在中华人民共和国成立前，他先后在国立西北大学、中山学院、国立西安临时大学、国立西北联大师范学院从事教育工作，积极贡献于振兴西北教育的事业中。另一方面，他立足陕西教育实践对中国师范教育开展深入研究。1940 年，他发表《洗心革面的道德教育》，深刻研究了道德教育在教育中的重要性和推动道德教育的方法。"一个民族要在国际间争自由平等，其仰赖于国民的道德品格较知识技能为大。"② 他提出，在提高国民道德教育水平过程中要坚持的科学方针是：要道德教育生效须政教能打成一片；要提高国民道德须确定道德标准，兼顾个人和社会、权利和义务；须注意正确的道德教育方法，注重因材施教、因势利导、多指正少劝导、多奖励少惩罚。1947 年，他撰写《中国高级师范教育上几个重要问题》，这是中国师范教育史上的一篇重要文献。该文指出："师范教育为一切教育之母，关系至为重要，无论在立法或设施方面，均宜审慎考虑，严密计划，庶可发挥最大效能，为改进一切教育基础。"为了发展中国高级师范教育，必须把高级师范学院独立设置。师范学院应独立设置，不应附设于普通大学。这是因为：（1）师范学院训导目标，在造就健全师资，

---

① 郝耀东：《提议设国立西京大学案》，载《大公报》1932 年 7 月 6 日第 4 版。
② 郝耀东：《洗心革面的道德教育》，载《教育通讯》1940 年第 3 卷第 26 期。

品格熏陶较知识灌输重要，普通大学常忽略此点，故应单独设置。（2）师范学院各科教材偏重基础知识与丰富例证，与普通大学偏重高深理论者不同，尤贵养成学生发表技能，如仍沿用普通大学教材教法，绝不能达到预定目标。（3）师范学院一切设施，均含有示范作用，故应有充分预算，弹性职权，附设在普通大学，绝难发挥其最大效能。（4）师范学院不应附设于普通大学，与师范学校不应附设于普通中学同一理由。关于高级师范教育的分区设置，要根据三个标准划分：人口、面积和文化水准（如中小学数目多寡）。关于学生待遇问题，"为今之计，欲提高师范学院学生素质，必须先提高其待遇，如膳费、制服费、书籍费等，均应从优规定，务使优秀青年均乐于研究教育，从事教育，在物质方面既不感困难，在精神方面自可安心作终身尽力教育的计划"。①

第二节　陕甘宁边区师范教育的创新发展

　　中国共产党高度重视师范教育。在中央苏区时期，1930年7月龙岩县就成立了师范学校，此后闽西各县都开设了列宁师范学校。1932年6月，江西瑞金成立了中央列宁师范学校，徐特立兼任校长。各种师范学校和师资培训班的开办，有效缓解了苏区的小学发展与师资不足之间的矛盾。这时的办学条件十分艰苦，但中国共产党领导的师范教育在革命根据地的出现，预示着中国师范教育发展的新方向。1937年9月陕甘宁边区政府成立后，中国共产党对新型师范的探索进入新的历史阶段。这一阶段，中国师范教育取得了重大历史成就，为中华人民共和国成立后接管改造陕西旧的师范教育提供了宝贵经验，后来陕西师范大学的首任校长刘泽如参与了这一时期师范教育创新发展的理论与实践探索。

---

① 郝耀东：《中国高级师范教育上几个重要问题》，载《教育通讯》1947年复刊第3卷第5期。

一、新民主主义教育体系中的边区师范教育发展

陕甘宁边区时期,中国共产党开始全面领导新民主主义教育体系的探索与发展。陕甘宁边区原来的文化教育非常落后,边区政府主席林伯渠在第一届参议会所做的政府工作报告中这样描述:"边区是一块文化教育的荒地。学校稀少,知识分子若凤毛麟角,识字者亦极稀少。在某些县如盐池一百人中识字者有两人,再如华池等县则两百人中仅有一人。平均起来,识字的人只占全人口百分之一。至于小学,全边区过去也仅有一百二十个,并且主要是富有者的子弟,整个边区的中学生是屈指可数的。社会教育简直是绝无仅有的事。"[①] 这典型地反映出当时边区教育的基本状况和基本特点。因此,当红军长征结束后,一俟局势有所稳定,党中央就开始重新探索师范教育发展问题。1936年8月,西北办事处教育部在保安(今志丹)就创办了扫盲师范,陕甘宁边区政府成立后更是把发展师范教育作为自己的重要使命和任务。

1937年2月,西北办事处教育部在原扫盲师范的基础上成立鲁迅师范学校,"这是中国共产党在陕甘宁根据地创办的、以培养文化教育工作干部和小学教师为宗旨的第一所中等学校"[②]。不过,鲁迅师范学校办学初期,还带有扫盲的特点。经过两年左右的努力,"始具备师范学校的雏形"[③]。1938年又成立边区中学。在此基础上,经过不懈努力,到1942年,形成了以师范教育为主的7所中等学校:边区师范(延安),又称一师,1939年8月由鲁迅师范与边区中学合并而成;关中师范(淳耀),又称二师,成立于1940年3月;三边师范(定边),又称定边师范或三师,成立于1940年3月;鄜县师范(今富县),又称四师,成立于1941年9月;陇东中学(庆阳),成立于1940年4月,实际上是一所以培养小学师资为主的中学;绥德师范(绥德),1940年夏季接办;

---

① 陕西省档案馆、陕西省社会科学院编:《陕甘宁边区政府文件选编》第1辑,档案出版社,1986年,第142页。
② 刘宪曾、刘端棻主编:《陕甘宁边区教育史》,陕西人民出版社,1994年,第13页。
③ 栗洪武总主编,王丽华、齐媛媛主编:《陕甘宁边区教育史料通览》卷五《中等教育》下,陕西师范大学出版总社,2019年,第21页。

米脂中学（米脂），1940年夏季接办。以上七校，只有米脂中学有一个高中班，绝大多数为初中班、初师班与预备班。1943年春，按照每个分区办一所中等学校的原则，鄜县师范与边区师范合并成立延安师范；1944年春，延安师范与延安大学中学部合并成立延安中学；同年，三边师范与延安大学民族学院合并，成立三边公学；1945年4月又创办子长中学。① 至此，边区师范教育的布局更加合理，体系也更加健全。

为了推进师范教育的制度化建设，1940年边区教育厅制定了《师范学校暂行规程（草案）》，提出："边区师范学校以培养新民主主义的地方小学教育师资为宗旨，对入学青年施以如下之训练：（一）把握新民主主义的政治方向。（二）获得关于社会科学及自然科学的基本常识。（三）养成优良的生活习惯，锻炼坚强的体魄。（四）学习初步的教育理论及教学技能。（五）培养终身服务教育的精神。"② 同时，对学制、课程、学校组织及教职员、入学待遇、毕业及工作等做出明确的规定，还要求"师范学校毕业学生有边区教育服务两年之义务"③。1942年8月18日，边区政府教育厅正式公布了《陕甘边区暂行师范学校规程草案》，标志着边区师范教育的制度化建设迈向新阶段。

1943年1月到5月，边区召开中等学校整学会议，主要任务是贯彻延安整风精神，回顾检查中等教育工作，端正办学思想路线，并重新讨论和制定了边区中等教育的方针。④ 1944年10月，边区召开文教大会，回顾了边区教育发展的历史进程以及整风与教育改革，总结了边区教育在指导思想、教育方针、教育内容和方法以及学制、学校管理制度等方面出现的新变革和新经验，彻底转变以前教育脱离群众、脱离边区实际的倾向，坚持必须面向群众的新教育方

---

① 陈桂生：《中国革命根据地教育史》中，华东师范大学出版社，2016年，第103页。
② 栗洪武总编，王丽华、齐媛媛主编：《陕甘宁边区教育史料通览》卷五《中等教育》下，陕西师范大学出版总社，2019年，第17页。
③ 栗洪武总主编，王丽华、齐媛媛主编：《陕甘宁边区教育史料通览》卷五《中等教育》下，陕西师范大学出版总社，2019年，第21页。
④ 姚宏杰、宋荐戈编：《中国革命根据地教育史事日志》，山东教育出版社，2020年，第418—419页。

针。① 这些举措进一步推进和保障了边区师范教育的发展。

二、边区师范教育发展的成就和经验

党中央在陕甘宁边区领导师范教育取得了重大历史成就，积累了发展师范教育的重要历史经验。

边区通过开展师范教育培养了大量的师范人才，满足了边区基础教育的发展需求，奠定了边区开展中小学教育的良好人才基础。1937 年，边区只有 1 所师范学校，共 250 名学生；1942 年时，增加至 7 所学校（包括几所普通中学），有 1517 名学生；到 1945 年时，学生人数则增长到 2443 人，比全面抗战初期增长了近 9 倍。学生毕业后大多数从事小学教育和社会教育工作，少数人到中学任教。据 1942 年对毕业生的统计，边区师范 4 班，学生总数是 28 人，毕业后从事小学教育的 24 人，中学教育的 2 人。绥德师范秋三 1 班，共有学生 22 人，毕业后从事小学教育的 17 人，中学教育的 1 人；陇东中学师范 1 班和 2 班共有学生 52 人，毕业后从事小学教育的 34 人，中学教育的 4 人。②

边区师范教育也为边区政府培养地方干部做出了重大贡献，是中国共产党干部队伍的重要来源。鲁迅师范学校从成立到合并前的短短两年半时间里，为党的革命事业培养了 1093 名优秀干部和教师，他们为革命战争和边区文化建设贡献了自己的才智和力量。陇东中学从 1940 年至 1948 年的八年时间里，先后培养毕业生 523 人，为抗日战争和解放战争输送了大批干部。具有光荣革命传统的绥德师范学校，从 1943 年起，实际上成了一所干部学校，开设青年班 4 个（含文艺班），学生 215 名，干部班和师训班 10 个，学员 575 名，被称作青年英才的摇篮。

陕甘宁边区发展师范教育，坚持干部教育和国民教育并重。但具体到不同阶段，对干部教育和国民教育关系的认识有过不同的变化。延安整风运动以后，坚持干部教育和国民教育并重，既重视现有干部培训，也重视对未来干部的培

---

① 刘宪曾、刘端棻主编：《陕甘宁边区教育史》，陕西人民出版社，1994 年，第 65 页。
② 陈桂生：《中国革命根据地教育史》中，华东师范大学出版社，2016 年，第 103—104 页。

养，使边区师范教育既成为培养基础教育师资的主渠道，又成为培训党的地方干部的重要阵地。

边区师范教育发展还体现在对师范人才培养的自主探索上。以鲁迅师范的课程为例，在学科设置和教材选用上，一般开设国语、政治、军事、地理、音乐、体育、数学、自然、历史等课程，教材和教学内容体现出抗战的需要。其中，政治课采用《抗日民族统一战线指南》《论新阶段》等；军事课中有普通军事知识和技术训练，也讲授游击战；国文课多选用富有民族文化和思想内涵的文章；地理课则配合抗战、军事发展来讲。①1944年后，在课程改革中又增加边区建设的内容，并把边区建设作为首要课程，同时增加了生产知识课程。1944年初，中共中央西北局宣传部和边区教育厅共同拟定边区各中学师范三年的课程项目及各科主要内容。其中，政治课程：（1）边区建设（包括边区史地，边区党、政、军、民的组织，边区政府的政策法令）；（2）政治常识（包括社会的结构与发展、中国革命问题、工作方法与思想方法）。文化课程：（1）国文（包括语文知识、实用的应用文、有关学习方法与思想方法的文章、古今中外的各种范文选等）；（2）算术（包括四则运算、分数、比例及其应用、简易代数、几何及其应用等）；（3）史地（包括中外历史与中外地理）；（4）自然（包括理化、生物与生理）。技术课程：（1）生产知识（包括边区农业与手工业方面实用的生产技术知识、组织劳动的知识、机关与部队生产经验等）；（2）医药卫生（包括边区实用的卫生营养与防疫知识、常见疫病的预防法、急救与护理知识、保育知识等）。② 这表明，边区是根据中国共产党的教育方针，立足边区实践和抗日战争需要独立自主地开展师范教育的，是近代以来中国师范教育史上"新教育的雏形"。

三、边区时期刘泽如对心理学和教育学的研究及实践

1915年，刘泽如考入保定省立第二师范学校，从此对心理学的研究产生

---

① 陈桂生：《中国革命根据地教育史》中，华东师范大学出版社，2016年，第108—109页。
② 刘宪曾、刘端棻主编：《陕甘宁边区教育史》，陕西人民出版社，1994年，第212—213页。

了极大兴趣，并进行了有关人性问题的独立研究和思考。五四运动爆发后，受爱国主义思想和早期具有共产主义思想萌芽的知识分子的强烈影响，刘泽如与许多进步青年一样，于1922年赴北京半工半读。在蔡元培的重视和关怀下，他被安排到北京大学研究所国学门工作。在北大工读期间，他以爬罗剔抉的毅力、刮垢磨光的刻苦，全身心投入心理学研究，在1926年发表了《关于格言、谚语之心理学研究》。在学习和研究的过程中，他与北大著名心理学家广泛开展学术探讨，"但是，他深深感到：这一切都不能正确地解决他所提出和研究的问题。于是，他便继续沿着自己的研究道路探索前进，并取得了初步的研究成果"[1]。这促使刘泽如开始思考心理学研究的指导思想问题，从而进一步加强对马克思主义的深入研究。

在北京大学期间，刘泽如与李大钊多次接触。在李大钊的教导启发下，他认真阅读、学习和研究马克思主义著作，积极思考国家的前途和命运，并接受了马克思主义的基本立场和观点。此后，"在长期的理论学习和学术研究中，他愈来愈深刻地认识到：心理学只有以马克思列宁主义为理论指导，才能彻底克服唯心主义、形而上学和机械唯物主义的严重束缚，才能正确阐明人的心理活动及其物质本体的基本规律，才能真正成为一门名副其实的科学"[2]。在接受新思想并深化研究的同时，刘泽如还积极参加革命活动。20世纪30年代初，他在北京的住处——羊房胡同13号，成为当时一些革命青年研究革命工作和组织革命活动的重要地点，胡乔木也多次来到这里，同刘泽如等人一起讨论革命工作和活动。后来，刘泽如的这一住处一度成为北方党组织的重要接头和聚集地点。[3] 1932年8月，刘泽如加入中国共产党。从此，他在党的领导下踏上了艰苦的革命斗争征途，而陕甘宁边区时期是他一生革命工作的极其重要、宝贵的时期。

---

[1] 李养林、周梅、方强：《为创建辩证唯物主义心理学的理论体系而奋斗——庆贺刘泽如同志从事心理学研究工作七十年》，载《陕西师范大学学报（哲学社会科学版）》1985年第4期。

[2] 李养林、周梅、方强：《为创建辩证唯物主义心理学的理论体系而奋斗——庆贺刘泽如同志从事心理学研究工作七十年》，载《陕西师范大学学报（哲学社会科学版）》1985年第4期。

[3] 《刘泽如教授生平简介》，见陕西师范大学教育科学研究所编：《刘泽如教育文选》，陕西师范大学出版社，1993年，序第4页。

刘泽如在陕甘宁边区的革命工作，主要分为两个阶段：第一个阶段是1938年1月被派往延安任陕甘宁边区各界抗敌后援会文书到11月被派往洛阳第十八集团军驻豫通讯处担任秘书，共十个月的时间。第二个阶段是从1939年被调回延安马列主义编译部做研究工作起，其间历任陕北公学师范部主任、延安大学教育学院院长、陕甘宁边区陇东中学校长、延安大学教育系主任，直至1949年5月西安解放后赴西安参加军管会接管高等学校工作。这十年是刘泽如积极从事边区教育工作的十年，也是在边区教育实践中深化心理学、教育学研究，并进一步服务边区教育事业的十年。

第一阶段虽然时间不长，但非常关键。这一阶段，刘泽如完成了《行为研究举例》这一心理学研究成果，实现了对马克思主义心理学的初步学术探索，完成了对行为主义心理学的批判。这一研究既是对过去研究的一个总结，又是走向新的研究的一个起点。

刘泽如在《行为研究举例》中，反对简单地从条件反射来解释人的意识的形成以及思想的发展，而是在辩证唯物主义矛盾论的指导下创造性地提出了行为生理的矛盾这一概念。"每个反射，并不是一个单一的冲动，而是包含着两个对立的冲动，是矛盾对立的统一体。"这个生理的矛盾对立，"产生生理的矛盾运动，是行为的基本动力，是表现出行为的基本原因"。[①] 由此，刘泽如用这种行为生理的矛盾运动来解释习惯、情绪、本能、变态等心理学研究中的基本问题，把辩证唯物主义的基本观点广泛运用到心理学研究领域中，并且从学理层面进一步深化了辩证唯物主义意识理论。辩证唯物主义认为，物质决定意识，意识是对物质的反映。但意识是如何在反映物质的过程中产生的，这一问题仍然需要不断深化研究。也就是说，"哲学上说意识是客观的反映，又说意识是大脑这个物质的产物。这显然是说客观的物质运动，引起大脑的物质运动，产生和客观物质运动相一致的意识。那么，它引起怎样的大脑这个物质的运动才能产生这样的意识？对于这个问题的解答，无论在科学上或

---

① 陕西师范大学教育研究所心理研究室编：《心理学基本理论问题研究》，陕西人民出版社，1985年，第3页。

哲学上，都是很重要的。行为生理的矛盾运动，是恰能担负起解答这个问题的任务的"。"行为生理的矛盾运动，是刺激所要引起的神经冲动和它所激发的相关习惯的复现冲动的矛盾。这种矛盾运动，使客观的物质运动反映为主观的生理习惯。这一习惯的生理冲动表现为意识现象。所以，意识便是客观物质的反映。"① 在这个意义上说，意识的发展，也是在客观的物质运动的发展中主观的生理习惯的发展。"主观的生理习惯，是受客观物质运动的限制而产生的，又和新的客观物质运动相矛盾。经过不断的矛盾和不断的发展，客观物质不断地反映到主观上来，就表现了意识的发展。"② 这就能够进一步深化对辩证唯物主义关于物质决定意识、意识是对物质的反映这一基本观点的认识。在此基础上，刘泽如进一步从行为生理的矛盾解释了人的主观能动性、感性认识和理性认识、客观真理、相对真理和绝对真理等马克思主义认识论的基本问题，并从否定之否定的规律性高度研究了行为生理矛盾运动推动下意识发展的基本形式。这就从心理学的角度解释了意识形成的心理根据和意识发展的心理动力和心理形式。"行为生理矛盾运动这一事实的发现，对于人类知识上，可能有重大的贡献。在争取革命理论的伟大开展上，争取革命的胜利上，将担负起相当的任务。"③

刘泽如的这一研究成果发表在重庆出版的《理论与现实》1939年第1卷第2、3期上，在心理学界产生了深远影响。

刘泽如在延安的第二阶段有十年之久，这是他在心理学、教育学以及教育实践中卓有成效、广有建树的一个时段。他在心理学研究中明确地确立起马克思主义对心理学研究的指导，自觉运用马克思主义研究心理学的基本问题，逐步构建起辩证唯物主义心理学的研究体系。在这方面，最具代表性的就是他于

---

① 陕西师范大学教育研究所心理研究室编：《心理学基本理论问题研究》，陕西人民出版社，1985年，第33页。
② 陕西师范大学教育研究所心理研究室编：《心理学基本理论问题研究》，陕西人民出版社，1985年，第34页。
③ 陕西师范大学教育研究所心理研究室编：《心理学基本理论问题研究》，陕西人民出版社，1985年，第57页。

1940年完成的《神经生理的矛盾运动和意识反映的矛盾过程》一文。比起《行为研究举例》，这篇论文对行为生理矛盾的分析以及在心理学领域运用辩证唯物主义矛盾理论的研究更加严谨、系统和完整，是毛泽东新民主主义理论形成后，延安时期马克思主义中国化学术繁荣和发展的重要成果之一。

刘泽如在《神经生理的矛盾运动和意识反映的矛盾过程》一文中构建起从生理运动、神经运动到人的意识的马克思主义理论解释体系。认为人的生理运动有三种类型，即肢体的运动、语言的生理运动和有机的生理运动。这样的生理运动是矛盾发展的过程，"是不适宜于某种运动的构造被压抑，适宜于这种运动的构造被发展的过程。很显然，这是在旧生理构造的基础上产生新构造的过程，这也就是哲学上所说的扬弃过程"①。生理的矛盾运动包含并决定着神经运动。"神经运动是刺激所要求的必需运动和它所解发的惯性运动的矛盾统一。"② 这一重要观点鲜明地反对了心理学研究中的机械论错误观点，奠定了把唯物主义矛盾论运用于心理学科学研究的理论基础。

神经是意识的生理基础，神经的矛盾运动也是意识反映矛盾运动的生理基础。神经的矛盾运动是必需运动和可能运动这两个方面的对立统一。"神经的矛盾运动，是反映客观的必需运动和神经上的可能运动的矛盾。客观刺激要求神经完全适应它来运动，必需这个运动出现，神经才正确地反映客观刺激。所以，必需运动，就是神经完全适应于客观刺激的运动。神经上的可能运动，是前行的刺激所遗留的惯性运动。所以，必需运动和可能运动的矛盾，就是客观刺激所要求的必需运动和它所解发的神经惯性运动的矛盾。"③ 神经的矛盾运动经过分解再组合、组合再分解的复杂活动过程，不断趋于复杂化、细微化，以复杂的神经活动关联越来越深刻地反映事物的内在关系，使实践不断地反映为意

---

① 陕西师范大学教育研究所心理研究室编：《心理学基本理论问题研究》，陕西人民出版社，1985年，第67页。
② 陕西师范大学教育研究所心理研究室编：《心理学基本理论问题研究》，陕西人民出版社，1985年，第77页。
③ 陕西师范大学教育研究所心理研究室编：《心理学基本理论问题研究》，陕西人民出版社，1985年，第100—101页。

识并形成正确的认识。

刘泽如的这一研究是在辩证唯物主义指导下，通过阐述神经活动的矛盾活动，深化了对物质实践和人的意识关系的认识和理解。这一研究的主要理论贡献在于以下四个方面：一是从工具的社会性的角度论证了人是自然和社会的统一体这一基本观点。认为人是自然和社会的统一，既体现在人的意识的形成的社会性上，也体现在人的身体的构造上。"工具决定生理的运动，也就决定生理的构造。工具是社会的产物，是一定社会里的东西。所以，工具决定人的生理运动和构造，就是社会决定着人的生理运动和构造。"①从这个意义上来说，"被工具决定的生理运动，必然是反映社会的。这个生理的物质进行着反映社会的运动，所以它是自然和社会的统一"②。二是从神经运动的矛盾过程说明了意识反映的矛盾过程。神经的运动不是机械性的过程，而是一个矛盾的过程。"神经矛盾运动，和意识反映的矛盾过程是一致的。因此，就可能从神经的矛盾运动上，说明意识反映的矛盾过程，说明意识反映的矛盾过程是神经的矛盾运动产生的。"③意识对物质的反映过程是通过人的神经的矛盾运动来体现并完成的。三是从神经的矛盾运动出发，阐述并深化了对感性认识和理性认识、认识的质变、从必然到自由的认识发展以及人的意识的主观能动性等马克思主义认识论的基本观点，使马克思主义认识论通过心理学得到进一步的科学阐述和说明。四是从学理上科学地指明了阶级立场的神经生理基础。人的阶级性以及对这一阶级性认识形成的阶级立场是长期的阶级斗争实践的刺激在人的"神经上形成的强的惯性运动"④，这种强烈惯性运动构成了人的主观认识和阶级立场的生理基础。

---

① 陕西师范大学教育研究所心理研究室编：《心理学基本理论问题研究》，陕西人民出版社，1985年，第65—66页。

② 陕西师范大学教育研究所心理研究室编：《心理学基本理论问题研究》，陕西人民出版社，1985年，第67页。

③ 陕西师范大学教育研究所心理研究室编：《心理学基本理论问题研究》，陕西人民出版社，1985年，第79页。

④ 陕西师范大学教育研究所心理研究室编：《心理学基本理论问题研究》，陕西人民出版社，1985年，第89页。

1938年9月，毛泽东在党的六届六中全会上提出马克思主义中国化的重大理论命题和时代课题。此后，马克思主义中国化的学术研究就成为延安时期党推动马克思主义理论研究的重要内容。刘泽如《神经生理的矛盾运动和意识反映的矛盾过程》是这一时期马克思主义理论学术研究取得的重要成果，深化了对辩证唯物主义矛盾理论的认识，也进一步诠释了毛泽东《实践论》《矛盾论》关于马克思主义认识论的基本观点，奠定了马克思主义心理学的重要学术基础。

这一时期，刘泽如以对马克思主义心理学的理论研究为基础，联系边区教育的发展实践积极开展研究，在教育学研究方面也取得了丰硕的研究成果。

在教育理论方面，刘泽如于1946年在《教育的基本理论问题》一文中指出："我们应当根据社会的发展去把握人的发展，根据人的发展去进行教育，这就是教育的基本原理。"① 近代以来中国社会和革命发展的基本趋势与基本要求，客观上要使教育必须适应这种基本趋势和基本要求。"我们的社会要进行反帝、反封建、反官僚资本主义的斗争，我们的人民必然要发展这方面的斗争知识，我们就应当教人学会这种斗争知识。""教育还要依照社会发展的需要进行。从为人民谋利益的实践中所产生出来的知识反转来指导人们去为人民谋利益，从为人民谋利益的实践中所坚持起来的改造旧社会、建设新社会所需要的，是推动社会发展所需要的。因此，我们教育又是依照社会发展的需要进行的。"② 在同年撰写的《教育上的几个问题》一文中，刘泽如提出了在教育领域反对经验主义的命题，即反对不从实际出发，不考虑人的知识道德的发展规律，只是依照老一套的方法去进行教育的经验主义教育方法。"我们是教育工作者，是教育人的，是教人以知识道德的。那么，我们就应当从实际出发，用辩证的方法把握人的知识道德的发展规律，然后根据它的发展规律去进行教育。"③ 在对

---

① 陕西师范大学教育科学研究所编：《刘泽如教育文选》，陕西师范大学出版社，1993年，第2页。

② 陕西师范大学教育科学研究所编：《刘泽如教育文选》，陕西师范大学出版社，1993年，第6页。

③ 陕西师范大学教育科学研究所编：《刘泽如教育文选》，陕西师范大学出版社，1993年，第8页。

教育与政治关系进行科学分析的基础上，刘泽如进一步提出要把毛泽东思想运用到教育工作中的重大任务。1948年在《怎样把毛泽东思想运用到教育工作中》一文中，他指出："我们是教育工作者，就应把毛泽东思想运用到教育工作中来，改进我们的工作。这是个大问题。"① 对于这个大问题，刘泽如提出要坚持八个基本原则：第一，存在决定意识、意识反作用于存在的反映论，是检查我们文化教育工作的出发点。第二，教育工作必须为工农兵服务。第三，充分认识文教工作普及与提高的关系。第四，干部教育与群众教育既有联系又有区别。第五，从改造社会的实际需求出发，批判地接受中国古代文化和外国的文化知识。第六，新民主主义的文化教育应是民族的、科学的、大众的。第七，办教育应遵循需要和自愿相结合的原则。第八，既要照顾现在又要照顾将来。这些重要原则的形成，对在教育中正确运用毛泽东思想具有重要的方法论意义。

在教育实践方面，刘泽如到延安后相继担任陕北公学师范部主任、延安大学教育学院院长、陇东中学校长和延安大学教育系主任等。特别在1944年接任陇东中学校长以后，学校发展很快，到1946年，全校教职工增加到37人，学生发展到330人，有7个教学班。② 1948年10月，为了贯彻落实中共中央西北局和边区政府关于根据西北革命形势发展，把延安大学办得更好的指示，延安大学开始推进正规化教育，成立了政法系、经建系、教育系和文艺系等4个专业系，由刘泽如出任教育系主任，教育系下分中等教育、国民教育两个班。③ 在长期的教育实践中，刘泽如不断深化对边区基础教育的研究。1946年，他撰写长篇教育研究文章《陕甘宁边区的普通教育》，全面系统地研究了边区教育中的学校建设、课程教材、教学组织和教学方法、思想教育、边区教育基本理论等问题，是一篇关于边区教育形态发展的系统的研究成果。

---

① 陕西师范大学教育科学研究所编：《刘泽如教育文选》，陕西师范大学出版社，1993年，第13页。
② 刘宪曾、刘端棻主编：《陕甘宁边区教育史》，陕西人民出版社，1994年，第241页。
③《适应西北形势培养人才 延大确定正规学制 王子宜惠中权柯仲平刘泽如等分任各系主任》，载《群众日报》1948年10月30日第1版；《延大各学系正式成立》，载《冀热察导报》1948年12月1日第3版。

在对边区教育实践的研究中，刘泽如特别重视学生的思想教育问题。他分析道："思想问题，是观点立场的问题，它不仅是单纯的知识，而且包含着感情和意志，它是从长期的实践中形成的。新民主主义的思想教育，就是从不断的实践中，教人站稳广大工农劳动群众的立场。"① 在具体的教学实践中，刘泽如提出系统地对学生开展思想教育的内容和方法。在《陇东中学的政治思想教育》一文中，他指出："思想的改造，或新人生观的建立，不是单纯的知识问题，不是只知道了就成功的，而是长期的、切实的实践过程。"② 在此基础上，刘泽如进一步提出了对学生进行政治思想教育的三大重要方法：一是要指导学生依照既定的政治思想教育的目标前进，要具体地、深刻地了解学生。只有了解学生，才能辅导学生、引导学生向既定的目标前进。不然，就会变成脱离实际的教条主义的说教，或者只是简单的命令。二是把学生的思想行动经常提到对群众有利还是有害的标准上来，让他们自己去研究、分析和认识，并发动学生根据这个标准来反省和检讨自己的思想行动。三是在学生的具体生活中培养他们的集体生活习惯，利用集体生活中的工作培养他们处处为群众着想的正确的工作作风。在对学生进行正确的政治思想教育的过程中，政治课起着重要的作用。因此，刘泽如在1948年撰写的《中学政治课教材的几个问题》一文中提出："中学的政治课应理论联系实际，并且中学的政治课应从群众观点讲起，由实际向理论的方向发展，最终提高理论水平。""什么是理论与实际联系、实事求是、科学的预见和马列主义中国化？就是用马列主义的普遍真理研究中国现实，把握中国现实如何发展，并依照这个规律去改造现实。我们的政治课是宣传我们的理论并争取受国民党错误理论影响的青年走到我们这一边来，所以，我们的宣传工作应当考虑他们的实际基础和水平，不可求之过急，要逐步向我们所要求的方向提高。战场上

---

① 陕西师范大学教育科学研究所编：《刘泽如教育文选》，陕西师范大学出版社，1993年，第78—79页。

② 陕西师范大学教育科学研究所编：《刘泽如教育文选》，陕西师范大学出版社，1993年，第88页。

是根据敌我情况布置战斗，在理论上我以为也应如此。"①

延安时期，刘泽如积极参加并推动马克思主义心理学、教育学的研究和实践工作，在多个方面做出了具有开拓性的重大学术贡献。这是党在这一时期领导和推进马克思主义中国化学术研究的重要成果，对新中国成立后马克思主义心理学和教育学的建设和发展具有深远的学科影响和历史意义。

第三节　全面抗战时期陕西师范教育的变迁

全面抗战爆发迫使中国高等教育发生结构性变化，尤其对中国教育的资源配置和教育布局带来重大影响，也促使陕西的教育特别是陕西高等教育发生历史性变化。正是在这种重大事件变化中，陕西省立师范专科学校应运而生。

一、全面抗战爆发后陕西高等教育格局的变化

20世纪30年代，西北地区高等教育极为薄弱，一些有识之士急迫呼吁："西北教育破产，不可言状，尤其是高等教育，直等于零，故西北缺乏建设人材，亦无庸讳言，兹为提高西北人民智识，养成各种专门技能，和训练建设人材计，政府急宜设立农科，工科，纺织科，以及其他专门学校，并设立健全的国立大学，最好为公费学校，以适应西北的特殊环境，且为百年树人之计，此诚刻不容缓之伟举。"②陕西的高等教育也是时断时续，发展缓慢。全面抗战爆发之后，平津等地高等院校的内迁为地处西北的陕西高等教育发展带来了重大的机遇，促进了陕西高等教育的发展。

1937年8月《国民政府教育部设立临时大学计划纲要草案》规定：一、政府为使抗敌期中战区内优良师资不至无处效力，各校学生不至失学，并为非常时期训练各种专门人才以应国家需要起见，特选定适当地点筹设临时大学若干

---

① 陕西师范大学教育科学研究所编：《刘泽如教育文选》，陕西师范大学出版社，1993年，第114—115页。

② 商洪若：《建设西北之路》，载《新西北》1932年第1卷第3、4期。

所。二、此项临时大学暂先设置下列一所至三所：（1）临时大学第一区，设在长沙；（2）临时大学第二区，设在西安；（3）临时大学第三区，地址在选择中。这一计划纲要初步拟定建立长沙临时大学与西安临时大学的设想，目的是"集中原有力量，于内地创造一二学术中心，以求效力国家"①。同年10月，国立北平大学、国立北平师范大学、国立北洋工学院、河北省立女子师范学院西迁来陕，联合组成国立西安临时大学。但由于华北战场的失利，特别是太原失守后，日寇南下，并有西侵之意图，西安告急，1938年3月，国立西安临时大学又奉命南迁陕西城固，改称国立西北联合大学。

1938年7月起，国立西北联合大学开始分设，逐步分为五所独立院校：国立西北工学院，院址设城固古路坝；国立西北农学院，院址设武功杨陵；国立西北大学，在城固宣布成立，1940年决定西安为永久校址；国立西北师范学院，分步迁往兰州；国立西北医学院，设在南郑。国立西北联合大学一分为五，无论决策和实施都是一个复杂过程，也从客观上反映出国立西北联合大学在陕办学，已经不再仅仅是战时教育的一种方案，而是在"国家层面拉开了'致力于发展西北教育既定方针'和'确立西北农工教育基础之计'的帷幕"②。

全面抗战时期，在陕西高等教育发展几乎断流的情况下，西北联大成了陕西乃至西北地区高等教育发展的再生之源，改写了陕西高等教育的格局，"为发展西北高等教育，提高边省文化"发挥了重要作用。正如西北联大校常委陈剑翛在联大开学典礼上所言："本校现改名为国立西北联合大学……是要负起开发西北教育的使命。"国立西北大学校长刘季洪曾在回忆当年情况时也说："可见当时西北建校教育政策甚为重要，而对以后西北地区发展更具远大影响。"③

---

① 陕西省档案局（馆）编：《国立西北联合大学档案史料选编》上册，西北大学出版社，2018年，第12页。

② 陕西省档案局（馆）编：《国立西北联合大学档案史料选编》上册，西北大学出版社，2018年，第37页。

③ 赵宏毅：《国立西北联合大学与陕西高等教育发展》，载《西北大学学报》2012年第3期，第26页。

西北联合大学以及从母体中分出来的5所学校,在艰苦的办学中成长起来705名教授、副教授和2169名教职工,培养了9015名学生,在人文和科学研究领域中产出70多项重大成果,以完整的学术体系和高等教育体系奠定中国西北高等教育的基础。①

二、抗日战争胜利前夕陕西高等师范教育的新挑战

全面抗战时期,国民政府制定的《战时各级教育实施方案纲要》规定:"中等学校师资,设立师范学院,予以给养。"但是,由于种种原因,全面抗战爆发以来陕西并没有建立起专门的高等师范学校,直到1942年时,陕西省立的高等学校也只有3所,即省立医学专科学校、省立商业专科学校、省立药学专科学校,学生共414人,教职员131人。与此同时,中等教育的规模不断扩大,以1939年为例,陕西中等学校包括省立、联立、县立、私立的在内,共有67所,学生总数1.7万—2万人。② 这就客观上需要高等师范教育的发展。国立北平师范大学迁陕,以及后来国立西北师范学院从西北联大母体中分出,无疑顺应了陕西高等师范教育发展的迫切要求。该校在迁陕以及后来迁入甘肃兰州再到复校的九年时间里,培养了1300多名师范生,并成立了中等教育辅导委员会,③ 对陕西乃至西北各省中等教育发展都起了重要作用。

1940年后,国立西北师范学院开始筹备从陕西迁往甘肃。1941年,设在兰州的西北师范学院分院开始招生,而留在城固的校本部则停止招生。1942年,国立西北师范学院本部由城固迁入兰州,城固改为分院。1944年,国立西北师范学院全部迁往兰州,同年城固的学生全部毕业,城固分院宣布撤销。国立西北师范学院从陕迁甘,给陕西高等师范教育以及中等教育发展带来严峻的挑战。

---

① 陕西省档案局(馆)编:《国立西北联合大学档案史料选编》上册,西北大学出版社,2018年,第1—2页。
② 陕西省教育厅《陕西教育志》编纂办公室:《陕西教育志资料选编》下卷,陕西人民出版社,1988年,第184页。
③ 北京师范大学校史编写组:《北京师范大学校史(1902—1982)》,北京师范大学出版社,1982年,第121—122页。

"考诸事实：各省中学校之设置，有如雨后春笋，反之，职业与师范学校，则仅寥寥无几，有些省份，甚至只有一校，或并一校而无之。"[1] 在国立西北师范学院从陕迁甘的过程中，陕西省府为将其继续留在陕西办学做出过不少努力。如 1942 年 12 月，陕西省教育厅在给教育部的《为陕省中等教育师资缺乏并为冀鲁晋豫等省学生就学便利计仍请将国立西北师范学院分设陕甘两地以宏造就由》中强调："惟近闻西北师范学院有于明年暑期迁甘之说，谨再申前请，详悉陈之。"报告阐述了四方面的具体理由：

一是自北平沦陷，失去文化重心。凡冀豫鲁晋皖鄂各省人士，多携眷流寓陕境，青年亦多只身前来，以故在陕就学者，日有增加。普通大学之外，陶铸人才，延续文化实为需要。观民国二十九年度（1940）西北师范学院在校学生统计表，全院 521 人，河北 124 人，河南 104 人，鲁晋苏皖赣鄂辽吉黑等省 126 人，共 354 人，占全额 3/5 犹强。缘沦陷各省中学毕业生，不甘受奴化教育，而远来后方依恋中央。若国家嘉其远道来学，授以三民主义教育，使归而转教其省，则民族精神、心理建设，即寄寓其间，较之普通大学，尤能发挥效能。至就学地点，自以陕省为较接近，若兰州固亦西北重镇，道路遥远，交通不便。或惮于长征，望尘兴叹；或限于经济，有志难酬。将使依恋之诚中沮，而沦陷省份，亦有脱离三民主义教育之危，故西北师院之在陕境，实为吾国沦陷区域造就复兴建国之人才，不宜西行迁去者也。

二是近年物价腾踊，建筑匪易。西北师院在陕有年，修筑校舍，所费不赀，若去而之他，原有建筑，弃之可惜。如赓续进行，需款有限，而收效甚宏。为国家节省经费计，西北师院亦宜存留陕境也。

三是陕省向无高等师资学校。虽在北洋政府时代，有西安筹设高师之计划。而曾在北平、沈阳等处毕业者，为数无多，是以中等学校教员，非研究教育之士。近年中等教育校数人数，增加日多，而教员增加数不能与校数、班级相适应。各校聘请教员，确属困难问题，钧部时有人员来省视察，此种情形，谅早鉴及，

---

[1] 陕西省档案局（馆）编：《国立西北联合大学档案史料选编》下册，西北大学出版社，2018 年，第 1398 页。

为适应目前之需要，西北师院亦宜存留陕境也。

四是师院附中，为教育实验场所，亦为中等学校模范。抗战以来国立中学、沦陷区域公私立中学，均集中陕境，而以附中为唯一表率，相观实宏。此种关系，尤为至巨，若独处远境，只能自行教成少数学生。能收渐渍观摩之益，此又视院之存在与否，以定去留，而企望长期存在也。①

这一努力最终没能实现。抗日战争胜利前夕，面对不断发展的中学教育所带来的师范人才培养的挑战，陕西省发展高等师范教育的需要也就更加迫切。据1942年统计，陕西省共有中学97所，其中省立和县立66所，私立31所，学生数为3.1万余人。②这时的学校数和学生数，比起全面抗战初期还是有不小的增加。为此，举办陕西省自己的高师院校的议题就被迫切地提了出来，这就决定了陕西省立师范专科学校创建具有历史的必然性和重要的时代意义。正如1946年7月10日《申报》在对创办陕西省立师范专科学校的评论中所说："陕西中等学校师资，素感缺乏，近来各县均设县立中学，师资更感不敷"，因此"由陕西省府呈准教部设立师范专科学校"。③1947年，陕西省立师范专科学校成立三周年时，郝耀东校长在《师专三周年》一文中回顾学校创建的情形时也说道："惟因成于抗战之际，困难百出，艰苦备尝，幸赖政府及社会贤达，鼎力扶持，始有今日，亦大可欣庆。"④因此，在抗日战争胜利前夕陕西高等师范教育格局发生变动的背景下，1944年8月创立陕西省立师范专科学校，填补了陕西高等师范教育的空缺，是陕西高等教育发展史上的大事件，深刻地影响和改变了三秦大地基础教育的发展形势。

---

① 陕西省档案局（馆）编：《国立西北联合大学档案史料选编》上册，西北大学出版社，2018年，第59—60页。
② 陕西省地方志编纂委员会编：《陕西省志·教育志》上册，三秦出版社，2009年，第126页。
③ 《陕西师范专校　有待扩充改善》，载《申报》1946年7月10日第2张第6版。
④ 郝耀东：《师专三周年》，载《西京日报》1947年12月4日第2版。

小　结

20世纪20—30年代，马克思主义教育思想在中国广泛传播，推动陕西的有识之士走上探索新师范教育的历史道路。尤其在中国共产党的抗日民族统一战线指引下，延安时期党的新民主主义教育思想和理论也传播到陕西的国统区，而抗战胜利前夕创办的陕西省立师范专科学校也受到较大的影响，并在学校成立初期就有地下党组织开展活动。西安解放后，西安军事管制委员会对陕西省立师范专科学校进行接管改造，使其成为新民主主义教育的组成部分。因此，从陕西师范大学前身学校创建的历史源流和思想影响来看，这所具有悠久历史文化传统的师范大学扎根在鲜亮的红色血脉之中，并且沉淀着陕西师范教育先驱们为国家和民族前途不懈奋斗的革命精神，搏动着陕西师范大学前身学校引领者奋力救国的赤胆忠心，凝结着从延安走出来推动新式师范教育发展的开拓者积累的宝贵经验。王夫之《张子正蒙注》曰："学，所以扩其中正之用而弘之者也。"这股红色血脉也铸就了陕西师范大学的根与魂，支撑和感召着这所大学一路走来，在新的历史时期不断创造新的辉煌。

第一章 抗战创校

陕西省立师范专科学校的办学与接管

从 1944 年 8 月至 1949 年 8 月，是陕西省立师范专科学校创建后的独立办学时期，又是历经分合变迁但却延绵不断，最终汇聚形成陕西师范大学主体源流的重要阶段，也是本章记述这一时期学校教育教学活动的基本时限。

1937年7月，全面抗战爆发，在华北沦陷的危难之际，北平、天津等地高等院校师生被迫踏上艰难的辗转西迁之路。虽然关山重重、路途遥遥，但他们来到陕西后辗转多地坚持办学，高等教育孱弱的陕西迎来依托这些西迁高校进行战时本土布局，并进入短暂快速发展的历史机遇期。在抗战即将迎来胜利的前夕，由于国立西北师范学院整体迁往兰州，陕西高等师范教育发展再次面临着兴废存亡的严峻挑战。在这关系陕西教育事业发展前途的关键时刻，陕西教育界有识之士既对战后复员和教育复兴引起中等学校师资需求剧增的形势进行分析探讨，又为筹办新的高等师范学校积极奔走呼吁。经社会各方面的同心协力，1944年8月，一所旨在为陕西本省培养中等教育师资的省立师范专科学校在古都西安崇廉路37号应时而建。1949年8月，陕西省立师范专科学校归并国立西北大学教育学系，组建成立国立西北大学师范学院，迎来了其在中国共产党领导的新民主主义方针指引下的时代新生。作为继国立西北师范学院之后而创立于陕西本土唯一的一所高等师范院校，陕西省立师范专科学校以开拓进取、作育宏业的兴教精神，为陕西社会建设接续培育了一批立志献身基础文教事业的青年才俊，为发展陕西基础教育贡献了智慧和力量。

第一节 陕西省立师范专科学校的筹备和成立

在抗战胜利前夕，创办陕西省立师范专科学校，既是顺应省内中小学校数量陡增对各科师资的迫切急需，又是基于战后文教恢复、外来教师离陕造成师资缺额而做出的一个前瞻性决策，也是陕西省政府及其教育厅为推动地方文教基础事业发展而进行的一项整体性筹划。

一、谋划文教复兴，成立建校筹委会并多方筹措

1937年7月7日卢沟桥事变爆发后，为保障平津等地高等教育免遭战火，国民政府教育部决定将一些重点大学迁移到内地办学。同年9月10日，在接到国民政府教育部关于"以北平大学、北平师范大学、北洋工学院和北平研

究院等院校为基干，设立西安临时大学"①的指示后，国立北平大学、国立北平师范大学和国立北洋工学院3校师生相继由平、津辗转迁往西安，并在抵达后与同时迁来的河北省立女子师范学院合并组成国立西安临时大学。但随着日军不断进逼和疯狂轰炸西安城区，为保护师生安全，新迁建的西安临大被迫于1938年3月辗转迁往陕南汉中一带继续办学。同年4月，国民政府教育部根据行政院会议通过的《平津沪战区专科以上学校整理方案》发布关于"国立北平大学、国立北平师范大学及国立北洋工学院，原联合组成西安临时大学，现为发展西北高等教育，提高边省文化起见，拟令该校各院逐渐向西北陕甘一带移布，并改称国立西北联合大学，院系仍旧"②的通令，遂将南迁到汉中城固一带的西安临大改称为"国立西北联合大学"，下设文理学院、法商学院、教育学院、农学院、工学院和医学院等6个学院。四个月之后，即同年夏，为进一步落实发展西北高等教育这一规划，西北联大再次奉国民政府教育部令将农学院、工学院先后独立设置，并与其他西迁院校的相关院系相继合并调整，分别筹建成立国立西北农学院和国立西北工学院；同时，另将原教育学院改称为师范学院，仍隶属于西北联大（下设文理学院、法商学院、医学院和师范学院共4个学院，除各学院原有系科外，新增医科研究所和师范研究所③）。1939年8月，根据国民政府关于"据教育部呈，拟将国立西北联合大学即行改组为国立西北大学……并将原有之医学院与师范学院一并独立设置，分别改组为国立西北医学院与国立西北师范学院"④的指令，工学、农学、医学、师范4个学院先后奉令改组为相应的国立独立学院。国立西北师范学院的独立设置，不仅为西北地区培养了急需的中等教育师资，

---

① 北洋大学—天津大学校史编辑室：《北洋大学—天津大学校史资料选编》一，天津大学出版社，1991年，第350页。

② 中国第二历史档案馆编：《中华民国史档案资料汇编》第5辑第2编《教育》一，江苏古籍出版社，1997年，第11页。

③ 陕西省档案局（馆）编：《国立西北联合大学档案史料选编》上册，西北大学出版社，2018年，第17页。

④ 《据行政院二十八年八月十四日吕字第九一七四号呈称据教育部呈为拟将国立西北联合大学改组为国立西北大学等由》，载《国民政府公报》1939年渝字第180号，第8—9页。

有力地推动了战时西北基础教育事业稳步发展，而且为之后陕西孕育和创建本省高等师范教育的发展布局，汇聚了一批卓越的教育管理人才，储备了一支优秀的骨干教师队伍。

1940年春，经通盘筹划之后，国民政府教育部做出将"西北大学迁设西安，西北工学院迁设宝鸡，西北农学院仍设武功，西北师范学院迁设兰州，西北医学院迁设平凉"①的决定。因战时校舍迁建等实际困难，国立西北师范学院迁移兰州办学未能立即实施。后甘肃省教育厅又同教育部商榷，将原国立西北师范学院改迁兰州之议，更改为设立该校兰州分院以便循序从缓迁建的策略；最终获得西北师范学院的同意②，并于同年下半年开始筹办。

1941年3月，国立西北师范学院奉教育部训令在兰州筹备分院。10月，兰州分院正式成立（院址位于黄河北岸兰州市十里店区），并着手招收新生，于当年12月3日开学。1944年夏，该院又奉命将城固分院全部迁到兰州，至年底迁建全部完成。虽然这一迁建举措实现了教育部关于大量培养中等学校师资以奠定西北教育基础的初衷，但却在一定程度上对陕西高等教育的战时布局及中等学校师资力量的培养造成直接影响：一方面，国立西北师范学院迁移兰州办学，陕西本省没有了专门培养中学师资的高等学校；另一方面，省内中小学校数量增加，亟须补充合格中等学校师资。

在抗战胜利曙光初现之际，陕西教育界有识之士也预见到，战后文教恢复将会引起陕西教育格局发生巨大变化。尤其是从沦陷区迁移而来，占省内中等学校师资总数达1/3的外省中学教师返回原籍，陕西中等学校师资将面临大量缺额的被动局面；战后省内各项建设工作恢复对知识青年的需求日亟，文教事业复兴，各县区学校激增，对中等学校合格师资的需求也更为迫切。

为此，陕西省政府于1943年9月召开会议，责成教育厅厅长王捷三负责拟

---

① 《规定西北各校院永久校址》，载《国立西北师范学院校务汇报》1940年第11—12期，第5页。

② 郑西谷：《二十九年甘肃教育之实施》，载《甘肃教育》1940年第2卷第23—24期，第1—2页。

订筹设省立师范专科学校的计划，呈请教育部核准后着手办理。在筹备阶段，王捷三在一次会议中专门讲到："本省中等学校师资，约三分之一是沦陷区来的同志，一旦文化复原，师资恐惶更可预想。关于中等学校的师资培养，已奉教育部准明年创设省立师范专科学校，刻由本人筹备中。"不久，陕西省教育厅积极向省政府呈请拨发筹办经费20万元以资筹备。后经省政府委员会于是年10月12日召开会议议决通过，定于是年年终核准酌拨，其经费不足部分由省教育厅呈请中央予以追加。

1944年1月，在前期勘察校址、申拨经费、拟定组织大纲等筹备工作的基础上，为使各项工作能够按照拟定计划有序推进，经由省政府核准同意，先期聘定黎锦熙、萧一山、王捷三等为省立师专筹备委员会委员；同年5月，增聘高文源、唐得源为筹备委员，主任委员由新任教育厅厅长王友直兼任[①]。省立师专筹委会成立后，即在两任厅长的相继带领下积极开展筹备工作：一方面着手编拟本年度开办及经常费概算，并呈请行政院核准拨给，以及指派干事人员等进行多方协调筹划；另一方面又积极着手延聘国内外教育界贤达来校任教。经筹委会精心筹备，省立师专获准奉国民政府行政院令指定西安市崇廉路37号前女子中学旧址（今西七路爱知中学校址）为校址，面积30余亩，并划拨开办经费55万元，为学校的创建奠定了坚实基础。

由此可见，筹办陕西省立师范专科学校，既是应对当时省内中小学校数量陡增而师资短缺的教育内部变化，又是基于预测抗战胜利文教恢复后外来教师将返回原籍造成师资缺乏的外部形势而做出的一个理性决策，也是从根本上解决陕西省中小学校师资不足问题的一项长远谋划。

二、省厅做出决议，任命人选拟定办法宣告成立

在省教育厅两任厅长的接续领导下，经过为期半年紧锣密鼓的筹备，省立

---

① 《陕西省立师范专科学校概况》，陕西师范大学档案馆藏，省立师专档案，档案号0-ZH-3.0001。

师专各方面的筹建工作基本就绪，学校校长人选等人事安排也逐步被提上了省政府的议事日程。1944年7月28日，省政府委员会召开专项会议，议决通过聘请国内教育界名宿、时任国立西北师范学院师范研究所教授郝耀东为校长。郝耀东遂于当年8月中旬从陕南城固起程来到西安，接受聘任并开始主持校政。郝校长到任后，立即建章立规，筹措办学事宜：首先，按照国民政府《专科学校组织法》拟订组织大纲呈教育部核准和选聘教职员，并召开专题会议，决议分设国文、英文、数学、史地、理化5科外，还计划视地方实际需求陆续设定体育、教育和博物等科；其次，为普遍招收有志于教育事业并能为之终身服务的优秀青年，在《西京日报》等报刊上发布招生简章公开招收中学毕业生，1946年6月，拟订《陕西省各县保送学生入省立师范专科学校办法》，商请各县从优选拔保送1—2名中小学教师予以培养与提高；再次，1947年12月奉教育部指令，制定《陕西省立师范专科学校学则》（共计12章49条），分别从入学条件、科别及课程、注册选科、试验及成绩、转科、休学后复学、奖励及惩戒、操行评定、追缴公费等方面对学校的教育教学和学生的学习生活等规范做出详细规定。

省立师专从1944年9月初开始动员学生陆续报名，经一月余的紧张考试与甄别选拔，招录国文、史地、英文、数学、理化等科新生5个班，共计268名学生，并于同年10月下旬相继报到。但囿于战时校舍、仪器等设施相对有限，文科新生于11月6日先期开课，其他科新生随后陆续上课。直到翌年1月20日，学校首届各科新生才于该校大礼堂补行开学典礼。省立师专是陕西省继创办省立医专、商专以及私立西北药学专科学校之后，在陕西高等教育布局中创建的唯一一所专门培养中等教育合格师资的学府。这既是改变陕西本地高等师范教育落后的客观现状、调整高等学校办学结构的历史必然，又是破解陕西中等教育师资匮乏的长期难题、满足基础教育内生发展需要的现实使然。

第二节　陕西省立师范专科学校的早期建设和人才培养

陕西省立师范专科学校一经成立，为造福桑梓，秉承郝耀东校长提出的"造就中学师资""改进中等教育""发展师范教育""改造社会风气"①四大办学使命，以及"综核名实，信赏必罚"②的严明治校精神，在全校师生同甘共苦努力筹划和改善办学基本设施等条件的基础之上，一方面不断完善学校组织机构建设，并在陕南筹建分校，积极参与到当地文教事业发展建设中；另一方面不仅通过扩大招生、加强专业建设等举措以培养专门人才，还采取创办不定期的校刊等方式以丰富学校的学术与文化交流活动。同时，学校还发起和组织各种学术演讲、文体竞赛等活动，既为校内师生营造了浓厚的学术研究氛围，又丰富了学生的校园文化生活。

一、勠力开拓奠基，师生同甘共苦购置办学设施

省立师专创建恰逢抗战后期，初期条件艰苦、困难重重，艰苦备尝。不仅校址面积狭小，而且学校的图书仪器和基础设施等囿于办学经费的拮据而异常简陋。尤其是校舍用房的短缺和空间的局促，甚至一度直接影响着学校校务和教学工作的有序开展以及学生生活学习的正常进行。但在以郝耀东校长为首的校领导们苦心谋划和努力经营之下，广大师生发扬如校歌中所唱的"不要怕吃苦，不要怕挨饿，不要怕障碍重重"③的顽强拼搏精神，同甘共苦、凝心聚力，以众志成城的气魄和聚沙成塔的决心，克服横亘在创校道路上的诸多困难，在购置办学用地与校舍建设等方面获得了长足的发展，为陕西本土高师教育的发展奠定了基础。

（一）相继收回校舍与邻近购置校地

学校建立之初，校地虽由省政府指定西安市崇廉路 37 号前女子中学旧址，

---

① 郝耀东：《陕西省立师范专科学校的使命》，载《西京日报》1944 年 12 月 25 日第 3 版。
② 佚名：《新生中之陕西师范教育（学府风光之二）》，载《西北文化日报》1944 年 11 月 8 日第 4 版。
③ 郝耀东（作词）：《师专校歌》，载《师风》1945 年创刊号，第 2 版。

但所占面积仅有 30 余亩，且校内大部分用房被国民党党政机关占用，不仅妨碍了校务和教学工作的正常运行，而且对学生的生活和学习也影响甚大，入学报到的学生一度面临既无宿舍可息又无教室可用的紧张局面，一部分学生不得不在校外长期租借房屋居住。

面对各机关借用校内房屋久不搬迁且协商无果的局面，郝耀东校长于 1944 年 11 月函请教育部等多方沟通与协调。1945 年 9 月底，被占用的校舍才相继腾出，原本局促的房舍空间短暂缓解，但因又招取新一级学生，仅有的学校教室、宿舍尚未配备齐全，致使学生虽已报到多日仍无法上课。对于学校当时的环境状况和师生的生活情形，英文科教员李吟西曾在一篇文章中提及："就环境方面讲，自从创办到去年寒假，这里的师生，尚不能享有一个完整的院落。当时的情况，虽没有西安的'十家院'那么寒酸，但也够使人窒息的了……他（她）们都心悦意满的爬在地板上，度过了几个寒暖悬殊的季节，更度过了一长串漆黑的夜。"①

随着校内被战时部分党政机关占用的校舍彻底收回，一定程度上缓解了学校用房的紧张，但这对增设文史和理化两个专修科以及逐年增加班级扩大招生数量来说，依然不敷应用。为从根本上解决校园面积狭小与校舍紧张对逐年扩大招生办学的瓶颈式制约问题，在郝耀东校长请示教育部并在省政府及教育厅的协调下，学校于 1946 年 3 月底又将原有的校址向西扩充，购入与该校毗邻的北洋工学院西京分院旧址（面积 70 余亩），使校园占地面积延展至 100 余亩，拥有楼房及西式平房校舍 90 余间（翌年又另添建教室一排，计 10 余间）。虽然增购校址后，房舍面积有所增大，但学生们在就餐方面仍面临着"没有食堂，每遇风雨，颇觉不便"②的苦楚。为改善师生的生活和学习条件，郝校长又对校园的建设布局进行规划："东边的三十多亩，计划作为新体育场，体育场的北端，是校园的新址……中间的三十多亩，南端是五十多幢教员房子的基址，北端将盖起十排学生宿舍，中心地带，盖有四个大饭庭和一个盥

---

① 李吟西：《师专的学校环境与学生生活》，载《师风》1946 年第 2 期，第 6—7 页。
② 李吟西：《师专的学校环境与学生生活》，载《师风》1946 年第 2 期，第 6—7 页。

洗室……西边的三十多亩，是实验中学新址。"① 但是，新规划的蓝图因国内时局的急剧变化而被迫搁浅。

（二）添置图书仪器与教学场馆设备

省立师专在开办之初，由于开办经费制约，一切设备均极为简陋。除仅有几间教室以及几十间教员和学生宿舍、大礼堂和办公厅各一座外，图书仅500余册，仪器设备则几乎全无。所需的教材与仪器，部分系由主管方面转请拨用前国立西北大学的图书仪器及另向其他方面临时挪用。为切实解决学校在创建之初面临图书仪器等经费严重不足的问题，郝耀东校长时常四处奔走，积极筹措资金。郝校长向陕西同乡、在南京国民政府监察院任职的于右任先生写信求助，即是其为此而不懈努力的一个生动缩影。于右任先生时任国民政府监察院院长，他致函教育部部长朱家骅："顷接陕西省立师范专科学校同仁来函，请求贵部由美国捐助专科以上学校教授研究款内酌拨图书仪器费，陕西学校设备多甚简陋，仪器尤为缺乏，至祈多予关照为感。"次日便得到朱家骅部长的回复："闻此款系由美国援华救济联合会拨交中华教育文化基金董事会经管，本部并无支配之权，承嘱酌拨陕西各校图书仪器费一节，歉难报命……"② 虽然郝校长请于老先生为省立师专积极争取图书仪器经费一事，最终因国民政府教育部无权支配而未能如愿，但这也折射出作为省立师专当家人的郝耀东校长在学校创建起步时，为筹措经费而积极筹划奔波的奉献精神及其背后的艰辛与曲折，同时也流露出于老先生作为陕籍知名政界人士对家乡高等师范教育发展的殷殷关切之情。后经郝耀东校长与当局多次沟通请示，教育厅相继拨款490余万元（法币）为学校定做了70件新仪器。随着校园面积不断扩大和班级数量逐年增加，不仅图书仪器和设备渐次有所扩充，而且阅览室也初具雏形。至省立师专建校三周年之际，学校中外文图书已增至7000余册，理化仪器亦有400余种（其中，物理仪器256种，化学仪器206种，化学药

---

① 季春江：《介绍师专》，载《西京日报》1946年12月7日第4版。
② 杨克勇：《于右任与陕西省立师专》，载《西安日报》2004年8月18日第23版。

品 198 种）。此外，学校还先后添建了足球场、篮球场、垒球场、羽板球场、排球场等运动场地（占地一二十亩），购置了单双杠、俯卧运动垫等体育器材。

这些办学设施的逐步添置，也体现了省立师专毕业学子对母校艰难办学的关心与支持，蕴含着他们对母校谆谆培育的感念之情。三六级[①]首届毕业学生体念母校办学的不易，特由应领公费内的一部分生活费捐赠集齐，购置一只大自鸣钟并建筑钟塔一座；文史地专修科和数理化专修科的毕业学生鉴于母校图书的缺乏，也特将其应领节余公费中的一部分生活费捐赠学校，以作购买图书的费用。

（三）组织劳动活动与整理校园环境

省立师专开学伊始，由于校内大部分校舍用房被国民党党政机关占用，不仅校园秩序混乱，而且环境卫生也多污秽不堪。这既引起了学校当局的重视，也让全体师生不由得平生几许愤慨。为此，在郝耀东校长的亲自主持下，学校组织全校师生每周末举行劳动大扫除，郝校长也与师生共同劳动。在省立师专购入与之毗邻的北洋工学院西京校址之后，面对校舍内外凌乱不堪的环境，郝耀东等校领导再次发动并组织在校师生积极参与到校园环境的清理之中。在郝校长身体力行的示范带动下，广大师生不嫌脏、不怕累，积极参与到清理校园环境的劳动中，使学校的面貌焕然一新，营造了清幽雅静、整洁优美的工作和学习环境。

二、完善组织机构，创办陕南分校服务地方建设

（一）省立师专的行政组织机构及其管理

省立师专遵照国民政府行政院《专科学校组织法》规定，设校长 1 人，负责综理校务，由陕西省政府聘请郝耀东担任；秘书室设秘书 1 人，协助校长处理机要事务，由段绍岩担任；会计室设主任 1 人，负责审核学校经费用途及经

---

① 三六级：省立师专以毕业年份为参考，采用民国纪年来编级。

营各费预算计发决算等事宜，由周志远担任；其下分设助理若干人，助理为惠瑛如，组员为高仲仁等。校部在校长之下分设总务、教务和训导3处及各种委员会，处内设主任1人；主任之下分设若干组，每组设组主任1人、组员或书记若干人。其中，总务主任王钧衡（后为刘剑涛、程海岑），主要负责督导各主任办理有关总务事宜，其下分设文书（负责撰拟审核文稿等事宜）、出纳（负责经营学校收入及开支事宜）和庶务（办理校内外庶务事宜）3个组，分别由翁同书和郭学诗（兼出纳）等任组长，事务员有魏维岳等；教务主任王凤岗［后为刘海蓬、李一青、许毅甫、李伯恂（代）］，主要负责办理全校有关教务（如拟聘教授、副教授、讲师等），安排课程进程及各项考试、学生实习等事宜，其下分设注册（负责办理学生注册等事宜）、出版（办理在校刊物及印刷讲义等）、图书（负责管理图书及学生阅览书籍等事务）和仪器（负责管理理化仪器等）4个组，分别由刘介夫（后为李泰来）、曾逸志（后为曾庆颐）、周庆霖（后为魏承淑）和陈天智（后为王扶中、张迪）等任组长；训导主任傅鹤峰（后为郝圣符、郝游唐），主要负责督导各组，并切实训导全体学生等事宜，其下分设生活管理（负责训导学生纳入正规党团并对其有切实认识及信仰，又推行社会服务与劳动服务等）、课外活动（负责指导学生关于课外事宜）和体育（卫生）指导（负责督导体育活动等事宜）3个组，分别由卢进［后为申樱平（系国文科讲师兼任）］、封至模［后为李吟西（系英文科讲师兼任）、李一青（体育讲师兼任）］、吴玉和等任组长，校医为刘永昌（后为王秀陶）。另外，学校在创建之初还设书记若干人，分别由张天杰、王象贤、王恩隆、王金生、吴域、王子屏、贾亦权、费秉勋、陈天祺和王日宣等担任。

同时，省立师专校部还设有校务委员会、教职员福利金保管委员会、学生公费稽核委员会、杂费保管委员会、地租委员会、体育卫生委员会等各个委员会。校务委员会由郝耀东、刘海蓬、刘剑涛、傅鹤峰、郑伯奇、许重远、祁开智、程宇启、王凤岗、潘廉方、李仙舟、高宪斌、段绍岩、刘介夫、周志远等担任委员；教职员福利金保管委员会由郝耀东、许重远、高宪斌、傅鹤峰、潘廉方、段绍岩、宋宪亭等委员组成；地租委员会由刘剑涛、刘海蓬、段绍岩、高宪斌、周志远等委员组成；体育卫生委员会由郝耀东、刘海蓬、刘剑涛、傅鹤峰、周传儒、吴玉和、申稷平、李吟西、李泰来等委员组成。

在行政管理方面，由校长全面主持校政，在校长、总务主任、教务主任和训导主任等负责人的召集下，定期或不定期召开校务、总务、教务和训导等行政会议，各处负责人定期向校长汇报工作。省立师专除设有校务会议、教务会议、总务会议和训导会议分别处理各职能部门内的事务之外，为使各处、组、室等职能部门发生密切联系及便利工作，每个星期六还召开一次专门工作汇报会。教务方面，各科课程教学均按照教育部颁布标准进行，教学方法采取课室笔记、自学辅导、解作习题等方法，每一学程均编有进度表按时完成。每个教室都备有教学日志，由班代表按时填写，学生课外活动除体育外，还包括讲演、辩论、壁报等竞赛，以及书画、音乐等集体研究和展示活动；此外，还有各学科研究会不时邀请名人讲演，或组织外出参观等。三年级毕业生除外出参观考察外，并另有一段时间的学科见习及实习。训导方面，以教育部颁布《青年十二守则》为目标，由每一专任教员担任导师，按照《守则》随时指导学生。学生组织有自治会及班代表、膳食委员、杂费委员等。总务方面，各种校具、教具均有目录记载，并责成专人保管，每学期上报教育厅一次，消耗物品领用均记载在领物簿，环境清洁工役考核均有专人负责管理。为加强学生自治管理，学校于1946年3月成立学生自治会，设主席1人，干事股长若干人，分别负责学生的伙食、茶水、文体、康乐等活动的组织和安排。

省立师专的创办和发展，与以郝耀东教授为代表的两任校长关系密切，而且他们在陕西省内外的影响较大。兹简要介绍如下：

> 郝耀东（1891—1969），字照初，陕西长安人，美国斯坦福大学教育学硕士，著名教育家。1944年7月，任陕西省立师范专科学校首任校长，至1948年8月辞职，后赴安庆国立安徽大学任教。他学识渊博，思想倾向进步，在主持省立师专校政期间，不仅秉承"造就

中学师资""改进中等教育""发展师范教育"和"改造社会风气"的办学宗旨与使命，既通过多方协调购置校址、增添图书仪器及改善办学条件，又在专业建设的过程中以兼容并包的治学精神，广泛延聘不同学术流派的专家学者来校任教，或开展专题讲座，以加强学术交流；而且还协同省教育厅由省立师专主持召集各中学，以举办中学学科教学座谈会等形式，积极参与到教育服务社会的工作中。他力倡民主治校，在西安此起彼伏的学潮中，积极维护并营救该校"六二"罢课前夕被国民党反动军警逮捕的师生，使其免遭迫害。正是在郝耀东校长的主持带领下，全校教职工力克时艰、同心协力，在校舍建设等方面为学校的后续发展奠定坚实物质基础的同时，又延聘汇聚了一批热心从教的社会杰出英才，培养了一批德才兼备的优秀中等教育师资力量，为推进陕西地方文教事业发展做出了重大贡献。

刘安国（1895—1989），字依仁，陕西华县（今渭南市华州区）人，陕西省教育界知名人士。1908年入高小学习，1912年进入西北大学预科学习，1917年考入北京高等师范学校（今北京师范大学）博物科学习，1920年结业后赴日本考察教育。1927年接受国民联军驻陕总部委派，出任白水县县长。1930年出任富平县县长。1937年任西北农林专科学校副教授兼附属高级农业职业学校主任。1942年任省教育厅主任秘书，后担任省教育厅设计委员会总干事、民众教育委员会主席。1948年8月，接替郝耀东出任陕西省立师范专科学校校长。1949年5月西安解放后，遵西安市高等学校的统一接管与改造指令终止校长职务。

（二）陕南分校的行政组织机构及其管理

抗战胜利后，随着因全面抗战爆发而辗转至陕南汉中一带办学的高等学校相继复员或迁回西安等地，陕南由一度高校云集、人才荟萃的战时文化教育重镇回归到战前冷寂的状态。尤其是国立西北大学、国立西北师范学院、国立西北医学院等高等学校相继迁离，不仅使当地高中毕业的青年学子失去了就近升学的便利，也使地方上面临中等学校师资力量短缺的实际困难。1946年春，为了满足陕南高中和简易师范学校毕业生就近升学深造的需求，以及为汉中、安康等地区培养初级中学师资，在当地教育界人士的积极酝酿和协力推动下，陕西省立师范专科学校陕南分校筹委会在南郑正式成立。同年秋，在筹委会的积极筹备之下，陕南分校于9月正式开办，并开始面向附近地区招生。

省立师专陕南分校，校址位于汉中南郑。在行政组织机构设置上，设主任1人，全面主持校政，由龙文担任。校部在主任之下分设总务、教务和训导3处，处内设主任1人分理本处相关事务。其中，总务处负责分校的文书、庶务等方面的工作，主任为赵福林；教务处负责分校的教务工作，主任为白皓如；训导处负责体育卫生和指导学生生活等方面的工作，主任为傅鹤峰。另外，虽然规定分校的学制为三年，但只办一、二年级，第三年须转入省立师专西安校本部学习；在毕业要求与生活待遇上，享有与校本部学生相同的毕业资格以及公费与津贴待遇，即不仅修业期满可以取得相同的毕业证书，而且在校期间也免缴学费和住宿费，每月还可按时领取一定的膳食补助津贴。

三、扩大专业招生，加强专修科建设与人才培养

（一）省立师专及其分校的专业设置

在专业设置上，省立师专在创建之初就结合省内中等教育师资的实际需求，分设国文、史地、英文、数学、理化5科，学制三年（但自1947年秋起，学制由原来的三年制缩短为两年制）。各科设主任教授1人，教授、副教授、讲师、助教等各若干人。其中，国文科主任郑伯奇（后为高元白），教授有高宪斌、刘海蓬、景莘农、冷波，讲师有马学良、贾则复等；史地科主任许重远，教授有陆懋德、周传儒，讲师有荣若坤等；英文科主任李贯英（后为王凤岗、霍自庭），教授有王侃、路思，讲师有武济平、钟静萱、麦思尔等；数学科主任程宇启（后为马修如），副教授有宋宪亭等；理化科主任祁开智

（后为李仙舟），教授有侯又可，讲师有李立家、王扶中等。另外，党义教员有都本仁，音乐讲师有张树南等。1945年8月抗战胜利后，学校为适应陕西教育复员计划迅速造就中学师资，又于同年秋增设文史地、数理化2个专修科（系初级中学教师训练班，旨在培养初级师范教员）各1个班，学制均为一年，毕业后由陕西省教育厅分派至各县初级中学服务。其中，文史地专修科课程设置以国文、历史、地理为主，设主任1人，由潘廉方担任；数理化专修科课程设置以数学、物理和化学为主，设主任1人，由王新甫担任（后为李仙舟）。

省立师专陕南分校成立之初在专业设置上，仅设有国文和数学2科，各科设主任教授1人，分别由张永宜和刘书琴担任。

（二）省立师专及其分校的招生规模

在招生人数上，1944年秋，省立师专招收各科学生共计268名，划分为5个班。其中，国文科66人，史地科71人，英文科51人，数学科38人，理化科42人。1945年秋，招收7个班，共计347人。其中，国文科70人，史地科62人，英文科63人，数学科35人，理化科40人；文史专修科39人，理化专修科38人。1946年，省立师专分别在校本部和陕南分校招收学生，校本部招收3个班117人，陕南分校招收2个班116人，合计5个班233人。其中，校本部英文科53人，数学科36人，理化科28人；陕南分校国文科63人，数学科53人。1947年，校本部招收4个班142人，陕南分校招收2个班112人。其中，校本部招收国文科52人，英文科23人，数学科29人，理化科38人；陕南分校招收国文科59人，数学科53人。1948年，校本部招收3个班52人，陕南分校招收2个班58人。其中，校本部招收英文科16人，数学科16人，理化科20人；陕南分校招收国文科26人，数学科32人。

（三）省立师专及其分校的师资聘任

省立师专在1944年秋初创时有教职员48人，其中专任教员20人，职员28人。之后，教职员人数呈逐年增加趋势，1945年教职员人数增加到94人；1946年教职员为 98 人；1947 年教职员人数又增加到 133 人，教员（包括兼任在内）共 74 人（其中，教授 30 人，副教授 26 人，讲师和助教 18 人），职员计 59 人；1948 年教职员人数减少到 85 人；1949 年 5 月西安市军事管制委员会接管时，教职员又减少至 57 人，有教员（包括兼任在内）41 人（其中，教授 26 人，副教授 9 人，讲师 6 人），职员 16 人（财务、图书管理、体育卫生、后勤事务等）。学校聘任的教员中，既有从英国、美国、法国、德国、日本等国留学归来，曾在国内高校任教的著名教授，诸如郝耀东、刘海蓬、郑伯奇、程宇启、王凤岗、许重远、祁开智、周传儒、马修如、李仙舟、霍自庭、陆樊德、张云波、郝本仁、王侃、王志岗等学者；又有国内高等学校毕业的学者，如傅鹤峰、郝圣符、王钧衡、高元白、李贯英、张绳武、刘冠勤、高宪斌、赵文敏、魏庚人、刘一含等人；此外，还聘请到一批外籍教员，如康白华、爱尔德、路思、马雅堂等学者。[①] 陕南分校从 1946 年 9 月创办初期仅有教职员 12 人，至 1947 年增加到 20 人。先后在分校任教的教员有龙文、赵福林、张永宜、刘书琴、付瀛、熊文涛、李著昭、朱翠轩、段绍九、吴继舜、杜松寿、黎顺清等。

（四）省立师专及陕南分校的课程设置

1. 省立师专的课程设置

省立师专创办之初各科课程设置大致可分为公共必修课、专业基础课和专业必修课三大类。其中，公共必修课包括三民主义、英文、伦理学、国文、社会科学概论、体育和音乐等，主要在第一学年教授，部分在第二学年开设；专业基础课包括教育概论、教育心理学、中等教育等，主要在第二学年开设，部分在第一学年教授；专业必修课则因分属不同学科而各有所侧重，主要在第三学年教授，部分在第二学年开设。仅以学校 1944 年秋首届学生的专业课程设置为例，国文科专业必修课先后开设有文学概论、历代散文选、各体文习作、国文文法、发音学、国学专书选读、诗词曲选、小说戏剧选、中国文

[①] 杨汉名、魏天纬编著：《陕西近现代高等学校沿革》，陕西师范大学出版社，1999 年，第 337—340 页。

学史、中国语文概论、文字学（概论）、修辞学（研究）、国语及国音、诗词习作和初中国文教材及教法等；史地科专业必修课先后开设有史学通论、世界地理、中国地理、自然地理、人文地理、地理观察、地理学、地质学、初中历史教材及教法等；英文科专业必修课先后开设有文学概论、散文选读及作文、文法及修辞、发音学、英国文学史、小说选读、英诗选读、实用英文、翻译和英文教材及教法等；数学科专业必修课先后开设有数学复习、数学演习、微积分、普通数学、数论、高等代数、微分方程、方程式论、高等解析几何、复变函数、近世几何、近世代数和初中数学教材及教法等；理化科专业必修课先后开设有普通物理及实验、普通化学及实验、力学、热学、光学、电磁学、有机化学及实验、近代物理、理论化学、工业化学、定性分析、定量分析和初中物理教材及教法、初中化学教材及教法等。虽然各科专业必修课程在设置上有所不同，但每一学科均开设有该科教材及教法的理论课程和教学实习的实践课程。另外，各科三年所需进修的学分在总数分布上也不尽相同，国文科124个学分，史地科131个学分，英文科106个学分，数学科122个学分，理化科128个学分。

随着各专业招生的不断增加和学科课程建设的稳步推进，为提高师资培养的质量，各科在实际教学过程中，还根据实际需要对各科专业课程设置不断地加以调整或优化。仅以1945年与1946年学校第二届和第三届各科课程为例，每年各科都对其相应的课程设置进行调整与优化：国文科相继增设修辞学研究、国学研究、文学批评、测验及统计、教育行政、训诂学等课程；史地科增设地形学课程；英文科增设欧美名著选读、演说及辩论、英国全文集选读等课程；数学科删减复变函数，增设函数论等课程；理化科增设实用无线电、音学、化学史、工艺化学等课程。同时，各科均不约而同地将该科所在第三学年度专业课的学习课时予以增加，无疑各科三年修业期满所需课程学分的总数亦有相应的增加。

1945年9月，为适应陕西省教育复员计划以迅速造就中学师资，学校又分别增设国文史地专修科（简称"文专"）和数学理化专修科（简称"理专"），学制均为一年。文、理两个专修科在课程设置上除共同开设教育概论及科学概论（分社会科学与自然科学）这两门课程外，其他专业课程则依所属学科类型的不同而各有侧重。其中，文专课程设置以国文、历史、地理为主，分两个学期进行，先后开设有文学概论、中国文学史、文字学、国文文法与修辞、国文讲读与习作和初中国文教材及教法、中国近代史、中国通史、西洋通史和初中历史教材及教法、中国地理、世界地理和初中地理教材及教法等专业课程，共计63个学分；理专课程设置则以数学、物理和化学为主，也分两个学期进行，相继开设有数学复习、高等数学和初中数学教材及教法、普通物理、物理实验和初中物理教材及教法、普通化学、化学实验和初中化学教材及教法等专业课程，共计64个学分。

另外，自1947年秋季（即第四届招生）起，学校本部的学制由原来的三年缩短为两年，其相应的课程设置也由原来的三个学年度开设直接压缩调整为两个学年度开设，各科所应修的学分也有递减。其中，国文科另增设语体文[①]选读；英文科在将原散文选读及作文分设为散文选读、英文作文外，另增设英文短篇背诵；数学科另增设立体（解析）几何、射影几何和级数论等；理化科将之前的普通物理及实验、普通化学及实验课程分设为普通物理和物理实验、普通化学和化学实验，后续在基础公共课中另增设人体生理及卫生等。总体来看，由于课程多而时间短，不利于学生在短期内掌握全部课程内容，实难达到培育养成优良师资的应有水准。

省立师专在正常课程教学之外，为使毕业生了解国内各地教育情况，增进学识经验及培养师资素质等，在省政府及教育厅支持下，除在本市中学参观实习外，还特组织毕业生参观团赴南京、上海、杭州等地参观学习。其中，首届参观团一行189人，在团长郝耀东校长和总干事李一青主任的带领下，于1947年5月12日晚10时半搭乘陇海路车启程，赴南京、上海一带考察学习，并相

---

① 语体文即白话文，与文言文相对，多指以通俗的口语写成的文章。

继经由苏州、杭州转赴镇江、芜湖等地参观后，于当月 31 日经南京、徐州、郑州返回，前后历时近二十天，足迹遍及苏、浙、豫、皖、宁、沪等省市。在参观期间，参观团既陆续前往南京国民政府教育部、江苏省教育厅等教育机关拜谒各部门教育负责人，又先后奔赴江苏省立江宁师范、镇江师范、省立教育学院、国立社会教育学院、国立艺专及金陵大学附中、育才中学、上海中学等 10 余所中学师范参观，同时到商务印书馆印刷厂、申报馆、浙江图书馆、湖滨博物馆等 7 家文化机关进行考察，沿途还聆听各相应部、院、校、馆负责人介绍关于各文教单位概况以及部分专题讲演。此次参观学习，作为在校理论课程教学的有益补充，使毕业生们不仅通过与各地教育文化机关负责人之间的访谈交流，了解了当地的教育概况与工作环境，而且在沿途聆听了不少具有真知灼见的教育专题讲演，既增进了毕业生的学识素养，又加深了他们对教育问题的深度思索。

2. 陕南分校的课程设置

1946 年秋，省立师专陕南分校创办时仅设国文和数学两科，学制均为三年。两科课程的公共必修课和专业基础课除均先后开设有三民主义、伦理学、国文（文法）、英文、体育以及教育概论、教育心理学、中等教育、测验及统计等外，国文科还开设有教育行政，数学科开设有社会科学概论、人体生理卫生等。在专业必修课设置上，国文科相继开设有国学专书选读、各体文习作、中国通史、世界通史、历代散文选、读书指导、中国语文概论、国语及国音、中国文学史、修辞学、训诂学、诗词曲选、小说戏剧选、应用文等；数学科先后开设有普通数学、数学复习、高等代数、普通物理学及实验、普通化学及实验、立体解析几何、定性分析、定量分析、（高等）微积分、级数论、数论、方程式论等。

自 1947 年第二届招生起，陕南分校国文和数学两科在实际教学过程中，还对各科专业课程设置不断加以调整、优化。例如，国文和数学两科均在第二学年的专业课中，增设各科目对应的教材教法研究和教学实习两门课程，且将所在课程的教学实习修业学分提高至 10 个学分。同时，国文科缩减了国学专书选读、诗词曲选等课程，数学科增设了近世代数、高等解析几何及微分方程等课程。

四、创办师专校刊，促进学术交流丰富校园文化

作为抗战后期陕西本土唯一一所高等师范专科学校，省立师专为进一步加强教育交流以促进学术繁荣，还在学校建校未满一周年之际即创办校刊《师风》，作为广大师生探究发展师范教育与改进中等教育等诸多问题的写作园地和学术交流平台。《师风》创刊号于 1945 年元旦出版，之后以不定期的形式陆续刊发，至 1947 年 7 月 15 日第 4 期出刊后，囿于时局等原因而被迫停办。虽然《师风》创刊后仅办了 4 期，但将发展师范教育、改进中等教育、改造社会风气等先进的办学兴教理念渐次播植于陕西大地，为助力陕西本土师范教育的内生发展，注入了一股催人奋进的信念力量。

就作者群体而言，《师风》各期的主要作者多系陕西省政府主要官员和师专本校的教职员。其中，政府官员有陕西省政府主席祝绍周和教育厅厅长王友直，他们曾被邀请出席省立师专开学典礼、校庆庆典与毕业典礼并发表讲话与训勉；教职员中上至校长郝耀东、教务主任刘海蓬、训导主任郝圣符以及国文科主任郑伯奇、史地科主任许重远和陆懋德教授等，下至国文科讲师兼秘书段绍岩和英文科讲师李吟西等一线教员，无不时时踊跃其间，成为《师风》作者群体中的主体，尤其是笔耕不辍的郝耀东校长，更是每期出刊的主笔之一。

就主题内容而言，《师风》各期紧扣师范教育，既刊载有省府政要关于发展师范教育、战后教育改革发展和师道尊严等长篇文章，也有校内教职员关于一名合格教师应具备的师者风度与条件等微论，以及从自身学科角度结合教育或师范深入探讨二者关系的精湛阐述。如王友直《战后我国教育改革发展的两大要端》《师严道尊之道》《敬告师范生》等报告，既以培养良好校风、做良好老师来训勉广大师范生立志为推动陕西教育而不懈努力，又以坚定信念、陶铸精神、诲人不倦等劝告师生做到立己达人、铸魂育人。郝耀

东校长以《师专的使命》《怎样做一名伟大的教师》《教育者的风度》等专文，阐述师专的办学使命以及师范生如何做一名教育者及应具备的风范等。除此之外，《师风》中最具有校园主题气息的，要数由郝耀东校长亲自作词的师专校歌和每期反映校园环境与学生生活（体育、文艺竞赛活动等）的花絮介绍，在校生统计、全校教职员动态及论著介绍，以及毕业生参观日志、题名录和工作调查等。

五、组织研究演讲，活跃教学氛围提升专业素养

省立师专在创办之初，虽然图书仪器等异常匮乏和简陋，但为提高人才培养质量以适应抗战建国及工业化建设的需求也付出了很多努力。一方面鉴于当年招收学生的理化、英文等入学考试成绩较差的客观实际，在及时增设补习课以补助学生在高中期间学习不足的同时，决定将理化教育作为学校施教的重点；另一方面，为充实课外活动并使学生养成学术研究的风气，除发起组建国文、史地、英文、数学和理化等学科研究会，每周邀请专家与学者名流做公开学术演讲和交流外，也注重学科专门问题的研究与讨论。此外，还为践行郝耀东校长在《师风》发刊词中所阐述的"师专的成立不仅造就中学师资，并须能设法解决中等教育上的各种问题。且师范专科学校，有辅导中等学校的责任，故宜与中等学校取得密切联络"①的理念，召集各中等学校教员、社会知名人士及省教育厅相关人员召开各科教学座谈会，以期改进省内中等教育的办学水平。也正是由于省立师专秉承并遵循"严格考试成绩，充实课外活动"的训导方针和养成浓厚学术研究风气的训练宗旨，至师专三周年校庆纪念之际，学校已先后邀请名人做演讲多达200余次。

（一）组织全校公共演讲报告

为提升全体师范生的综合素养，郝耀东校长不仅邀请学校教授为全体学生做报告，教育部、省府政要与国内外专家学者也在受邀之列。这些演讲报告主

---

① 郝耀东：《师专的使命——代发刊词》，载《师风》1945年创刊号，第1版。

要有以下几种类型：

一是组织行政领导及科任教授演讲。创校开学不久，郝耀东校长即为全体师生做了题为《师专的使命》的专题报告，指出师专不仅要造就中学师资和发展师范教育，更要改进中等教育和改造社会风气。之后，郝校长于每学期开学之初亦如约开讲，相继为全体学生做题为《青年成功之路》《读书方法》《一个教师的人生观》《民主之意义》等的报告。在郝校长的示范带领下，各级领导与学科主任亦积极参与其中。以刘海蓬、傅鹤峰、刘剑涛、王钧衡等为代表的处领导及以郑伯奇、王凤岗、祁开智、潘廉方等为代表的科主任亦踊跃为全体学生做专题讲演。如教务主任王凤岗教授、刘海蓬教授相继为全体学生带来题为《骄傲的本能》《教师的三种条件》《怎样养成良好的校风》《中国民族个性的分析》等演讲，训导主任傅鹤峰教授做题为《教育精神与建国前途》《青年应有的修养》等演讲，总务主任王钧衡教授开设题为《地理与人生之关系》的专题讲座，这些都极大地拓宽了学生视野。

二是聘请政界知名人士来校讲演。应郝耀东校长之邀，省教育厅前任厅长王捷三先后应邀做题为《传道与授业》《文理》的报告，省政参会参议长王宗山应邀做题为《师范生的修养》《对抗战的感想》的宣讲，省教育厅厅长王友直先后做题为《师范生对教育应有的认识》《师范生的任务》《师范生的责任》《对民主的认识》等的报告，新任省教育厅厅长高文源做题为《健全的人格》的演讲等。此外，教育部西北高等教育视察员李熙谋、国民党第六届中央执行委员会委员周伯敏相继应邀来校，为全体学生分别做题为《近代教育与现代教育》和《中国固有的民族精神》的专题报告，均赢得广大学生的一致赞许和热烈反响。

三是邀请国内著名专家教授做学术报告。国立西南联合大学文学院院长兼哲学系主任冯友兰和地学系主任冯景兰先后为全体学生做题为《人生的要素》和《关中形势》的专题报告，国立河南大学文学院院长嵇文甫做题为《建设性

的民族文化运动》的演讲,以及国立西北大学地理地质系主任殷祖英、文学院院长萧一山等先后做题为《新疆问题的透视》和《新民族哲学》等的主题报告。这些著名专家教授的专题报告,无不使各科学生在专业学习上有所增进,更使他们在思想争鸣和观念碰撞中受益匪浅。

(二)发起成立各学科研究会

为加强和提升各学科专业的研究水平,省立师专在各科主任与师生的共同酝酿与发起下,相继成立国文、史地、英文、数学和理化等学科研究会(简称"学会")。各学会一经成立就积极开展各科学术研究与交流活动,不仅诚邀校内本科主任或教授为科内学生开专题讲座,而且广泛邀请国内外本学科知名专家学者及政界教育名流前来做演讲报告。其中,国文学会在邀请本科主任郑伯奇、副教授景莘农、讲师高培文等先后为本科学生开题为《文章的功能》《中国新文学大势》《教育经验谈》和《音系》等专题讲座的同时,还邀请国立西北大学文学院院长马师儒,文学家、训诂学家景梅九,名画家赵望云,国立河南大学文学院院长稽文甫等相继为学生做题为《现代文学家的修养》《文学与人格》《中国历代都市之变迁》《颜习斋之教育主张》等的精彩报告。史地学会则陆续邀请学校总务主任刘剑涛、教务主任刘海蓬,史地科教授陆懋德、讲师侯佩苍和社会科副教授蔡蕴之等为该科学生做题为《文艺复兴》《文史地教学法》《历史限定的中国命运》和《五权宪法之精义》等的主题报告,并邀请著名史学家李季谷、边疆问题研究学者司徒望赫相继做题为《李鸿章与俾斯麦》和《新疆见闻记》等的专题演讲。英文学会除邀请科主任王志刚为本科学生做题为《怎样做一个教师》的演讲之外,还先后邀请亢心栽做题为《怎样研究英文》、于赓虞做题为《诗与诗人》的专题演讲。数学学会邀请时任国立长春大学教务长兼理学院院长张德馨为本科学生做题为《最大公约数的简便求法》的专题讲座。另外,理化学会在邀请科主任祁开智、岳劼恒相继做题为《鸡蛋直立问题》《原子能与原子弹》和《原子概念的演进》等演讲的同时,亦邀请到国立河南大学化学系教授李俊甫、赵少绖以及国立西北大学校长刘季洪等做题为《物质和能》

《研究理化应有之观念》和《师范生应有的修养》等专题报告，还聘请教育部督学陈东原做题为《学校的任务》的专题演讲。各学会竞相举办的学术讲座，极大地丰盈充实了各科学生的专业知识，引领他们在专业研究上不断积极探索。

同时，省立师专各学会为提升学生的学术研究和讲演能力，还积极组织各种学术研究性竞赛，如讲演、论文、辩论等形式的竞赛及参观活动，鼓励学生踊跃参加并取得优异成绩。1945年1月20日，师专在补行开学典礼当天举行演说竞赛会，学生李增茂、马常刚和郭文彬在比赛中名列前茅，获校方颁发奖品以示鼓励；同年11月17日，西安世界学生日纪念大会举行，师专学生张宗岳在该会论文竞赛评选中荣获一等奖。另外，理化学会一方面为加深学生对电力发动及各部机械原理的深入了解，特组织全体会员于同年6月23日先后赴西京电厂、成丰面粉公司、大华纺纱厂等处参观，以便后续展开深入详细研究；另一方面，为提倡科学精神，该学会除发布专刊介绍外，还定期开放理化仪器室并做各种理化表演，欢迎各界人士前往参观。

（三）召开中小学教学座谈会

为辅助并服务地方中小学校教育发展，省立师专不仅派遣学校学科教员到中小学做学术报告，还召集西安各中等学校教员、校长等举行教学座谈会，就中学各科教育教学、训育等方面存在的相关问题进行共同研究。学校举行的座谈会主要类型有：

1. 国文教学座谈会

省立师专鉴于当时省内中等学校学生国文程度普遍偏低的客观现实，为集思广益，于1945年6月24日在学校图书馆邀集市内各公私立中等学校国文教员、各报社编辑、社会知名文士及学校国文科教授举行中等学校国文教学座谈会，探讨研究改进与提升的具体办法。

2. 史地教学座谈会

省立师专召集西安市中等学校史地教员及学校史地科教员于1946年3月17日在学校图书馆召开史地教学座谈会，许重远、王钧衡、侯佩苍等20余人应邀出席。经过热烈讨论，针对史地课程的教师聘请、教材选编、辅助设备、教学时数等提出了四点建设性建议："一，建议教育厅令饬各中等学校，不得聘请未学史地教员教授史地课程。二，建议教育厅，编辑本省乡土教材。三，建议教育厅，充实各校史地教学设备，如地球式挂图，及补充读物等均须购置。四，建议增加史地教学钟点，或减少教授项目，以期名实相符，增高教学效率。"

同时，针对中学史地教学法，座谈会提出了以下四点改进注意事项：（1）教师按时编辑教案；（2）用表解或韵语帮助学生记忆；（3）多举行参观游览，以增加学生对史地之兴趣；（4）教师不应全靠课本。要能旁征博引满足学生之求知欲望。①

3. 师范教育座谈会

为推进本省师范教育发展，省立师专召集市内各公私立中小学校长、教厅市府教育科、市教育会、民教馆及各师范学校教育学科教员、各校教导主任，于1946年4月2日在学校图书馆召开师范教育座谈会。省教育厅代表马凤岗、市政府（教育科）代表孙广玉及各师范中小学校长王君毅、张修甫及师专训导主任傅鹤峰，西安市民众教育馆馆长王文光等30余人出席会议，围绕如何增加师范生来源和如何统制师范毕业生服务等展开热烈讨论，并提出八项建议：（1）提高师范生待遇，除完全公费外，并应供给制服、书籍等费；（2）提高教师待遇及地位；（3）中小学教师应比照公务员官等升级，及年功加俸；（4）呈请教育厅通令各师范学校，聘请教员时应特别重视品格修养；（5）呈请教育厅转呈教育部，将师范学校毕业年限由三年延长为四年，以便有充分时间，养成优良师资；（6）取消师范学校军训，增授基础科目；（7）呈请教育厅拨给巨款，充实师范学校教学设备，如图书仪器等；（8）呈请教育厅严格取缔不合格的中学校长及教师。②

---

① 佚名：《师专史地座谈会向教厅作重要建议——编辑乡土教材充实教学设备》，载《正报》（西安）1946年3月18日第3版。

② 佚名：《改进本省师范教育——有关机关昨举行讨论会通过提高师生待遇等要案》，载《西京日报》1946年4月3日第3版。

4. 理化教学座谈会

为研究与改进中等学校理化教学，省立师专于 1946 年 4 月 20 日，在校图书馆召开理化座谈会，与会教员相继提出多项关于改进理化教学的建议。同时，座谈会还决定定期开放理化仪器室并做各种理化表演，欢迎各界人士前往参观学习。

5. 数学教学座谈会

为改进中等学校数学教学，省立师专于 1947 年 3 月 14 日在校图书馆召开数学教学座谈会。校长郝耀东，数学科主任程宇启、教授李宝光和魏庚人等，以及国立西北大学数学系主任刘亦珩，国立西北工学院数学教授刘冠勋和赵慈庚，陕西省教育厅编审主任仲靖哉，西京中等学校数学教员郭尔康等 20 余人出席会议，围绕中学数学课程标准及教材教法展开讨论，提出相应修订建议。除将关于修改课程标准及建议提交教育部审核办理外，还另就改进教材、教法等向省教育厅提出六条改进建议："（1）为加强教员批改学生练习及指导学生课外作业起见，请通令各中等学校减少数学教员授课时间，高中每周以十四小时为限，初中每周以十六小时为限。（2）本省各中等学校数学教本，常采用英文译本，如范氏大代数三氏解析几何之类，致时间与教材不能配合，往往将后部重要教材无法教完，影响学生学业甚巨，应请通令各中等学校必需采用教部审定教本。（3）教师应依照教学时间，预算每学期应授之教材，万一时间不足时，应逐渐删去教本中之次要教材及习题，不应放弃后部全部教材。（4）各校对数学教具如黑板，圆规，三角板，挂图，及模型等，应尽量购置。（5）通令各中等学校，数学教员应特别注意部颁课程标准中数学教法要点，藉以增进教学效能。（6）请通令各中等学校数学教员，应多参阅有关数学教学书籍以增加教学效能。"[①]

也正是由于省立师专各学会的渐次设立及其学术演讲、论文与辩论竞赛等活动的相继开展，同学们不仅个个精力充足，而且学习兴趣也日趋浓厚，无论

---

① 佚名：《陕省师专召开数学教学座谈会》，载《教育通讯》1947 年复刊第 3 卷第 4 期，第 31 页。

是公共演讲报告，还是专题学术研究讨论，都非常踊跃地参加，几乎场场座无虚席，气氛十分活跃。尤其是随着各科教学座谈会在师专的同步召开，师专的学习氛围和学术研究风气更趋浓厚。这既是对学校图书等设施匮乏的一些必要补充，更是直接对师专所倡导"养成研究学术风气"等训练要旨精神的贯彻落实与有力彰显。

此外，学校还举行音乐晚会、书画研究会、中英文讲演竞赛和各种球类比赛等活动，极大地丰富了学生的课外生活。

第三节　陕西省立师范专科学校的共产党组织及其革命活动

省立师专成立之初，共产党的组织就秘密领导进步力量在校内开展活动。尤其是在抗战胜利之后，国民党为发动内战做宣传，在学校强化反苏反共教育，实行法西斯独裁统治，镇压学生运动和进步组织活动。但学校广大学生中的进步力量，在学生地下党组织的领导、发动和影响之下，为争取正当与合法权利，同反动势力进行了"反内战、反迫害、反饥饿"等多种形式的示威游行和反迁校的积极勇敢斗争，为此后学校接收与改造工作的顺利进行做了必要的组织准备。

一、培育先进青年，秘密创建师专共产党的组织

1944年10月，随着第一届来自省内外不同地区学生的陆续报到，省立师专同时迎来了以马登峻、王广禄等为代表的一批进步的革命青年，并且他们中的不少同学在当地已经秘密加入中国共产党。然而，鉴于当时残酷的对敌斗争客观形势，以及党的地下组织特殊的工作要求，他们不得不保守自己作为共产党员的秘密。但由于这批学生党员来自不同地方，分属于当地党的基层组织，加之新入学相互之间不发生直接联系，在入学之后的较长一段时间内，省立师专都未建立起共产党的学生基层组织，从而使学生党员在师专的活动一度处于无集中领导的松散状态。

时至 1946 年初，省立师专共产党的学生组织活动还没有正式开展起来。这一现象引起了西安地区大专院校中共地下党组织负责人张光庭的重视，并及时向中共陕西省工委负责青运工作的联络员韩夏存做了报告，建议在适宜的时候尽快在省立师专建立起青年学生的党组织。这一意见，得到韩夏存的肯定回复，并决定于是年冬开始着手在学校秘密筹建党的学生地下基层组织。

在韩夏存的指示下，张光庭径直前往省立师专，原本打算与地下党员马登峻取得联系，但当天未能与马登峻碰上面，却在折返途中偶然间遇上了之前同为地下党成员且曾有过组织上联系的史剑北，便向史剑北转达了上级党组织拟在师专成立学生党组织的决定。① 经史剑北转述后，马登峻即与同为该校地下党员的王广禄协商，讨论组建省立师专学生地下党组织的具体事宜，并由史剑北负责向上级党组织负责人张光庭报告此事。

1946 年 2 月，新学期开学刚返回校园不久的马登峻、史剑北、王广禄三人，应约来到学校操场一角，秘密举行省立师专学生党小组地下组织的成立仪式。会议伊始，由史剑北传达上级党组织关于正式组建中共陕西省立师范专科学校学生党小组的指示，并商讨成立党小组的具体方案。经会议讨论后一致决定，党小组委员会由马登峻、史剑北、王广禄 3 人组成，设书记 1 人，史剑北提请马登峻担任，并征得王广禄和马登峻两位同志的一致同意。党小组在书记之下分设组织委员和宣传委员各 1 人，分别由史剑北和王广禄担任。其中，作为组织工作的负责人，史剑北亦就此次会议决定向上级党组织的负责人张光庭进行汇报。同时，会议还根据当时师专的具体情况，初步分析校内学生中进步力量和反动势力之间的力量对比，确定学生党小组工作的重点、斗争策略与秘密工作原则等。② 此外，陕西省立师范专科学校也于同一时期建立了中国民主同盟基层组织。民盟组织设书记 1 人，由许生辉担任书记，下设组织委员和宣传委员各 1 人，分别由王广禄和左嘉善担任。这时，许多地下党员都加入了民盟，进行着半公开活动。

---

① 杨克勇：《我校的第一个党支部》，载《陕西师大报》2002 年 5 月 30 日总第 300 期第 6 版。
② 杨克勇：《我校的第一个党支部》，载《陕西师大报》2002 年 5 月 30 日总第 300 期第 6 版。

二、传播革命知识，团结积极分子发展进步力量

省立师专学生党小组成立之后，随即根据上级党组织负责人张光庭的指示，相继通过党的组织关系，分别与师专同为地下党员的学生秘密取得联系，并指示将其党组织关系陆续从各地转入省立师专学生党小组，以便于把分散的地下党员纳入该党小组的统一领导之下开展工作。在张光庭的指示下，党小组派宣传委员王广禄出面，与学校三七级国文科地下党员张嘉禄接头，并指示将其党组织关系从鄠县原单位转至省立师专学生党小组。依照此例，通过组织的陆续对接，先后将党组织关系转入师专学生党小组并建立组织关系的地下党员还有符玉瑶、张明儒、李永康、王蔚文、田均瑞等，使该党小组由最初的 3 人，逐渐增至 10 余人（由于对敌斗争的需要和组织的要求，仍保持原有组织隶属关系的地下党员，暂未计入在内），这不仅充实了党小组的组织力量，而且更有利于各方面工作的有序开展。之后，学生党小组和进步学生更是相继创办"寒星""崇实""拓荒""晓钟"和"读书会"等壁报或社团，并以其为依托积极吸纳社团成员或积极分子，结合实际情况对他们进行关于国内外形势、社会发展史、党的政策和革命斗争史等的革命宣讲教育，把校内进步的青年学生紧密团结在党小组的周围。

为广泛争取和团结校内外进步力量，师专学生党小组一方面通过创办壁报或在《新华日报》《秦风·工商日报联合版》等报刊上以笔名发表文章或评论，不断揭露校内外的国民党反动势力大肆鼓吹民主与和平，却厉行独裁专制，恣意镇压甚至捣毁进步社团组织，致使整个西安笼罩在阴森、恐惧气息之下的丑陋行径，并与之展开果敢、坚决的舆论宣传斗争；另一方面号召校内积极分子与回迁西安的国立西北大学、国立西北工学院、国立西北医学院以及原在西安及其附近的国立西北农学院、陕西省立商专、私立西北药专等六所大学的进步力量一道，联合西安师范、西安高中、兴国中学等中等学校的进步学生，结成西安地区反内战、争民主的进步力量统一战线，并通过组织反蒋爱国、争取和

平等学生运动，为争取民主与自由等合法权益积蓄了力量。

三、引导学运方向，为争取合法权益而不懈斗争

抗战胜利之后，国共双方虽经艰辛谈判达成并签订"双十"和平协定，但国民党反动派却背信弃义，置和平协定与人民期盼和平的强烈呼声于不顾，悍然恣意寻衅制造摩擦和血腥惨案，压制自由、民主的思想与舆论，并以所谓要求苏联撤军的"东北问题"等为借口，鼓动学生以进行反苏反共游行、散发传单和张贴标语等为幌子，企图破坏来之不易的战后和平。尤其是反动派孤注一掷地发动内战、逮捕与暗杀民主人士，更使国内一时几乎陷入特务横行、物价高涨、局势混乱的动荡局面，而作为国民党蒋胡集团在陕西统治的中心地带，西安亦不例外。针对国民党反动当局种种法西斯独裁专断、倒行逆施的险恶行为，在中共陕西省工委等地方组织领导下，以西安进步青年学生为先锋的反蒋爱国、争取民主与和平运动的呼声此起彼伏，不断高涨。

作为西安进步青年中的一支重要力量——省立师专学生党小组成立不久，就针对国民党陕西当局策划组织的"反苏反共"游行，对学生展开宣传教育，学生多数未去参加示威游行活动。学生地下党小组还联合校内其他进步力量，通过在《新华日报》上发表文章，一方面就反苏爱国游行表明其关于"我们并不反对爱国运动，因为我们是中国人，但我们绝不赞成强迫恐吓被特务们包办的假爱国运动"①的严正立场，以及关于"要求学校当局准同学们自选代表，不受任何人的操纵利用，为民主独立、为主权完整来举行真正的爱国运动"②的正义观点；另一方面严厉申斥西安"反苏"运动主持人之一的学校曹姓学生，甘愿堕落为唯利是图的学生奸细，通过向学校当局和其上司提供黑名单，做出卖同学的卑劣勾当以及冒充代表操纵游行主席团、密谋筹备会、私议爱国运动等的无耻行径，号召各校同学一致同校内外的国民党三青团骨干和特务分子等进

---

① 陕西省立师范专科学校：《揭发所谓"爱国游行"的阴谋》，载《新华日报》1946年4月14日第4版。
② 陕西省立师范专科学校：《揭发所谓"爱国游行"的阴谋》，载《新华日报》1946年4月14日第4版。

行有理、有据、有节、有利的坚决斗争。尤其是1947年5月，为同西安地区大中学校一道响应全国学生运动，省立师专进步学生也在学生党小组的领导下，积极筹备参加"六二"全国性的"反饥饿、反内战、反迫害"的罢课示威游行。同年6月1日，国民党军警开始大搜捕行动，省立师专以史剑北等为代表的13名学生党员和进步学生被国民党反动派逮捕（后经多方营救予以释放），学生运动遭到了残酷的镇压。

虽然学运一度遭到当局的阻挠和压制，但这并没能阻挡师专进步学生在党小组的领导下，积极投身革命和为争取护校权利而与反动派做"反迁校"坚决斗争的步伐。1948年秋冬，在中国人民解放军西北野战军的凌厉攻势下，国民党部队节节败退，为支援人民解放军乘胜追击，扩大和巩固西北解放战场的胜利战果，省立师专在学生党小组的领导下，积极通过革命宣讲与说服教育，动员和组织不少进步学生与西安大批进步青年一道，奔赴延安加入到支援西北人民解放战争的革命洪流中。翌年5月，西安解放前夕，胡宗南部队在即将溃败逃亡之际，以举办所谓"集训班"为名，妄图把青年学生带走。为此，在中共陕西省工委的领导下，西安区各大中学校与国民党当局展开了针锋相对的"反迁校"斗争。省立师专学生党小组也组织动员和领导广大进步学生，以自行设法隐蔽等反集训方式参与到以护生、护校、护产等为主的"反迁校"斗争中，既保护了学校财产，又挽救了不少青年学生，为之后共同迎接西安的和平解放做出了积极贡献。

第四节　接管陕西省立师范专科学校

1949年5月20日，西安宣告解放。5月24日以贺龙为主任的中国人民解放军西安市军事管制委员会（简称"军管会"），以及5月25日以贾拓夫为市长的西安市人民政府，以张经武为司令员、徐立清为政治委员的西安市警备司令部相继成立，标志着新民主主义革命政权在西安市正式建立。① 军管会、市政府和警司部等新政权机构建立后，即着手对西安市原国民党所辖政务、财政、农林、工商、金融、企业、交通、后勤公安、秘书、卫戍司令部、党团等机关进行全面接管，对陕西所有高等院校的接管与改造也被列入军管会的重要工作日程。

一、西安解放，派军代表进驻学校实施接管

西安解放后，为确保一切公私立学校和文化事业单位，特别是大、中、专学校等教育机构在新政权正式接管之际免遭破坏，中国人民解放军西安城防政治部于军管会成立的当天，邀请西安市中等以上学校负责人及学生代表召开座谈会，由军管会文教委员会主任张稼夫和副主任江隆基与以国立西北大学代理校长岳劼恒等为代表的 76 所公私立大、中和专科学校校长、教授、教员以及学生代表共计 230 余人，围绕新民主主义教育方针、为人民服务的教育内容和目前形势等问题进行了交流，并敦促各校早日迅速复课。② 紧接着，军管会于 1949 年 5 月 26 日发布《关于保护学校的通告》（接字第 1 号），责令由其下属文教委员会负责接管西安市原有国立及省立各级学校及文教机关，标志着军管会对西安高等教育的接管正式开始。③ 作为国民政府在西安建立的七所高等院校之一的省立师范专科学校，也被文教委员会列为接管对象，并于次日以军管会的名义向省立师专发出接管命令。

1949 年 5 月 27 日，在军管会文教委员会的统筹安排下，教育处派遣以辛安亭、刘泽如为军代表组长，以冯幼农、丁力、任平为联络组员的接管工作组，奉军管会发布关于"依据中国人民解放军总部颁布之约法八章，省立师专应在

---

① 中共陕西省委党校党史教研室、陕西省社会科学院党史研究室编：《新民主主义革命时期陕西大事记述》，陕西人民出版社，1980 年，第 451—453 页。

② 佚名：《西安分别举行教育、艺术、商行座谈会》，载《群众日报》1949 年 6 月 1 日第 1 版。

③ 西安市军事管制委员会编：《关于保护学校的通告》，见政协西安市委员会文史资料委员会、西安市档案馆编：《西安文史资料第十五辑——西安解放》，陕西人民出版社，1989 年，第 227 页。

接管之列，兹特任命辛安亭同志等人为本会军事代表前来负责接管"的指令（管字第 34 号令①），对陕西省立师范专科学校进行全面接管。

工作组奉令进驻省立师专后，先由军代表辛安亭、刘泽如向校长刘安国宣读军管会的接管指令和政策要点；继之，在军代表的指导下，依靠地下党组织和进步力量，迅速召开全校教职员工和学生大会，向全体人员宣讲接管命令、方针政策、文教政策、接管办法和分工安排等；接着，在提请军管会免去刘安国校长职务的同时，即由冯幼农、丁力、任平等 3 位联络员在地下党组织的协助下，深入学校各部门召开各相应座谈会，并着手实施分门别类的接管，其具体工作主要从以下几方面着手进行：

首先，在接管领导权与校产财物等方面，工作组军代表奉令解除省立师专校长刘安国等原主政人员的领导权，并根据军代表的指示办理移交手续。同时，为激发全体师生爱惜学业、保护学校的精神，由军代表宣布共产党关于"凡护校有功者应予奖励，怠工故意破坏者应受处罚"等赏罚严明的纪律规定，各教职员在军代表的指导和地下党组织及进步师生的协助下恪守原职，配合联络员参与到学校的校产、财物、校具、图书、仪器、账册和档案卷宗表册及教职员工名册等的保护与缮具清册中，为人民财产免受不必要的破坏和损失做出了积极的贡献。

其次，在建立学校新秩序方面，工作组采取"严格保护、暂维现状、逐渐改良"的指导方针，遵循"争取学校尽速复课……教职员除个别恶迹昭著、证据确凿的特务分子必须撤换外，其余一律留用"②的政策要求，一方面及时向广大教职员工和学生宣讲解放战争的新形势、共产党的新区政策，特别是共产党的文教政策和知识分子政策，以端正师生惊慌不定的观望态度；另一方面，团结并依

---

① 西安市档案局、西安市档案馆编：《西安解放档案史料选辑》，陕西人民出版社，1989 年，第 184 页。

② 西安市档案局、西安市档案馆编：《西安解放档案史料选辑》，陕西人民出版社，1989 年，第 146—147 页。

靠地下党组织和在校进步师生，保护并妥善安排好教职员工和学生的生活，并商筹早日开学复课，以使教职员工能够安心工作，学生可以静心学习。

再次，在整顿党团活动方面，工作组在军代表的指导下，立即解散师专校内国民党和三青团等反动党团组织，停止其一切反动活动，收缴特务人员暗藏的枪支、弹药等武器，及时移交市公安局，并向军管会报备。

最后，在改革课程制度方面，工作组秉承军管会文教委员会副主任江隆基关于"目前学校应废除反共反人民的党义、伦理学、六法全书等课目以及法西斯的军事训练制度和训导制度，其他课程维持原状，以后逐步加以改革"[①]的指示，立即停止学校原设的反动课程，废除相应的训导制度，从根本上消除旧观念对师生思想的束缚。

随着接管工作组各方面工作的有序展开，学校从一度短暂停课观望的混乱状态回归到初步有序状态，师生的生活和学习也得到了妥善安排，标志着过渡中的省立师专开始接受新民主主义政权的领导，并以办新型大学为目标的姿态逐步回归到人民的怀抱中。

二、成立校务委员会，全面改造省立师专

1949年6月，省立师专在驻校接管工作组的指导与协助下，经过为期近一个月的内部接管，学校人事、资产、名册等各方面的清理和移交工作已基本完成。为加强对省立师专工作的全面改造，工作组在军代表的指导下，于当月23日召开全校教职员工和学生大会，推选出由教职员工代表和学生代表共同组成的临时校务委员会。其中，主任委员为高宪斌（国文科教授），委员由侯居敬（教授兼理化科主任）、李伯恂（英文科教授兼代教务长）、唐守仁（事务员兼史地科助教）、刘冠军（学生代表）等组成。为使学校能够迅速适应新民主主义文化教育的办学方针和政策的要求，在军代表的领导下，临时校务委员会对省立师专进行以下三个方面的改造工作：

---

① 陕西师范大学校史编写组编：《陕西师范大学编年纪事（1944—1984）》，内部资料，1994年，第6—7页。

一是在行政管理改造上，工作组进驻后的首要任务是解除学校原主政人员的领导权，将人事权收归到军代表手中，要求相关人员根据军代表的指示办理移交手续。接管完成后，重新选举组建临时校务委员会，实行军代表领导下的临时校务委员会制，开始将教育的管理权置于中国共产党的领导下，保证了学校的办学方针沿着中国共产党领导的新民主主义文化教育方向前进。

二是在政治思想改造上，临时校务委员会建立之后，为适应新形势的需要，在军代表的指导下，组织教职工认真学习《中国人民解放军布告》《论人民民主专政》以及陕甘宁边区政府关于新区教育改革的精神等文件；同时又通过对指定文件的阅读与讨论，组织读书会、座谈会以及上政治课与做大报告相结合等形式，组织全体学生进行为期三周的普遍的政治学习。经过为期三周的政治学习，全体学生不仅思想认识和政治觉悟有较大提高，而且行动上也有较大进步。

三是在院系调整改造上，鉴于西安解放以后文化教育事业发展对师资需求日殷，也出于为提高西北社会文化水平而培养更高层次师资的考虑，李伯恂、高元白、霍树成等30余人联名呈请军管会文教委员会，请求将省立师专改为师范学院。① 后经西安市军管会文教委员会与陕甘宁边区政府教育厅结合当时西北新区发展的形势共同会商决定，由军管会责令以陕西省立师范专科学校为基础，归并国立西北大学教育学系，成立师范学院。临时校务委员会即在军代表的领导下，根据军管会的指令，协助西北大学临时校务委员会代主任委员岳劼恒等着手对省立师专的系科进行调整与改造。

三、归并教育学系，组建成立西北大学师范学院

1949年8月，西安市军事管制委员会在陆续完成对西安的高等院校接管之后，为适应西北新解放区的实际情况，开始着手对西安部分高校进行调整与合并，以便于集中人力、物力、财力充实和发展高等教育。为此，西安市军管

---

① 栗洪武总主编，朱智斌等主编：《陕甘宁边区教育史料通览》卷四《高等教育》下，陕西师范大学出版总社，2019年，第617页。

会于当月 4 日签发会字第 20 号令，通令文教委员会及各大学校、各专科学校，对各院校相应的领导组织与合并办法予以具体规定。同时，该通令还指出在合并过程中各院校可依据西北的实际需要与可能条件对各系科设置予以调整，对条件太差的系科则直接予以取消或合并。其中，通令中涉及针对省立师专的明确规定有两项：一是"省立师专、医专、商专等三个专科学校与西北大学合并"；二是"以师专为基础归并西大教育系，成立师范学院"。① 该指令中的"归并"首先是解决院校行政组织的归属问题，因而接下来的工作就是组建校务委员会和各学院的院务委员会及领导班子等。那么，办学的主体单位如何"归并"？在哪个校区继续办学？校产、人员怎么划归？其学科专业的"归并"工作又是如何进行的？这些问题需要进一步梳理分析。

首先，在解决两校"归并"中的行政组织归属、校务管理、校产交接等问题方面，西安市军管会于是年 8 月 6 日委任军代表赵仲池、国立西北大学临时校务委员会代主任委员岳劼恒，着手处理省立师专、商专、医专与西大合并事宜。同年 8 月 25 日，赵仲池和岳劼恒等奉命率队接收省立师专、商专、医专三校，并完成校产等手续的顺利交接。

其次，在解决两校"归并"中办学场所的安排等问题方面，由于省立师专在郝耀东校长的多方协调下，在原校址的基础上又购置添得北洋工学院西京分院校址，前后总计占地 100 余亩，且扩建校舍 180 余间，学校的办学场所和使用空间得到了较好的改善；而国立西北大学在抗战胜利之后回迁西安时，暂以原东北大学校舍为临时校址作为过渡，虽然后期又拟在西安城南 5 里勘地建新校，但由于全面内战爆发，国民政府教育部和陕西省府、市府原拟关于"西北大学为西北最高学府，规模应力求宏大，俾可垂诸久远，校址似以在城南古文化区曲江旧址重新建筑为宜，不便因陋就简"② 的建筑计划遂被束之高阁。尤其是搬迁新址，修缮建设花费甚大，学校虽在校长刘季洪的申请下获教育部增拨

---

① 《大学专科学校合并命令》，陕西师范大学档案馆藏，省立师专档案，档案号 0-ZH-10.0004。
② 西北大学校史稿编写组：《西北大学校史稿（解放前部分）》，西北大学出版社，1987 年，第 190 页。

2亿元（法币）经费，但由于物价高涨，学校时常面临经费捉襟见肘的严重困难局面。所以，当时的师专校址就成为奉令"归并"后的西北大学师范学院院址的不二之选。

再次，在解决两校"归并"中专业设置等问题方面，1949年5月接管时，省立师专设置国文、英文、史地、数学、理化等5个专业，有教员41人。而1945年9月国立西北大学文学院教育学系在城固时只有一年级学生29人，侧重中小学教育研究一个专业，回迁西安办学后仍然维持这个专业，学制为四年，专职教授仅4人。在1949年8月奉令"归并"过程中，将师专的英文科并入西北大学外文系（撤销英文专业，因文学院设有英国语文学系），以师专的国文、史地、数学和理化等四科为主体，归并西北大学教育学系。"归并"之后的师范学院下设有教育行政、国文、史地、数学、理化5个系科，与原师专系科设置相比，仅新增设教育行政专业。这时的教员中有专任教授9人，兼任教授1人，专任副教授2人，兼任副教授1人，专任讲师3人，专任助教6人，共计22人。

最后，在两校"归并"后的学院组织机构设置上，国立西北大学于1949年9月2日遵照军管会关于合并指令的诸项基本要求，正式组建成立国立西北大学师范学院。院部设院长1人，由刘泽如教授担任，其下分设教育行政、国文、史地、数学和理化5个系，系设主任1人，分别由刘泽如（兼任）、高元白、李瘦枝、刘亦珩、侯又可（后为吕秉义）5位教授担任。同时，西北大学师范学院还成立了由刘泽如任主任委员，高元白、李瘦枝、刘亦珩、侯又可为委员的院务委员会，在刘泽如院长的带领下，秉承"群策群力、集体领导、分工负责"的办院原则，引领新生的师范学院阔步踏上了新的时代征程。

中华人民共和国成立前夕，在贯彻落实中国共产党的接收与改造政策中，国立西北大学师范学院顺利诞生。国立西北大学师范学院的建立一方面标志着办学历时仅近五年的陕西省立师范专科学校正式宣告结束［该校先后培养出958名（包括陕南分校）中等学校师资，他们中的大多数人都扎根陕西各市县中等学校教学一线，既缓解了当时中等教育师资严重匮乏的问题，又推动了陕西地方教育和文化事业的发展〕；另一方面又标志着陕西省立师范专科学校在中国共产党领导下获得新生。

小　结

　　陕西省立师范专科学校的创办，是抗战后期陕西继国立西北师范学院之后，在本地创办的唯一一所旨在为地方中等学校培养和输送急需师资的高等师范院校。它的成立，既有国民政府教育部在抗战后期为西北高等教育发展基础布局的现实考量，也是国立西北师范学院整体迁建兰州后陕西地方教育界人士所采取的一项应急响应与积极应对，又是陕西省当局在抗战胜利前夕基于战后文教事业复兴对中等教育师资的迫切需求而做出的一项前瞻性筹划。从陕西高等教育适应内外部形势发展的需求来看，陕西省立师范专科学校的创办，不仅是改变陕西本地高等师范教育落后的客观状况、调整高等学校办学结构的历史必然，也是破解陕西中等教育师资匮乏的长期难题、满足基础教育内生发展需要的现实使然。

　　虽然陕西省立师范专科学校在校址面积、办学层次、专业设置、图书仪器、师资队伍、培养规格和数量规模上略逊于同一时期的国立西北师范学院，也尽管其在前后为期五年的办学过程中存在这样或那样的现实不足，但省立师专在办学实践中还是积累了不少宝贵的经验教训，特别是以下三点值得总结与借鉴：一是必要的教育经费和必备的办学设施（包括校舍住房、办公用房、教室和图书仪器等），以及以优秀校长为代表的领导集体所具有的民主治校、兼容并包和教育理念明确等管理风格，是学校办学得以稳步推进的前提条件。二是学校、政府与社会之间的良性互动是提升办学层次与质量的关键，加强专业建设、学术交流和社会服务是助推学校专业发展的强劲动力。三是教育需要相对稳定的政治、经济和文化等社会环境。如果没有稳定的社会环境，学校办学的持续性就无法得到保障，学校的办学方向、专业建设与人才培养等更是无从谈起。因此，具备必要的教育经费、必备的办学设施、有效的学校管理、良性的互动关系、稳定的社会环境等，是学校教育持续且高质量发展的基本条件。

第二章 归并调整

陕西高等师范院校的演变与发展

1949年8月,以陕西省立师范专科学校为基础,归并国立西北大学教育学系,成立国立西北大学师范学院。从此,陕西新型高等师范教育进入了一个崭新的发展阶段。之后几所师范院校历经演变与发展,办学规模、教育质量和培养层次逐步提升,为1960年5月合并成立陕西师范大学奠定了坚实的基础。这也是本章记述该段教育历史的基本时限。

中华人民共和国成立前后，中共中央在探索适合中国社会发展道路的过程中，通过实施接管改造、院系调整、整风整改和教育革命等重大举措，使新中国的高等教育体系及制度得以基本确立。这期间，活跃在三秦大地上的陕西高等师范教育，历经西北大学师范学院、西安师范学院，以及陕西师范学院自身发展这两条源流的演变，不断奋力前行、改革发展，汇入到新中国高等教育发展的体系中。1960年5月，在陕西高等师范教育变革融合的客观形势推动下，西安师范学院与陕西师范学院合并成立陕西师范大学，陕西乃至西北高等师范教育进入了一个更高层次的发展阶段。

第一节　西北大学师范学院的形成和发展

1949年5月20日西安解放，5月24日西安市军事管制委员会成立，随即对西安高等学校展开接管工作，为早期的接管改造积累了好的经验和做法。中华人民共和国成立之后，西北大学师范学院遵照中共中央关于恢复时期改革旧教育、建设新教育的总要求，贯彻新民主主义教育方针，以陕甘宁边区新教育建设经验为基础，深入进行全面改造，建立一系列新的教育制度，组建新的教师队伍，为西安师范学院的独立设置创造了良好条件。

一、教育学系筹建，教育大家鼎力师资培养

1944年底，国立西北师范学院全部迁到兰州，尤其是1945年抗战即将迎来胜利之际，因抗战迁陕的高等院校开始相继回迁，加剧了陕西省培养中等教育师资的紧迫感。为了满足中等教育师资需求，国立西北大学在维持1945年的招生专业和规模的基础上奉教育部令增加教育学系，设置中小学教育研究专业，并于1945年8月招生，9月正式开始上课。1946年，教育学系随同国立西北大学迁回西安，暂用原东北大学在西安的校址办学。

国立西北大学文学院教育学系规模不大，从1945年8月建系到1949年8月，基本上维持初期状况。文学院院长为萧一山（1947年以后由马师儒校长兼任），

教育学系主任为高文源。教育学系有专职教授4人，学制为四年，侧重于中小学教育研究；教育学系公共课程的教学，由大学校部统一安排教师担任。教育学系尽管专职教师较少，但有马师儒和高文源两位教授引领，几年间也培养了不少合格的专业人才。马师儒教授主讲教育学、心理学、中外教育史、哲学等课程，高文源教授主讲语言学和心理学等课程，还经常邀请著名文学家和大学教授到校讲授文学课程，为系内营造了浓厚的教育教学和学术交流氛围。教育学系的培养目标是毕业生能够具备一专多能的职业素养，到中学后既能当好专业教师，也能胜任行政领导工作。为此，课程设置参照师范学院教育系科目制定，主要有必修科目和选修科目；为使学生毕业后有较多的就业机会，还设有中国语文（文学）和数学两个辅修专业，供学生自由选修。1947年暑期后，国立西北大学附属子弟小学改由教育学系主办，既为教师开展科学研究提供了一个有利条件，又方便本系学生从事教育教学实习。中华人民共和国成立后，教育学系毕业生多数投身于陕西的各级教育部门，或在西北地区的中学、大专院校任教，其中很多人成长为教育行政领导和各级各类学校的专业骨干。

二、学院独立设置，归并喜迎良好发展契机

1949年8月，西安市军事管制委员会在陆续接管西安的高等院校之后，根据西北军事形势的发展和新解放区工作的需要，开始对部分高校进行调整合并。8月4日，发布"以师专为基础归并西大教育系，成立师范学院"①的指令，任命刘泽如为国立西北大学师范学院院长。这时，西北大学面临经费困难和校舍紧张的现状，加之省立师专在原校址的基础上得到扩充，师专师生仍居住在原校址。新成立的师范学院设有教育行政、国文、史地、数学、理化5个系，学制四年。其中，西大教育学系教师和近30名学生与省立师专的9位教师共同组建成教育行政系。1950年3月19日，西北军政委员会教育部（高字第100号）命令，将中华人民共和国成立前设立的陕西省立师范专科学校陕南分校也并入西北大学师范学院，该分校在读的国文、数学两科学生100余人编入西北大学师范学院相

---

① 《大学专科学校合并命令》，陕西师范大学档案馆藏，省立师专档案，档案号0-ZH-10.0004。

应的系科继续学习。同年 3 月，教育行政系改称教育系，系主任由学院院长刘泽如教授兼任，系务工作由助理系主任吴元训主持。同时，国文系改称中国语言文学系。1951 年春，增设史地、博物两个专修科，学制一年半。1951 年秋，增设语文、理化、数学三个专修科，学制一年。1952 年 8 月，又增设政治教育系，招收两年制专科生；理化系分设物理、化学两组，史地系分设历史和地理两组。

西北大学师范学院在归并成立的过程中，陕西省立师范专科学校一直发挥着主体学校的作用。校系归并时，省立师专设置的国文、英文、史地、数学、理化等 5 个专业已有近五年的建设和招生基础，有教员 41 人，学校占地面积 100 余亩。基于此，西安市军事管制委员会便根据陕西省立师范专科学校的办学条件，决定"以师专为基础归并西大教育系，成立师范学院"，由此探源，陕西省立师范专科学校是后来合并成立陕西师范大学的主体源头。

三、选址建校发展，破旧立新提升专业水平

1952 年 8 月，西北军政委员会教育部根据全国高等学校院系调整精神，决定将西北大学师范学院独立设置，通过扩大办学规模承担起为陕西地区培养基础教育师资的重任，随即在西安市南郊吴家坟附近选址建校。在西北军政委员会教育部统一部署和陕西省党政领导机关等的指导与支持下，到 1952 年底，新校址建成了一部分校舍，包括办公室、教室、宿舍、食堂等平房共 10945 平方米。[①]同年 11 月，西北军政委员会教育部颁发"西北大学师范学院"木质方印一枚，自 11 月 24 日启用，直接对外办公。自此，西北大学师范学院虽还冠在西北大学名下，但实际上已具有办学的独立性，其党、团组织分别受中共西安市文教委员会和团市委直接领导。

学院在独立设置之初，行政机构比较简单。在院长领导下设有院长办公室，下设文书、人事两组；教务处（处长贾则复），下设注册、课业、教导、出版四个组及图书馆、电化教育室；总务处（处长韦固安），下设会计、庶务、伙

---

① 《西大师院校舍及设备情况》，陕西师范大学档案馆藏，西大师院档案，档案号 1-WD-永久-3.0018。

管三个组及卫生室。学院除原设置的 5 个系外，又先后增设了中文、理化、数学、史地、政治、博物（1953 年改为生物）等 6 个专修科。①1952 年，全院专职教师已增加到 70 人（教授、副教授、讲师共 45 人，助教 25 人），学生共有 866 人。这一时期，学院师资仍然比较缺乏，按教育部颁发的教学计划草案规定应开设的课程中，仍有 53 门开不出来，其中有 21 门课继续聘请外校教师兼任，尚有 32 门课未开设；教学组织和各种管理制度也不够健全，无法有效地保证教学质量。虽然条件有限，但学院仍然通过制定多项符合实际的政策，采取细致有力的举措，推动各项工作发展。

（一）以改革提升教学质量

中华人民共和国成立初期，西北军政委员会教育部针对陕西地区高等学校发展情况，强调要重视提高教学效果，培养实用的专门人才。为此，学院以贯彻上级教育机关要求和全国教育工作会议精神为契机，对学院的课程设置和教育教学进行优化调整。这主要体现在以下两个方面：

一是调整课程设置，制定教学计划方案。1952 年，根据中央教育部颁发试行的《关于高等师范学校的规定（草案）》和《师范学院教学计划（草案）》的通知要求，学院师生经过认真学习讨论，从思想上逐步明确高等师范学校的任务是：根据新民主主义教育方针，以理论与实际一致的方法，培养具有马克思列宁主义和马克思列宁主义与中国革命实际相结合的毛泽东思想的基础、高级文化与科学水平和教育的专门知识与技能、全心全意为人民教育事业服务的中等学校师资。据此，学院开始逐步改造课程，并根据革命与建设需要对专业课和基础课的课时进行增减。在此基础上，对教学进行初步改革，坚持以老解放区新教育经验为基本依据，按照教育部颁发的师范院校本科各系和专科各科的教学计划，制定以提高教学质量为中心的教学改革方案：规定本科各系一年级基本上按照教育部颁发的新课程草案要求开设课程，二、三、四年级则在条件许可的范围

---

① 《西大师院各处室工作暂行简则及系科名称、教学组织情况表》，陕西师范大学档案馆藏，西大师院档案，档案号 1-WD-永久-3.0017。

内积极创造条件进行过渡。各专修科一般都按照教学计划，力求契合中学各科教学的需要，逐步革除以往标准过高、脱离中学教学实际的弊端。

二是学习苏联经验，促进教学改革。1953年1月，政务院文教委员会提出"整顿巩固、重点发展、提高质量、稳步前进"的文教工作方针。为贯彻这一精神，学院积极学习先进的教育科学理论与教学经验，在工作中主抓教学，以教学为全校工作的中心，不断提升教学质量。首先，新开设政治理论课，对学生进行马列主义理论教育，该举措主要提升了政治课在教学总时数中的比重，本科各系由原来的10%增加到14%，专科各系则增加到12%。其次，在领会苏联教材的精神和掌握基本理论的基础上，院、系领导同全体教师积极研究教学计划、教学大纲、教学内容，尤其是着重研究学科的基本理论；在此基础上，根据学生实际、授课时数与中学教学需要，新编教学大纲和教材。这些措施对提升教学质量产生了一定的效果。

（二）重视培养师资与提升质量

师范学院成立初期，师资力量薄弱，仅靠少数的老教授、老教师担任部分教学任务，多数课程仍由西北大学统一安排文、理学院的专业教师承担，有些课程还无法开设。对此，学院领导坚持数量与质量并重的原则，通过各种渠道调聘教师加以克服。至1952年下半年，按教育部颁发的教学计划草案规定应开设的课程中，全院尚有1/3的课程不能或不能完全独立开设，需要大学部甚至外校支援教师讲授。几年内，尽管学院教师数量有所增加，质量也在不断提高，但是依然无法承担全部教学任务。

为尽快解决师资薄弱的困难，除继续请求上级主管部门多调派教师和分配高校毕业生，或采取聘请一部分专家教授来院执教等办法外，学院也积极采取可行措施，提高中老年教师的教学水平，并认真培养青年助教。学院规定：每门课程的教师都应认真研究教材，写出教材提纲；教研组应负起培养助教的具体任务，水平高、教学经验丰富的教师，应以"师傅带徒弟"的方法，各培养一名助教开课。同时,选派部分教师前往北京师范大学、中国人民大学、北京大学、华东师范大学、南京大学等高校进修,以便返校后开课。学院通过多种途径与形式培养助教并使其能尽快开课:一是给助教确定指导教师,规定培养目标、专业方向和培养期限;二是指导教师帮助助教制订业务提升计划和拟定开课讲课提纲,助教依照讲课提纲和所开列阅读书目,认真深入学习,用理论解释提纲中规定所应讲的材料内容,并写出讲稿、作业和文章,交指导教师批阅;三是助教听指导教师讲课,辅导学生复习,批改学生作业,学习并解答学生所提出的问题等,以便吸取教学经验;最后,经过半年多或一年的时间,在教研组试讲和评议后,大部分助教基本上可以开课。开课后,继续由指导教师给予帮助提高,达到独立开课的要求。当时担任院长的刘泽如教授,为了搞好培养助教工作,亲自培养了两名心理学助教,耐心细致地进行指导,取得了很好的效果,对其他教师培养助教工作起了榜样示范作用。这种着重开课的应急做法,尽管是当时师资缺乏情况下采取的权宜之计,但是在一定程度上缓解了师资紧缺的当务之急。

(三)关注学生的学习及生活状况

学院切实贯彻党的全面发展教育方针,要求学生积极响应毛泽东提出的"身体好、学习好、工作好"的号召,既为祖国建设掌握更多的科学知识和技能,又要做到全面发展。在思想政治教育方面,重视对学生开展思想教育的内容和方法,注重培养学生正确的世界观、人生观、价值观,师范专业思想,共产主义道德品质,积极组织学生开展文娱活动和建校劳动,坚定了广大学生热爱祖国、热爱师范教育专业的信念,提高了学生的社会主义思想觉悟,鼓舞和推动了学生为祖国经济建设勤奋学习的热情。在专业教育方面,注重培养学生独立思考与工作的能力,各专业教师在教学中积极发挥主导作用,做到讲课目标明确、重点突出、具有启发性。同时,加强对学生的学习指导,尤其重视采取有效措施,针对工农干部学生的学习,以组织补课、个别辅导等形式,解决他们学习和生活中存在的困难,促进其学业成绩稳步提高。在体育教育方面,除加强体育课程教学之外,还号召学生"为祖国锻炼身体",在院团委、学生会的用心组织和体育教研组教师的精心指导下,学生的体育锻炼活动内容丰富、形式多样,参与热情十分高涨。为了更好地开展体育活动，学院挤出经费添置体育器械设备，每年举办一次春季运动会，且经常举行各项体育比赛与体育表演。为加强学生的学习、生活纪律，保证提高学习质量，学院于1954年6月4日颁布《西北大学师范学院学生学习和生活守则》。

四、加强组织建设，引导师生开展思政教育

中华人民共和国成立后，西北大学师范学院根据党中央颁布的全国教育工作总方针，经过以院系调整为中心的教育改革，在院内确立了中国共产党的领导地位，加强了党的组织建设，对师生进行思想政治教育，使整体办学面貌焕然一新。

（一）建立基层组织，确保党对教育工作的领导

1951年暑假，中共西北大学师范学院支部委员会成立，隶属中共西北大学总支部委员会领导，刘泽如院长任支部书记。党组织积极开展各方面工作，通过抓思想教育工作，有计划地培养、发展新党员，壮大党的组织队伍，保证党对教育工作的领导，密切党与群众的联系，推动学院各项政治运动和教学科研工作顺利进行。1953年11月，经中共西安市委宣传部批准，成立中共西北大学师范学院总支部委员会，隶属中共西安市委文教委员会领导。[①]11月14日，学院召开党总支成立大会，全体党员参加会议，选出李绵、康伯乐、王周发、马进如、朱勃、刘泽如、侯天岚、王士哲、王振耀等9位同志为总支部委员会委员；由李绵任书记，康伯乐任副书记。[②]党总支的成立，加强了党对学院工作的领导，推动了全院各项工作的顺利开展。党总支要求全体党员，以自己的模范行动团结全院教职员工，坚决保证教学任务的顺利完成。

在党组织的领导下，西北大学师范学院于1950年建立了中国新民主主义青年团西北大学师范学院支部委员会，开始发展新团员。不久，又扩建为中国新民

---

① 《关于同意西大师院建立党总支的通知》，陕西师范大学档案馆藏，西大师院档案，档案号1-WD-永久-5.0008。

② 《关于同意西大师院党总支组成人员及其分工的通知》，陕西师范大学档案馆藏，西大师院档案，档案号1-WD-永久-5.0009。

主主义青年团西北大学师范学院总支部委员会，曹鸿远任团总支书记。团组织成立后，积极开展适合年轻人的组织生活，成为团结教育广大青年的核心，加强了党对青年的领导。1951年，学院根据上级规定，建立了师范学院教育工会，先后由晁庆昌、吴元训、刁汝钧等出任主席一职。学院工会即按照工会章程，发挥党与群众之间的纽带作用，开展各项工作，积极发展会员。教职工在工会组织的政治教育活动、业余文化学习和文体活动中受到了教育。同时，工会还协助学院领导了解和解决教职工生活上存在的问题，保证了教学和行政工作的有序开展。1951年6月，学院先后建立了中国民主同盟和九三学社等民主党派组织，高元白和周骏章先后为校民盟支部负责人，贾则复为九三学社校支社负责人。1954年后，相继建立了中国国民党革命委员会和中国民主促进会等民主党派组织，魏应祺为校民革小组负责人，金祖祺为校民进小组负责人。学院领导针对院里的一些重要工作及其他问题，经常召开民主党派成员座谈会协商讨论，发挥民主党派的建言献策与民主监督作用；民主党派则在中国共产党的领导下，根据各自组织的章程规定，吸纳新的成员，不断壮大组织，教育与督促成员完成教学科研任务和培养青年教师，发挥党派组织的特长，在加强思想改造等方面，取得了诸多成绩。

（二）加强师生思想政治工作，认真贯彻党的教育方针

坚定正确的政治方向是学院办学的首要问题。学院领导牢牢把握"坚定正确的政治方向"这个首要问题，贯彻"思想工作领先"原则，教学是学院工作的中心，因而思想政治工作的重点就放在教学上，一切举措都围绕着教学、面向教学，使师生达到改造思想、提高思想觉悟、做好教学工作的目的。团结全体教师一起工作，在政治上关心教师，党委或行政领导经常召开教授座谈会，征求他们对教学科研等方面的意见和建议，还组织部分教师、干部参加党课学习及有关会议，条件成熟时接收其入党。在工作上信任与依靠教师，给一些学有专长的老教师配备助手，生活条件上尽可能对他们予以优先照顾。对生活上有困难的教职工，给予适当的经济补助；对有工作能力的家属，大部分予以安排工作；对患病教授，多方设法给予治疗等。

开展学习运动和自我思想改造运动。接管初期，由于师生的思想情况不能完全适应新型高等学校教育的要求，学院领导积极组织全体师生开展政治学习，初步树立起为人民服务的人生观，并以实际行动参与到新民主主义教育中。中华人民共和国成立后，学院立即组织师生员工学习《中华人民共和国中央人民政府公告》等文件，特别是学习《中国人民政治协商会议共同纲领》中关于"文化教育政策"的规定，初步认识到"中华人民共和国的文化教育为新民主主义的，即民族的、科学的、大众的文化教育"，"中华人民共和国的教育方法为理论与实际一致，人民政府应有计划、有步骤地改革旧的教育制度、教育内容和教学法"。1950年11月，在全国开展抗美援朝宣传教育运动中，学院组织师生参加各种形式的宣传活动，接受爱国主义和国际主义教育，学生积极报名参军，师院教育系学生石巧玲、景建中等10余人参加了中国人民志愿军。1951年12月，学院成立学习委员会，专门负责领导和组织全校教师、干部进行政治理论学习。每周安排六小时，有计划系统地学习马列主义、毛泽东思想和时事政策，参加学习的教师、干部有109人。学院还于1951年至1952年组织教育、中文等系师生，分批赴商洛、汉中的农村地区参加土地改革工作，接受实际的阶级斗争锻炼，提高阶级觉悟。通过参加上述活动，师生学习了马列主义和毛泽东思想，并在亲身实践中得到了锻炼与教育，为以后学习先进的教育理论和教育经验，进行教学改革，打下坚实的思想基础。

鼓励各方面人员共同参与政治思想工作。为加强党的领导，对学生开展政治思想教育，学院各系设立政治辅导员，各班设立班主任，指导师生的时事政策和政治理论学习，协助教务处做好马列主义理论课的教学；指导师生的各项社会活动，了解和掌握师生的政治思想情况，及时进行思想教育工作；主管毕业生的毕业鉴定与工作分配，指导各班学生周末学习、生活会等。在开展思想教育中，学院充分发挥教育工会、学生会等群众组织和民主党派的积极作用，取得了良好的效果。青年团和学生会密切配合学院的政治思想教育以及学生的学习、生活等方面工作，在青年学生中开展系列活动，鼓励争当"三好学生"。工会开展教职工业余文化教育，举办职工夜校，提高教职工的思想觉悟和文化科学知识水平。民主党派协助学校党政领导在团结知识分子、密切党群关系、组织成员学习，以及搞好教学科研和师资培养等方面也做了大量工作。

第二节　西安师范学院的成立和发展

1954年8月至1960年5月是西安师范学院独立设置，并在党的过渡时期总路线指引下迈出自身发展步伐的时期。全院师生员工积极发扬艰苦奋斗的精神，面对不断出现的新形势和新任务努力开展工作，既通过挖掘教学改革的内在潜力以提高教学质量，又致力于创造办学的外在条件以扩大教育规模。这些举措既保证了学院的各项工作都能够适应社会建设发展的需要，也促使学院在办学理念、专业建设、科学研究上从无到有、由小到大逐步地形成和发展起来，为之后的教育教学工作积累了不少经验，为学院办学规模的扩大和办学层次的提升创造了必要条件。

一、学院独立设置，满足高等师范教育发展需求

1952年，中央人民政府教育部根据"以培养工业建设人才和师资为重点，发展专门学院，整顿和加强综合性大学"的方针，在全国范围内进行了高等学校的院系调整工作，到1952年底全国已有3/4的高校进行了院系调整。1953年高等教育部成立之后，继续进行院系调整工作，并做出当年全国高校院系调整计划。1953年5月29日，政务院批准《中央人民政府高等教育部关于1953年全国高等学校院系调整的计划》，并将"西北大学师范学院独立为西安师范学院"列入计划。同年8月，中央人民政府教育部正式向西北行政委员会教育局（简称西北教育局）发出关于"西北大学师范学院独立设置，改名为西安师范学院，隶属西北教育局领导"的通知。通知未下达到学院，但学院迁到新校址后，党、团关系均已属西安市委，学院行政、教学、计划、财务、人事等均已直属西北教育局管辖，而且学院可对外直接活动。因此，实际上已成一所独立学院。

早在 1952 年 8 月，西北军政委员会教育部已决定将西北大学师范学院独立设置为西安师范学院。年底，西北军政委员会教育部在《西北区高等师范教育 1953 年发展计划的意见》中提出："本学期我们已在西安南郊建修西北大学分校，将该校师范学院迁往，以便发展，预计之后将该院独立设置，改为西安师范学院"[①]。1952 年 8 月至 1954 年 8 月是西安师范学院独立设置前的筹备时期，在这近两年时间内，学院完成了校址规划、校舍修建等独立设置的前期准备工作。在学院正式独立建制前，迁校工作其实已经陆续展开。1952 年 12 月下旬，西安市南郊吴家坟新校址已初步具备办学条件并投入使用，部分干部、工人和教育学系的师生首先迁入新校舍。1953 年 1 月，中国语言文学系、数学系、史地系由西北大学校区迁到吴家坟新建校内。同年 8 月，政教系迁到新校址。1954 年 8 月实验教学大楼建成后，理化系、生物专修科也随之迁到新校址。至此，学院的迁校任务全部完成。这个校园实有面积 737.273 亩（坐落于雁塔区长安南路东侧 694.600 亩、天坛路南侧 42.673 亩）。

在新校址落成、机关和系室迁住办公之后，1954 年 6 月 7 日，西北教育局通知西北大学校部，批准西北大学师范学院独立设置，改名为"西安师范学院"，并启用西安师范学院信印。校部接到通知后于 8 月 20 日通知师范学院，着遵西北教育局通知要求，向全院师生员工以及对外正式宣布，并将宣布情况与启用信印日期函复校部，以便呈报西北教育局。随即师范学院函复校部，确定学院于 8 月 21 日[②]正式宣布独立为西安师范学院，正式启用新印章、更换校徽，并致函西北教育局备案。10 月 17 日，全院师生员工举行庆祝学院独立设置大会。其时，西安师范学院实有专职教师 196 人，兼职教师 9 人，行政干部 118 人，工人 78 人，学生 1270 人。学院在基本延续西北大学师范学院组织机构的基础上，进一步加强三个系统（即办公室系统、教务系统、总务系统）的科室建制，即办公室系统

---

① 《西北区高等师范教育 1953 年发展计划的意见》，陕西师范大学档案馆藏，西安师院档案，档案号 1-WD-永久-14.0009。
② 《关于定于 8 月 21 日起宣布西北大学师范学院独立设置同时启用西安师范学院新印的布告》，陕西师范大学档案馆藏，西安师院档案，档案号 1-WD-永久-19.0028。

分成文书室和院刊室，教务系统增加到9个部门，总务系统的部门设置更加规范。

学院师生员工发扬艰苦奋斗的精神，在全面贯彻党的"全面发展"教育方针下进行教学改革，实事求是、脚踏实地地开展工作，形成了团结、奋进、活泼、严肃的良好校风，教师积极开展教育研究、不断改进教学方法，学生刻苦学习、努力求知，使学院由小到大稳步发展起来。

二、推进学院建设，完善组织机构和基础设施

西安师范学院独立设置后，在院长刘泽如和副院长李绵等同志的带领下，学院的行政机构设置和硬件设施建设等进一步加强与完善。

（一）调整组建行政机构和领导班子

学院刚成立时，行政机构设置较为简单，同一人兼任多个职位的亦不在少数。但随着学院的发展，对行政机构和人员组成进行调整也成为推动学院改革与创新的必然举措。1954年西北大区撤销后，陕西省文教厅受高教部委托管理西安师范学院，并派原西北教育局副局长李瘦枝任西安师范学院副院长，参与学院管理工作。同年8月，毛泽东主席签署中央人民政府任命通知书，任命刘泽如为西安师范学院院长，李绵为西安师范学院副院长。

1955年，经陕西省教育厅①批准将理化系分设为物理系和化学系，物理系主任为吕秉义，化学系主任为侯又可；史地系分设为历史系和地理系，历史系主任为史念海，地理系主任为黄国璋。此外，对其他行政机构也做了部分调整，增设了函授部，还专门成立了由刘泽如和李绵牵头负责的陕甘宁边区教育研究室。这时的行政机构更加合理，依靠党组织办学院，并实行院长负责制。1957年，陕西省人民委员会调李瘦枝任陕西省高等教育局副局长，派丁子文到西安师范学院任副院长，郭琦也于11月被任命为副院长。1958年，学院制定《西安师院紧缩机构、减少人员、下放干部实施方案》，提出学院由三级制改为两级制。将教务处改为教务办公室，党委委员分别下派到各系任总支

---

① 1955年6月，陕西省文教厅改为陕西省教育厅。

书记。学校的行政机构也随即进行了再次调整,根据中共中央、国务院指示,高等学校实行党委领导下的校务委员会负责制,成立了由48人组成的西安师范学院院务委员会和由11人构成的常务委员会,此后学校的行政机构和领导班子基本保持稳定。其中,刘泽如作为创院首任院长,为西安师范学院的发展做出了重要贡献。

刘泽如(1897—1986),原名刘澄青,字濬哲,直隶束鹿(今河北辛集)人。著名的马克思主义心理学家和教育学家,西安师范学院首任党委书记、院长,陕西师范大学首任党委书记、校长,并兼任中国教育工会副主席、陕西省教育工会主席、陕西省心理学会理事长等职。1922年至1932年,他在北京大学半工半读,开始研究心理学,在李大钊的影响下积极参加革命工作,于1932年8月加入中国共产党。1933年7月由于叛徒出卖被捕入狱,1937年11月经党组织营救出狱。1939年,刘少奇介绍他来到延安从事教育工作。先后担任陕北公学师范部主任、延安大学教育学院院长和陇东中学校长等。1949年5月25日受党中央选调,他由延安赶赴西安,与辛安亭一起以军代表身份接管陕西省立师范专科学校。同年8月,国立西北大学师范学院成立后,刘泽如任师范学院院长。1954年8月,西北大学师范学院独立设置并更名为西安师范学院,他被任命为学院党委书记、院长。1960年5月,西安师范学院与陕西师范学院合并成立陕西师范大学,刘泽如被任命为学校党委书记、校长。1976年以后,他因年事已高退居二线,任陕西师范大学顾问。刘泽如高风峻节,笃志不倦,矢志不渝,奋力前行,是一位严谨的学者、敬业的教授、忠诚的共产党员和富有教育思想的领导人。他长期在陕甘宁边区从事教育工作,积累了丰富的办学经验;他在西安师范学院与陕西师范大学担任院长和校长期间,深受教师和学生爱戴,被亲切地称为"刘老"。

（二）补充增加图书资源和仪器设备

学院党政领导十分重视图书和仪器设备的建设工作。截至 1956 年 9 月，图书馆的藏书数量已有近 30 万册，其中外文图书近 1 万册，已编目或经整理能够流通借阅的书籍有近 20 万册。为方便师生阅读书刊，图书馆还专门开设了文史、自然科学、期刊、报纸等 4 个阅览室和 1 个教师专门阅览室，供师生进行教学和科研之用。截至 1959 年，藏书已达到 40 万册，比建馆初期增加了 22 倍。此外，还藏有革命文献和 119 种珍本图书及其他历史文物，包括太平天国的"门牌""田凭"等 13 幅，手抄本《四库全书》5 本，影印《古抄本玉篇残卷》7 匣 8 卷，《域外所藏中国古画集》19 函，敦煌及宋、元、明各代版本的唐人写经等，这些珍贵藏书和文物都是研究中国古代文化、进行爱国主义教育不可多得的珍贵史料文献。学院在努力进行自身图书建设的同时，还积极援助陕西其他院校的图书建设。1956 年，西安师范学院支援汉中大学 680 种图书资料，共计 5893 册；1959 年，学院又支援绥德分院图书 1482 种，共 6533 册。学院初建期间，还对仪器设备进行了补充和升级。物理系建起光学、电磁学、力学、分子物理、示教、电工无线电和高等物理实验等 7 个实验室以及 1 所修配实验仪器零件的小型工厂，1959 年又增加了无线电、天文两个实验室和车工、钳工、铸工、锻工、木工等 5 个车间。文科各系的教学设施主要是传统文物和现代技术的结合，如历史系的文物收藏室陈列着各种历史文物、图片模型、历史影片等。学院还设有直观教学室，配合各系科的教育教学，制作幻灯片，绘制图片，进行教学录音。

（三）增设专业系科和扩充招生人数

学院最初成立时设有六系五科，其中教育系在 1953 年至 1957 年间，共培养毕业生 109 人，但随着院系调整的变化，于 1957 年 9 月，取消教育系建制，成立了教育研究室，下设教育学、心理学、教育史三个教研组。到 1959 年底，学院共设有六系七科。六系为政治教育系、中国语言文学系、历史系、数学系、物理系和地理系，七科为政治教育专修科、中国语文专修科、历史专修科、数学专修科、物理专修科、地理专修科和体育专修科。专修科中除体育专修科为独立科外，其他各科均与相应的系并设。从西北大学师范学院发展为独立设置的西安师范学院，学院招生人数逐年增加，规模不断扩大。从1954年至1956年，新生人数从400名左右增加到1000多名，1957年新生人数略有减少，但仍接近1000名，本科人数上涨较快，专科人数基本保持不变，到1958年时，专科人数开始激增。

（四）扩大校舍面积和增加教学后勤设施

迁校后，基于发展需要，学院决定扩大原有的规模，进行校舍扩建，往南发展修建教学楼；并任命韦固安负责设计学校布局图，计划形成教学中心区、学生宿舍区、家属区、生活区等四个主要区域。当时，这不仅是一个宏伟的规划，而且基建的任务也很繁重，从1954年9月初开始，新建图书馆大楼，扩建教学楼和教师单身宿舍楼，并新建操场；到1956年，建成面积为8500平方米的图书馆，基本建成面积达40800平方米的新田径场。1957年，根据学院向主管部门报告的历年基建面积统计，新增加了57144.29平方米的建筑面积，促进了学校规模快速扩大。各项建校工程一直延续到1962年严重困难时期，才被迫停止。根据招生规模的扩大及城市发展规划的变迁，西安师范学院分别在1952年、1953年及1956年进行了三次校园建设规划，所形成的规划蓝图布局合理，区域功能分工明确，教学区、学生生活区、教职工生活区互相分隔，避免人员之间的相互干扰；教学区对称布局，教学楼间距50米以上，能够保持一个安静、幽雅的学习环境。自1957年图书馆正式建成后，教学区规模基本形成，校园建设开始进入环境绿化阶段。特别是副校长郭琦、基建委员会主任韦固安对校园绿化工作十分重视，在校区建设过程中做到凡是基建工程竣工区域都种植树木和花草，还建起林荫道、果园、花树和花坛等。韦固安认真构思并亲自对绿化工作进行绘图设计，老园艺工人许平修负责绿化的具体安排和布置。经各方人员齐心协力辛勤劳作，一个树木繁茂、四季常青、三季有花的校园环境逐步形成。尤其是教学区的"林园化"初具规模，为学生营造了一个良好的学习环境，受到广大师生普遍欢迎。在学院规模不断扩大和校园绿化工作持续进行的情况下，总务后勤单位为师生员工生活提供了优质的保障和物质条件供给，基本上满足和保证了教学科研和生活所需。1959年，学院在自然灾害和经济困难时期召开生产会议，决定开办农场，计划养猪1200头，育苗8万株，在灞桥农场建鱼塘一个。这些举措改善了师生的生活状况，各食堂也加强伙食委员会工作，事务、财务、校产用具等供应工作也逐渐正规化和制度化。医疗保健工作重点是开展以预防为主的医疗卫生活动，并建立了隔离病区，逐步提高医疗卫生水平。20世纪50年代的校园规划也为西安师范学院以及后来陕西师范大学的校园建设奠定了良好的基础。

三、改进教育教学，增强师资力量助推科研产出

西安师范学院在教学上结合实际学习和借鉴苏联教育经验，开展了一系列教学改革，建立新的教学体制；根据教育部颁发的教学计划和教学大纲，有计划地开展教材建设，并对教学内容、教学方法等进行改革。同时，切实紧抓师资培养和提高工作，实现教学与科研相互促进。

（一）结合实际学习经验开展教学改革

西安师范学院成立初期，工作重点是贯彻党的"全面发展"教育方针。1954年9月新学年开始后，各系一、二年级全面执行教育部颁发的《师范学院暂行教学计划》，要求运用多种教学形式进行教学；三、四年级则执行教育部批准的过渡性教学计划。同年10月，学院制定《1954—1955年度教学工作计划》，要求有计划、有步骤地实施教学改进工作，在教学计划、内容、方法、组织和制度等方面吸取苏联经验。1956年3月，教育部召开了第二次全国高等师范教育会议，强调今后高等师范教育要以满足中等学校的师资需求为主要任务，解决当前教育中出现的师资短缺问题。学院积极贯彻这次会议精神，并组织教职工进行充分的讨论，各系科据此深入检查教学工作，发现了许多不足。《西安师院院刊》也发表短评指出学院亟待解决的问题，提出要将教养和教育、理论和实际、课内教导和课外辅导相结合等，要逐步改进教学方法，注意培养学生的独立工作能力。

为提高学生的理论水平和教学实践能力，学院一方面聘请优秀专家到校与学生交流教育经验；另一方面为学生提供实习场所，了解课堂教学的实际情况，积累相关的课堂管理经验。1956年1月，苏联专家费拉托夫在教育部师范司李实司长陪同下到西安师范学院视察工作，对学院的工作规划、教学组织、教学方法与内容以及思想教育等进行指导，并向全院学生做了《关于大学生如何应对学习问题》的报告。苏联世界古代史专家阿厄·格拉地金夫斯基和远东及东南亚各国近代史专家瓦·旦·科切托夫等学者也前来学院讲学。通过这些活动，学生既能了解到中学教育情况，也拓展了他们看待事物的眼光。与此同时，为提升师生教学科研能力，促进理论与实践的结合，陕西省教育厅将原省立第二中学划归学院并改名为"西安师范学院附属中学"，作为学院的教学实验实习基地；并决定将附中从市内迁至院部东区，以便学院教师和附中教师共同研究教材教法以及有关中学教育的实际问题；学院各系室加强与附中的联系，使附中成为学院进行教育理论与教学方法创新的实践基地。学院还安排学生到其他中学进行教育实习，如教育、语文、历史、地理、物理、化学、数学等系本科三年级和专科二年级学生，在西安高中等6所学校进行教育实习。

　　1955—1956学年，学院对课堂教学进行大检查，检查中文、历史、地理、数学、物理5个系多项基础课和专业课的讲授质量，其中包括中文系14门课程、历史系13门课程、地理系10门课程、数学系15门课程、物理系11门课程。检查结果表明，教师在教法上表现优秀，获得学生的反馈效果好的课程有9门，占比14%；教师在教法上存在问题并且讲授一般的有26门课程，占比41%；在教材或教法上问题突出且讲授效果较差的课程有28门，占比44%，主要原因是教师的求深求多、责任心不强和某些初开课的青年教师缺乏教学经验。学院通过教学检查掌握了课堂教学中存在的不足和问题，指明了教师教学的改进方向，便于更好地督促广大教师改进教学方法，由此推动了各系科的教学改革。

　　学院向苏联学习教育经验的改革实践取得了一些较为显著的成果：各系根据自编教学大纲开展有序教学，克服了过去少数课程"自由讲学"的现象；各系开设的 124 门课程，基本上都能按照暂行教学计划要求进行教学，教学质量有所提升，学生掌握的知识在量和质上都有了较大的提高。1956 年 4 月，学院召开优秀学生和先进班集体表彰大会，奖励优秀学生 180 名，先进集体 15 个。

（二）联系教学促进教师科研工作

随着学院教学改革的深入开展，对教师的科研提出更高要求。1954 年 6 月初，学院开始推进科研工作，提出"研究结合教学的方针"，研究重点分为两点：一是结合中学教学实际情况研究苏联的教学大纲和教材，编写适合中国教育的大纲和教材；二是组织有能力的教师集中翻译有关的学科著作，研究教材大纲和翻译中存在的难题。1954 年，教师自编教学大纲 44 种，自编教材 30 多门，主要涉及文科的课程教材。其中，教材编写成绩比较突出的有：中文系霍松林的《文学概论》、周骏章的《世界文学》、高斌的《苏联文学》讲稿等。同时，学院教师共提出研究课题 13 项，参与教师有 30 余人。1955 年，学院围绕"面向教学，面向中学，为生产建设服务"的方针，有组织、有计划地创造条件开展科研工作。10 月份《西安师院院刊》创刊，其重点任务是宣传党的教育方针，推动马列主义学习与教学科研工作开展，反映学生学习生活动态，开展批评与自我批评等。截至 1955 年 10 月，参与科研活动的教师达到教师总人数的 44%（99 人），其中教授、副教授、讲师有 65 人。该年度共有 57 个研究课题，其中已完成或基本完成的有 38 个。这是西安师范学院自开展科学研究以来所取得的第一批科研成果，对学院科研工作起了示范带动作用。

1956 年 1 月，中共中央在北京召开全国知识分子问题会议，会上周恩来代表党中央做了《关于知识分子问题的报告》，高度评价了知识分子在促进社会建设中的重要作用。学院认真贯彻这次会议的重要精神，在教学、科研、生活和政治方面为教师创造有利的条件，让他们能够充分发挥自己的才智和能力。在政治方面，对广大教师给予关心、理解和信任；在教学方面，为老教师配备助手进一步减轻社会工作负担，确保每周有 5/6 的时间用于教学与科研；在科研方面，创造良好的科研条件，尽力解决科研图书资料问题；在生活方面，着力解决生活中存在的困难问题。

1956年3月，学院积极响应向科学进军的号召，举办第一届科学讨论会，由李瘦枝副院长主持会议，参会人员有省、市有关领导和其他院校的代表以及学院教师160多人。这次会议共收到12篇科学论文和报告，涉及社会科学研究、自然科学研究及结合教学改革研究等领域。其中，有刘泽如教授的《高级神经活动的合乎反映论的规律》、史念海教授的《春秋战国时期工农业的发展及其地区的分布》、傅子东教授的《词类的区分和辨认》、周骏章教授的《批判胡适文艺思想中的世界主义》、韩宪纲副教授的《太白山自然地理概况》、赵恒元教授的《中学物理电学方面的教学问题》、耿启辉副教授的《元素周期系统》等。会后出版的《西安师院教学与研究文辑》（第一期），主要是对这次科学讨论会交流成果的收录。1956年，学院出版专著有3部，分别为《中学生优秀作文评论》（李玉岐）、《陕西自然地理概论》（聂树人）以及《意大利地理》（肖志斌）。据不完全统计，各系教师发表的专业论文有6篇，有影响的代表作是霍松林的《略论〈西厢记〉》《略谈〈莺莺传〉》《试论形象思维》、袁博文的《正确认识"长期共存，互相监督"的方针》等。

四、坚持正确方向，探索社会主义的办学道路

西安师范学院始终坚守正确的办学方向，坚持正确的思想政治观点，师生在马克思列宁主义和毛泽东思想的正确引领下进行学习、教学和科研工作，不断推进与发展师范教育。从1957年开始探索中国社会主义发展道路的同时，也探索自己的教育发展道路，在这个过程中学院对出现的错误或曲折及时进行反思与纠正。

（一）学院召开党的会议，扩大党的组织

自独立设置起，学院就将思想政治教育放在首位，引导师生员工坚持正确的社会主义方向，培养为人民服务的思想意识。在学院独立设置的第十天，中共西安市委批准成立中共西安师范学院委员会，下设组织、宣传两个部，配备秘书、

统战干事。党委下设语文、史地、教育、政教、数学、理化及机关等7个党支部。1954年9月，中共西安师范学院委员会举行第一次党员大会，共有72人参加大会。这次大会是在贯彻党在过渡时期总路线和高教会议精神的背景下召开的，目的在于进一步发扬总路线的精神，加强师生的思想政治工作，发展党的组织，贯彻党的方针，执行党的决议，弘扬艰苦奋斗的光荣传统和优良作风。大会选举产生了中共西安师范学院第一届委员会，刘泽如、李绵、巩重起、朱勃、侯天岚、王周发、杜富德、李长樾、李仲实等为党委委员，委员会第一次会议选举刘泽如为书记，李绵、巩重起为副书记。

1956年3月下旬，在全党大力开展反对保守思想和中央召开全国知识分子问题会议的背景下，中共西安师范学院委员会召开第二次党员代表大会，出席会议的代表有116名。大会选举产生中共西安师院第二届委员会，刘泽如、李绵、巩重起、朱勃、侯天岚、丁淑元、王周发、杜富德、常文奎、畅军州、汪洋等11位同志当选为党委委员；委员会第一次会议选举刘泽如、李绵、巩重起、丁淑元、王周发、杜富德为常务委员，选举刘泽如为党委书记，李绵、巩重起为党委副书记。大会通过了《中国共产党西安师院党委会第二次党员大会决议》，指出今后的思想政治工作重点在于坚持"加强支部"的工作方针，发挥支部的战斗堡垒作用。全体党员应充分认识当前知识分子中的新变化，发扬优良作风；学院应积极鼓励优秀知识分子入党，深入领导知识分子尤其是讲师以上的高级知识分子的思想改造工作。1957年8月27日到9月7日，学院召开第三次党员大会，参会人员中党员354人，列席代表327人。大会选举产生中共西安师院第三届委员会，刘泽如、郭琦、李绵、丁淑元、丁子文、赵正、王周发、史青云、巩重起、侯天岚、肖枫、彭超、胥超为党委委员；委员会第一次会议选举刘泽如、郭琦、李绵、丁子文、巩重起、赵正、肖枫、丁淑元为常务委员，选举刘泽如为党委书记，李绵、郭琦为党委副书记。

1958年春，经中共陕西省委批准，中共西安师范学院委员会改由省委领导，日常工作由省委宣传部管理。同年10月下旬，中共西安师范学院第四次党员代表大会召开，参加会议代表有 113 人。大会选举产生了新一届党委委员，他们是刘泽如、李绵、郭琦、丁子文、方知、赵正、崔化民、肖枫、高庆昌、巩重起、丁淑元、史青云、易日煜、侯天岚、赵元介、彭超、曾志权等 17 位同志，第一次党委会选出了刘泽如、李绵、郭琦、丁子文、方知、赵正、崔化民、肖枫、高庆昌、巩重起、丁淑元等 11 位同志为党委常委，选举刘泽如为党委书记，李绵、郭琦、方知为党委副书记，方知兼宣传部部长，崔化民任组织部部长，巩重起任统战部部长；监委委员为丁子文、方知、赵正、崔化民、张生旺、郭义明，李绵为副书记兼监委书记。自 1954 年中共西安师院总支部建立伊始，学院党员数量由最初的几十名发展到 1956 年底的 300 余名，其中 1956 年一年内就发展了 107 名新党员，既增强了党的战斗力，又凸显了党的领导水平。

（二）加强师生的思想政治教育

1955 年 7 月，党中央发布《关于展开斗争肃清暗藏的反革命分子的指示》后，学院积极响应中央文件精神，结合本院实际情况开展了肃反工作，主要集中在暑假期间，针对教师和干部进行。通过践行肃反教育和宣传肃反政策，提高了教师的革命警惕性，保持了政治思想的正确性。同年 8 月，在学院 1954—1955 年度工作总结中，专门将对教师和学生的思想政治工作列为两个专题。在一年时间中，学生的思想发生显著变化，提高了社会主义觉悟；但也不可避免地存在一些问题，主要是个人主义倾向严重，不愿担任人民教师。针对这一问题，提出要通过时事教育、共产主义道德品质教育，鼓舞学生热爱教育事业，通过各种报告、集会等方式交流学习，最终在课堂教学和教育实习中培养学生，使学生树立光荣思想和责任感。1956 年 10 月，刘泽如院长做《1956—1957 学年度工作要点》的报告，指出对于当前的学生工作应在依据"全面发展"的精神引领下，加强社会主义思想教育和师范专业思想教育。同时，学院邀请毕业校友与在校学生分享工作感受，为学生树立刻苦学习、团结友爱的榜样，激励他们为人民教育事业做贡献。

教师思想政治工作的重点是，改进作风和学风，坚持理论联系实际，避免陷入主观主义、官僚主义的泥淖，做到认真研读教育方针与政策，在实际中解决问题，团结互助，勇于批评和自我批评。学院在上级部门的领导下，组织广大教师开展对资产阶级唯心主义思想的批判活动，各教研组召开各种小型批判会和讨论会，批判资产阶级唯心主义哲学思想、教育思想、文艺思想和历史观点，提高教职员政治理论水平。在此基础上，为建立起规范的学习制度，学院成立了马克思列宁主义夜大学，招生对象包括西北俄专和陕西师专的部分教职员，分为甲、乙两班，共319人，24个小组。根据自愿原则参与政治学习，参加甲班的教职员256人，18个小组；参加乙班的63人，6个小组。两个班主要是以自学为主，讲授为辅，甲班学习《马列主义基础》部分章节，乙班学习《经济建设常识读本》部分章节。1956年9月，中国共产党举行第八次全国代表大会，同年10月，党委组织全校师生员工学习党的第八次全国代表大会文件，理清关于党的政治路线以及国内主要矛盾的变化，了解建设社会主义的十大经济政策以及关于发展教育和体育的方针。

（三）参加整风整改运动

1957年2月，毛泽东在最高国务会议第十一次（扩大）会议上做《关于正确处理人民内部矛盾的问题》的报告，指出当前党内存在官僚主义、宗派主义和主观主义等不良作风，决定在思想领域开展整风以提高全党的马克思主义水平。1957年3月，学院党委召开扩大会议，学习毛泽东的重要讲话精神，提出要在学院教育中坚决贯彻"使受教育者在德育、智育、体育几方面都得到发展，成为有社会主义觉悟的有文化的劳动者"[①]的教育方针。同时，整风运动的号召开始在学院内部贯彻落实，学院召开各种座谈会和讨论会，调整和解决人民内部矛盾，要求党内外同志本着"从团结愿望出发，经过批评与自我批评达到新的团结"[②]

---

① 陕西师范大学校史编写组编：《陕西师范大学编年纪事（1944—1984）》，内部资料，1994年，第72页。

② 《一年来我院整风运动的简况》，陕西师范大学档案馆藏，西安师院档案，档案号1-WD-永久-55.0007。

和"知无不言，言无不尽"的精神，从各方面提出批评，党组织和群众一道来消除工作中的缺点和错误。

1957年10月，整风运动进入"整改"阶段，要求改进思想和工作作风，全院随即对各方面工作做出调整，郭琦副书记做《在全院掀起整改高潮》的动员报告，指出整改的必要性，要求大家能够坚决地、大胆地向院党委提出批评和建议。1958年3月，根据陕西省委的重要指示，院领导开展了反浪费和反保守的"双反"与"横扫五气"运动及向党交心运动。全体党员积极参与到各项运动中，横扫官气、暮气、阔气、娇气、骄气，争比干劲，提出干部与学生同吃、同住、同劳动、同学习、同工作。学院还开展了教学革命大辩论，制定《西安师院三年跃进规划》草案，在学习毛泽东教育思想和方针的基础上，以总路线为纲进行教改工作。

1959年6月下旬，李绵副院长向全院师生传达学习总路线的要求，党委宣传部和工会联合布置，结合当时的教学改革，深入学习总路线，讨论技术革命和"文化革命"问题。1959年7月，党中央召开八届八中全会，印发《中共中央关于反对右倾思想的指示》；同年9月，学院党委组织师生学习八届八中全会文件精神。1959年10月，郭琦副书记在学院党委会上传达了高等学校书记会议精神，指出：这次会议对党内"反右倾"整风有适当的估计，应当先务虚后务实、虚实结合，对重要的政治问题进行重点批判，做到自我解放。会议结束后，院党委安排了落实会议精神的相关工作，"反右倾"运动持续了两个多月。对此，学院党委一直谨慎行事，但仍然出现了一些错误，之后进行了甄别和改正。

第三节 西安师范学院绥德分院的筹办和发展

随着西安师范学院的独立设置，陕西省高等师范院校的发展进入了一个新的发展阶段。1959年，西安师范学院在绥德选择院址，建立西安师范学院绥德分院。西安师范学院绥德分院的设立是对陕西红色革命基因的继承，也是西安师范学院乃至陕西师范大学服务地方社会发展的先声。后期绥德师范学院改建为陕西师范大学榆林专修科，并与陕西师范大学协作办学，进一步提升了陕西师范大学引领西北基础教育发展的影响力。

一、熔铸红色基因，继承绥德师范的革命传统

西安师范学院绥德分院是在绥德师范学校所附设的专修科基础上创办的。早在1956年，西安师范学院就在绥德师范学校以函授方式开办专修科，并制定《西安师范学院函授专修科暂行规程》，以确保教学工作能够有组织有计划地顺利开展。1958年春，在全国教育事业蓬勃发展的形势下，从榆林地区中学师资紧缺的实际情况出发，中共榆林地委、专署及绥德县委、榆林专署文卫局共同努力，得到陕西省人民委员会、省高教局的大力支持，在榆林地区举办了两个专修科：一个是在绥德师范学校附设的两个两年制"师范专科班"（简称"师专班"），另一个是在榆林中学附设的一个两年制"机械专科班"（简称"机专班"）。1959年9月，西安师范学院绥德分院建院后，绥德师范学校"师范专科班"和榆林中学"机械专科班"作为首届学生并入分院，1960年7月分院首届毕业生毕业。

西安师范学院在绥德师范学校附设的"师专班"以在职中小学教师和应届中等师范毕业生为主要生源。"师专班"的班主任由时任绥德师范学校领导兼任，具体日常教学管理由马善贵同志负责。任课教师有马善贵（研究生）、黄子洁、高振中、黄建录、牛永仁、廖玉仙等。1958年10月14日，"师专班"开学典礼在绥德师范学校旧礼堂举行，中共榆林地委副书记卫献征、榆林专署二办主任王立功、绥德县委第一书记杨岐山和绥德县的有关领导同志亲临大会祝贺并讲话。绥德师范学校全体师生也参加了大会，大家共同勉励"师专班"要大力发扬老区延安大学、抗日军政大学艰苦办学的优良传统，不断发展，为陕北榆林老区教育事业做出贡献。

绥德师范学校的历史可追溯到1923年成立的陕西省立第四师范学校。1923年，占据陕西的军阀刘镇华面对陕西人民驱刘斗争的压力，在陕北旅京学生李

子洲、杜斌丞等人的要求下，决定在陕北创立一所师范学校。当年春季，省教育厅派督学高竹轩到绥德，以城内雕山书院为校址，成立陕西省立第四师范学校，并于5月先后两次招生100多人，对象是小学毕业生，学制为三年。1924年夏天，高竹轩被中断校长职务，由省教育厅调派榆林中学教师李子洲接任绥德四师校长。1924年冬，李子洲和王懋廷等人与李大钊联系后，在四师成立了陕北第一个党小组和绥德支部。李子洲还组织成立了陕北国民会议促成会，并帮助国民党建立了国民党陕北特别党部以及绥德、榆林、延安等县的国民党县党部，开展轰轰烈烈的反军阀斗争。他促使"蛰处"榆林的杨虎城南下驱刘（刘镇华），并从四师选派了一批学生到杨部学习军事，这时的四师被誉为"陕西的上海大学"，成了陕北革命的策源地和活动中心。1934年6月，省教育厅委派督学高协和到绥德筹备重新开学，并改校名为"陕西省立绥德师范学校"，高协和在学校推行党化、军事化、法西斯化教育，引起师生的强烈不满。1937年2月，刘春元接任校长，先后聘请刘宪曾等共产党员和进步知识分子到校任教。卢沟桥事变后，八路军到达绥德，并经常派干部到学校做报告、讲抗日形势，掀起了抗日救亡的新高潮。1938年4月，学生中重新建立了党支部，绥师的主要社会活动由党组织负责和领导。

1941年1月，陕甘宁边区教育厅接办绥德师范学校，更名为陕甘宁边区绥德师范学校，成为陕甘宁边区一所培养国民教育师资的重要干部学校。1942年秋，郭琦同志在陕甘宁边区绥德师范学校任教员。1958年末到1959年初，为迎接蓬勃兴起的群众学习文化、大办各类学校的高潮，中共陕西省委和省人民委员会同意榆林地委、专署和绥德县委的请示，初步决定在条件较好的绥德城区附近新建一所高等师范院校，校名暂定为西安师范学院绥德分院。

二、传承延安精神，建立西安师范学院绥德分院

西安师范学院绥德分院是西安师范学院受榆林专署委托主办的高等学院，院党委直属榆林地委领导，院行政直属榆林专署文卫局领导，同时又归省高教局领导。西安师范学院援助创办西安师范学院绥德分院，是对陕甘宁边区师范

教育的赓续与发展。

　　1959年1月，时任西安师范学院副院长的丁子文和副总务长韦固安，受省高教局领导的委派，专程到榆林与地委、专署的领导一同研究建校的有关问题，并勘察了作为备选校址的绥德城北郊的五里店、十里铺和城东南20里外的白家硷三处地方，但并未最终确定。丁子文副院长和韦固安副总务长此次榆林之行，还初步确定了筹建机构和人事配备。[①]1959年1月10日，榆林专署向陕西省高教局呈请《关于筹建榆林农学院、绥德师范学院及绥德师院筹建委员会组成的报告》（〔59〕署二教字第3号文件），报告指出："关于我区筹建高等学校的问题，经本署第47次行政会议研究确定：将农学院设置在榆林，名称为西北农学院榆林分院；师范学院设置在绥德，名称为西安师范学院绥德分院。在党政领导的重视下，为了积极做好西安师院绥德分院的筹建工作，成立西安师院绥德分院筹建委员会，由专署霍仲年副专员任主任委员，西安师院丁子文副院长、绥德县委杨岐山书记、地委宣传部刘波副部长、专署二办王立功主任等五同志任副主任委员；地委副书记卫献征、地委组织部霍居贵部长、绥德县委罗世雄书记、西安师院韦固安副总务长、绥师栾醒民校长、专署五办苏振云主任、三办薛锦瑞主任、一办刘国凯副主任、四办牛广胜副主任、监察处韩国培处长、工交局白局长、财政局高克礼局长、团地委刘长凯书记、专区妇联艾荫兰主任、绥德县王进德部长、分院王少武同志等15人为委员。委员会下设办公室，主任由绥德县杨岐山书记兼任，副主任由绥德县刘国进副县长、王少武同志担任。"[②]

　　1959年2月至3月，中共榆林地委、专署和绥德县委抽调王少武等6名干部、黄子洁等6名教师和曹福彬等6名工人奔赴西安师范学院，经短期学习后开始筹备建校工作。筹建处成立之后，丁子文副院长和榆林专署霍仲年副专员及绥德党政领导分别对前述三个地址再次进行详细复查，最终经请示榆林地委同意后，

[①] 榆林学院校史稿编写组编：《榆林学院校史稿》，榆林报社印刷厂，2008年，第6页。
[②] 《关于筹建榆林农学院、绥德师范学院及绥德师院筹委会组成的报告、计划》，陕西师范大学档案馆藏，西安师院档案，档案号1-WD-长期-113.0001。

于 1959 年 4 月 29 日将校址确定在绥德城北郊的十里铺。

1959 年 3 月 16 日，丁子文副院长参加中共陕西省委在西安召开的高等教育工作会议，会上讨论了有关高等教育的各个重大问题和新建院校的一些问题。1959 年 4 月 8 日，丁子文副院长再次返绥，在榆林地委、专署领导下，正式开始西安师范学院绥德分院的筹建工作。同时，榆林地委、绥德县委又抽调了杜庆甫等 10 余名干部领导或参加筹建工作。1959 年 4 月 12 日，西安师范学院绥德分院筹建处成立，并起草了《西安师范学院绥德分院筹建处关于启用本处印章的通知》（〔59〕师院丁字第 1 号文件），报陕西省人委高教局、教育厅等单位，"为修建西安师范学院绥德分院，现在修建委员会领导下，成立筹建处，负责修建该院的筹备事项，并决定于四月十三日开始正式启用印章"①。

1959 年 4 月 20 日，中共陕西省委印发《中共陕西省委关于新建高等学校（全日制）几个问题的通知》（〔59〕252 号文件），指出："考虑到国家建设的需要和各地现有的基础，今后一个时期，除在西安地区新建少数高等学校以外，应着重在陕北、陕南及关中地区，有计划、有重点地发展高等学校，并应首先设置师范、农、医校（院）或系科……一九五九年新建高等学校八所，这八所学校和筹建的单位是：……西安师范学院绥德分院，由榆林专区筹建……榆林农学院，由榆林专区筹建。"②1959 年 6 月 26 日，陕西省人民委员会发布《陕西省人民委员会关于成立榆林农学院等五所高等学校的批复》（〔59〕会办张字第 175 号文件）告知陕西省高教局："〔59〕高办字第 0202 号《关于 1959 年新建高等学校的报告》和 1959 年 6 月 22 日的报告悉。省人民委员会同意今年成立榆林农学院、西安师范学院绥德分院（由榆林专区筹建）……"1959 年 6 月 26 日，省长赵寿山签署陕西省人民委员会第 262 号任命书："任命丁子文为西安师范学院绥德分院院长"。1959 年 7 月 24 日，榆林专署印发《关于成立西安师范学院绥德分院

---

① 《关于启用本处印章的通知》，陕西师范大学档案馆藏，西安师院档案，档案号 1-WD-短期-318.0018。

② 《中共陕西省委关于新建高等学校（全日制）几个问题的通知》，陕西师范大学档案馆藏，西安师院档案，档案号 1-WD-短期-296.0001。

和榆林农学院并转发印章的通知》（〔59〕署二教字第 41 号文件）告绥德分院："接陕西省高教局 1959 年 6 月 12 日〔59〕高办字第 251 号通知，经省人民委员会同意在榆林设立榆林农学院，在绥德设立西安师范学院绥德分院，并发来铜质印章两枚……"①从此，西安师范学院绥德分院正式设立。

1959 年 11 月 21 日，榆林专署下发《陕西省榆林专署关于西安师范学院绥德分院、榆林农学院内部组织机构设置的通知》（〔59〕署编字第 36 号文件）指出："经本署 1959 年 11 月 19 日第 44 次行政会议研究决定：西安师范学院绥德分院下设教务处、总务处、办公室。办公室内设人事干事一、二人……"根据榆林专署的决定，分院行政领导机构也正式建立。在院长领导下，下设院长办公室、总务处、教务处，王少武任院长办公室主任，杜庆甫为总务处副处长，马善贵、黄子洁二人共同担任教务处副处长。

三、坚守师范使命，以创新模式培育地方师资

西安师范学院绥德分院的建立，为后来陕西师范大学援助附属地方师专办学探索并积累了丰富的经验。1960 年，西安师范学院绥德分院独立建制，更名为"绥德师范学院"。1960 年 5 月 17 日，陕西省高等教育局呈送教育部《陕西省高等教育局报告关于新建和改建高等学校问题》（高教研字第 0384 号文件）的请示报告提出："根据中央指示，各省、市、自治区应当在 1962 年建成自己所需要的高等学校（包括高等专科学校）和中等专业学校的系统的精神与我省建设事业高速度持续跃进形势的需要，经中共陕西省委和省人民委员会批准，今年新建和改建一批全日制高等学校，现将新建和改建的学校报告如下：……将西安师范学院与陕西师范学院合并成立陕西师范大学，西安师范学院合并后，将西安师范学院绥德分院改名为绥德师范学院"②。同时，榆林专署印发《陕西省榆林专署关于西安师范学院绥德分院改名为绥德师范学院通知》（〔60〕署教

---

① 榆林学院校史稿编写组编：《榆林学院校史稿》，榆林报社印刷厂，2008 年，第 8 页。
② 《请审核批转关于新建和改建高等学校问题》，陕西师范大学档案馆藏，文书档案库，档案号 3-1960 至 1965-永久-85.0004。

字第 17 号文件），再次陈述："原西安师范学院绥德分院改名为绥德师范学院"[①]。1962 年 10 月，绥德师范学院因经济困难停办。1978 年 5 月 19 日，陕西省革命委员会批准在原绥德师范学院校址上设立陕西师范大学榆林专修科，学生在完成规定的学年课程学分，经陕西师范大学进行毕业资格审查达到合格标准后，颁发陕西师范大学署名的毕业证书。在陕西师范大学榆林专修科的发展过程中，陕西师范大学发挥着重要的牵引与带动、交流与合作作用，为地方院校的师资培养、教学与科研发展等提供了强有力的支持，为榆林专修科调配专业教师及其他管理人员，提供培训与指导等方面的帮助，这种密切的合作关系一直持续到 1984 年。

通过与陕西师范大学榆林专修科的合作，陕西师范大学开创了与陕西各地区师范学校合作办学的新模式，构成了一个大学与专科学校联动的大系统。这一系统由陕西师范大学组织建立，各地方师范院校接受来自大学的统一指导、协调和监督；同时各师范院校又是相对独立的办学实体，有独立的办学自主权；系统内各分校间能够通过合作交流提升地区的整体办学质量和水平。这一较为完整、兼顾整体基础与个性发展的大学系统，有力地促进了地区师范教育与基础教育质量的提升。

四、赓续红色血脉，以奋斗精神引领党建工作

西安师范学院绥德分院继承了绥德师范学校一贯重视党政工作的优良传统，尤其重视学生的思想政治工作，并取得了显著的成绩。分院在党的领导下不断发展，始终坚持教育与现实斗争相结合，使教学为实际服务，为当地基础教育的发展培养了一批人才。尽管西安师范学院绥德分院独立设置时间不长，但其无论是在西北高等教育史上还是在陕西师范大学发展史上都具有不可忽视的重要地位，作为陕西师范大学前身在陕北地区的延伸，勾勒出陕西师范大学办学历史中的红色脉络。

1959 年 9 月，绥德师范专修科与榆林机械专修科合并，校址迁至绥德十里铺，改称西安师范学院绥德分院。1959 年 9 月 2 日，西安师范学院绥德分院正式开

[①] 榆林学院校史编写组编：《榆林学院校史稿》，榆林报社印刷厂，2008 年，第 24 页。

学，绥德师范学校附设的"师范专科班"首先并入分院，82名"师专班"的学生被编为"中文专科二年级一班""数学专科二年级一班"两个教学班。不久，鉴于中学师资的迫切需要和办"机械专科班"条件的暂时不足，中共榆林地委、榆林专署决定将榆林中学附设的"机专班"也并入分院。1959年9月24日，榆林专署印发"〔59〕署二财字第32号"文件《陕西省榆林专员公署关于榆中附设机械专科班的处理通知》，告知西安师院绥德分院、榆林县人委会："经本署9月23日专员办公会议研究，为了统一领导，便利解决师资及经费等问题，确定榆中附设的机械专科班，并入西安师院绥德分院转为数学专科班。希即早作好该班学生的思想动员及欢送工作，绥德师院亦应作好迎接准备工作，并派负责同志前来办理交接手续。"①1959年9月28日，"机专班"学生也进入西安师范学院绥德分院学习，被编为"数学专科二年级二班"。

分院创办初期，办学条件异常艰苦。分院的基础设施建设尚未完成，当时只有两间教室竣工，安装好门窗能够住人的宿舍窑洞只有20孔，教师居住在校外，大部分学生只能临时借住在农民家中，图书资料没有地方陈设，学校更没有像样的操场和体育设施。人员配备与机构设置也尚不完善，教师仅有20人，除了讲师1人外，其余均是才抽调的原高校助教、中学教师和刚从高校毕业的年轻人；行政人员有40余人，多数是从其他单位临时抽调来的，业务较为生疏，组织机构也未确定，只是大体分设了几个办公部门。分院生活条件和配套设施很不完备，当时学院到县城的交通极为不便，难以满足师生的日常生活及文娱活动等需求；阅览馆室尚未建好，能获取的图书、报刊等极为有限；食堂初办，缺乏经验，伙食条件较差；一些初来乍到的师生水土不服。在这样的办学条件下，做好师生思想稳定的工作任务非常艰巨。

1959年9月新生开学，分院原拟录取新生156名，但由于简陋的住宿条件和艰苦的生活环境等客观因素制约，实际报到学生只有131名。在开学之前，为做好迎接新生工作，学院迎新委员会在临时党支部的领导下，派人在铜川、

---

① 榆林学院校史编写组编：《榆林学院校史稿》，榆林报社印刷厂，2008年，第5页。

绥德车站接送及帮助新生解决食、宿、车票等问题，院内也做了具体的准备工作。特别是对如何教育新生在困难环境中安心学习提前进行了分析研究，并做了充分的思想准备。面对现实状况与学生情绪，学院提出了发扬革命优良传统的响亮口号：一方面努力改善学生的学习、生活条件；另一方面动员教师全身心投入新生工作，并健全党团组织，抽调多名党员、团员教师融入新生班级管理中，有针对性地开展思想教育，帮助学生提高思想认识。9月14日晚上，分院及时召开了有关方面干部参加的会议，对所面临的问题进行认真全面分析：学生一时出现思想波动是正常的，这些情况院领导在开学前夕就有了充分的思想准备。分院刚刚起步，各方面条件都很差，在这样的艰苦条件下，学生产生一些动摇也在情理之中。分院领导坚定地鼓励管理干部和教师，新生是事关分院能否巩固和生存的关键，必须从学生思想实际出发，加强正面思想教育，尽快让学生安下心来，应当相信新生的绝大多数是稳定的；必须批判对巩固新生工作的悲观失望思想，不能让这些不良情绪蔓延。要利用分院的有利条件，克服困难，立即采取有力措施，做好新生稳定工作。会议决定三管齐下：思想、教学、生活一起抓，全院教职工团结一致，统一口径，全部深入各个班级，通过组织学习有关文件、座谈讨论、个别谈心、参观访问等，抓紧开展思想教育工作。

分院配备优秀的共产党员担任新生班的班主任，并抽调党团员教师6人协助工作，通过班主任、辅导教师细致深入地了解新生的思想状况。9月15日，分院及时召开全院学生动员大会，院领导向全体师生员工做了报告，动员学习八中全会文件，号召同学们发扬革命老区光荣传统，力争思想、学习、劳动三丰收，并在会后进行认真的讨论。同时，分院根据学生思想情况及时调整了开学前原定的学生集中劳动计划，组织教师迅速完成开课准备。经过两昼夜的突击，9月17日不仅正式开课，而且主要课程基本上开全了。到9月底，学校开放了图书馆、阅览室，体育活动也陆续跟上。特别是由于各课程任课教师的高度热情与干劲，保证了讲课质量，在学生中初步获得了好评。伙食问题在开学初也是一个突出问题。对此，一方面分院领导请示上级部门在粮食数量、品种上给予照顾，以解决粮食不足、品种单一等问题；另一方面在校内从党政领导到部门召开各种会议研究解决办法，院长、总务长主动下伙房，发动全体学生、工人参加帮灶劳动，学习外校的办灶经验，对一些好的意见和做法立刻进行采纳、试验和改进。9月底，同学们反映："早晨馍馍下午饭（米饭），我们的生活大改善。"① 到年底，同学们对伙食基本上满意了。1959年9月20日，全院师生员工热烈讨论《1959—1960学年度院务工作十条纲要》，明确了方向、任务和奋斗目标，增强了教育教学信心，促进了各项工作迅速推进。9月23日，由各部门各方面代表组成的院务委员会正式成立，并由丁子文、王少武、杜庆甫、李庆春、马善贵、黄子洁6人组成院务委员会常委会。通过采取一系列行之有效的措施，学生的思想认识和学习积极性都得到了很大提高。分院在一份工作总结中写道："刚开学时，同学对学校的一切都看不顺眼，现在则对于平整院落、美化环境、修操场、修公路等劳动都十分热心。对学校各方面，都以主人翁的态度对待。可以看出，同学们已经和学校建立了深厚的情感。"② 至此，分院初步建立起正常的教学秩序。

1959年11月1日，根据陕西省委的意见，榆林地委决定，中共西安师范学院绥德分院委员会正式成立，党委委员是丁子文、王少武、李庆春，丁子文任书记，党委会下设组织部、宣传部、办公室、团委。王少武担任办公室主任兼组织部部长，李庆春担任宣传部代理副部长，王林担任团委副书记。院党委成立后，首先加强思想政治工作，每周定时召开党、团员组织生活会，要求每个共产党员和共青团员，事事处处起模范带头作用，同时组织全体师生学习中共中央八届八中全会文件，联系思想开展专题讨论，初步形成了团结友爱、互帮互学、热爱集体的良好校风。1960年1月20日，在丁子文院长主持下，分院召开进入60年代的首次院务委员会会议，对1959年的工作

---

① 榆林学院校史编写组编：《榆林学院校史稿》，榆林报社印刷厂，2008年，第15页。
② 转引自《陕西师范大学前身发展史上的"绥德分院"》，载《陕西师大报》2022年10月31日总第666期第5版。

做了全面总结。会议一致认为，分院已经从极度困难的 1959 年跋涉过来了，1959 年的成绩是巨大的。会议根据新的形势，全面安排 1960 年的工作，提出大力加强党的领导、千方百计提高教学质量、搞好劳动生产、重视并开展科研活动、重视生活问题和加强基建工作等六项任务，对全院工作提出了明确的奋斗目标。

第四节　陕西师范学院的建立和发展

1953 年，中央制定国民经济第一个五年计划，国家进入了社会主义改造和建设时期。陕西地区的中等教育迎来了迅猛的发展势头，对教师数量与质量的潜在需求急剧增加，仅靠一所师范学院无法满足中等教育教师队伍建设的迫切需求，在顺应全国文化教育建设高潮和陕西中等教育事业蓬勃发展的时代大背景下，陕西师范学院应运而生。在 1953 年 8 月至 1960 年 5 月的六年多时间里，陕西师范学院以社会主义教育方针为指导，发扬艰苦奋斗精神，在人民教育战线上贡献着自己的力量，更为之后陕西师范大学的成立提供了部分系科设置和师资条件。

一、适应教育形势，筹备中等教育师资训练班

根据 1949 年底召开的全国教育工作会议的精神，为了满足日益增长的中等教育师资需求，扩大培养师资队伍，陕西省文教厅决定于 1953 年 8 月筹建陕西省中等教育师资训练班（简称"中教班"），培训初级中学师资。校址暂设于陕西省西安师范学校内（书院门），并于南郊瑞禾村筹建新校舍。陕西省文教厅厅长景岩征兼任中教班班主任，洛文任副班主任。到 1954 年 7 月，中教班共有教职工 35 人，其中教师 20 人，干部和工人 15 人。辛介夫、史明鉴、余坚等教师，是经过省文教厅考核挑选的省属中学骨干教师，具有丰富的教学经验。在该班的组建过程中，省文教厅厅长兼中教班班主任景岩征做了许多谋划工作，发挥了重要作用。

景岩征（1886—1961），名志傅，字岩征，陕西富平人，同盟会会员。中华民国成立后，任北京临时参议院议员、陕西督军公署秘书等。1944年，任富平县临时参议会议长。新中国成立后任陕西省人民政府（人民委员会）委员、文教委员会副主任、文教厅厅长、教育厅厅长以及陕西省中等教育师资训练班班主任。

中教班初设语文、数学两科并各成立一个教研组，依据教育部颁发的《中等学校师资一、二年制短训班教学计划》进行两科的教学工作，学制为一年。语文科开设有古典文学、现代文学、文学概论、现代汉语、中学语文教学法、教育学等，数学科开设有算术、中学数学复习与研究、中学数学教学法、教育学等课程。1953年9月，第一批学员开始进入中教班学习，由各县选送优秀小学校长、教导主任、中学职员等共计240人。中教班以课堂试教与班主任工作为重点，讲解课堂讲授所需的理论和方法，同时给学员提供在陕西省女中、西安工农速成中学、西安市三中集中实习的机会。1954年，中教班增设地理科，学制四个半月，开设自然地理、中国地理、世界地理、教育学等课程。同年8月，新扩建成立的陕西师范专科学校继续附设中等教育师资训练班，设中文、数学两科，学制一年。从1953年到1956年，中教班持续招收4期学生，先后共有500多名学生从中教班毕业，成为中学校长和优秀教师、辅导员等，为提高陕西中等教育质量，振兴陕西中等教育事业，提供了人才支撑。

二、贯彻高教精神，扩建成立陕西师范专科学校

1953年10月，教育部召开第一次全国高等师范教育会议，确立在"整顿巩固现有高等师范教育的基础上，根据需要与可能，有计划、有准备地予以大力发展"的高等师范教育方针。陕西省文教厅依据该方针要求，于1954年8月在陕西省中等教育师资训练班基础上扩建成立陕西师范专科学校。同年11月，将学校迁到西安市南郊大雁塔西侧的瑞禾村。

（一）扩充学校组织机构设置

1954年8月，经教育部批准，将陕西省中等教育师资训练班扩建为陕西师范专科学校，着力培养德才兼备、体魄健全、全心全意为人民教育事业服务的初级中等学校师资。原政庭任陕西师范专科学校校长，洛文任教务处主任，李岩为校长办公室副主任。学校的教师教学研究小组和学生的学籍、考勤、思想教育、生活管理均由教务处负责办理。1955年，陕西省文教厅（〔55〕教高字第9号文）批准：教务处下设的教学研究组改称教学组，电化教育组并入教务组，文书组改为教材出版组；除原有机构外，在校长办公室下设秘书、人事两组。同年，陕西省教育厅下发通知，由马润之任陕西师专校长办公室主任兼总务主任。为加强集体领导，严格劳动纪律，学校建立了校务会议、行政会议和处务会议制度，制定了《教职工请假暂行办法》《公文处理暂行办法》《暂行学生守则》等规章制度。这对纠正忙乱现象、提高工作效率、克服学校领导上的事务主义、保证将主要力量用于教学等方面都起了积极作用。在陕西师范专科学校办学过程中，原政庭校长发挥了承上启下的重要作用。

> 原政庭（1903—1992），陕西蒲城人。1954年10月任陕西师范专科学校校长，1957年2月任陕西师范学院副院长，1960年4月任陕西师范大学副校长。任职期间，他在有关部门配合下，先后从中学抽调了一批具有十年至二十年教学经验的优秀教师来校任教，并接收北京师范大学、东北师范大学等高校分配来的一批本科毕业生和研究生毕业生任助教；还带领班子成员积极进行教学改革，突出政治思想教育，为学校的创办和发展做出了重要贡献。

（二）紧抓专业建设和教学改革

在专业建设上，陕西师范专科学校成立后，设有历史政教、语文、数学、物理4个科，学制两年。各科课程设置如下：历史政治科有世界古代及中世纪史、世界近代及现代史、中国古代及中世纪史、中国近代及现代史、中国革命史、马列主义基础、政治经济学、中华人民共和国宪法；语文科有中国通史、现代汉语、现代文选、文学概论、中国文学、儿童文学、苏联文学、语言文学教学法；数学科有算术、代数复习与研究、几何复习与研究、初等函数、三角与解析几何、数学教学法、数学分析；物理科有高等数学基础、普通物理、无线电技术、制图学、中学物理实验技术、物理教学法等课程。历史政治科负责人金堤，语文科负责人余坚，数学科负责人靳舒馨、艾克仁，物理科负责人张方济。1955 年增设生物化学科，负责人杨芝芬、申秀生。

在教学实践上，学校强调教学改革应着重教学内容的改革，要求在开展教学改革过程中，认真学习苏联先进的教育理论和教学经验，密切结合中国实际。特别要注意联系中学和学校实际，加强基础理论教学和基本技能训练，达到提高教学质量的目的。经过教师们的共同努力，学校先后建立现代汉语、中国古典文学、现代文选、算术、几何、三角与解析几何、普通物理、高等数学基础、中国革命史、马列主义与教育学、体育等 11 个教学小组。学校 1955 年 4 月颁布的《关于改进和加强教学组织的方案》决定：将现有的 11 个教学小组调整为马列主义与教育学、现代文学、中国古典文学、汉语、算术与代数、数学分析与几何、物理等 7 个教研组，并确定了教研组的职责。1955—1956 学年中，学校研究制定《关于执行教育部颁布的〈师范专科学校暂行教学计划草案〉办法》，严格规定了考试、考查制度，合理调整了课程安排和教学时数，修订了教学大纲和教材，使教学内容的重点、学时分配、作业布置与单元划分更为合理，要求教学中严格执行教育部颁布的计划。这一学年先后共开设了 35 门课程，使用的教学大纲有 31 种，自编教材 27 种，比上学年增加了 25.2%；部分或全部采用苏联教材的有 12 门，比上学年增加了 50%。各专业教师密切注意理论联系实际，面向中学开展教学活动，如现代汉语和语言文学教学法教师，能及时根据中学语言和文学分科教学的需要改编教材，使之能切合中学语文教学实际，并加强课堂练习。

（三）完善学校基础设施建设

基建工作从陕西师范专科学校扩建的通知下达前就已开始准备。1953 年 3

月，西北行政委员会教育局发布通知，称教育部准予今年师专开始建设，①基建委员会于 1953 年 4 月成立，由陕西省文教厅副厅长冯一航兼任主任委员，并调陕西省西安工农速成中学校长陈士斌专职负责基建工作，宝鸡地区文教科长洛文全面负责筹建工作。截至 1954 年底，竣工的项目有教学楼、学生宿舍楼、食堂共计 6777.18 平方米。为支援西北的建设事业，推动陕西高等教育的发展，教育部于 1955 年 9 月下达通知，决定在陕西师范专科学校的基础上筹建北京师范大学西安分校，该建校委员会制定了西安分校的总体规划以及计划用地面积，北京师范大学西安分校发展规模暂为本科生 4000 人，拟设置中文、数学、物理、化学、生物、地理等 6 个系，计划用地面积大约为 27 万平方米②。建筑范围包括陕西师范专科学校原有的 105.031 亩土地，以及 10 月份北京师范大学西安分校在大雁塔西侧征用的 277.859 亩土地。同年，北京师范大学西安分校建校委员会开始在陕西师专的基础上进行基础设施建设，计划的建筑工程项目有数学楼一座 5850 平方米，化学楼一座 5000 平方米，生物楼一座 5000 平方米等。③1956 年，教育部根据当时召开的第二次全国高等师范教育会议的工作方针，决定撤销拟建立的北京师范大学西安分校，基建工作改由陕西师专接手④，最终归属于陕西师范学院。

三、完善内部设置，全面建成陕西师范学院

1956 年 4 月 20 日，教育部根据第二次全国高等师范教育会议确定的工作方针发布文件，决定撤销原设的"北京师范大学西安分校筹建委员会"，同意"将陕西师专改为陕西师范学院"。1956 年夏，陕西省教育厅研究决定以陕西师专

---

① 《通知师专基建面积及基建费由》，陕西师范大学档案馆藏，陕西师专档案，档案号 2-WD-永久-34.0002。

② 《北京师范大学西安分校总体规划初稿》，陕西师范大学档案馆藏，陕西师专档案，档案号 2-WD-短期-46.0018。

③ 陕西师范大学校史编写组编：《陕西师范大学编年纪事（1944—1984）》，内部资料，1994 年，第 123 页。

④ 《函知北京师大西安分校建校委员会撤销，所有基建及其他工作问题今后划由我校出函联系办理》，陕西师范大学档案馆藏，陕西师专档案，档案号 2-WD-短期-65.0010。

为基础，将西安师范学院的化学系和生物科调整过去，建立陕西师范学院。

（一）任命组织机构人员

陕西省人民委员会遵照国务院于 1957 年 2 月 7 日召开第 42 次全体会议决议，发布〔57〕会人郭字第 119 号通知，任命原政庭为陕西师范学院副院长。对系科人员的任命，党总支决定冯成林代理中文系主任，侯又可任化学系主任，王振中任生物系主任。1956 年，陕西省教育厅（〔56〕教人字第 186 号文）批准陕西师范学院组织机构设置为：院长下设总务处、人事处、教务处以及院长办公室 4 个机构，总务处下设基建科、卫生保健室、伙食管理科、财务科、行政事务科，人事处下设保卫科、学生科以及人事科，教务处下设教材出版社、教务科、直观教育室和图书馆等。在系科设置上，有中文系、数学系、化学系、生物系，以及教育学与心理学教研室、马列主义教研室、体育教研室、物理教研室等，各教研室和研究室由院长或副院长主管。1958 年 1 月，中共中央组织部调刘敬修任副院长。这时学院的组织机构也渐趋扩充，院部设有院长办公室、教务处（设教务科、直观教育室、图书馆、教材出版科）、人事处（设人事科、学生科）、总务处（设行政事务科、财务科、伙食管理科、基建科、卫生保健室）等。李岩任院长办公室副主任，洛文、李吟西任教务处副教务长（洛文于 1958 年 6 月后任教务长），杨树任人事处处长，朱文彬任人事处副处长，马润之任总务长。1959 年暑期，院内增设了学前教育系，共办了两期两年制的专科班，总招生 59 人。这些系科不断地建设和发展，之后成为陕西师范大学专业建设中的重要组成部分。

（二）精简学科课程设置

1956 年 9 月，学院根据教育部《关于执行高等师范学校暂行教学计划的若干临时措施》文件精神，并结合本院实际情况，对暂行教学计划所规定的各类课程与上课时数做了适当调整，精简了共同必修课程（如减少了政治课的学时，停止了公共教育课的"教育史""学校卫生"课程），适当调整了专业课（如停开生物系的"米丘林生物学概论"、中文科的"现代文选及习作""儿童文学"等，并将有的课改为选修课），减少了上课时数，增加学生自学时间，培养其独立思考和独立工作能力，以达到全面提高教学质量的目的。

直到1957年，学生学习负担过重仍是学院十分重视的问题。同年2月，院务扩大会议通过《关于提高教学质量与开展学术性活动的决定》《关于加强与改进教学领导的决定》《关于培养与提高师资和开展科学研究的决定》三项决定，指出要继续贯彻教育部颁发的"临时措施"[①]精神，各系科进一步修订教学计划，纠正学生学习负担过重的现象。在整个教学过程中，教职工要对学生负责，使每个学生在政治上、学业上、健康上都得到一定的发展。同时又要注重因材施教，对不同水平的学生应采取不同的方法进行教育，使学生的个性特长得到适当发展。同年，学院进一步加强学生的思想教育，促使学生们能够正确了解个人与集体的关系，培养爱护集体、遵守纪律的道德品质和良好习惯，开展阶级教育和时事政策教育。同年9月，院务会议提出本学年必须继续贯彻执行学院关于改进教学工作的三项决定：在关于提高教学质量与开展学术性活动的决定中着重强调学生应积极学习社会主义思想教育课程，确立无产阶级的立场、观点和方法；在关于培养师资与科学研究工作的决定中提出教师应在马克思主义思想的指导下，大力开展学术上的批评与自我批评；在关于加强与改进教学领导的决定中强调学校行政应做好对教师教学与学生学习情况的总结工作。学院再一次重申，要大力提高教学质量，培养学生独立思考和独立工作的能力；在改进教学内容的同时，必须认真改进教学方法，充分发挥系、科主任的带头作用，加强具体领导。

（三）结合教学开展科研

1957年至1958年，学院根据中央指示开展党内整风运动，提倡发扬民主，

---

① 1956年，中华人民共和国教育部发布高师教柳字第271号文件《关于执行高等师范学校暂行教学计划的若干临时措施》，意在减少上课时数，培养学生独立思考能力。

听取党外各方意见与批评。然而随着全国形势的急速变化，学院进入了整改阶段，而开展学术批判和讨论则是深入整改的一个重要方面。通过贯彻"百家争鸣"的方针，促进和提高了教学、学术研究水平，同时在实践经验和教训中培养了一批新生力量，使他们能够更快地成长起来。1957年初，学院确定当前的科学研究工作主要是研究并解决各个主要教学环节和中学教育中的实际问题，研究方式以实地调查和建立领导小组、研究室为主。在贯彻中央提出的"教育与生产劳动相结合"的方针下：一是通过实地调查发挥教育研究的重要作用，化学系和生物系师生参加由陕西省计建委组织的野生植物资料调查队，分赴延安、汉中等地区进行野生植物调查；二是各系科分别成立科研领导小组，建立了化学、教育理论2个研究室，参加科研的师生共成立科研小组185个，完成科研项目188个；三是中国科学院陕西分院决定在陕西师范学院成立"中国科学院西安化学研究所化学研究室"，研究室主任由刘明远兼，余泽民任副主任，具体分为"稀有元素半导体"和"高分子化合物"两个研究组，有研究人员19人，其中兼职8人。研究成果体现为书籍、教材和发明等。据统计，截至1957年9月，教师就编写出各种讲义、讲稿86种，其中13种作为交流教材，完成学术论文34篇。理科系的专业则以新发现和新发明为主，化学系对稀有元素硅、铬、铍的提取，三氯三聚氰的合成，半导体氧化亚铜、硫化铜的制造及固体发光等研究取得成功。1958年，教育和心理教研室全体教师参与编撰的《教育学专题讲义》以及制作的心理学实验仪器，在北京举办的"教育与生产劳动相结合成果展览会"上引起较大反响，并被评为陕西省优秀教学单位。1959年，在科研工作总结时，全年共完成科研项目150多个，其中有关工农业生产的46个，有关教学方面的45个，编写讲义34种，基础理论研究26个。同时也编写出了质量较高的教材，如《现代农业科学》《植物（二）讲义》《文学教学法》《当代文选作品分析》等。这些科研成果既丰富了教学内容，也提高了教学质量。

（四）加快教师队伍建设

第二次全国高等师范教育会议结束之后，陕西师范专科学校召开行政会议，重点研讨学院的师资队伍建设。一是从其他学校调整选调优秀教师。1956 年 7 月，西安师范学院化学系教师 24 人、学生 75 人和生物专修科教师 12 人、学生 48 人，被调整到陕西师范学院继续工作和学习。教师除由西安师范学院调整来的之外，北京师范大学和东北师范大学支援教师 10 人，教育厅又选调优秀中学教师 20 多人，加上原有陕西师专的教师，共有教师 181 人。其中，教授、副教授有侯又可、赵永昌、王振中、冯成林、耿启辉、席光宇、李承先、周国燊等 8 人，讲师以上教师占教师总人数的 28%。二是采取在校培养与送外进修相结合的方式提高师资质量。学院于 1958 年 7 月制定《陕西师范学院提高与培养师资方案》，明确指出：师资培养与提高工作是改进教学工作、提高教学质量的关键。在送外进修上，主要从三个方面对进修教师进行类型划分：首先，要提高在职教师的科学水平；其次，培养较繁难课程的教师；最后，培养提高已达到开课水平的助教。在学院内部培养中，提高教师的教学水平成为主要任务，为此中文系各教研组建立了集体备课、相互听课制度，开始有计划地进行公开教学。1959 年 6 月，《陕西师院》（院刊）发表《进一步做好青年教师的培养提高工作》的社论，指出学院几年来增加了许多青年教师，青年教师占教师总人数的 60% 以上，开课的青年教师占开课教师总人数的 43%，在职培养成为提高青年教师教学质量的主要途径。

四、加强党的领导，重视思想政治工作

（一）组建党的领导机构

1953 年，中等教育师资训练班成立时，就设立了党支部，邝萍任支部书记。尽管组织机构十分简单，但为以后学校的党建工作奠定了基础。在陕西师范专科学校办学期间，于 1954 年 9 月建立了中共陕西师专支部委员会，由陕西省级直属机关党委领导，选举李岩、邝萍、赵万怀为支部委员，李岩任支部书记。1955 年 3 月，中共陕西师专支部委员会改选，选举李岩、洛文、霍述映、赵万怀、白春华为支部委员，李岩任支部书记，洛文任副书记。1956 年 3 月，中共

陕西师范专科学校总支委员会成立，并召开全体党员大会，选举洛文、李岩、马润之、霍述映、徐宝珠、王守民、梁登贵等7位同志为总支委员，洛文为总支书记，李岩为副书记。

陕西师范学院成立后，党组织建设也迈上了新的台阶。1957年10月，经中共陕西省委批准，成立中国共产党陕西师范学院委员会，同年11月，陕西省委文教部下发通知，决定由王鲁南任党委第一书记，文普华任党委书记。党委下设办公室、组织部、宣传部和中文、数学、化学、生物4个党总支及4个直属党支部。从此，党的组织机构更加完备，并负责全院的思想政治工作。其中王鲁南对学院师生的政治思想教育工作发展起到了重要的推动作用。

此外，1958年2月23日，共青团陕西师范学院第一届一次代表大会开幕，参加大会的正式代表207人，列席代表101人，会议总结了过去一年团委的工作，并着重强调了要加强对青年人的思想教育。同年2月25日，召开中国共产党陕西师范学院第一次党员大会，参加党员169人。会议确定今后工作重点是：以贯彻"勤俭办学""勤俭生产""勤工俭学"的方针为中心，反浪费，反保守；加强党的领导，加强政治思想工作；改进教学，提高教学质量，争取整风运动的全胜。同年8月，陕西省委宣传部批准陕西师范学院党委成立常务委员会，由王鲁南、文普华、刘敬修、洛文、王沛三任常务委员。1959年7月1日至4日，召开中国共产党陕西师范学院第二次党员大会，大会的主要任务是：总结上届党委一年多来的工作和选举新的党委会，党委第一书记王鲁南做了工作报告。会议决定继续贯彻执行党的教育方针，加强党的领导，巩固和发展教育革命的积极成果，大力提高教育质量，动员全院师生员工共同努力，进一步把教学、生产劳动和科学研究紧密结合起来，更好地为国家培养合格的中等学校师资。

王鲁南（1916—？），山东平原人。1936年毕业于山东聊城师范学校。1938年入陕北公学，同年加入中国共产党。先后在陕北公学分校与华北联合大学、晋察冀边区政府、平山县和灵丘县等地工作。

1949年至1952年任开滦矿务局人事部部长兼矿区人事处处长，1953年至1957年任电力工业部水电勘测设计局副局长、水电建设总局副局长、水电总局机关党委书记。1957年10月至1960年4月任陕西师范学院党委第一书记。1960年5月至1972年2月任陕西工业大学（西安理工大学前身）党委书记。1972年3月至1978年12月任西安交通大学党委副书记、副校长。1979年1月至1982年3月任电力工业部教育司司长，1983年4月离休。担任陕西师范学院党委第一书记期间，他十分重视师生员工的思想政治工作，积极贯彻落实党的知识分子政策，重视教学工作和教材建设，为陕西师范学院的发展做出了积极贡献。

（二）加强师生队伍的思想建设

学院顺应时代发展的要求积极开展思想政治教育活动，主要途径有二：一是进行整风运动。根据党中央和陕西省委的指示，学院党委先后邀请各民主党派成员、教师代表、职工代表举行座谈会，并动员党外群众向党委提出批评与建议，广大师生员工对党委的工作提出了不少有益的意见。在党中央发出反击右派分子进攻的指示后，全院开展了反击右派言论和反右派斗争。由于全国反右派斗争被严重扩大化，学院也受到了不同程度的影响，但不久便得到纠正。二是进行"双反"运动[①]。1958年3月至6月，学院开展"双反"和知识分子向党交心运动，提出"高等学校的双反运动的中心任务，就是要解决培养又红又专的干部"问题，将"双反"运动引导到知识分子的思想改造上来。全院开展了教学思想大辩论，对资产阶级思想的批判，形成了无产阶级思想的热潮，使教师在思想上将又红又专作为终生奋斗的目标。虽然思想改造运动对批判个

---

① 1958年3月3日，中共中央发出《关于开展反浪费反保守运动的指示》，决定"以两个月到三个月的时间，在全国进一步普遍地开展反浪费、反保守、比先进、比多快好省地建设社会主义的运动"，"双反"运动开始在全国，尤其是高等教育界展开。

人主义有一定的意义，但对红与专的理解却有很大的片面性，助长了思想政治工作简单化的错误倾向。在师生思想教育工作内容上，学院组织教职员学习马列主义、毛泽东思想和党的教育方针政策。教职员分甲、乙两班系统地学习中国革命史，学习方式以自学为主，以听报告、讨论为辅。结合教学贯彻执行党的知识分子政策，充分发挥党、团、工会、民盟各个组织的作用，调动了教师的积极性。学院结合日常思想工作提出"全面估计别人，严格要求自己"，及时座谈，相互帮助，提高思想认识，取得了良好效果。在学生思想建设中，除加强系统学习政治理论课程之外，学院认真抓时事政策学习与共产主义道德品质教育，特别是爱国主义教育、组织纪律教育和为人民教育事业服务的专业思想教育，进一步提高了学生的政治觉悟和学习积极性，树立起人民教师无上光荣和长期从事教育工作的思想。

陕西师范学院是在社会主义改造和建设时期，顺应中等教育迅速发展的实际需要而建立的一所高等师范院校。学院从小到大、从创建初期的举步维艰到与西安师范学院合并时的稳步发展，不仅呈现出专业课程不断丰富、教育教学不断改革、基础设施不断完善的办学成效，而且凸显出学校领导审时度势的正确判断、党建工作的严谨落实、思想政治教育扎实开展的工作特色。

第五节　陕西高等师范教育在变革中的融合

1959 年底至 1960 年春，陕西省高等教育局对陕西地区的高等院校再次进行调整，西安师范学院和陕西师范学院在此背景下相互融合，互为补充，并于 1960 年 5 月，经陕西省人民委员会决定，将两所院校合并成立陕西师范大学[①]。这是顺应陕西高等师范教育发展历史趋势的必然选择。

[①] 1959 年 11 月 5 日，中共陕西省委宣传部关于西安师院和陕西师范学院合并的意见给省委写了报告。省委于同年 12 月份批准了这一报告并通知两校执行。1960 年 1 月，两校就开始了筹备合校工作。同年 5 月 9 日，陕西省人民委员会批准省高教局《关于对陕西地区高等学校进行调整，新建和改建一批高等学校》（高教研第 0307 号文）的报告，其中也列有"将西安师范学院与陕西师范学院合并成立陕西师范大学"一项。

一、接管合并，对陕西高等师范教育的改造

解放战争时期，国民党统治区域的陕西省高等学校分为国立和省立两大类，当时的国立西北大学由国民政府教育部直接管辖，其余的专科学校则由陕西省政府教育厅主管。1949年5月20日西安解放，5月24日西安市军事管制委员会成立，随即军管会派出代表接管西安的高等学校，其中以辛安亭、刘泽如为军代表组长的工作组负责接管陕西省立师范专科学校；以赵仲池、徐劲为军代表组长的工作组负责接管国立西北大学。在接管的过程中，陕西各高校首先废止原来的组织领导制度，废除反动课程和训导制度，成立新的校务委员会，逐步确立中国共产党对学校的全面领导。军管会为绝大部分高校教师安排了工作，还聘请了一批专家和留学生来陕任教，同时组织对院校师生进行历史唯物主义和爱国主义教育，在教育界取得了显著成效。接管之后，军管会开始对高等学校进行调整合并，其中以陕西省立师范专科学校为主体，归并国立西北大学文学院教育学系，成立国立西北大学师范学院，也是新政府接管改造陕西高等教育的一项重要举措。

中华人民共和国成立初期，百废待兴，教育事业发展水平较低。当时全国人口5.4亿人，文盲率高达80%，小学实际入学率不到20%，高等教育在校生人数只有11.7万人[①]。同时，师资数量不足、质量不高是困扰当时教育事业发展的一个突出问题。1949年12月，教育部在北京召开第一次全国教育工作会议，确立了"以老解放区新教育经验为基础，吸收旧教育的有用经验，借助苏联经验，建设新民主主义教育"[②]的工作方针。1950年，西北军政委员会教育部成立，直接领导和管理西北区的教育事务，其中高等教育委员会负责具体管理事务。同年公布的《西北区1950年教育工作计划》中提到战争创伤尚未治愈，经济建设犹待恢复和发展，文教建设还缺乏普遍发展的条件。因此今年教育事业应是"在原有的基础上进行整顿和改革，在有条件的地区得以部分发展"。针对西北地

[①] 转引自《中国教育报》中华人民共和国教育部：《弦歌不辍照芳华——师范教育的百年实践》，http://www.moe.gov.cn/jyb_xwfb/s5147/202106/t20210610_537184.html。

[②] 何东昌：《中华人民共和国重要教育文献（1949—1997）》，海南出版社，1998年，第6—9页。

区高等学校培养任务提出："为培养实用的专门人才，现有各系的繁复的课程应予精简。为树立为人民服务的思想，重视政治思想教育……"① 该规划推动了陕西省各级学校对全国教育工作会议精神的贯彻执行。西北大学师范学院根据第一次全国教育工作会议精神的要求，以及全校工作的部署和师范教育的特点，在学校管理、教学计划、教学组织、教材和教学方法等方面以陕甘宁边区新教育经验为基础，吸收旧教育的有用经验，研究相关改革问题。

二、院系调整，对陕西高等师范教育的推进

1951年11月22日，教育部向政务院文化教育委员会提交《关于第一次全国师范教育会议的报告》，关注师范教育所面临的数量问题。报告提到，今后五年全国需要补充小学教师100万人，中学教师13万人，工农教育教师20万人。但实际情况是，国民党政府遗留下的高等师范院校共有29所，独立设置仅17所，其余则属于普通大学"内容极为空洞芜杂"的教育学院、师范学院之类，大学文学院开设教育系的共有32所；1951年全国中等师范学校毕业生仅3万人，高等师范院校、综合性大学教育系毕业生仅1349人，占全国高等学校毕业生的7.7%②。教育部在《关于第一次全国师范教育会议的报告》（简称《报告》）中指出，这些师范院校及教育系科内容大而无当，远不能满足大规模培养师资的需求。为迅速解决教师数量不足的矛盾，《报告》提出正规高等师范教育调整和设置的原则是：每一个大行政区至少建立一所师范学院，由大行政区教育部直接领导，以培养高级中等学校师资为主要任务；各省和大城市原则上设立1所师范专科学校，由省、市教育厅、局直接领导，以培养初级中等学校师资为任务；如有条件亦可设立师范学院。对现有师范学院加以整顿和巩固，没有文理方面各系科的，要逐渐添设，并充实其设备。现有大学中的师范学院或教育学院以逐

---

① 陕西师范大学校史编写组编：《陕西师范大学编年纪事（1944—1984）》，内部资料，1994年，第11页。

② 国家教育委员会师范教育司编：《关于第一次全国师范教育会议的报告（1951年11月22日）》，见《全国师范教育工作会议文件汇编（1—5次）》，东北师范大学出版社，1997年，第35页。

渐独立设置为原则，并增设文理方面的系科，根据需要与条件，以个别大学的文理学院为基础，改组成为独立的师范学院，师范学院教育系的主要任务是培养师范学校教育学、心理学等科目的专任教师。大学文学院中的教育系应逐渐归并于师范学院，现有各种专门教育系，如语文教育系、社会教育系等均应明确地规定其具体任务，加以调整或归并。

1953年，全国第一次高等师范教育会议召开并颁发《关于改进和发展高等师范教育的指示》，确立"整顿巩固现有高等师范教育的基础上，根据需要与可能，有计划、有准备地予以大力发展"的高等师范教育方针，强调高等师范教育是办好和发展中等教育的关键。因此，改进和规范高等师范教育发展，是这一时期政策实施的一项重要工作。在此背景下，陕西省中等教育得到迅猛发展，1955年全省中学达到167所，学生117477人，比1952年增长82.58%，其中高中学生18707人，比1952年增长164.48%。[①] 在国家宏观政策和地方教育实践的共同推动下，1953年至1956年陕西省高等学校开始进行院系调整，从综合大学和老解放区高等干部学校中分设和新建了一批专门学院。此时的西北大学师范学院独立设置为西安师范学院，院址选在西安南郊吴家坟附近；陕西省中等教育师资训练班扩建成立陕西师范专科学校，校址选在西安南郊瑞禾村东侧，之后改名为陕西师范学院。

院系调整时期，陕西省高等教育实行中央教育部门与业务部门分类管理体制。1953年，根据政务院颁布的《关于修订高等学校领导关系的决定》指示精神，陕西高等院校大部分归由西北行政委员会领导。1954年9月，西北行政委员会撤销后，西安师范学院由陕西省人民政府直属管理。这一时期，陕西高等院校的内部管理，根据《高等学校暂行规程》规定实行校长负责制，大学和独立学院设校（院）长1人主持校政，设副校（院）长1—2人协助其处理校务，并设立校务委员会及常务委员会、专门委员会共同决议全校（院）的重大事项。

---

① 陕西省地方志编纂委员会编：《陕西省志·教育志》上册，三秦出版社，2009年，第134页。

同时，陕西各高等院校通过学习苏联教育经验，参照苏联的教学计划和教学大纲实施教学改革，在教学内容、教学环节、教学组织以及办学条件方面均取得了一定成效。总体来看，通过对陕西高等院校内外部管理体制的改革，彻底废止了旧教育的管理制度，提高了教育教学质量，基本满足了为社会主义建设培养人才以适应社会发展的时代需求。

三、融合发展，对陕西高等师范教育的变革

1958年9月，中共中央、国务院发布《关于教育工作的指示》，其中提到"争取在15年左右的时间内，基本上做到使全国青年和成年，凡是有条件和自愿的，都可以受到高等教育"①，借此开始在全国范围内大办高等学校。全国高等师范院校从1957年的58所增至1960年的227所，在校学生数从1957年的114795人增至1960年的204498人。②在数量上，学校增长了约291.4%，学生人数增加了78.1%。陕西高等学校在"大跃进"时期也有快速的发展，三年共新增了21所高校；③到1959年，增加了7所学校（包括西安师范学院绥德分院在内）。1960年，陕西新建、合并了一批高等院校，其中西安师范学院与陕西师范学院融合形成陕西师范大学，是中华人民共和国成立后的十余年间教育事业改革发展之必然结果，标志着陕西高等师范教育进入了一个聚集力量、提升层次、扩大规模的新发展阶段。

在高校管理上，国家实行中央集权和地方分权相结合的领导管理机制。1958年，中共中央、国务院发布《关于教育事业管理权力下放问题的规定》，提出要加强地方对教育事业的领导，紧接着陕西省委在《关于高校管理体制的规定》中也指出，陕西高等院校大部分已归省管理。从此，中央部属高校全部下放省管，大部分省属高校实行以高教局为主的部门分工管理体制，其中西安

---

① 1958年9月19日，中共中央、国务院为指导社会主义教育事业健康发展颁布的指导性文件，肯定了新中国成立以来取得的重大成绩，并进一步提出需要改进的教育工作任务。
② 刘英杰：《中国教育大事典（1949—1990）》上，浙江教育出版社，1993年，第800页。
③ 陕西省地方志编纂委员会编：《陕西省志·教育志》上册，三秦出版社，2009年，第551页。

师范学院和陕西师范学院实行由高教局和教育厅共同管理。在高校内部管理中，实行党委领导的校务委员会负责制，根据中共中央、国务院提出的"一长制容易脱离党委领导"的具体指示，陕西高等院校内部均取消了校长负责制。这一时期，高等师范教育改革却因无法有效突破苏联教育模式，开创适合中国国情的社会主义师范教育制度而遭遇发展瓶颈，为此国家开展以勤工俭学、教育与生产劳动相结合为中心的"教育革命"，在全国高等师范院校掀起了试办半工（农）半读、为农业中学和半工半读中学培养师资的热潮。[①] 陕西高等师范院校也参与到"教育革命"的热潮中，各院校采取停课方式组织师生参加大炼钢铁的群众活动，严重影响了学校正常的教学秩序。西安师范学院和陕西师范学院先后开展"大办工厂、农场、半工半读"等活动，削弱了学生对基础理论知识和教学技能的学习，在实际工作中忽视课堂教学和教师指导作用，使教育教学质量有所下滑。这次"教育革命"是一次试图建立适合中国国情的社会主义高等教育的重要尝试，虽然走了一些弯路，出现了一些失误，但也通过此次改革加强了党的领导地位，建立了教师、干部参加劳动锻炼并与工农群众相结合的制度，加强了师生的自我思想改造；同时，注重对师生进行思想政治教育，通过学习马列主义理论，进行爱国主义、国际主义教育，不断加强对师生的辩证唯物主义世界观、人生观和道德品质教育，使师生树立起为人民教育事业服务的正确思想和工作态度。

小 结

中华人民共和国成立前后的陕西高等师范教育，历经西北大学师范学院、西安师范学院，以及陕西师范学院的演变与发展，在社会主义建设初期探索高等师范教育发展的道路上，汲取老解放区新教育建设经验，探索学习苏联教育理论和实践的路径，坚持社会主义办学方向，贯彻"全面发展"的教育方针，服务中

---

① 刘问岫：《当代中国师范教育》，教育科学出版社，1993年，第78页。

华人民共和国成立初期各项建设事业发展的需要，不断进行教育教学改革。在贯彻"双百"方针的同时，各学院认真开展科研工作，建立了多个研究所和课题组，取得了诸多颇有影响的研究成果；适时创办学院报刊，使得来自各个层面的科研成果能够及时交流，让更多教师有发表教育观点和看法的阵地。作为师范教育的引领者，各个学院始终与中等学校建立和保持着密切联系，鼓励师生深入基层对一线教育教学情况进行考察，积极关注和解决基础教育发展过程中的问题，编撰适合教育实际需要的教材和讲义，为基础教育提供学科专业支持。在师资培养中，各学院采取有力举措，调动教师工作积极性，发掘教学潜力，使每年的毕业人数都有增加，培养质量逐步提升，不断满足了日益增长的基础教育师资需求；还注重培养学生艰苦奋斗的工作态度和为区域教育服务的奉献精神，部分学生毕业后立志到西北最艰苦的地方去从事基础教育工作。与此同时，各学院的师资队伍不断发展壮大，专职教师与兼职教师数量日益增加，专业化程度也逐步提升，为合并成立陕西师范大学，迈入更高的办学层次创造了必要条件。

　　这一时段，陕西高等师范教育在演变发展过程中也有一些经验教训需要记取：在学习苏联教育方面，肯定了学习社会主义国家先进教育经验的必要性，但没有完全贯彻联系各高等师范学院实际的原则，导致在教学制度、教学方法以及某些教育理论研究方面存在脱离实际的倾向；在开展教育革命方面，各师范学院师生缺乏思想准备和试点经验，过分强调个人主观能动性，盲目性较大。但从总体上来看，在国家教育工作方针指引下，作为陕西师范大学前身的这几所师范学院逐渐发展成为师范特色鲜明、教师队伍稳定、具有一定规模的高等师范院校，标志着陕西省高等师范教育达到了新的水平，并以一种崭新的姿态迈入教育体系稳定发展和为西北基础教育服务的新时期。

第三章 充实提高 陕西师范大学的成立与办学水平的提升

1960年5月至1966年5月,是陕西师范大学发展历史上一个重要时段。由西安师范学院与陕西师范学院合并成立陕西师范大学,使学校办学层次发生根本性提升,初步形成以本科教育为主的师范大学,既实现了外延规模的扩大,又推进了内涵质量的提高。这也是本章记述学校该段教育教学活动的基本时限。

1958年5月至1960年12月的两年多时间里，以"大跃进"为背景，以贯彻党的教育方针为主要内容，教育界掀起了一场"教育革命"的热潮。"教育革命"是在"大跃进"运动中通过消解苏联教育模式，探索以群众运动打破常规达到加快教育发展、迅速普及教育的目的。但是，由于"大跃进"和"反右倾"的错误，以及1959年至1961年连续发生严重的自然灾害，加上苏联单方面废止与中国的全部经济合作项目协议，我国国民经济出现严峻的困难局面。在这样艰苦困难的条件下，陕西师范大学合并成立后，在最大程度上集中了教育资源，扩大了教学规模，提高了办学层次，形成以本科教育为主的师范大学，初步确立了在西北地区引领师范教育发展的地位。

第一节　陕西师范大学的成立和办学层次的提高

在"教育革命"热潮的推动下，西安师范学院与陕西师范学院两校合并成立陕西师范大学；而成立后的陕西师范大学初期发展，则是在1961年1月中共八届九中全会决定对国民经济实行"调整、巩固、充实、提高"的方针（简称"八字方针"）指导下，具体落实《教育部直属高等学校暂行工作条例（草案）》（简称"高教六十条"）等一系列政策过程中进行的。

一、陕西师范大学成立时的社会背景："教育革命"与经济困难交织

1956年社会主义三大改造基本完成以后，党中央领导全国人民积极探索适合中国国情的社会主义建设道路。1956年9月，党的八大确立了社会主义建设的基本方针和路线。从1957年秋季起，全国掀起了一场大规模的建设热潮。1958年5月，中共八大二次会议通过"鼓足干劲，力争上游，多快好省地建设社会主义"的社会主义建设总路线，实际突出的是"多"和"快"，强调"速度是总路线的灵魂"。在"大跃进"运动迅猛发展的同时，农村掀起了人民公社化运动的高潮。1958年秋冬，人民公社化运动的不良后果开始显现出来。党

中央了解到出现的问题后，从1958年11月第一次郑州会议到1959年7月庐山会议前期，积极领导全党整顿人民公社，调整高指标，进行了九个月的初步纠"左"。但在庐山会议后，纠"左"的进程被打断，"反右倾"斗争在全党全国展开。这给党和国家在政治、组织、经济、社会等方面造成一些不良影响，使得党对社会主义建设道路的探索出现了曲折和徘徊。

在这样的社会背景下，1958年以后，高等学校根据中共中央和国务院关于教育工作的指示，开展了轰轰烈烈的"教育革命"，在教育工作中认真贯彻党的教育为无产阶级政治服务、教育与生产劳动相结合的方针，努力使马克思列宁主义的教育原理与中国高等教育的具体实践结合起来，并且逐步摸索出一条适合中国基本国情的建设社会主义高等教育的道路。1958年9月，中共中央、国务院颁布的《关于教育工作的指示》提出："全国应在三年到五年的时间内，基本上完成扫除文盲、普及小学教育、农业合作社社社有中学和使学龄前儿童大多数都能入托儿所和幼儿园的任务。应当大力发展中等教育和高等教育，争取在十五年左右的时间内，基本上做到使全国青年和成年，凡是有条件的和自愿的，都可以受到高等教育。我们将以十五年左右的时间来普及高等教育，然后再以十五年左右的时间来从事提高的工作。"① 在这样的高指标驱使下，一时间全国各类学校数目猛增，从而师范教育迅速膨胀。据统计，高等师范院校从1957年到1958年一年之内猛增了113所，到1960年增加到227所，是1957年的3.9倍；中等师范学校的数目增长更快，由1957年的592所，锐增到1960年的1964所。② 但这种急剧发展，明显超出了国民经济的承受力，而且这种只讲数量不求质量的增长也违背了教育自身发展的规律。1960年4月，教育部部长杨秀峰在二届全国人大二次会议上提出："在改革中小学教育的同时，要相应地改革师范教育。高等和中等师范学校文化科学知识水平应该适当

---

① 《中国教育年鉴》编辑部编：《中国教育年鉴（1949—1981）》，中国大百科全书出版社，1984年，第690页。

② 《中国教育年鉴》编辑部编：《中国教育年鉴（1949—1981）》，中国大百科全书出版社，1984年，第965页。

地提高，使其分别相当于综合大学和普通中学程度，教育学科要切合实际，精简集中。"① 国务院副总理陆定一也在会上强调：当前的教学中存在严重的"少、慢、差、费"现象，必须进行教学改革。② 1960年4月，教育部在河南新乡召开师范教育改革座谈会。会议认为，师范教育的"少、慢、差、费"由来已久，而中华人民共和国成立后，特别是1958年"教育革命"以来，这种情况还没有很好地得到改变，师范教育脱离政治、脱离生产、脱离实际的偏向没有得到彻底的克服，还错误地强调所谓师范教育的特点，把各级师范教育的文化科学程度降得比同级学校相差很多。座谈会后印发了《关于师范教育教学改革的初步意见（草稿）》《关于改革高等师范教育的初步意见（草稿）》《关于迅速提高在职教师政治文化业务水平的初步意见（草稿）》等文件。③ 这些文件不仅指出各级师范院校课程设置门类过多、主次不分，教育课程所占比重过大，文化科学知识学得过少等问题；还提出改革建议，要求改革课程庞杂，教材重复、烦琐、落后、脱离实际的状况，提高课程的文化科学知识程度，反映现代科学的最新成就；高师院校要大力开展科学研究工作，努力向综合大学看齐；中师要相当于普通高中程度，要本着精简集中原则，减少教育课程，改革教育课程内容，增加毛泽东教育思想、党的教育方针、中国先进教育经验等内容；高师院校应把教育学、心理学、教学法三科合一，教育实习也可取消，把省下来的时间用于提高文化科学水平。与此同时，全国多地接连发生自然灾害，加上苏联背信弃义地撕毁合同，我国国民经济出现严峻困难。在此形势下，陕西积极推进教育部关于师范教育教学改革的意见，对陕西高等师范院校的设置及课程、专业进行改革、调整。

---

① 李友芝、李春年、柳传欣等主编：《中国近现代师范教育史资料》第4册，北京师范学院，1983年，第1666页。

② 李友芝、李春年、柳传欣等主编：《中国近现代师范教育史资料》第4册，北京师范学院，1983年，第1681页。

③ 《中国教育年鉴》编辑部编：《中国教育年鉴（1949—1981）》，中国大百科全书出版社，1984年，第259页。

二、西安师范学院与陕西师范学院合并，成立陕西师范大学

1960年5月，陕西省人民委员会在调整高等学校时，为了加强高师本科教育建设，决定将西安师范学院与陕西师范学院合并成立陕西师范大学[①]，任命刘泽如为校党委书记兼校长，郭琦、刘敬修为党委副书记兼副校长，文普华为党委副书记，原政庭为副校长。调王鲁南到陕西工业大学任党委书记，李绵到陕西省高等教育局任局长和党组书记。

陕西师范大学成立之初，设置11个系和10个科：政教系、教育系、中文系、历史系、数学系、物理系、电子系、化学系、生物系、地理系、体育系和政教科、学前教育科、中文科、历史科、数学科、物理科、化学科、生物科、地理科、体育科。政教系主任巩重起（兼），教育系主任朱勃，中文系主任高元白，历史系主任史念海，数学系主任魏庚人，物理系主任赵恒元，电子系主任吕秉义，化学系主任侯又可，生物系主任王振中，地理系主任黄国璋，体育系主任陈毓赞，外语教研室主任王敦瑛。全校有学生5724人，其中本科学生3766人，专科学生1958人。

根据省高教局指示，陕西师范大学体育系于1961年夏，并入西安体育学院，学校另设公共课体育教研室；电子系于1961年秋，合并到物理系，成立电子无线电专业；教育系于1962年秋停止招生，撤销系建制，成立教育研究室，学生转入政教系和中文系学习。1961年上半年，陕西省高教局批准学校汉语、古典文学、外国文学、电子学、光学理论、声学、有机化学、无机化学、函数论等9个专业招收研究生。学校及其招生专业的系均十分重视研究生招生工作，指定专人负责。10月份招生工作结束，9个专业共招收了13名研究生，理科10名，文科3名，11月各专业研究生开学上课。但是，由于1962年下半年遇到调整机构、精减人员而中止了研究生的教育，学生全部分配了工作。这一阶段，学校随着系科的扩大和专业的扩展，由原来以专科教育为主转向以本

[①] 《将西安师范学院与陕西师范学院合并成立陕西师范大学的批复》，陕西师范大学档案馆藏，文书档案库，档案号3-1960至1965-永久-85.0003。

科教育为主，同时开展研究生教育。这标志着学校办学层次明显提升，教育质量逐步提高，从此步入了新中国大学教育的新阶段。

三、明确学校合并后的中心任务，重点向提高办学层次发展

根据中共陕西省委决定，陕西师范大学的教育任务是着重向提高质量和层次方面发展，重点培养新型的中等学校教师，要使他们具有新思想、新知识、新道德、新作风，掌握专业知识和先进的教育理论，能运用马列主义、毛泽东思想的立场、观点和方法，终生为人民教育事业服务。面对新的形势与新的任务，师生员工在学校党委的领导下，在继续开展"教育革命"的同时，高举毛泽东思想和总路线的旗帜，树立共产主义雄心壮志；切实贯彻执行党的教育方针，千方百计地提高教育质量，大力加强生产劳动教育，把科学研究工作推向新的高潮。

1960年是"教育革命"的第三年。学校按照"今后将着重在提高方面发展"的任务，在继续进行"教育革命"的基础上，认真制订了1960年学校工作计划。提出除了坚持"教育革命"以来行之有效的各项方针、政策、原则和办法，如坚持党的领导、政治挂帅和群众路线的工作方针，大力加强思想政治教育工作，把系统的政治理论教育与密切结合现实斗争的形势和任务教育结合起来，把经常的思想教育与集中整风运动结合起来之外，必须抓好下列几项重点工作：第一，把毛泽东思想贯彻到各门学科和各项工作中去，这是整个学校工作的核心和关键；第二，加强基础理论研究，大搞尖端科学研究，支援农业技术改造，为国家经济建设服务；第三，切实改进基础课教学，加强基本训练，迅速提高教学质量；第四，集中力量研究、改进中学重点课教学，迅速提高中学教学质量；第五，大力加强生产劳动教育，继续建立和扩大校内外生产劳动基地，使生产劳动经常化、制度化；第六，狠抓教师队伍和干部队伍的培养、提高和补充工作，保证学校工作全面跃进，不断提高教育质量。这几项工作的实施，激发了广大师生员工努力学习毛泽东思想、自力更生、发奋图强的革命干劲，发扬艰苦奋斗、勤俭办学的光荣传统，克服生活和学习上存在的困难，积极参加

支农劳动，为农业生产做出了贡献。

为了加强教学管理，校系领导深入教学第一线进行教学检查和调查研究，召开教学经验交流会、评议会和学术讨论会，建立必要的规章制度，保证全校师生的学习、工作、劳动、生活等正常进行，取得了较好的效果。但是，这一时期由于"大跃进"和"反右倾"的影响，加上自然灾害和苏联政府背信弃义撕毁合同，中国国民经济暂时遭遇到严重困难。为了克服经济困难和纠正"左"的错误，党中央和国务院于1960年冬果断地提出对国民经济采取"调整、巩固、充实、提高"的方针，要求1961年全国必须集中力量加强农业战线的生产，贯彻全党全民大办农业、大抓粮食的方针，并随即制定和执行了一系列正确的政策和措施，使中国国民经济得到比较顺利的恢复和发展，教育事业也在克服种种困难中重新走上健康发展的道路。

1960年11月24日至12月12日，中央文教小组召开全国文教工作会议，发布《关于一九六一年和今后一个时期文化教育工作安排的报告》，指出当前文化教育工作必须贯彻执行"调整、巩固、充实、提高"的方针。要求高等学校必须把提高教育质量摆到第一位，必须切实保证教学时间，劳动时间应有所控制。切实做到劳逸结合，保护青年一代的健康。1961年9月，中共中央批准试行"高教六十条"。1962年5月，中共中央批准教育部党组《关于进一步调整教育事业和精简学校教职工的报告》。接着，陕西省高教局印发关于《陕西地区高等学校紧缩编制精减人员支援农业第一线》的文件。根据上述政策和指示精神，一方面，学校按照教学、科学研究、生产劳动的实际情况，制定了紧缩精减人员的方案，压缩规模，缩小编制，主要采取调整行政组织机构，撤销科研处（并入教务处）和生产劳动部（并入总务处）；把学生人数从5000多人压缩到2200人，精减下放500名教职工。另一方面，通过总结经验教训，针对"教育革命"中出现的问题，统一思想认识，调整教学计划和专业设置，制定发展规划，贯彻以教学为主的原则；开展甄别平反和落实知识分子政策工作；加强思想政治工作，改进各项行政管理工作，保证了教学活动的正常进行。

第二节 第一、二、三次党代会对学校办学方针的规划和实施

在合并成立陕西师范大学及其早期发展的关键阶段，学校党委的坚强领导起到了至关重要的作用。第一、二、三次党代会的胜利召开，见证了全体师生员工在学校党委的领导下，胸怀国家事业发展大局，开创学校工作新局面，彰显了党的领导在中国高等教育事业发展中的核心力量。

一、第一次党代会召开，提出两年内的奋斗目标和工作任务

1960年10月12日至19日，中国共产党陕西师范大学第一次代表大会在联合教室（今积学堂）召开。出席这次大会的有正式代表156人，列席代表51人，另有533名正式党员和162名预备党员也听取了大会报告。

这次大会的议程是：听取并讨论党委工作报告，听取有关方面的专题发言，选举新的党委会。刘泽如书记向大会致开幕词；文普华副书记代表学校党委做《全党动员起来，鼓足更大干劲，为把我校办成全国先进的革命的共产主义师范大学而奋斗》的工作报告（简称"第一次党代会报告"）；郭琦副书记做大会总结报告；巩重起等6位同志分别就教学改革、学习"毛选"四卷，以及千方百计地搞好生产、学习、工作与党的干部工作和组织工作等问题做专题发言，会议还传达了中央统战部对民主党派工作的指示。

郭琦（1917—1990），1917年7月生于四川省乐山县（今乐山市）流花溪一个书香世家。青年时期，他先后就读于成都师范学校和四川大学中文系。1936年，加入中国共产党的秘密外围组织"中华民族解放先锋队"。1938年春，奔赴延安，先后在抗大、鲁艺学习。同年冬，党组织派遣他回四川大学，从事中共地下组织领导的文化活动和学生运动。1939年4月，郭琦加入中国共产党。1940年7月，他重返延安，在青年干部学校学习。1941年5月，调中央财经部任

秘书组长。同年9月，任中央研究院经济研究室研究员。1942年秋，任绥德师范教员。1946年至1954年，他历任中共中央西北局宣传部副科长、学校教育处副处长、办公室主任。1954年秋，调中共中央宣传部高教处工作。1957年3月，郭琦担任西安师范学院党委副书记、副院长。陕西师范大学成立后，任党委副书记兼副校长，全面主持学校工作。他和其他领导一起，审时度势，首先从质量抓起，先后在中文、历史、数学等系蹲点，并结合学校实际提出"五年小成，十年中成，十五年大成"和"出潼关，进北京，争取全国发言权"等鼓舞人心的战略目标。在这一目标指引下，陕西师范大学文学、历史地理学、教育学和心理学等学科迅速发展，逐渐取得了"全国发言权"。

这次会议采取大会发言与小组讨论相结合、党代会与整风补课相结合的方式进行。大会在认真分析国内外形势的基础上，明确提出今后两年奋斗的总目标：多快好省地为国家培养出又红又专、一专多能，既能担任中学教师，又能从事科学研究工作和实际工作的劳动者，在社会主义革命和社会主义建设的伟大事业中做出应有的贡献；并且要充分利用有利条件，在"教育革命"、学术思想革命和技术革命已经取得巨大成绩的基础上，鼓起更大干劲，千方百计地为在不太长的时间内根本改变学校的落后面貌，为把陕西师范大学建成一所全国先进的共产主义师范大学而奋斗。为了逐步实现这一目标，要在1960—1962年达到以下的具体要求：

在政治思想教育方面，要在各项工作中巩固党的领导，保证政治挂帅；要高举马克思列宁主义、毛泽东思想的革命旗帜，加强共产主义思想教育，反对帝国主义和现代修正主义的反动思潮，以长期坚持不懈的斗争，彻底清除资产阶级的政治和思想影响，提高群众的共产主义思想觉悟与道德品质，使广大的师生员工，特别是各级领导骨干成为坚定的革命促进派，并学会用毛泽东思想来观察问题，指导工作，研究学术，改造思想。

在教学与科研方面，要更深入地贯彻执行党的教育方针和科学研究工作路线,基本上实现革命化、现代化、中国化,全面提高教学质量。文科要在本门学科领域内深入贯彻毛泽东思想,彻底清除现代修正主义观点,努力清除资产阶级学术思想的影响,编写出一套以毛泽东思想为指导的、理论联系实际的、中国化的教材和提纲。有一两门主要课程的教材要达到全国水平,并在一两个重大学术问题上著书立说,发表专著专论,取得突出成绩。理科要争取全部课程破旧立新,建立起能够贯彻辩证唯物主义的世界观,反映现代科学最新成就,结合我国社会主义建设和技术革命实际的新的教学体系和课程体系,编出一套现代化的能够体现新体系的教材;建立一套现代化的实验室;要攻下几个尖端、重大科学技术与理论问题,有发明创造;有一两门主要学科教材达到全国水平,成绩比较突出;在普通教育改革方面,要总结出成套的经过检验证明有效的新学制试验,编写出一套现代化的思想性科学性强、理论联系实际的中小学、幼儿园教材。

在生产自给方面,要牢固地建立起校内外的生产基地,达到副食品完全自给,粮食部分自给;要使与教学和科研相结合的工厂、农场建立起能攻坚克难所必要的物质基础,有必需的仪器设备,并保证经常成批生产,产品能够满足教学、科研和生产方面的需要。

在干部培养方面,所有系的教研组和党政部门都要培养出一批工人阶级的红透专深的骨干,建立起一支又红又专、一专多能的政治工作队伍、理论工作队伍、教学队伍、生产队伍和行政队伍。

大会通过反复酝酿和无记名投票选举了中国共产党陕西师范大学第一届委员会和第一届监委会。第一届党委会由丁淑元、王沛三、王周发、文普华、史青云、巩重起、刘明远、刘法之、刘泽如、杜富德、李琦、李剑刚、肖枫、汪勇、张安民、张贺群、赵正、侯天岚、姚世平、郭琦、隋秉和、彭超、曾志权(以姓氏笔画为序)等23人组成。党委常委会由王沛三、文普华、巩重起、刘泽如、肖枫、李琦、李剑刚、郭琦、隋秉和(以姓氏笔画为序)等9人组成。刘泽如当选党委书记,郭琦、文普华当选党委副书记。第一届监委会由王沛三、王茂荣、文普华、杨征、李剑刚、李琦、彭超（以姓氏笔画为序）等7人组成。李剑刚当选监委副书记。

1960年11月25日，陕西省委宣传部批准陕西师范大学第一届党委委员、常委及监委委员名单。12月9日，陕西省委发通知称：中央批准刘泽如任党委书记。这一时期，刘泽如教授正集中精力做科研项目，只参加决定重大问题的党委常委会，陕西省委决定郭琦主持学校党委及行政工作。

二、第二次党代会召开，确定贯彻落实"高教六十条"的举措

陕西师范大学从1960年10月举行第一次党代会到1963年3月第二次党代会召开，时隔两年多。其间，由于人员精减、党内整风及甄别工作已经开始，按期召开党代会、全面总结工作、选举党委委员是比较困难的。为此，在上述工作基本告一段落后，特别是经过对党的八届十中全会精神的传达和讨论，大大地提高了全体党员的思想觉悟，使全体教职员工明确了今后的工作方向。

（一）第一次党代会任务的推进落实

学校第一次党代会召开后的两年多，是国家遇到暂时困难、国民经济处于调整的时期。为了适应整个国民经济形势，学校党委在省委的领导下，在中央"调整、巩固、充实、提高"的"八字方针"指导下，坚决贯彻执行"高教六十条"和党的各项政策，团结全校党员和全体师生员工，做了不少工作，取得了很大的成绩。

学校党委根据中共中央和上级党委的相关精神及要求，积极开展党内整风，通过上下结合、调查研究、开展批评与自我批评等方式，认真检查了以往工作中的"五风"，纠正知识分子工作中的"宁左勿右"情绪和简单化的工作方法，总结了经验，端正了政策思想，改进了工作作风。经过整风以后，调查研究的风气逐步树立起来，党内外的积极性基本上调动起来，为贯彻执行"高教六十条"，进一步做好学校各方面工作准备了条件。此外，学校党委

还积极领导开展党内外甄别工作。从1961年6月起，学校先后在学生、教师和党员干部中分别进行了甄别。自1958年以来，在历次运动中受过批判或处分的共有525人。其中，学生453人，占当时学生总人数的9.5%；教师42人，占当时教师总人数的9%；党员干部30人，占当时党员干部总人数的6.27%。甄别结果，不予平反的88人，占甄别总数的16.8%；部分平反的160人，占30.5%；全部平反的277人，占52.7%。经过整风和党内甄别工作，以及组织党总支副书记以上党员领导干部参加省委和高教局组织的短期脱产学习，广大党员干部政策水平提高了，思想作风有了很大的改进，民主集中制得到进一步的贯彻，党内团结也增强了。

学校党委根据"高教六十条"精神，努力推动学校事业的整体发展，具体工作举措有：一是切实抓好教学中心工作。在组织保障方面，将学校教学工作的领导权力统一集中于党委，明确了系党总支的监督保证作用，发挥校、系行政机构的作用，充实并加强图书资料、仪器设备建设，改进教材印刷和供应工作。在师生关系方面，帮助教师树立对学生负责的理念，积极发挥教师在教学中的主导作用，认真教育和严格要求学生，指导学生端正学习态度，改进学习方法，遵守学习纪律；同时又要求教师注意听取学生的意见和要求，改进教学工作，调整教学与生产劳动、科学研究、社会实践的时间比例，修订教学计划，减少总学时，合理安排各个教学环节。由此形成学生刻苦钻研、努力学习，教师认真备课、积极改进教学工作的新气象。在教学质量方面，努力保持教学计划、教师的专业方向和教材的稳定，加强基础课的教学力量，推动教师加强对教材教法的研究，提高课堂讲授的质量，修订基本技能训练规划，狠抓理科的实验课和习题课、文科的阅读和写作等基本技能训练。二是结合教学开展科学研究。据统计，1961—1962年，文科教师完成了科学论文66篇，理科教师完成70篇，共计136篇。在"双百"方针指导下，各系、教研组举办了不少学术报告会、讨论会等活动，学术氛围开始逐步活跃起来。三是加强师资培养提高工作。1962年上半年，学校帮助59位教师制订了三年至五年的个人提高计划，对他们的业务时间和工作条件给予了适当的支持和保证；同时，还为15位老教师配备了20名工作助手。他们中的多数都认真执行计划，基本上完成了教学和进修任务。少数有培养青年教师或科研任务的老教师，也大部分完成或初步完成了计划提出的任务。其他教师在教研组的领导和帮助下，也大都先后制订了个人进修计划。经过多方面的工作和个人的努力，新老教师的教学能力和科学水平都有较大的提高。

学校党委围绕党的中心工作，积极开展形势任务和思想政治教育。这段时间，主要抓如何正确认识和对待国家暂时困难的教育、国民经济的总方针和全党全民大办农业的教育、反对现代修正主义的教育、发扬党的艰苦奋斗的革命传统的教育等。在思想教育方法上，坚持正面教育的原则，注意细致耐心、启发自觉、自我教育，从而使全校师生员工的思想面貌发生很大变化，政治觉悟普遍有所提高。突出表现在：绝大多数人在国家遇到暂时困难的情况下没有丧失前进的信心，能够和党同心同德，完成学校各项工作任务；在对待国内外的重大问题上，绝大多数人的认识基本上是明确的，态度是积极的。这些情况表明，党的思想政治教育工作发挥了很大作用。

学校党委围绕学校的中心工作，不断加强党的组织建设，推进教职工精减调整和生产、生活工作。自第一次党代会以来，学校党员队伍发生了很大变化。由于精减人员，党员人数由原来的928人减少到546人，但党员在师生总人数中所占的比例由10.5%提高到14.7%。此外，两年中接收129名预备党员，同意331名预备党员转正，有效壮大了党员队伍。此外，学校为克服经济困难，在1961年精减教职工278人的基础上，1962年又精减597人，还放假安置了二年级学生1157人，学校总人数由5836人降至3425人。同时，学校贯彻教育与生产劳动相结合的方针，集中力量抓劳逸结合与生产、生活疾病防治工作，积极安排群众的生活，取得了显著的成绩。两年间，全校共生产粮食38万余斤，除去种子、牲畜饲料和归还历年借粮外，实际能分配的粮食（师生员工冬三个月补助粮、劳动口粮补助、炊事口粮补助）为129600余斤。此外，还供应了不少油食、奶类、蛋类、花生、红薯、水果等产品。由于党委采取多种措施加强伙食工作，定期开展红、勤、巧、俭和评选先进人物先进事迹的活动，提高了炊管人员的积极性，使伙食工作在副食品比较困难的情况下，有了显著的改进。经过清仓核资工作后，总务管理和各项行政工作也有了相应的改进。这些措施对改善师生生活、保证教学工作正常进行发挥了重要作用。

（二）第二次党代会召开的背景

1957年以前，高等学校教学改革主要是在接管与改造旧中国高等教育的基础上，学习苏联的先进经验，建立社会主义的高等教育制度。这项工作做得很有成效，它使新中国的高等教育彻底改变了旧中国的半殖民地半封建的性质，走上了社会主义道路。但是，在这一工作过程中也存在着一些缺点，主要是生搬硬套苏联的做法，联系中国实际不够，没有很好地继承和发扬老解放区办学的优良革命传统。具体而言，在第一个五年计划期间，中国高等教育走什么道路的问题，虽然已经初步解决了，但是如何走的问题还没有彻底解决；因而到第二个五年计划时期，在高等教育工作中是继续走机械抄袭之路，还是根据自己的实践摸索出适合中国实际的道路，这一问题就提到了决策层的面前。自1958年后，中国高等学校根据中共中央和国务院关于教育工作的指示，开展了轰轰烈烈的"教育革命"，在教育工作中认真贯彻党的教育为无产阶级政治服务、教育与生产劳动相结合的方针，逐步使马克思列宁主义的教育原理与中国高等教育的具体实践结合起来，摸索出了一条适合中国基本国情的建设社会主义的高等教育的道路——"高教六十条"的实施，就从根本上解决了这一问题。从此，中国高等教育的发展进入一个新的时期。

1958年以后，学校在省委的坚强领导下，在继续深入进行政治思想战线上的社会主义革命的基础上，开展了以贯彻党的教育方针为中心的教育革命。1959年庐山会议后，全党开展"反右倾"斗争，国民经济发展受到严重影响。1959年至1961年，中国连续发生严重的自然灾害。面对严峻的形势，党和政府千方百计地采取各种措施，动用库存和进口粮食，进行同心同德、共渡难关的斗争。1961年1月，中共八届九中全会决定在国民经济中贯彻执行"调整、巩固、充实、提高"的方针，任务是克服困难，恢复农业和工业生产，争取财政经济状况的根本好转。经过一系列调整，到1963年，全国经济形势开始好转，社会各阶层内部和阶层之间的关系得到改善。在此背景下，陕西师范大学紧紧围绕教育革命的目标、任务和要求，克服合并初期的重重困难，推动学校教育教学工作步入正轨，为后续各项事业的发展奠定了基础。

（三）第二次党代会的任务和目标

1963年3月27日至30日，中国共产党陕西师范大学第二次代表大会在联合教室召开。出席大会的正式代表有109人，全校党员参加了大会开幕式和闭幕式。会议的主要议程是：听取并讨论通过党委工作报告；选举新一届党委会。党委书记刘泽如致开幕词，党委副书记郭琦做工作报告并做大会总结发言，李剑刚、李琦、邝萍分别做关于1963年党的监察工作、组织工作和宣传工作纲要的发言。

大会认真贯彻党的八届十中全会精神，全面检查和总结过去两年多的工作，提出学校今后的任务就是动员全校党员继续鼓足革命干劲，力争上游，更紧密地团结起来，和全体师生一起，同心同德，继续高举"教育革命"的红旗，深入细致地贯彻执行《教育部直属高等学校暂行工作条例（草案）》，做好学习各方面的工作。

大会强调，加强党的建设主要是把党的建设工作特别是思想政治工作放在领导工作的首要地位，不能放松党的自身建设，使自己沉溺于行政事务工作中，使党的领导降低为包含一切行政事务；而是要系统地加强党的建设工作，使党在学校工作中起领导核心作用，保证党的路线、方针、政策在学校完满地实现。做好思想政治工作的基本环节是抓两头带中间，要认真做好积极分子和落后群众的工作，要教育积极分子，既要敢于插红旗，又要善于插红旗，执行任何任务时，都要政治挂帅，注意解决思想问题；在一切工作中，都必须坚持革命路线的工作方法，要正确理解党的利益和群众的利益的一致性，根据不同人的特点，采取不同的形式进行教育，要把普遍教育和个别教育结合起来，把解决思想问题和实际问题结合起来，防止形式主义和简单化；把对党负责和对群众负责正确地结合起来，遇事一定要同群众商量，要把党的政策和主张变成群众自觉自愿的行动。

大会提出，各系要按照学校要求将师资培养列为本系中心工作之一，在既重视教师的业务进修又重视教师的政治进步的原则下，实行导师制，为青年教师确定指导教师，为一些学有专长的老教师配备教学、科研和资料工作的助手，让青年教师尽快地把老教师的专业专长承接下来；鼓励中老年教师结合教学，努力进行科学研究，解决教学中的问题，提高教学与科学研究水平，既出成果，又出人才。同时，各系还要分别举办教师进修班、研究班和讨论班（中文系举办古典文学、现代文学、文艺理论、现代汉语进修班、研究班，数学系举办数学分析进修班和高等代数讨论班，物理系举办电子学和电动力学进修班，化学系举办化学教学讨论班等），培养已有一定教学实践经验的青年教师，给他们创造一些必要条件，让他们脱产参加进修班或研究班学习，使他们在业务上、学术上获得更快提高。

大会指出，教学工作的主要问题仍然是继续调动师生的政治和业务积极性，认真落实四大规划（教学、基本训练、师资培养、实验室及资料室规划），加强专业基础课和基本训练，踏踏实实、深入细致地逐步提高教学质量，而提高教学质量的核心是抓好教学计划，其目的要求是：（1）稳定教学计划；（2）稳定教师专业方向和教学工作；（3）稳定教材；（4）加强外语学习；（5）把基本训练与教学计划有机地配合起来，并落实指导任务。大会要求各门课程的教师均能熟练地胜任教学工作，使本门课程基本过关；要在调查研究、总结经验的基础上，领导教师根据各系专业特点，教师水平和各门课程的教学情况，有计划有步骤地提出具体的过关标准和主要措施。大会提出，在努力争取教学过关的基础上，在教学为主的原则下，积极地开展科学研究，提高学术水平，在学术问题上要有雄心壮志，不要满足现状。争取在第三个、第四个五年计划后，学校在普遍提高的基础上，某些学科有"全国发言权"。

大会还要求不断提高领导水平。一方面必须改进党委的工作方法，主要是抓执行政策和调查研究两个环节。党委要定期学习党的政策和上级党委的指示，并且形成经常性的制度。全体党员干部，特别是各级党员负责干部，一定要养成经常学习和钻研政策的良好习惯，增强政策观点，提高领导水平。调查研究是正确执行政策、做好一切工作的基础，各级党员领导干部必须亲自进行调查研究，并形成良好的风气。另一方面全体党员必须不断学习，正确总结经验，提高政策水平。理论和政策的学习必须与调查研究、总结经验结合起来。大会强调，学校几年来，有正面经验，也有反面教训，需要在学习毛泽东思想和党的方针政策的基础上正确地加以总结。同时，情况不断变化，新的问题不断发生，党对学校的要求也不断提高，因而不论学习也好，总结经验也好，都要不断地结合调查研究进行。

（四）选举产生新一届"两委会"

经过充分酝酿和认真讨论，大会选举了中国共产党陕西师范大学第二届委员会和第二届监委会。第二届党委会由丁淑元、马润之、王周发、毛世武、文普华、史青云、巩重起、刘法之、刘明远、刘泽如、负伍胥、杜富德、李琦、李剑刚、肖枫、张安民、赵正、赵恒元、侯天岚、高振权、郭琦、隋秉和、彭超（以姓氏笔画为序）等23人组成。党委常委会由文普华、巩重起、刘泽如、李琦、李剑刚、肖枫、郭琦、隋秉和（以姓氏笔画为序）等8人组成。刘泽如当选党委书记，郭琦、文普华当选副书记。第二届监委会由马迪忠、王茂荣、毛世武、负伍胥、李琦、李剑刚、易日煜、钱振义、曾志权（以姓氏笔画为序）等9人组成。李剑刚当选监委书记。

1963年5月3日，陕西省委宣传部发文同意监委委员人选。1963年5月4日，陕西省委宣传部转发省委通知，同意李剑刚任监委书记。

三、第三次党代会召开，指出学校的办学方向和今后的主要任务

从1963年3月第二次党代会举行到1965年7月第三次党代会召开，时

隔两年多。其间，陕西师范大学党委在陕西省委的直接领导下，团结全体党员和全校师生，认真地贯彻执行党的各项方针政策，开展社会主义思想教育，进行教育教学改革，各方面工作都取得了很大成绩。1964年春节，毛泽东在人民大会堂就教育问题发表讲话，指出：学制可以缩短。课程可以砍掉一半。学生可以参加一些生产劳动和必要的社会活动，要有娱乐、游泳、打球、课外自由阅读的时间。题目公开，由学生研究、看书去做。有些课程不一定要考。马克思主义的书要读，读了要消化。①这次春节谈话，成为中国教育改革的重要指导和遵循。

（一）第二次党代会任务的推进落实

学校第二次党代会召开以后，两年间，先后有1278名师生参加了城乡"四清"运动，受到了考验和锻炼。1963年末和1964年初，结合"五反"的巩固建设工作，学校又认真组织师生员工学习毛主席和中央关于加强相互学习，克服故步自封、骄傲自满的指示，开展学习解放军的活动，进一步加强了思想政治工作，初步落实了"四个第一"，促进了党员、干部的革命化和机关工作的革命化。1964年8月起，学校又贯彻执行中央五月工作会议精神和"二十三条"指示，开展"形而上"的社教运动，整顿干部队伍，打击坏人坏事，刹住了歪风邪气。与此同时，学校还引导师生及时地开展意识形态领域的阶级斗争，改进政治课的教学。

第二次党代会召开以来，学校在毛泽东思想的指导下，深入开展教育革命，不断提高教学质量，使教学工作沿着党所指引的正确轨道前进。两年间，学校根据毛主席关于教育工作的指示，逐步深入地开展两种教育思想和两种教育方法的斗争，批判资产阶级的教育思想和凯洛夫的修正主义教育思想，反对教育工作中的形式主义和烦琐哲学，大力贯彻党的教育方针，坚持"少而精"的原则，在教学内容、教学方法和考试制度等方面进行了初步改革。特别是自从贯彻毛

---

① 中共中央文献研究室编：《毛泽东年谱（一九四九—一九七六）》第5卷，中央文献出版社，2013年，第315页。

泽东主席春节谈话的指示以来，教学工作开始出现了一片新的气象。在教师中，学习毛泽东著作、用毛泽东思想指导自己的思想行动和教学实践，成为许多人的自觉要求；在学生中，生动活泼的主动学习风气开始形成。另外，结合教改加强了科研工作和师资的培养，有一批中青年教师成为教改和科研的新骨干力量。两年间，完成了 105 项科研项目。

这一时期，学校党委牢牢抓住加强党的建设、培养一支革命化和劳动化的干部队伍这个办好学校的关键环节。在党的建设工作方面，学校除对全体党员进行形势任务、阶级斗争、社会主义方向和"怎样做一个好的共产党员"的教育以外，结合各个时期的政治活动，不断加强基层党支部的管理工作，加强对预备党员和积极分子的培养教育，接收了 64 名新党员，进一步壮大了党员队伍。在干部管理工作方面，根据毛泽东关于培养革命接班人的指示精神，按照党的"德才兼备"的干部政策，加强对新生力量的培养教育，坚持干部参加生产劳动的制度，提高了干部的思想水平，改变了干部的工作作风。

总之，第二次党代会召开后的两年间，学校认真贯彻党的教育方针和各项政策，师生员工的精神面貌发生了很大的变化，经全体师生员工的共同努力，各项工作取得显著的成绩，校园内出现一派新的气象。

（二）第三次党代会召开的背景

1964 年初，党中央、毛泽东主席号召全国都要学习解放军，从上到下建立政治工作机构，加强思想政治工作。在此背景下，学校根据党中央和毛主席的指示精神，采取有效措施，进一步加强师生员工的思想政治工作。

第一，突出毛泽东思想的指导地位。在全体师生员工中，加强毛泽东著作的学习，改进政治理论课的教学，批判教师中的教条主义、修正主义和资产阶级个人主义名利思想，初步纠正了政治理论课教学脱离阶级斗争实际、脱离学生思想实际的偏向，把学习毛泽东著作放在了首要地位，在全校开始形成了一个群众性的学习毛泽东著作的高潮。第二，强调阶级教育。在整个思想教育工作中，根据知识分子和青年学生的特点，着重抓参加阶级斗争和其他社会实践、进行阶级教育和反修教育的关键一环。第三，普遍重视研究活思想的工作。各级领导和做政治工作的干部，在实际工作中一般都能经常地深入实际、联系群众，及时地发现和解决问题。第四，总结思想政治工作的经验。在思想政治工作中，初步贯彻走群众路线的方法，学校领导干部参加了青年团和学校工会的工作。由此，全校师生的精神面貌呈现出一派蒸蒸日上的景象，政治空气更清了，革命干劲更大了，好人好事增多了。

在党委的正确领导下，学校科学处理了既要突出政治，又要以教学为主的关系。从 1964 年春天传达贯彻毛泽东在春节座谈会上的指示以来，学校以不断革命的精神进行教学改革，一年多的时间提高了教师自觉革命的积极性，促进了教师思想革命化，在教学工作中以毛泽东思想为指导，生动活泼、主动学习的风气在多数学生中开始形成，教改工作进入了一个新的阶段。这也是第三次党代会召开的重要工作基础。

（三）第三次党代会的任务和目标

1965 年 7 月 26 日至 28 日，中国共产党陕西师范大学第三次代表大会在联合教室召开，出席大会的正式代表 103 人，列席代表 22 人，全体党员参加了开幕式与闭幕式。这次大会总结了第二届党委会以来的党委工作、学校政治思想工作和进行教育革命的主要经验，明确了今后的办学方向和工作任务。

大会提出，要正确处理政治工作与教学工作的关系。突出政治就是要在首先保证党对高等学校的政治领导的前提下，使其他一切业务工作能够坚持以毛泽东思想为根本指导，更好地为无产阶级的政治服务。政治工作既要在百分之百的时间里起作用，又不能占用更多的时间。要不断总结政治工作的经验，反对形式主义、烦琐哲学，提高质量，追求实效，把更多的时间节约出来，用于教学工作。突出政治还要加强对教职员工的思想工作，进一步促进他们革命化和劳动化，要注意划清政治问题和思想问题、学术问题的界限，划清大是大非与小是小非的界限，不把日常生活或一般思想作风上的细小问题都提到革命原则的高度去进行分析，要重在看他们的政治立场和思想表现。不搞唯成分论，一切拥护社会主义、拥护党的领导的知识分子，不管其出身经历如何，都要团结他们，推动他们自觉革命，不断提高思想觉悟，调动他们的积极性，使之更好地为社会主义服务。

大会指出，要以不断革命的精神进行教学改革。具体做到：（1）对师生员工进行关于两种教育制度和两种劳动制度的教育。通过报告座谈、参观访问等形式，解除他们的两种顾虑，提高他们的思想认识，鼓励他们的革命热情。要教育师生真正认识到，在办好全日制学校的同时，实行半工（农）半读教育制度，是国家教育事业中一次深刻的革命。就师范大学的任务来说，今后除为全日制中学培养一部分师资外，还要为半日制中学提供大量的师资，必须担负起这项光荣而又艰巨的任务。这就要求在今后的教改中认真地研究和考虑半日制学校的情况，也要求对在校学生（尤其是毕业班）加强思想教育，使他们能够眼睛朝下，面向农村，养成艰苦朴素的工作作风，做好到农村去的思想准备。（2）为了取得经验，即可选择一两个系中的一两个班级着手进行半工（农）半读的试点准备工作。其他各系在进行试点课和面上教改的同时，应由系和总支负责人和主讲教师组成调查小组，有计划有目的地到工厂、农村和一些半工（农）半读学校、全日制学校进行调查；有些系科还可就某一门课同某些工厂、农村建立经常联系，建立"基地"，以便更好地进行教改。（3）试点课和面上的教改，仍应以贯彻毛主席在春节座谈会上的指示为主要内容，继续破除资产阶级教育思想，反对教学内容上的形而上学和烦琐哲学，贯彻"少而精"的原则和启发式的教学方法。在教改的同时，继续改学，在课业负担减轻以后，要善于引导学生进行独立思考，使他们能够养成生动活泼的良好学习风气。（4）根据过去经验，在今后的教改中要注意劳逸结合。不能样样都搞，事事都抓，以造成学生负担过重，影响健康。政治活动和社会活动的时间也不能占得太多，要讲求实效，应该把更多的时间用在教师和学生的业务学习上。还应注意不要忽视间接经验的学习。此外，还必须加强基础课和基本训练，保持正常的师生关系，要建立以教学为主的新的教学秩序。

大会还要求不断提高领导水平。第一，党委委员和领导干部，都应受双重监督：一方面要按时经常地参加支部组织活动，把自己置身于群众监督之下，从思想、工作到生活、作风都要受基层党支部的监督；另一方面还要加强党委对领导干部在贯彻执行方针政策方面的监督。第二，实现机关及其干部革命化，校和系两级领导要深入基层蹲点，不断地总结经验。今后，校级领导干部，在掌握好全面工作的同时，都要分别采取各种方式，进行蹲点调查。可以就一件事情或一项工作进行调查，也可以在一个时期进行蹲点。但不论采取哪种方法，都要有明确的目的，发现问题，解决问题，总结经验，改进工作。第三，实现机关、干部革命化，还需要坚持培养典型、表扬先进的工作方法。要通过艰苦细致的工作，从各个方面都能发现和树立一批群众公认的典型人物，用他们的先进思想和模范事迹，去影响和教育师生，带动大家共同前进。继续开展比学赶帮超活动，有力地推动工作。

（四）选举产生新一届"两委会"

经过充分酝酿，大会选举中国共产党陕西师范大学第三届委员会和第三届监委会。第三届党委会由丁淑元、王周发、毛世武、文普华、邝萍、巩重起、刘明远、刘泽如、贠伍胥、杜富德、李琦、李向农、肖枫、张安民、赵恒元、侯天岚、高振权、郭琦、彭超（以姓氏笔画为序）等19人组成。党委常委会由文普华、巩重起、刘泽如、李琦、李向农、肖枫、郭琦（以姓氏笔画为序）等7人组成。刘泽如任党委书记，郭琦、李向农、文普华任党委副书记。第三届监委会由王茂荣、毛世武、刘科、李琦、李向农、易日煜、钱振义、曾志权（以姓氏笔画为序）等8人组成。省委支持刘泽如教授继续做科研，由郭琦副书记主持党委及学校工作。

1966年3月7日，陕西省委宣传部发文同意补选王宪唐、李生民为党委委员。

第三节 学校领导体制及党建和思想政治工作的新探索

陕西师范大学合并成立之时，正是党和国家各项事业发生重大变革的时期。

这一时期，学校的领导体制在几经实践探索后，逐渐形成了既符合党和国家对高等教育发展的相关要求，又适应学校发展实际的一些方式方法；学校党建和思想政治工作也顺利开展，并取得明显的成效。

一、探索学校领导体制建设，逐步形成有效的治校方式

中华人民共和国成立之初，中国高等学校领导体制主要学习苏联的模式。1950年6月，第一次全国高等教育会议通过的《高等学校暂行规程》规定："大学及专门学院采取校（院）长负责制……在校（院）长领导下设校（院）务委员会"。同时，在院一级实行校（院）长领导下的系主任负责制，学校党委会或院系党总支是政治上的领导核心，但对学校（院）行政事务不起领导或指导作用，高等学校内部领导体制实际上沿用中华人民共和国成立前的校长负责制和系主任负责制[①]。1956年9月，党的第八次全国代表大会明确提出："学校和部队中的党的基层组织应当领导和监督本单位行政机构和群众组织"。1958年，中共中央、国务院在《关于教育工作的指示》中进一步明确："在一切高等学校中，应当实行学校党委领导下的校务委员会负责制。"由此，高等学校院（系）领导体制随之发生较大变化，由原来的校（院）长及其系主任负责制转变为"党委领导下的校务委员会负责制"和"系总支委员会领导下的系务委员会负责制"，从而确立了校（院）党委、系党总支在校（院）系的领导地位。1961年9月，中共中央批准试行的《教育部直属高等学校暂行工作条例（草案）》规定："高校的领导制度，是党委领导下的以校长为首的校务委员会负责制。"同时，对院（系）领导体制规定："系的党总支委员会的主要任务，是做好思想政治工作和党的建设工作；团结和教育全系人员，贯彻执行学校党委会、校务委员会的决议，保证和监督系务委员会决议的执行和本系各项工作任务的完成。"[②]

陕西师范大学成立初期，实行校、系二级领导管理体制。学校行政组织机

---

① 史华楠、李妍：《论我国高校院（系）领导体制的演变与创新》，载《扬州大学学报（高教研究版）》2009年第3期，第3页。

② 聂东林、王中银、王勇：《浅谈高等院校院（系）党政共同负责制》，载《南京航空航天大学学报（社会科学版）》2013年第2期，第87页。

构设置有：校长办公室，下设文书档案室和收发科；教务处，下设教学研究科、教务科、直观教育室、印刷厂，并领导外语、体育两个直属公共教研组和代管图书馆；科研处，下设科学研究科、仪器设备科；人事处，下设人事科、学生科、保卫科；总务处，下设财务科、事务科、伙食管理科、校产管理科、卫生室、基建科；生产劳动部，下设生产科、农场管理科；另设函授部。校长办公室主任肖枫，教务处处长巩重起、副处长贾则复，科研处处长赵恒元（兼），总务处处长韦固安，人事处处长李琦，生产劳动部主任杜明亮，函授部主任洛文。在学校行政组织之下，设（专业）系，实行系主任负责制。另外，还设有两所附属中学，第一附中校长史青云，第二附中校长刘法；一所附属小学，一所幼儿园。

二、结合形势开展思想政治教育，落实党的知识分子政策

陕西师范大学成立之后，充分发挥党委对学校各项工作的全面领导作用，广泛开展学校内的社会主义民主生活，在教学和科研工作中坚持正确的政治方向，正确执行党的路线、方针、政策，加强思想政治工作和党的建设工作。

（一）进行马克思列宁主义和毛泽东思想教育

突出政治就是把学习毛泽东著作放在首要地位，强调在"用"字上下功夫。把学习毛泽东著作同广大师生的思想实际紧密地结合起来，带着思想上和工作中的问题学，把学习成果落实到全面领会党的各项方针政策、总结经验、改造思想、做好工作上。

开展学习毛泽东著作的运动，引导师生用毛泽东思想总结教学工作、科学研究、生产劳动和社会实践的经验。对于这项运动，广大师生的积极性很高，他们组织了许多学习小组，深入学习领会毛泽东思想，结合专业开展毛泽东著作的专题研究，用毛泽东思想解决自己思想、工作和学习中的问题。同时，还开展了反对现代修正主义的斗争。由此，大大提高了党员和群众的思想觉悟与辨别能力，提高了大家的马克思列宁主义的理论水平。

适当增加政治课的比重，对政治课教学大力进行改革。主要是确立以毛泽东思想为指导、以研究中国革命与建设中的实际问题为中心的思想，并明确把反对现代修正主义和右倾机会主义，捍卫马克思列宁主义、毛泽东思想作为政治课的中心任务。由于政治课将系统的政治理论教育与经常的政治思想工作结合起来，将基础的政治教育与形势任务教育结合起来，教学质量比过去大大提高了，在推动教育革命运动中发挥了重大作用。更为重要的是，通过开展马克思列宁主义、毛泽东思想教育，确定了马克思列宁主义、毛泽东思想在教育和学术领域中的指导地位，明确了教育为无产阶级政治服务的方向。教育革命过程中，通过红专辩论、学术思想批判等活动，广大师生明确了又红又专、政治统帅业务、教育为无产阶级政治服务的方向，在各科教学中力求贯彻马克思列宁主义、毛泽东思想的基本观点。这就奠定了教育为无产阶级政治服务的思想基础。

（二）开展两条道路和两种世界观教育

学校深入贯彻党的教育方针，在进行教育革命的过程中，开展两条道路、两种世界观的斗争，充分发挥全体工作人员的主观能动作用。同时，还深入开展以学习八届八中全会文件、"反右倾"鼓干劲为中心的整风运动。在这次整风"反右倾"斗争中，紧紧围绕"总路线、'大跃进'和人民公社、教育革命"等一系列重大问题，开展自我检查、交心、辩论等教育活动。

这些活动进一步提高了广大干部的思想觉悟水平。全体干部明确了必须加强马克思列宁主义、毛泽东思想的学习，不断进行自我思想改造，时刻加强党性锻炼，无条件听从党的领导。全体党员大大加强了革命事业心，师生员工更加团结，革命干劲更加高涨，使学校各项工作与党的各项社会运动紧密结合起来，使教学、科研与社会主义革命和建设的实际紧密结合起来。

随着两条道路和两种世界观教育的开展，广大师生发扬敢想敢干与科学分析相结合的风格，制定高速度高质量的多快好省的新教学改革方案。新方案大大强化了思想政治教育、生产劳动与社会实践的内容，为加强师生的世界观改造、明确师生中的一些理论观点问题提出了解决的措施。

（三）落实党的知识分子政策

在 1961 年至 1962 年期间，学校的思想政治工作主要是结合以反"五风"为中心内容的整风运动和"五反"运动，以及甄别平反、贯彻落实党的知识分子政策，特别是"广州会议"精神等工作进行的。这对广大教师、职工思想政治觉悟的提高起了积极作用，从而保证了教学、科研和总务等工作任务的完成。

1961 年底到 1962 年春季，学校党委对受过错误批判的党内外教师、干部进行了甄别平反，较好地贯彻落实了党对知识分子的政策，调动了广大教师和干部的积极性，一批老教师重新走上教学第一线。同时，号召教师、干部自觉地学习、研究和宣传毛泽东思想，组织学习《毛泽东选集》第四卷，要求把毛泽东思想贯彻到各门学科与各项工作中去。

为了总结知识分子工作，更有效地贯彻执行党的知识分子政策，陕西省委于 1961 年 6 月间，选定在陕西师范大学进行重点调查总结知识分子工作中存在的问题，派调查组到学校协助校党委进行调查研究，并写出了总结报告。该报告在分析教师队伍发展和提高（对老中青教师和党员教师与非党员教师分别进行了分析研究）并肯定成绩的基础上，针对知识分子工作中存在的问题提出了改进的意见和建议：（1）调动知识分子的积极性，首先要强调对知识分子的团结、使用问题；（2）必须彻底克服过去党内那种对知识分子作用估计不足的错误思想，全面正确地贯彻党的团结、教育、改造知识分子的政策；（3）正确处理新老教师关系的关键问题是要划清破除迷信与盲目自满的界限；（4）坚持政治挂帅，反对乱批判乱斗争；（5）提高教学质量的关键是使教师在专业上相对稳定下来，以便于发挥他们的专长；（6）为了充分发挥知识分子的力量，除在工作上给以应得的信任和支持外，还必须改善他们的工作条件；（7）关心教师的生活，改善他们的生活条件；（8）改善合作共事关系，改进党的领导方法；（9）严格建立升等晋级的制度。这些意见和建议被陕西省委采纳后，对于进一步提高教师的积极性，加强教学第一线力量，保证教学任务的圆满完成和教学质量的不断提高,起到了有效的促进作用。

1962年2月15日至3月10日,国家科委在广州召开全国科学技术工作会议(简称"广州会议")。3月2日,周恩来总理和陈毅副总理代表党中央在大会上给知识分子"脱帽加冕",宣布取消"资产阶级知识分子"帽子。大会明确指出,我国知识分子是革命的知识分子,是社会主义的知识分子,是工人阶级的知识分子,充分肯定了知识分子在社会主义革命和建设时期应有的位置和作用。学校党委及时向全校教师、干部传达了"广州会议"精神,组织教师座谈讨论,并采取措施纠正对待知识分子"宁左勿右"的一些错误思想和做法,使许多老教授深受感动,他们衷心感谢党和国家给予的正确理解和评价,纷纷表示要为社会主义教育事业更好地贡献自己的知识与才能。这大大增强了党内外的团结,鼓舞了全校广大教师、干部更加精神振奋、心情舒畅地进行教学改革和科学研究工作。

三、贯彻"高教六十条",不断加强学生思想政治教育

1961年9月,根据"八字方针",党中央发布"高教六十条",总结了中华人民共和国成立以来,特别是1958年以来中国高等教育工作正反两方面的经验,制定了符合中国高等学校办学实际的基本制度和各项具体办法。重申高等学校必须以教学为主,努力提高教学质量,生产劳动、科学研究、社会活动的时间,应该安排得当,以利教学;必须正确执行党的知识分子政策,团结一切可以团结的知识分子,为社会主义高等教育服务,正确执行"百花齐放,百家争鸣"的方针,提高学术水平;实行党委领导下的以校长为首的校务委员会负责制,充分发挥校长、校务委员会和行政组织的作用;做好总务工作,保证教学和生活的物质条件。

陕西师范大学贯彻"高教六十条"精神,不断加强学生的思想政治教育工作。1961年根据"高教六十条",除设专职班主任外,又增设了教师兼职班主任,以加强政治理论课与专业课的教育思想辅导工作,对学生进行阶级斗争教育和革命传统教育,加强社会主义和共产主义教育,以及加强经常性的形势和

政策教育，提高学生社会主义和共产主义思想觉悟。

1963年至1965年间，学校在学生中广泛开展了学习雷锋、学习解放军活动，收到了良好效果，提高了学生遵守纪律、关心集体、助人为乐、热爱劳动、艰苦朴素和为祖国刻苦学习的思想，促进一部分学生毕业后坚决服从分配，到山区、到边疆去，做一个又红又专的人民教师。特别是1964年，学校成立了政治工作机构，配备了专职的政治工作干部（各班设政治辅导员），思想政治工作搞得生动活泼，效果也比较好。1964年以后，在学习毛泽东著作的活动中反复强调坚持系统地学习毛泽东思想，理论联系实际，实事求是，坚持排除"走捷径""背警句""活学活用""立竿见影"的庸俗化、简单化的干扰。同时，学校在工作中正确处理政治与业务的关系，政治要求落实到提高业务上去；紧密结合形势和党的中心任务，结合政治课、专业课学习和参加三大革命运动中遇到的实际问题及其在学生思想上的反映，组织、指导学生学好毛泽东思想，启发他们带着问题去学习，活学活用，学用结合；还经常采取表扬先进、树立标兵的方式，特别是用学生当中不断涌现出来的先进人物和先进事迹去教育和影响学生；对学生思想教育，抓大是大非，根据年轻人的特点，工作从"活"字着眼，做活做细；对于学生思想上和生活上的一些具体问题，通过团支部和学生会的组织生活，采取批评与自我批评的方法，加以解决；在学生工作中注意防止片面性和绝对化，不断总结经验。

四、按照党中央指示，组织师生参加社会主义教育运动

在1962年9月党的八届十中全会上，党中央决定在城乡开展一次普遍的社会主义教育运动。1963年2月，毛泽东在中央工作会议上提出在农村进行以"四清"为主要内容的社会主义教育运动，在城市开展"五反"运动。从1963年冬到1964年春，全国有一大批农村社队开展"四清"运动，少数城市开始"五反"试点。到1966年春，全国约有1/3的县、社开展了"四清"运动，国营厂矿、交通系统、高等学校也进行了试点。

学校遵照中共中央和国务院关于组织高等学校师生参加社会主义教育运

动的通知（主要是参加农村"四清"运动），自 1963 年冬到 1966 年春，先后组织全校各系师生和干部，分赴陕西省的 20 多个市、县农村城市，参加社会主义教育运动。主要工作有：1964 年春季，学校组建延安专区农村社会主义教育运动工作团，化学系师生在延安县李渠公社参加运动。同年 10 月，根据中央精神和要求，校党委抽调中文系三年级学生 70 人、教师 19 人、教辅 3 人、干部 5 人，共计 97 人，参加长安县社会主义教育运动。由郭琦任队长，王周发、杜富德、钱振义、毛世武任副队长，于 10 月 24、25 日下乡，参加长安县社教工作团引镇分团，在总团领导下开展工作。同时，学校党委通过发布《陕西师范大学结合社会主义教育运动进行劳动锻炼人员的安排意见》《陕西师范大学今后社会主义教育运动期间下放干部劳动锻炼的计划、安排意见》《关于开展以人民公社和粮食问题为中心的社会主义教育运动的安排》《关于印发农村社会主义教育运动中一些具体政策规定的修正草案的通知》《关于重新布置社会主义教育运动的紧急通知》《关于第二期农村社会主义教育运动的安排》等文件，及时指导和安排社会主义教育的各项任务和进度，保证师生和干部能够积极支持和参与运动，学校的这些做法也受到了多方赞誉。1965 年 2 月，西安市郊区社会主义教育运动鱼化工作队、永宁工作处给中共陕西师范大学党委、行政领导、全体教职工及同学写来感谢信，表扬学校对社会主义教育运动的支持。通过参加社会主义教育运动，师生和干部受到一定的锻炼与教育，但由于学校投入大量人员，教学工作不能正常进行，教学秩序受到干扰，教学质量也受到了影响。

第四节 学校在初期发展中的专业建设和人才培养

陕西师范大学合并成立后，学校紧紧围绕系科建设和人才培养的中心任务，凸显系科专业特色，坚守培养师资主阵地，坚持教学为主，全面提高教学质量，加强基础理论研究，兼顾技术科学研发，加强教学和生活后勤建设，保障学校中心工作，使得学校的各方面工作都能保持良好的发展势头。

一、凸显系科发展特色，坚守培养师资主阵地

1961年10月至11月，根据"高教六十条"精神，教育部在北京召开全国师范教育会议，制定《关于高等师范院校教学计划的若干原则规定》，进一步明确指出：师范院校必须坚持培养师资这个主要阵地。高等师范院校毕业生要为人师表，在政治思想水平和共产主义道德品质修养方面，要求应更高一些，更严格一些；在文化科学知识方面，基础知识面应宽一些、厚一些，并应相当于综合大学同科的水平。此外，还应掌握专门的教育理论知识和技能技巧，要加强业务训练，教育实习安排六至八周，教育见习应经常进行，高等师范学校"面向中学"这个特点不能取消。学校各系教师遵照此规定精神，全面贯彻"德、智、体全面发展"的教育方针，积极修订本专业的教学计划和教学大纲，在教学计划中尽力处理好政治与业务、理论与实践、教学与生产劳动的关系，加强教学的各个环节，充分体现师范教育的特点，保证培养质量。

提高中学教学质量是高等师范院校教育的主要任务之一。为了改进中学教育，提高中学教学质量，从1960年开始，学校要求中文、数学、物理、化学、政教等系与教育研究室一起，将联系中学的任务列为本系、室的重点工作，组织力量开展调查研究，总结中学教育教学工作经验，找出存在的问题，摸索、研究迅速提高中学教育质量的办法。特别是提高中学5门重点课程教学质量的切实有效的办法，以及改进高师本身教学、提高毕业生质量的措施。同时，要求各系认真改进中学教育实习课，实习前抓紧中学教材教法研究，了解班主任工作的主要内容和方法，提高教育实习质量；实习结束时进行认真总结，教务处组织召开教育实习经验交流会议，巩固和发展教育实习的成果，不断提高学生热爱教育事业的思想和争做合格人民教师的信心。

此外，学校继续发展函授教育，提高函授教学质量，决定今后函授教育的对象逐步侧重高中教师办函授本科，适应陕西省中等教育事业发展的新形势。这一时期，全国教育战线积极开展两种教育制度的试点工作，即除正规的学校

教育制度之外，试行半工（农）半读教育制度。于是，根据全国高等学校半工（农）半读会议精神，1966年1月学校印发《文科半工（农）半读试行方案（初稿）》，确定政教、中文、历史、生物等系的1966级（一年级）试行半工（农）半读制度，并制定各系试办半工（农）半读教育方案，积极进行试点工作。学校除扩大校办工厂和农场，作为劳动基地外，还决定将泾阳农场和周围的各生产队作为半工（农）半读的活动场所，为全日制中学与半工（农）半读中学培养又红又专的合格师资。

1965年7月，学校根据教育部指示，开始接收外国留学生。首届招收越南高中毕业生100人学习汉语，由中文系集中一批教学骨干，开展留学生汉语教学工作，学制为一年。这批留学生学习成绩很好，1966年6月如期毕业，7月返回越南。

二、坚持以教学为主，全面提高教育质量

学校党委根据中央关于教学必须坚持"四个适当"（适当缩短年限，适当提高程度，适当控制学时，适当参加劳动）的要求，开展以大搞教学革命、技术革命和学术思想革命为中心的教学改革运动。各系师生查找教学中存在的不良现象，并按照多快好省的精神讨论研究和初步制定各专业的教改方案，打破原教学计划的体系，将原来四年的课程缩短到一年半至三年，学时集中安排。同时，组织教育系、中文系、数学系和外语教研室部分师生，对一些中小学教育情况进行调查研究；在调查研究的基础上，初步制定了普通中学语文、数学、俄语等课程的改革方案，并分别前往城乡13所中小学进行学制改革试验。在开展教学改革工作中，学校要求师生做到：（1）加强思想政治教育，把系统的政治理论教育与阶级斗争的形势结合起来，把经常的思想教育与集中整风教育结合起来，把劳动教育与发扬艰苦朴素的传统教育结合起来，把思想教育与专业教育结合起来；（2）在教学上要破"少、慢、差、费"，力求做到多快好省，提高教学质量；（3）把政治思想革命与学习毛泽东著作活动切实贯彻到教学改革中去。1961年开始，学校的工作重点逐步转移到学习贯彻"八字方

针"和中央文教会议精神上来，试行"高教六十条"，确立教学工作是学校的中心工作，把教学工作和提高教学质量摆在学校一切工作的首位。为此，学校在提高教学质量方面做了大量工作。

（一）在"八字方针"指引下，学校教学工作出现新局面

1961年初，学校组织全体师生员工认真学习贯彻"八字方针"与中央文教会议精神，总结1958年以来学校教育工作的经验教训，采取一系列措施纠正存在的缺点错误；从建立稳定教学秩序、保证教学时间入手，对教学、科研、生产劳动等项工作重新进行了调整和安排。

1961年3月，根据以教学为主的教学、科研、生产劳动三结合精神，在扩大校务委员会上制定《关于1961年学校工作安排意见》，提出全校的六项主要任务是：（1）教育工作一定要适应经济形势的发展。农业是国民经济的基础，支援农业应放在学校工作首要地位。学校的教学计划、科研项目、生产劳动等，都应根据以农业为基础的指导思想，进一步加以适当调整，使之更加符合国家建设需要，从而使培养的人才在政治、业务和体质方面都是符合规格的。（2）坚决执行"调整、巩固、充实、提高"的"八字方针"，将提高教学质量摆在首要地位。突出以教学为主，安排好"三结合"，确保充分的教学时间，保证教学力量集中使用到提高教学质量上来；科学研究必须适应教学需要，要坚持在普遍提高基础理论的条件下，照顾尖端科学研究，要在普及与提高相结合的原则下着重提高。（3）树立高度的革命性与严格的科学性相结合的马克思列宁主义学风，一切从实际出发，大兴调查研究之风，坚持真理，修正错误，提倡勇于探索的科学精神。（4）总结教育革命经验，进一步改革课程内容，改进教学方法，加强基本技能训练，参加生产劳动、基层锻炼和社会调查，保证提高教学质量。（5）有计划地进行教材建设，要加强领导，全面安排，选择重点，集中力量，保证质量。（6）调整关系，改进作风，调动各项积极因素，以适应形势发展的需要。

经过全校师生员工的共同努力，上述六项任务得到有效落实，学校逐渐恢

复了正常的教学秩序，使教学、科研、生产劳动开始统一成一个整体，发挥了教师在教学中的主导作用，加强了基础理论和基本知识的教学，形成了尊重教师和教学规律、努力提高教学质量的观念，为全面试行"高教六十条"奠定了良好的工作基础。

（二）贯彻"高教六十条"，坚持全校工作以教学为主

根据贯彻执行"高教六十条"的实际情况，学校修订教学计划，调整科研和生产劳动的任务，坚持以教学为主、提高教学质量，以恢复正常的教学秩序，进一步改革教学内容和教学方法，使学校的教学工作逐渐步入"高教六十条"要求的轨道。在具体工作中大力加强基础课教学，老教师深入教学第一线，提高课堂教学质量；加强教材建设，提高教材的思想性和科学性；加强人才培养工作，以提高人才培养质量；修订《学生成绩考核规定》《关于学生学习纪律的规定》等规章制度，稳定了教学秩序，保证了教学工作的顺利进行，提高了学生的学习效果。

在具体修订各专业教学计划中，学校坚持全部工作必须以教学为主的原则，对教学、科研、生产劳动（包括社会实践）的时间做了重新调整安排，明确规定在全学年的五十二周中，寒暑假占九周，学习时间为四十三周，其中劳动时间每年平均为四周；学生每周学习时间为四十八小时，参加政治活动时间每周半天。从教学计划比例的调整中可以明显看出，调整后的教学时间大为增加，生产劳动时间相应减少，科研时间趋于合理。同时，学校还规定，任何单位不得随意侵占教学时间和学生自学时间，必须严格保证教师有 5/6 的时间用于教学、科研工作，并保证教学计划的顺利执行。

学校在教学上既抓实践性教学环节、基本训练、生产实习、直观教具运用和实验室操作，又抓基础理论、基本知识、基本技能的学习和训练，还抓教育实习工作，把教学为主原则落到实处。为切实加强"三基"的教学和贯彻"少而精"原则，学校在前两年加强基础课程教学和基本训练的基础上，于 1962 年公布了《关于加强基础理论、基本知识和基本技能训练，提高教学

质量的初步意见》，在教学工作中从学生的实际和专业课程的特点出发，根据课程的性质、任务、基本要求与学生实际水平，精选课程内容，削枝强干，保证教学重点，纠正过去那种单纯从主观愿望出发，教学中贪多求全、要求过高过急的偏向，改变课程门类与教学内容"多而杂"的状况。据此，各系先后制定执行本专业的"三基"规划，要求做到基本理论（基础理论与专业理论）与基本训练过硬，特别突出了基本技能训练规划。文科各系还十分重视学生的阅读、讲授与写作能力的训练，规定四年中的阅读书目和需要用的工具书名称。如政教系抓如何培养学生的阅读、写作和分析表达能力，尤其是阅读马列主义经典著作的能力；中文系抓如何培养学生的理论分析与写作能力，要求学会运用马列主义文艺理论具体分析作家及其作品的内容和形式，学会从字、词、句到篇章结构的分析讲解，写作方面从掌握必备的写作知识、汇集与积累写作资料，到学会几种主要文体的写作技能技巧，规定四年内必须完成的阅读书目与写作篇章数。理科各系，如数学系重点抓习题课，加强学生的基本训练；物理系、化学系、生物系重点抓改进实验课，培养学生的基本操作技能；地理系重点抓学生的野外实习，培养实践能力。在规划中，各系还对学生的作业提出了明确的要求，不符合要求的应重做，主课作业不及格者不得升级。

学校还增强以讲授为主的各个教学环节的密切配合，加强教学内容的思想性和科学性。组织具有丰富教学经验的中老年教师深入教学第一线，尤其是加强基础课第一线的教学力量。要求任课教师应照顾学生能力与水平差别，进行因材施教，提出不同标准，加强个别辅导。规定各门课程都必须有教材或讲义，每门课除应明确提出教学目的、要求之外，还要制订教学进度表，保证教学计划按时完成，不断提高课堂教学质量。学校领导刘泽如、郭琦和教务长巩重起等，都走上教学第一线给学生上课或开设专题讲座。此外，还修订了教育实习规章和办法，要求认真改进教育实习工作，抓好实习前中学教材教法研究，提高教育实习效率。

学校在抓教师的教学工作的同时，要求学生在学习上树立雄心壮志，要有远大的理想，不怕困难、知难而进的决心和毅力，勤奋好学，不断提高学习的自觉性；要抓开学初，抓寒暑假，抓星期天，科学地安排学习时间。同时，要求师生共同重视"抓一、四，促二、三"。"一"是指一年级课程虽不重，但一开始多系概论性内容，理解比较困难，而且学生也不习惯高校教学方式；"四"是指毕业班学生面临各方面的问题多，尤其毕业生分配及毕业后的问题，造成精力和时间不容易集中。抓住解决一、四年级学生的学习问题，使其一开始就能集中精力搞好学习，而且从一到四年级，一贯到底。二、三年级学生的学习任务紧张繁重，文科学生需要阅读大量原著作品，有些作品既量大，又需要反复阅读；而教师在课堂上讲几节、十几节课就过去了，学生上课需要在短时间内高度集中精力。完成学习任务应充分利用寒暑假与星期天时间，教师需要对学生经常进行督促检查，保证其很好地完成学习任务，促进学生勤学苦练，刻苦钻研，以便自始至终都能以充沛精力搞好学习。为此，学校要求教务处和各系应进一步加强教学管理工作，健全学生考勤制度、考试制度和学籍管理制度，继续整顿、稳定教学秩序。这样一来，学生的学习成绩有较大的提高。如1961—1962学年各门课考试及格的学生有3358人，占全部参加考试有成绩学生3806人的88.23%；成绩优秀的学生有230人，占考试及格学生的6.85%；成绩良好的学生有1498人，占考试及格学生的44.61%。

同时，学校高度重视教材的编写工作，规定各门课程要采用教育部统一推荐的教材或兄弟院校合编的质量较好的教材，并制订出使用教材的计划。为了加强教材建设，中共中央书记处于1961年2月对高等学校教材工作做出指示，确定高等学校教材建设要分两步走，"先解决有无，再逐步提高"。对现有教材要本着"未立不破"的原则，采取"选""编""借"的办法解决教材问题。为此，学校提出应把教材建设当作校内的基本建设之一来抓，要求各系、各教研组领导应明确认识到，教材建设工作是促使高等学校教学秩序稳定和教学质量提高的重要环节之一。一方面，要认真贯彻上述原则和要求，保证教材相对的稳定；另一方面，要积极鼓励和支持教师编写教材、讲义，根据各学科的特点，理论联系实际，有针对性地进行编写，确保教材、讲义的质量。在编写教材过程中，学校有组织有计划地采取集体讨论研究和加强管理等方式开展编写工作，并总结出几年来编写教材工作的经验：编教材的指标不宜定得过高，也不能要求面面俱到、每门课程都编；对现有某些教材，可根据本校具体情况，加以必要的压缩、精简、补充或修订；少数课程可以编写，但必须加强领导，全面安排，选择重点，集中力量，保证质量；编写教材必须与科学研究紧密结合，使其建立在可靠的基础上；无论采用统一教材或自编、合编教材，均应贯彻"少而精""理论联系实际"的原则。有了教材，必须精选讲授内容，突出重点，分析难点，将基本内容讲清讲透，并切切实实地认真改进教学方法；还要通过教学各个环节，加强对学生的学习指导，贯彻"因材施教"，充分发挥教师在教学中的主导作用，培养学生生动活泼的学习风气和独立思考、自主学习的能力。

（三）贯彻毛泽东"春节谈话"精神，深入进行教学改革

1964年2月底，学校组织传达、学习毛泽东主席关于教学改革的"春节谈话"[①]。在1964年的工作安排中提出，要进一步重视教学中的思想政治工作，加强教学调查研究和总结教学经验，尤其要加强对中学教学的调查研究；要大力贯彻"少而精"原则，有计划地精简教学内容和各门课程的教学时数，切实减轻学生的学习负担；要更好地运用启发式教学方法，贯彻因材施教要求，做到教得活、学得活，营造生动活泼地、主动地学习的风气；要大力加强实践性的教学环节，抓紧实验室、资料室的建设工作，增强基本技能训练，认真改革考试考查制度；要有计划地指导学生开展课外活动，加强体育锻炼，丰富学生的学习生活。

在教学工作中，学校要求必须狠抓教学思想的革命化。教学工作（尤其文

---

① 何东昌主编：《中华人民共和国重要教育文献（1949—1997）》，海南出版社，1998年，第1249—1250页。

科教学）应密切结合当前思想战线上开展的斗争，并对今后的学术思想批判做出具体安排，以便有计划地进行。要求开展蹲点调查研究，各门课程均应进行调查研究，每个教研组抓一门课，每个系重点抓一个班；调查研究的内容主要为学生学习负担问题、教学内容与教学方法存在的问题及其改革情况，以及教学质量（或效果）和学生全面发展情况等；调查研究的重点，可与教学内容、教学方法、考试方法的改革等结合起来。另外，有条件的系如政教、中文、历史系可以组织力量，进行校外调查研究。为了切实做好蹲点与调查研究工作，郭琦副校长到中文、物理两系蹲点，一方面帮助系领导进行教学改革，解决具体问题；另一方面进行调查研究，总结教学改革经验，并及时在全校推广，取得了良好效果，推动了各系领导深入教学实际，开展调查研究工作，写出了一些总结教学改革经验的好文章。

在贯彻"少而精"和"启发式"教学原则过程中，学校要求各门课程应从学生实际和课程特点出发，克服过去教学中贪多求全、要求过多过急的偏向，认真精选课程内容，保证教学重点。精选课程内容时，做到明确精选内容的具体依据和结果，积累资料，及时总结。在此基础上，各系还抓两门课程的教学大纲修订工作，有计划地修订本专业课程的基本训练规划，从而把基本训练课程更切实地提高了一步。同时，要求教师都注意以无产阶级的阶级观点指导学生，解决为谁学习、为什么学习、如何学习等问题，以提高学生的学习自觉性和积极性，保证学习质量和效果。

为进一步贯彻毛泽东的"春节谈话"精神，深入进行教学改革，学校于1964年7月13日至15日召开全校教学经验交流大会，重点总结和交流一年多来贯彻"少而精"教学原则的经验和成绩，研究讨论存在的问题，以便进一步改革教学，提高教学质量。各单位提交大会交流的教学经验材料共有17份，其中文科5份，理科7份，直属教研组3份，附中2份。这些材料着重介绍在教学中如何贯彻"少而精"的原则、进行启发式教学、改进教学工作、培养学生独立思考能力等方面的问题，以及如何从实际出发、从中学教改的要求出发进行教学改革等问题。教务长巩重起以"提高思想认识,加强调查研究,进一步贯彻'少而精'原则,提高教学质量"为主题做了总结报告。会后,出版了《陕西师范大学 1964 年教学经验汇编》(分文科、理科两册)。这次会议对全校教学改革工作起到了很好的促进作用。在这期间,1964 年 7 月 10 日至 8 月 3 日,中共中央宣传部与高教部、教育部联合召开全国高等学校、中等专业学校政治理论课工作会议。会上,检查了政治理论课教学中存在的问题,明确提出政治理论课在反对现代修正主义斗争、在同资产阶级争夺青年一代斗争中所担负的任务,要求加强党对政治理论课的领导与教师队伍的革命化。会后,陕西省委宣传部和高教局等单位召开同样会议,除传达上述的政治理论课工作会议精神外,在检查陕西省高校政治理论课教学中存在的现代修正主义问题时,在加强政治课教师队伍革命化的要求下,对高校政治课教师队伍的状况缺乏实事求是的科学分析,因而在会议中对高校部分政治课教师进行了错误批判。学校的几位政治理论课教师也受到冲击,造成了波及正常的教学改革工作的不良影响。

1965 年春,学校根据高等教育部在 1964 年 10 月至 11 月间召开的直属高等学校理工科教学工作会议精神,以及陕西省高等教育局于同年 12 月召开的陕西地区高校理工科教学工作会议要求,深入开展教育革命,重点进行教学改革,提出继续以阶级斗争和社会主义与资本主义两条道路斗争为纲,以政治带动业务,大力改革教学内容与教学方法,提高教学质量。这次教学改革的特点,是在以毛泽东思想为指针、突出实践环节、同三大革命运动相结合的要求下开展的,取得了一定的成效。但在学习毛泽东思想中在某些方面强调"活学活用""立竿见影",以致造成了简单化、庸俗化现象。加之,这时还根据教改的需要,结合全国开展的意识形态领域里的阶级斗争,学校也组织教师,结合专业特点,先后错误地批判了"合二而一"论、"共产主义人生观"、"写中间人物"、美学理论以及电影《早春二月》《北国江南》等。这些做法,不同程度地挫伤了部分教师的工作积极性。

三、突出基础理论研究，兼顾科学技术研发

学校根据"高教六十条"精神，要求教师在科学研究的选题上，必须兼顾基础理论、国民经济发展中的重大问题和新技术研究三个方面，坚持一主（教学）、二副（科研和劳动）、三结合（教学、科研、生产劳动）的原则，开展科学研究工作。在保证完成教学任务的前提下，结合学科建设和社会主义革命与建设实践中所提出的重大课题，学校组织教师集体或个人开展科学研究，促进教学质量和学术水平的提高，为支援工农业生产建设服务。这是全校科学研究总的方向和任务。具体要求：文科各系除加强基础理论研究之外，还要重点了解群众斗争的实践，并加以系统化，提高到理论上来；同时还要大兴调查研究之风，发现革命与建设中的新问题，阐明党的政策理论。理科各系在加强基础理论研究的同时，必须破除迷信，解放思想，进行尖端科学技术研究，支援农业技术改造，并将研究成果推广到实际应用领域，以提高生产力，为农业的机械化、水利化、化学化、电气化服务，也为改进与提高教学服务。

（一）贯彻"双百"方针，广泛开展科研活动

学校在科研工作中积极贯彻"百花齐放，百家争鸣"方针，广泛开展学术活动，倡导互相学习、互相尊重、自由探讨的风气，避免以简单粗暴的态度和行政命令的办法对待、解决学术问题。在组织学术活动中，学校十分重视校内外的学术交流，聘请校外的一些专家、教授、学者，如陆宗达、吴晓铃等来校讲学或做报告，开阔师生的视野，活跃学术思想；还先后派出部分教师前往兄弟院校讲学、做报告，支持教师参加全国有关学术会议，对他们提升学术水平有很大帮助。在开展科学研究中，学校领导引用王国维治学研究的"三种境界"精神，鼓励教师踏踏实实地刻苦钻研，以便在学科上能够出潼关，进北京，争取在全国学术领域有发言权，并提出"五年一小成，十年一中成，十五年一大成的出人才、出成果"的要求。为了实现上述要求，学校提倡各系不定期召开学术报告会，交流研究成果；还规定每年召开一次全校性科学报告会，开展学术讨论。

据 1963 年统计，学校进行科学研究的教师有 111 人，占全校教师总数的 30%。其中，老年教师占 23%，中年教师占 27%，青年教师占 50%，新生力量不断发展，学校科研队伍正在稳步成长。当年计划进行的科研项目为 139 项，其中基础理论研究的有 69 项，教学研究的有 40 项，技术科学研究（结合工农业生产）的有 21 项，反映当前阶级斗争问题研究的有 9 项。这一年底，已经完成和初步完成的科研项目有 90 项，并有 24 篇研究论文被有关报刊公开发表。1964 年 1 月 6 日至 11 日，学校召开全校教师参加的科学讨论会，总结、交流各学科科学研究成果和经验，更好地推动科研工作的开展。各系推荐参加讨论会的论文有 66 篇，在会上宣读的论文有 39 篇，提交讨论的论文有 30 篇。在科学讨论会上，对马克思主义的历史主义与阶级观点、《红与黑》的评价、秦岭山地的古冰川作用等学术问题，展开了热烈讨论，有批评也有反批评，较好地体现了坚持真理、修正错误的原则精神，产生了积极的影响。更加可喜的是，这次科学讨论会显示出了青年教师中的科研力量有了迅速成长，并出现了拔尖的骨干人才（讨论会的论文作者 82 人中，青年教师 43 人，占 52%）。会后，学校分社会科学和自然科学两册出版了《陕西师范大学科学研究论文选辑》。

这几年中，全校先后有 200 余名教师参加了科学研究工作，其中有 71 名教师的 169 篇论文在省内外报刊上公开发表。如《尺幅万里——杜诗艺术漫谈》《形象思维》《苏轼散文的艺术风格》《评〈文心雕龙〉研究中的一种倾向》《发扬无产阶级文学的革命传统》《再论"公作"和"分地"》《如何运用哲学教科书进行教学的若干方法问题》《关于"中国自然区划问题"的意见》《陕西河流的水文》等论文在学术界产生了很大影响。特别是历史系青年教师孙达人的论文《应该怎样估计"让步政策"》，经《光明日报》1965 年 9 月 22 日发表之后，引起了全国学术界，尤其是史学界的重视，开展了热烈的争鸣讨论。同时，由人民文学出版社、陕西人民出版社等单位出版发行的教师个人学术专著有 11 本，中文系副教授霍松林的《白居易诗选释》、中文系讲师吴士勋的《语法知识的学习和运用》、历史系教授史念海的《河山集》、地理系讲师宋德明的《欧洲自然地理》等都是重要的科研成果。此外，学校还为少数学有专长的老教师编印了个人学术研究专集，有中文系孙为霆教授的《壶春乐府》和高宪斌教授的《百二寓屋诗词散曲稿》等。

（二）受"运动"干扰，科研工作时断时续

这一时期，学校科研工作开展得较广泛，研究课题较深入实际，学术风气较活跃，科研成果也较显著。事实证明，只有在科研和学术问题上，认真贯彻党的知识分子政策和"双百"方针，造成一个自由探讨、民主争辩的良好研究和讨论环境，才会大大地调动广大教师的工作积极性，充分发挥教师的创造性，为社会主义建设做出更大贡献。但是，在当时形势的影响下，这阶段的科研工作，在自然科学研究方面，学校实际上只是主要抓了基础理论研究，而对开发及应用技术研究有所忽视，因而成绩不大。例如，1961年，正当应用声学研究所的所有人员深入工厂工作干得起劲且科学研究取得一定成绩的时候，学校令他们一律撤回来，搞"正规化、补基础"，使一些很有价值的研究项目不得不停下。1962年11月，省上又发出通知，撤销设在学校的科学研究机构，指令光学研究所与中国科学院光机所合并，化学研究室（原设在陕西师院）合并到西北大学，只有应用声学研究所由本校管理，保留14名研究人员。1963年，中国科学院学部委员、著名科学家马大猷教授和应崇福研究员到校访问考察之际，建议应用声学所搞超声焊接研究，所里研究人员一致认为这个建议符合应用声学所的科研特点，方向不仅具体、明确，而且是可行的。1964年开始，应用声学所研究人员立即着手进行这方面的选题。1965年，应用声学所便与804工厂协作研究超声焊接桥丝技术，由于工厂同研究所密切配合、共同研发，焊接桥丝技术很快就试验成功了。全所研究人员为使这项技术正式投入生产应用，积极设计加工半自动桥丝焊接机时，又受到所谓的"正规化、补基础"要求的干扰，造成研究工作时断时续。不久，研究人员也分批分期参加农村社会主义教育运动，此项工作只能半途而废。

四、加强教学和后勤建设，保障学校中心工作

1960年5月至1966年5月，虽处于自然灾害与经济暂时困难环境之中，但学校广大教职员工发扬艰苦奋斗、自力更生的延安精神，同心同德，克服困难，共渡难关，在办学上取得了不少成绩。其间，辅助教学和生活的后勤各部门，在教学设备、图书资料和实验仪器药品的增添供应，管理工作和各项规章制度的不断完善，以及生活条件与卫生医疗预防治疗的有效保证等方面，为学校教育教学工作的正常开展与顺利推进发挥了重要作用。

（一）加强图书资料与实验室管理工作

1960年5月，两院合并成立陕西师范大学后，图书馆规模扩大，藏书增添到70万册，工作人员增加到37人，各方面条件有了较大改善。为了改进工作，提高效率，图书馆采取有效措施，积极采购图书，加快新书编目和图书流通，提高借阅能力，规定讲师以上教师可以进书库查借书籍，阅览室实行开架借阅，方便师生阅读，为教学、科研服务。各系专业资料室，还普遍制定了资料规划，尽可能做到心中有数，师生需要什么资料，千方百计提供阅览。

同时，教学仪器设备得到不断扩充。理科4个系（物理、化学、生物、地理）共有实验室22个，实验园地2个，实验教师、实验员和库管人员共60多人。从仪器设备和技术条件上，已能开出教学大纲所规定的全部实验课程。学校重点建设的实验室有无机化学、电工、无线电、中级物理、电子学、超声学等6个实验室。各系实验室都实行校、系、室三级管理制，并制定详细的实验规划，按照教学、科研所需的实验内容，制定仪器设备配备方案，建立材料消耗定额与健全仪器操作、维修等一套管理制度，使实验室工作逐步走向正规，保证了实验课的质量。

（二）教学和生活后勤工作做出显著成绩

在国民经济暂时困难期间，学校党委十分重视生活后勤工作，把管好伙食作为一项重要任务来抓，书记、校长经常下食堂，督促改善师生员工的伙食。同时，学校配备专职干部，建立生产劳动办公室，协同总务处所属各科，发挥

自力更生精神，克服各种暂时困难，积极外出购买粮食、煤炭、蔬菜及副食品等；先后抽调陈俊峰、王志龙、杨耀华、李秉堃、孙继芳等人创办校内、灞桥、泾阳、大荔、韩城、兴平、洛南等 10 个农场，组织全校师生员工开荒、种粮、种菜、养猪，让师生员工吃饱吃好；为浮肿病人增加营养，为肝炎病人集中治疗，为老教师供应牛奶、办营养灶。并且，学校一直非常重视校园绿化工作，自 1954 年西安师范学院在西安南郊吴家坟独立建校起，在严谨合理地规划建设校舍的基础上，校园绿化就初具一定的规模；两校合并成立陕西师范大学之后，更加强了绿化校园建设工作，即使在经济困难时期仍照常进行。经过四五年的时间，校园面貌益加绚丽多姿，特别是教学区，松柏参天，花繁叶茂，堪称"园林化校园"，多次受到省市园林管理部门表扬，并被命名为"绿化标兵"单位。

总之，教学和生活岗位上的后勤人员在伙食供给、财务管理、物资供应、基本建设、校园绿化、医疗卫生和生活福利等方面，不辞劳苦，努力工作，辛勤奉献，保证了学校教学与科研工作的顺利开展。

第五节　学校在西北地区教育发展中的地位和贡献

由于西北地区独特的自然条件与社会环境，西北教育在历史岁月的洗礼和有识之士的心目中，始终承担着特殊的使命，构成中国教育百年强国梦的重要内容之一。特别是随着新中国师范教育体系初具规模，各级各类师范学校的培养任务更加明确，层次更加分明，布局更加合理；而作为一所坐落于西北政治、经济和文化枢纽中心的高等师范院校——陕西师范大学成立及其早期发展，深刻影响了西北地区高等师范教育与基础教育发展的格局，也使其在 1978 年划归教育部直属成为历史的必然。

一、把握国家教育改革脉搏，创建服务西北地区教育品牌

新中国成立后，西北高等教育也迎来了战火洗礼后的新生。尤其是新中国

成立初期的院系调整对陕西省高等教育的发展影响重大，有很多高校是在这一时期迁至陕西的。这不仅增加了陕西高等院校的数量，也丰富了陕西高等教育的专业布局，大幅地促进了陕西高等教育的快速发展与质量提升，为陕西成为西北地区高等教育大省打下了坚实的基础。

1958年9月19日，中共中央、国务院颁布《关于教育工作的指示》，作为教育改革的纲领性文件，明确提出正确地领导教育工作，坚持党的教育工作方针，反对右倾思想和教条主义，调动一切积极因素，鼓足干劲、力争上游，多快好省地扫除文盲、普及教育，培养出一支数以千万计的又红又专的工人阶级知识分子队伍，是全党全国人民的巨大的历史任务之一。①经过20世纪50年代的大规模调整工作，从60年代开始，中国高等教育进入了巩固和发展的新时期，高校开始调整方向，恢复正常的教学秩序。1961年春，党的八届九中全会对三年"大跃进"的经验教训进行总结，并制定以调整为工作中心的"调整、巩固、充实、提高"的"八字方针"，高等学校开始进入新的历史发展阶段。在"八字方针"的指导下，全国开始注重开展社会主义经济建设，以修正"大跃进"期间造成的急躁冒进风，恢复与发展国民经济，同时对教育事业进行调整。陕西省充分贯彻这一方针，开始调整本省的高等教育事业，共撤并了12所高校，由1960年的33所减少为1963年的21所，在校学生数由1960年的42136人减少至1963年的32999人，招生数由1960年的12726人减少至1963年的6344人，教职工由1960年的16279人减少至1963年的13919人，其中专任教师由1960年的6262人减少至1963年的6152人。②1961年10月，陕西省高等教育局积极贯彻落实"高教六十条"精神，决定在西北大学、陕西师范大学和西北农学院三校试行该条例，认真总结陕西省高等教育发展中的经验教训，严格遵循教育规律，改进高等教育工作。

---

① 何东昌主编：《中华人民共和国重要教育文献（1949—1975）》，海南出版社，1998年，第858—859页。

② 那薇：《建国以来陕西高等教育发展历程与经验研究》，陕西师范大学2020年硕士学位论文，第17页。

作为贯彻"高教六十条"的试行单位之一,陕西师范大学对教学、科研、生产劳动、社会工作等各个方面的任务重新做了调整。校党委要求学校工作必须坚持以教学为主,充分体现出师范教育的特点,对教学内容和方法等进行改革,切实加强学生的基础理论、基本知识及基本技能训练,加强教育学科与教育实习,狠抓教育质量的提高,使学生具有较高的政治觉悟和共产主义道德品质,掌握比较扎实的基本理论、基础知识和基本技能,了解本部门学科的新成就和新发展,以及具有一定的教育理论、教学实践的能力,具有健全的体魄,并提出一系列具体措施加以保证。同时,教师瞄准社会主义革命与建设实际中的重大问题,结合专业建设,开展科学研究;坚持"百花齐放,百家争鸣"的方针,鼓励教师在学术上独立钻研、各抒己见,积极开展学术活动;学校充分发挥广大教师的积极性和创造精神,促进教学质量、学术水平进一步提高,使学校面貌焕然一新。师生还认识到红与专、政治与业务的辩证统一关系,红不仅表现在政治思想方面,还应表现于教与学的实际行动中。通过一系列改革,陕西师范大学在教学、科研和人才培养等方面开始向做强、做大方向发展,逐渐成为服务西北教育的一张亮丽名片。

二、立足西北教育发展实际,打造高师本科教育龙头

从 1949 年新中国成立到 1956 年"三大改造"基本完成,是中国从新民主主义社会过渡到社会主义社会的历史阶段,也是国家师范教育的改造与更新的重要时期。为适应计划经济体制和教育向工农"开门"的需要,中国建立起师范教育三级体系,强化独立设置的体制,师范教育逐步由新中国成立前的凌乱状态走向规范化办学,在人才培养、科学研究以及社会服务等方面取得突出成效,奠定了中国高等师范教育的基本格局。但随着"第二个五年计划"的实施,师范教育的发展面临新的挑战。特别是"反右派"斗争严重扩大化,以及随之而来的"大跃进"使师生卷入过多的政治、社会活动和生产劳动,正常的教学计划和教学秩序被打乱了,也严重影响了教学质量。在此形势下,为了提高师资水平,改革师范教育,1960 年 4 月教育部在河南新乡召开师范

教育改革座谈会,并在会后印发了《关于师范教育教学改革的初步意见(草稿)》《关于改革高等师范教育的初步意见(草稿)》《关于迅速提高在职教师政治文化业务水平的初步意见(草稿)》三个文件。[①]1961年1月,党中央针对经济领域提出"调整、巩固、充实、提高"的"八字方针",随之师范教育领域也相应进入提高质量的调整阶段。1961年10月25日,全国师范教育会议召开,会议讨论了如何提高师范教育质量等问题,并拟订高等师范院校和师范学校的教学计划。

在这一背景出台的国家教育方针指导下,主持学校全面工作的陕西师范大学党委副书记兼副校长郭琦,"不挂头牌,唱重头戏",带领全校师生踔厉奋进,即便是面临三年经济困难和艰巨的调整精简任务,都没有丝毫松懈斗志,而是继续发扬延安精神,一面克服重重经济困难,一面落实"高教六十条",努力提高教育教学质量,在很短时间内完成了艰巨的建设任务,使学校迅速走上正常发展的轨道。而且,学校认真吸取以往的经验教训,实行新的领导体制,积极贯彻党的教育方针和政策,特别是坚决执行党的知识分子政策,在理论和思想教育、教学与科研、师资队伍建设、学生学业成绩等方面,都取得了突出的成绩,教育质量有了明显提高。学校在原有办学成效的基础上,根据高等教育发展需要及时调整学制与专业设置,科学地进行教学计划的修订以及培养目标的变革。全校设有政治教育系、教育系、中文系、历史系、数学系、物理系、电子系、化学系、生物系、地理系、体育系等11个系,能够培养中学发展所需要的合格师资,并覆盖了中学教育的全部课程。1961年开始举办研究班和进修班,1963年招收第一批研究生。1965年建立留学生机构,首次招收汉语专业留学生100人。从此,陕西师范大学迈入高质量、高层次的发展道路,逐步打造起高等师范院校本科教育的龙头,从而引领并服务西北各类教育事业发展。

[①]《中国教育年鉴》编辑部编:《中国教育年鉴(1949—1981)》,中国大百科全书出版社,1984年,第259页。

小　结

从 20 世纪 50 年代起，西北大学师范学院、西安师范学院，以及陕西师范学院薪火相传、交融发展，经历了新中国师范教育体系改革、办学体制构建、学校管理制度建立和系科专业建设等重大历史变迁，最终合并成立为陕西师范大学，这是新中国高等师范教育在西北地区合理布局和发展的必然结果。特别是随着办学层次的提升，陕西师范大学在办学育人的目标、人才培养任务及其规格、本科专业建设等方面都有了质的飞跃，这为逐渐成为西北地区高等师范教育发展的龙头和 1978 年划归教育部直属奠定了重要基础。

虽然学校在最初的发展中也遇到了不少困难和挑战，但在学校党委的领导下，广大师生始终与党同心同德，勇于克服各种困难，认真完成学校的各项任务。在对待国内外的重大问题上，能够坚持正确立场，秉持积极态度参与其中，从而使学校党委和全校师生在经历过这段艰难的发展历史后逐步认识到：要进一步加强党对学校各项工作的领导，改进党委的领导方式和工作方法，大兴调查研究之风，及时总结办学经验，不断提高领导水平；要进一步深入贯彻执行党的教育方针和教学科研的基本政策，不断提高教学质量和标志性科研成果产出，以适应社会主义建设的需要；要进一步加强党的知识分子工作，坚持不懈地培养又红又专的教师队伍；要进一步根据党和国家事业发展的需要，及时推进教育改革创新，充分调动推动学校事业发展的一切积极因素。这些都是学校在合并成立初期总结积累的重要经验，也是继续向前发展的动力。

第四章 隶属部委拨乱反正后学校秩序的恢复与新发展

1966年5月至1976年10月的"文化大革命"期间，陕西师范大学也和全国众多高校一样深陷内乱之中，各项事业曲折发展。1978年2月划归教育部直属到1987年12月第六次党代会召开之前，学校各项工作不仅得到有序恢复，而且在持续改革中稳步前进。这也是本章记述学校该段历史的基本时限。

1966年5月"文化大革命"开始至1969年进入高潮，学校深陷内乱旋涡。随着工宣队、军宣队的进驻，1970年起校内局势逐步趋稳。学校党的核心领导小组和新的革委会相继产生，被打倒的老干部陆续恢复工作。在这些积极因素的推动下，学校的教学和科研工作得以有序恢复。"文化大革命"结束后，全校师生员工高扬"第二次创业"精神，决心要把十年内乱中失去的时间和事业补起来。1978年2月学校划归教育部直属，从此跻身中国大学"国家队"方阵。在党的十一届三中全会精神指引下，学校党委于1979年初果断将工作重心转移到以教学和科研为中心的轨道上来。1980年10月，学校第五次党代会对各项事业做出规划与部署。随着转点工作走向深入及国家科教改革大潮的兴起，学校的教学、科研、学科建设和后勤保障等项工作都迎来了蓬勃发展的可喜态势。

第一节 "文化大革命"中学校工作的曲折开展及第四次党代会的召开

1966年5月，"文化大革命"开始，学校正常的教学科研工作被迫中断，直至党的九大前后工宣队、军宣队进驻，校内混乱局势才得以扭转。1972年3月，学校召开第四次党代会，产生了新的党委会。在这些积极因素的作用下，学校的教学和科研工作逐步恢复，但也一再遭到各种政治运动的冲击，各项事业只能在特定的政治环境中曲折发展。

一、校内"文化大革命"运动开展，教学科研工作受到冲击

1966年4月下旬，在当时意识形态领域大批判愈演愈烈的背景下，中共中央西北局派调查组进驻学校。调查组从检查所谓的中文系"封、资、修"问题入手，撇开系党政干部和广大党员，专门寻找符合其思想倾向的人整理材料，矛头直指学校领导。5月4日至26日，中共中央政治局扩大会议在京举行，并

于 16 日通过《中国共产党中央委员会通知》（简称"五一六通知"），号召全党全国人民进行"文化大革命"。5 月 20 日，学校党委向全体干部和教师传达了"五一六通知"内容；接着又传达了西北局、陕西省委负责人关于"文化革命"的讲话精神。校内随即出现批判"三家村"和认定"资产阶级学术权威"教师的浪潮。

5 月政治局扩大会议后，"文化大革命"在全国范围开展起来。在这种形势的鼓动下，6 月 2 日，中文系学生贴出校内的第一张大字报，指责学校党委"压制""阻碍"文化革命。6 月 4 日，陕西省委工作组进驻学校，宣布陕西师范大学的文化革命由学校党委和工作组共同领导，学校"停课闹革命"。学校的党团组织、工会、民主党派都停止活动，各项规章制度荡然无存，教学科研工作被迫中断。

1966 年 8 月 1 日，根据中共中央新的指示精神，省委"文化大革命"工作队撤出，并在离校前指导成立由造反学生牵头的"陕西师大文化大革命筹备委员会"（简称"筹委会"），负责领导学校的"文革"运动。8 月 14 日，以教职工和学生中的党团员为主体的"陕西师大文化大革命临时委员会"（简称"临委会"）宣告成立。前者又称"造反派"，后者则被斥为"保守派"或"保皇派"。8 月 18 日，毛泽东在天安门城楼接见红卫兵后全国范围掀起"大串连"浪潮。由北京串联返校的"筹委会"学生无政府主义思想更加膨胀。他们自称是陕西师大唯一的造反组织，不仅更为猛烈地冲击学校领导和党政机关，还将一批专家学者扣上"反动学术权威""历史反革命"等帽子轮番揪斗，甚至抄没他们的家产。10 月 23 日，"筹委会"还组织人员袭击"临委会"，从而开创了学校"文革"武斗的先例。翌年初"临委会"宣告解散，学校遂成"筹委会"一派掌权的局面。

1967 年，校内造反分子开始新一轮冲击学校党政机关的行动，并于 1 月 25 日发布《陕西师大的一切领导权归文革筹委会声明》，强行接管学校党政机构的各部、处、室。仿照各地夺权后建立"三结合"革命委员会的模式，6 月 20 日，以造反学生为首的陕西师范大学革命委员会宣告成立。"革委会"遂成为学校的权力机构。这年夏秋，西安地区的"文化大革命"发展至武斗地步。学校造反派也成立"文攻武卫指挥部"。

1968年1月，造反学生组织批判所谓的陕西师范大学十七年"修正主义教育路线、建党路线"。他们随意罗列名单，给31位（后扩大至48位）校领导、老干部、教授扣上"反革命修正主义分子""反动学术权威"等罪名。

在"文化大革命"初期的乱局中，学校广大干部和教师人身遭到冲击与迫害，图书资料、仪器设备、办公生活用房等遭到摧残，资产被毁、被抢、被盗情况十分严重，建校以来多方搜求的名贵树木与珍稀花草悉遭破坏。

二、工宣队、军宣队进驻学校，校内局势趋于稳定

历经两年多轰轰烈烈的"革命"与"造反"之后，1968年秋随着工人毛泽东思想宣传队和解放军毛泽东思想宣传队的进驻，学校的面貌开始发生积极变化。虽然根据中央关于"斗、批、改"运动的部署，工宣队、军宣队也领导开展了诸如"忆苦思甜"、"斗私批修"、清理阶级队伍等政治运动，但他们也在相当程度上遏止了乱局，打击了歪风邪气，从而使得学校既往的规章制度和优良传统有所恢复。

8月25日，中共中央发出《关于派工人宣传队进学校的通知》。28日，陕西省革委会下达指示，要求各地立即组织以工人为主体、有解放军指战员参加的毛泽东思想宣传队到大中小学去。10月22日，阎良西安飞机制造公司的"工人毛泽东思想宣传队"进驻学校。次日，校革委会与工宣队联席会议决定成立陕西师范大学革命领导小组。1970年2月，解放军毛泽东思想宣传队也进驻学校。

工宣队、军宣队进驻，立即给学校的工作注入了新的元素。1969年1月，学校革命领导小组启动解放干部工作，开始落实党的干部政策；5月至8月还领导开展了整党工作。经过整顿，全校360名中共党员大都恢复了组织生活，12个基层单位新建了党的组织。9月5日，学校革命领导小组任命王周发为

组织组组长，张安民为宣传组组长。1970年4月，原党委副书记文普华、总务处处长韦固安被委任负责后勤部生产组领导工作，原数学系党总支书记赵正恢复组织生活。8月，学校革命领导小组决定校革委会的群众代表均回原单位工作。9月10日，学校革命领导小组任命巩重起为教育组组长，郭琦为泾阳农场领导小组组长。1971年2月，学校党的核心领导小组任命丁淑元为中文系主任。

1970年初，中共中央部署开展打击反革命破坏活动和反对贪污盗窃、反对投机倒把、反对铺张浪费工作。在工宣队、军宣队的领导下，学校也开展了"一打三反"工作。学校革命领导小组还依据上级精神启动了在校学生毕业分配工作。年中1969届440名学生分配工作，至此，"文化大革命"前入学的各届学生都已分配工作，学校已无在校生。

根据毛泽东教育革命"必须有工人阶级领导，必须有工人群众参加"的指示，当时各类学校普遍成立了由工宣队或军宣队牵头的党的核心领导小组。1970年9月，陕西省委批准成立陕西师范大学党的核心领导小组，新任军代表王志恒任组长。12月28日，陕西省委批准学校党的核心领导小组成员名单：王志恒（军宣队）、王静之（干部）、邢石操（军宣队）、程振华（工宣队）、李子新（干部）5人为小组成员；王志恒任组长，王静之任副组长。翌年2月，陕西省革委会又任命王志恒为学校革委会主任，王静之等4人为副主任。至此，历经四年多的无政府状态后学校新的党政领导机构得以确立。学校面貌复萌生机，党政领导机构奋力推进各项工作重入正轨，极大地唤醒了全校教职员工的热情，也进一步坚定了他们坚持党的领导的信心和决心。

三、学校第四次党代会召开，教学科研工作逐步恢复

（一）学校召开第四次党代会

学校党的核心领导小组成立后，立即开始筹备召开第四次党代会。1970年10月起，全校范围开展了旨在加强团结、鼓干劲、厘清政治与业务关系等问题

的整党补课工作，学校领导班子集中进行"开门整风"。1971年2月，物理、地理、政教、中文、数学、生物6系恢复党总支或党支部建制。11月，为排除干扰和便于人事调整，学校决定将原有的8个系组建为6个大队：政教、历史系改为政史大队，中文系改为中文大队，数学系改为数学大队，物理系改为物理大队，化学系改为化学大队，地理、生物系改为农基大队。每个大队各设政委和大队长一人。

在各项准备工作就绪后，1972年3月7日至8日，中国共产党陕西师范大学第四次代表大会召开，驻校工宣队、军宣队与学校恢复组织生活的党员代表342人出席会议。大会听取并讨论了王志恒代表学校党的核心领导小组做的"高举党的'九大'团结、胜利的旗帜，沿着毛主席革命路线奋勇前进"的工作报告，听取了一些代表的专题发言，并选举产生新一届委员会。王志恒、丛一平、孙永增等21人当选为中国共产党陕西师范大学第四届委员会委员。3月9日，第四届委员会第一次会议选举王志恒、丛一平、孙永增、邢石操、李子新、巩重起、蒋宁、邱柏林、王澜等9人为常委；选举王志恒为书记，丛一平、孙永增为副书记。

1972年4月11日，陕西省委批准上述选举结果①。

> 王志恒（1922—?），山西长治人。1938年3月加入中国共产党。1938—1942年任战士、班长、指导员。1942—1945年先后在抗日军政大学第七分校、延安炮兵学校学习。1945—1956年任解放军某部炮兵连连长、营长、团参谋长、副团长、团长。1956—1960年在解放军炮兵学院学习。1960—1970年任解放军炮兵学院教研室主任、系副主任。1970年12月至1973年11月任陕西师范大学军宣队代表、党的核心领导小组组长，陕西师范大学党委书记、革委会主任等。

第四次党代会后，学校决定取消临时大队制，恢复原有系的体制。3月18

---

① 《转发省委"关于成立中国共产党陕西师范大学委员会的批复"》，陕西师范大学档案馆藏，文书档案库，档案号3-1972-WD-1.0001。

日，学校党委任命农基、政史、物理、化学、数学、外语①、中文、机关第二党总支的书记。这一时期，学校的共青团、学生会也恢复活动。1972年9月，共青团陕西师范大学第四届代表大会、陕西师范大学学生代表大会相继召开，选举产生了新的团委与学生会领导机构。1974年11月，共青团陕西师范大学第五届代表大会召开。

1973年秋，驻校军宣队奉命撤离，学校主要领导随之发生调整。11月23日，陕西省革委会决定：丛一平任陕西师范大学革委会主任，李绵任副主任；免去王志恒陕西师范大学革委会主任职务，免去李绵西安外国语学院革委会副主任职务。陕西省委同时决定：丛一平任中共陕西师范大学委员会书记，李绵任副书记；免去王志恒中共陕西师范大学委员会书记职务，免去李绵中共西安外国语学院委员会副书记职务。

  丛一平（1917—1998），安徽安庆人，祖籍江苏南京。1936年入青岛国立山东大学生物系学习，同年冬加入中华民族解放先锋队，先后在民先队山东大学队部和青岛地方队部工作。1937年7月被派往山西牺牲救国同盟会工作。1938年5月加入中国共产党。1939年10月赴延安，先后任马列学院、中央党校、中央研究院宣传干事、助教、研究员等。1942年11月到晋绥边区工作，先后任中共河曲县委宣传部部长、中共中央晋绥分局政策研究室研究员、岢岚县委书记、岢岚县游击大队政委等。1949年初到中共中央西北局工作，先后任西北局青委委员，青年团西北工委宣传部部长兼西北青年干部学校党委书记、副校长，西北团校党委书记、副校长等。1952年后历任中共西安市委委员、秘书长，西安市委常委、宣传部部长，市委宣传文教工作领导小组组长等。1971年分配到陕西师范大学工作，1972年3月任陕西师范大学党委副书记、革委会副主任，1973年11月任党委书记、革委会主任。1977年6月，调任省革委会文教办领导小组副

---

① 外语系1972年设立。

组长兼省革委会文化局党的核心小组组长、领导小组组长；1979年4月后历任西安市委常委、常务书记，西安市人大常委会副主任、党组书记等。1990年7月离休。

（二）学校教学和科研工作逐步恢复

学校第四次党代会前后，随着运动局势暂时趋稳，教学和科研工作也逐步恢复，某些领域还取得了突出的成绩。

首先，学校重举"师范"大旗恢复招生。"文化大革命"爆发后高等学校随即停止招生。1970年6月，中共中央决定在部分高校试点招生，并明令废除此前的统一考试、择优录取政策，改行"群众推荐、领导批准和学校复审相结合"办法；学制缩短为二至三年，学生统称"工农兵学员"。10月，陕西省革委会指定陕西师范大学举办中文、物理两专业教学改革试点班。试点班学制一年，按照"以学为主，兼学别样"原则进行教学。接到办学任务后学校教师和干部倍感振奋，开始认真编制教学计划，撰写课程教材。11月底，首批107名学员报到入学。因频繁的生产劳动和军事拉练等活动耽误课程学习，这批学员延期四个月结业。此外，学校积极助力地方基础教育事业。如1971年10月至翌年6月，学校应宝鸡教育部门之邀派出办学小组在宝鸡长寿中学和凤翔师范学校培训中学教师300余人。1972年3月起，学校又组织政教、中文、历史、数学、化学、生物、地理等系教师赴安康、宝鸡、渭南地区举办学制为一年的中学教师培训班十多期，累计培训学员500多人。1972年4月，学校根据上级安排开始招收三年制学生，招生办法同前。5月，政教、中文、历史、外语、数学、物理、化学、生物、地理9个系招收的900多名新生报到入学。为迎接恢复招生后的首批学生，全校教职员工在教学方案制定、图书资料和科技情报建设、教学设备采购、食宿保障、资产维修、校园绿化与环境卫生等方面做了大量工作，付出了艰辛劳动。根据学员文化水平参差不齐的状况，学校积极组织教师编写难易适中的课程教材，教学内容与方法上也予以灵活变通，对学习有困难的学生则加强具体辅导；同时适当控制劳动和社会实践时间，力求提高专业课的教学质量。从 1972 年起至 1976 年，学校每年均招收工农兵学员六七百人。

受时局影响，1975 年 4 月，经与省、地教育局协商，学校决定成立宝鸡、汉中分校。这两所分校分别由所在地方政府领导，招生指标纳入学校招生计划；学校为分校调配师资，提供教学计划、教材及有关资料。10 月初，两所分校正式开学。宝鸡分校设有中文、数学、物理、政教 4 个专业，汉中分校设有中文、数学、物理、化学、体育 5 个专业，学制均为三年。同年 10 月，陕西省教育局又批准学校成立周至分校，当年定向咸阳、渭南地区招生 100 名，学制亦为三年。[①]1975 年，学校还招收两年制"社来社去"学员 150 人。学校在困难条件下不忘初心、千方百计为本省基础教育服务的状况由此可见一斑。

学校招生工作的恢复也推动了图书情报工作的开展。1971 年 3 月，图书馆开展了为期一年多的图书资料整理工作，陆续对 40 多万册馆藏书刊重新归纳，建立了 11 个书库和 9 个阅览室。图书馆服务学校教学科研的功能得以恢复。鉴于省内中学教学参考资料严重匮乏的状况，1972 年学校创办发行了《中学政治教学参考》《中学语文教学参考》《中学数学教学参考》《中学物理教学参考》《中学化学教学参考》。1960 年 4 月，《陕西师大学报（心理学·自然科学版）》创刊，但只出一期就因故停刊。1973 年 9 月，根据毛泽东主席恢复大学学报的指示，校党委决定恢复《陕西师大学报》，丛一平任编委会主任。10 月，复刊后的《陕西师大学报（哲学社会科学版）》首期出版发行。翌年，《陕西师大学报（自然科学版）》开始发行。1975 年，《陕西师大学报》更名为《陕西师范大学学报》。

其次，学校科研工作逐步开展起来。"文化大革命"初期，学校的科研工作也处于停滞状态，不少学有专长的教师被诬为"反动学术权威""牛鬼蛇神"

---

① 1977 年 12 月，上级部门指示撤销周至分校，分校的文科、数理、物理、农基 4 个专业学生分别编入政教、数学、物理、生物系学习。各专业学生随即迁回校本部。1978 年 4 月，国务院批准，陕西师范大学宝鸡、汉中分校分别改建为四年制本科办学层级的宝鸡师范学院、汉中师范学院。两校后经合并改组为今天的宝鸡文理学院、陕西理工大学。

等，受当时社会形势影响，广大教师难以全身心地投入科研工作。随着举办试点班和恢复招生，学校的科研工作也逐步开展起来。

这一时期，各系借毛泽东提出的"抓革命，促生产""把国民经济搞上去"等指示精神的东风积极撰写专著与教材。1973年8月，中文系中国古典文学教研组开始编写《中国古代文学作品选注》（三、四）与《中国古代文学作品选讲》（三）。1974年8月，中文系古汉语教研室与古典文学教研室联合政教、历史系教师开始编著《商君书新注》，1975年12月由陕西人民出版社出版。有的教师紧紧围绕国家需要开展学术研究，因而产生了良好的社会效益。如历史系史念海教授主编的陕西军事地理著作[①]就为陕西军事地理研究做出了开创性贡献，曾受到原兰州军区司令员皮定均的高度赞赏。编著过程中史念海教授多次实地考察古战场遗址，为他日后撰写《河山集》（二集）以及有关西北军事地理的论著积累了大量一手资料。中文系霍松林教授潜心于文艺理论及唐宋文学、唐诗等的研究，为他日后推出该领域的煌煌巨著奠定了扎实的基础。

与此同时，理科各系教师也主动对接国家的需求开展科研工作，从而为解决国内工农业生产、国防科学技术中的相关难题做出了积极贡献。如1971年，赵恒元教授任所长的应用声学研究所和国营红安公司协作，仅用时三个月就完成了"铝母电缆挂锡超声焊接研究"项目，填补了国内该领域研究的空白（运七客机至今仍在使用该技术），并相继获得陕西省高教局和陕西省科学大会的奖励。1972年，地理系聂树人等教师承担了陕西省民政厅委托的《陕西省地图集》编纂工作，在省测绘大队协作下于1976年圆满完成任务。该地图集在理论和方法上均有显著创新与突破，得到了国内专家的一致好评。1973年，应用声学研究所与二机部585研究所协作完成"铌钛超导线的超声钎焊研究"项目，相继获得陕西省高教局和全国科学大会的奖励。1974年，化学系苗庆生、杨子超等

---

① 1970年至1976年，史念海教授借调至陕西省军区主持编纂陕西省历代军事地理方面的著作。

教师与陕西、吉林的钼铁合金厂协作,历时五年完成了"离子交换法从钼精矿焙烧烟气淋洗液中提取铼研究"项目,投产后铼的总收回率达到98%。

第二节 "文化大革命"结束后学校秩序的恢复和直属教育部的新发展

1976年10月,粉碎"四人帮"标志着"文化大革命"结束。在短暂徘徊后,中国社会进入以改革开放为鲜明特征的历史新时期,高等教育事业掀开新篇章,陕西师范大学也获得新生。在深入揭批"四人帮"之后,学校党委果断地把工作重心转移到以教学和科研为中心的轨道上来,并以加强党的领导、狠抓思想政治教育为各项工作开展保驾护航。1978年2月,学校划归教育部直属,这既是对学校此前几十年发展的肯定,也助力学校事业由此而跃上一个新台阶。

一、拨乱反正落实政策,各项工作重新步入正轨

(一)深入揭批"四人帮",平反冤假错案

1976年10月18日,中共中央发出《关于王洪文、张春桥、江青、姚文元反党集团事件的通知》。12月10日起,又分三批印发"四人帮"反党集团罪证材料。全国范围掀起揭批和清查"四人帮"帮派体系的群众运动。

根据中共中央和陕西省委的部署,学校党委带领全校师生员工深入开展揭批"四人帮"运动,清算"四人帮"篡改党的教育方针、破坏党的教育事业的严重罪行,反思学校遭受破坏的整体情况,研究学校整党整风、开展教育革命、加强党的建设、落实党的知识分子政策等项工作;并集中揭批学校与"四人帮"篡党夺权活动有牵连的人和事,部署清查"四人帮"帮派体系工作。

粉碎"四人帮"不久,学校党委就组织工作专班开始清查"文化大革命"期间形成的冤假错案。1978年6月17日,学校隆重举行追悼大会,为"文革"

初期含冤去世的黄国璋夫妇平反。① 11月10日，学校召开专门的平反大会，党委副书记陈立人宣读了《中共陕西师范大学委员会关于对"文化大革命"中林彪、"四人帮"反革命修正主义路线在我校所造成的冤案、假案、错案的平反决定》：在"文化大革命"中被诬加"三反"分子、走资派、反革命修正主义分子、叛徒、特务、反革命、资产阶级学术权威等种种罪名的人员予以平反，强加给他们的一切诬蔑不实之词统统推倒，恢复名誉；对被迫害致死者予以昭雪，恢复名誉。根据中共中央精神，学校开展了右派分子彻底改正工作，共计改正右派分子150人，其中教职工26人，学生124人。此后，学校继续进行平反冤假错案工作。至1980年10月，已平反集团性冤假错案10起；对遭到打击迫害的200多名同志予以昭雪；对被立案审查的近300人的材料进行复查清理，做出了符合实际的结论并给他们安排了工作；对因错划右派受到株连的100多名同志改正了结论；对1959年"反右倾"中的错案也予以纠正；对其他历史遗留问题也复查落实了一大部分。到1987年底，学校已彻底平反"文化大革命"期间形成的冤假错案，清理改正了此前所涉人员的历史错案；并对相关人员被扣发的工资予以补发，生活困难者酌情补偿，抄家损失的财物适当赔偿，政治结论留有尾巴的也通过清理档案等方式得到妥善处理。

---

① 黄国璋（1896—1966），湖南湘乡人，地理学家、地理教育家，发展中国近代地理学的先驱。1926—1928年，在美国耶鲁大学理科研究院、芝加哥大学地理系做研究生，1928年10月回国，任中央大学地理系教授。1936年8月任北平师范大学地理系教授、系主任。全面抗战期间任西北联大训导长兼地理系主任。1944年底与许德珩、潘菽等发起成立九三学社。抗战胜利后复任北平师范大学教授、地理系主任、理学院院长等。1952年10月调陕西工作，历任西北大学师范学院史地系教授、代系主任，西安师范学院地理系主任，陕西师范大学地理系教授、代系主任、系主任等。他先后出版有《我国国防与地理》《中国地形区域》等多部论著，发表的学术论文《上海地理位置的抉择因素》曾在国际上产生广泛影响。1996年5月30日至31日，学校举办了盛况空前的"黄国璋先生诞辰100周年纪念暨学术思想研讨会"。九三学社中央副主席陈学俊、中国地理学会理事长吴传钧等6位中国科学院院士及浙江大学、北京师范大学等国内10余所高校的54位教授出席会议。与会者高度赞扬黄国璋一生追求真理、献身科学、致力于爱国民主运动的精神风范，一致认为他是中国地学界的先驱、先师、泰斗，是中国共产党的忠诚朋友。

（二）整顿思想政治工作，加强党的领导

十年"文化大革命"使学校党的领导和思想政治工作受到严重削弱。"文化大革命"结束后，学校党委立即将整顿思想政治工作和加强党的领导置于重要位置，以期恢复学校从前的优良传统。1977年1月8日，学校召开"纪念敬爱的周恩来总理逝世一周年报告会"，学校党委书记丛一平主持会议，党委副书记李绵代表学校党委做报告，深切缅怀周恩来的丰功伟绩，号召全校师生员工认真学习周恩来忠诚马列主义、毛泽东思想的革命精神，全心全意为人民服务的崇高品德和坚定不移的无产阶级党性。3月中旬，学校召开工作会议传达《陕西省高等院校工作座谈会纪要》，并结合学校实际部署了相关工作。5月9日，学校党委提出"抓纲治校，一年初见成效"的阶段性目标。具体工作有：（1）联系实际，深入揭批"四人帮"，基本上划清路线是非。（2）开展整党整风，初步解决党内思想、组织、作风不纯问题；整顿领导班子，加强团结，特别要在工作作风和工作方法上有一个明显改进。（3）制订教学计划和教学大纲，整顿教学秩序，提高教学质量。（4）加强思想政治工作和行政工作，建立健全规章制度。（5）落实党的知识分子政策，提高教师政治与业务水平，制定教师培养提高规划。（6）制定学校发展规划。学校党委号召各单位要统一思想，增强信心，把广大干部群众中的社会主义积极性、创造性充分调动起来，为三年打好基础而努力奋斗。10月29日，学校举行"文化大革命"结束后的首次表彰大会，31个教工先进集体、152名先进工作者、17个学生先进集体、134名"三好学生"受到表彰。

1977年6月，陕西省委对学校主要领导进行调整：免去丛一平陕西师范大学党委书记、常委、委员及陕西师范大学革委会主任、常委、委员职务，调任省革委会文教办领导小组副组长兼省革委会文化局党的核心小组组长、领导小组组长；任命李绵为陕西师范大学党委书记、革委会主任；任命陈立人为陕西师范大学党委委员、常委、副书记，革委会委员、常委、副主任，

免去其省教育局党的核心小组成员、领导小组副组长职务。根据中共中央指示精神，1977年12月驻校工宣队撤离学校。12月31日，陕西省委任命王周发为学校党委副书记。

"文化大革命"结束后，作为领导工作机构的"革命委员会"逐渐被废止。1978年5月，陕西省委任命学校革委会主任李绵为学校校长，陈立人、李子新为副校长。同年9月，根据全国教育工作会议精神，学校党委决定停止使用校、系两级"革命委员会"名称，撤销校革委会政治部、教学部、校务部、科研生产部及其下属组织，设立中共陕西师范大学纪律检查委员会、组织部、宣传部、统战部、保卫部、政治工作组，陕西师范大学校长办公室、人事处、教务处、科研处、总务处等机构。学校党政机构和领导关系由此基本恢复到"文化大革命"前的状态。同年12月，陕西省委任命史念海、赵恒元为学校副校长。1979年2月，任命文普华为学校副校长。1979年8月，中共中央批准教育部党组决定：李绵任陕西师范大学党委书记、校长。教育部党组同时批准陈立人任陕西师范大学党委副书记、副校长，李子新、文普华、赵恒元、史念海任陕西师范大学副校长，王周发任陕西师范大学党委副书记，刘泽如任陕西师范大学顾问。

李绵（1912—2007），陕西韩城人，1930年中学毕业后在家乡做教员，同年10月加入中国共产党。1931年春至1936年初受党组织派遣到杨虎城部工作。1936年春，在上海参加新文字救亡报《我们的世界》的编辑工作。西安事变后回到杨虎城部十七师政治处任政治员，开展党的统战工作。1937年5月，参与创办救亡刊物《西北生活》，宣传党的抗日主张。全面抗战爆发后赴延安陕北公学学习，后在安吴青训班、陕北公学、新文字干部学校、延安大学、延安中学、延安行知中学、西北第四野战医院任教和工作。1948年8月至1949年10月，任韩城县教育科科长、洛川黄龙专署教育科副科长、陕甘宁边区教育厅关中东府教育工作小组组长。新中国成立初期，任西北军政委员会教育部普教处、中教处处长。1953年3月至1960年4月，先后任西北大学师范学院副院长，西安师范学院党委副书记、副院长等职。1960年7月至1966年10月，任陕西省高教局局长兼党组书记。"文化大革命"初期受到冲击。1972年12月恢复工作，任西安外国语学院（今西安外国语大学）党委副书记。1973年11月起历任陕西师范大学党委副书记、革委会副主任、党委书记、革委会主任、校长等职。1983年底，任陕西师范大学顾问。离休后，他继续关心和支持学校发展，主持编写《陕西师范大学校史（1944—1994）》和《陕甘宁边区教育史》等著作。他长期奋斗在党领导的新教育战线，无论是在陕甘宁边区的基础教育岗位，还是在中华人民共和国成立后的高等院校，都善于总结教育工作经验，并上升到教育理论高度，凝练成有自己特色的教育思想，最终汇集在《李绵教育文选》中，为陕西师范大学留存下一位红色教育家的宝贵精神财富。

1977年7月下旬，学校党委召开会议传达党的十届三中全会上邓小平关于毛泽东思想是一个科学体系，要善于学习、掌握和运用毛泽东思想的体系来指导各项工作的讲话精神。9月下旬，学校党委又两次传达邓小平关于新中国成立后十七年教育战线的主导方面是红线、中国知识分子绝大多数是自觉自愿地为社会主义服务、"两个估计"不符合实际的讲话精神。11月25日，学校党委召开揭批"四人帮"炮制的"两个估计"大会，并做出揭批工作部署。1978年3月，邓小平在全国科学大会上又响亮地提出"科学技术是生产力"，中国知识分子的"绝大多数已经是工人阶级和劳动人民自己的知识分子"。邓小平的上述讲话精神有力地解除了长久以来全校师生员工的精神枷锁以及"两个凡是"带来的新困惑，极大地激发了广大教师做好教学和科研工作的积极性。

这一时期，学校的共青团、学生会、工会也积极开展工作，在协助党委联系群众方面发挥着日益重要的作用。1977年5月4日，校团委举行纪念五四青年节大会，并表彰了先进团支部和优秀团员。1978年12月，第九届学生代表大会召开，选举产生新一届学生会并通过了《陕西师范大学学生会章程》。团委和学生会积极领导开展"学雷锋、树新风、创三好"等活动，开展"五讲、四美、三热爱"活动，逐步营造出积极上进、刻苦学习的良好学风。1979年1月，学校工会恢复活动。民盟、九三学社、民进等民主党派也相继恢复活动。

（三）教学工作步入正轨，科研工作开始恢复

"文化大革命"结束后，学校的教学工作亟待步入正轨。1977年1月，学校党委批转校革委会教学部《关于当前教育革命工作中几个具体问题的意见的报告》，要求各教学单位应将制定教学大纲、编写教材、培训师资、改造和建设实验室等项工作提上议事日程，建立健全教学基层组织，安排教学计划时应厘清政治与业务、实践与理论、主学与兼学、批判与继承、教师与学生等关系。根据党委的安排，各系在4、5月间普遍修订了教学计划。新教学计划的新意：一是贯彻"以学为主，兼学别样"原则，政治课、体育课、文化课时数占总时数的76%，学农、学军以及政治运动时间占24%，主学时较前有所增加。二是坚持理论和实践统一原则，较前更加重视基础理论教学。三是全面贯彻党的教育方针，坚持德、智、体全面发展，培养学生成为忠诚党的教育事业、又红又专的中学教师。四是坚持重点面向农村，实行多种形式开门办学。五是实行评教评学，发扬教学民主。

在紧抓教学工作的同时，学校也着手整顿科研工作。学校党委号召广大教师要自觉瞄准国家需要和现代科技发展趋势开展科研工作。为活跃学术气氛、促进学术交流，1977年12月下旬，学校召开"文化大革命"后的首次理科科学报告会。上级单位、兄弟院校代表及学校师生1200多人与会，会上交流了62篇学术论文和研究报告，其中42篇为陕西师大教师提交，20篇为介绍国内外科学动态的综合报告。会议闭幕时，学校党委副书记陈立人代表学校讲话。他指出：学校建校以来的科研工作可谓从无到有、从小到大、从少到多、由浅入深，先后完成了120多项研究项目，为国家的经济发展和国防建设做出了积极贡献；当前要继续落实党的知识分子政策，落实科研规划，为实现教育部提

出的三年大治、八年提高、二至三年做到在主要科学方面形成学派的目标而奋斗。1978年5月8日至19日，学校举行了"文化大革命"后的首次文科学术报告会。会上交流的学术论文有《秦末农民战争后的社会与汉初生产力的发展》（孙达人）、《形象思维不能否定》（畅广元）、《中国古代文论中对形象思维的论述》（寇效信）、《毛主席教育思想的哲学基础》（谢振中）、《评"四人帮"的假辩证法》（田岗）等。学校党委还特别提出要重视教育科学研究。为适应教育事业发展的迫切需要，培养教育学科教师和研究人才，1978年3月学校恢复设置1962年撤销的教育系。为积极推动教育理论、教育史、教育情报、教学现代技术等的研究，同年6月恢复了陕西师范大学教育研究所。

（四）恢复高考招生，开展职称评定工作

1977年10月12日，国务院批转教育部意见，决定从当年起恢复高等学校招生统一考试制度。学校为第一批恢复高考招生单位。当年录取新生945名，翌年春1977级学生报到入学。学校决定自本届学生起实施四年制教学计划。1978年陕西省高教局确定学校为省内恢复招收研究生的七所高校之一。翌年春，学校恢复高考后招收的首届硕士研究生——11个专业录取的24名学生报到入学。学校的办学由此开始向高层次发展。1979年，学校的辩证唯物主义与历史唯物主义、中国古代文学、文艺理论、外国教育史、唐史、中日关系史、苏联史、泛函分析、光学、微量分析、昆虫学、中国区域自然地理12个专业面向全国招收了攻读硕士学位研究生35名。这时，各专业研究生学制理科为三年，文科为二年。

鉴于省内各地基础教育师资严重匮乏但省级政府无权批办高校的情况，1978年5月19日，陕西省革委会批转省教育局《关于举办陕西师范大学西安、咸阳、渭南、榆林专修科有关问题的意见》，陕西师范大学西安、咸阳、渭南、榆林专修科宣告成立。同年11月和翌年1月，省革委会又批准举办陕西师范大学安康、商洛专修科。上述专修科学生毕业证书均盖"陕西师范大学XX专修科"钢印。经教育部批准，1978年12月，在陕西师范大学咸阳、渭南专修

科基础上分别成立咸阳、渭南师范专科学校，此即今天咸阳师范学院、渭南师范学院的前身。1984年6月，陕西省政府决定在陕西师范大学西安、榆林、安康、商洛专修科基础上成立西安、榆林、安康、商洛师范专科学校。此即今天西安文理学院、榆林学院、安康学院、商洛学院的前身。

1977年9月，中共中央提出恢复知识分子技术职称的意见。1978年1月，陕西省教育局批复同意提升学校中年教师牛致功、孙达人、寇效信、郑哲民、张光5人为副教授，这是"文化大革命"后学校首批晋升的副教授。3月7日，国务院批转教育部报告，决定恢复高校原有的教授、副教授、讲师、助教职称评定工作，提升教授、副教授的审批权限改为省、自治区、直辖市批准，报教育部备案。据此，陕西省高教局设立高等学校职称评定委员会，学校史念海、周骏章教授被遴选为评审委员，并担任该委员会文科组正、副组长。

二、划归教育部直属，学校发展史上划时代的大事件

1977年7月，党的十届三中全会一致通过《关于恢复邓小平同志职务的决议》。第三次复出的邓小平选择科教战线作为拨乱反正、正本清源的突破口，于7月至9月间在多个场合郑重提出：要办好重点大学，教育部要直属一批重点大学。

1978年1月27日，教育部党组向中共中央、国务院提请《关于恢复和办好全国重点高等学校的报告》，指出：遵照党的十一大报告及邓副主席关于办好一批重点学校的指示精神，我部就恢复和办好一批全国重点高等学校问题，在充分听取各方面意见、多次细致研究后确定全国重点高等学校88所。同时根据各方面意见，确定由部委和地方双重领导、以部委为主的院校80所。该报告的附件二《国务院各部委领导的非重点高等学校名单》"教育部"项中，陕西师范大学与西南师范学院（今西南大学）、华中师范学院（今华中师范大学）、吉林师范大学（今东北师范大学）等赫然在列。[1] 加上这次被确定为

---

[1] 《国务院转发教育部关于恢复和办好全国重点高等学校的报告》，陕西师范大学档案馆藏，文书档案库，档案号3-1978-WD-51.0010。

全国重点大学的北京师范大学、华东师范大学，教育部直属六所师范大学的格局基本形成。

1978年2月17日，国务院印发《国务院转发教育部关于恢复和办好全国重点高等学校的报告》（国发〔1978〕27号），通知"各省、市、自治区革命委员会，国务院各部委：中央、国务院原则同意教育部《关于恢复和办好全国重点高等学校的报告》，现转发给你们，望遵照执行"①。从此，学校就由陕西省属划归教育部直属，正式跻身中国大学"国家队"方阵，从而实现了副校长郭琦20世纪60年代郑重提出的——"五年小成，十年中成，十五年大成""出潼关，进北京，争取全国发言权"的奋斗目标。

学校能在1978年初划归教育部直属绝非偶然之事，除地处祖国西北大区这个前提条件外，还与以下三件事密切相关：一是学校多年来坚持以师范教育主业服务西北地区基础教育，在中学师资培养方面拥有显著的优势。尤其是1960年合并成立陕西师范大学，为学校向更高层次的办学方向发展奠定了坚实的基础。二是学校升格为大学后坚持学术研究，并取得不菲的成绩，赢得很好的社会声誉。例如，历史系青年教师孙达人曾在1965年9月22日的《光明日报》"史学"专刊第315期发表题为《应该怎样估价"让步政策"》的文章，提出农民战争冲破了封建罗网，根本改变了地主和农民的关系，才使农民获得了自由，农民战争失败后新建政权的"让步政策"实质上是剥夺农民夺得的自由，重新束缚农民。该文刊出后立即在史学界引起轰动，毛泽东读后高度认可其观点并给予热情赞扬。1977年春，学校"大批判组"撰写的如何评价知识分子的理论文章当即就被前来约稿的中共中央理论刊物《红旗》（今《求是》前身）的编辑看中，杂志社迅速确定刊期后邀请作者杨存堂、寇效信、谢振中等人前往北京修改稿件。他们的文章《必须正确对待知识分子——批判"四人帮"把知识分子同资产阶级划等号》发表于《红旗》1977年第7期。该文

---

① 《国务院转发教育部关于恢复和办好全国重点高等学校的报告》，陕西师范大学档案馆藏，文书档案库，档案号3-1978-WD-51.0010。

对把广大知识分子由"资产阶级一部分"变成"工人阶级一部分"起了鸣锣开道的作用，刊出后立即在科技教育界引起强烈反响。三是学校虽历经十年"文革"之乱，但师资队伍整体上保持稳定，人才流失情况轻微。这些因素形成的合力，既是学校被教育部遴选为直属重点高校时的重要得分项，也是学校日后逐步向国内乃至世界一流师范大学迈进的内在动力。学校直属教育部主管，于国家而言是对高等师范教育进行大区布局的一项重大举措，于学校而言则是其发展史上划时代的重大事件。它不仅在当时极大地鼓舞了全校师生员工为国家教育事业多做贡献的热情，也使学校的各项工作由此而跃上一个新的高度，走向一个更广阔的平台。学校招生从此就由以陕西为主的西北五省区改为面向全国各地，毕业生也逐步广及北京、上海、广州、深圳等一线城市以及东南沿海等改革开放前沿阵地，从而极大地提升了学校的影响力与知名度。

三、端正办学指导思想，以教学和科研为中心

"文化大革命"结束后的两年间，与全国状况类似，学校的工作在前进中也呈现出徘徊的特征。一些"左"的观念和积习亟待从指导思想上予以清理，而这则需要整个社会大环境的变革。

（一）把学校办成"既是教学中心，又是科研中心"方针的提出

1978年3月，在北京举行的全国科学大会提出：科教战线的主要任务就是要尽快地培养出一批具有世界一流水平的科学技术专家；高等学校是科研战线的一支重要方面军，必须做出更多的贡献。大会制定了《1978—1985年全国科学技术发展规划纲要（草案）》，表彰了先进工作者和先进集体。学校应用声学研究所所长赵恒元教授出席会议，该所的"铌钛超导线的超声钎焊"成果受到大会的表彰。学校党委及时传达了全国科学大会精神，并发动广大教师群策群力制定了学校的《1978—1985年文科科学研究规划纲要》和《1978—1985年理科科学研究规划纲要》。两个《规划纲要》明确了学校的科研工作

要为社会主义现代化建设服务的根本方向，确定了各学科科研的主攻方向和重点课题。

1978年4月22日至5月16日，教育部在京召开全国教育工作会议。会议总结了新中国成立以来教育工作正反两方面的经验教训，讨论了《1978年至1985年全国教育事业规划纲要（草案）》和大中小学暂行工作条例草案等。副校长陈立人出席会议。6月8日至29日，教育部在武汉召开全国高校文科教学工作座谈会，邝萍、丁淑元代表学校参加会议。会议指出，高校文科是培养马克思主义理论、文化建设和经济管理人才的重要基地，是理论与学术战线的一支重要方面军；高校文科必须贯彻以教学为主的方针，学生在校期间的主要任务是系统地学习马克思主义理论和专业知识，要以学习书本知识为主，以课堂教学为主，充分发挥教师的主导作用。会议还讨论制定了综合大学与师范院校文科教学方案及文科教材选编规划。

1978年6月上旬，学校召开全校教师干部大会，副校长陈立人传达了全国教育工作会议精神。随即学校党委召开校、系干部会议部署落实全国教育工作会议精神，并做出如下决定：（1）整顿教学工作，全面贯彻执行党的教育方针，在教学中充分发挥教师的主导作用；整顿课堂教学秩序，抓好教学内容改革和教材建设。（2）加强科研工作，发挥学校的科研潜力，调动教师的科研积极性。（3）加强学生思想政治工作，改进学生思想政治工作方法，建立稳定的政治工作队伍；学校政治工作组与团委合署办公，由一名常委兼任组长；各系建立学生工作组，由党总支副书记、团总支书记和学生指导员组成，每100—150名学生配备一名指导员。（4）加强教师队伍建设，制定和实行教师工作量制度，重点培养骨干教师，加强培养青年教师。（5）制定学校1978—1985年教育事业发展规划。7月初，学校召开文科各系工作会议，邝萍、丁淑元传达了文科教学工作座谈会精神，全校上下迅速端正了对文科地位和作用的认识。不久，学校出台《关于改进和加强教学工作，提高教学质量的几点意见》，强调指出：整顿教学工作必须全面贯彻执行党的教育方针，要把大力提高教学质量作为当前学校教育工作中心环节来抓；文科各系应立即执行教育部下达的各专业教学方案，理科各系可参照文科教学方案修订教学计划；各系应坚持以教学为主、以学习书本知识为主、以课堂教学为主，充分发挥教师的主导作用；鼓励教师解放思想，积极开展学术讨论和科学研究。根据教育部 8 月间召开的直属重点高校座谈会关于加快发展高等教育事业的精神，10 月 17 日学校印发《陕西师范大学 1978—1985 年教育事业发展规划》，明确提出：要端正学校办学指导思想，把学校办成"既是教学中心，又是科研中心"，以使学校的教学、科研、思想政治及各项工作适应四个现代化建设和加快国民经济发展的需要。

（二）学校工作重点转移到教学和科研上来

1978 年 5 月，关于真理标准问题的大讨论在全国发轫，同时全校范围也展开了关于真理标准问题的讨论与学习。在此基础上，学校党委于 9 月下旬组织校、系领导干部和思想政治课教师集中学习讨论"实践是检验真理的唯一标准问题"，批判"两个凡是"错误方针。12 月 18 日至 22 日，党的十一届三中全会召开，实现了新中国成立以来中国共产党历史上的伟大转折。1979 年 1 月 3 日，学校党委召开系、处级以上干部会议传达全会精神。2 月 14 日，学校党委郑重做出《关于把我校工作重点转移到教学、科研上来的当前工作安排》，指出：两年来学校基本查清了林彪、"四人帮"的帮派体系在学校的活动；平反、昭雪、纠正了由于林彪、"四人帮"的迫害造成的冤、假、错案；基本落实了党的知识分子政策和干部政策；调整和加强了领导班子；基本分清了大的路线是非；转移工作着重点的条件基本具备，因而从现在起把学校的工作重点转移到教学和科研上来，在党的十一届三中全会精神的指引下，全面地、正确地理解和贯彻党的教育方针，坚持又红又专的社会主义方向，有计划地使学校在提高教育质量和学术水平的基础上不断得到发展，为国家更多更快地培养出合格的教师，为加快社会主义现代化建设贡献力量，努力把学校办成"既是教学中心，又是科研中心"的社会主义大学。为此，当前要做好以下工作：第一，以教学为主，千方百计提高教学质量。第二，逐步扩大科研范围，加强科研工作。第三，加强师资队伍建设。第四，加强思想政治工作。第五，加强教学后勤和生活后勤工作。第六，调整机构，健全制度。第七，领导方法和工作方法要有一个根本转变。

至此，学校在新的办学指导思想指导下，各项工作都紧紧围绕教学和科研这个中心有序展开。

为购进教学、科研所需图书资料，学校决定拨付图书馆的购置图书资料费由1978年的25万元提高到54万元。教务处提出1979年工作安排，要求各系应做好六项工作：（1）制定"三基"教学规划，促进学科建设。（2）加强教学一线师资力量，提高课堂教学质量。（3）认真贯彻因材施教原则，大力培养拔尖人才。（4）加强实验室建设，提高实验教学水平。（5）抓紧电化教学设备建设，充分发挥现有设备作用。（6）加强教学管理，促进学生德、智、体等的全面发展。

1979年4月下旬至5月初，全校范围开展了以课堂教学质量为中心的教学检查。检查表明，学校的教学特别是课堂教学工作有新进展，教学质量明显提高，是为转点以来的新气象。5月3日，借纪念五四运动六十周年之机，学校举行社会科学学术报告会。陈立人副校长在讲话中回顾了一年来学校哲学社会科学研究工作的发展和取得的成绩，对进一步促进哲学社会科学研究工作做了部署。6月18日，副校长陈立人主持召开以提高课堂教学质量为中心的教研室工作经验交流会，全校教研室主任以上干部与会。会议认真交流了加强教研室工作、开展教学研究的经验。春季学期末，教务处组织9位任课教师调研当前教学质量同前几年相比提高的情况，对使用的教材和学生掌握"三基"的实际程度进行了重点分析。9月下旬，文科各系纷纷举行新中国成立三十周年学术报告会，对有关政治理论与学术问题展开了深入探讨和热烈争鸣。1980年3月，教务处对1979年的教学工作再做总结，认为一年来学校的教学秩序日益稳定，教学质量不断提高。主要表现在：（1）在保证师生六分之五业务活动时间基础上严格执行了专业教学方案，进一步稳定了教学秩序。（2）各教研室普遍建立了定期研究教学、听课、观摩教学以及青年教师试讲等制度。（3）实行主讲教师责任制，课堂教学水平显著提高。（4）教学研究制度健全，教学改革深入推进。（5）保障教学的学科基本建设不断加强，文科各系重点进行了教材、教学参考资料和教学图表等的建设，理科各系着重进行了实验室建设。

1980年6月，教育部在京召开全国师范教育工作会议。校长李绵和教务处处长杜富德、教育系主任张安民等人参加会议。会议进一步强调教育科学及师范教育在社会主义事业中的重要地位，决定中央部属或省属重点师范院校在招生时可同全国重点学校同时录取。各级师范学校特别是高等师范院校必须重视和加强教育科学研究，教育部直属六所师范大学要起示范作用，要集中力量，抓好重点，发扬优势，走在前面。学校代表在会上做了《加强教师队伍建设，提高师资水平》的交流发言。会后正值暑假期间，学校先是召开校、系领导干部会议，校长李绵传达了会议精神。新学年开始又向全体师生传达了会议精神。随后，围绕加强重点、发扬优势这一主题，学校党委在联系实际并广泛听取各方面意见基础上，提出贯彻全国师范教育工作会议精神的意见：（1）到1985年使在校学生达到5000人。（2）按照教育规律办学，坚持师范教育特点，克服长期存在的对师范教育特点认识上的片面性。（3）要对学生加强科学世界观、革命人生观、共产主义道德品质、专业思想、共产主义远大理想的教育。（4）各系、所应根据自己的优势和特点积极开展科学研究工作；要重视教育科学研究，教育系、所要迎头赶上。（5）大力加强师资队伍建设，要打开眼界，抓好学科带头人的培养，不拘一格网罗人才，扩大教师队伍。（6）广开学路，恢复函授教育，举办夜大学。

（三）进一步加强思想政治工作

党的十一届三中全会后，党内外解放思想大潮可谓汹涌澎湃，但一些错误的思想苗头也在潜滋暗长，学校党委积极部署进一步加强思想政治工作，以为全面贯彻党的教育方针、培养又红又专的建设人才保驾护航。

根据邓小平解放思想、实事求是、团结一致向前看的方针和坚持四项基本原则的指示，学校党委在全校师生员工中反复开展党的十一届三中全会关于确立党的路线、方针、政策的宣讲工作，开展坚持四项基本原则的宣传教育，以进一步清除长期以来"左"的错误影响，消除派性，增强团结。1979 年 6 月，学校党委下发《关于加强思想政治工作的安排意见》。要求全校师生员工特别是各级领导干部要进一步学习党的十一届三中全会公报，认真领会精神，克服思想上的差错和糊涂认识；继续抓好学生坚持四项基本原则的教育，针对学生中发现的一些思想认识问题从马克思主义基本理论入手开展专题讲座教育；深入、系统地进行马列主义、毛泽东思想教育，努力提高学生四门政治理论课的教学质量；要在学生中坚持开展"学雷锋、树新风、创三好"活动；加强党的思想建设，发挥党员的先锋模范作用。随后，马列主义教研室还专门制定了《在政治理论课教学中怎样加强四项基本原则教育的意见》。

这一时期，学校党委尤其重视加强学生的思想政治工作。1979 年春季学期，全校范围组织开展了关于民主与法制、社会主义社会阶级和阶级斗争、社会主义的优越性、党的领导、坚持马列主义毛泽东思想、社会主义道德风尚 6 个专题讲座。每个选题先由教师宣讲，学生随后展开相应的讨论，以统一思想，提高认识。例如，政教系 1977 级一班就开展了"只有社会主义能够救中国"的专题讨论；经过深入研讨，全班同学对此问题的理论思考走向深入，思想认识得到提高，从而增强了坚持四项基本原则的自觉性。校团委、学生会在团员和青年学生中开展的"学雷锋、树新风、创三好"活动也蔚然成风。1980 年，学校评选出先进班集体 15 个，先进团支部 14 个，"三好学生"408 名，优秀学生干部 233 名。11 月，各系分别召开了表彰大会。

1981 年春季学期开学后，学校党委对建设社会主义精神文明和开展以"五讲四美"为内容的文明礼貌活动做了部署，发动群众自下而上地制定有关规定和公约。4 月底的检查表明，活动在营造良好道德风尚、争做好人好事等方面收到了显著效果。3 月中旬，校团委决定在全校开展"做合格共青团员"教育，以使广大团员了解团的历史，树立无产阶级世界观，自觉同党中央在政治上保持一致，自觉维护和发展安定团结的政治局面。4 月 13 日，时任教育部部长蒋南翔专程到学校召开座谈会，征求加强大学生思想政治工作的意见。他赞扬西安地区高校学生思想比较稳定，学习风气良好；要求校党委进一步加强领导，共青团和学生会应成为党委做好大学生工作的得力助手。6 月 10 日，学校第十次学生代表大会做出《关于开展"五讲四美"活动，建设文明礼貌之校的决定》。校党委书记、校长李绵在闭幕会上的讲话中强调发扬延安精神的问题。他指出：延安精神是党中央在艰苦的战争环境和极端困难的条件下培育起来的，是广大干部、群众、知识分子在马列主义、毛泽东思想指引下经过实践发展起来的，是思想政治工作上的创造性成果。希望同学们发扬延安精神，为振兴中华艰苦奋斗。6 月 27 日下午，学校党委召开庆祝中国共产党成立六十周年暨表彰大会。李绵在讲话中阐述了"没有共产党就没有新中国""只有社会主义才能救中国"的道理，论述了毛泽东在中国革命中的历史地位和毛泽东思想作为党的指导思想的伟大意义。9 月 3 日至 7 日，校党委召开思想政治工作会议，传达中宣部思想战线问题座谈会和教育部学校思想政治教育工作会议精神。会议要求校、系两级党组织要认真学习党的十一届六中全会《关于建国以来党的若干历史问题的决议》精神，联系实际开展批评与自我批评；要提高理论水平，运用马列主义、毛泽东思想的理论武器，在继续清理"左"的思想影响的同时，认真克服资产阶级自由化倾向和其他错误思潮影响。会议还制定了加强和改进学生思想政治工作的专门意见。学校团委遵照"做好党的助手和联系青年纽带"的宗旨，努力探索团的工作中"先进性和群众性的有机统一"，组织全校团干部带领广大团员创新活动形式、开辟第二课堂，积数年经验，编写出版了《团日活动一百例》《有趣的团日》等。时任共青团中央书记处第一书记胡锦涛曾为《有趣的团日》作序，称赞道："当我看到共青团陕西师范大学委员会几位同志编写的《有趣的团日》一书时，感到他们做了一件很有意义的工作。"[①] 1985年春，时任共青团中央书记处候补书记李克强来学校调研高校共青团工作，充分肯定了陕西师大共青团工作取得的显著成绩和经验。

第三节　第五次党代会的召开与学校事业的新发展

"文化大革命"结束后，特别是党的十一届三中全会以后，学校的面貌呈现出日新月异的变化。为了进一步统一全校师生员工思想，制定学校事业发展规划，1980年10月中共陕西师范大学第五次代表大会召开。以这次会议为契机，全校师生员工为完成新的任务而在各自岗位上更加自觉地努力奋斗，学校各项事业进一步呈现出良好的发展势头。

一、学校第五次党代会召开，干部队伍建设逐步加强

（一）第五次党代会对学校事业发展的规划

1980年10月18日至22日，中共陕西师范大学第五次代表大会召开，371名代表出席会议。这次大会的任务是：认真贯彻党的十一届五中全会精神，以坚持和改善党的领导为中心议题，统一思想，增强团结，进一步动员全校党员和师生员工为社会主义现代化建设培养合格人才而奋斗。李绵代表第四届党委会做工作报告。报告强调指出：学校第五次党代会是在结束了林彪、"四人帮"造成的十年内乱，全党工作重点转移，经济和政治制度方面的一系列改革逐步

---

① 胡锦涛：《创造出更多更好的团日活动形式》，见李炳武主编：《有趣的团日》，天津人民出版社，1985年，第1页。

开展的重要时刻召开的。全党工作重点转移后中央多次强调重视智力开发，积极发展科学教育事业。陕西师范大学是面向西北五省区的一所高等师范学校，学校的任务是培养高中教师和一部分师范院校师资，今后几年仍要坚持以提高为主的方针，并在调整中稳步发展。

报告对学校事业发展做出规划：1985年要使在校学生达6000人左右，并使研究生、进修生的比例有所提高。学校拟在文、理科各重点抓一个系以总结经验；各系要结合实际确定自己的重点学科，办出自己的特色；各学科要继续抓好"三基"教学，根据现代科学技术的发展不断更新教学内容，努力使学生掌握本专业的基础理论、专业知识和实际技能，把教学质量提高到一个新的水平。提高教育质量必须同教学改革结合起来，文科要加强社会调查，理科要加强实验和实习教学，促进理论联系实际。报告特别强调：陕西师范大学面临一项刻不容缓的任务，即大力加强和恢复教育科学研究；要以马列主义和毛泽东思想的普遍原理为指导，以研究中国教育的实际问题为中心，对国内外教育科学的理论、历史和现状进行研究，从而认识和掌握教育的客观规律。为更好适应教育事业的发展，学校应重视教师的培养和提高工作，继续充实教师队伍；同时要加强后勤队伍建设，改变后勤工作人员"青黄不接"状况。

报告还提出：要积极改善和加强党的领导，提高党的战斗力。当前要着力做好以下几项工作：第一，加强领导班子和干部队伍建设，逐步实现领导班子的年轻化、知识化和专业化。现在校、系两级领导班子特别是校一级领导班子平均年龄偏大。必须逐步使老干部退居二线，把中青年干部提拔上来。第二，要大力加强思想政治工作。一是要坚持四项基本原则教育；二是要抓好党的路线、方针、政策教育，特别要抓好教育方针、党的知识分子政策、"双百"方针等的教育；三是要在青年学生中加强马列主义和毛泽东思想基本理论、科学世界观和革命人生观、艰苦奋斗思想品德教育，既要克服单纯追求个人眼前利益的错误思想，更要抵制资产阶级腐朽思想的侵蚀，要建设一支坚强的政工队伍，发挥工会、共青团、学生会等的作用。四是继续坚持党员教育。第三，发扬民主，克服官僚主义，提高工作效率。各级党组织特别是党委负责同志要密切联系群众，随时听取群众呼声；坚决实行集体领导和个人分工负责相结合制度；下决心解决党政不分、以党代政问题；改进领导作风，克服和防止官僚主义。

（二）选举产生新一届"两委会"

经过反复酝酿和无记名投票，大会选出李绵、王周发、赵正、杜富德、丁淑元、王绍文、毛世武、上官鸿南、王守民、王景堂、甘枝茂、田文棠、刘文义、刘科、成一丰、李钟善、负伍胥、侯应云、胡秋芳、赵万怀、赵恒元、杨耀宗、路丙寅23人为中共陕西师范大学第五届委员会委员。委员会第一次会议选举李绵、王周发、赵正、杜富德、丁淑元、王绍文、毛世武7人为党委常委；选举李绵为党委书记，王周发为副书记。选举王景堂、白天珠、刘华盛、张贺群、张培植、高凌云、韦效基、宫自杰、赵正9人为中共陕西师范大学第五届纪律检查委员会委员，选举赵正为书记，张贺群为副书记。

1981年2月，中共陕西省委批准上述选举结果。

（三）学校干部队伍建设进一步加强

根据1978年10月教育部印发的《全国重点高等学校暂行工作条例（试行草案）》中关于高等学校实行"党委领导下的校长分工负责制"，以及系一级"实行系党总支委员会（或分党委）领导下的系主任分工负责制"，取消校务委员会，设立学术委员会的精神，学校党委于1979年上半年决定：学校实行党委领导下的校长分工负责制，并逐步建立落实相应的制度和机制；加强校、系两级党政干部队伍建设。

第五次党代会前，学校已经按照中共中央一再号召的革命化、年轻化、知识化、专业化的要求选拔德才兼备、年富力强、有科学文化知识、敢于创新的干部充实各级领导班子。几年来先后配备校、系两级领导干部80名，行政科级和教研室主任 170 名。一大批年富力强的中青年教师和干部加入各级领导班子，使得学校系、处级干部的年龄结构和知识结构发生了显著变化。各级党组织都能遵照党的十一届三中全会精神和校党委的指示，积极推动转点工作落到实处；各级行政领导都能紧密配合，决心尽快提升学校的教学和科研水平。

第五次党代会后，学校进一步落实党委领导下的校长分工负责制。针对管理工作中存在的弊端，学校党委决定推行系主任（所长）负责制，扩大系主任（所长）职权，继续提拔一批具有高级职称的中青年知识分子进入系（所）、部、处领导班子，使学校各级领导干部向知识化、专业化方向又前进了一大步。各系、处、所在实行主任（所长）负责制中都将责任与权力紧密结合，极大地调动了各级干部的工作积极性。

1981 年 12 月，教育部党组任命韦固安为学校副校长。这时学校党政领导班子由 8 人组成，即党委书记兼校长李绵，副书记王周发，副校长陈立人、李子新、文普华、史念海、赵恒元、韦固安。1983 年 11 月，教育部党组与陕西省委商得一致，决定调西安交通大学副校长张肇民任陕西师范大学党委书记，陈立人任陕西师范大学校长，赵小松、陈俊民、赵万怀任副校长；免去李绵陕西师范大学党委书记、校长职务，免去韦固安、赵恒元、史念海副校长职务；李绵、韦固安任陕西师范大学顾问。

张肇民（1929—2024），山东招远人。1945 年 2 月在招远县参加革命工作，1945 年 8 月加入中国共产党。全面抗战时期，任山东省招北县四区青年抗日救国会儿童团长。解放战争时期，任招北县民政科员、胶东区建设学校学员、中队长，其间任支援鲁南大会战运输队副教导员，荣立二等功。1949 年后，任华东人民革命大学教育助理、副股长，上海交通大学政治辅导员。1952 年随校西迁。1954 年入中央党校师资部学习。1956 年 8 月任西安交通大学马列教研室讲师、副主任。1962 年 12 月任西安交通大学无线电系党总支副书记，1970 年 8 月后任西安交通大学校务部办公室主任、校务部代部长、校长办公室主任、校党委常委、副校长。1983年11月至1987年9月任陕西师范大学党委书记。后任西安交通大学正校级调研员，1989年4月离休。

陈立人（1924—1999），广东梅县人，中共党员。1944年考入当时迁至重庆北碚办学的复旦大学生物系学习。大学期间，除在校参加革命活动外，还受中共中央南方局青年组委派，深入川东农村和重庆中华海员工会从事地下革命工作。1946年3月赴延安，历任陕甘宁边区米脂中学、延安大学附属中学、黄陵联合中等学校教师、团委书记等。1949年5月西安解放后，任陕西省教育厅督学，陕西工农速成中学校长、党支部书记。1955年调陕西省委工作，先后任省委讲师团讲师、哲学教研室主任，省委宣传部部委委员、理论处处长等。1972年调陕西省教育局工作，任政工组组长。1973年至1977年任陕西省教育局党的核心小组成员、领导小组副组长。1977年6月起任陕西师范大学党委副书记、革委会副主任、副校长、校长等。

二、围绕提高教育质量开展教改工作，教学和科研水平持续跃升

1980年12月23日，校长办公会议讨论通过《陕西师范大学关于改革教学提高教学质量的工作意见》（简称《意见》）。该《意见》不同于通常的教学工作安排，而是针对6月间全国师范教育工作会议对高等学校教学工作提出的要求制定的，中心内容是强调要搞活教学，重视学生智力和才能的培养。《意见》提出如下要点：首先，重视学生智力和才能培养的高等学校教学应在传授基础知识的前提下，把重点放在培养和发展学生的智力与才能上。为纠正忽视学生智力发展的现象，必须在教学内容、教学方法、教学环节等方面进行改革。其次，要重视因材施教，培养拔尖人才。为此要努力改革教学制度，试行学分制，试行学生奖学金制度，提高外语教学水平，着力激发学生潜力，为拔尖人

才的成长创造有利条件。再次，要切实改进和加强教学管理，提高管理工作的效率和质量。为此，要努力改善办学条件，试行教师教学工作量制度，实行教学质量奖励制度，实行主讲教师负责制，以进一步激发教师投入教学及系、教研室组织领导教学的主动性与积极性。

《陕西师范大学关于改革教学提高教学质量的工作意见》下发后，各系踊跃开展以提高教学质量为中心的教改工作。

（一）以教学改革促进教学质量提升

1981年春季学期始，各系认真贯彻《意见》精神，积极采取如下措施：第一，再度修订教学计划。各系在总结经验基础上修订了教学计划，适当减少了必修课程门类和分量，增加选修课；适当减少讲授课时以便学生自学。第二，精选教学内容。紧紧围绕教学大纲精选基本理论、基础知识、基本技能方面的内容，明确教学重点。第三，改进教学方法，提高课堂讲授水平。各系普遍安排有经验教师上教学第一线，提倡教学内容要少而精，实行启发式教学；课堂教学要注重培养学生分析问题、研究问题的能力；课外辅导和批改作业要从学生实际出发，启发学生自己研究问题。第四，加强实践教学环节。理科的实验课多改为单独设课，实习、实验均进行成绩考核；文科各系则积极安排学生开展社会实践。第五，注重培养学生的科学研究能力。除撰写毕业论文外，还在文科系高年级试行学年论文制度。

《意见》的贯彻立即收到显著效果。如物理系就普遍安排有经验的教师担纲课堂教学工作，当年春季学期任课教师中教授、副教授、讲师占90%以上，课程作业、期中考试、实验课成绩占总成绩的30%。地理系跟踪国际科技发展新形势，为1977级、1978级学生增开了五门选修课和三门讲座课。中文系要求教学中突出文学课特点，培养学生的艺术修养和鉴赏能力；结合教学内容开展思想政治教育，批判社会上的错误思潮。历史系学生学术钻研蔚然成风，不少学生围绕自己感兴趣的选题研读史料，撰写出一批具有相当水准的学术论文。

1981年9月10日，教务处制定《1981—1982学年第一学期教学工作安排》，进一步强调本学期要围绕贯彻《陕西师范大学关于改革教学提高教学质量的工作意见》做好以下工作：一是加强思想政治教育。广大教师要在教学中渗透思想政治教育，既教书又育人；加强劳动教育；进行校风校纪教育；恢复和健全考勤制度，严格执行学生的成绩考核和升级留级制度。二是修订教学计划。适当减少必修课学时，增加选修课；选修课学时在总学时中的比重，文科不少于15%，理科不少于10%；适当减少教学时数，增加学生自学时数，教学与自学时数的比例文科应做到1∶2，理科1∶1.5。三是改革教学内容和教学方法。教学内容应在加强"三基"教学的前提下贯彻少而精原则，精选教材，更新内容；教学方法应着眼于培养学生的智力与才能，既要发挥教师的主导作用，又要利于培养学生的主动学习精神。

在这次教学改革中，学校号召全体学生要为祖国"四化"建设锻炼身体，并将体育课列为学生的必修课，规定体育成绩不及格者不发毕业证书。学校还大力倡导寓德育于智育之中，要求教师在课堂教学、实验、实习、辅导、批改作业等环节对学生渗透共产主义理想、爱国主义、世界观、职业道德、学习目的、学习态度和方法等的教育，引导学生自觉地把个人成长与祖国"四化"建设联系起来。一时间，全校教书育人先进集体与先进个人不断涌现。政教系中共党史教研室坚持在教学中渗透四项基本原则。中文系教师马家骏在外国文学教学中坚持用马列主义、毛泽东思想分析作品，注重帮助学生提高文学作品鉴赏能力；他还以外国文学鉴赏为题在省内高校巡回报告数十场，受到青年学生的一致好评。1982年11月，马家骏应邀出席教育部召开的高等学校共产主义思想教育座谈会，1983年、1984年先后获得陕西省"社会主义精神文明先进个人"和"教书育人先进教师"光荣称号。

为检查《意见》落实情况，学校于1982年对1977级、1978级本科生的培养质量进行了专题调研，着重从德育、智育、体育三方面做了质量评价分析。结果表明，这两级学生的培养质量是比较好的，具体表现在：一是坚持四项基本原则的自觉性强。大多数学生辨别是非能力高，多数人政治上敏感、思想上活跃、行动上持重。二是专业学习成绩优良者居多。以部颁教学计划对照衡量，1977级学生成绩达优秀标准的占30%，良好程度的60%，一般水平的10%；1978级学生达优秀标准的占15%左右，良好程度的60%，一般水平的20%，较差的5%。三是体育锻炼积极。两届学生通过体育课学习掌握了基本的体育知识和体育技能，达到国家体育锻炼标准者分别占总人数的41.3%和43.4%，身体素质较入学时普遍提高。

在贯彻《意见》落实教改的同时，1981年3月，学校确定历史、数学两系试行学分制。还决定全面实施学生奖学金制度，从1980—1981学年起每学期结束前评选一次。1983年2月，学校确定中文、数学两系进行扩大系自主权以解决教学"吃大锅饭"现象的改革试点。6月，校行政会议决定从本学年起评选"教学质量优秀奖"，以奖励在教学工作中做出优异成绩的教师和承担实验教学任务的实验员、工程师等。10月12日，学校召开首次教学质量优秀奖颁奖大会，校领导向荣获1982—1983学年度教学质量优秀奖的77位教师颁发了获奖证书和奖金。

为了进一步了解当时基础教育领域师资队伍的基本情况，分析以往学校人才培养工作的成绩与不足，1983年11月至翌年初，学校组成由校长陈立人、教务处处长杜富德牵头的中学教育教学情况调查组，分赴咸阳地区14个县市的106个中学和单位，对学校1977级、1978级、1979级230名毕业生的情况展开调研。调查表明：这些毕业生绝大多数可以胜任中学教育工作；90%的毕业生专业基础知识扎实，知识更新快，可以满足中学教学需要，但也存在知识面偏窄、独立分析处理教材能力较差等问题；75%的毕业生教学能力强，但也存在写作及指导学生实验能力较差、缺乏教育组织管理能力、不善做学生思想政治工作等问题。这次教育质量综合调查为学校深入开展教学改革以提高教学质量、培养合格中等教育师资提供了可靠的依据，也使全校上下进一步认识到教育教学改革的迫切性：必须从当前教师教育的任务、规律与特点出发，进一步改革教学领域及其他环节存在的不利于培养合格中等教育师资的因素，以便使高等师范教育真正做到"面向中学""面向现代化、面向世界、面向未来"。

（二）科研工作恢复发展起来

第五次党代会后，学校的科研工作也开展起来。根据《全国重点高等学校暂行工作条例（试行草案）》的有关规定，1979年1月学校成立学术委员会，主要任务是：指导全校学术活动，组织参加国内外学术交流，评审、鉴定科研成果及重点学科，对学校教育事业发展规划、教学和科研工作中的重大问题提出建议。校学术委员会由34人组成，下设文、理两个委员会。刘泽如任顾问；陈立人任主任委员，史念海、赵恒元、魏庚人、高元白任副主任委员；史念海、赵恒元分别任文、理科委员会主任委员。

1980年3月，教育部在学校召开全国高等学校文科科研工作座谈会，交流社会科学研究情况和经验，讨论高等学校加强文科科研对于继承人类文化遗产、繁荣社会主义文化、不断提高教学质量、大量培养人才促进"四化"建设的重大意义。学校系以上主管文科科研工作的干部旁听了会议。1981年上半年，学校修订《1981—1985年科学研究规划》，强调各专业都应把科研选题与学科建设结合起来，加强应用科学研究，以进一步发挥各系、所的优势与师范教育的特点。

随着学校科学研究工作走向深入，一批科研机构相继恢复与建立。1978年6月，陕西师范大学教育研究所恢复。1981年1月，教育部批准成立陕西师范大学唐史研究所。10月26日，陕西省高教局通知陕西省物理研究所、陕西省电化教学研究室设在陕西师范大学，归口省高教局领导，委托学校代管。陕西省物理研究所主要开展应用声学、太阳能利用、激光应用研究；电化教学研究室主要研究高、中等教育教学手段现代化的理论与方法。1983年4月，教育部批准成立陕西师范大学古籍整理研究所。学校还相继组建了10多个系属研究室，形成了一支老中青结合、专兼职结合的科研队伍。这一时期，学校的科研产出也取得不菲的成绩。仅党的十一届三中全会至 1984 年 10 月，学校在自然科学方面就有近 40 项成果分别受到全国科学大会、陕西省科学大会和陕西省科委、省高教局的奖励；哲学社会科学方面出版专著 44 部，发表论文 1200 多篇，有 51 篇获得陕西省社会科学界联合会的奖励。

由于科研工作逐步开展，校内外的学术交流活动也日趋活跃。1980 年起，各系、所除定期举行学术报告会和参加国内有关学术会议及其他科学技术活动外，还积极邀请国内外知名学者来校讲学，举办各种类型的学术报告会。1981 年 6 月，学校举办纪念鲁迅诞辰一百周年学术讨论会，学者曹靖华、李霁野、李何林、许杰、戈宝权及鲁迅儿子周海婴出席会议，戈宝权还为全校师生做了题为《鲁迅著作在世界文学中的地位》的学术报告。10 月 6 日至 12 日，中国农民战争史研究会第二届年会在学校举行。中国社会科学院历史研究所、高等院校及部分省社会科学院等 61 个单位的专家 83 人与会，胡如雷、黄惠贤等学者还给历史系师生做了学术报告，漆侠教授会后在历史系做了宋代经济史的专题讲学。10 月 16 日至 23 日，全国《反杜林论》哲学问题讨论会在学校召开。来自全国高等院校和科研机构的 46 名学者对杜林哲学的基本性质、恩格斯与杜林论战的实质、辩证的自然观和方法论等问题进行了广泛讨论，提出了很多有价值的观点。10 月 18 日至 23 日，中国历史地理学学术讨论会在学校召开，学者谭其骧、史念海、王战、陈桥驿、邹逸麟等做了交流发言。1982 年 3 月 29 日至 4 月 4 日，第一次全国唐诗学术讨论会在学校召开，包括学者程千帆、陈迩冬、吴调公、胡国瑞、舒芜、金启华、姚奠中、匡扶、霍松林等人在内的来自全国 27 个省、自治区、直辖市的 170 多名学者出席会议，另有 20 多个科研、文化、新闻、出版单位和 70 多所高校派代表赴会。会议讨论了唐诗发展的规律和作家、作品、流派、风格等方面有争论的问题，并就拓展唐诗研究领域以及提高唐诗研究水平和教学质量等问题交换了意见。5 月 5 日至 14 日，全国教育史研究会第二届年会在学校召开，中央教育科学研究所所长、中国教育学会会长董纯才做了题为《学习老解放区教育经验的体会》的学术报告。会议对学校深入开展中外教育史特别是陕甘宁边区教育史的研究起了有力的推动作用。12月中旬，中国鸟类学会第二次年会在学校召开。1983年5、6月间，教育部委托学校筹备召开首届高师化学教学法教学经验交流会。10月20日至24日，教育部委托学校筹备召开有机化学实验交流会。1984年8、9月间，新中国成立以来拓扑学界规模最大的学术会议在学校召开，全国政协常委、中国数学学会理事长、数学家吴文俊做了学术报告。10月8日至14日，中国法国史研究会第四届年会暨专题学术讨论会在学校召开。12月7日至14日，全国高等学校中文、历史专业教材编选会议在学校召开，参会的近50位专家学者总结了新中国成立三十五年来高等学校文科教材建设的经验教训，对中文、历史专业的教育改革、培养目标、教材编选等问题进行了深入讨论，并制订了1985—1990年教材编选计划。上述学术会议在学校的举办，不仅使教师收集和掌握了大量的学科前沿信息，也加强了学校与各高校、科研单位间的学术交流与合作，提升了学校在社会上的影响力。

1982年11、12月间，学校召开了1982年科学报告会。这是一次检阅交流学校科研成果、推动教学科研两个中心并重的建设性大会，有297位教师向大会报告或提交学术论文，其中哲学社会科学研究论文152篇，自然科学研究论文145篇。开幕式上，副校长陈立人做了题为《认真贯彻十二大精神，加强科研工作，为实现党的新时期的总任务而奋斗》的报告。他指出：要正确认识科研工作在"两个文明"建设中的重要地位和作用，要在做好教学工作的同时重视和加强科研工作；要正确处理应用研究和基础研究的关系，社会科学工作者要坚持理论联系实际原则大力发展直接应用研究，自然科学工作者要面向经济建设，研究经济建设中有重大经济效益的关键科技课题；要做好科研发展规划。为此，一要坚决贯彻科学研究面向经济建设，把促进国民经济发展放在首位；二要突出陕西特点，加强地方性问题的研究；三要大力开展教育科学研究，使之处于领先地位；四要把长远规划和短期计划结合起来，要加强对科研工作的领导。会后，各系、所、室陆续举行了50多场报告会，深入进行各学科的学术交流。

（三）学科建设开始起步

科研工作的发展有力地推动了各门学科的建设和新兴学科的产生。1980年起，学校决定通过重点学科建设促进一般学科发展。在各系认真研究基础上确定中国历史地理、唐史、古典文学、分析化学、光学、中国自然地理学、超声学、无脊椎动物学等8个学科为学校的重点学科，并选定重点学科带头人和重点科研课题，制定重点学科建设规划，组建学术梯队。重点学科建设工作的开展，进一步彰显了学校的学科特色与优势，搭建起既能培养高质量的专门人才，又能提高本学科科研水平的学术平台。

1984年11月，学校申请设立计算机科学专业；翌年5月，教育部、国家计委批准学校设立计算机科学专业，并于当年招录32名学生。学校因而成为全国高等师范院校中最早设立计算机专业的院校。

（四）创办多种学术刊物和出版社

学校1972年创办的中学政治、语文、数学、物理、化学教学参考问世以来备受全国各地中学师生的青睐。1979年和1985年，学校又先后创办了《中学历史教学参考》《中学地理教学参考》和《中学生物教学参考》。至1983年，"中学教学参考"系列杂志已发行至除台湾外的所有省、自治区、直辖市，1984年发行量突破70万份。1985年5月，经中共陕西省委宣传部批准，成立陕西师范大学杂志社。

1979年1月，教育部批准《陕西师范大学学报（哲学社会科学版）》向国内外公开发行。4月3日，学校党委做出《关于进一步办好我校哲学社会科学学报的决定》（简称《决定》），对学报的性质与办刊方向、文风改进、办刊特色、健全编委会、加强编辑部建设等问题做出明确规定。《决定》是学报创刊以来学校制定的第一份专门文件，在推动学报由不很正规到完全正规过程中发挥了重要作用。根据《决定》精神，学报相继开辟了《唐史研究》《唐诗研究》《历史地理研究》《关学研究》《农民战争研究》《陕西历代教育家评传》《陕甘宁边区教育研究》等栏目，初步形成了学报的重点和特色，发行范围遍及除台湾外的所有省、自治区、直辖市及境外10多个国家和地区。

1981年7月，史念海教授主编的《中国历史地理论丛》创刊。刊物继承20世纪30年代《禹贡》半月刊[①]的精神，以促进中国历史地理学为社会主义现代化建设服务为宗旨，主要刊登历史地理学基本理论和方法、历史自然地理和历史人文地理、地名学、方志学、古都学、历史地理学史以及相关的专题资料索引、重要的历史地理考察报告和考古发掘报告等方面的最新研究成果。刊物现由西北历史环境与经济社会发展研究院主办，是目前国内历史地理学科唯一的定期刊物，在历史学界有很高声誉。2023年10月，刊物荣获"郭沫若中国历史学奖"优秀史学刊物奖提名奖。

1983年，《唐代文学研究年鉴》在学校创刊，一年一期。该刊由中国唐代文学学会与学校中文系共同编辑，时由山东大学萧涤非教授任主编，学校霍松林教授是副主编之一，同副主编、中华书局副总编辑傅璇琮一起担任执行编委。《年鉴》为一文献资料性工具书，设有《唐代文学研究笔谈》《一年研究情况综述》《一年论文摘要》《新书选评》《唐代文学研究和整理》《一年学术活动》《国外研究活动》《已故学者介绍》等栏目。国内外专家学者盛赞《年鉴》"在中国还是一件创举。大家一编在手，可以足不出户而知国内外唐代文学研究概况""为这一学术领域研究工作的开展留下忠诚记录，鉴往而知未来，它的推动力量是难以估量的"。

1985年1月，经国家教委、文化部出版局批准，成立陕西师范大学出版社。

---

① 1934年2月，顾颉刚、谭其骧等发起筹组以研究中国沿革地理和相关学科为宗旨的禹贡学会，创办《禹贡》半月刊。6月和8月，正在辅仁大学历史系读本科、时年22岁的史念海在该刊相继发表《两汉郡国县邑增损表》《关于〈两汉郡国县邑增损表〉》两篇文章。

三、狠抓师资队伍建设，教师政治和业务水平不断提高

"文化大革命"结束后，严重的人才断层状况使全校上下形成一个共识：建设一支高水平的师资队伍是提高教学质量和科研水平的决定性因素。因此，学校一直将加强师资队伍建设作为各项工作的重中之重。

（一）首抓中青年教师队伍建设

恢复高考招生后，学校每年都选拔本校或外校品学兼优的研究生和本科生补充师资队伍。同时也接收其他单位学历和科研水平优秀的人员来校任教。1987年起，学校规定补充师资只接收有研究生学历者。

针对十年"文革"导致不少教师业务有所荒芜、知识更新缓慢的情况，学校因地制宜地培训在职教师。1977年9月，中文系开办青年教师进修班，学员系1975、1976、1977年毕业留系的教师16人（内有宝鸡、汉中分校3人），开设哲学、文艺理论、现代文学、古典文学四门课程，学员脱产进修二年。1978年上半年，学校举办脱产或半脱产的中文、数学、物理、外语4个进修班，共计培训中青年教师195人，其中脱产培训40人；同时选送校外培训教师14人。秋季学期开学后，学校继续出台多项措施帮助教师提高外语水平，先后举办了脱产英语学习班和业余日语、俄语学习班。参加学习的教师有350多人，占教师总数的一半以上。学校广播台和电化教育室也定期播放外语学习节目。1979年3月，学校聘请美籍华人教授荆允敬、澳大利亚拉特劳布大学浦莱斯博士等4位外籍专家来校任教，除在外语系开课外，还为全校教师举办了各层次的英语培训班7个，200多名教师参加了学习。同年10月，学校从中年骨干教师中选拔41位尖子（文科22人、理科19人）作为学术带头人的后备力量进行重点培养，并制定出1979年至1984年五年培养规划，确定研究方向和指导教授。到1984年，这批重点教师中34人获提教授、副教授职称。他们都在开设新课、培养研究生、开展学术研究方面做出了显著成绩，发挥了重要作用。1980年7、

8月间,学校举办有70多名教师参加的暑期英语讲习班,继续由普莱斯博士任主讲教师。讲习班虽只有一月学习时间,但对学校培训英语教师、提高学员英语水平起到了不容小觑的作用。1978年至1983年年中,学校派往国内高校进修的教师达164人,校内举办英、日、俄语培训班27期,脱产、半脱产或参加业余培训的教师达610人。这一时期,学校还选派23名教师出国进修、访问、讲学或攻读研究生学位,他们分别在美国、英国、法国、澳大利亚、新西兰等国家学习和研究15门学科21个专业的基础理论、实验技术和先进实验设备的使用。这些教师在国外勤奋学习、刻苦钻研,均取得了良好的成绩,受到了导师的好评和国外学界的重视。

(二)推进教师素质全面提升

1981年春,根据全国师范教育工作会议及教育部《关于加强高等师范学校师资队伍建设的意见》精神,学校制定《1981—1985年师资培养规划(初稿)》,要求全校教师努力提高自己的政治水平和业务能力,各系要加强基础课教师的培养补充,逐步改变教师结构不合理状况;学术带头人要进一步培养助手和研究生,逐步解决教师队伍青黄不接问题;教授、副教授至少教好两门课,开两门以上选修课,还应积极进行科学研究;讲师要保证教好一门课,并讲授一门选修课;青年教师要打好基础,过好教学关、实验关,掌握一门外国语,五年内必须讲好一门课。1983年初,教务处在工作要点中提出:计划从本年起对中青年骨干和重点教师进行定向培养,并制定师资培养三年规划;青年教师要在三至四年内过好外语关、基础关、教学关;中年教师要解决知识老化问题,要在教学和科研方面有新的突破,成为有关重点学科的带头人。

经过持续数年努力,学校师资队伍建设工作取得了可喜成就。多数教研室已有学科带头人和后备力量,青年教师中已有不少人达到了硕士研究生水平。从1978年恢复教师职称评定至1983年,全校共提升教授9名,副教授137名,讲师326名,助教150名,占教师总数的69%。截至1987年底,学校各类专业技术人员已达 1500 多人，相当于七年前全校教职工的总和，其中具有高级职称者达 350 多人。学校已经拥有一支学有专长、育人水平高的教师队伍。

四、服务教学科研工作，后勤改革和基本建设长足发展

（一）加快后勤基础设施建设

"文化大革命"结束后，学校极力推动后勤工作再上台阶。1978 年初，学校党委在制定上半年重点工作安排时就提出：要加强后勤和其他各项工作，以保证教学、科研工作的顺利进行。12 月 2 日，校行政会议对如何办好学校伙食进行专题讨论，决定开展劳动竞赛，调动炊管人员的积极性；加强人员管理，做好成本核算；以改进副食为主，提高饭菜质量；购置冷藏设备、面包炉、饺子机、切菜机等设备。此后，学校的伙食工作有了明显的进步。

1979 年 2 月，学校党委在安排工作转点时特别强调，要"加强教学后勤和生活后勤工作"，领导干部要深入教学和科研第一线，机关同志要当好教学、科研的"后勤兵"。这一年，学校新开工程项目 10 个，约 24000 平方米，当年竣工 9369 平方米；完成图书馆、教工和学生食堂等大型维修项目 66 项；修建了地理系暗室、物理系激光全息照相工作台，完成了电化教育室四个视听室的设备安装，新制课桌课椅 3728 件；加强了招待所工作，全年共招待各种学术会议 21 次，接待国内外专家学者及其他客人 1684 人次；校车队安全行车 130 万公里；卫生工作坚持以预防为主，师生的发病率较上年显著下降；学校还协助市饮食部门和大荔农建师在校内办起国营食堂和油条、豆浆供应点，极大地方便了师生员工的需求。

（二）改革后勤部门的组织机构和管理体制

1978 年 9 月，学校成立总务处，下设事务科、生产科、财务科、校产科、伙管科、招待科、基建办公室、卫生室等。10 月，总务处颁行《总务处各科室职责范围》细则。该细则的实施，进一步纠正了此前后勤部门推诿、拖拉等不

良现象，大大提高了工作效率。1979年学校推行灶制改革，把过去一直实行的学生包灶制改为食堂制，从而增加了食品花样，满足了师生就餐需求。

1980年初，学校改革总务、基建部门的管理体制，确定由一名副校长分管总务和基建工作。当年，学校基建竣工教工住宅、单身宿舍、学生食堂等建筑11825平方米。为使后勤工作更好跟上其他工作的步伐，1981年初学校对本年度后勤工作提出了刚性要求：新建宿舍楼和食堂在保证质量的前提下按期竣工交付使用，以保证新生入学之需；千方百计办好食堂；建立和健全物资管理制度，巩固清产核资成果；制定学校校舍建设总体规划。这一年，工程基建项目增至11项，共计41000平方米；声学楼、教工楼、学生住宅楼、冷库、主食加工厂等竣工，共计16845平方米。1982年，学校基建工程教工住宅楼、学生食堂等竣工，共计7463平方米。1983年3月，伙管科推行"经费包干""定员、定额、超产提成"的承包责任制改革。此举极大地调动了炊管人员的积极性，使学校伙食工作发生了欣喜变化。此前食堂秩序混乱、灶群关系紧张的老大难问题得到根本解决，炊管人员由高峰期的204人减至149人；开饭时间延长，随到随买；饭菜花样品种也增加不少。11月24日至26日，陕西省高等院校首届"青年烹饪杯"竞赛在学校举行，36所高校的54名青年炊事员参加比赛。经过品尝评比，学校以总分第一夺得首届"青年烹饪杯"。1983年，学校基建竣工项目有民族学生食堂、图书馆、大书库、汽车库，共计建筑面积6140平方米。

鉴于学校规模扩大、基建项目增多、任务重时间紧的形势，1984年10月学校决定撤销总务处基建办公室，成立基建处，下设计划财务科、施工技术管理科、材料科。这一年，学校基建工程竣工项目有高校干部培训中心楼、电话总机房等，共计建筑面积4231平方米。1987年起，学校伙食工作全面推行承包责任制，打破平均主义，引进竞争机制，进一步调动了食堂职工的劳动积极性。

（三）美化校园环境和改造陈旧设备

学校校园历来美如画卷。"文化大革命"前即有"西安十八景，六景在师大"之说。新时期以来学校也高度重视美丽校园建设。1978年冬至翌年春，后勤部门绿化职工造林3200多株，自繁自育各种树苗、花苗10万株用以绿化校园。1985年，学校聘请园林专家对教学区的绿化格局进行论证，确定教学区的绿化按照"四季常青，三季有花，以木本花为主，草木本相结合"的原则布局。据此，校园科职工着重绿化了教学区各条道路，空闲地带栽种了花木和大片草坪。1984年图书馆楼前两侧花坛建起凉亭，1987年图书馆楼前中央位置建起一座假山。经后勤园林职工多年不懈的辛勤工作，校园的美丽程度显著提高，可谓三季有花，四季常青；宽畅幽雅，生机勃勃；有山有水，有静有动；有树有草，有亭有廊；错落有致，层次分明。国内外宾客进校后无不交口称赞："陕西师范大学校园真美！"20世纪80年代中期，德国一家电视台就以学校校园为背景摄制介绍中国高校的节目；美国一家杂志也曾报道学校图书馆及校园风景。学校图书馆还与钟楼、兴庆宫、大雁塔等一起被印上邮政明信片，与人民剧院、报话大楼、人民大厦并称为新中国成立后西安市的四大优秀仿古建筑。

学校的水、电、暖基础设施大多是20世纪50年代建设的，不仅设备陈旧老化，而且容量过小，远不能适应学校事业发展的需要。几年间，后勤部门克服经费紧缺困难，尽最大努力予以更新和维护，基本上保证了教学、科研和师生员工生活之需。多年来，学校一直是靠自备井供水。随着学校事业的发展和人员的增加，供水紧张情况日益严重。为解决这一矛盾，1985年在操场西区挖掘一眼新井，每小时可出水60吨。为解决供电不足困难，1987年学校新建了配电室，变压器电容量可达2860千伏安，加上原来的1960千伏安，可基本满足全校的用电。1985年学校新建600门电话总机房，1992年又扩充了200门。

第四节　学校在改革开放中的学科建设和人才培养

1985年3月和5月，中共中央相继出台《关于科技体制改革的决定》和《关于教育体制改革的决定》，国家将科技教育体制改革提上重要议事日程。借助国家科技教育改革大潮的东风，陕西师大也从学校实际出发，紧紧跟随国家科教改革步伐，着力推进学科建设和人才培养工作，为把学校建成国内一流的社会主义师范大学创造基础条件。

一、学校召开首届教代会，落实教学和科研两个中心并重方针

1984年12月19日至22日，学校召开首届教职工代表大会暨第五届工会会员代表大会。校长陈立人做工作报告，提出学校改革的主要任务：第一，要充分认识改革的必要性和紧迫性，明确改革的目的。第二，改革的目标是到1990年有计划有步骤地把学校建成西北地区的教学、科研、图书资料、教育实验中心，学科比较齐全，设备比较先进，办学形式层次多样，教学和学术水平居于全国高等师范院校先进行列，向国内外开放的重点师范大学。第三，改革后勤管理，为实现学校发展提供相应的物质条件。第四，改革计划外资金管理和住房分配、职称评定等办法，进一步落实知识分子政策。第五，改革人事管理、人员培训制度，加强教学科研、管理干部和政工干部、工人三支队伍建设。第六，改革管理体制，改进领导作风。

闭幕会上，学校党委书记张肇民做了题为"清'左'破旧，努力开创改革新局面"的讲话。他指出：改革是一场深刻的革命，要迈出改革的步伐，开创工作新局面，必须坚决地彻底地清"左"破旧，使我们的思想特别是各级领导干部的思想有一个大提高和大解放，跟上改革的形势和时代的潮流；学校教育改革的根本目的和根本任务就是要贯彻执行邓小平同志关于"三个面向"的指示，全面贯彻党的教育方针，进一步解放思想，走自己的路，把学校办成具有中国特色、具有自己特色的第一流水平的社会主义高等师范院校，培养出适应

"四化"要求的一代新人。

首届教职工代表大会暨第五届工会会员代表大会倡导的改革精神，使全校教职员工备受鼓舞，进一步凝聚起了做好各项工作的决心与动力，也成为"中国特色、国内一流师范大学"办学目标的起点。

1978年底学校党委提出的把学校办成"既是教学中心，又是科研中心"的方针得到了广大教师的热烈拥护。但由于受"师范院校只能搞教学，不必搞科研"以及"搞不搞科研无关紧要"等旧观念的影响，教师中忽视科研的现象仍很严重。为了统一思想，提高认识，加强科研工作的地位和作用，学校于1985年结合贯彻中共中央《关于科技体制改革的决定》《关于教育体制改革的决定》等文件精神，采用多种形式组织全校干部、教师和科研人员就高等师范院校究竟应把科研工作放在什么位置，以及科研与教学、科研与师资培养、科研与重点学科建设、科研与促进高等师范教育事业发展的关系等问题展开讨论。通过学习和讨论，广大干部、教师和科研人员进一步取得以下共识：首先，教学和科研既对立又统一，两者是相互依存、共同促进的关系。教学为科研提供良好的基础，科研可带动教学质量的提高。其次，科研是提高师资水平、加速高等师范院校教师队伍和学科建设的基本途径；只有长期不懈地进行科研工作才能逐步形成学校的专业优势，为建立和发展重点学科，争取硕士、博士授予权奠定基础。再次，通过科研发挥高等师范院校科研人员的潜力，既可为经济建设服务，又可取得经济效益，改善高师院校的办学条件，加速高师院校事业的发展。

明确了科研工作在高师院校中的地位和作用，还要营造科研工作更好发展的氛围。1986年6月和12月，学校先后举办"部分青年教师教学科研成果展"和"全校教学科研人员成果展"。这两次展览，既着重介绍了学校完成的在国内外有广泛影响的科研项目，又突出宣传了广大教师教学之余在科研领域取得的骄人业绩。展览还引起了校内外有关方面的广泛关注。省、市报纸和电视台纷纷予以报道，不少兄弟院校也派代表前来观展。举办展览，既使参展同志受到鼓舞，也给展品不多或无展品的教师与科研人员以鞭策。广大教师纷纷表示要向先进同志学习，要在做好教学工作的同时努力开展科研工作。

1986年5月，国家教委党组决定王国俊任陕西师范大学副校长、代理校长，李钟善任副校长；免去陈立人的陕西师范大学校长职务，免去李绵的陕西师范大学顾问职务；增补江秀乐为陕西师范大学党委常委。同年12月，国家教委党组与陕西省委商得一致，任命王国俊为陕西师范大学校长。

王国俊（1935—2013），陕西渭南人。1958年7月西安师范学院数学系毕业后在中学任教二十年。1978年4月调入陕西师范大学数学系工作。1985年加入中国共产党。1986年5月至1994年10月，任陕西师范大学代理校长、校长。时为改革开放的关键期，他勇于探索教育教学改革的新路子，对理顺学校各项工作秩序、建立多项规章制度、开展科研和学术交流活动、推动学校改革发展做出了积极贡献。1978年至1985年，先后在《中国科学》《科学通报》《数学学报》和美国《数学分析与应用》（Journal of Mathematical Analysis and Applications）等国内外刊物上发表论文20多篇；4次获得陕西省科研成果一、二、三等奖。其数学研究成果主要是在格上拓扑学领域，并创立了拓扑分子格理论。其中，《拓扑分子格（Ⅰ）》《一种比较理想的Fuzzy紧性》和《Fuzzes上的序同态》等3篇论文被国家科委列为重大科技成果。1988年被人事部评为国家级有突出贡献专家。1990年被国家教委与国家科委评为全国高校优秀科技工作者。

二、明确方向深化改革，科学研究服务社会成效显著

（一）推进科学研究服务国家经济建设

高等学校聚集一定力量从事基础理论研究是必要的。但由于历史的原因，高校应用研究与开发研究比例普遍过低，致使科学研究与社会生产生活实际需要脱节严重。"六五"期间，学校对基础研究与应用研究、开发研究的比例做出过4∶6

或 5∶5 的规定，但执行情况并不理想。1985 年以后，根据国家关于"经济建设必须依靠科学技术，科学技术工作必须面向经济建设"的号召和中共中央科技教育体制改革的精神，学校积极推进科学研究服务于国家经济建设的工作。

首先，要求教师在选择科研课题时面向经济建设，应根据经济建设需要积极从企事业单位争取科研项目。秉此方针，学校科研工作服务经济建设很快收到效果。政教系经济学教研室教师，针对陕西省乡镇企业发展的困境选择研究课题，相关论文对解决乡镇企业发展中的问题发挥了积极作用，受到陕西省政府的奖励与资助。化学系针对电力电容器行业镀银工艺焊接中存在的问题开展研究，成功完成了"陶瓷低温自催化镀镍镀铜代银技术"课题研究，不仅节约了大量的白银和电能，还大幅度提高了焊接成品率。该技术后被国家科委和国家经委列入国家"七五"重点新技术推广项目。

其次，高度重视科研成果的鉴定、转让和技术开发服务工作。1984 年和 1985 年，学校先后成立教育科技服务中心和专利事务所。之后数年内，相继鉴定科技成果 53 项，取得发明专利权 2 项，实用新型专利权 13 项，先后有 15 项成果转让或应用于全国 10 多个省市的几十个单位。如化学系微量分析研究室研制的"液相发光分析仪"等系列分析仪器转让给江苏、陕西等地工厂，投入生产后取得了显著的社会经济效益。学校还充分发挥多学科优势开展科技开发、咨询服务工作，先后为厂、矿、企业及农村培训各种实用技术人员 3400 多名。由于在科技成果转让、技术开发咨询和支农方面的突出贡献，1985 年学校在全国首届科技成果交易会上荣获三等奖，1988 年获评陕西省支农先进单位。1989 年学校响应陕西省"科技兴陕"号召，承包了华县（今渭南市华州区）的粮食生产、养殖事业、林特生产及病虫防治等 7 个服务项目。经数年努力，华县小麦亩产由过去的 420 斤猛增到 530 斤，承包的香菇、灭鼠、节水水稻等项目均按计划完成，并达到合同规定的指标。

再次，鼓励师生开展国内外学术交流，开拓科研工作服务经济社会发展的视野。学校十分重视开展校内外学术交流活动。1985 年后，除以校、系、所、室为单位召开经常性的学术研讨会外，还频频组织召开校际大型学术会议。学校还不时聘请校内外知名专家、学者向全校师生报告学科研究热点问题，以活跃学术思想。1985年3月，经青海师范大学倡议，青海师范大学、新疆师范大学、宁夏大学、西北师范学院、陕西师范大学五所院校领导在陕西师大举行联席会议，共同商定在培训师资、互聘教师、使用图书电教资料和实验设备、开展科学研究、办理涉外事宜、进行高等师范教育研究、探索、交流改革经验等八个方面进行校际协作。[①] 后经学校倡议，其中的定期联合举行科学报告会或研讨会活动扩大至西北地区32所高师院校。学校还积极推动教学科研人员参与国际学术交流。1984年后的几年内，参加国际学术会议或应邀出国讲学者计有数十人次，另有多名教师出境同美国、比利时、澳大利亚等国家的专家学者开展合作研究。学校还先后与美国、日本、加拿大、澳大利亚、英国、比利时、新加坡等国家和香港、澳门地区的10多所高校和研究单位建立了互派留学生和讲学人员、开展科研协作、参加学术活动、交流资料和出版物等合作关系。

（二）强化科研改革和管理工作

科研工作的日益深入，对学校的科研改革与管理工作提出了新的要求。根据中共中央科技教育改革精神，学校科研处结合实际，在过去工作基础上进行了多方面的探索和改革：一是简政放权，发挥基层的主动性和积极性。1985年后科研处陆续推出一系列简政放权措施，将科研经费的使用、小型设备购置、参加学术会议审批、人员调配等权力下放到各系、所，由基层单位根据实际情况自行处理。二是改革科研经费分配与使用办法。实行"基本口粮加奖励"制度，按"三三制"原则分配科研经费，使自拟科研经费的分配与各系、所、室上年度争取到的科研经费、完成的科研成果、发表的论文、

[①] 王宏伟：《西北五所高等师范院校积极开展校际合作》，载《人民日报》1986年4月19日第3版。

出版的专著以及成果转让经费、获得各级奖励数量的多少紧密挂钩。三是实行科研成果奖。学校除了按正常手续组织教师和科研人员向国家、部（委）、省厅局级申报科研奖外，从1986年起在校内实施科研成果综合考评奖励制度。四是设立校内青年基金，帮助青年教师和科研人员迅速成长。五是积极组织和协助教师申请各类课题。20世纪80年代中后期起，学校科研人员获得包括国家自然科学基金重点项目在内的各种基金课题逐年增加，极大地推动了学校科研工作的繁荣。

在科研工作的宏观管理方面，除落实一年一度的科研任务外，科研处还着手制定长期规划。如1986年下半年科研处就着重抓了理科落实"七五"课题、文科制定"七五"规划工作。1987年春节前夕，学校召开科研迎春座谈会，各系、所主任、副主任，所长、副所长，各教研室和研究室主任、副主任，各重点学科带头人及部分教师代表和各处负责人与会。大家在会上谈成绩、找问题，用事实说明一个好的高校教师同时也应当是一个优秀的科研工作者，一所高校的知名度很大程度上取决于教学质量和学术水平，从而进一步明确了科学研究对学校发展的重大意义。

（三）以科研推进重点学科建设

随着广大教师科研积极性的提高与各类型科研项目的增多，学校陆续新设了一些科研机构。1985年后，除扩充原有机构外还陆续成立了文学研究所、中国历史地理研究所、教育管理科学研究所、辞书编纂研究所、动物研究所、基础数学研究所、加拿大教育研究中心、中外文化研究交流中心、中国思想文化研究所、西方哲学研究所、毛泽东思想研究所、分析科学研究所、史记研究室、史学理论研究室、幼儿教育研究室、国民党史和台湾问题研究室、陕西地理研究室、黄土高原环境研究室等机构。

科研工作的蓬勃开展内在地要求学校的学科建设须有主攻方向。在充分调研基础上，经校学术委员会1987年1月9日讨论通过、校长批准，确定中国古代文学、中国历史地理、中国古代史、世界近现代史、普通心理学、基础数学、分析化学、动物学、区域地理9个学科为学校的重点学科。这些学科都是有高水平的学术带头人，学术梯队比较健全；有稳定的科研方向，能承担国家重点科研任务；都是在学术研究和研究生培养方面取得了显著成绩，经过扶持有望成为国家重点学科。经过几年努力，9个重点学科均取得了骄人的业绩。如基础数学学科就曾多次获得国家、部（委）、省局级奖励。有的学科已形成了自己的优势和特色。如中国历史地理和中国古代史学科，在1990年国家教委评估全国高校科研机构时，中国历史地理研究所荣获史学领域第一名，唐史研究所获第七名。这个成绩获得国家教委的高度重视，并当即给予经费资助。动物研究所争取到4项国家自然科学基金项目、2项国家"七五"攻关项目、1项国家教委重点课题、1项霍英东基金项目。各重点学科先后发表论文110多篇，出版著作4部，在国内外学界引起强烈的反响。有的学科还为国民经济建设做出了突出贡献。如中国历史地理学科由过去比较广泛的研究转向集中研究中国农业历史地理，先后发表较高学术价值论文40余篇、出版著作3部，对促进黄河流域的水土保持和农牧业的发展发挥了重要作用。

上述措施进一步调动了全校教学科研人员科研工作的积极性。20世纪80年代中后期，学校的科研工作呈现出兴旺发达的局面。哲学社会科学研究方面，多名教师在《中国社会科学》《哲学研究》《教育研究》《历史研究》《文学评论》《世界历史》《心理学报》等刊物上发表论文，有的还引起国外学界的重视。如历史系青年教师石晓军的《关于"日出处天子"和"日没处天子"的考察》一文，在日本的《日本史研究》发表后，日本《读卖新闻》曾辟专栏予以报道和评价，认为该文"是对定说提出挑战的极有意义的研究"。有些著作在国内外产生很大影响。如史念海的《河山集》和《中国历史地理纲要》、霍松林主编的《万首唐人绝句校注集评》、辞典组主编的《汉语虚词辞典》、赵吉惠的《中国先秦思想史》和《史学概论》等，相继在日本等国家和台湾、香港等地区出版发行。史念海、霍松林还被列入世界著名学者名册。自然科学研究方面，1981年至1987年完成科研课题174项，其中86项获得国家和中央有关部委以及省级奖励，并开始承担一部分国家重点攻关项目。王国俊、郑哲民、章竹君等人的研究成果被国内外同行公认具有国际一流水平。学校科研获奖数量越来越多，级别越来越高。据统计，哲学社会科学方面在这一时期陕西省的两次评奖中获奖63项（国家没有开展统一的社科类评奖活动），是陕西省社会科学获奖最多高校。自然科学方面获得国家自然科学奖、国家创造发明奖、国家科技进步奖各1项，结束了学校在国家级"四大奖"中无获奖的历史。

三、深入开展教学改革，提高本科教学质量

学校历来把培养高质量的本科生视为办学生命线。1985年5月，学校出台《关于教学改革的十条意见》（简称《意见》），决定从1985年起对本科教学工作实行十个方面改革：以"三个面向"为指针，进行课程结构改革；改革教学方法与考试方法，开创生动活泼教学局面；逐步推进学分制，改进学时制教学计划；建立优秀生选拔培养制度；改进教学管理办法；认真改进外语教学，努力提高学生外语水平；建立健全教学质量检查评估制度，改进教学优秀奖评选办法，增设教学改革奖和优秀教材奖；实行浮动学制，因材施教；实行统考与推荐相结合的办法改进招生工作；鼓励学生开展勤工助学活动。根据《意见》规定，学校围绕本科生培养质量重点进行如下相应的深入改革。

（一）调整专业设置，改革课程结构

针对基础教育现状，学校从1985年起新建计算机科学系、电化教育系、心理学系和艺术系（包括音乐专业和美术专业）；在教育系增设中等教育和初等教育专业，地理系增设旅游专业。同时，在全校范围进行课程结构改革，明确规定在保证和加强基础课教学的前提下适当减少必修课，增设选修课；选修

课学时不少于总学时数的20%；在课程安排的总原则下允许学生跨系、跨专业选课；提倡文理渗透，鼓励各系（部）开设全校公共选修课。随后，自然辩证法原理、现代科技基础、古代文学欣赏等全校公选课相继开设。根据当时学科融合过程中出现众多边缘学科、交叉学科、跨界学科、横断学科的趋势，有关系、室陆续推出一批跨专业选修课，如教育统计学、计量历史学、文化人类学、文化哲学等。这些课程的开设不仅满足了学生的学习兴趣和愿望，而且活跃了学生的思维，拓宽了学生的知识面，为基础教育的改革输送了有用人才，获得了社会上的普遍赞誉。

（二）加强实践教学环节，注重学生能力培养

在本轮教学改革中，学校特别注重学生能力的培养。为此着力加强了实践环节教学。首先，在教学中努力改变原来那种"知识倾销"式的课程内容，加强能力训练；一些课程尝试建立训练能力为主的教学体系。如中文系写作课教学就将原来注重范文体系和知识体系改变为注重观察能力、构思能力、写作能力、语言表达能力、驾驭文体能力等的训练，收到了显著效果，学生的写作能力普遍得到提高。其次，重视实验课和作业训练。理科各系普遍加强实验课教学，开设自选实验和设计性实验，加强对实验报告的要求、审查和评讲。文科各系加强课堂讨论、社会调查、论文写作（包括课外作业、学年论文、毕业论文）的指导和评审，还在部分专业试行论文答辩。再次，深入开展社会实践和社会调查。除各系安排的相关活动外，学校还利用寒暑假统一组织学生参加社会实践。最后，加强教育实习工作。学生赴中学教育实习时间由四周增至六周，实习方式由过去设点实习和指导教师"抱着走"改为学生自己联系实习学校、独立任教、各系严格考核。校团委、学生会也经常协同各系（部）和校部有关部门组织学生进行演讲比赛、知识竞赛、外语演讲、书法创作等活动。这些活动不仅充实了学生的课外生活，开拓了学生的知识面，丰富了校园文化，也锻炼了学生日后从事教学工作的能力。

(三）以教学要素为抓手，加强日常教学管理

1985年后，学校在深化教育教学改革中，以教学的基本为抓手，在加强日常教学管理方面做了大量细致工作。第一，重视常规管理。学校改革了学生学籍制度，对学生的课堂纪律、作业、考核、学籍变动等都做了明确规定；实行严格细致的考勤办法并按月公布；随机抽查学生作业和教师教案，举办全校教案与作业的展览。基本思路是从严要求、严活结合、鼓励竞争、激发进取，使混文凭学生混不下去，为勤奋好学者创造成才环境。第二，引进竞争机制，运用奖罚手段，促进师生积极进取。一方面，对教学、学科、专业实行综合评估，奖励优秀教学、教材和科研成果；另一方面表彰优秀学生，鼓励刻苦学习。对少数学生则运用经济杠杆调节，实行有偿培养、补考收费、留级试读收费等办法敦促他们刻苦学习。第三，改进考试管理办法。实行教研室、系（部）、学校三级命题制，狠抓命题关、监考关、评分关，建立健全试题库，提高考试的权威性和诚信度。第四，加强体育与美育教学，促进学生德、智、体、美全面发展。1986年起，学校先后开设了美育课、古代文学欣赏、艺术欣赏专题讲座、书法课、绘画课等，积极开展普通话比赛、演讲比赛、书法展览、试教活动等。第五，充分发挥教研室的教学管理、教学研究、科学研究、思想政治教育等多重功能，形成校、系、教研室三级教学管理体系，以培植良好的教风与学风。

四、增获硕博学位授权点，研究生教育快速发展

（一）增获博士和硕士学位授予学科专业

1981年1月1日，新中国的第一部学位法律文件《中华人民共和国学位条例》正式实施。11月25日，国务院学位委员会下达首批博士、硕士学位授予单位名单。陕西师范大学为首批博士、硕士学位授予单位，历史地理学获批博士学

位授予学科专业①，这是学校获得的第一个博士学位点，史念海教授担任该学科专业的博士研究生指导教师。外国教育史、普通心理学、中国古代文学、汉语史、中国古代史、历史地理、光学、声学、分析化学、区域地理学10个专业获硕士学位授予权。②

1984年1月，国务院学位委员会下发第二批博士、硕士学位授予单位名单，学校的辩证唯物主义与历史唯物主义、文艺学、世界近现代史、历史文献学、基础数学、动物学6个学科专业获硕士学位授予权。③

1986年7月，国务院学位委员会下发第三批博士、硕士学位授予单位及其学科专业名单，学校的中国古代文学、动物学学科专业获博士学位授予权④，霍松林、郑哲民教授分别担任两个学科专业的博士研究生指导教师；政治经济学、中共党史、国际共产主义运动史、世界上古史中古史学科专业获硕士学位授予权。⑤至此，学校的博士、硕士学位授予权学科专业增加到23个，其中博士点3个，硕士点20个；另有16个学科专业的37个研究方向可招收硕士研究生。学校的学科专业建设有了质的提升，高层次人才培养工作在向纵深发展。

（二）研究生培养管理走向正规化和制度化

为规范与加强研究生的学业培养和日常管理，1981年9月科研处设立研究生科。1982年2月，教育部批准学校成立学位评定委员会，负责研究生学位评定授予工作。学位评定委员会由19人组成，刘泽如任名誉主席，史念海、赵

---

① 参见《首批博士学位授予单位及其学科、专业名单（续一）》，载《高教战线》1982年第5期。
② 参见《首批硕士学位授予单位及其学科、专业名单（续四）》，载《高教战线》1982年第11期。
③ 参见《第二批硕士学位授予单位及其学科、专业名单（续）》，载《高教战线》1984年第6期。
④ 参见《第三批博士学位授予单位及其学科、专业名单（续）》，载《中国高等教育》1986年第11期。
⑤ 参见《第三批硕士学位授予单位及其学科、专业名单（续四）》，载《中国高等教育》1987年第4期。

恒元任正、副主席。

1985年后，学校的研究生培养工作也在教育改革大潮中快速发展。为保证研究生培养质量，学校制定《关于遴选硕士研究生指导教师的暂行规定》，一大批治学严谨、教书育人认真的优秀教师得以加入研究生导师队伍。学校还不断完善各学科专业的研究生培养方案，并在总结以往工作基础上制定《陕西师范大学关于制订博士研究生培养计划的意见》《陕西师范大学关于修订各专业硕士学位研究生培养方案的意见》，要求各专业依据学校意见制定各自的培养方案，并应在培养工作中适时调整，使其进一步完善。1986年，根据国家教委《关于改进和加强研究生工作》的精神，学校再度修订各类研究生的培养方案，并多次组织研究生导师和国家教委直属六所师范大学相同专业的研究生导师交流培养经验，探讨完善培养方案。为了激励研究生刻苦学习、勇攀科学高峰，除加强经常性的学习教育和管理外，1987年起建立了研究生中期筛选制度。竞争机制的引入大大提高了研究生的学习积极性，也对建立良好的教学秩序、树立刻苦钻研的学风发挥了重要作用。

上述措施有力地提高了学校研究生的培养质量。大部分研究生的毕业论文能公开发表，不少研究生曾在《哲学研究》《经济研究》《历史研究》《文学评论》《新华文摘》《数学学报》《物理学报》《化学学报》《生物学报》等学术刊物上发表科研论文，他们的研究成果引起了国内外学界的广泛关注。从毕业后的情况看，用人单位普遍反映陕西师范大学的研究生政治素质好、业务基础好、工作能力强，能迅速成为教学科研骨干，能出色完成单位交给的教学科研任务。不少硕士研究生还考取了全国重点大学和中国科学院以及美国、法国等国大学的博士研究生。1988年11月，国务院学位委员会组织专家对学校辩证唯物主义与历史唯物主义专业硕士学位授权点及研究生培养质量进行评估，在全国接受检查的44个硕士点中该点的评分列第十七位，在国家教委直属六所师范大学中名列第三。

第五节　服务西北地区基础教育发展

陕西师大作为一所位于祖国西北大区的重点师范大学，更多更好地服务于西北地区基础教育的发展是其义不容辞的社会责任。改革开放的历史新时期以来，学校在重点面向西北地区招生、完成常规的本科生和研究生培养工作的同时，也把相当的资源和精力投入于振兴西北地区基础教育事业上，并取得业界和社会上公认的成绩。

一、开拓多渠道办学途径，助力西北地区基础教育师资培训

由于历史因素，西北地区基础教育师资一直处于较为匮乏的状态，亟须在短期内有大幅度提升。针对这一现状，学校大力挖掘师资、办学资源等方面潜力，采取多渠道、多层次、多规格、多形式的办学途径培训西北地区基础教育师资。主要形式有以下几种。

第一，举办高校专业课教师进修班、助教进修班及中学教师进修班。1979年秋季学期，学校举办了量子力学和热力学统计物理两个高校教师进修班，接收西北地区及其他省区 20 所高校的进修教师 62 人学习。1980 年春季学期，学校先后举办了政治经济学、现代汉语、日语等专业进修班和中学政治、中学英语教师短训班，共接收来自陕西、甘肃、宁夏、青海、新疆、山西、河南、河北、吉林、内蒙古、湖南、湖北等 12 个省区的进修教师 246 人参加学习，这一年为建校以来接收进修教师最多的年份。1982 年 2 月至 7 月，学校举办学习期限为一个半月的中学法律常识师资培训班 3 期。另据统计，1979 年至 1983 年，学校共举办高校专业教师进修班 8 个，中学教师学习班或培训班 11 期，共计培训进修教师 1744 名；仅 1983 年接收的进修教师即达 330 名。1984 年秋季学期，学校举办了基础数学、动物学、中国自然地理 3 个助教进修班，招录全国 42 所高校的 59 名青年教师参加学习。20 世纪 80 年代前期，学校每学年都接收部分高校中青年教师进行个别指导培训，同时接收部分中学教师随同普

通班进修有关课程。这种培训形式比较普遍，招生数量亦较大，每学年培训教师 300 名左右。

第二，开办少数民族学生预科班。为适应民族地区社会主义现代化建设事业对各类人才的需求，开辟少数民族高等教育发展新途径，国家决定在部分高校开办少数民族学生预科班。1980 年，教育部确定学校参与试办少数民族预科班，规定降分录取参加高考的少数民族学生入预科班进行一年中学课程学习，考试成绩合格、具备跟随本科学习条件者升入学校相应本科专业学习。当年，学校招收民族预科班学生 40 名。此后每年都从云南、广西、贵州、新疆、宁夏、青海、四川、甘肃、陕西、辽宁等省区招收少数民族预科生数十人进入预科班学习。他们的宗教信仰、风俗习惯、心理状态、文化基础各不相同，教育教学管理均面临诸多挑战。为此，少数民族预科班的教师、干部和教务处工作人员齐心协力探索办学经验，在教育教学、日常管理等方面付出了不少的心血。1984 年 10 月，学校将民族预科班改为民族预科部。

第三，恢复函授教育。早在 1955 年学校就创办了函授教育，是西北地区举办高师函授教育最早的高校。当时主要面向陕西省招生，陆续开设有中文、数学、物理、化学、历史、生物、地理等 7 个专业，累计招生 16000 多人。1966 年起学校的函授教育中断。

1983 年 3 月，教育部批准陕西师大举办面向西北五省区的函授教育，从此学校恢复了中断十八年之久的函授教育。这种教育类型的主要对象是年龄 45 岁以下、具有大学专科毕业程度（含同等学力）的在职中学教师和教学研究人员（其中政治和教育专业招收具有高中或中师毕业程度的在职中学教师和教育行政管理干部）。统一考试后择优录取，学制暂定三年；学员学完全部课程、考试合格后发给大学本科毕业证书；国家承认学历，工资待遇按全日制高等学校毕业生标准执行。学校随即设立系、处级建制的"陕西师范大学函授部"筹备招生。当年底录取学员 1047 名。1984 年秋季学期增设数学本科、教育行政管理专科 2 个专业，共向陕西、宁夏、青海、新疆四省区录取新生 984 名。根据西北地区教育事业发展需要，学校又陆续开设了教育管理、政治教育、历史、地理、物理等本、专科函授专业。为保证教育质量，函授部积极组织各科教师编写函授教材。仅函授教育开办两年来就自编函授教材和自学指导书 28 种，印刷 150000 册[①]。

第四，创办夜大学。夜大学是高等学校充分利用校内资源举办业余教育的重要形式之一，也是挖掘学校潜力更多更快地培养社会主义现代化建设人才的有效途径。1983 年 3 月，教育部批准学校创办夜大学，开设汉语言文学、英语、档案学、图书馆学 4 个专业，学制三年，招收具有高中以上文化程度并有两年以上工龄的在职职工。学校随即成立系、处级建制的"陕西师范大学夜大学"。9 月 1 日夜大学正式开学，4 个专业招收学员 200 名。1984 年，学校夜大学增设政治教育和俄语两个专科班，共计招生 280 名。1985 年又增设科技档案和计算机 2 个专业。

第五，创办干部专修科。针对普通教育领导干部知识化、专业化程度普遍偏低的状况，1983 年学校在教育系增设教育行政管理干部专修科，学制两年。招生对象为 45 岁以下的西北五省区县或县级教育系统的行政领导干部，或者是准备提拔担任这类职务的优秀干部以及业务骨干。在校期间主要学习教育学、心理学、中外教育史、学校行政管理等课程。毕业后回原单位工作。当年 9 月，第一届干部专修科学生 50 人报到入学。1984—1985 学年学校干部专修科再招生 50 人。

第六，创办西北高等学校干部进修班。根据中共中央关于加强干部教育的精神，1981 年 5 月教育部委托部属师范大学创办高等学校干部进修班，负责培训高等学校以及高教厅（局）的领导干部。学校受托创办西北高等学校干部进修班。1982 年 3 月 1 日，西北高等学校干部进修班正式开学，第一期接收来自陕、

---

① 参见苏杨：《陕西师大的函授教育》，载《高师函授》1985 年第 5 期。

甘、宁、青、新五省区学员 60 名。8 月 23 日，西北高等学校干部进修班举行第二期开学典礼，教育部副部长彭珮云出席大会并讲话。进修班每期学习时间半年，主要学习马列主义基础原理、高等教育基本理论、高等学校管理、青年心理学、中国高等教育简史等课程；旨在提高进修学员的教育科学理论水平和管理能力。到1984年底，西北高等学校干部进修班已举办6期，毕业学员384名。

二、成立专门培训机构，承担西北地区教育人才培训重任

随着改革开放的逐步推进以及各领域社会主义现代化建设的深入开展，西北地区教育振兴问题进一步提上国家有关部门的议事日程，学校也积极投身于振兴西北教育的人才培训工作。

（一）创办西北教育管理干部培训中心

1986 年 12 月，国家教委命令将原教育部委托学校举办的西北高等学校干部进修班改建为国家教委西北教育管理干部培训中心，负责培训西北五省区教委（厅、局）和高等学校系、处级领导及其后备干部以及普教系统地（州）市、县（区）教育局局长和重点中学校长。此后数年内，培训中心根据党和国家关于新时期干部教育方针和国家教委有关指示，紧密结合西北地区实际，按照"学习理论、总结经验、研讨问题、提高素质"的思路，采取脱产进修与在职学习、长期轮训与短期研讨、岗位培训与学历教育、校内办班与校外讲授等多种形式办学。

（二）创建西北高等师范学校师资培训中心

1986 年 9 月，国家教委在直属六所师范大学各建立一个高等师范学校师资培训中心。在陕西师大设立西北高等师范学校师资培训中心，主要任务是依据国家教委下达的高师师资培训总体要求，组织本大区的协作培训，落实年度培训任务；担负本大区中青年骨干教师和薄弱学科、新兴学科教师的培训提高工作；组织交流高师师资培训工作经验，开展调查研究和咨询服务工作。

1985年，中共中央颁布《关于教育体制改革的决定》，提出成人教育是"我国教育事业极为重要的组成部分"。1986年12月，中组部、国家教委等六部门依据中央精神联合召开全国成人教育工作会议，研讨成人教育改革与发展问题。会后，国务院批转了国家教委《关于改革和发展成人教育的决定》，把成人教育提到"当代社会经济发展和科学技术进步的必要条件"的战略高度，进一步明确了成人教育的地位、作用和任务。面对成人教育发展的实际需求，基于学校函授、夜大学的办学规模实际，以及进一步发展成人教育的优势，学校向国家教委申请成立成人教育学院。1987年12月，国家教委批准成立陕西师范大学成人教育学院，下设函授部、夜大学部和培训部。各部分工协作，共同承担为西北五省区中等教育培训师资的任务。

通过以上多种形式，学校为西北地区共计培训了数万名教师与教育行政干部，由此可见学校成人教育助力西北地区基础教育的一份成效。这也从一个侧面彰显了学校"教师的摇篮"①的功能。

小　结

陕西师范大学历经十年"文化大革命"的淬炼，犹如凤凰涅槃一样获得了浴火重生。"文化大革命"后期，学校教学科研工作在多重阻力的干扰下逐步恢复，为其在机遇到来时蓄势待发创造了条件。1978年初，学校划归教育部直属是其发展史上划时代的大事件，在国家对高等师范教育进行大区布局中获得可持续发展的重要地位。党的十一届三中全会之后，学校党委坚定跟随党和国家发展大局拨正航向，全校师生员工高扬"第二次创业精神"踔厉前行，以教学和科研为中心的各项工作的长足进步，为把学校建设成为中国特色、国内一流的师范大学奠定了坚实的基础。

---

① 1986年6月，时任国家教育委员会副主任何东昌视察学校时题词"教师的摇篮"。

第五章 改革推进

学校各项事业的全面开展与探索

1987年12月学校召开第六次党代会至1999年10月举行第八次党代会，既是陕西师范大学逐步确立"创办全国一流师范大学"发展目标，科学规划各项工作发展蓝图的重要阶段，又是学校抢抓机遇、面对挑战、积极探索、锐意改革，推进教育、教学和科研全面发展的关键期。这也是本章记述学校事业发展的基本时限。

这一时期，中共中央确立"三步走"发展战略，加快改革开放步伐，国家经济实力和综合国力大幅提升，中国特色社会主义经受了世界风云变幻的严峻考验，中华大地发生了历史性巨变，举国上下焕发出勃勃生机。在教育领域，邓小平关于"科学技术是第一生产力"的科学论断在全社会产生巨大影响，党的十三大提出"必须坚持把发展教育事业放在突出的战略位置"①，教育事业被置于前所未有的高度而备受重视，高等教育也迎来了新的机遇与挑战。陕西师范大学抢抓发展机遇，面对挑战积极探索、锐意改革，以全面提高教育质量、更好地服务基础教育为中心，逐步确立向全国一流师范大学奋斗的目标，科学地规划各项工作蓝图，全面推进教育事业发展。

第一节　第六、七、八次党代会对学校奋斗目标与发展蓝图的制定和规划

1987年12月至1999年10月，陕西师范大学先后召开了三次党代会，每一次党代会，都是学校制定奋斗目标、规划发展蓝图的重要会议。在党代会引领下，"创办全国一流师范大学"的奋斗目标逐步确立并日益明晰，学校在不同阶段的发展规划和跨世纪蓝图也在这期间的改革过程中不断完善成型。

一、第六次党代会召开，描绘学校教育改革蓝图

党的十三大报告提出全面加快和深化改革任务，确定以经济建设为中心、加快经济体制改革和政治体制改革以及在改革开放中加强党的建设的基本方针，为学校党建工作和深化改革指明了方向。1987年12月，学校第六次党代会，就是在党中央全面加快和深化各方面改革的背景下召开的。它既是学校发展之急需，又紧扣国内外形势，为学校改革的启动、蓝图的规划起到了重要的指导作用。

---

① 中共中央文献研究室编：《十三大以来重要文献选编》上，中央文献出版社，2011年，第19页。

（一）第六次党代会召开的背景

20 世纪 80 年代中后期，国家正处在全面推进改革，加速发展具有中国特色社会主义现代化建设的新时期，快速发展中的陕西师范大学也面临适应外部环境的考验。党的十三大提出"百年大计，教育为本，必须坚持把发展教育事业放在突出的战略位置"①的方针，对高等师范院校提出了更高更严的要求。随着社会主义商品经济的大发展，人才配置方式发生深刻变化，高等学校培养的毕业生以优劣定取舍的问题日益突出，而师范教育同样面临市场选择的严峻挑战。怎样适应社会主义商品经济大发展的新形势，改变旧的办学模式，不断改进和加强思想政治工作，提高教育教学质量和人才培养质量，是学校必须研究解决的一大课题。

同时，世界范围内兴起的新技术革命浪潮开始冲击学校，对课程设置、教学内容、教学方法等提出新的要求。随着中国对外开放和交流的增强，许多综合大学、理工科院校开始积极探索世界一流大学的发展模式，各师范院校也是你追我赶不断提高办学水平。在快速变革的社会环境之中和激烈竞争的压力之下，师大人不甘落后，积极谋划新的发展蓝图。

这一时期，学校各项事业有了长足进步，声誉不断提高，影响力不断扩大，但是，"由于党委领导思想偏于保守，缺乏开拓进取精神和强烈的竞争意识，改革步子不大"②。加之学校地处西北，原有底子较薄，在教师队伍、学科建设、专业设置、办学条件等方面还面临许多亟须解决的问题。陕西师范大学要真正发挥"国家队"的作用，还须付出较大努力③，加快改革步伐。

面对来自校内外的严峻挑战，处在激烈竞争环境中的陕西师范大学面临两

---

① 中共中央文献研究室编：《十三大以来重要文献选编》上，中央文献出版社，2011 年，第 19 页。
② 《加强党的建设　深化教育改革　为全面提高我校办学水平而奋斗——在中国共产党陕西师范大学第六次代表大会上的报告》，陕西师范大学档案馆藏，文书档案库，档案号 3-1987-WD-8.0011。
③ 《加强党的建设　深化教育改革　为全面提高我校办学水平而奋斗——在中国共产党陕西师范大学第六次代表大会上的报告》，陕西师范大学档案馆藏，文书档案库，档案号 3-1987-WD-8.0011。

种抉择，要么振奋精神，立足现实，着眼未来，加快改革，提高办学水平，在竞争中求发展，跨入先进行列；要么因循守旧，故步自封，按部就班，在竞争中落伍。全体师大人在坚定地选择前者中迎来了第六次党代会的召开。

（二）第六次党代会的任务和目标

第六次党代会于 1987 年 12 月 28 日至 30 日在联合教室举行。与会代表 243 人，特邀代表 28 人，学校各民主党派负责人，学校在人大、政协任职的党外同志及无党派民主人士 19 人应邀列席大会，全校教职工党员、学生党员共 1000 多人列席了大会开幕式。党委书记赵小松代表上届党委向大会做了题为《加强党的建设　深化教育改革　为全面提高我校办学水平而奋斗——在中国共产党陕西师范大学第六次代表大会上的报告》的工作报告。纪委书记王周发向大会做了纪律检查委员会工作报告。

第六次党代会确定的任务和目标是：在总结过去七年工作的基础上，认真分析学校校情和当前面临的形势与任务，根据党的十三大精神，研究制定学校下一步改进党的工作、加强党的建设、加快和深化教育改革的基本任务和主要原则，动员并组织全校 1600 多名共产党员振奋精神，进一步团结并带领全校师生员工，脚踏实地，艰苦奋斗，为全面提高学校的教学和科研水平及人才培养质量，把学校办成能适应为开发大西北大力发展基础教育的实际需要、实力比较雄厚、竞争力较强、真正具有自己特色的委属师范大学而奋斗。

为完成上述目标，第六次党代会确立学校近期必须完成的工作任务：在今后三五年内，按照中央和国家教委的具体部署，首先做好领导体制改革，切实落实"党要管党"的原则，卓有成效地做好党的自身建设，逐步摸索并建立健全在新形势下加强党的领导，学校各级党组织更好地发挥保证监督作用的一整套行之有效的规章制度。其次，在改进和加强思想政治工作，尤其是改变教职工队伍中思想政治工作薄弱环节方面走出新路子，开创新局面。再次，针对学校存在的各种弊端和薄弱环节，以提高教学科研水平和人才培养质量为中心，加强和深化各项改革，发挥优势，扬长避短，再经过若干年的艰苦奋斗，力求办出更多特色，培养出更多一流人才，有更多学科和专业在国内外有较大影响，真正跨入全国高等师范院校最先进的行列，发挥"国家队"的作用。

（三）代表组审议报告和讨论相关议题

会议期间，各代表组代表就党委工作报告和纪委工作报告开展认真热烈的讨论。大家认为，党委工作报告比较全面地评价了学校七年来党委工作取得的成绩和存在的问题，客观分析了学校现阶段的优势与不足，指出了学校今后的发展方向。同时，大家对目前党委工作存在的问题提出意见和建议：一是学校应把工作重心放在加强党的思想建设和组织建设上来，党委应加强对党员干部，特别是处级以上党员干部的思想教育工作，建立健全党内各种制度，发扬民主，深入群众，动员党内外群众同心同德办好学校。二是学校机构臃肿，建议对一些重叠的机构进行合并减撤。三是报告中近期必须完成的任务和今后的奋斗目标不够具体；对学校现状的认识过于乐观，对工作存在的问题摆现象多，挖根子少，重点不突出。四是学校领导对目前教师队伍知识结构缺乏充分估计，对中年同志的知识更新和年轻同志的业务提高不够重视。五是学校民主气氛不浓。①

（四）选举产生新一届"两委会"

根据本次党代会选举办法，大会选举产生新一届"两委会"，马晓雄、马继光、王绍文、王淑兰、文丕显、刘科、刘俊杰、江秀乐、负伍胥、汪洋、宋忠泰、邵宏谟、武国玲、赵小松、姜云、高安民、黄文仓、曾志权、谢振中（以姓氏笔画为序）19人当选第六届党委委员；于明昌、王周发、王景堂、刘华盛、杨耀宗、张培植、周德明（以姓氏笔画为序）7人当选第六届纪委委员。在第六届党的委员会第一次全体委员会议上，王绍文、江秀乐、宋忠泰、赵小松、曾志权、谢振中（以姓氏笔画为序）当选为党委常委，赵小松当选党委书记，

---

① 《加强党的建设　深化教育改革　为全面提高我校的办学水平而奋斗——我校第六次党的代表大会隆重开幕（党代会简报第十八期）》，陕西师范大学档案馆藏，文书档案库，档案号 3-1987-WD-11.0018。

谢振中当选党委副书记；在纪律检查委员会第一次全体委员会议上，王周发当选纪委书记，于明昌当选纪委副书记。

1988年2月2日，国家教育委员会下发〔88〕教党字013号批复文件，同意陕西师范大学第六次党代会选举结果。

> 赵小松（1933—2010），1933年7月生，陕西大荔人，中共党员。1954年8月，西北大学师范学院理化系毕业后留到西安师范学院理化系工作，先后任陕西师范大学物理系电磁电工教研室主任、物理系副主任等。1983年11月至1993年9月任陕西师范大学副校长，1987年9月至1988年2月任陕西师范大学代理党委书记，1988年2月至1993年9月任陕西师范大学党委书记。1996年2月退休。他任陕西师范大学党委书记期间，正是学校各方面工作处在改革开放探索的关键期，他坚决贯彻执行党中央的改革开放路线、方针和政策，对学校的稳定和发展做出了积极贡献。

二、第七次党代会召开，确定"全国一流师范大学"目标

自1987年12月学校召开第六次党代会至1995年6月第七次党代会召开，时隔七年多。其间，学校教学、科研等各项事业获得长足发展，基本完成了第六次党代会提出的各项任务，但也面临"体制不顺，机制不活，结构失调，效益不高，经费渠道单一，缺乏自我发展的能力"[①]等突出问题。第七次党代会正是这一时期适时举行的一次"议改革、求发展、鼓实劲"的大会。

（一）第六次党代会任务的推进落实

第六次党代会召开后，全校党员和师生员工在党委的领导下，勤奋工作，努力探索，基本完成了各项任务。

一是坚持党的基本路线，努力加强党的建设。努力加强党的思想建设，学

---

① 《团结一致　深化改革　加快发展　为办好第一流的师范大学而奋斗——陕西师大第七次代表大会上的报告》，陕西师范大学档案馆藏，党群档案库，档案号3-1995-DQ11-18.0001。

校各级党组织和广大党员在政治上、思想上坚决与党中央保持一致。重视党的基层组织建设，学校各级党的组织始终保持着健全的机构、稳定的队伍和正常的组织生活；根据不同时期的形势和任务，坚持对党员进行党性教育；加强中层干部队伍建设，使干部队伍的年龄结构、知识结构有了大的变化；认真做好在中青年教工和学生中发展党员的工作，确保新党员的质量和数量；重视党的纪律教育和廉政建设，通过党纪教育、加强廉洁自律、查处违纪案件和全过程监督，深入开展反腐败斗争；坚持和完善制度建设，制定各类规章制度；认真贯彻党的统一战线政策；重视并加强对工会、共青团和学生会工作的领导。

二是围绕党的中心工作，不断改进和加强思想政治工作。1986年学校党委颁布《关于加强学生思想政治工作几个问题的决定》，这个文件是在出现各种错误社会思潮、思想政治工作面临复杂形势的大背景下出台的，其许多创新性措施对构建学校思想政治工作新格局、加强思政工作队伍建设和学生思想政治工作发挥了重要作用。此后一个时期，学校遵循文件要求，重视马列理论课和思想政治教育课改革与建设，发挥其在学生思想政治教育中的主阵地、主渠道作用；加强政工队伍建设，努力提高政治素养和工作能力；制定有效措施，充分调动全校教职员工开展教书育人、管理育人和服务育人的积极性，逐步形成党委领导、各方参与，多渠道、多形式、齐抓共管的思想政治教育工作新格局。

三是始终坚持社会主义办学方向，促进学校事业的整体发展。学校在坚持师范特色，坚持以本科教育为主，坚持为基础教育、职业教育服务的基础上，积极探索适应社会主义市场经济体制的新的办学模式，努力培养合格人才；积极适应经济建设和教育发展的要求，注意调整专业结构和课程体系，更新教学内容，改进教学方法，提高教学质量；通过举办教师培训进修和开展老教师"传、帮、带"，加强中青年教师的培养和提高；通过扶持11个重点学科，在科学研究和人才培养方面有了较大的发展；校园文明建设成效显著，被评为陕西省教育系统1994年度最佳高校；学校的办学规模、教学设施、对外交流与合作、校办产业、总务后勤工作、教职工住房建设以及校园治安管理等都取得了明显的进步，学校的总体实力有所增强。

这期间，党委书记赵小松因年龄原因于 1993 年 9 月退居二线，国家教委下发教党〔1993〕88 号文件，任命谢振中为党委书记。

> 谢振中，1936 年 8 月生，甘肃民勤人，中共党员。1961 年 8 月毕业于陕西师范大学政治教育系并留校任教。先后担任陕西师范大学学报编辑室副主任、学报编辑部副主任。1985 年 5 月至 1993 年 9 月，任陕西师范大学党委副书记。1993 年 9 月至 1994 年 10 月，任陕西师范大学党委书记。1994 年 10 月退居二线，任正校级调研员，兼任国家教委西北高等师范学校师资培训中心主任，1997 年 2 月退休。他在任学校党委书记期间，坚持正确的政治方向，勇于把握学校改革开放大局，稳妥处理各方面关系，团结党政领导班子成员，积极谋求学校事业发展。

（二）第七次党代会召开的背景

20 世纪 90 年代初，我国在应对国内外各种风险挑战中毫不动摇地全面坚持党的基本路线，坚持经济建设这个中心，保证了改革开放和现代化建设的正确方向。以 1992 年邓小平南方谈话和党的十四大召开为标志，中国改革开放和现代化建设进入新阶段。1993 年，中共中央、国务院印发《中国教育改革和发展纲要》，高等学校的发展进入新阶段。特别是国家提出"211 工程"①以来，许多高校逐步走上了深化改革、全面发展的快车道。面对新形势，前进中的陕西师范大学面临两种选择，要么因循守旧、按部就班，甘居落后；要么奋起直追、深化改革，加快发展，使学校各项工作迈上新台阶。何去何从，每一位师大人都在进行理智的思考和积极的抉择。

从学校内部环境看，陕西师范大学的发展存在与社会主义市场经济体制变

---

① "211 工程"，是面向 21 世纪国家重点建设 100 所左右的高等学校和一批重点学科的建设工程。该工程于 1995 年由国务院批准后正式启动，是新中国成立以来由国家立项在高等教育领域进行的规模最大、层次最高的重点建设工作，是国家"九五"期间提出的高等教育发展工程，也是高等教育事业的系统改革工程。

革要求和整个高校改革发展形势不适应的问题，极大地限制了学校的改革发展。主要表现在：思想不够解放，改革力度不大，致使学科建设、学位点建设发展缓慢，教职工队伍结构比例失调，教职工的工作生活条件相对较差，影响人才的稳定和引进，学校竞争力不强；校级领导班子在一段时间内贯彻民主集中制原则不力，对内协调团结不够，党内生活和学校管理都不同程度地存在民主与集中不够的问题，影响了凝聚力的形成；学校缺乏严格科学的管理制度和竞争激励机制，一些基层党组织存在软弱涣散、工作不力的现象。①

1994年10月，陕西师范大学党政领导班子进行调整，国家教委任命江秀乐为党委书记，赵世超为校长。

  江秀乐（1949—2023），山东青州人，生于陕西阎良，中共党员，教授，博士生导师。1969年参加工作，1975年毕业于陕西师范大学数学系并留校任教。1981年在陕西师范大学获哲学硕士学位。先后任陕西师范大学马列教研部副主任、党委常委、学工部部长、副校长。1990年7月至1993年10月任陕西省教委秘书长，1993年9月再任陕西师范大学副校长，1994年10月至2010年12月任陕西师范大学党委书记。他先后与赵世超、房喻两任校长合作共事，领导经验丰富，组织协调能力强，重视党的建设和思想政治工作，善于团结同志，注意抓领导班子和干部队伍建设，担任党委书记十六年，为建设长安校区，推动学校跨越式发展做出贡献。

  赵世超，1946年11月生，河南南阳人，中共党员，教授，博士生导师。1970年毕业于北京大学历史系，先后在河北省定县（今定州市）、开封师范学院（今河南大学）工作，1988年在四川大学获得历史学博士学位，同年到陕西师范大学任教，主要从事先秦史方面的教学和研究，先后任历史系副主任、主任。1994年10月至

---

① 《团结一致 深化改革 加快发展 为办好第一流的师范大学而奋斗——陕西师大第七次代表大会上的报告》，陕西师范大学档案馆藏，党群档案库，档案号3-1995-DQ11-18.0001。

2004年5月，任陕西师范大学校长。他担任校长期间，全面贯彻党的教育方针，坚决执行党委领导下的校长负责制，紧紧围绕学校第七次、第八次党代会确定的目标任务，克己奉公，严于律己，开拓创新，与党委书记江秀乐携手，进一步明确学校为基础教育服务的教师教育办学特色和建设综合性研究型大学的目标定位，坚持教学和科研并重、相互促进、协调发展的办学方针，明确提出"教师为本、人才第一"的理念，带领全校师生员工转变思想观念，推进综合改革，优化队伍结构，重视科学研究，推动学科发展，开启长安校区建设，为学校拓展办学空间、改善办学条件、建设以教师教育为主要特色的综合性研究型大学、跻身"211工程"建设高校打下了坚实基础，做出了突出贡献。曾被聘为全国高校历史教学指导委员会副主任，担任中国先秦史学会副会长、中国史研究学会理事。2010年至2018年任陕西省社会科学界联合会主席。现为陕西省社会科学界联合会名誉主席。

新的书记和校长上任后，如何解决严重影响学校事业发展的困难，是摆在他们面前的一项艰巨任务。面对外部的严峻形势和内部的艰巨任务，前进中的陕西师大人没有停步或退缩，而是在校党委的领导下，团结一心，深化改革，加快发展。正是在这样的背景下，第七次党代会胜利召开，拉开了学校综合改革的序幕。

（三）第七次党代会的任务和目标

第七次党代会于1995年6月14日至16日在联合教室举行。177名党员代表出席了大会。校内各民主党派负责人、群众代表、在学校工作的人大代表和政协委员及历届校领导作为特邀代表出席大会，校内处级单位负责人30余人列席了大会。大会由副校长刘谦光主持。

校长赵世超致开幕词，党委书记江秀乐代表第六届党委会做了《团结一致　深化改革　加快发展　为办好第一流的师范大学而奋斗》的工作报告。党委副书记陈文植代表纪委做了《反腐倡廉　端正党风　保证学校各项事业的改革和发展》的报告。

第七次党代会的主题是：以深化改革总揽全局，促进学校发展和各项工作上新台阶。会议的主要任务是：认真总结学校改革发展和党的建设的基本经验，确定今后一个时期学校改革与发展的总体方案；审议《中国共产党陕西师范大学第六届委员会工作报告》《中国共产党陕西师范大学第六届纪律检查委员会工作报告》和《陕西师范大学综合改革方案》（草案）；选举产生第七届两委委员。

第七次党代会确立的改革和奋斗的目标是：以邓小平建设有中国特色社会主义理论和党的基本路线为指导，全面贯彻党的教育方针和《中国教育改革和发展纲要》，力争在20世纪末，使学校成为西北地区最大的师范教育中心、教育管理干部及高等师资培训中心、教育理论研究中心，争取早日进入"211工程"建设行列，成为在国际上有影响的全国一流师范大学。为实现这一目标，学校的基本任务是全面实施《陕西师范大学综合改革方案》，切实搞好校内管理体制改革、教育教学改革和其他各项改革。为完成这些改革任务，学校提出"三步走"的工作思路：第一步，用一年左右的时间征求意见，统一思想，明确改革思路，制定改革方案，提出改革措施，为改革的启动打好基础，做好准备；第二步，用两年左右时间，逐步加大力度，深化改革，在重点推行以人事分配制度为突破口的校内管理体制改革的同时，启动教学改革和其他各项改革，全面实施改革方案；第三步，用三年左右的时间，在各项改革全面铺开的基础上，总结经验，巩固成果，健全制度，建立既适应社会主义市场经济体制的要求，又符合高等教育事业自身特点和发展规律的新机制，使学校的各项事业步入健康、持续、快速发展的轨道。这次党代会上，学校党委第一次提出"全国一流师范大学"的奋斗目标，虽然对"一流"的定位还不完全清晰，但却指明了学校未来的前进方向，也为以后历届党代会制定奋斗目标明确了基本内涵。

(四)代表组审议报告和讨论相关议题

6月14日下午,各代表组就党委工作报告和纪委工作报告展开讨论。代表们认为报告的思路清晰,主题鲜明,有任务,有措施,使人倍受鼓舞。尤其对过去成绩的总结不夸大,对存在的问题不掩饰,工作目标明确,措施得力。同时,对两委报告提出意见和建议:一是为基础教育服务应在党委工作报告中得到更充分的体现;二是学校培养人才的质量应与校训"敬业、修德、求是、创新"联系在一起,贯穿在师生员工的思想政治教育工作中;三是"三步走"的步子虽稳妥,但速度有点慢;四是纪委工作报告中对纪检工作的地位和作用要加强,工作滞后的状况要改变,要主动行使监督、保护、惩处、教育的权力。

6月15日上午,举行第七次党代会第二次全体会议,校长赵世超向大会报告《陕西师范大学综合改革方案》(草案)。他阐述了学校综合改革的思路,介绍了包括教学、科研和学科建设、人事、分配制度、校办产业、后勤工作等方面改革的基本内容。6月15日下午,代表组分组讨论《陕西师范大学综合改革方案》(草案)及酝酿"两委会"候选人预备名单。代表们认为,《方案》认真采纳了大家提出的合理化意见和建议,比较集中、全面、准确地反映了广大党员的思想认识,内容实在,切实可行。各代表组还提出了一些中肯的意见,应提高教学科研水平,重视和稳定现有人才;增加思想政治建设的具体措施和办法;把一些系、所、教研室合并成学院,推行校、院、系的三级管理体制;职能重合的一些机构要精简;增加监督机制的条款等。

(五)选举产生新一届"两委会"

根据本次党代会选举办法,大会选出学校新一届"两委会"。马云霞、马振铎、马继光、王涛、王万里、吕九如、吕逢民、刘谦光、江秀乐、杜鸿科、李甫运、张积玉、陈文植、陈振仪、武国玲、周德明、赵世超、贾温性、郭欣根、黄文仓、傅功振、廉振民、魏遐荪(以姓氏笔画为序)23人当选第七届党委委员;马耀峰、李景双、肖英、张渭淮、秦汉民、曹乃生、熊正英(以姓氏笔画为序)7人当选第七届纪委委员。在第七届党的委员会第一次全体委员会议上,吕九如、刘谦光、江秀乐、杜鸿科、陈文植、武国玲、赵世超（以姓氏笔画为序）当选党委常委，江秀乐当选党委书记，陈文植、武国玲当选党委副书记；在纪律检查委员会第一次全体委员会议上，张渭淮当选纪委副书记。

1995年9月14日，中共陕西省委教育工作委员会下发陕教工干〔1995〕116号批复文件，同意中共陕西师范大学第七届委员会、纪律检查委员会选举结果。1995年10月13日，经学校党委会会议研究决定，陈文植分管纪律检查委员会工作。

1997年7月9日，陕教工干〔1997〕41号文件通知，增补张建祥、周德明为党委常委。

1997年8月27日，国家教委下发教党〔1997〕63号文件，经与中共陕西省委商得一致，任命张建祥为纪委书记。

三、第八次党代会召开，制定跨世纪学校发展规划

第七次党代会后，学校以改革促发展，综合改革取得显著成效，各项工作获得长足发展，办学实力不断增强。面向新世纪，学校如何适应新形势，找准突破口，加快自身的发展，这是全校师生员工普遍关心的一个重大问题。全体师大人要在冷静分析形势和自身条件的基础上，以对历史和未来高度负责的态度做出正确的抉择。第八次党代会就是在世纪之交、学校改革发展进入新的关键期召开的一次大会。

（一）第七次党代会任务的推进落实

第七次党代会召开后，学校党委按照确定的改革任务和发展目标，带领全校师生员工勤奋工作，积极开拓，理顺了关系，强化了管理，为进一步发展奠定了良好的基础。校级领导班子建设不断加强，用邓小平理论武装全校师生员工思想的工作不断深入，基层组织建设进一步趋于合理化，中层干部队伍建设取得了新进展，党风廉政建设和反腐败斗争取得了阶段性成果，校园文明建设成效显著，荣获国家教委"文明校园"称号，被中央文明委授予"全国精神文

明建设工作先进单位"称号。

同时,学校各项改革推进成效显著。一是教学改革不断深入,良好的教风、学风和校风逐渐形成;二是科学研究稳步发展,争取的科研项目数、课题数、科研经费数、出版的专著数、高层次论文数以及获得高级别的奖励数有较大幅度的增长;三是人事分配制度改革初见成效,以人事分配制度改革作为学校改革的突破口,通过调整编制结构、采用全员聘任措施使人员结构严重不合理的状况得到了初步改善;四是以教学工作量、科研成果数和工作业绩作为奖酬金分配的主要依据,初步改变了分配中的平均主义;五是师资队伍建设迈出新的步伐,通过引进、培养和结构优化,一大批中青年教师脱颖而出;六是学位点建设取得新的突破,建成中国语言文学、生物学 2 个国家基础学科科学研究和人才培养基地,又新增博士点 2 个,硕士点 17 个;七是多渠道筹措办学经费的能力有所增强,教职工人均奖酬金有了较大幅度的增长;八是基础设施建设和后勤服务工作有所改善,为教学、科研以及教师队伍的稳定提供了基本的条件;九是学校的办学规模进一步扩大,对外交流不断发展,成人教育质量不断提高,出版社、杂志社的社会效益和经济效益成绩显著,文理科学报社会影响日益扩大,校园治安综合治理取得了明显进步,附属中小学的教育质量也跃居全省同类学校前列,学校的综合实力不断增强。

(二)第八次党代会召开的背景

世纪之交,科学技术突飞猛进,知识经济初见端倪,国际竞争日趋激烈,教育的基础性地位和高等教育的关键作用日益凸显。党的十五大提出的科教兴国战略和 1999 年实施的《面向 21 世纪教育振兴行动计划》,为教育的跨世纪发展注入了强大动力,也为高等教育发展提供了有力的政策支持,尤其是十五届四中全会提出实施西部大开发的战略决策,更为西部高校的发展创造了历史性的机遇。

机遇同时也蕴含着激烈的竞争和挑战,这种挑战既有学校外部的,也有学校内部的。外部的挑战主要是社会发展和知识经济时代的到来对师范教育提出了更高的要求，国内高校之间综合实力的竞争愈来愈烈，作为地处经济欠发达地区的师范大学，如何发挥自身的竞争实力与优势，将外部的竞争和挑战转变为一种动力。学校内部新的挑战，主要是校内管理体制改革滞后，阻碍学校发展；教育经费不足，自我造血功能不强；对教师队伍建设重要性和紧迫性的认识不够，拔尖的学科带头人和中青年教学科研骨干亟待充实；教学科研工作中的创新意识和创造精神不够，教学内容较陈旧，教学方法较单一，教学手段比较落后，高水平和高层次的成果偏少；基础设施建设和办学条件改善速度较慢；一些领导干部的思想观念、工作作风和领导能力还不能适应新形势发展的要求，个人主义、本位主义的现象还时有发生。[①] 因此，作为地处西北的部属师范大学，能否抓住世纪之交的历史性机遇，在严峻的内外部挑战中有所作为，尤其在激烈的竞争中脱颖而出，是师大人在新世纪要面对的重大选择。如果解决不好，或错过机遇，发展中的陕西师范大学就会在日趋激烈的竞争中陷入被动和落后，第八次党代会就是在这样的背景下召开的。

（三）第八次党代会的任务和目标

第八次党代会于1999年10月27日至10月29日在联合教室召开。参加会议的正式代表171人，校内各民主党派负责人、群众代表、在学校工作的人大代表和政协委员及历届校领导作为特邀代表出席大会，校内非代表的处级单位负责人列席大会。学校党委书记江秀乐代表第七届党委做《办好一流师范大学　迎接新世纪的挑战》的工作报告。纪委书记、副校长张建祥向大会做题为《加强党风廉政建设　保障学校改革和发展顺利进行》的工作报告。

第八次党代会的主题是：高举邓小平理论伟大旗帜，全面贯彻落实科教兴国战略和第三次全国教育工作会议精神，加大力度，加快速度，全面推进学校的改革与发展，努力办好一流师范大学，迎接新世纪的挑战。会议的主要任务是围绕主题，认真总结第七次党代会以来学校改革发展和党的建设的基本经验，

---

① 《办好一流师范大学　迎接新世纪的挑战——在中国共产党陕西师范大学第八次代表大会上的报告》，陕西师范大学档案馆藏，党群档案库，档案号3-1999-DQ11-17-1.0001-1。

深入分析并准确把握学校面临的形势与任务，确定今后一个时期学校改革发展的重点及奋斗目标，选举产生新一届的党委会和纪委会，动员和凝聚全校共产党员、全体师生员工抓住机遇，振奋精神，解放思想，深化改革，为办好一流师范大学、迎接新世纪的挑战而共同奋斗。

第八次党代会确立面向新世纪学校的总体奋斗目标是：把学校办成具有时代特征、中国特色、师范特性、地区特点、在国际上有一定影响的全国一流师范大学，成为21世纪为国家教育事业造就一流师资的摇篮，成为国家在西北地区教育理论的研究中心和实验中心，成为推动陕西和西北地区知识创新、科技进步和经济文化建设的一支重要力量，成为社会主义精神文明建设的示范基地和中外优秀文化交流借鉴的窗口。围绕这一总体奋斗目标，学校提出到2010年的发展目标：一是在办学规模上，各类学生人数达到21000人，员生比达到1∶8，师生比达到1∶16。二是在学科建设上，形成以重点学科为龙头、教育学科为特色、基础学科为主干、应用学科和高新技术学科协调发展的学科结构，建设好20个左右校级重点学科，建立10个左右省级重点学科、2—3个国家级重点学科。与此相适应，硕士点达到60个，博士点达到15个左右。三是在科学研究上，到2010年，年度争取科研课题经费总额达到1500万元以上，年度承担高层次科研项目不少于100项，年度发表高层次学术论文要有大幅度增长，整体科研实力跻身师范院校前四强。四是在办学条件上，教学科研基础设施有较大改善，服务保障体系得到明显加强，校园计算机信息网络发挥明显作用，教职工收入待遇有较大提高，全校各类经济总收入在现有基础上增长2倍以上。

为完成上述发展目标，学校提出"两步走"的战略：第一步，从第八次党代会召开到2003年，以解放思想、转变观念为先导，以推进新一轮校内管理体制改革为突破口，以教学科研上水平、上层次为主攻目标，埋头苦干，扎实工作，力争在教学质量、科研水平、管理效率、办学效益等方面有较大提高。第二步，从2004年到2010年，初步建立起与21世纪经济建设、社会发展、科技进步和高教改革相适应的办学体制，全面推进学科建设，实施创新教学计划，推出一批标志性科研成果，建成一支高素质教师队伍，培养出享有较高社会信誉的师范人才，使学校的整体实力跨上一个新台阶，为下一步向更高目标迈进奠定坚实基础。这次党代会对学校的发展目标表述得更加清晰，第一次提出学校要在推动陕西乃至西北地区经济文化建设方面发挥重要作用，对学校近景和远景规划描述得更加具体有效。

（四）代表组审议报告和讨论相关议题

10月27日下午，举行第八次党代会第二次全体会议。校长赵世超就《陕西师范大学关于推进新一轮校内管理体制改革的意见》做了说明，阐述新一轮校内管理体制改革的思路、内容、任务和做法等。副校长吕九如从改革的指导思想、主要内容和组织领导三方面汇报了《陕西师范大学关于推进新一轮校内管理体制改革的意见》。会后，各代表组就《意见》进行讨论。大家对《意见》给予高度评价，认为改革的指导思想明确，思路清晰，内容翔实全面，目标具体，组织机构健全，体现了师范大学的特色和以人为本的思想。同时，代表们建议，改革的关键是要下功夫实施，《意见》中改革的目标提得多，但要达到这些目标应采取什么措施提得比较少，建议尽快出台配套措施；改革推进建议既有长计划又有短安排；针对全校机构改革和院系调整后，下岗分流人员出路在哪里，建议进一步明确解决办法。

10月28日上午，各代表组对党委工作报告、纪委工作报告展开深入讨论。代表们一致认为，"两委会"的工作报告明确提出今后的工作任务和奋斗目标，步骤和措施得力，符合学校发展实际。同时，大家建议：一流师范大学应当有几条具体的标准写进报告中；在学科建设上，要对有发展潜力的学科给予重点支持；在人才问题上，要正确处理好"引进"与"培养"的关系；在研究生培养上，既要重视数量，更要注重质量；政策的执行上应该注意保持连续性；对纪委工作，建议进一步加大纪检部门检查监督、舆论监督和群众监督的力度。

（五）选举产生新一届"两委会"

根据本次党代会选举办法，大会选出新一届"两委会"，马云霞、马振铎、马晓雄、王涛、王武海、边团结、司晓宏、吕九如、江秀乐、杜鸿科、李天顺、张志琪、张建祥、张渭淮、武国玲、林书玉、周德明、赵世超、赵晓林、袁奋光、贾温性、傅功振、廉振民（以姓氏笔画为序）23人当选第八届党委委员；马进福、马耀峰、肖英、张渭淮、周延辉、黄文仓、曹乃生（以姓氏笔画为序）7人当选第八届纪委委员。在第八届党的委员会第一次全体委员会议上，王涛、吕九如、江秀乐、杜鸿科、张建祥、张渭淮、武国玲、周德明、赵世超（以姓氏笔画为序）当选党委常委，江秀乐当选党委书记，武国玲、王涛当选党委副书记；在纪律检查委员会第一次全体委员会议上，张渭淮当选纪委书记，周延辉当选纪委副书记。

1999年12月3日，中共陕西省委教育工作委员会下发陕教工干〔1999〕120号批复文件，同意中共陕西师范大学第八届委员会、纪律检查委员会选举结果。

第二节　学校领导体制改革和党建及思想政治工作的全面开展

20世纪80年代末90年代初，伴随改革开放和发展社会主义市场经济的进程，我国社会生活发生了广泛而深刻的变化。学校也在这一变革过程中不断探索，进一步深化学校领导体制改革，全面加强党的建设，围绕"育人"核心任务加强思想政治工作，取得了一定成绩，积累了宝贵经验。

一、深化学校领导体制改革，贯彻党委领导下的校长负责制

改革开放以后，我国高等学校的管理体制建设经历了一个实践和变革的逐步发展过程，其间高校的领导体制改革也在不断地探索。1978年，教育部颁布《全国重点高等学校暂行工作条例（试行草案）》，明确规定高等学校的领导体制是党委领导下的校长分工负责制。[①]1985年《关于教育体制改革的

---

① 何东昌主编：《中华人民共和国重要教育文献（1976—1990）》，海南出版社，1998年，第1646页。

决定》指出，学校逐步实行校长负责制，有条件的学校可设立由校长主持的校务委员会作为审议机构。① 1990 年中央召开第一次全国高校党建会议，会后下发《关于加强高等学校党的建设的通知》，提出高等学校实行党委领导下的校长负责制。② 此后，这一领导体制不断得到健全和完善。1996 年，中共中央颁布党的历史上第一个高校党的建设法规性文件《中国共产党普通高等学校基层组织工作条例》，明确规定"高等学校实行党委领导下的校长负责制"③。1999 年 1 月开始施行的《中华人民共和国高等教育法》，将党委领导下的校长负责制以国家法律的形式固定下来。④ 这一时期，学校在领导体制方面，进一步理顺了党政关系，不断加强和完善了党委领导下的校长负责制，明确党委的领导核心作用。

（一）理顺党政关系，坚持党委领导下的校长负责制

1987 年第六次党代会后，为了使学校的各项工作主动适应新时期情况变化的需要，学校在理顺党政关系、强化管理职能、坚持党委领导下的校长负责制方面，做了一系列工作，取得了一定成效。

第一，理顺党政关系，明确党政分工。改变过去党委包揽一切的做法，坚持党委领导下的校长负责制，属于学校日常教学、科研和行政管理的事项，由校长按程序决定和实施，进一步强化校长对行政工作的统一指挥。党委支持校长按规定充分行使职权，定期听取校长通报工作情况，并讨论决定重大问题，以加强党对学校工作的领导。

第二，简政放权，加强基层职权建设。为了充分发挥系一级办学的积极性

---

① 何东昌主编：《中华人民共和国重要教育文献（1976—1990）》，海南出版社，1998 年，第 2289 页。
② 国家教育委员会办公厅编：《高等学校领导干部阅读文件选编》，高等教育出版社，1990 年，第 158 页。
③ 何东昌主编：《中华人民共和国重要教育文献（1991—1997）》，海南出版社，1998 年，第 3957 页。
④ 何东昌主编：《中华人民共和国重要教育文献（1998—2002）》，海南出版社，2003 年，第 165—168 页。

和主动性，学校进一步完善和健全了系主任负责制，落实了系主任在教学、科研、人事和财务等方面的职权。凡适宜于系里办的事情，由系主任按规定程序决定执行。同时，随着校一级党政分工的逐步落实，系党总支职能转变为保证监督，主要对本单位党的建设和思想政治教育工作负领导责任，对本单位正确执行党的路线、方针和政策以及完成各项工作任务起保证监督作用。

第三，建立适应党政分工的组织形式，并不断完善制度保障。一是在党委领导下，建立校务会议制度。校务会议成员由正、副校长，党委正、副书记和三长（秘书长、教务长、总务长）组成，由校长主持会议，研究决定学校行政工作的重大问题。系一级建立系务会议，研究决定有关重大问题。二是健全在校长领导下的校学术委员会、学位委员会、教学委员会和职称评审委员会等制度，对学校的教学、科研、职称评审起咨询、参谋和决策作用。三是调整党政管理职能关系，理顺管理机制，同时抓好党政各职能部门的横向分工与协调，达到密切配合，相互协作，相互支持，落实和推进各项工作。

第四，健全学生管理组织机构，强化管理服务职能。为了把学生思想政治工作与学生行政管理工作统一起来，在校党委领导下，设立学生工作委员会，由主管学生工作的副书记和一名副校长任正、副主任，吸收有关部、处及团委负责人参加，统一领导并协调学生工作。1988年3月学校成立学生处，并实行学生处与党委学生政治工作部合署办公。为了加强法制建设，校行政部门成立公安处和监察处（后根据上级要求与纪委合署办公）。为了进一步做好文书及科技档案的收集、整理和利用工作，在原分属党委办公室和校长办公室的文书档案室和科技档案室基础上，成立学校档案馆。随着离退休人员的逐渐增多，将原分属党委组织部的老干科与原属学校人事处的退休科合并，成立离退休职工工作处。在健全管理机构的同时，学校制定了机关各部门的职责范围，进行定岗、定编、定员，实行岗位责任制，使管理与服务有机融合。

这一时期，由于一些高校领导班子内部对党委领导下的校长负责制的理解和把握存在差异，甚至有的理解还有较大偏差，所以在贯彻党委领导下的校长负责制的具体过程中也出现了一些矛盾和问题，如党委领导什么、领导到什么程度、领导谁、怎么领导，校长负责什么、负责到什么程度、向谁负责、怎么负责，以及党政关系如何协调处理等。① 陕西师范大学的校级领导班子也存在贯彻民主集中制原则不力、内部协调团结不够等问题②，影响了凝聚力的形成以及学校的改革和发展，这是学校在领导班子建设方面的深刻教训。

（二）加强领导班子自身建设，发挥党委会的领导核心作用

1994 年 10 月，国家教委党组和中共陕西省委对学校领导班子做了新的调整，陕西师范大学吸取上届领导班子建设方面的经验教训，切实加强领导班子自身建设，进一步明确党委领导下的校长负责制，充分发挥学校党委会的领导核心作用，有力地促进了学校的改革和事业发展。

1. 加强思想建设，提高班子成员的政治素质

一是坚持每两周一次的中心组学习制度，形成讲学习的良好风气。班子成员不仅通读了《邓小平文选》第二卷、第三卷，而且结合学校实际，重点研讨如何贯彻邓小平教育思想和江泽民同志关于《领导干部一定要讲政治》等重要讲话，贯彻落实党的十四大和十五大精神，保持政治上的清醒和坚定，并且撰写出一批指导学校工作的心得体会文章。

二是坚持校级领导和中层干部互学制度，发挥好带头示范作用。1994 年以来，利用党校阵地，学校先后举办 6 次处级以上领导干部理论学习研讨班，校级领导每次都编到学习小组，与中层干部一起听课、学习、讨论。在学习中，校领导总是先学一步、学深一点，在准确把握党的理论，全面领会中央的路线、方针和政策，正确分析学校内外的形势上下功夫。在举办中层干部学习研讨班时，党政一把手亲自讲课，其他校领导也在大会或小组会上做中心发言，从而形成了中层干部深入学理论的良好学风。

三是坚持把理论学习与增强党性修养相结合，进一步树立全心全意为人

---

① 沈道海：《党委领导下的校长负责制：制度演进、内涵界定与实践创新》，载《云南行政学院学报》2012 年第 1 期，第 82 页。
② 《团结一致 深化改革 加快发展 为办好第一流的师范大学而奋斗——陕西师大第七次代表大会上的报告》，陕西师范大学档案馆藏，党群档案库，档案号 3-1995-DQ11-18.0001。

民服务的思想。通过中心组学习会、专题民主生活会等形式，班子成员进一步认识到全心全意为人民服务，既是我们党的立党之本，也是每一位领导干部的立身之本；而能否自觉坚持全心全意为人民服务，是对领导干部党性观念的集中考验。

2. 加强制度建设，保证党委的集体领导

一是强化体制意识，确立党委会的领导地位。首先在班子内部进一步明确党委领导下的校长负责制的具体含义，增强班子成员对党委会是学校的领导核心、政治核心和团结核心的认识。同时，从明确党政职责、理顺工作关系入手，规定凡属事关学校大局的重大问题都要经党委会议集体讨论决定，防止个人专断和决策失误。其间，校领导成员都自觉维护党委领导下的校长负责制，从而使党委的领导核心作用得到充分发挥，也保证和支持了校长能够充分行使行政指挥权。

二是建立健全规章制度，坚决贯彻民主集中制原则。为了加强集体领导的制度建设，学校在 1995 年初研究制定《陕西师范大学校级领导班子议事制度》，对党委全委会、常委会、书记办公会和校务会议的基本职责、议事规则和决策程序等都做了明确规定。随后，又相继制定和完善了重大问题向上级请示汇报制度、集体领导和个人分工负责制度、领导干部过双重组织生活制度和领导班子民主生活会制度等，并坚持按期召开党代会和教代会，使民主集中制原则得到切实执行，从制度上保证了党委的集体领导。

三是坚持处理好"五个关系"，自觉维护班子的民主团结。坚持处理好党委与行政的关系，明确党委是核心，校长抓实施，党政一盘棋，分工不分家；处理好民主与集中的关系，讨论问题时充分发扬民主，形成决定后必须服从，对外一个调子、一种声音；处理好集体领导和个人分工负责的关系，防止和避免借口集体领导而互相推诿、无人负责的现象，或借口分工负责而独断专行、各行其是的现象；处理好两个"一把手"的关系，坚持互通情况，做到认识同心，目标同向，工作同力；处理好正职与副职的关系，正职充分信任支持副职，副职主动配合、积极协助支持正职，从而保证了领导成员之间的协调与团结。

二、加强学校党建工作，推进师生思想政治工作全面开展

在改革开放新形势下，学校党委遵照围绕教学和科研中心抓党建、抓好党建促发展的指导思想，围绕党的中心工作，从学校发展的各个环节开展多形式、多层次、全方位的思想政治教育工作，逐步形成一个在党委领导下各部门和团体积极参与，多种渠道、多种方式齐抓共管的思想政治工作新格局。

（一）加强党的建设，提高党组织在学校改革发展中的战斗力

学校始终贯彻中央提出的"党要管党""从严治党"的方针，采取切实措施，从思想、组织、作风上全面加强党的建设。

1. 坚持不懈抓好党员党性教育

学校党委紧紧抓住对党员进行理想、宗旨、党风、党纪教育这条主线，根据不同时期的具体形势和任务，坚持不懈地对党员进行党性教育。1990 年以后，针对改革开放的不断深入和建立社会主义市场经济体制的新特点，组织党员认真学习十四大文件和《邓小平文选》，用建设有中国特色的社会主义理论武装党员。同时，在党内开展"建立社会主义市场经济与坚持党性原则"研讨会，引导党员一方面解放思想，转变观念，拥护和支持改革开放，另一方面坚持共产党员的党性原则，坚持共产主义信念，克服市场经济的消极影响。1990 年 10 月，开展党员重新登记工作。1991 年，为庆祝中国共产党成立七十周年，校党委在全校党员和入党积极分子中开展了党史党建知识学习竞赛活动，并选派部分师生组成代表队代表陕西 50 多所高校，参加省委举办的"庆祝建党七十周年党史党建知识竞赛"，荣获团体第一名，受到省委的表彰。90 年代中期，全国兴起学习邓小平理论的新高潮，学校学生马列读书社、邓小平理论学习小组的活动蓬勃开展，校园文化活动空前活跃，先后举办"市场经济与共产主义理想""市场经济与坚持党性原则""市场经济与全心全意为人民服务""新形势下共产党员如何发挥先锋模范作用"等专题教育，使党内教育不断深化，收到了较好的效果。1996 年上半年，根据中央和省委教育工委的部署，学校在

全体党员中开展"学理论、学党章"的双学活动,其做法和成效先后在全省教育系统"双学"总结会和全省组织工作会上做了经验交流,受到中组部检查组、省委组织部、省委教育工委的表扬与肯定,并荣获陕西省"双学"活动先进单位。1997年,结合贯彻十五大精神开展"高举旗帜、深化改革、共谋发展"理论研讨活动,取得了显著的效果。

2. 重视党的基层组织建设

1987年第六次党代会以后,学校党委为加强基层党组织建设,高标准选配支部书记,举办培训班,培训支部书记;加强管理,健全规章制度,完善"三会一课"等组织生活制度。在此基础上,党委还制定下发《严格党的组织生活若干问题的规定》《党内民主生活会制度》《加强对外出党员教育管理若干问题的规定》等文件。1992年,党委又转发中共陕西省委教育工委颁发的《系党总支工作条例》和《党支部工作条例》,对进一步加强基层组织建设起了重要作用。第七次党代会后,党委认真贯彻落实《中国共产党普通高等学校基层组织工作条例》,制定《系党总支工作暂行规定》,规范党总支、党支部的工作职责。特别是1997年之后,党委工作重心下移,狠抓党支部建设,制定《教师党支部升级达标考核办法》等规章制度,使基层党组织对自己的职责、任务、奋斗目标更加明确,工作更加科学规范,从而更好地发挥了基层组织的作用,涌现出一批先进党支部、优秀党员和优秀党务工作者,其中有6个先进党支部、7名优秀党员、3名优秀党支部书记、5名优秀党务工作者受到了省委教育工委的表彰,学校也荣获"陕西省普通高等学校党建和思想政治工作先进单位"称号。[①]

3. 认真做好在中青年教工和学生中发展党员工作

第六次党代会之后,学校按照"坚持标准,保证质量,改善结构,慎重发展"的方针,共发展新党员1142人,其中学生党员837人。[②] 1993年6月,党委

[①]《办好一流师范大学 迎接新世纪的挑战——在中国共产党陕西师范大学第八次代表大会上的报告》,陕西师范大学档案馆藏,党群档案库,档案号3-1999-DQ11-17-1.0001-1。

[②]《团结一致 深化改革 加快发展 为办好第一流的师范大学而奋斗——陕西师大第七次代表大会上的报告》,陕西师范大学档案馆藏,党群档案库,档案号3-1995-DQ11-18.0001。

召开发展党员工作专题会议，并下发《关于进一步做好发展党员工作的意见》，指出今后一个时期发展党员工作的重点是在教学、科研第一线的中青年教师、后勤工人及大学生中发展新党员。根据党委的意见，各党总支积极开展发展党员工作，创造了许多好的做法和经验，并在全国和省委召开的会议上做了经验介绍。1994年学校领导班子换届后，针对发展党员工作专门制定了组织发展规划，并确定了工作重点，提出大力加强在中青年学科带头人、学术骨干和大学生中发展党员的实施意见。经过几年的努力，学校中青年教师中积极要求入党的人数明显增加，尤其在学生中基本形成了梯次合理发展的格局。到1998年，学生中一至四年级的党员比例已分别达到2%、6%、10%、15%，学生党员人数平均占到学生总数的8%，位居陕西省高校前列。1994年至1998年，全校共发展新党员2121名，其中1994年264名，1995年340名，1996年393名，1997年556名，1998年568名，真正体现了一年一个台阶。

4. 遵照"党管干部"原则切实加强中层干部队伍建设

第六次党代会以后，按照干部"四化"标准，学校对系、处级领导班子做了几次调整，使干部队伍的年龄结构、知识结构有了大的变化。进入20世纪90年代以后，学校中层干部队伍进入新老交替的高峰期，校党委抓住这一契机，按照"努力建设高素质的干部队伍"的要求和"严格选拔，大胆使用，加强教育，提高素质，全力支持，完善监督"的工作思路，大力加强中层干部队伍建设，积极稳妥地推进干部制度改革。自1993年以来，优化调整全校90多个中层领导班子，共提拔干部184人，其中45岁以下的132人，占总数的71.7%，具有硕士以上学历者比调整前增加了36%。到1998年，处级干部平均年龄为41.3岁，比1993年10月以前下降了8.6岁，其中40岁左右的一把手23人，占中层领导班子正职总数的34%。通过调整，优化了干部队伍的结构，增强了中层干部队伍的生机与活力。

为了加强干部队伍建设的规范化和科学化，学校党委先后制定并颁布《关于加强校级领导班子思想作风建设的若干规定》《关于干部管理工作暂行规定》《关于改进干部工作意见》《系务会议暂行规定》《系党总支工作条例》《系主任工作暂行规定》《处级干部年度考核工作暂行办法》等 10 多个规章制度①，对干部的教育、管理更加科学规范。与此同时，还建立健全干部管理的监督机制，坚持组织监督和群众监督相结合，通过民主生活会制度、跟踪考核制度、谈话诫勉制度、年终述职考核制度等，对干部的思想、作风、工作能力、工作业绩进行全面的考察监督，促进了干部素质及能力的不断提高。

5. 积极开展党纪政纪教育，加强党风廉政建设

加强党的纪律教育与廉政建设是党的建设中的重要课题。为此，学校党委一方面坚持对党员特别是党员领导干部进行党风党纪教育，以《中国共产党章程》《关于党内政治生活的若干准则》和中纪委《关于整顿纪律的规定》以及《陕西师范大学校处级干部廉洁自律规定》为内容，采取学习、讨论、测试、竞赛、通报党内典型违纪案例等方式，使广大党员受到纪律教育，增强党性观念；另一方面重视对党员特别是处级以上党员领导干部的廉政教育，坚持开好每学期的校级领导班子民主生活会和每年一次的处级干部民主生活会，加强招生就业、住房分配、财务管理等工作的检查与监督，抓紧对违法违纪案件的查处，制定坚持厉行节约、制止奢侈浪费的实施意见，对落实中央廉政决策、促进学校党风廉政建设起到了积极作用。因工作扎实，成绩突出，学校党委被评为"全国教育系统纪检监察工作先进单位"。同时，重点查处处级以上党政领导干部的违纪案件，对极少数严重违法乱纪、在群众中影响不好的领导干部坚决撤职，严肃党的纪律，保持组织的纯洁性。

（二）围绕党的中心任务，改进和加强思想政治工作

20 世纪 80 年代以后，针对政治思想战线上存在的软弱混乱现象和高校程度不同地削弱党的思想政治工作及思想政治教育的内容、形式和方法不适应新

---

① 《关于报送我校党的建设和思想政治工作情况的报告》，陕西师范大学档案馆藏，党群档案库，档案号 3-1998-DQ11-11.0001。

形势要求的情况[①]，1987年5月29日，中共中央印发《关于改进和加强高等学校思想政治工作的决定》。这是党的十一届三中全会后首个以中共中央名义颁发的高校思想政治工作文件，也为高校加强思想政治工作指明了方向。1987年学校第六次党代会以后，为适应新形势，学校以《决定》为指导，围绕党的中心任务，积极研究和探索新形势下高校思想政治工作的规律，改进和加强思想政治工作，保证了学校的政治稳定和各项工作的顺利进行。

1. 抓"两课"改革，积极推进马列理论进课堂、进教材、进头脑

1987年，国家教委下发《关于高等学校思想教育课程建设的意见》。为贯彻落实《意见》精神，学校在原德育教研室的基础上，扩大编制，增加人员，先后开设形势与政策、法律基础、大学生成才修养、人生哲理、职业道德等5门课程。

进入90年代，为适应形势发展和高等教育改革的要求，学校对"两课"教学在内容和方法上进行了重大改革。1995年，学校认真落实中央提出的"两课"改革方案，在保证学生掌握马列主义基本原理的基础上，尤其注重加强邓小平建设有中国特色社会主义理论教育。从1997年开始，学校教学计划中又专门开设邓小平理论课程，还组织力量编写出版《建设有中国特色社会主义理论论纲》等教材，并要求教师授课时自觉把邓小平理论的基本观点同中国改革开放和现代化建设的实际紧密结合起来，把邓小平理论"进课堂、进教材、进头脑"落到了实处。

2. 抓马列读书社活动，增强学生学习理论的自觉性和主动性

马列读书活动是增强学生理论学习自觉性和主动性、加强学生思想政治教育的重要方式。陕西师范大学的学生马列读书活动开展较早，早在1986年，学校生物系就成立第一个学生马列学习小组，后学习活动逐步扩展到其他系的学生。学校党委及时抓住时机，对马列学习小组活动给予指导和支持，很快就在学生中掀起了学马列、学邓小平理论的热潮。到1998年已成立全校性的马列读书总社，以院系为单位建立了19个读书分社，马列学习小组由刚成立时的1个小组9名学生，发展到91个小组2000多名学生，在广大学生中出现了"学

---

① 何东昌主编：《中华人民共和国重要教育文献（1976—1990）》，海南出版社，1998年，第1646页。

习理论热"和积极要求入党的可喜局面，先后受到两任省委书记和省委宣传部、省教委领导的高度肯定，《光明日报》《中国教育报》《陕西日报》《共产党人》《宣传向导》和陕西省电视台等多家新闻媒体多次进行宣传报道。

3. 抓政工队伍建设，进一步做好日常思想政治工作

自第六次党代会以来，校党委多次召开专题会议研究政工队伍建设问题，并制定《陕西师范大学学生政治辅导员工作试行条例》《辅导员工作考评条例》《关于增加辅导员津贴的实施意见》等一系列文件，从政工干部的选拔、配备、使用、管理、培训、提高到政工干部的政治、生活待遇等都做出了明确规定。为了加强政工干部队伍自身建设，学校党委和政工部经常举办各类讲习班、研讨班，组织政工干部学习哲学、教育学、心理学、经济学、思想政治教育理论等基础理论知识，坚持每周一次的政工干部学习制度，组织政工干部学习党的路线、方针和政策；建立考评制度，高标准、严要求，促进他们健康成长。这支具有良好政治业务素质、高效精干、结构合理、人员稳定的政工队伍，对于做好学生管理工作、维护学校的教育教学秩序、保证思想政治教育顺利进行发挥了重要作用。

4. 抓阵地建设，发挥理论研究的示范引导作用

20世纪90年代以后，针对思想政治工作面临的新情况和新问题，为了发挥理论研究阵地的重要作用，学校于1995年4月成立了"邓小平建设有中国特色社会主义理论研究中心"，并在全国较早创办《邓小平理论研究》杂志，由党委书记兼任该中心主任和杂志的编委会主任。中心先后组织20多位专家学者举办报告会或专题讲座，为党政干部和师生的理论学习提供理论辅导；选派20多位专家教授担任学生马列读书社的指导教师，指导学生学理论活动；通过举办研讨会和座谈会并采取征文、评奖、出论文集等形式，围绕学科建设或配合形势教育开展理论研究和宣传活动；同时发挥多学科优势，积极组织理论队伍联合攻关，深入研究邓小平理论。据不完全统计，先后出版《邓小平的哲学思想》《邓小平的文艺思想》《邓小平的国际政治理论》《邓小平理论纵横》《邓小平的改革论》等专著20多部，发行《邓小平理论研究》杂志13期，

共发表校内外师生的研究论文 200 多篇，对促进全校的理论学习、思政教学和研究起到了积极作用。

5. 抓整体推进，全方位加强学生思想政治工作

校党委以全员育人思想为指导，积极激励教职工教书育人、管理育人和服务育人，初步形成在党委统一领导下各方面力量积极参与，多种渠道、多种方式齐抓共管、整体推进的思想政治教育工作新格局。

一是不断深化爱国主义、集体主义和社会主义教育，把广大学生的爱国之情转化为报国之能。在重点抓好理论教育的同时，学校利用重大节日和大型纪念活动开展专题教育活动，通过组织参观爱国主义教育基地，举办报告会、演讲会、座谈会、征文竞赛、知识竞赛等形式，激发学生的爱国热情，教育引导学生树立为基础教育服务，献身祖国教育事业的思想，坚定走中国特色社会主义道路的信念。学校获得国务院主办的"我为改革献计策"优秀组织奖，中宣部、国家教委、人民日报社共同举办的"百部爱国主义影片知识竞赛"优秀组织奖，陕西省高校爱国主义知识竞赛一等奖等多次表彰。

二是加强理想信念教育，引导青年学生树立正确的世界观、人生观和价值观。20 世纪 90 年代初，由于受市场经济影响，青年学生的人生观和价值观出现多元化倾向，一些学生学习目的偏向功利，消费观念趋于享受，价值标准投向金钱，行为趋向崇尚自我。为了防止和纠正学生"三观"上的偏差，学校先后通过人生哲理课、就业指导课以及举办知名专家"成功之路"系列报告会等形式，引导学生把个人理想和追求与建设有中国特色社会主义伟大事业结合起来，在为人民服务、为祖国建功立业中实现自己的价值。霍松林、章竹君、陈锦屏等一批博导先后为学生举办专题讲座，他们以自己的奋斗经历现身说法，使学生受到极大的教育，学校每年都涌现出一批以国家需要作为第一选择的毕业生。1994 年以来，陕西师范大学毕业生在教育系统的就业率一直保持在 95% 以上，1997 年达到 98%，居全国师范院校之首。

三是积极开展健康向上的校园文化和社会实践活动，努力提高学生的综合

素质。1987年以来，每年暑假全校都有数千名学生组成各种形式的小分队，走出校门，深入工厂、农村、机关、学校进行社会实践，足迹遍及西北五省区及江苏、浙江、广东、云南、四川等省份。学生们既了解了改革开放的巨大成就，也学会了正确分析和看待改革开放所面临的矛盾和困难，增加了以改革促发展的信心，提高了理解和支持改革的自觉性。1988年，校团委派遣的东线考察组赴江、浙、皖、沪四省市考察，写出的《温州经济调查报告》，荣获团中央等6单位举办的"国情与改革"征文一等奖，中文系团总支获得优秀组织奖。1991—1992年，政教系300多名师生先后赴三原、泾阳、扶风、岐山、眉县参加陕西省委组织的农村社会主义教育，受到当地干部群众和省委的好评。1990—1992年，学校以"受教育、长才干、做贡献"为指导方针，通过开展社会调查、科技服务、文化宣传、青年志愿者服务队、希望工程手拉手等形式多样的社会实践活动，不断提高学生综合素质。学校还通过"师范生综合素质大奖赛""科技活动月""校园文化周"等活动，引导学生热爱师范专业，练好教师基本功，树立为基础教育服务的思想。自1993年以来，陕西师范大学的学生社会实践活动连续五年获得中宣部、国家教委、团中央的表彰，《人民日报》《中国教育报》等新闻媒体也多次做了宣传报道。

党委正确领导和卓有成效的思想政治工作，确保学校在20世纪80年代末到90年代初平稳度过一系列重大事件，经受了巨大的考验。在苏东剧变形势教育中，学校被评为全省高校先进单位。经学校建议参与编写并负责统稿的《民主社会主义评介》一书被教工委印发全省高校学习使用。梁亚栋、王振亚、郭欣根教授受邀给省委领导讲解民主社会主义的由来和实质。学校在党史学习教育和南方谈话教育中被评为全省高校的先进单位。学校学习邓小平理论活动走在全省前列。这些事实是陕西师范大学思想政治工作卓有成效的有力证据。

三、完善教职工代表大会制度，逐步推进学校民主管理

1984年12月，学校召开第一届教职工代表大会。会后不久，1985年1月，教育部和中国教育工会全国委员会颁发《高等学校教职工代表大会暂行条例》，

对教代会做出制度化、规范化要求。进入90年代后,党中央更加注重职工参与民主管理问题。1993年10月,中国工会第十二次全国代表大会在京召开,中共中央总书记江泽民接见主席团常务主席,指出各级工会要维护职工的合法权益,努力探索中国特色社会主义工会工作的新道路,使工会真正成为党和政府密切联系广大职工群众的桥梁和纽带。这一时期,正是学校承前启后实施改革的重要时期,校党委紧密围绕中心工作,积极探索教职工参与学校民主管理和监督的机制,完善教职工代表大会制度,提升学校民主管理水平,促进学校各项事业发展。

(一)第二届教职工代表大会

1. 第二届教职工代表大会的召开

1988年2月22日,陕西师范大学第二届教职工代表大会暨第六届工会会员代表大会(简称"双代会")召开,参加会议的代表共245人。大会的主要任务是审议教代会提案监督委员会、人事监督委员会、财务监督委员会、民主评议干部委员会等4个工作委员会条例,选举产生以上4个委员会以及房屋分配委员会和第六届工会委员会。

校工会主席薛志贤向大会致开幕词,王国俊校长代表学校行政向大会做题为《加快改革步伐 提高教育质量 为发展西北基础教育作出更大贡献》的工作报告。报告从改革调整课程结构、教学科研工作、职称改革工作、成人教育、国际交流、总务后勤部门服务师生等六个方面对学校近年工作进行回顾和总结,分析学校目前所面临的严峻形势和挑战,指出必须深化教学改革,加强学校管理,引进竞争机制,努力提高教育质量和科学研究水平,同时抓好对外有偿服务工作,改善办学条件和教职工生活。

校工会副主席许有涛代表第五届工会委员会,从过去三年工会的主要工作、工会自身改革、在学校民主建设中发挥的作用等三个方面向大会做工作报告。工会副主席、房屋分配委员会副主任马正林,教代会提案监督检查委员会主任杨存堂,分别就房委会工作和提案、监督检查委员会工作向大会做了报告。

会上，双代会代表就学校的改革和建设充分发表意见。代表们围绕学校工作报告，就开展有偿服务、加强教学改革、提高教学质量、加强思政教育、住房改革、校医院建设以及改革工资发放办法等积极建言献策。

2月24日下午双代会举行闭幕式。工会主席薛志贤对双代会做了总结。学校党委书记赵小松讲话，总结学校首届教代会以来，教代会及工会在学校民主管理、思想政治教育、为教职工谋福利、开展群众性文化体育活动以及工会自身建设等方面所做的工作，并对新的工会和教代会提出希望和要求。

2. 第二届教职工代表大会年度会议的举行

1990年，按照中央有关文件精神，学校开展了"党员重新登记"工作，第二届教职工代表大会第二次会议推迟至1991年12月25日举行。这次教代会讨论和审议王国俊校长报告的《陕西师范大学"八五"事业计划及十年规划的设想方案》。经过与会代表的认真讨论和审议，大会通过《关于"八五"期间缓解学校教职工住房困难的决议》和《关于"八五"期间发展学校校办产业的决议》。为了充分听取代表对学校各项工作的意见，学校领导还分别就教学与科研、后勤工作、人事与行政工作以及财务与校办产业等四个方面事务召开了4次座谈会，听取各位代表的意见。主席团也就有关问题进行了3次研究讨论。

第二届教职工代表大会第三次全体会议于1992年12月10日举行，大会主要围绕学校管理体制改革的主题建言献策。王国俊校长做《校内管理体制改革方案》的报告，详细介绍学校改革的背景和《方案》制定的经过，并对《方案》内容做说明。各代表组就《方案》中有关人事改革、分配制度改革、全员聘任及住房等重要问题做了交流和讨论，并进行大会发言。最后大会审议通过《陕西师范大学校内管理体制改革方案》。

（二）第三届教职工代表大会

1. 第三届教职工代表大会的召开

1996年1月10日上午，陕西师范大学第三届教职工代表大会暨第七届工会会员代表大会召开。出席大会的正式代表234人，列席代表24人，特邀代表21人。

大会的主要任务是讨论《校长工作报告》和《工会工作报告》，落实党代会提出的各项任务与通过《陕西师范大学综合改革方案》，动员广大教职工积极参与学校的改革和发展，充分发挥民主参政议政的作用。同时，讨论《陕西师范大学"九五"师资队伍建设规划》，审议通过《陕西师范大学工资总额动态包干实施方案》和《陕西师范大学住房分配管理条例》，选举新的工会委员会和财务监督、民主评议干部、提案监督、人事工作监督、房屋分配监督5个工作委员会。

党委书记江秀乐致开幕词。他号召会议代表围绕大会主题，畅所欲言，共谋学校改革和发展大计，并通过实际行动带动全校教职员工以主人翁的姿态积极投身到学校的改革和发展中。

校工会主席许有涛代表第六届工会委员会做题为《动员和团结全校教职工 以主人翁姿态投身于学校的改革和发展 开创工会工作的新局面》的工作报告，从坚持党的领导、在学校思想政治教育中发挥积极作用、促进学校的社会主义精神文明建设等方面对第六届工会工作进行了全面总结，并提出工会在学校改革和发展中的任务。

赵世超校长做题为《全体教职员工动员起来 以主人翁的姿态投身到学校的各项改革中去 为加快我校的发展而努力奋斗》的工作报告。他对第二届教代会以来学校七年间的教学、科研等工作进行回顾，对近期工作进行总结，提出"九五"期间学校事业发展的目标和措施，并希望新的一届工会组织要团结和动员职工群众，积极投身到学校的改革事业中。

代表们联系学校和单位实际，审议会议的各项报告、方案、规划和条例。为了使工作报告中提出的目标能顺利如期实现，各代表团提出四点建议：一要结合学校发展的总目标，制订相应的近远期工作计划。二要抓好分阶段落实工作，责任落实到单位和人。三要加大对中青年教师和干部的业务培训和进修提高。四要积极筹划抓经济效益，想办法让基层活起来。对工会工作，各代表团希望新一届工会进一步加强教职工思想教育工作，引导教职工正确行使民主权利，不断增强民主意识，提高民主监督与管理水平。[①]

大会选举产生陕西师范大学第七届工会委员会和第三届教代会5个工作委员会，表决通过《陕西师范大学工资总额动态包干实施方案》和5个工作委员会工作条例。大会还讨论并通过《陕西师范大学"九五"师资队伍建设规划》和《陕西师范大学住房分配管理条例》，标志着学校校内管理体制的改革开始启动。

2. 第三届教职工代表大会第二次会议的举行

第三届教职工代表大会第二次全体会议于1997年4月8日召开。校长赵世超做了《加快改革步伐 提高办学水平 再创我校工作新局面》的年度工作报告，他从教学、科研、学科建设、人事、分配制度改革、师资队伍建设及其他工作等几个方面对学校工作取得的成绩进行总结，阐述学校实现"全国一流师范大学"目标要具备的条件，分析学校的优势和存在的差距，并提出今后工作的设想和任务。他号召全校教职工团结起来，为开创学校工作的新局面而努力奋斗。与会代表讨论了《陕西师范大学2000年发展规划和2010年远景目标》，并向全校教职工发出《贯彻〈决议〉精神 加强"三德"建设倡议书》，倡导全校教职工积极响应党委号召，加强职业道德、社会公德和家庭美德，努力把学校精神文明建设推向一个新的阶段。

第三节 学校管理体制和教育教学及后勤产业的综合改革

进入20世纪80年代，随着改革开放的持续深入，学校紧紧抓住社会主义市场经济大变革的有利时机，全面推进人事、分配、教学、后勤、产业等方面的综合改革。

---

① 《"双代会"简报第七期："双代会"主席团第三次会议听取各代表团关于校长工作报告和工会工作报告的讨论情况》，陕西师范大学档案馆藏，行政档案库，档案号3-1996-XZ11-14.0007。

一、优化学校管理体制，增强学校办学活力

改革开放以来，学校一直在积极探索人事、收入分配、后勤管理、住房、医疗制度等方面的管理体制改革，但由于受原有体制机制局限性的影响，改革进程缓慢。进入 20 世纪 90 年代，学校逐渐加快改革步伐，尤其通过采取 2 次较大的改革举措，建立起适应现代化管理要求的校内管理体制和运行机制，进一步增强了办学活力。

（一）1992 年校内管理体制改革

在邓小平南方谈话精神的指引下，改革开放大潮在全国兴起，高等教育战线的改革也在加快步伐，学校内部在管理体制上长期积累下来的管理体制单一、缺乏竞争激励机制、自我发展力量不足等弊端越来越突出，校内广大教职工要求改革的愿望空前迫切。学校抓住时机，积极稳妥地推行校内管理体制改革。1992 年，学校发布《陕西师范大学校内管理体制改革方案》，拉开了 20 世纪 90 年代第一次改革的序幕。这次改革包括人事、分配、后勤管理以及住房、医疗、离退休保险制度等多方面的改革，其中，以人事、分配制度改革为重点，其他几方面的改革统筹考虑，配套实施。

1. 人事制度改革

人事制度改革是这次改革的一个重点，通过人事改革，旨在调整结构、转换机制、优化队伍、增强活力。主要涉及以下内容：

第一，理顺关系。依据学校教学、科研、科技开发、后勤服务、党政管理等不同岗位人员工作性质不同，建立不同的管理体制和运行机制。对校本部的教学科研人员主要通过改革加强和改善事业化人事管理；对学校兴办的产业主要实行企业化的人事管理，对企业人员和由校内调入企业的人员以及扩大规模后由校外调入的人员实行老人老办法，新人新政策，以减轻学校对事业人员的负担；对学校后勤及部分直属单位或以服务工作为主的部门，逐步推行事业单位企业化的人事管理。

第二，调整机构。1992年11月，学校出台《关于精简、调整机构的实施意见》，第一批拟撤销军事教研室、研究生党总支、第四党总支等机构，对纪律检查委员会与监察处、思想政治教研室与学工部和学生处、党校与组织部、爱卫会与总务处等单位实行合署办公。1993年11月，学校在政教系的基础上成立政治经济学院，开启校、院、系三级建制的探索之路。为进一步优化机构设置，学校于1994年4月印发《关于机构改革的实施意见》，按照教学科研、党政管理、后勤服务、产业经营4种类型，对原有机构划分职责、统一归属、合理调整，精简撤销处级单位7个，科级机构6个，合并合署的单位由原来的14个变为5个；理顺隶属关系的有13个；新建3个处级单位。这一时期，将部分系、所合并，实行系、所合一，如动物研究所与生物系合并；教育研究所与教育系合并，同时成立心理学系，与教育系、教育研究所3块牌子1套人员；成立旅游系，与地理系2块牌子1套人员。对部分业务关联的机构进行调整，如中外文化交流中心留学生教学部与外事处合并，成立陕西师范大学国际交流中心。

第三，核定人员编制。学校出台《关于人员编制的意见》，调整人员结构和各类人员编制标准。配套出台《教师编制核定办法》《专职科研编制分配暂行办法》《实验技术和图书资料人员定编办法》《校本部党政管理干部和学生思想政治教育工作教师定编办法》《直属单位人员编制试行办法》《后勤人员定编试行办法》等，在保证重点、兼顾一般的原则下，严格控制学校人员总编制，压缩党政管理和教学辅助人员，减少直属单位及后勤服务系统的固定编制，逐步提高教学科研人员编制比例，加强教学、科研、校办产业第一线的力量。实行多种形式用人制度，建立健全各类人员考核制度。

2. 分配制度改革

在分配制度上，坚持社会主义按劳分配的原则，实行国家工资与校内津贴相结合的分配制度，逐步提高待遇，强化激励机制。校内津贴上开始把教职工的实际收入同履行岗位职责工作实绩及对学校的贡献相结合，体现按劳分配、多劳多得、鼓励先进的原则。校内津贴以津贴分为单位，分值根据学校的财力逐年确定。校内津贴所需经费，根据学校基金管理办法，由校系有关部、处共同负担。具体的业绩津贴标准按教师和专业技术人员、党政管理干部、工勤人员三类出台相应的业绩分标准。对产业、后勤等经营单位逐步实行企业化、半企业化管理，实行工资总额与完成上缴利润和效益挂钩的承包责任制。

在住房制度方面，提高房租，并配套发放住房补贴，提出与西安市房改同步进行、分步实施的房改政策。在公费医疗制度改革上，进一步完善学校试行的职工个人负担10%医疗费的办法，控制学校医疗费的开支，逐步改暗补为明补，合理调整个人负担医疗费比例。

此次改革，一方面，学校通过机构精简、调整和人员摸排，进一步理顺了关系，清理长期出国逾期未归者6人，清理长期不在岗人员15人，出台相关制度办法10余个，在科学管理上做了有益尝试。另一方面，由于学校过去长期积累的问题较多，改革过程中矛盾比较复杂，很多改革措施未能持续深入推进，全员聘任制未能有效实施，整体人员结构失调、队伍不稳、不能完全体现按劳分配的问题依然存在。尤其工资改革以后，党政管理干部中无职称与有职称的人员工资差别较大，也影响到一部分人的工作积极性。这次改革及提出的一些思路为学校后续管理体制改革奠定了思想基础和实践基础。

（二）第七次党代会后学校的综合改革

1994年学校领导班子换届后，按照第七次党代会制定的《陕西师范大学综合改革方案》，学校以人事分配制度改革作为改革的突破口，着重抓好教学、科研和学科建设等方面的管理改革，进一步增强办学活力。

在人事管理上，调整各级各类机构的职责范围，逐步改变原有以系、所为管理的模式，对系科和专业进行必要调整，合并建立学院，实行校、院、系三级建制，校、院两级管理模式。这一时期，先后成立旅游与环境学院、教育科学学院、生命科学学院、外国语学院、体育学院、艺术学院、继续教育学院等。到2000年6月，学校基本完成了对所有学院的改制工作。学院成立后，院一级为办学实体，处级建制。学院内部只设科级管理机构，下设不同的系、所均为教学科研业务机构，不与行政级别挂钩。改制后，学校形成以院为办学实体、系为教学科研基本实施单位的校、院、系三级管理体制。

在编制方面，学校坚持"严把进人关，放宽分流口，搞活管理机制"的原则，确定人员总体规模，压缩党政管理人员和教辅人员编制总数，减少附属单位及后勤服务系统的固定编制，扩大流动编制；严格控制非教学科研人员向教学科研单位流动、工勤人员向干部和专业技术岗位流动、企业附属单位人员向校本部流动；人员编制与分配制度挂钩，鼓励各单位在保质保量完成工作任务的前提下压缩人员，优化队伍。1995年底，全校进行了全面核编、设岗，制定各级各类人员的岗位职责和考核办法。1998年10月，学校发布《关于在全校逐步实施教职工全员聘任制意见》和《陕西师范大学人员分流办法》，在全校开展全员聘任。通过一系列改革措施，使人员结构严重不合理的状况得到初步改善，教师队伍人数由原来占职工总数的33%提高到1999年的42%[①]，职工的积极性得以调动。

在分配制度改革上，学校按照国家教委委属高校人事工作会议上加快人事分配制度改革步伐的会议精神，结合学校综合改革方案，于1995年9月制定《陕西师范大学工资总额动态包干实施方案》，并经学校教代会审议通过执行。1996年1月，学校先在数学、物理、教育3个系进行核编、设岗、全员聘任和工资总额包干的综合试点。按照试点工作的模式和经验，又先后对所有教学科研单位、机关、后勤和产业单位进行全面核编、设岗、聘任和工资总额包干。工资总额包干的综合实施，大大增强了基层单位领导的责任意识。随着包干的实行，各单位在方案指导下积极制定编制控制管理、师资队伍规划、岗位设置及职责任务、聘任制办法、分配改革方案等一系列适应改革和发展的规章制度，促进了科学化管理。同时，学校给予各单位最大限度自主权，在坚持按劳分配

---

① 《办好一流师范大学　迎接新世纪的挑战——在中国共产党陕西师范大学第八次代表大会上的报告》，陕西师范大学档案馆藏，党群档案库，档案号3-1999-DQ11-17-1.0001-1。

原则的前提下，工资中的 30% 与原工资发放形式脱钩，完全由各单位掌握，其分配办法以考核结果和工作业绩为依据，大大调动了单位和个人的积极性。为了促进科研，学校以争取科研项目、科研经费的多少和科研成果的产出、获奖情况作为衡量和考核各单位的标准之一，各单位也使教师的科研成果和业绩与奖酬金挂钩。这一改革打破了分配中的平均主义，调动了广大教职工的积极性，转换了运行机制，提高了学校的办学水平和效益。

学校第七次党代会后的校内综合改革，比以往任何一次改革力度都大，尤其是编余及落聘人员的安置和交流，尽管问题大、困难多，各单位也面临不少阻力；但通过改革建立了更加科学有效的人事分配制度，平均主义、大锅饭的情况有了显著改观，学校在科学化管理上迈出了新的步伐，也为第八次党代会提出推进新一轮校内管理体制改革打下了基础。

二、继续深化教学改革，不断提高人才培养质量

学校的根本任务是培养人。教学工作是培养人的主要途径，是学校的中心工作，教学质量是学校的生命线。作为西北地区唯一的一所委属师范大学，学校以师范教育为己任，狠抓教学常规管理，不断深化教育教学改革，全方位地提高人才培养质量，为把学校办成全国一流的师范大学奠定了良好的基础。

（一）加强教学管理，提高教学质量

教学管理是提升教学质量的重要方面，科学的教学管理必然会对教学工作产生良好的效益。这一时期学校在这方面不断探索，深化改革，逐渐形成一套具有师大特色的教学管理模式。

一是转变教育思想和教育观念。随着改革开放的持续深入和市场经济的不断发展，学校长期以来形成的相对守旧的教育思想和观念不利于人才培养。只有不断地学习和研究教育教学理论，不断地更新教育观念才能开展教育创新。为此，学校倡导全体教师要改革教育方式方法，注重学生创新能力的培养和个性的发挥，实行因材施教。1994 年 10 月新班子上任后，明确学校在办好本科

师范教育的前提下,也要积极办好经济发展急需的应用型专业,增强学校对市场经济条件下人才需求的适应能力。师范教育类专业的改造以拓宽专业基础和知识面为重点,并与经济、社会发展紧密结合。为进一步使全校师生在思想上统一认识,学校于1998年在全校范围内开展教育思想观念大讨论活动,共收集有关论文130多篇,编印简报15期。通过讨论形成《陕西师范大学关于深化教学改革的意见》,强化和巩固了教学工作的中心地位,提高了师生员工的思想认识水平,明确学校教育教学改革发展的方向,在理念层面有效地提升了人才培养的规格和质量要求。

二是建立起以优秀教学单位评估为龙头的"三级三类"教学评估制度。20世纪80年代,学校在教学评估方面就进行积极探索,并形成一套评估办法。1988年,学校在1982年成立的教学质量评估研究组的基础上,扩大组建教学委员会,开展教学质量评估和检查。截至1994年,共组织检查956位教师的课堂教学质量,占全校教师的85%以上,先后有595人次获得"教学质量优秀奖"。为了提高青年教师的思想和业务素质,促进青年教学骨干的成长,学校于1990年创设"陕西师大中青年教师教学质量优秀奖"和"优秀指导教师奖"。通过奖励,大大激励了教师认真教学的积极性,使学校的教学面貌焕然一新。第七次党代会后,学校进一步加强教学改革,建立起校、院(系)两级教学委员会,在原有评估制度基础上进一步修订和完善,制定教师教学质量评估、合格和优秀课程评估、教学单位教学工作评估等三类评估的指标体系,并在全校范围内认真开展三类教学评估工作。1996年,全校共评出16门优秀课程,学校对各门优秀课程奖励建设经费;1996年以来,学校各院(系)每年都进行一次教学工作自我评估,学校每两年开展一次全校性的院(系)级教学单位评估,截至1999年,共评选出优秀教学单位近10个(次),奖励教学经费总额近50万元,较好地发挥了评估的激励和导向作用,在一定程度上提高了学校的整体教学质量和办学水平。

三是全面实施教考分离。自1995年起,陕西师范大学全面实施校、院(系)两级教考分离考试,把课程教学和对教学效果的检查评价相对分开。校级教考分离由教务处全程负责，院（系）级教考分离由各院（系）负责。教考分离工作的重点是建立标准化试题库，截至1999年，学校基本完成全校公共课和各专业主干课程的试题库建设。为了运行教考分离模式，学校还专门成立"教考分离课题组"，立项进行研究，使其更加规范和完善。同时，学校制定《教考分离实施办法》《监考守则》《违纪作弊处理办法》《留级试读管理办法》等一系列规章制度，保证考试的客观性和严肃性，发挥考试的检查、监督、激励、评价等功能，使其公平、公正。通过实施教考分离达到了预期的目的，有力地遏制了考试作弊现象，形成教师认真教书、学生勤奋学习的良好教风和学风。

（二）开展教学研究，深化教学改革

一是重视教学研究。早在20世纪80年代，陕西师范大学就倡导教师积极进行教学研究。1989年，国家教委组织开展全国首届优秀教学成果评选，学校获得2项国家级优秀教学成果奖。1989—1993年学校先后获得31项省级优秀教学成果奖。因工作成绩突出，1991年，陕西师范大学教学委员会获得陕西省高等学校优秀教学成果奖一等奖。1994年学校领导班子调整后，高度重视教学改革，根据学校在教育思想和教育观念大讨论过程中形成的《关于深化教学改革的意见》精神，认真开展教改理论研究，积极申报教育部和陕西省教学改革项目。1998年获批教育部高师教改项目10项，1999年获批陕西高等教育教学改革计划项目20项，先后获得省级以上教学成果一等奖6项，二等奖15项。[①] 为了更好开展教育教学改革，学校自1997年开始设立校级教育教学改革研究项目，至1999年共组织申报获批近30个校级教育教学改革项目。

二是加强教材建设。随着优秀教学成果的涌现，学校的教材建设也取得优异成绩。学校于1986年评选出第一批优秀教材，共有10种教材入选。此后两年多时间里，各系（部）自编或协编教材300多种，有10多种教材被评为学校第二批优秀教材。作为教学改革的突破口，为了充分体现师范性与学术性，

---

① 张建祥主编：《启夏之路——陕西师范大学图史（1944—2004）》，陕西师范大学出版社，2007年，第98页。

从 20 世纪 90 年代中后期，全校积极推广使用"面向 21 世纪课程教材"和普通高等教育"九五"国家级重点教材，学校给首次使用该类教材的教师每人提供 1000 元启动费，使教学内容和课程体系改革迈上新台阶。

三是深化教学改革。第七次党代会后，为了培养能适应社会主义市场经济建设需要、适应中等教育发展需要、一专多能的复合型教师，学校对教学计划进行了修订。

首先，加强大学生英语和计算机教学。在英语教学上，对不同水平的学生采取分级教学的方式，进行同步补习强化训练，并加大英语教学成绩奖励的力度。在计算机教学上，加强学生计算机运用能力和实践训练，增加上机时数，并将国家英语等级考试和陕西省计算机等级考试成绩作为授予学士学位的条件。这些举措，彻底改变了师范生英语和计算机水平不高的状况，使学生大学英语四级考试通过率大幅提高，计算机等级考试也在陕西省高校中名列前茅。

其次，按照文理渗透的原则，加强全校公共选修课教学。在理科学生中开设大学语文、科技论文写作等课程；在文科学生中开设现代科技概论及计算机应用基础等课程；在全校开设艺术欣赏、书法、中国传统文化等课程，优化学生的知识和能力结构，拓宽学生的知识面，增强学生的适应能力和竞争能力。

再次，分流培养，建立基础学科教学与高层次人才培养的复合型培养模式。学生进校后，前两年半到三年主要加强一级学科专业的基础理论学习，打好扎实的基础，高年级再分流培养，使学生毕业后既有扎实的理论基础，又有明确的专业方向，不论从事中学教学还是从事教学研究或进一步深造都具有很好的适应能力。

最后，积极稳妥地实行主辅修制，培养从事基础教育与职业教育结合、师范专业与应用专业结合、文理结合的复合型人才。针对中等教育结构发生变化，需要一专多能的教师现状，学校先后开设了 7 个辅修专业，按一本一专的模式培养。本科生中有 60% 的学生都选修了辅修专业，大大拓宽了学生的专业方向，提高了就业能力。

（三）坚持师范特色，全面提高师范生综合素质

坚持师范特色，培养合格教师是陕西师范大学永恒不变的初心。学校在全面加强学生思想政治教育、道德品质教育，提高身体和心理素质的同时，狠抓师范技能训练，提高学生的综合素质。

一是加强教育学、心理学和学科教学论教学。学校对教育学和心理学教学实行统一大纲、统一教材、统一计划、统一命题和考试，将教育理论的课程成绩作为毕业和授予学位的重要条件之一。同时，加强各学科教学论教学，适当增加学时，重视实践环节，并加强学科教学论师资队伍建设，形成比较合理的教师队伍结构。各系都建立学科教学论教研室，学校成立学科教学论研究中心，使全校各专业教学论教师形成一个统一的组织，并积极开展学科教学法的研究，在提高学生教育教学能力、培养学生的教学技能方面，形成一支具有师范特色的研究队伍。

二是加强教学实践和教育实习基地建设。微格教学是培养师范生教学技能的有效途径。为此，学校积极购置设备，组织人力进行微格教学的研究与探索。1996年，学校在教育科学学院、物理系建立了两个微格教学实验室，这两个实验室承担6个院系9个师范专业的微格教学任务，使1997届师范毕业生765人次接受了培训。1998年，又在历史系、化学系各建一个微格实验室，并规定所有师范毕业生在教育实习前必须接受微格教学训练，从而提高学生的实际教学能力。为了适应现代中等学校教学的要求，从1998年开始，学校在文、理科各一个师范专业中尝试开设教育技术学课程，1999年开始逐步在全校所有师范专业中开设这门课程，从而使学生掌握现代化的教学方法和手段。

教育实习是高等师范院校一个重要的教学实践环节。学校在教学经费十分紧张的情况下，采取各种措施，以保证教育实习的经费、时间和质量。在陕西各地区建立了60多个相对固定的教育实习基地，聘请一批教学经验丰富、业务水平优良的中学教师作为学校中教法及指导实习的兼职教师，走专兼职教师结合的道路。在此基础上，还筹建20个教学实践及基础教育研究基地，使学

生在基地得到锻炼和提高。

三是促进师范生综合素质的提高。学校坚持开展"一推三练"[①]、"五分钟讲课比赛"等教师基本功达标活动,从 1992 年起,对入学后的新生进行普通话测试,不合格者参加普通话训练班,毕业实习前仍不能达标者,不能参加教育实习。另外,学校还把开展丰富多彩的校园文化活动作为培养学生综合素质的一条重要途径。截至 1999 年,学校共有学生社团近 20 个,结合专业特点开展生动活泼的"一调三评"[②]、学术讲座、知识咨询、演讲赛、辩论赛、书法赛和英语角等。以校团委、学生会为主体举办的"师范生综合素质大奖赛"自 1989 年举办以来,每年举办一次,在校内外产生了巨大影响。通过开展多样化的校园文化活动,使师范生的综合素质得到显著提升。

三、开展后勤产业改革,不断提升服务水平

后勤工作和产业工作是学校工作的重要组成部分,参与学校完成培养学生的全过程,具有服务和教育的双重职能。改革开放以来,学校事业大发展,后勤部门和校办产业的广大职工积极投身改革,努力为教学、科研和师生员工服务,为学校发展做出了应有的贡献。

(一)开启后勤服务社会化改革

20 世纪 80 年代,学校的后勤工作还没有成立专门的机构,后勤工作由学校总务处负责,下设车辆管理科、校园管理科、伙食管理科、修缮科、招待所、校产科等,承担学校食堂管理、校园美化、水电暖供应和校舍维修等工作。这一时期,总务处开始积极探索,逐步实行一定程度的企业化管理。总务后勤管理改革首先从伙食管理改革开始,然后逐步推广。实行伙食承包的半企业化管理之后,总务管理工作有了新的气象,伙食管理工作和服务态度较过去有较大改善与提高。在试点基础上,1987 年开始,学校食堂全面实行"经费包干"的

---

① "一推三练"即推广普通话,练习毛笔字、粉笔字和钢笔字。
② "一调三评"即社会调查、书评、影评、剧评。

承包责任制。各食堂单独核算，打破平均主义，实行多劳多得。在人员编制方面，根据省教委的文件精神，在定员、定编、定任务的基础上，从1990年开始实行聘任制，引进竞争机制，优化劳动组合，进一步调动了职工的积极性。175名炊管人员承担全校1万多名师生的就餐和家属区部分职工的主食供应，各食堂的饭菜质量大大提高，花色品种也大幅度增加，特别是服务态度明显改善，受到师生一致好评。1992年《陕西师范大学校内管理体制改革方案》中，明确提出对以服务工作为主的学校后勤等部门，逐步推行事业单位企业化的人事管理。第七次党代会后，全校进行核编、设岗、全员聘任和工资总额包干的综合试点，后勤部门也进行积极改革。但由于历史原因，学校后勤人员基数大，正式职工多，学校负担重，加之过去计划经济体制的影响，学校虽然在社会化改革方面一直进行积极尝试和不断探索，但改革步履维艰，一直未能从根本上解决问题，这也是当时全国高校普遍存在的时代遗留问题。

1999年6月15日，第三次全国教育工作会议召开，朱镕基总理在会上提出要把后勤从学校剥离出来，实行后勤服务社会化，鼓励社会力量为学校提供后勤服务。11月，国务院办公厅在上海召开第一次全国高校后勤社会化改革工作会议，对改革进行全面动员和部署，有力地推进了全国高校后勤社会化改革，也为学校的后勤社会化改革指明了方向。陕西师范大学的后勤社会化改革启动较早，并走在全国高校改革前列。为积极稳妥地推进学校后勤社会化改革，经校党委常委会1999年5月20日会议研究，决定成立陕西师范大学后勤社会化改革领导小组，学校的后勤社会化改革正式启动。1999年6月18日，陕西师范大学后勤集团（简称"后勤集团"）成立，改制后的后勤集团按照市场运行规律建立企业化运行模式，并从人事、分配、经营模式等方面建立起灵活高效的运行机制。过去在计划经济体制下形成的后勤服务模式被完全打破，学校实现了后勤服务系统与学校行政系统的规范分离，真正建立起事企分开、关系明确的社会化服务保障体系。从此，学校在后勤体制和运行机制方面走上了一条与过去完全不同的全新道路。

（二）校办产业在开拓进取中发展

随着党和国家的工作重心转移到经济建设上来，高校校办产业的发展进入一个新的时期。同全国各高等学校一样，陕西师范大学的校办产业也在开拓进取中蓬勃发展。

陕西师范大学校办产业的发展历史虽然较长，但第二次复兴起步是从 1990 年开始的。1990 年 7 月，学校成立校办产业领导小组，1991 年 7 月，在原教育科技开发中心的基础上，成立产业管理办公室，全面负责校办产业的兴办与发展。学校把迅速发展校办产业，不断提高经济效益和社会效益作为办好学校的一件大事来抓，并把发展校办产业的近期目标和长远规划纳入教代会的重要议题进行讨论。通过讨论动员，全校教职工群策群力，校办产业发展迅速，效益较好。

1991 年，学校在原有 7 个校办产业的基础上，创办自学考试辅导中心和艺术设计社 2 个直属实体。自学考试辅导中心从零起步，经过三年左右发展到 5 个专业，近 800 名学生，拥有固定资产总值 11 万元，该中心多次得到省市考委的表彰。艺术设计社经过拼搏、竞争，创出一条微型产业发展之路，人均年创利万元以上。此外，地理系创办旅游模型社，物理系创办电子电器开发公司，物资处筹办泰安食品厂，化学系筹办泾河化工厂，总务处的招待所也在这一时期纳入校办产业。

1992 年，陕西师范大学校办产业进一步发展扩充。学校先后批建科技开发型、科技服务型公司 8 家，成立汉秦新技术开发公司、信德经济开发公司、秦华技术开发公司、奥科电脑公司、杏林公司等。这些公司依托学校相关专业和技术装备优势，依靠一批投入市场经济"下海"的工程技术人员和专家，投身于市场经济的激烈竞争中。各公司均具有独立法人资格，实行系办系管、自筹资金、自担风险、自主经营、自负盈亏、自我约束的运行机制，按规定比例向学校缴纳利润。

1993 年，学校校办产业呈现新起色。

一是集中创办了一批服务于基础教育的文化产业，如《家教指南》《中学理化报》《中学历史报》《中学地理报》等，发行量达 7 万余份。既发挥了学校的优势，丰富了文化市场，又赢得了社会好评，获得经济社会双效益。

二是原有骨干产业向广度发展，出现了"一业为主，综合发展"的趋势。出版社、杂志社一直处在学校产业"排头兵"地位，发挥着示范与带头作用。1991—1993 年，两社累计向学校提供利润超 100 万元，占全部产业上缴学校利润总额的 64%。1993 年，两社又创办教科音响公司和书店，经营范围进一步拓宽。

三是老企业进行技术改造。例如印刷厂属陕西师范大学最早创办的企业之一，1992 年产值为 28 万元。该厂归属产业办后，采取"五抓一提高"措施，提高经济效益，到 1993 年末，该厂产值达 203 万元，税后利润达 50 万元。

四是市场经济推动产业经营机制的转换。地理系结合旅游专业兴办旅行社，开展社会服务，为学生创造社会实践的大课堂，既利于教学质量提高，又获得较好的经济效益；学生处为适应学生分配制度改革，兴办醒狮公司，重点为人才交流服务。

五是西安教学仪器厂归属学校管理。1993 年，按照国家教委要求，学校接收西安教学仪器厂，该厂拥有土地 72 亩，固定资产总值 600 多万元，技术人员、管理干部和工人 260 余名，接管时有一定发展潜力，但也面临众多问题。

1994 年学校党政领导班子调整后，加大学校改革力度。尤其是第七次党代会上提出，"校办产业的改革要在清产核资、界定产权的基础上，实行事企分开，按照现代企业制度的要求，实行企业化管理。在继续办好学校现有文化产业的同时，加大科技产业比重，加速科技成果的商品化和社会化"[①]。这为校办产业的改革进一步指明方向。1994 年，学校为进一步满足社会需求，多方筹措资金创建职业技术培训学院，修建经营临街门面房，改组设立宏远文化公司等。

---

① 《团结一致 深化改革 加快发展 为办好第一流的师范大学而奋斗——陕西师大第七次代表大会上的报告》，陕西师范大学档案馆藏，党群档案库，档案号 3-1995-DQ11-18.0001。

1995年，陕西师范大学正式开启产业改革之路。为进一步适应市场发展，根据师范院校的特点，制定"以文化产业为主体，以科技产业和其他第三产业为两翼"的校办产业建设发展思路，重点发挥文化产业的龙头作用，辐射和带动其他产业。对校办产业进行企业化管理，建立符合市场规律，充满活力的管理新机制。对经营无效益的企业，坚决实行关、停、并、转，全力扶持既有社会效益，又有经济效益的企业；对企业负责人进行重新评聘，改变企业负责人奖酬金发放办法，根据完成任务和年终考评的情况，确定各企业负责人奖酬金数额；推行厂长经理目标责任制，各企业厂长经理目标明确，做到量化管理；产业办机关内部各科室考评也实行目标责任制，与绩效挂钩。通过改革，明确每一个人的责任、权利和利益，极大地调动了职工的工作积极性。

1999年，学校开启新一轮管理体制改革。为更好发挥作用，产业办机构调整成立产业处，并进行新一轮全员聘任。出版社主动适应图书市场的发展要求，深化内部机构改革，将原有的多重机构调整成三部一室一科一中心，建立起充满活力的经营新机制；中学教学参考杂志社在这年对教学期刊全面扩版，增加数量，并提高期刊的外在印刷质量和档次；印刷厂在厂内推行了全员聘任制和全面计件工资制，收入与工作量和质量严格挂钩，基本实现扭亏为盈。1999年产业处全年完成产值6004万元，实现利润1478万元，新增固定资产159.75万元，上交学校560万元，位居全省各高校校办产业上交任务排行榜前列。

这一时期，学校的校办产业得到了较大发展，在市场上形成了像中学教学参考杂志社、出版社等有一定影响力的文化产业，发挥了学校在教育领域的优势和特长。但同时，20世纪90年代初"跟风"市场建立的一些科技公司发展并不乐观，给学校带来负资产和后遗症。包括西安教学仪器厂在内的部分校办产业，规划前景很好，实际上后期问题很多，有的只能勉强维持，这也是学校这一时期在校办产业发展中总结的经验和教训。

第四节　五类学科协调发展的学科结构调整与建设

学科建设是高等学校的一项重要工作，也是一所大学发挥教学、科研和社会服务三大功能的基础，更是一所大学教学质量和科研水平的集中体现。这一时期，陕西师范大学优先培植和发展重点学科，持续发展教育学科；同时根据国民经济发展需要，对基础学科、应用学科和高新技术学科进行科学布局，为学校跨世纪后的综合化发展铺设基础。

一、优先扶持重点学科，建设初见成效

高等学校学科建设的基本做法，是以重点学科为龙头，通过首先培植其成长，带动整个学科发展，从而起到"一点突破、全面推进"的效用。由此形成重点学科是一所大学在教育界和学术界的亮点，不仅能确保学校为社会培养一流人才、产出一流科研成果，而且有助于提高学校在国内外的知名度。陕西师范大学的学科建设也是从优先扶持重点学科开始的。

（一）扶持重点学科发展

陕西师范大学的重点学科建设是从 20 世纪 80 年代中期开始的。1987 年 1 月，学校确定中国古代文学、中国历史地理、中国古代史、世界近现代史、普通心理学、基础数学、分析化学、动物学、区域地理 9 个学科作为学校第一批重点学科优先发展，后来又将物理系的光学和马列部的经济学列入重点学科建设，全校至此共有 11 个校级重点学科。这些重点学科有高水平的学术带头人，学术梯队比较健全，有长期稳定的科研方向，承担着国家重点科研任务，能够培养硕士和博士研究生，在学术研究和研究生培养方面已取得显著的成绩。

对于上述重点学科，学校给予重点扶持和发展。一是帮助重点学科制定发展规划和奋斗目标，使每个重点学科都能明确近期、中期和长期的教学科研及人才培养任务，以便扎扎实实、一步一个脚印地向前发展。二是对各重点学科规划实施情况进行定期检查，通过检查肯定成绩，纠正缺点，表彰先进，带动

一般。三是从人力、财力和物力上优先给予支持和保证。在人力安排上，除教学编制外，还从专职科研编制中拨出指标，予以充实；在经费分配方面，除正常教学科研经费外，学校从创收中提出专款，予以支持。四是优先安排重点学科的人员出国进修访学，参加各种学术会议。五是围绕重点学科，完善和新建科研机构，健全组织，加强领导，促使重点学科迅速发展。

截至1994年底，第一批重点学科经过几年建设，先后承担国家级重点科研项目60多项，省部级科研项目80多项，还发表了大批论文、著作等科研成果。其中有60多项科研成果获国家和省部级奖励。历史地理研究所在1990年国家教委组织的全国高等学校科研机构评估中荣获第一名，唐史研究所排名第七；基础数学研究成果6次获国家及部省级科技奖；动物学专业先后承担4项国家自然科学基金项目和一系列重点课题。重点学科也逐步成为学校向国家培养输送博士、硕士等高层次人才的重要基地，先后培养博士生29名，硕士生1166名。1994年，陕西师范大学成功申报中国语言文学国家文科人才培养与教学科研基地；1995年，又成功获批生物学国家理科人才培养与教学科研基地。这两个基地的成功申报，与学校优先抓重点学科建设是分不开的。

这一时期，学校对重点学科建设的举措是符合学科建设规律的，成效也是显著的。经过扶持和发展，分析化学、基础数学、历史地理、中国古代文学、动物学等学科或部分研究方向达到国内相对领先水平，其中分析化学、基础数学等学科的有些成果在国际上具有一定影响力。学科带头人中，著名历史地理学家史念海教授、著名古典文学专家和文艺理论家霍松林教授、数学家王国俊教授、动物学家郑哲民教授、分析化学家章竹君教授的科研成果引起海内外同行专家的关注。在学科和学位点建设方面，建有历史地理学、中国古代文学、基础数学3个博士点，22个硕士点，有博士生导师6名。

到20世纪90年代中期，学校学科建设面临一些新的问题。由于思想不够解放，改革力度不大，学科建设、学位点建设发展缓慢，除了11个校级重点学科，尚无国家级和省级重点学科。一些确有发展潜力的学科，因为不能及时发现和扶植而发展缓慢，造成重点学科、博士点、硕士点建设发展缓慢，有的甚至停滞不前。原有的重点学科带头人和学科梯队又都存在年龄老化、青黄不接、后继乏人的严重危机。加之地域和校内客观条件的制约，很难引进外界的高层次人才。1995年第七次党代会上，校党委对学科建设和学位点建设提出明确目标；研究生处和各有关单位依据党代会精神和要求，制定加强学科建设的具体规划和办法，并积极组织实施。1996年11月，召开陕西师范大学学科建设工作会议，成立校学科建设指导委员会，出台《陕西师范大学重点学科管理条例》《陕西师范大学重点学科评估指标体系》等文件，计划对重点学科实行评估。为了进一步加强重点学科博士点、硕士点学科梯队建设工作，学校在师资调配、岗位设置、职称评聘等各个方面制定导向政策，有计划地培养、配备学科带头人，顺利地进行新老交替工作，同时对于将要发展为重点学科或有希望发展为重点学科的学科，给予及时的扶植和支持，从而保证这些学科的优势得到持续发展。

（二）加强重点学科建设

在学科建设的诸多环节中，师资队伍建设是核心。学校建设好适应重点学科所需教师队伍的具体做法：一是确定好德才兼备、具有一流学术水平的学科带头人；二是注重梯队建设，形成在年龄、职称、能力以及研究方向等多方面结构合理的学术群体，发挥集体合力作用。1995年11月，学校启动跨世纪人才工程，其中重要的一项工作就是选拔与培养学科中跨世纪学术带头人及中青年学术骨干。到1997年底，已初步选拔校级重点学科学术带头人25名，其中教授17人、副教授8人；具有博士学位的11人、硕士学位的12人、本科学历的2人；选拔中青年学术骨干38名。对于入选的教师和科研人员，学校从政治思想素质、教学、科研等方面加强培养，并在财力极其拮据的条件下克服困难，每两年拨出50万元专项经费，为每位入选人员提供3000—5000元的科研经费，并且给予每人每月80—100元的生活津贴；同时，还在公派出国、住房、子女就学等方面向这些人才适度倾斜。

学校对跨世纪人才培养工程实行滚动运行管理机制，对入选人员每两年进行一次综合考核，考核不合格者被淘汰，同时不断增补符合条件的人员，以此来激励更多的中青年教师跻身跨世纪人才和重点学科人才梯队之列。经过几年发展，这项工作收到显著成效，尊重知识、尊重人才的风尚在全校普遍形成，高学历、高层次人才不断增加，高水平的教师不仅引得进而且稳得住，全校教师的主人翁意识和责任感明显增强，学校教学秩序井然，学术研究气氛浓郁，教学科研呈现一派勃勃生机。

与此同时，学校先后制定《陕西师范大学师资队伍建设"九五"规划》《陕西师范大学中青年骨干教师选拔办法》，修订完善了《陕西师范大学跨世纪人才培养计划》，作为学校选拔和培养跨世纪人才、推动重点学科建设的政策依据。在"积极引进、大力培养、保证规模、优化结构、提高质量"的方针指导下，通过一系列措施和办法的实施，教授年龄老化、中青年骨干教师队伍不稳定、重点学科后继乏人、梯队结构不合理的状况得到有效缓解。

二、持续发展教育学科，凸显师范特色

高等师范教育是我国高等教育的重要组成部分，而陕西师范大学自成立起就是一所专门为西北地区培养师资的高等师范院校，为全国特别是西北地区基础教育事业发展做出了重大贡献，故有西北地区"教师的摇篮"之美称；且教育学科是一个历史悠久、具有优势的学科，一直在陕西师范大学发展史上彰显着鲜明的师范教育特色。

（一）发展教育学科，重点抓师范专业建设

学校的教育系肇始于 1945 年的国立西北大学文学院教育学系，有着悠久的办学历史，1962 年停办，1978 年恢复办学，先后开办有四年制本科和二年制专科教育，设有学校教育、教育管理、中等教育、初等教育等专业。心理系诞生于 20 世纪 80 年代初，幼教系创建于 1960 年，前身是陕西师范学院的学前教育科。到 20 世纪 80 年代中后期，陕西师范大学的师范专业已相对齐全；

进入 90 年代，学校根据基础教育一线需求对专业进行不断调整，使专业数量和规模有了较大发展。1992 年，学校为适应我国中等教育结构的变化，扩大学校的人才培养范围，增强学校适应经济和社会发展需要的能力和活力，同时为解决化学教育专业招生、分配难的问题，新增本科专业应用化学教育。截至 1994 年，教育学科体系中的专业建设基本齐全，设有学前教育、教育学、教育管理、特殊教育、心理学教育、思想政治教育、汉语言文学教育、历史教育、英语教育、体育教育、数学教育、生物教育、物理教育、化学教育、食品与营养教育、应用电子技术教育、计算机科学教育、地理学教育、电化教育、美术教育、音乐教育、高等教育管理（二学位）、思想政治教育（二学位）等多个本专科教育专业，覆盖了中小学和幼儿园所有学科专业。

（二）调整专业方向，不断扩大师范专业领域

在建立社会主义市场经济体制的伟大变革中，师范院校如何在中国高等教育体系中找准自己的位置，并且办出自身的特色，是学校发展面临的一大课题。20 世纪 90 年代初，学校一度有向综合大学过渡的设想和讨论。1994 年新班子上任后，围绕学校的办学指导思想和办学方向问题多次进行研究，在全校明确提出，陕西师范大学的办学必须坚持社会主义性质，坚持为基础教育服务方向，突出师范教育性质。在第七次党代会工作报告和学校综合改革方案中对此进行了详细阐述，进一步明确培养德才兼备的中等学校师资是学校的根本任务，办好教育学科和师范类专业仍是学校学科建设重点。

随着改革开放和社会主义市场经济的发展，师范教育应由原来单一的为基础教育服务，转向为基础教育和地方经济发展服务，并以此来调整专业发展方向，扩大学科建设领域。1995 年，根据一线学校特殊教育和艺术教育人才缺乏现状，学校成功申报特殊教育、舞蹈教育 2 个本科专业；到 1996 年，学校共有 29 个本科专业，其中师范类专业占 24 个，占本科专业总数的近 83%。1996 年，学校新增教育管理、中文、数学、物理 4 个方向的教育硕士专业学位点；1997 年，新增食品工艺教育本科专业，这是职业技术师范类专业，主要为职

业学校、职业技术培训学校培养食品学科师资；1998年，又新增课程与教学论、教育技术学硕士学位点。1998年，教育部根据社会经济发展对人才的需求，颁布《普通高等学校本科专业目录》，学校本着"科学、规范、拓宽"的原则，对本科专业（含职业技术师范类本科专业、专科起点本科专业）进行归类和调整，确定31个本科专业，其中师范类专业22个，包括思想政治教育、教育学、学前教育、公共事业管理、特殊教育、教育技术学、体育教育、汉语言文学、英语、音乐学、美术学、舞蹈学、历史学、化学、物理学、数学与应用数学、生物科学、地理科学、计算机科学与技术、文秘教育（职业技术师范专业）、应用电子技术教育（职业技术师范专业）和食品工艺教育（职业技术师范专业）等。非师范类专业9个，包括经济学、法学、社会学、心理学、俄语、应用化学、市场营销、旅游管理、新闻学。师范类专业占到专业总数的71%。

总的来看，20世纪八九十年代，学校的教育学科及其师范类专业一直占据主导地位，以师范教育为主体成为陕西师范大学的鲜明特色。学校坚持为基础教育服务，坚持教学和科研两个中心，发挥自身学科优势，从社会主义现代化建设、对外开放和发展教育事业的需要出发，积极改造旧学科和老专业，创办新的学科和专业，成为一所师范专业齐全、培养系列完备的高等师范学府。学校利用优良的师资和师范类专业的办学条件，充分发挥教育学和心理学等学科专业优势，为社会特殊机构和部门提供服务，在干部选拔心理测验、军事教育、心理咨询和治疗等方面赢得良好的社会声誉。同时，创办面向社会服务的陕西师大幼教培训学院、陕西师大心理咨询中心和陕西师大职业培训学院等，并开办面向中小学教师和教育管理干部的小学教育、教育管理等国家自学考试专业，为社会培养了一大批专业技术型人才。

三、同步发展三类学科，优化布局结构

长期以来，陕西师范大学在学科建设和专业设置上一直存在"三多三少"问题，即师范专业、传统专业和基础学科专业多，而非师范专业、新兴专业和应用专业少。到了20世纪90年代中后期，尤其在面临世纪之交的新时期，原

有的以师范专业为主体的学科结构已不能适应社会经济发展和西部大开发战略的需要，为了进一步适应社会主义市场经济对人才多样化的需求，学校一方面以文理基础学科为主，高举师范教育大旗，继续加强师范专业和教育学科和建设，成功跨入全国高师院校领先行列；另一方面大力加强非师范类专业建设，积极增设国家经济建设和社会发展急需的专业，对基础学科、应用学科和高新技术学科优化布局，也为学校进入21世纪后的综合化发展打好基础。

（一）新增非师范专业

进入20世纪90年代，学校在发展师范专业的同时，开始有计划地增设非师范专业。1992年增设物理电子学本科专业，1993年增设博物馆学、社会学、环境化学、文秘教育4个本科专业，1994年新增新闻学、法学、公共关系学、现代仪器技术、市场营销、现代考试和招生管理6个本科专业和化工分析与监测、经济信息学2个专科专业，1995年增设地理信息系统与地图学本科专业。在扩展师范类专业与新设非师范类专业的基础上，为适应学校学科建设与社会发展的需要，逐步建立和改建新的学院。如1995年较早建立的旅游与环境学院，初建时只有地理科学（师范类）和旅游管理（非师范类）2个本科专业，以及自然地理、旅游管理2个硕士学位点；而在后来的几年里，学院从学科建设和社会发展需要出发，将地图遥感与地理信息系统（GIS）、环境科学、旅游管理、人文地理作为院内重点学科，以重点学科带动其他学科发展，发挥专业特点和学科优势服务社会发展，各专业在进行基础理论研究的同时积极寻求为经济建设服务的途径和方法，从而使学科建设与社会服务步入良性循环状态。其他学院和系所也在这一时期根据市场经济和社会发展需要制定学科和专业发展规划，取得了较好的效果。

1996年，国务院学位委员会第六批博士和硕士学位授权点公布，学校新增美学、科学技术哲学、国民经济计划与管理、旅游经济、政治学理论、马克思主义理论教育（革命史）、中国现当代文学、翻译理论与实践（英语）、专门史（文化史）、有机化学、自然地理学、运动生物化学等12个硕士点，硕士点的总数达到32个；而外语类的学位点实现零的突破，使学校学位点的分布更趋合理。

从这一年开始，学校正式实施学科建设工程，通过制定和落实学科建设规划，从师资队伍、实验设备、教学科研条件、重点学科建设等方面全力推进拟建设为博士和硕士学位授权点的学科发展。经过坚持不懈地努力，学校博士、硕士学位点建设终于取得新的突破。1998年在国务院学位委员会第七批博士和硕士学位授权名单上，陕西师范大学新增声学、自然地理学2个博士点，新增课程与教学论、教育技术学、中国古典文献学、音乐学、应用数学、地图学与信息系统、植物学、食品科学等9个硕士点，打破了学校在博士点建设上连续十年停滞不前的局面。1998年9月，为奖励在学科建设上做出突出贡献的专家学者，根据《陕西师范大学学科建设贡献奖奖励办法》的规定，学校学科建设指导委员会批准，向马耀峰、林书玉、王欣、王喆之、曲云等27名同志颁发学科建设贡献奖。

（二）优化学科布局

这一时期，学校为进一步加强应用学科和高新技术学科建设，在引进人才、增加投资方面加大力度，使得这类学科得到较快发展。如天体物理、光学工程、计算机软件与理论、环境科学等学科就是这一时期布局的，应用化学专业也是这一时期设立的有代表性的应用学科。1997年，学校根据市场前景和社会需要新增应用化学本科专业，为加强教学的实践环节，落实了陕西化肥厂、西安化工厂、西安日化公司等一批实习基地；还添设急需的实验设备，新建中试实验室；同时，化学系积极组织力量开展应用科学研究，以科研促进学科建设和专业发展，承担有"新疆长绒棉内在质量分析及质量指标体系数据库的建立""秦巴山区太白洋参化学成分研究""秦岭红蓂、黄蓂化学成分研究""精制工业硫化钠"等国家和陕西省自然科学基金项目、国家重点科技推广项目等，取得了一大批应用性基础科研成果，形成了以西北和陕西资源开发利用为主线的科研方向。

正是由于校党委对学科发展的科学研判和优化布局，学校在学科建设和学位点建设上有一个大发展，并为学校在新世纪教育学科、应用学科和高新技术学科等的协调发展打下了良好的基础，也是学校从以师范教育为特色的教学科研型大学向以教师教育为主要特色的综合性研究型大学转型的关键步骤。

第五节　校园文明建设和育人环境的优化

良好的育人环境是陶冶学生情操、净化学生灵魂的无形力量，起着潜移默化的育人作用。自 1992 年陕西师范大学启动校园文明建设以来，学校始终把校园文明建设作为坚持社会主义办学方向，全面贯彻党的教育方针和办好全国一流师范大学的一项系统工程和长期任务。这项工作历时数年，经过广大师生全员参与，不仅使学校物质环境发生显著变化，更是凝聚了人心，焕发了干劲，提高了学校管理水平，使全校师生员工的精神风貌发生巨变，校风、教风、学风、干部的工作作风显著改观，为创建全国一流师范大学打下坚实的基础。

一、启动校园文明建设，创造良好育人环境

陕西师范大学一直高度重视校园文明建设。早在 1987 年，学校党委就出台《陕西师范大学关于当前精神文明建设的实施意见》，对校风、学风、教风等建设提出具体要求。1990 年 10 月，国家教委印发《关于检查直属高校校园、学生学习和生活环境的意见（试行）》，并对华中理工大学、西南师范大学和中山大学三所高校进行检查评估试点，试点工作取得明显成效。为了推广试点经验，推进建设工作，1992 年 3 月，国家教委在所有直属高校开展校园文明建设检查评估，这项工作也正式拉开了陕西师范大学校园文明建设的帷幕。

（一）统一全校思想，精心组织实施

为了做好校园文明建设，全校上下统一认识，层层动员，广泛宣传，形成人人主动参与校园文明建设，个个自觉维护校园环境的良好气氛。学校也将这次检查验收作为对各级领导指挥能力和领导水平的一次综合检验，精心组织各项工作，认真落实评估细则，为真正形成陕西师范大学特色的校园文明环境不懈努力。

1. 提高思想认识，明确工作任务

第一，全校上下齐动员，提高思想认识。校园文明建设工作启动之初，不

少人把校园文明建设仅仅看成栽花种草、打扫卫生、改善生活环境的一般琐事。为此，学校领导广泛动员，统一全校师生的思想认识，从战略高度认识校园文明建设的重大意义，并号召各级党政领导干部、师生员工提高对校园文明建设工作重要性和紧迫性的认识，把这项工作上升到体现为人师表的校风学风、体现师生精神状态的高度来认识。

为此，学校先后召开10余次处级干部会，进一步统一思想，提高认识；多次召开全校师生动员大会，各系先后召开誓师会、动员会，反复强调校园文明建设的意义，使全校师生充分认识到搞好校园文明建设是振兴和发展学校的前提条件，是建设全国一流师范大学不可或缺的重要工作，从文化环境的教育功能、校园环境的价值导向，以及培养社会主义建设者和接班人、建设社会主义精神文明的高度来认识校园文明建设的重要意义。

第二，成立专门机构，领导以身作则。学校成立由主要领导、主管领导及主要职能处室负责人组成的校园文明建设领导小组，并抽调多名得力的处级干部组成校园文明建设办公室，负责领导和协调全校校园文明建设工作。校级领导勇挑重担，在校园内分片包干，带头进宿舍、进食堂、进教室；各系处领导以身作则，有的已年过半百，仍和年轻人一样，脏活累活抢着干。公体教学部党支部书记唐庆云说："我在退休前能够为校园文明建设做点贡献，真是最大的幸运，我一定要站好最后一班岗，向党交一份合格答卷。"[1] 领导干部率先垂范的工作作风教育感染着周围的同志，全校师生纷纷以主人翁的姿态投身于校园文明建设中，掀起了盛况空前的校园文明建设热潮，涌现出一批校园文明建设的先进人物和典型事迹。

2. 制定有效措施，发挥育人作用

校园文明建设是一项系统工程，涉及学校管理的方方面面，必须统筹安排，精心组织，才能真正收到实效。学校以党委常委会决议的形式，明确校园文明建设是学校一段时间的中心工作之一，赋予校园文明建设指挥部对全校党、政、

---

[1] 《建文明校园 育优秀人才 办一流师大》，陕西师范大学档案馆藏，行政档案库，档案号 3-1996-XZ11-23.0002。

工、团、学统一指挥权。为了将工作落到实处，学校逐步实施并完善"分片包干、归口负责、责任到人"的校、系处、班组、师生员工四级责任制，并层层签订目标责任书，使全校每张课桌、每扇窗户、每块草皮以及每段绿篱都责任到人。学校还对全校干部和各单位的责任区进行综合考评，按检查指标体系逐项考核，成绩在办公楼前公告栏中予以公布，此举在校内产生很大的震动和影响，各单位之间出现比学赶帮超，争当上游的浓厚氛围和热闹场景。

学校通过校园文明建设建立健全全校性的规章制度，校内各单位也相应建立各项管理制度，并有专人组织抓检查、抓落实、抓监督，逐步形成用规章去约束、规范师生言行的制度，提高了管理水平，为学校教学、科研等各项工作的正常开展提供了可靠的保障，把管理育人的工作真正落到实处。

（二）充分发动群众，全力推进工作

师生员工是校园文明建设的参与主体，只有最大限度地动员全校师生理解和支持校园文明建设，才能真正达到以校建凝聚师生人心、激发奋斗精神的目的。为此，学校充分发动群众力量，动员全校师生全员参与校园文明建设工作。

第一，充分利用各种媒体进行广泛宣传和教育。学校编印《校园文明建设简报》100多期，编辑校建专题广播节目200余期，使校园文明建设深入人心。学校还专门编写《建文明校园　育优秀人才》的环境教育教材及《全面贯彻教育纲要　奋力进入"211"工程》的教学辅导教材，从1994年起，还将该课程列入学生思想政治教育教学计划。校建办、学工部分别组织干部、教师、学生进行校建知识考试；团委、学生会举办"知我师大、爱我师大"校建校情知识大赛、青年志愿者演讲比赛、"为校建献策"及为校内道路、彩亭和雪松征名等活动，极大地激发了青年学生的爱校热情；各系也从本单位实际出发，开展一系列教育活动，如物理系的"四心"教育、地理系的"校内景点导游"以及诸多院系开展的设计系标、班徽等活动，都大大增强了青年学生的集体荣誉感，在较短时间形成"校园逢人说校建，争为校建做贡献"的舆论氛围，从而使"校荣我荣、校衰我耻"成为全校师生员工的共识。

第二,全校上下通力合作、形成齐抓共管的良好局面。截至 1995 年,学校参与校园文明建设的教职工达到 98%,学生达 100%,[①] 各职能部门都主动发挥主人翁作用,积极参与校园文明建设活动。组织部、人事处在校园文明建设活动中考察和选用干部;党委办公室、校长办公室和工会结合校园文明建设活动开展转变机关作风、创建文明处室活动;机关党总支向全校党员发出倡议,号召开展"我为校园文明建设做贡献"活动;学生处重申校园秩序和学生文明行为管理细则,修订并实施学生综合考评条例;团委、学生会组织青年志愿者校园文明建设突击队和校园文明建设执勤队;教职工除完成本科室的任务外,还深入学生班级,同学生并肩参与文明校园建设活动。他们当中,有年逾花甲的博士生导师,有已经退休的老教师和刚刚离休的老领导,还有许多肩负重任的中青年教师……带病工作者有之,推迟婚期者有之,父母病故顾不得回家奔丧者也有之。全校师生自觉投身校园文明建设,涌现了许多"轻伤不下火线,带病参加校建,全家协同作战"的感人事迹。

第三,学生的思想和能力得到显著提升。在校园文明建设中,师生通过自己动手粉刷校舍、油漆桌椅、植树种草、打扫卫生,受到生动的自力更生、艰苦奋斗教育,自我教育、自我管理、自我服务的意识和能力大大增强。在这场长达几年的校园文明建设活动中,学校广泛发动群众参与校建工作,不仅节约了人力、物力和财力,而且使广大师生受到锻炼,振奋了精神,提高了思想觉悟,同时,还使学校的思想政治工作和精神文明建设找到有效载体。

(三)突出软件建设,树立优良校风

学校在改善硬件条件的同时,进一步加强软件建设,把校园文明建设与思想政治教育和德育工作结合起来,坚持社会主义办学方向,坚持为基础教育服务,形成了一套符合本校实际、富有师范教育特色、具有较强育人功能、师生员工齐心协力参与的工作方法。

---

① 《建文明校园 育优秀人才 办一流师大》,陕西师范大学档案馆藏,行政档案库,档案号 3-1996-XZ11-23.0002。

一是将爱国主义教育与爱校、爱专业、爱教师职业统一起来，引导学生把爱国之情转化为报国之能。学生处、教务处、德育教研室对新生做《如何做一名合格大学生》《师范生的历史使命》等专题报告，引导其了解校情、校纪、校规，树立校建意识，带领他们投入"告别陋习、走向高雅、走向文明"的校园文明建设活动。通过校史、校情和校纪校规教育，对学生进行思想教育和职业道德教育，进行校园文明建设和文明行为养成教育，引导学生牢固树立为基础教育服务的思想。20世纪90年代中期，学校95%的毕业生到基础教育一线任职，他们乐教善教，受到省内外教育部门的欢迎和一致好评。1994年，学校获国家教委"毕业教育优秀奖"。同时，为了扩充爱国主义教育内容，使爱国主义教育生动具体，富有感染力，学校先后在陕西历史博物馆、碑林博物馆、西安事变纪念馆、西安卫星测控中心等地建立一批爱国主义教育基地，收效良好。

二是坚持一手抓校园物质文明建设，一手抓校园精神文明建设，把职业道德教育和公德教育始终贯穿于校园文明建设全过程。校建期间，学校制定《陕西师大任课教师守则》《师德规范实施细则》《陕西师大职工职业道德评比制度》，确立教师职业道德教育的内容；学校重新制定《教师教书育人工作条例》，评选表彰教书育人先进集体和先进个人，收到显著成效；各院系普遍开展职业道德教育，学生处宿舍管理科提出"宁肯自己受麻烦，不给学生添困难"的服务口号，后勤党总支发出《关于在后勤职工中开展向普通劳动者的榜样——徐虎同志学习活动的通知》，就学生食堂还制定职业道德规范、开展使用文明用语和服务忌语等活动。

三是根据师范院校的专业特点，开展一系列富有成效的教育活动，建立鲜明特色的校园文化。学校广泛开展"一推三练"、"一调三评"、教师综合素质赛活动；邀请校内外专家学者、优秀教师举办书法、计算机等系列培训班和教师职业道德、教师教学技能等系列讲座；广泛开展师范生基本功大赛、英语演讲比赛和班主任综合知识技能比赛；开展"社团活动月"、"科技文化周"、"大学生心理系列讲座"、暑期文化扶贫、科技扫盲社会实践活动。校学生艺术团创作演出的大型组歌《长安畅想曲》，被中央电教馆审定为德育电教片在全国发行。在群众性体育活动方面，学校先后成功承办陕西省大学生运动会、全国高师田径运动会、全国大学生排球赛等大型比赛，被国家教委评为普通高校体育先进单位。学校丰富多彩、健康向上的校园文化受到国家教委、省教委、团省委的好评，学校的学生课余文化活动也朝着素质化、知识化、科研化和社会化方向发展。

二、创建高校文明校园，实现文明建设目标

经过陕西师范大学上下近四年的努力，1995年9月19日，学校迎来国家教委校园文明建设检查评估组的评估检查。学校以优秀成绩通过评估验收，被授予"文明校园"称号。中共陕西省委副书记刘荣惠看到有关材料后，对学校的做法给予充分肯定，指出："陕西师大的做法和经验很有普遍意义，希望有更多像师大那样的文明校园出现。"[1] 由于学校校建工作成效显著，1995年10月，全省教育系统精神文明建设现场会在师大召开，省内外80多所兄弟院校来校参观，学校校园文明建设的做法和良好的育人环境得到社会各界的一致好评。

（一）师生自己动手，改善办学条件

陕西师范大学是一所有一定发展历史的高校，但一个时期以来，基础设施长期超负荷运行，加之经费短缺，不能及时修缮，学生学习和生活环境存在不少问题，制约着学校的进一步发展。校园文明建设中，全校师生员工克服财力严重不足的困难，自己动手，无私奉献，忘我劳动，学生先后投入义务劳动日30多万个，教职工投入义务劳动日10万个[2]，粉刷教学区及学生生活区的所有房屋，油漆教学楼、医院、附小、幼儿园的门窗、墙裙和桌椅，检修全校所有设备，整修道路、厕所、水房，新栽植树木、花卉，修建畅志园、磊乐苑等4个环境幽雅且富有教

---

[1]《以八项工程为龙头全面推进校园文明建设》，陕西师范大学档案馆藏，行政档案库，档案号3-1996-XZ11-23.0001。

[2]《建文明校园 育优秀人才 办一流师大》，陕西师范大学档案馆藏，行政档案库，档案号3-1996-XZ11-23.0002。

育意义的休读点，彻底告别了脏乱差环境，校园展现出优美、整洁、文明的新貌。

（二）整顿校园秩序，优化育人环境

学校下决心解决陕西建工第八公司职工及民工长期滞留学校的老大难问题，果断清理教学区和学生生活区的经商摊点，净化了录像厅、卡拉OK厅及舞厅等娱乐场所，限定开放时间，整顿乱办学、乱办班的风气，禁止低俗影视广告在校内张贴，使学校在商品经济大潮的冲击下保住了一块"净土"。同时，学校进一步完善校园治安保卫措施，严格门卫制度，加强车辆管理，强化宿舍管理，学校治安情况持续好转，学校的综合治理工作通过雁塔区达标验收。学校的治安保卫工作受到国家教委的肯定，被省公安厅评为先进单位，学校保卫处被西安市公安局授予集体三等功。

在加强教育和管理的同时，学生会组织文明执勤队监督和管理校园内师生员工的言行举止，纠正不文明行为，校园内勾肩搭背、衣冠不整、酗酒打架等不文明现象基本绝迹，取而代之的是浓郁的学风和优良的校风，师生准时上下班（课）已成为自觉行动。学生政治素质出现可喜变化，学生踊跃参加马列理论读书社和党课学习小组，出现读书热、入党热、考研热的喜人景象。1996年，学校本科生大学英语四级通过率达75%，高出全国非重点院校37.3%；计算机等级考试通过率达85.09%，比全省平均水平高出13个百分点。[①] 经过历届学生的努力，形成整洁的校园环境、优雅的宿舍文化与和谐的人际关系，1996年3月25日，陕西电视台对此予以专门报道。

（三）建立健全制度，提高管理水平

在校园文明建设中，学校修订完善管理制度60多项，并狠抓上下班秩序，严肃工作纪律，根本扭转了长期存在的软、懒、散工作作风。机关职能部门制定完善涉及全校的规章制度200多项，促进管理的科学化、规范化。其中，学工部门加强政工队伍建设，提高学生教育管理水平；教学管理部门强化教学质

---

① 《建文明校园　育优秀人才　办一流师大》，陕西师范大学档案馆藏，行政档案库，档案号3-1996-XZ11-23.0002。

量评估，实行教考分离，严格学籍管理；科研管理部门推出高层次科研成果、基础教育研究成果及应用性成果奖励办法；人事部门规范职称评定程序，制订优秀骨干教师评选办法、稳定教师队伍及引进人才的措施等；宣传部制定师德规范实施细则、教师职业道德评比制度及教书育人工作条例；总务、基建、保卫等部门的内部管理体制改革，也使学校教学、科研工作的正常进行有了可靠保证；一些窗口单位挂牌上岗，机关各部门制度上墙，自觉接受师生监督。这些措施有效促进了学校管理水平的提升，为学校的改革和发展奠定了基础。

（四）凝聚师生力量，净化学校风气

校园文明建设使陕西师范大学对内树立信心，对外塑造形象，使正气弘扬，歪风受抑，师生员工凝聚力增强。师生员工中全心全意干好本职工作，为振兴师大尽力的人多了，教学、科研、生活秩序持续好转，师生把主要精力集中到教学、科研、学习上来，"建设师大、振兴师大"的热潮空前高涨。许多人或写信，或直接上门给领导出主意、提建议，关心学校的人多了，发牢骚的人少了。校园文明建设取得成效的消息传到国外，一些在国外进修学习的留学人员备受鼓舞，不少人表示，要尽快完成学业，争取早日回母校效力。

校园文明建设取得的成绩，使全体师大人感到激动和振奋，大家充满信心地说，既然可以通过自力更生、团结一心、艰苦奋斗建设一个文明的校园，那么，只要继续保持校园文明建设中所焕发出的高度的责任感、高涨的热情和顽强的干劲，就一定能继续促进学校的改革和发展，就一定能创造陕西师范大学光辉灿烂的未来。

三、巩固校园文明成果，推进精神文明建设

国家教委对陕西师范大学的校园文明建设检查评估结束后，学校没有把这项活动作为终结，而是当作一个新的开始。1996年10月召开的中国共产党第十四届六中全会，对社会主义精神文明建设，特别是思想道德和文化建设做出全面部署，号召全党和全国人民在搞好物质文明建设的同时，大力加强社会主义精神文明建设，在世纪之交开创精神文明建设的新局面。学校紧抓时机，遵

照党的十四届六中全会的部署，进一步巩固校园文明建设成果，大力推进社会主义精神文明建设。

1996年初，学校积极响应上海师范大学等10所高校发出的创建"十无"①校园的倡议，把在学生中开展创"十无"校园、做"四有"新人活动作为一项基础文明工程，精心组织安排，有序开展工作。同时，把争创陕西省"文明校园"、陕西省教育系统和全省"最佳单位"及市、区"文明单位""文明小区"作为奋斗目标，并在省、市、区、街道的四级检查验收中取得优秀成绩。1997年，学校围绕贯彻党的十四届六中全会精神、庆祝香港回归和党的十五大召开三大主题，在理论教育、爱国主义教育、职业道德和社会公德教育方面开展一系列活动。1998年，学校顺利通过陕西省"文明校园"检查验收，被评为精神文明建设"最佳单位"和"文明校园"。

1999年是特殊的一年，大事多，学校继续深化思想理论教育，并围绕大事喜事和热点难点，开展系列活动。围绕纪念五四运动八十周年，先后举办专家论坛、征文活动、讲演比赛、书画摄影作品展和"大学生青春风采"大型合唱比赛；围绕我驻南使馆被炸事件，开展一系列爱国主义教育活动；围绕对"两国论"的揭批，及时开展祖国统一教育活动；围绕中华人民共和国成立五十周年，组织开展丰富多彩的纪念活动。1999年9月，学校被中央文明委授予"全国精神文明建设工作先进单位"称号。经过几年持续不懈努力，不仅使师大校园文明建设成果得以维护和巩固，有力地推动了校园文明建设向纵深发展，也把学校精神文明建设不断引向深入。

（一）结合教学改革，不断加强师德师风建设

学校以师德建设为重点，在教师中深入开展教书育人活动。1997年初，学校制定《陕西师范大学教师职业道德规范及评估办法》《陕西师范大学教师专

---

① "十无"即墙上无脚印等污损现象；地上无乱扔杂物和吐痰现象；课桌椅上无乱刻画现象；用电用水无浪费现象；公共场所无吸烟现象；购物用膳无插队现象；校园内无打架和酗酒现象；男女交往无不文明现象；公共财物无人为损坏现象；宿舍就寝无喧哗现象。

业技术职务评审量化评估办法》《陕西师范大学教书育人工作条例》，把师德建设和教书育人工作同教师的职务评聘挂钩，同教学质量评估和教学质量优秀奖评选挂钩，使师德建设和教书育人工作步入制度化轨道，有力促进了教师敬业精神和良好师德的形成。学校制定的《陕西师范大学教学评估指标体系》对教师的课堂教学和各院系的教学工作均提出加强师德师风建设的要求，并作为评选优秀教学单位的重要依据。各院系对照评估指标狠抓落实，整顿教学秩序，严格教学管理，有力地促进了教书育人活动的开展。

为全方位体现师德师风建设的重要性，学校在人事、分配制度改革以及人才培养工程等工作中，都把教师的师德作为重要的方面予以要求和体现，在优秀教学质量奖的评选和职务、职称的评聘过程中，严格实行师德一票否决制。这些做法切实地推动了学校师德建设工作的开展，学校涌现出一批教书育人先进集体和优秀个人。

为充分发挥优秀教师的榜样力量，学校结合教师职业道德建设实际，重视抓典型、树标杆，学校每年对取得优秀教学成绩的教师进行隆重表彰，同时利用板报、橱窗、校报、广播、电视等对优秀教师的光荣事迹进行广泛宣传，在全校产生较大反响。此外，学校还邀请校内外知名专家学者，在校园开展一系列师德教育活动，收到较好的效果。学校在教职工职业道德建设特别是师德师风建设方面做了大量工作，积累了一定的经验，《中国教育报》《陕西日报》《宣传向导》等刊物曾对此进行多次报道。

（二）突出师范特色，切实开展学生综合素质教育

自1994年第二次全教会明确提出素质教育的概念后，学校尤为重视学生的素质教育工作，尤其是1999年国家提出全面实施素质教育后，学校积极响应，以培养基础扎实、知识面宽、能力强、素质高、富有创新精神的专门人才为目标，以提高学生文化素质和师范技能为宗旨，进行一系列改革创新。其措施有：

一是加强人文素质教育。聘请校内专家学者、优秀教师为学生举办系列培训班，开设中国传统文化、现代家庭教育、音乐欣赏、书法等系列讲座。按照

文理渗透的原则，在全校增设公共选修课程，同时实行主副修制，以拓宽学生的知识视野。

二是加强心理素质教育。聘请心理学专家和思想政治工作经验丰富的教师开设心理健康知识讲座，开展心理咨询活动；成立大学生学习生活指导中心、心理咨询中心和就业咨询指导中心，在女生院设立"悄悄话小屋"；建立后进学生和心理行为异常学生档案，帮助学生排除精神压力，对提高学生的心理健康水平起到积极作用。

三是加强师范技能培养。继续在学生中开展师范生基本素质大赛，并加强教学实践和教育实习基地建设。截至1997年底，学校在省内建立起60多个相对稳定的实习基地，并筹建20个教学实践及基础教育研究基地，使学生的基本技能在基地得到锻炼和提高。

四是积极开展社会实践活动。通过举办"学生文化艺术节""师范生综合素质大赛""大学生科技学术活动月""园丁科技学术行动""'挑战杯'学生课外科技学术作品赛"等活动，丰富学生的第二课堂，培养学生的专业意识和创新能力；开展形式多样的大学生青年志愿者社区服务活动，培养学生服务社会的能力；通过暑期"三下乡"活动和暑期社会实践，让学生了解社会，提高认识，增长才干。《人民日报》《中国教育报》等新闻媒体在显著位置报道了学校开展的多项活动。

（三）形成常态机制，深入推进精神文明创建活动

学校将校园文明建设工作常态化，通过一系列精神文明创建活动，进一步加强日常管理，建立文明建设长效机制，使文明建设深入人心。

第一，以确立为人民服务思想为核心，在机关处室大力开展精神文明建设"创佳评差"活动。通过机关自评互评、基层单位和校领导参评，评选"最佳单位"和"后进单位"，并在全校干部大会上进行表彰奖励和通报批评，评选结果与年度各类先进评选资格和奖励工资挂钩。这项活动进一步转变了机关工作作风，不仅在校内受到广大师生的好评，而且在兄弟院校中产生积极影响。省内外许多

兄弟院校和省上有关厅局前来学习，教育部《高教领导参考》也刊载了学校做法。

第二，以培养"四有"新人为目标，在学生中开展"讲文明、树新风"活动。通过创建"文明教室""文明宿舍""文明班级"，开展"共架心桥""送温暖、献爱心"社区服务活动，举办公民道德知识竞赛、"我们需要什么样的社会公德"等征文、演讲活动，使学生在自我教育中陶冶情操，提高素质。

第三，以提高服务质量为重点，在后勤部门积极开展创建"文明服务窗口"活动。学校确定与师生日常生活联系密切的饮食服务中心、校医院、维修中心、水电科等单位为"文明服务窗口"创建单位，制定《文明服务准则》，这项工作取得一定成效，各窗口单位在师生中的形象发生改变，服务质量得到提升。

（四）加强校园环境建设，持续优化育人环境

学校在原有校园文明建设成绩的基础上，提出"干净优美的室外环境、健康高雅的学习环境、整洁文明的生活环境"的总要求，采取平时加强管理与"校建月"集中治理相结合的方法，进一步加大校园环境建设的力度，使学校的校园环境和校园秩序呈现出文明、卫生、整洁、优美的良好局面。

一是彻底进行校内硬件设施改善和校园的绿化整治工作。学校在经费十分紧缺的情况下，先后对磊乐苑、英语角和宿舍区、教学区的老式建筑及主要干道进行翻修和拓展，维修教学区的学生浴室和部分教室，改造部分教学楼的暖气，更新校内宣传橱窗，由邵逸夫捐款新建艺术楼，维修改造学生食堂，新建"学子食府"食堂。同时，维修家属区的供暖锅炉，埋设电力电缆，铺设天然气管道，装修职工活动中心和多功能厅，改造校医院和幼儿园等。每年还新栽树木和花卉，绿化校园和空地，仅1999年，学校新置草坪8280平方米，花草2300平方米，植树9000多株，新添盆花7000多盆。[①] 校园绿化明显，整个校园披上新装，受到师生的一致好评。

二是积极开展安全文明小区创建活动。为了建设好家属区，学校开展社区

---

① 《发扬成绩 积极开拓 推进校园文明建设再上新台阶》，陕西师范大学档案馆藏，党群档案库，档案号3-1999-DQ14-6.0002。

文明共建活动，用新的形式将学雷锋活动真正落到实处，使校内社区环境建设得到持久开展，为营造良好的工作、学习和生活环境做出了积极贡献。学校注重软硬件一起抓，彻底改变家属区环境落后的面貌，使家属区呈现出整洁优美、安全文明的新姿，深受广大教职工的赞许，家属区也被雁塔区命名为安全达标小区。因成绩突出，团省委、省综治办、省民政厅等多家单位于1999年联合授予学校"青年文明社区"称号，陕西师范大学成为全省唯一获此荣誉的高校。

通过校园文明建设，进一步提升了师生员工的凝聚力和向心力，提高了学校各级组织的领导能力和管理水平，增强了优化育人环境的使命感和责任感；促进了校风学风建设，学生的思想状况和精神面貌发生了明显变化，学习上奋发努力，集体主义观念和劳动观念进一步增强，参加校园环境建设和管理形成风气，学习和生活环境有了明显改善。学校的教学生活秩序良好，校园文明程度提高，安定团结的局面得到巩固和发展；学校的规章制度进一步健全，综合管理能力得到提高，校园育人环境建设逐步趋向制度化、规范化、持久化。

第六节 新时期服务西北地区基础教育的重要举措

1986年颁布的《中华人民共和国义务教育法》标志着中国的九年义务教育制度正式确立。1993年印发的《中国教育改革和发展纲要》开启了国家教育改革与发展的新征程，并正式将"两基"①作为新的奋斗目标；而完成"两基"目标和任务，培养基础教育师资是关键。根据我国教育事业发展的任务和趋势，到20世纪末乃至21世纪初的一个时期内，基础教育特别是中等教育所需要的师资，主要由高师院校承担培养。陕西师范大学不仅肩负着为西北地区中等学校培养师资的重任，而且也为本地区同类院校服务基础教育起到示范和带头作用。针对西北地区教育发展滞后，尤其是基础教育师资匮乏的现实，学校坚持"立足陕西、面向西北"服务社会发展的思路，统筹为西北基础教育服务的各项工作，

---

① "两基"即基本普及九年义务教育和基本扫除青壮年文盲。

取得了显著的社会效益。

一、发挥师范优势，服务西北地区人才培养和教学改革

陕西师范大学根据师范教育的主责主业，立足西北，从培养高质量的合格人民教师出发，加强教育教学改革。同时，发挥师范教育优势，积极开展中小学教育研究，切实推动西北地方教育事业发展。

（一）以师范教育专业为主体，为中等教育培养优秀师资

为西北地区培养优秀的毕业生是陕西师范大学的中心工作。20 世纪 80 年代中期，学校主要面向陕西、甘肃、青海、宁夏、新疆等省区招生，为西北五省区培养中学师资。到 90 年代中期，逐步扩展到 23 个省、自治区和直辖市。在专业设置上，这一时期学校坚持为中等学校培养高质量师资的目标，以办好师范教育专业为重点，认真抓好以本科教育为主体的方向。1996 年，在学校 29 个本科专业中，师范教育类专业占 24 个，学校始终坚持为中等教育培养师资不动摇，把提高培养质量放在首位。

1. 努力提高生源质量

20 世纪 80 年代，教师职业一度不被社会尊重，报考师范院校的考生少，成绩不高；按第一志愿录取到学校的考生少，调配来的考生多，生源质量不高。为提高师范生质量，学校改革招生办法，在入口关就注重生源质量问题，想方设法招收学习成绩优异且有志于献身人民教育事业的考生。为此，学校按照自愿、择优的原则，招收各地中学推荐和保送来的学生。同时，采取走出去、请进来等措施，加强同各地（市）县文教部门和重点中学的联系，并就如何办好师范教育和如何招收到优秀考生等问题进行座谈。1987 年春，学校先后邀请陕西省各地（市）县文教局长和 118 所重点中学的校长来校参观、座谈。1989 年春，校长和教务处长分别带队去陕南汉中地区的佛坪、城固、南郑、留坝等县，考察研究如何为当地基础教育服务的问题。1990 年秋，教务处、人事处、教育科学研究所、出版社、杂志社、电教中心等单位组团去陕北，对榆林、延安两地进行为期两

周的考察，跟踪调查学校历届毕业生工作情况，并会同当地教育界人士商谈如何办好师范教育与如何提高生源质量问题。这类活动的重要目的就是争取当地支持师范教育，多做学生的工作，促使更多优秀学生报考陕西师范大学。

为了有力地支持边远艰苦地区的文化教育事业，为艰苦地区培养一线教师，学校在国家计划内，适当降低分数线，为边远地区和条件艰苦地区招收定向生。这种做法，使"来者志愿，回去安心"，深受学生和当地政府的欢迎。同时，学校还招收代培生和自费生，先后与国家石油部及西北五省区的43个部门和单位签订合同，接受委托代培生，为这些单位培养教师。通过这些办法招来的学生，专业思想比较扎实，学习较为安心、刻苦，在一定程度上改变了学校生源质量不高和专业思想不稳定的状况。

2. 不断加强教学管理

在建立社会主义市场经济体制的条件下，学校一方面受"出国热""经商热""孔雀东南飞"等潮流冲击，另一方面受教育投入不足、教师待遇偏低等行为干扰，校内出现教师队伍不稳、学生厌学、考风不正等不良现象。为此，学校在提高生源质量的同时，进一步加强教学管理来保证人才培养质量。

第一，重视常规管理。学校本着既要更新观念又要严格要求的原则，先后制定和改革各类制度，对学生的课堂纪律、作业、考核和学籍变动等都做出明确规定。其基本思路是从严要求，严活结合，鼓励竞争，激发进取，使那些混文凭的学生待不下去，为勤奋好学者创造良好的成才环境。学校实行严格细致的考勤办法，按月公布，仅晚自习出勤率就由原来的30%上升到68%。随机抽查学生作业和教师教案，举办全校性的教案展览和作业展览，仅1987至1989年，就展出教师教案658本，学生作业2150本。通过展览，使许多师生找出差距，看到榜样的力量，调动了教与学两方面的积极性，收到良好的效果。

第二，引进竞争机制。学校综合运用奖罚手段，激励师生积极进取。一方面对教学、学科、专业实行综合评估，奖励优秀的教学、教材和科研成果；

另一方面表彰优秀学生，鼓励刻苦钻研。举办英语竞赛，对优胜者进行奖励；每年评选 100 多名优秀实习生，占实习生总数的 10%；对少数差生，运用经济杠杆，实行有偿培养，尝试补考收费、留级试读收费等，迫使他们刻苦学习，努力上进。

第三，改进考试管理办法。严格实行教研室、系（部）、学校三级命题制，狠抓命题关、监考关和评分关，建立健全试题库和卷面库，提高考试的公信度和有效性。以 1992 至 1993 学年第一学期为例，学生共 589 人次参加补考，补考后仍不及格者 61 人次，发现考场作弊 20 人，受警告以上处分的 18 人，杜绝了以往补考流于形式的弊端。通过严格考风考纪，学校学风进一步好转。学校改进考试管理的办法成效显著，陕西省教委于 1993 年将这一做法转发省内高校推广。

通过多年深耕，学校人才培养质量逐步提高，培养的学生遍布西北。仅"七五"期间，学校结合西北地区和本校实际，共培养各类毕业生 13258 人。[①] 截至 1999 年，学校为西北地区培养近 6 万名合格的人民教师。在西北地区，只要有学校的地方几乎就有陕西师范大学的毕业生坚守校园，教书育人，他们为西北地区的人才培养做着最基础的工作，他们用自己的知识和力量，推动着中国尤其是西北地区教育事业的发展，同时也为陕西师范大学赢得了良好的社会声誉。

（二）开展基础教育研究和服务，提高中小学教学水平

学校在提升师范生培养质量的同时，注重基础教育研究和成果推广工作，直接服务于中小学一线教育教学改革。学校成立以校长为组长的基础教育服务领导小组，全面负责落实为基础教育服务工作，教育科学学院专门成立基础教育研究室。从 1990 年以来，学校先后承担《农村教育综合改革实验研究》《诱思探究教学理论与实践》等国家教委、省教委基础教育研究项目 10 多项。其

---

① 《关于报送〈陕西师范大学"八五"事业计划和十年规划设想方案〉的函》，陕西师范大学档案馆藏，行政档案库，档案号 3-1991-XZ11-11.0004。

中，张熊飞教授主持的以大面积提高中小学教学质量为目的的"诱思探究教学理论与实践"课题得到国家教委主任朱开轩的直接关怀和指导。1995 年，该课题先后通过省级、国家级鉴定。1996 年 3 月，陕西省教委决定在全省中学推广该项目研究成果，在陇县召开近千人参加的现场推广会。为进一步扩大服务面，学校在全国建立 100 多个教改实验基地，实验研究遍布 100 多所中小学，近 30 个省、自治区和直辖市的万余名教师参加了这项实验。几年来，学校组织专职教师做诱思探究教改实验研究报告 300 多场次，听众达 20000 多人次。① 这一成果的大面积推广，对于提高中小学教育质量、实施素质教育发挥了很好的作用，取得良好的社会效益。1997 年 3 月，该研究成果获国家教委全国师范院校基础教育改革优秀成果二等奖。1998 年，以深化实验研究为目的的"诱思探究教学论"课题又被全国教育科学规划办公室确定为国家教委"九五"重点课题。借助这些研究成果，学校在陕北、陕南等边远地区建立一批为基础教育服务的基地，真正为陕西和西北的"双基"工作做出贡献。

各院系还结合自身专业特点，在学生中组织开展富有特色的为基础教育服务的活动。教育系承担直接为基础教育服务的研究课题 10 多项，其中一些研究成果已变成提高中小学教育质量、促进基础教育发展的"第一生产力"。学校还通过每年的社会实践活动让学生发挥专长，在为基础教育服务的过程中"受锻炼、长才干、做贡献"，如化学系在陕北靖边县开展基础教育服务活动，历史系为志丹县中小学义务送报捐款，校团委在米脂县开展中小学辅导活动等，都收到较好的效果。

（三）实施校县共建教育工程，直接为基础教育服务

1995 年 10 月，陕西师范大学与陕西省旬邑县、陇县实施校县共建教育工程。这一共建模式对进一步加强为基础教育服务工作，切实推动地方经济社会发展，提升学校人才培养质量和教育科学研究水平具有重要意义。

---

① 《1995 年以来学校关于教学改革的综述材料》，陕西师范大学档案馆藏，教学档案库，档案号 3-2006-评建-8.0004。

1995年底，学校与旬邑县签订《陕西师大与旬邑县1996—2005年共建教育发展工程协议书》；1996年初，又与陇县签订《陕西师大与陇县1996—2005年共建教育发展工程协议书》，这是学校研究和构建高师院校直接为基础教育服务模式的卓有成效的尝试。学校每年召开共建工作会议，与两县进行全方位合作，取得可喜成绩。

第一，以培养和培训师资为基本立足点，提升两县教师队伍建设。学校充分发挥师范教育优势和特长，以建设具有良好思想品德和扎实业务素质的教师队伍为基本目标，积极开展多种形式的师资培养和培训工作。每年免费接收两县共15名教师来校进修学习，选派专家教授赴两县为学科教师做专题报告，并举办短期培训班。1996年4月，学校组织10余名专家教授到旬邑县做题为"科学技术与社会发展""高考语文、数学解题""教育学理论""诱思探究教学理论"的学术报告，听众达6000余人。1997年8月中旬，又组织8名专家教授赴陇县对300多名初中教师进行为期一周的培训。① 在两县分别建立函授中心点，对在职教师进行学历教育。

第二，以改善办学环境为基本目标，认真开展"四个一工程"②建设。校县共建的一个基本任务就是改善两县学校办学条件，并实施"四个一工程"，即在旬邑县建设一所示范高中、一所示范初中、一所规范化小学和一所中心幼儿园，在陇县建设一所示范高中、一所示范初中、一所规范化小学和一个规范化电教中心。自共建以来，陕西师范大学附中、附小、幼儿园、新闻与传播学院等单位与两县共建学校（单位）对口结成友好学校（单位），创造性地开展工作，双方在教育教学管理、教研教改、资料信息等方面进行密切交流。同时，陕西师范大学还多次向两县共建学校捐赠图书资料、教学仪器、音像设备等，改善了共建学校的办学条件。

---

① 《1995年以来学校关于教学改革的综述材料》，陕西师范大学档案馆藏，教学档案库，档案号3-2006-评建-8.0004。

② "四个一工程"即在旬邑县建设一所示范高中、一所示范初中、一所规范化小学和一所中心幼儿园，在陇县建设一所示范高中、一所示范初中、一所规范化小学和一个规范化电教中心。

第三，以教育教学改革和研究为基本内容，建成"三大基地"。通过校县共建，两县建成陕西师范大学农村教育综合改革研究实验基地、基础教育成果推广基地和教育教学实践基地，并开展教育教学研究项目，进而向全省乃至全国辐射。学校先后在两县实施"诱思探究教学理论与实践""基础教育中非正规教育研究""妇女和少数民族教育中的女童教育"以及"促进贫困地区处境不利儿童的教与学"等实验研究[1]，取得可喜的研究成果。学校基础教育学科教学研究成果和教育科学研究成果在两县得到了较大程度和范围的应用。同时，两县积极接收学校教育实习的学生开展课堂教学、班主任见习和社会调查任务。1996年，学校团委组织6名学生对旬邑县教育现状进行专题调查，该调查小组因成绩突出被团中央评为"科技文化优秀服务队"[2]。1998年，学校团委又派出10余名学习成绩好、思想素质高的同学赴旬邑县，为全县小学一、二年级教师开设教育理论、教育法规辅导讲座，受到教师和教育局领导的好评。

在与旬邑、陇县共建教育发展工程的同时，学校还在农村教育综合改革实验研究的基础上，为陕西乾县制定职业教育发展规划，帮助乾县新建职业中学2所、改建职业中学1所，使该县职业中学的布局以及职中生与高中生的比例基本上达到了国家的要求。

二、发展职后教育，促进西北地区师资水平提升

学校在全力抓好以本科教育为主体的全日制在校生培养的同时，充分发挥国家教委西北教育管理干部培训中心、国家教委西北高等师范学校师资培训中心和学校成人教育学院的优势，通过举办各级各类中小学、幼儿园师资和管理干部的培训，提高教师学历层次和知识水平，优化中小学教师队伍结构，深受社会的欢迎。

---

[1] 《校县共建工作简报第6期》，陕西师范大学档案馆藏，教学档案库，档案号3-2005-JX11-42.0001。

[2] 《校县共建工作简报第6期》，陕西师范大学档案馆藏，教学档案库，档案号3-2005-JX11-42.0001。

（一）发挥国家教委西北干部培训中心优势，培训教育管理干部

成立于 1986 年 12 月的国家教委西北教育管理干部培训中心紧密结合西北五省（区）不同区域的特点和教育管理干部的不同需要，在培训中总结出脱产进修与在职学习、长期轮训与短期研讨、岗位培训与学历教育、校内办班与校外讲授等多种形式结合的方式，先后举办大学校级干部研修班、高校处系级干部进修班、军队转业干部进入高教系统岗前培训班、全国重点大学审计干部专业班、地县教育局局长讲习班、重点中学校长培训班、教育督导干部培训班等不同类型的培训。据统计，从 1987 年至 1993 年，培训中心先后举办了 28 期高等学校处、系级干部进修班，2 期大学校级干部研修班，12 期军队转业干部进入高教系统工作岗前培训班，1 期全国重点大学审计干部专业班，15 期重点中学校长培训班，2 期地县教育局局长讲习班，2 期教育督导干部讲习班，2 期大学校级干部专题研讨班和高教研究室主任专题研讨班，2 期教育管理专业高校后勤干部大专班，4 期高教管理专业第二学士学位班，2 期中等师范学校和教师进修学校校长培训班，总计培训学员 4567 名（含校外设点培训 1185 名）。截至 1999 年，为陕西、宁夏、青海、新疆、甘肃、四川、重庆、云南等省、自治区、直辖市共培训教育管理干部近万名。其中包括回、蒙古、维吾尔、藏、土、满、撒拉、锡伯、东乡、达斡尔、塔塔尔、哈萨克、乌孜别克、俄罗斯等 14 个兄弟民族学员 400 余名。培训中心还开展教育管理专业大专班、第二学士学位和硕士研究生等高层次学历教育，实现了在学制上长短结合、方式上灵活多样的全方位教育，使培训中心持续、稳定、健康地发展。

培训中心自成立以来，积累不少办学经验，撰写出版《高等教育管理概论》《教育基本理论》《管理心理学》《管理哲学》《计算机辅助大学管理》等一批适应干部培训工作要求的教材。为把教学与科学研究紧密结合起来，在努力抓好教学的同时，先后成立陕西师范大学教育管理科学研究所和陕西师范大学加拿大教育研究中心，并成立群众性研究组织——陕西高等教育管理研究会和西北高等教育管理研究会，创办发行研究刊物《西北教育管理研究》。许多研

究成果获得陕西省和国家部委等奖励，为学校赢得荣誉。

培训中心还特别注意面向世界、面向未来，业务不断发展和壮大。先后与美国、加拿大、日本、英国、新加坡等国家和中国香港、澳门、台湾等地的高等院校建立友好关系，开展合作研究、人员互访、联合培训研究生等多种活动。截至 1993 年底，仅派往加拿大的就有 17 人次，接受外国友人资助经费 20 多万元。为加拿大培训来访研究生 5 名。这种外联活动，既扩大了影响，赢得国际信誉，又增强了培训中心的凝聚力与吸引力。

（二）依托国家教委西北高等学校师资培训中心，培训一线教师

创建于 1986 年 9 月的国家教委西北高等师范学校师资培训中心，是国家教委在委属六所师范大学建立的全国六大区高师师资培训中心之一。中心自成立以来，依托陕西师范大学的教学、科研和图书资料优势开展教师培训工作，截至 1993 年底，共培训来自全国各地高等学校和中等学校的教学科研人员 2248 人，其中包括以优秀讲师和副教授为培训对象的国内访问学者 39 人，以高校学术骨干为目标的骨干教师进修班和以硕士研究生课程为内容的助教进修班等的学员 2000 多人。同时，举办各种全国性学术研讨会、研讨班 21 期，参加人数近 700 人。在做好培训的同时，中心还通过单科进修、研究生课程班等形式对中小学教师进行较系统的基础理论、专业知识与能力培训。参加单科进修的中小学教师达 1100 人次，参加研究生课程班的中小学教师达千余人次。

为进一步推动素质教育，全面提高基础教育质量，1999 年，国务院决定实施以中小学教师继续教育为主要内容的"园丁工程"，按照教育振兴行动计划的部署和教育部的要求，中心积极开展中小学骨干教师国家级和省级培训工作，先后举办骨干教师培训 20 余期，共培训中小学教师 3500 余人。

（三）创办成人教育学院，服务中小学教师学历提升

学校在前期函授、夜大学的基础上，于 1987 年 12 月申请成立陕西师范大学成人教育学院。学院成立初期，主要以举办几个专业的专科、本科的函授和夜大学为主。从 1989 年开始，开设大专起点三年制英语本科和汉语言文学本

科；到1990年，函授教育相继开设汉语言文学、数学、教育行政管理、政治教育、地理学、历史学、物理学、生物学、计算机软件及应用、学前教育、中文秘书、化学等12个专业。夜大学相继开设汉语言文学、档案学、图书馆学、英语教育、政治教育、计算机程序、中文秘书、历史学、英语本科等9个专业。函授部在籍学生5866人，夜大学部在籍学生742人，学生总人数创下学院在籍学生人数的最高纪录。在举办学历教育的同时，成人教育学院专门设立培训部，积极开拓专业证书、岗位培训等非学历教育，1988年以后，陆续开办高教后勤管理、文秘等专业证书教育和干部人事管理、民办教师培训等岗位培训班。

1990年以后，国家教委贯彻"稳定规模、提高质量"的方针，普遍压缩成人教育的招生人数，学院的招生人数虽有所减少，但专业方向却有新的突破，增设国民经济管理、财会与审计、旅游、俄语（国际贸易）等非师范专业，到1994年，函授教育的招生专业由1990年的12个增加到18个，夜大学的招生专业由1990年的9个增加到12个，使学校的函授、夜大等成人教育的专业设置发展到一个新阶段。这一时期，学校的成人教育在原有的函授、夜大学、培训基础上进一步拓展，应市场发展需要开办自考与电大。同时，办学不光局限在校内，开始向其他省份拓展，并建立教育网点。1995年，成人教育学院的教育网点覆盖全国6省区，有教学点16个，在册学生人数5000多名，成人教育工作先后4次获得省级奖励。1998年，成人教育有函授、夜大、培训、自考、电大等本专科学生6000余人，毕业生21000余人。虽然成人教育专业随着社会需求变化不断进行相应调整，但陕西师范大学的成人教育始终坚持以师范教育为主体，以中小学教师为主要招生对象，坚持对民办教师、中小学教师降低收费标准或减免学费，为他们提高学历层次、充实知识结构创造条件。1999年，随着成人教育学院业务范围的不断扩大和成人教育内涵的进一步深化，学校将成人教育学院更名为继续教育学院。

在做好学历教育与非学历教育的同时，学校积极组织人员开展成人教育研究，创办内部发行的陕西师范大学《成人教育学报》，这个学报是教学辅导和成人教育研究相结合的综合性学术期刊，办刊宗旨始终坚持"为成人教育服务，为西北基础教育服务"。该期刊虽是内刊发行，但在西北乃至全国都有一定的影响力。1993年被中国成人教育协会期刊研究会吸收为会员，1997年被陕西省高校学报研究会吸收为会员。1998年随着国家经济战略的西移和成人教育发展的需要，国家新闻出版署批准陕西师范大学《成人教育学报》转为正式期刊，并于1999年10月更名为陕西师范大学《继续教育学院学报》，后来又易名为《当代教师教育》。

三、办好中教参杂志，助力中等教育教学改革

1985年，为适应改革开放的需要，学校经过申请，由陕西省委宣传部和陕西省新闻出版局批准，在原来各系负责出版发行的中学语文、政治、数学、物理、化学、历史、生物、地理等8种教学参考的基础上，成立陕西师范大学杂志社。8种杂志集中经营，成为中学教学参考系列杂志发展史上的里程碑。杂志社自成立以来，始终坚持为基础教育服务，为广大中学师生服务的办刊方向不动摇，其先进事迹被《光明日报》《中国教育报》广为宣传。

（一）立足西北，面向中学，办出特色

杂志社自成立起，全社上下达成坚持社会效益至上和为基础教育服务的共识，学校是地处西北的师范大学，办的刊物是中学教学参考，这是刊物立社之本。为此，在办刊过程中，杂志社立足西北，时刻想着全国各地中学数以千万计的急需参考资料的读者。为了让他们看到满意的杂志，社内各编辑部在丰富刊物内涵的基础上，不断求实、求新、求活、求精，强调刊物的实用性、科学性和时代性。杂志社想中学之所想，紧紧围绕中学教学实际编设栏目，最大限度地贴近教学；时刻有创新意识，根据中学教学需要，不断更新栏目；脚踏实地地研究中学教学中的实际问题，不断倡导理论创新，摆脱思维定式，树立超前意识；广泛与全国有关高等院校、教育科研部门及有丰富教学经验的一线教师建立密切联系，及时把各地教学教改的新信息、新经验通过刊物这个主阵地，推广到中学教师之中。到1993年，中教参杂志全年发行量超过800万册，发行量在全国同类刊物中居于前列，并在全国基础教育领域产生了

很大影响，被广大读者誉为中学师生的良师益友，形成了"哪里有中学，哪里就有中教参"的良好局面。

（二）加强管理，严把质量，以质取胜

严把质量关，以质取胜，是杂志社在坚持正确的办刊方向上迈出的最扎实、最关键的一步。杂志社严格贯彻执行国家新闻管理部门关于报刊质量管理的有关规定，越是订数上升、规模扩大、经济效益好的时候，越强调严把质量关。并根据杂志为基础教育服务、读者都是中学师生的特殊"社情"，建立健全一整套确保刊物质量和具有师大特色的杂志社管理制度。

为了提高编辑质量，杂志社进一步充实人员力量。刚成立时，各刊物的编辑人员均由所在系科的教师兼任，1987年后，根据发展需要，杂志社分学科成立编辑部，从校内外选调专业基础好、能力强的优秀教师和专业人员充实编辑力量。为了不断提高编辑人员的业务水平，杂志社曾先后派出27人到复旦大学等单位参加培训、函授和攻读硕士学位。经过学习和培训，大大提高了编辑人员的业务素质。1991年在陕西省举行的青年编辑知识竞赛中，杂志社荣获期刊团体第一名，在个人赛中，1人荣获二等奖，3人荣获三等奖。1992年在陕西省校对知识竞赛中，有5人荣获三等奖，杂志社荣获全省竞赛组织奖。

由于加强管理，充实力量，使杂志社得到了飞速发展，杂志质量逐步提高，受到全国各地中等学校的欢迎。1991年，化学、数学、语文3种杂志入选教育类核心期刊。1995年，出版社改革创新，谋远图强，一手抓建章立制，一手抓选题和市场开发，实行项目负责制，同时实行"突出创新劳动，注重工作业绩"的分配原则。机制的创新，催生了一批品牌图书的诞生。"黄冈兵法""新作文""金牌之路"在市场上大获成功，使出版社成为全国有影响的教育图书出版重镇，被媒体誉为全国"文教新六家"之一。1998年杂志社首次将语文、化学2刊进行扩版试验，并获得成功。1999年又将物理、数学、历史、政治、地理5刊从3个印张扩为4个印张。到1999年，杂志社8种刊物发行量在全

国同类刊物中名列第一，4种刊物被评为全国中文核心期刊，"中教参"杂志畅销全国。

（三）发挥优势，传承文化，回馈社会

杂志社作为学校的文化产业单位，在办刊中始终坚持社会效益首位原则。在杂志社收到的众多读者求购信中，有许多是边远贫困山区孩子写来的。他们在家境极为困难的情况下坚持学业、求知若渴的精神深深打动杂志社全体成员。遇到这种情形，杂志社一般会寄赠多种书刊帮助贫困学子。

杂志社抓住广大青少年这一受众群体，通过自己的阵地弘扬中华优秀传统文化，提升青少年素质。《少年书法报》是其众多期刊中的新成员，该报创刊时就以社会效益为主。杂志社认为，基础教育的内容非常广泛，作为祖国传统文化的书法艺术要由一代又一代青少年去继承和发扬，这也是陕西师范大学为基础教育服务不可缺少的重要组成部分。它对于提高青少年文化素养，弘扬书法艺术有着非常重要的意义。基于这种认识，办报不久杂志社就出资义务举办全国青少年硬笔书法比赛，该项活动在广大师生中引发强烈反响。

杂志社不仅用本职工作为基础教育做贡献，还无偿为偏远贫困地区捐资助学。先后给西藏、云南等民族地区和浙江水灾地区无偿捐赠价值10余万元的书刊。在全国人民纷纷为"希望工程"捐款捐物时，杂志社积极响应，用实际行动为基础教育贡献自己的力量。1995年初春，杂志社员工顶着寒风，翻山越岭到陕南贫困山区佛坪县六亩地乡，为25名失学儿童捐款捐物，帮助他们复学。化学编辑部免费为"希望工程1+1爱心活动"设计和刊登广告，并每人出资300元，资助延安革命老区的辍学儿童重返校园。

在坚持为基础教育服务的过程中，杂志社放眼全局，树立大教育观，坚持全方位服务意识，在办刊中注意渗透职业技术教育内容、科普知识和爱国主义教育等内容。利用刊物这块阵地，举办"爱我中华历史故事大奖赛""我爱祖国好河山全国青少年地理国情知识竞赛"等活动，在社会上产生良好效应。

陕西师范大学作为一所地处西北的部属师范大学，始终坚持为国家基础教育尤其是西北地区基础教育服务的目标不动摇，把为西北地区培养中学优秀师资作为自己的首要任务，在培养数以万计的教育人才的基础上，积极发挥师范优势和特色，通过对口支援、教育帮扶、教师培训、学历提升、提供教辅资料等多种形式为一线师生服务，为促进陕西及西北地区师范教育和基础教育事业的发展，为实现"两基"目标、落实科教兴国的伟大战略做出了应有的贡献。

小　结

从 1987 年 12 月学校第六次党代会召开到 1999 年 10 月第八次党代会举行的十余年时间，是国家发生深刻变化的重要时期，也是陕西师范大学锐意进取、探索改革的关键期。这一时期，学校各项事业有序推进，取得了长足发展，朝着"创办全国一流师范大学"的目标不断奋进。通过贯彻执行党委领导下的校长负责制，结合学校中心工作积极开展党建和思想政治工作，建立健全各项规章制度，创建维护良好的教育教学秩序，推行教职工代表大会制度，使学校的各项工作都步入健康而快速发展的轨道。尤其是第七次党代会之后，学校全面实施包括人事、分配、教学、后勤和产业在内的综合改革，建立校、院二级管理体制，推行全员聘任制、工资总额包干和业绩与奖酬金挂钩等措施，有效地调动了单位和个人的积极性，优化了学校管理机制，增强了办学活力；学校不断深化教育教学改革，通过"三级三类"教学评估、实施教考分离、加强教学研究以及重视师范生技能培养等，不断提高教育教学质量；学校积极推行后勤产业改革，完成社会化改制，建立起事企分开、灵活高效的企业化运行管理机制；学校加强重点学科建设，持续抓好教育学科发展，对基础学科、应用学科和高新技术学科优化布局，在博士点建设上取得新的突破；学校育人环境持续优化，创建高校文明校园，不断推进精神文明建设；学校充分发挥师范教育优势，服务基础教育的路径不断拓宽，为西北地区基础教育事业发展做出了重要贡献。同时，也要看到，由于长期受计划经济体制影响，加之学校地处社会经济欠发达的西北地区，思想观念不够解放，改革力度不大[①]，制度体系还未健全，运行机制还需优化，学科建设和学位点建设比较缓慢，人才培养模式相对单一。尽管如此，这一时期所开展的工作和取得的成绩，仍为学校进入21世纪后进一步深化改革和加快发展积累了宝贵的经验，奠定了可持续发展的全面基础。

---

① 《团结一致　深化改革　加快发展　为办好第一流的师范大学而奋斗——陕西师大第七次代表大会上的报告》，陕西师范大学档案馆藏，党群档案库，档案号3-1995-DQ11-18.0001。

第六章 谋篇布局
"211工程"引领学校突出特色实现综合化的规划与建设

自学校 1999 年 10 月召开第八次党代会之后至 2011 年 12 月举行第十次党代会之际的十二年间，是陕西师范大学贯彻落实第八次和第九次党代会提出的目标任务，先后跻身"211 工程"建设高校和入选"985 优势学科创新平台"的关键发展阶段，也是本章记述学校这段发展历史的基本时限。

跨入21世纪，中国进入全面建设小康社会、加快推进社会主义现代化的发展新阶段。在改革开放推动国家各项事业大发展的形势下，陕西师范大学加快落实第八次党代会提出的目标和任务，召开第九次党代会确立以教师教育为主要特色的综合性研究型大学的办学目标，持续推进学校综合改革，逐步建构起现代大学的管理体制，并进行本科人才培养模式多样化和以科研强学科建设有特色综合性研究型大学的实践探索。为适应高校扩招和改善办学条件，学校决定在长安县郭杜镇（今长安区郭杜街道）建设新校区，最终形成"一校两区"的办学格局，为拓展办学领域和提升教育质量创造了必要的空间条件。在发展的关键阶段，学校先后跻身"211工程"建设高校和入选"985优势学科创新平台"，进一步夯实办学基础和提升办学层次，为学校发展史上矗立起一座重要里程碑。同时，学校积极响应西部大开发战略，充分发挥教师教育资源优势，为促进西部教育发展开展多种形式的援助活动，书写了属于陕西师范大学的"西部红烛两代师表"精神新故事。

第一节　进入新世纪落实学校第八次党代会目标任务和承接第九次党代会的召开

面向新世纪，陕西师范大学积极找准办学定位、锚定教育目标、厘清改革重点、谋划未来发展，凝聚全校师生力量落实学校第八次党代会所确定的目标和任务，使学校发展的局面在新世纪之初得到全面改观。第八次党代会以后的五年，是学校历史上改革力度较大、发展速度较快、整体实力和社会声誉提升较为明显的时期。在此过程中，学校内仍然存在办学思路与定位的讨论，而第九次党代会的召开，则及时明确了学校在今后一段时期的办学方向。

一、新世纪之初的五年，全面落实第八次党代会的目标任务

在第八次党代会后，学校围绕第八次党代会提出的奋斗目标和工作任务而扎实地推进各项工作，正确处理了改革、发展与稳定的关系，在校内管理体制、

教育教学、科学研究、学科建设、师资队伍建设、开放办学和党建工作等方面取得了显著的成绩。

（一）制定多项政策文件，推动校内管理体制改革

按照第八次党代会以及第四届教职工代表大会暨第八届工会会员代表大会通过的《陕西师范大学关于推进新一轮校内管理体制改革的意见》《陕西师范大学机关改革实施方案》《陕西师范大学人事分配制度改革实施意见》等政策文件，大力推进以机关机构改革为龙头、以校院系关系调整为基础、以人事制度改革为重点、以分配制度改革为杠杆和以后勤社会化改革为保障的管理体制改革，逐步建立起符合现代化管理要求的校内管理体制和运行机制。一是通过机关机构改革，压缩机关机构40%，精简工作人员40%，建立起职责明确、设置合理、运转协调、办事高效的机关管理体系，建立了一支德才兼备、精干高效的管理干部队伍；二是通过院系调整，先后新组建10个院系，优化办学资源配置，进一步扩大学院办学自主权和增强院系的办学积极性；三是通过人事制度改革，优化教职工队伍结构，激活各类人员的用人聘用与考核机制，教师在学校办学中的主体地位得到进一步确立；四是通过分配制度改革，建立起以岗定薪、多劳多得、优劳优酬的激励机制，以及与国家基本工资、岗位津贴、业绩津贴和特殊津贴相结合的分配制度，调动了广大教职工的积极性，特别是对吸引、稳定和培养优秀人才起到了极其重要的作用；五是通过后勤社会化改革，创新后勤管理体制和运行机制，大大提高了后勤服务质量，改善了师生员工的学习生活条件，减轻了学校负担和促进了学校事业发展。

（二）坚持育人成才的初心，稳步提升教育教学质量

在稳步扩大本科办学规模的同时，学校狠抓常规性教学管理，积极推进学分制改革，大力实施素质教育，以超常规的举措全面启动本科评建工作，使本科培养质量整体上保持了稳中有升的良好态势。1997年，学校率先在西北地区开办舞蹈本科专业。2001年7月，作为西北第一届舞蹈专业本科毕业生，一次

性就业率达到 100%，有 1/3 以上的毕业生被全国各地的高等学校选聘为艺术教育教师。五年期间，共有 8 个专业被评为省级名牌专业，7 门课程被评为省级精品课程，32 项教学成果获得省部级以上奖励，其中在 2002 年，3 项课题获国家级教学成果二等奖[①]；生物学和中国语言文学两个国家级人才培养基地分别在 2000 年和 2001 年顺利通过了教育部专家组的验收；从 2000 年至 2004 年期间，学校毕业生的就业率在教育部直属高校和陕西省高校中名列前茅。

（三）出台系列激励措施，促进科学研究工作

学校采取一系列鼓励广大教师争取高层次项目、产出高水平成果、获得高级别奖励的激励措施，先后制定《陕西师范大学有偿服务收入分配暂行办法》《陕西师范大学纵向科技项目经费配套办法》《陕西师范大学关于进一步发展繁荣哲学社会科学的实施意见》等政策文件。这些举措极大地调动了广大教师投身科研工作的积极性，从而让学校的科研工作取得了长足进步。

在 2000 年，获批国家自然科学基金项目 8 项、国家哲学社会科学基金资助项目 5 项[②]，在 SCI 源期刊上发表论文 53 篇，文科在权威期刊[③]上发表论文 13 篇。到 2004 年，获批国家自然科学基金项目 14 项、国家哲学社会科学基金资助项目 6 项，在 SCI 源期刊上发表论文 102 篇，文科在权威期刊上发表论文 41 篇。其中，2000 年获得国家自然科学基金资助总经费达到 128.5 万元，这是自 1986 年国家自然科学基金委员会设立以来，学校承担国家自然科学基金项目（面上项目）年度经费首次突破百万。在研究基地和中心建设上，新增 3 个省部级人文社会科学重点研究基地以及 3 个省部级重点实验室和研发中心。其中，2000

[①] 李明：《我校三项课题获国家级教学成果二等奖》，载《陕西师大报》2002 年 6 月 15 日第 1 版。

[②] 未包含单列学科教育规划课题。

[③] 根据陕西师范大学 1998 年 5 月修订颁布的《陕西师范大学高层次科研成果奖励办法》，人文、社会科学权威学术期刊（中文）包括：《中国社会科学》《求是》《哲学研究》《经济研究》《法学研究》《政治学研究》《国际问题研究》《社会学研究》《民族研究》《教育研究》《心理学报》《文学评论》《文学遗产》《外国文学评论》《文艺研究》《历史研究》《考古学报》《中国图书馆学报》，以及在《人民日报》《光明日报》理论版发表和被《新华文摘》摘登论文 1/2 以上。

年 11 月，教育部人文社科重点研究基地西北历史环境和经济社会发展研究中心挂牌成立，成为西北地区继兰州大学敦煌研究中心之后又一入选教育部人文社科百所重点研究基地的单位；2001 年 6 月，经教育部基础教育司批准，基础教育课程研究中心挂牌成立，这是由教育部基础教育司批准建立的第 11 个国家基础教育课程研究中心，预示着学校基础教育研究进入一个新的发展阶段；2003 年 12 月，中药资源与药物化学实验室①获准为教育部立项建设的重点实验室，实现教育部重点实验室零的突破，标志着学校科研实验室建设迈入新的阶段。

（四）整合办学资源，全力推进学科和学位点建设

五年期间，学校多次召开学科和学位点建设会议，积极整合办学资源，举全校之力加强学科和学位点建设。一是国家级重点学科实现零的突破。2002 年，历史地理学科被批准为全国高等学校重点学科，这是陕西省 65 个入选国家重点学科中唯一作为文科基础学科入选的学科。二是一级学科博士学位授权点和博士后科研流动站从无到有，在 2003 年分别获批 2 个和 6 个；二级学科博士学位授权点数和硕士学位授权点数分别从 2000 年的 5 个和 39 个，增加到 2004 年的 26 个和 95 个。尤其是 2003 年，学校在第九批学位点申报工作中取得重大突破，历史学、地理学等学科新增为一级学科博士学位授权点，中国哲学、马克思主义理论与思想政治教育、教育学原理、基础心理学、文艺学、汉语言文字学、分析化学、植物学、材料学、应用化学、旅游管理等 11 个学科新增为二级学科博士学位授权点，伦理学等 39 个专业新增为硕士学位授权点，中国语言文字学等 6 个学科获准设立博士后科研流动站，同时获得高校教师在职攻读硕士学位授予权。三是本科专业由 1999 年的 31 个增加到 2004 年的 62 个，新增加了装潢设计与工艺教育、科学教育等 2 个师范专业，以及地理信息系统、环境科学、食品科学与工程、行政管理等 29 个非师范专业。这些历史性的突破，彻底扭转学科建设长期徘徊不前的状态，为学校的可持续发展打下良好基础。

---

① 中药资源与药物化学实验室后改名为药用植物资源与天然药物化学实验室，在 2007 年通过验收并正式挂牌。

（五）多项举措抓师资建设，重点优化师资队伍结构

结合第八次党代会提出的"教师为本，人才第一"的口号，以及"大力引进，积极培养，保证规模，优化结构，提高质量"的师资队伍建设方针，学校出台系列加强师资队伍建设的新举措和新办法，制定《陕西师范大学关于引进"旗帜型"学科带头人的暂行规定》《陕西师范大学师资补充暂行规定》《陕西师范大学关于教师报考博士、硕士研究生有关问题的规定》《陕西师范大学教师专业技术职务评审量化评估办法》等政策，继续滚动和实施《陕西师范大学跨世纪人才培养方案》，并设立"陕西师范大学人才引进和培养突出贡献奖"，为学校的学科建设、人才培养和科学研究提供了强有力的人才支撑。一方面，师资的数量和质量均得到提升。五年来，学校净增教师320多人，教师总数达到1215人；专任教师中具有硕士以上学位的比例由33%上升到51.5%，具有博士学位的比例从8.8%提高到19.3%；具有高级专业技术职务的教师由47%上升到57%；教师队伍的学缘结构和年龄结构更加合理，从校外、国外聘任到校任教的专家和教授逐年增多。另一方面，"旗帜型"学科带头人得到补充。2001年，我国当代民族学研究的著名学者周伟洲教授及其研究团队入职加盟。2001年12月，中国科学院院士、"937"国家重点基础教育研究发展规划专家组成员霍裕平教授被特聘为物理与信息技术学院教授。2004年6月，周伟洲教授当选为教育部社会科学委员会委员，是西北地区社会科学研究和教学领域唯一一名当选委员。

（六）适应国际化趋势，不断拓展开放办学领域

2001年，中国加入世贸组织（WTO），各项事业的国际化发展进一步加快。为积极适应这一国际化发展趋势，学校加大对外交流与合作的力度，不断拓展开放办学领域。一是先后与30多个大学和教育研究机构建立双边合作关系。2002年，先后与美国北科罗拉多大学、美国加利福尼亚大学佛雷斯诺分校、美国西肯塔基大学、美国石谷学院、比利时安特卫普大学签订学术交流与合作协议，与越南河内国家大学下属外语大学和越南胡志明市师范大学签订校际交流

与合作备忘录;2004年,美国哥伦比亚大学校长、美国德州农工大学副校长、美国中央华盛顿大学代表团等先后来校访问。二是对外汉语教学取得长足发展。五年来,来校学习的长、短期外国留学生每年近500人次。陕西师大也成为国家对外汉语教师资格证书考试西北地区的唯一考点。三是成立对外交流人才的教研机构。2003年9月,国际汉学研究所正式挂牌成立。四是成功举办20多次国际性学术会议。其中,2002年8月,举办国际数学家大会几何拓扑卫星会议,这是当时学校举行的规模最大的国际学术会议;2004年8月,第十七届国际跨文化心理学大会在学校召开,此次大会共有来自52个国家和地区的450多位心理学专家、学者,这是迄今为止学校历史上规模最大的一次国际学术交流活动,也是当时陕西省历史上单项学术会议接待外宾最多的一次国际性学术会议。这对于扩大学校的国际影响起到了积极作用。

(七)进一步加强党建和思想政治工作

学校党委坚持把学习贯彻"三个代表"重要思想作为党的思想理论建设的根本任务来抓,在完善党委中心组学习制度、中层干部理论研讨制度和教职工政治学习制度的同时,认真组织开展"三讲"教育及其"回头看"活动,不断加强在宣传教育、理论研讨、指导实践等方面工作。在干部队伍建设方面,2004年6月制定《关于改进陕西师范大学干部工作、加强干部队伍建设的实施意见》,修订《陕西师范大学干部管理工作暂行规定》。在基层党组织和党员队伍建设方面,积极实施基层党组织"五个一建设"工程,扎实做好在大学生和青年教师中发展党员的工作,全校党员总数从1999年的2376人上升到5118人。有26位教职工和学生被评为省级优秀共产党员,学校党委也被评为陕西省先进基层党委。在作风建设方面,认真贯彻2001年9月颁布的《中共中央关于加强和改进党的作风建设的决定》,健全党委和行政班子的决策程序和议事规则,完善校院两级民主生活会制度。在党风廉政建设方面,在重点抓好党员领导干部党风廉政教育和警示教育的同时,建立健全党风廉政建设责任制和基建修缮、物资采购管理等一系列规章制度。在思想政治工作方面,2000年8

月专门成立陕西师范大学思想政治工作委员会，2000年9月制定《关于加强和改进我校思想政治工作的实施意见》，以及2000年11月印发《陕西师范大学学生思想政治工作队伍建设工作条例》《陕西师范大学青年教师兼任学生政治辅导员暂行规定》《陕西师范大学学生思想政治工作先进个人评选奖励办法》《陕西师范大学学生社团指导教师聘任办法》等4个文件，切实加强对思想政治工作的领导和改进。特别是2004年以来，学校党委认真学习贯彻《中共中央 国务院关于进一步加强和改进大学生思想政治教育的意见》，进一步夯实思想政治工作。在这些工作的基础上，学校2007年7月获批教育部高校辅导员培训和研修基地，根据基地建设任务，开始招收高校辅导员在职攻读思想政治教育专业硕士、博士学位，实现了党建思政工作助推马克思主义理论的学科建设。2007年11月，学校又获批陕西省高校辅导员培训和研修基地。学校各级党组织按照党委的统一部署，在学生德育工作、贫困助学工作、教师师德建设、校园文化建设、宣传舆论引导以及学工队伍建设等方面均取得明显成效，尤其在反对"法轮功"邪教组织和面对"非典"等突发性事件中，基层党组织和广大党员旗帜鲜明，坚决维护校园和社会稳定。因工作成绩突出，2003年学校被评为"陕西高校思想政治工作先进集体"。在精神文明建设方面，学校大力开展精神文明创建活动，多次受到上级表彰。2000年5月，校团委被授予"陕西省红旗团委"称号；2004年11月，学校被授予"陕西省第五届民族团结进步模范集体"光荣称号，是全省唯一一家获此殊荣的高校；2004年12月，校团委被共青团中央授予"全国五四红旗团委"光荣称号；2005年5月，学校荣获"全国民族团结进步模范集体"光荣称号。

二、第九次党代会召开，确立以教师教育为主要特色的综合性研究型大学的办学目标

随着科教兴国、人才强国战略和高等教育扩招政策的实施，中国高等教育进入大众化时代和快速发展阶段；而数量扩张之后面临的是对内涵发展的新要求，高校就必须做好办学类型、层次、风格、规划的选择与定位。在师范教育

领域，国家正在构建以高水平大学为先导的现代教师教育体系。对师范高校而言，不仅面临着同类高校竞争的压力，还要直面综合性大学的挑战。根据办学实际，学校适时召开第九次党代会，确立了以教师教育为主要特色的综合性研究型大学的办学目标。

（一）第九次党代会召开的背景

在全面建设小康社会的宏伟目标下，国家把教育摆在优先发展的战略地位，以应对知识经济的到来和国家创新体系的构建，这就要求建设一批能够在知识创新中发挥重大作用的研究型大学。2001年4月，江泽民同志在庆祝清华大学建校九十周年大会上讲话指出："一流大学应该坚持正确的办学思想，注重形成优秀的办学传统，形成鲜明的办学风格，发展优势学科。"2002年以来，教育部明确要求各高校制定好学校发展战略规划、学科建设规划、队伍建设规划和校园建设规划。同时，国家先后启动"211工程"和"985工程"，在为高等教育发展增强政策资源供给的同时，也促使我国高等学校的结构性调整和分层化步伐正在加快。

经过六十年发展和几代师大人的不懈努力，学校积累了丰富的办学经验和优良的办学传统，办学条件和办学水平整体上处在全国师范大学前列。但与一流大学相比，学校当时还面临着不少的困难，主要是办学经费不足，自我造血功能不强，旗帜型的学科带头人很少，原创性的科研成果不多，特别是对国民经济和社会发展有重大意义的成果产出能力还不强。进入21世纪，高等师范教育进入战略性转型和跨越式发展的关键时期。2002年3月，教育部颁布的《教育部关于"十五"期间教师教育改革与发展的意见》（教师〔2002〕1号）指出，国家和地方共同支持若干所师范大学建设，各省（自治区、直辖市）要重点建设好一所师范大学……使其成为既有鲜明教师教育优势和特色，又有较强综合实力的师范大学。2002年6月，学校召开第二届院长（系主任）联席会议，就教师教育问题进行认真学习和深入研讨，进一步确定学校作为师范大学的改革与发展方向。

在此背景下，学校决定召开第九次党代会，以明确学校定位和理清发展规划，以便在日趋激烈的高校竞争之中知难而进和迎头赶上。

（二）第九次党代会的任务和目标

学校第九次党代会本应于 2003 年底前召开。由于学校行政领导班子换届延后、机关第二轮干部聘任、院系行政班子和总支班子换届和调整，学校党委在征得教育部党组和陕西省委教育工委同意后，将第九次党代会召开的时间定为 2005 年 6 月底。

2005 年 6 月 15 日，中国共产党教育部党组下发《中共教育部党组关于陕西师范大学第九届党委、纪委候选人的批复》（教党任〔2005〕60 号）的批复文件，同意陕西师范大学第九届委员会、纪律检查委员会有关候选人名单。

中国共产党陕西师范大学第九次代表大会于 2005 年 6 月 28 日至 30 日在雁塔校区积学堂隆重举行。188 名党员代表出席了大会。学校历任党政领导、知名专家学者、各民主党派负责人、学校市级以上人大代表和政协委员、非代表的处级单位主要负责同志以及学校团委负责人列席大会。

校长房喻致开幕词。党委书记江秀乐代表第八届委员会做《规划未来 共谋发展 为建设以教师教育为主要特色的综合性研究型大学而努力奋斗》的工作报告。认真回顾和总结第八次党代会以来的工作，系统阐释了学校实现跨越式发展的奋斗目标与办学思路，客观全面地分析学校今后发展面临的形势和任务，确定今后四年的重点任务与主要举措，并对新时期的党建与思想政治工作做出部署。纪委书记张渭淮代表纪委做题为《努力做好党风廉政建设和反腐败工作，为学校改革发展提供政治保证》的报告，回顾第八次党代会以来纪律检查工作的基本情况及五年来纪律检查工作的基本经验和体会，并对今后进一步加强党风廉政建设和反腐败工作提出七个方面的建议。

第九次党代会的主题是：高举邓小平理论伟大旗帜，深入贯彻"三个代表"重要思想，全面落实科学发展观，规划学校未来，谋求跨越发展，努力建设以教师教育为主要特色的综合性研究型大学。会议的主要任务是：讨论审议

《中国共产党陕西师范大学第八届委员会工作报告》和《中国共产党陕西师范大学第八届纪律检查委员会工作报告》，讨论《陕西师范大学发展战略规划》《陕西师范大学学科建设规划》《陕西师范大学师资队伍建设规划》《陕西师范大学校园建设规划》（简称"四个规划"）等重要文件，选举产生第九届两委委员。

第九次党代会确立的改革和奋斗目标是：到2024年，把陕西师范大学基本建成以教师教育为主要特色的综合性研究型大学。其中，"有特色"主要是指教师教育的特色；"综合性"主要是指学校的学科门类比较齐全，学科结构比较优化、综合优势比较明显；"研究型"主要是指学校以创新性的知识生产、传播和应用为中心，以产出高水平科研成果和培养高层次精英人才为目标，并在促进经济建设、科技进步、文化繁荣、社会发展和人类文明等方面做出重要贡献。为实现上述奋斗目标，学校党委提出分"三步走"的战略设想：第一步，从2005年至2009年，用四年的时间夯实基础，基本完成长安校区的建设任务，理顺教师专业教育与学科专业教育的关系，完成包括学科布局、专业设置和课程体系在内的结构性调整，确立起新的人才培养模式，在继续建设好以文理学科为优势、以教师教育为特色的教学科研型大学的基础上，初步形成以教师教育为主要特色的综合性研究型大学的发展格局；第二步，从2010年至2014年，用五年的时间重点突破，在继续强化教师教育和文理学科优势的同时，加强非教师教育学科特别是新兴和交叉学科的建设，基本形成特色鲜明的综合性研究型大学的发展雏形，学校有特色的综合性特征得到社会公认，教师教育在国内处于领先水平，综合办学实力进入全国高校前65名；第三步，从2015年至2024年，用十年的时间整体推进，基本完成向以教师教育为主要特色的综合性研究型大学的历史性转型，即在建校八十周年之际，学校的学科特色在国内形成优势，若干学科在国内处于领先，一批科研成果在国内外产生重要影响，一流的人才培养质量和高水平的社会服务得到公认，学校的国际化程度明显提升，总体上建成以教师教育为主要特色的综合性研究型大学，综合办学实力进入全国高水平大学行列。这次党代会确立以教师教育为主要特色的综合性研究型大学的办学目标，推动学校从以师范教育为主要特色的教学科研型大学向以教师教育为主要特色的综合性研究型大学的历史性转型，进一步明确学校今后一个时期的奋斗目标和主要任务，动员全校师生把工作重心转移到完成学校的历史性转型上来。

（三）代表组审议报告和讨论相关议题

第九次党代会共设 19 个代表组。6 月 28 日下午，各党总支代表组就党委和纪委工作报告开展了认真热烈的分组讨论。6 月 28 日晚，召开了第九次代表大会主席团第二次会议，全体主席团成员听取了各代表组对党委和纪委工作报告讨论情况的汇报，并研究相关修改意见，讨论通过了党委、纪委工作报告决议（草案）和大会的选举办法（草案）。会议由大会秘书长王涛主持，19 个代表组就讨论情况做了汇报。代表们对两个报告给予高度评价，认为报告高屋建瓴，内容厚实，既总结了成绩，也找准了问题，体现了实事求是、与时俱进的精神，起到了振奋精神、鼓舞人心的作用。对两委报告的意见和建议主要反映在以下几个方面：一是还应进一步科学全面地研究界定"教师教育"的内涵和"综合性""研究型"的概念，改革一些传统的体制和模式，在落实层面上要有保障，在政策许可范围内有适当的灵活机制，同时，还应加大对职后教育的扶持力度，以更好地为基础教育服务；二是要合理减轻教师压力，重视教学科研人才培养和加大对青年拔尖人才的扶持和培养力度；三是加大人力、财力投入，支持重大课题的研究，更好地为西部、为国家和社会服务；四是要注意加强对现有管理干部的培训和提高，构建学习型管理干部队伍，并在机制和制度方面解决好学校机关与院系之间、行政权力与学术权力之间的关系，采取切实有效的措施，进一步增强干部队伍的吸引力；五是应进一步总结创立的"师大模式"的后勤社会化改革的经验，明晰学校后勤集团、校医院等部门未来改革发展的思路。

6 月 29 日上午，19 个代表组分组讨论"四个规划"，下午酝酿讨论"两委会"

候选人建议名单、大会选举办法、"两委会"工作报告决议。6月30日上午，大会主席团召开第三次会议，认真听取代表组分组讨论"四个规划"以及酝酿"两委会"候选人建议名单、大会选举办法、"两委会"工作报告决议的情况。代表们对"四个规划"给予充分肯定，认为其符合学校实际，指导思想、总体目标、基本思路和实现步骤脉络清晰，具有全局性、科学性、超前性和可操作性，是学校未来二十年完成战略转型、实现跨越式发展的宏伟蓝图。对"四个规划"的修订、完善，代表们也踊跃发言，积极建言献策。

（四）选举产生新一届"两委会"

大会表决通过《中国共产党陕西师范大学第九次代表大会关于第八届党委工作报告的决议》和《中国共产党陕西师范大学第九次代表大会关于第八届纪委工作报告的决议》。

大会采用无记名投票方式选举中国共产党陕西师范大学第九届委员会委员和第九届纪律检查委员会委员。第九届党委会由马启民、王涛、冯旭东、司晓宏、边团结、江秀乐、安书成、李西建、李继凯、杨晓东、张志琪、张建祥、张渭淮、武国玲、林书玉、周德明、房喻、赵彬、赵晓林、袁奋光、党怀兴、萧正洪、游旭群（以姓氏笔画为序）等23人组成。在第九届党的委员会第一次全体委员会议上，选出党委常委会由王涛、江秀乐、张建祥、张渭淮、武国玲、周德明、房喻、赵彬、萧正洪（以姓氏笔画为序）等9人组成，江秀乐当选党委书记，武国玲、王涛、张渭淮当选党委副书记。

第九届纪律检查委员会由白剑利、任应坤、李磊、李晋东、张渭淮、周延辉、贾二强（以姓氏笔画为序）等7人组成。在纪律检查委员会第一次全体委员会议上，张渭淮当选纪委书记，周延辉当选纪委副书记。

2005年9月9日，中国共产党陕西省委教育工委下发《中共陕西省委教育工委关于中共陕西师范大学第九届委员会、纪律检查委员会选举结果的批复》（陕师党发〔2005〕29号），同意陕西师范大学第九次党代会选举结果。

第二节 跻身"211工程"建设高校
和"985优势学科创新平台"[①]的学科规划和创新发展

"211工程"和"985工程"的实施,极大地改变了中国高等教育发展生态和高等教育资源配置格局。在全国有90多所院校陆续进入"211工程"建设高校序列的背景下,学校稳步持续推进校内综合改革,使综合实力有所提升。在国家政策支持和全校师生的努力下,陕西师范大学跻身"211工程"建设高校和入选"985优势学科创新平台",使学校发展所面临的内外部环境得到根本性改观,对学校发展的影响深远。在新的发展平台上,学校着力推进学科建设和创新发展。

一、跻身"211工程"建设高校,学校发展迎来新起点和新机遇

"211工程"是由国家发展改革委、教育部、财政部共同组织实施的国家重点建设项目,旨在面向21世纪重点建设100所左右的高等学校和一批重点学科点。1991年7月,国家教委向国务院上报《关于重点建设好一批重点大学和重点学科的报告》:"建议由国家教委设置重点大学和重点学科建设项目,该项目简称为'211'计划。"1995年11月,经国务院批准,国家计委、国家教委、财政部发布《"211工程"总体建设规划》,"211工程"正式启动建设。经过两次申请和十年努力,学校在2005年底跻身于"211工程"建设高校行列。

（一）学校为跻身"211工程"做出工作部署和不懈努力

由于许多主客观方面的原因,学校曾多次错失学科与学位点建设的机遇,直到20世纪90年代后期才有较大转机。然而,与一些兄弟院校相比,陕西师

[①] "985优势学科创新平台"以国家发展急需的重点领域和重大需求为导向,围绕国家发展战略和学科前沿,紧密结合教学和拔尖创新人才培养,重点建设一批优势学科创新平台。该项目启动于2006年,项目建设高校是在属于"211工程"但非"985工程"的部属高校中遴选。

范大学仍处于相对弱势的地位，尤其不少学科基础还比较单薄，学位点建设比较滞后，在国家积极提倡和支持的学科方面缺乏足够的影响力和竞争力。自"211工程"启动之后，学校深感机遇与挑战并存，1994年正式成立"211工程"办公室，着手做好申请的准备工作。《陕西师范大学1994年工作要点》中指出："制定争取进入'211工程'的具体发展规划，形成切实可行的具体实施方案。"1994年10月，校长王国俊在建校五十周年庆祝大会上的讲话《团结奋进 创办一流师范大学》中提出："以争取进入'211工程'为契机，深化改革，励精图治……力争用10年左右的时间迈出三大步，使学校综合实力达到全国同类院校前列。"但在"九五"期间，学校未能进入"211工程"建设高校序列。遂持续深化学校各项事业改革，着力提升办学规模和办学水平，争取早日跻身"211工程"建设高校。

在学校第七次党代会上，党委书记江秀乐在《团结一致 深化改革 加快发展 为办好第一流的师范大学而奋斗》的报告中提出："力争在本世纪末，使我校成为西北地区最大的师范教育中心、教育管理干部及高等师资培训中心、教育理论研究中心，争取早日进入'211工程'。"为此，第七次党代会明确了校内管理体制改革、教育教学改革和其他事项改革的基本任务，以及确定了分三步走的落实思路。第七次党代会通过的《陕西师范大学综合改革方案》也把"要积极创造条件争取早日进入'211工程'，到本世纪末，使我校成为在国际上有影响的全国一流师范大学"定为方案实施的目标。同年12月，第七届党委召开第二次全委会，要求各级党政工领导要认真做好广大教职工的思想动员，为早日进入"211工程"扎实做好本职工作。

1996年1月，校长赵世超在第三届教职工暨第七次工会会员代表大会上做《全体教职员工动员起来，以主人翁的姿态投身到学校的各项改革中去，为加快我校的发展而努力奋斗》的报告，指出："我们应首先成为西北地区最大的师范教育中心，教育管理干部及师资培训中心，教育理论研究中心，并在办学方向、办学效益及教育质量诸方面为陕西及西北的同类院校起好示范带头作用。"党委副书记武国玲在这次会议闭幕式上指出："这次大会的一个重要目的，就是通过各位代表的传播作用，要使全校每位教职员工深切认识深化改革的紧迫性，以主人翁姿态投身于学校各项改革和发展中，为跻身一流师范大学，争取进入'211工程'而竭力奋斗。"在1996年3月召开的年度工作部署大会上，党委书记江秀乐宣读《陕西师范大学1996年工作要点》，提出要"进一步理顺关系，扎扎实实地搞好各项工作，推进学校改革，为争取进入'211工程'积极创造条件"。

为适应"211工程"建设的需要，学校遴选出周秦汉唐文明史、中国语言文学、动物学、基础数学、分析化学和基础心理学等6个学科进行重点建设。1997年9月，由学校学科建设指导委员会制定的《陕西师范大学"211工程"重点学科项目实施方案》启动，全方位倾斜支持上述6个学科的发展，以期通过三至五年建设成为国家"211工程"重点建设的立项学科。在1998年9月召开的学科建设工作会议上，进一步明确"学科建设是学校建设的核心和提高教学、科研水平的关键"办学思路和中心任务。1999年11月，学校颁布《陕西师范大学学科建设与发展规划》，制定2000年至2004年学科建设与发展的总目标，以及拟增列的学位授权学科专业的具体建设规划。

到2002年，学校在教学、科研、学科建设、师资队伍建设、基本建设、社会服务和后勤社会化改革等方面取得较好成绩，已发展成一所学科门类齐全、培养体系完备的综合性一流师范大学。基于此，学校于2002年10月向教育部递交《关于申请将我校列入"211工程"建设学校的报告》，申请增补为新一批"211工程"建设学校。受主客观因素的影响，学校进入"211工程"的问题被搁置。

虽然在"九五""十五"期间学校未被列入"211工程"建设高校，但当好西部地区师范教育排头兵的决心和信心从未动摇。2004年5月，学校行政班子换届①，房喻教授被任命为校长。面对高等教育发展的新形势，新一届党委围绕"建设一所什么样的大学"和"如何建设这样的大学"这两个根本问题，及时启动发展战略规划和学科建设规划、师资队伍建设规划、校园建设规划等四个规划的起草工作，进一步明确学校的发展定位和办学目标。到2005年，学校各项事业取得很大发展，国家级重点学科、一级博士学位授权学科和博士后科研流动站均实现历史性突破，博士点和硕士点数分别达到26个和95个；在事关国家安全的西北地区民族问题研究、西部环境和社会历史变迁研究以及档案文物保护研究方面极具特色和优势，在全国产生了重要影响；文科学报首批入选教育部实施的"名刊工程"，成为全国11家高水平的高校学报之一。学校综合实力和地位有所提升，2005年的学校综合实力排在全国高校第75名②。

在此背景下，学校在2005年10月再次向教育部递交《关于申请将我校列入"211工程"建设学校的报告》，终于在当年底进入"211工程"建设高校序列。随即学校在2006至2007年开展"211工程"建设预研究工作，在2008年8月经国家正式批准进行"211工程"三期重点建设。至此，陕西师范大学的发展进入新赛道、新阶段。

房喻，1956年9月生，陕西西安人，中共党员，中国科学院院士，陕西师范大学教授、博士生导师，主要从事薄膜荧光传感器和分子材料研究。1982年获陕西师范大学理学学士学位，1987年获华中师范大学硕士学位，1998年获英国兰卡斯特大学（Lancaster University）博士学位。2002年12月至2004年5月任陕西师范大学

---

① 2004年6月5日，学校举行行政班子宣布换届大会。教育部党组书记、部长周济，陕西省委常委、教育工委书记郭永平，教育部党组成员、人事司司长李卫红，教育部直属高校办公室主任李志军，教育部人事司副司长张兰春，陕西省教育厅厅长胡致本，陕西省委组织部副部长王绪刚等领导出席会议。校党委书记江秀乐主持大会。教育部党组书记、部长周济代表教育部党组宣布关于陕西师范大学行政领导班子换届人事任免决定，任命房喻同志担任陕西师范大学校长，任命张建祥、周德明、赵彬、萧正洪同志担任陕西师范大学副校长；原校长赵世超同志、副校长吕九如同志不再担任领导职务。

② 武书连、吕嘉、郭石林：《2005中国大学评价》，载《科学学与科学技术管理》2005年第9期，第153—162页。

党委常委、副校长，2004年5月至2014年4月任陕西师范大学校长。2021年当选为中国科学院院士。兼任国家教材委员会委员、国家高中和义务教育化学课程标准修订组组长、陕西省科普作家协会理事长、西安市科协主席。获得全国优秀教师、全国五一劳动奖章、全国先进工作者、国家级教学名师、宝钢优秀教师特等奖提名奖和"庆祝中华人民共和国成立七十周年"纪念章等荣誉或称号。先后主持863重点、重大科学仪器专项、国家基金委重点等项目30余项，在事关国防能力建设的凝胶推进剂和高能量密度材料研制中，为解决相关"卡脖子"技术问题做出了决定性贡献，主持研制的爆炸物、毒品传感器实现了产业化。担任陕西师范大学校长期间，紧紧围绕学校第九次党代会确立的以教师教育为主要特色的综合性研究型大学办学目标，坚决贯彻执行党委领导下的校长负责制，先后与党委书记江秀乐、甘晖携手，克己奉公、严于律己，为学校进入"211工程"建设高校、获得"985优势学科创新平台"建设项目、完善长安校区建设、解决教职工住房困难等做出了突出贡献。

（二）学校进入"211工程"后迎来新起点和新机遇

在发展的关键时期，学校跻身"211工程"，不仅极大振奋了全校师生及广大校友的精神，而且为学校的持续发展，向高水平大学迈进奠定坚实的基础。进入"211工程"建设高校后，全校上下高度重视和倍加珍惜新平台带来的新起点和新机遇。

学校在2006年积极开展"211工程"前期准备及立项工作，并向教育部报送相关建设方案，也参加教育部及兄弟高校举办的一系列有关"211工程"建设发展、研究的活动。2007年9月，学校举行"211工程"重点建设项目会议。校长房喻代表学校与项目负责人、项目所在单位负责人共同签署《陕西师范大学"211工程"重点建设项目立项书》。本次签字立项的项目共有12项，分别是西北农村经济社会发展问题研究、西北民族与宗教研究、全球化视野下中国文学的传承与发展、中国古代文明研究、西北资源环境与可持续发展科技创新平台建设、面向重大疾病防治的药用植物资源保护与开发研究平台、精细功能材料科技创新平台、智能信息系统科技创新平台、脑肿瘤基因治疗新策略的研究、教师职业技能及专业发展的研究与实践、引进立项学科高端人才计划、数字校园应用软件与数据中心工程等。

根据上级部门有关"211工程"三期建设的精神，2008年3月召开"211工程"三期建设工作研讨会，讨论和酝酿更科学、更具竞争力的"211工程"建设项目，以建立更为完备、健全的重点学科体系。同时，按照《"211工程"建设实施管理办法》要求，学校成立"211工程"三期建设领导小组，统筹规划和领导"211工程"建设工作；设立"211工程"与学科建设办公室，直接负责"211工程"与学科建设的组织、协调、监督和管理工作；学院院长担任建设项目协调人，具体负责项目的实施和保障工作，形成学校统筹、"211工程"办公室协调、项目建设学院具体负责实施的三级管理模式。5月，学校参加由教育部、国家发展改革委、财政部联合召开的"211工程"三期建设项目规划编制及论证工作视频会。同年10月，陕西师范大学"211工程"三期建设项目正式启动，共设有9个项目，包括7个重点学科建设项目[①]和创新人才培养与队伍建设项目，以及公共服务平台建设项目。学校通过"211工程"三期建设项目，在重点学科建设、创新人才培养、队伍建设等方面取得重要的建设成效和标志性成果。

首先，在学科平台建设和教学科研平台建设方面。在学科平台建设方面，一级学科博士点由2008年的6个，增加到2011年的15个；二级学科博士点由2008年的61个，增加到2011年的103个；博士后科研流动站由2008年的10个，增加到2011年的12个；并获得教育博士专业学位授权，学校在更大平台上培养高层次创新人才的能力得到进一步提升。在实验平台建设方面，西北濒危药材资源开发国家工程实验室获准立项，胶体与界面化学教育部重

---

① 7项重点学科建设项目为马克思主义发展理论与西北经济社会发展研究、面向当代教师教育的教育科学与认知科学研究、长安文化与中国文学、中国古代文明研究、表界面化学及其应用、动植物的整合生物学和西北地区人文社会与资源环境的协调发展。

点实验室等 11 个教育部和陕西省重点实验室及工程研究中心相继获准立项建设或通过验收。哲学社会科学研究基地建设方面，在加强原有 2 个教育部及 4 个陕西省人文社会科学研究基地建设的同时，新增 2 个陕西省哲学社会科学重点研究基地。

其次，在科学研究方面。学校获得国家社科基金立项年均 20 余项，教育部社科研究项目年均接近 30 项，2011 年获得国家自然科学基金项目 79 项，省部级课题 74 项。承担国家"973"计划前期研究专项项目获资助 1 项，国家社科基金重大项目 5 项，教育部重大攻关项目 2 项，教育部哲学社会科学研究发展报告重大项目 1 项。2011 年发表高层次论文增长到 1123 篇，在 SCI 源期刊发表的论文数由 2008 年的 260 篇增加到 2011 年的 323 篇。获省部级一等奖由 2007 年的 3 项增加到 2011 年的 6 项，二等奖由 2007 年的 12 项增加到 2011 年的 65 项。

再次，在创新人才培养方面。2008 年以来，学校先后被确立为全国研究生专业学位教育综合改革试点单位和教育博士专业学位研究生教育试点单位。研究生规模不断扩大，全日制在校研究生人数从实施前的 5708 人增长到 8161 人（其中博士研究生近 1000 人）。研究生培养体制改革稳步推进，各类研究生年度奖助学金由 2008 年的 5507 人次、751.9 万元增长到 2011 年度的 15841 人次、3078.9 万元。研究生教育创新计划的建设更加系统化且取得良好的效果，入选全国优秀博士论文 1 篇，全国优秀博士论文提名 4 篇。

最后，在教师队伍建设方面。在新平台的有力支持下，引进一批高层次学科带头人，其中引进双聘院士 3 人，全职引进"千人计划"特聘专家 1 人，引进和培养"长江学者"4 人，其中特聘教授 2 人，聘任陕西省"百人计划"特聘专家 8 人，陕西省"三秦学者"特聘教授 2 人，陕西师范大学"曲江学者"特聘教授 2 人，讲座教授 4 人。组建起 15 个高水平的学术创新团队，其中教育部创新团队 1 个，长江学者团队 3 个，三秦学者团队 2 个，百人计划团队 8 个，曲江学者团队 1 个。师资结构显著优化，队伍素质显著提升。截至 2011 年底，教师队伍中具有博士学位的比例提高到 52%，具有高级职务和外校学缘的比例分别提高了 5.7% 和 8.5%。

进入"211工程"建设高校后，学校始终坚持以"211工程"重点大学建设任务为中心，以教师教育为主要特色的学科建设为基点，优化学科结构，凝练学科特色，集聚优秀人才，精心构建基础厚实、重点突出、特色鲜明、综合化程度较高的具有较强竞争力和影响力的学科平台与学科群，不断完善学科体系，形成多学科协调发展的新格局。学校将学科建设置于优先发展的地位，不断加大投入、集中资源配置、落实政策倾斜，确保学科建设在学校各项建设中的龙头地位。

二、入选"985优势学科创新平台"，探索突出特色实现综合化的新路径

为进一步落实教育部直属师范大学师范生免费教育示范性举措，确保免费师范生[①]培养质量，2008年12月，教育部、财政部决定在六所部属师范大学实施"教师教育优势学科创新平台建设计划"。该项目是对六所部属师范大学教师教育的专项支持项目，是全国18所高校优势学科创新平台建设中，唯一以人才培养为特定对象的优势学科创新平台建设项目，也是"985优势学科创新平台"的重要组成部分。入选"985优势学科创新平台"，对陕西师范大学突出以教师教育为主要特色实现综合化的办学目标具有重要意义，标志着学校教师教育人才培养工作进入一个快速发展的新时期。该平台项目建设周期为三年。2009年5月，学校全面启动项目建设工作。

（一）强化教师教育优势学科体系

学校以教育学和心理学一级学科建设为龙头，以教师教育相关学科为支撑，不断凝练学科方向，健全学科体系，为优势学科创新平台项目的实施创造良好的学科环境。一是突出教师教育专业建设。2009年12月，根据《关于申报国

[①] 随着《中共中央 国务院关于全面深化新时代教师队伍建设改革的意见》（2018年）提出了"建立健全师范生公费教育制度"，以及《国务院办公厅关于转发教育部等部门教育部直属师范大学师范生公费教育实施办法的通知》（国办发〔2018〕75号）落地实施，之后在六所部属师范大学接受师范生公费教育的学生被称为公费师范生。

家教师教育创新平台师范专业建设项目的通知》精神，学校决定批准教育学等 20 个专业为教师教育学科专业建设项目。二是推进教师教育学科点发展。成为教育博士专业学位授权单位的同时，加之学校拥有的教育硕士专业学位硕士点 17 个，形成了"教育硕士 + 教育博士"专业学位教育体系。在被确定为专业学位教育综合改革试点高校之后，陕西师范大学创建了教育硕士"2-2-3-3"人才培养新模式[①]。三是加强教师教育师资队伍建设。获批教育部科研创新团队 1 个，建设国家级教学团队 3 个，省级教学团队 11 个，获国家级教学名师 2 人，省级教学名师 16 人，入选各类人才工程计划和荣誉称号 29 人。

（二）创新免费师范生培养模式

自 2009 年以来，学校从提升免费师范生培养质量的实际需求出发，深入开展系列实践创新活动。一是优化人才培养方案。按照"厚基础、宽口径、高素质、强能力"的理念和通专结合、文理交融的原则，积极实施"2+2"教师教育人才培养模式改革。二是推进教学方法改革。积极推进教师教学模式由学生被动学习的"授受式"教学，向学生积极主动学习的"基于质询"的探究性教学转变，鼓励教师开展研究性教学。三是深化实践教学改革。建立校内、校外双重管理的教育实习机构，形成"区域集中、分片管理、两级指导"的教育实习工作机制，确立多学科专业混合编组与单一学科专业编组相结合的教育实习组织方式。此外，学校还积极探索与国外高校在师范生培养方面的合作，先后选派多批次学生赴国外高校学习交流。四是培养师范生从教信念。学校启动了以"坚定理想、牢记使命、立志从教、快乐启航"为主题的免费师范生入学教育活动月，开展内容丰富、形式新颖、特色鲜明的入学教育活动，培养学生长期从教和终身从教的职业理想。2010 年 9 月，《光明日报》以《房喻：建立免费师范生准入与

---

① "2-2"即"双赢互利"：高校与地方教育部门及中小学围绕招生就业、实践性教学、双师型队伍、实习实践基地建设、研究课题与项目设立等进行全方位合作，以及校内专职教师与校外合作教师携手合作；"3-3"即"理论学习""实习实践""论文创新"三阶段有机融合，"理论素养""实践技能""创新能力"三种能力循环推进，促使职业化、应用型、复合型人才成长。

退出机制》为题，报道了校长房喻关于免费师范生培养工作改革的建议。①

（三）搭建平台培养免费师范生实践创新能力

为进一步提升免费师范生创新能力和教师专业能力，学校积极整合资源，搭建多个师范生创新实践能力成长平台。一是集中精力建设教师专业能力成长平台。充分利用现代信息技术和教育技术手段，2009 年在全国高校中率先建成处于国内领先水平的教师专业能力发展中心②，涵盖教学观察室、教学设计室、教学反思室等 25 个实训实验室，为免费师范生基本能力、教学能力、教育能力、教研与自我发展能力以及创新能力等五大教师专业能力的训练提供良好的平台。2010 年 9 月 11 日，时任教育部副部长李卫红来校调研时，重点考察了该中心的建设运行情况，对学校在加强师范生教师专业能力训练方面的创新给予充分肯定。2012 年 7 月 13 日，时任中共中央政治局委员、国务委员刘延东专程到教师专业能力发展中心考察指导。二是建成高水平的实验教学平台。在数学、物理、化学、生物、地理、体育、艺术等学科中建成高水平的学科专业能力拓展与创新实验中心。三是搭建师范生技能大赛平台。学校组织校内外学科教学专家和陕西省省级示范性高中的优秀教师，就免费师范生教学技能大赛的比赛内容、评分标准、组织实施等工作进行研讨，形成了系统科学的师范生教学技能大赛实施方案。从 2007 年首届免费师范生开始，陕西师范大学坚持开展全员参与的"免费师范生教育教学能力大赛"，为师范生教育教学能力发展与交流搭建平台，引导师范生积极关注课堂教学实践，持续提升师范生从教实践能力。人民网以《陕西师范大学举办比赛促进免费师范生教学能力》为题，对学校组织开展的免费师范生教育教学能力大赛进行了专题报道。③

---

① 朱振国：《房喻：建立免费师范生准入与退出机制》，载《光明日报》2010 年 9 月 1 日第 11 版。

② 2011 年 12 月，该中心整合学校相关学科资源，成功申报了现代教学技术教育部重点实验室。这是我国第一个现代科技支撑现代教学的教育部重点实验室。

③ 陕西师范大学教师教育处：《人民网教育频道报道我校免费师范生教育教学能力大赛》，http://jsjy.snnu.edu.cn/info/1110/2617.htm。

（四）形成一批引领教师教育的研究成果

学校组织专家学者以西部教师教育和基础教育改革发展问题为研究重点，形成了一批引领教师教育的优秀研究成果。一是开展教师教育研究。出版多部专著和教材，发表多篇高水平研究论文。其中，"长江学者"讲座教授张遐博士领军的研究团队在人脑研究领域取得突破性进展，其研究论文"Acute Cannabinoids Impair Working Memory through Astroglial CB1 Receptor Modulation of Hippocampal LTD"被 Cell 录用，后被 Nature、Science 及美国哥伦比亚广播公司新闻网站等全世界 100 多家科学刊物和媒体报道和评述。二是开展基础教育研究。学校的专家学者对陕西、宁夏和甘肃等省区几十所中小学、幼儿园进行为期数月的教育调研与实验活动，形成一批对基础教育发展具有较高价值的调研报告，其中"基于新课程的西部地区教师发展实践探索"获 2010 年国家基础教育课程改革教学成果一等奖。三是开展特色教育研究。例如，由胡卫平教授主持的儿童青少年创造力研究的成果"Creative Scientific Problem Finding and Its Developmental Trend"发表在 Creativity Research Journal 上，首次提出创造性问题提出能力（CPF）和创造性科学问题提出能力（CSPF）的概念。2011 年 9 月 21 日，《光明日报》的《教育时空》版刊发《创新教育如何追赶世界步伐》，系统介绍了胡卫平教授在创新人才培养方面的研究工作。

（五）建成教师教育数字化课程教学资源

依托校内师资和网络教育资源优势，2008 年 12 月学校成立教师教育资源中心，并与陕西省在我校设立的基础教育资源研发中心合署办公。该中心利用先进的技术手段，以信息化研发环境、信息化课程资源应用平台、信息化课程建设为主要内容，推进优质教育资源共享，为免费师范生终身学习成长搭建平台。一是组建优秀课程资源建设团队。在基础教育资源研发团队建设方面，组建包括专家委员会、学科专家组、项目指导专家、项目小组成员等 500 余人的研发队伍；在教师教育资源研发团队建设方面，成立教师教育课程资源规划和评估委员会；在研发技术团队建设方面，以现有技术人员为基础，积极开展同校外机构的协同合作，保障资源研发的一流技术支持。二是创建一流课程资源建设与应用平台。分别在雁塔校区和长安校区启动数字教室建设工程，建成微格教学系统、数字化多功能教室、媒体资讯中心等多类型的多功能媒体录播教室15个，实现数字化教师教育资源采集与研发的集成运行。三是构建职前职后一体化优质课程资源体系。依托50余所教师专业发展与教育资源研发基地学校，积极开展优秀教学案例、学科教学、教师培训、名家讲座等各类基础教育教学资源研发工作，建成一批基础教育优质课程资源。其中有23项课程资源入选教育部"国培计划"资源库首批推荐课程资源，3门课程获批国家级网络精品课程，2门课程获批国家视频公开课程，建成300多门教师教育类网络课程基础资源和60多门教师教育类网络课程。

总体上，通过"985优势学科创新平台"建设，学校教师教育办学特色进一步彰显，免费师范生培养质量明显提升，教师教育优势学科专业体系进一步完善，服务基础教育的能力显著增强。

第三节　两校区办学格局的形成与学校规模的扩展

为落实学校的"十五"计划，缓解雁塔校区因招生人数增多而导致办学空间狭小、难以再发展的窘境，以及提高办学层次、办学实力和竞争力，陕西师范大学抓住西部大开发和高等教育大发展的历史机遇，大力加强校园基本建设，全力推进长安新校区的建设进度，最终形成一校两区的办学格局，使办学条件、办学空间和办学规模均有大的拓展，为学校后续发展提供了坚实的场所保障。

一、长安校区的启用，形成一校两区办学格局

学校响应国家扩招政策，至1999年在校生人数大幅度增加；而已有近五十年办学历史的雁塔校园因面积较小，教学科研和学生生活用房严重不足，办学条件滞后与学校快速发展的矛盾非常突出。面对这一严峻形势，学校领导

班子审时度势，决定在西安市长安县征地建设新校区。2000 年 6 月，在教育部、陕西省和西安市政府的大力支持下，学校在西安市长安县郭杜镇征地 1350 亩建设新校区，具体位置为东至邮电学院，北至韦郭路，西至岔道口村耕地，南至大居安村耕地。2004 年 6 月，学校又在紧邻长安校区西侧再扩征 400 余亩土地，具体位置为东至长安校区西围墙，西至郭杜工业园区周岔路，南至郭杜工业园区南环路，北至韦斗公路。这两次申请征用校园建设用地分四期进行：第一期申请建设用地面积为 500 亩，实有 476.8 亩土地使用权划拨学校；第二期申请建设用地面积为 499.98 亩，实有 459.631 亩土地使用权划拨学校；第三期申请建设用地面积为 498.356 亩，实有 425.483 亩土地使用权划拨学校；第四期申请建设用地面积为 271.151 亩，实有 243.898 亩土地使用权划拨学校。截至 2012 年，陕西师范大学雁塔校区用地面积为 737.273 亩（不含雁塔校区附属中学），长安校区用地面积为 1605.812 亩，两校区共用地总面积为 2343.085 亩。

（一）长安新校区的一期建设

陕西师范大学是最早在西安市长安县建设新校区的高校。学校于 2000 年在长安县郭杜镇征地 1350 亩建设新校区。新校区东邻之后征地建设的西安邮电学院（今西安邮电大学）新校区，南与之后征地建设的西北大学新校区接壤。新校区按功能划分为三个区：一区为教学区，位于校园东部和北部；二区为学生生活和活动区，位于校园南部和中部；三区为附属单位用房和教职工住宅区，位于校园西部。

为加强对长安校区建设工作的统一领导和有序进行，2000 年 4 月学校成立新校区建设领导小组，下设办公室，设在基建处。为进一步加强长安校区的管理与建设工作，2002 年 5 月成立陕西师范大学长安校区管理委员会（简称"长安校区管委会"）。长安校区管委会在学校党委和行政的领导下开展工作，负责管理和协调长安校区的日常行政事务。长安校区管委会下设处级建制的联合办公室，下设行政部、教务部、学生管理部与团工委、后勤管理部、安全保卫部 5 个科级管理机构。上述科级管理机构，除行政部归属管委会联合办公室直接领导外，其余4个科级机构接受学校对口职能部门和联合办公室的双重领导，重大事项实行校内职能部门延伸管理，日常行政事务由联合办公室综合协调。

根据规划，长安校区一期建设面积为22万平方米，主要包括教学实验用房、图书馆、各类办公用房、多功能综合馆、留学生和教学附属用房、田径场以及室外管网道路等。2002年9月，3万平方米的教学11楼（今文渊楼）交付使用。该教学楼位于学校东南角，呈"之"字形结构，建筑面积2.8万多平方米，分为四段。按照当时学校部署，一段位于西部，是教学楼主体，一层东侧为面积90多平方米的中档教室，西侧为图书馆；二层为办公场所，西侧分别为校领导、管委会、教务部、学生部、团工委、保卫部、后勤部、收发室，中间为行政部，东侧为民族预科部、陕西师范大学分校；三到六层为公用教室。二段位于教学楼中间，是教工休息、值班的宿舍。三段位于东部，一层为政治经济学院；二层为文学院；三层为历史文化学院；四层西侧南部为外国语学院，北部为新闻与传播学院；五到六层为公用教室。四段位于东北角，为二层结构、容量400人的四个台阶教室。加上已建成的宿舍楼16栋，还有食堂等设施，至2002年9月的长安校区可满足7000多名学生的学习生活需要。

（二）长安新校区的搬迁和启用

在全校上下的共同努力下，新校区建设进展迅速。2002年9月，长安校区一期工程投入使用。为确保搬迁工作的顺利进行和长安校区教学工作的有序开展，在2002年3月成立搬迁工作领导小组，具体统筹规划、协调、实施搬迁工作。

按照学校总体部署，文学院、政治经济学院、历史文化学院、新闻与传播学院、外国语学院、民族预科部、陕西师范大学分校等7家文科院系和单位6000余名学生，在2002年7月至9月陆续搬迁至长安校区开始学习和生活。对此，学校党委和行政非常重视，多次召开党委常委会、党总支书记会、学工干部会及有关职能部门负责人会议，全方位安排搬迁和迎新工作。各有关单位也分别做了搬迁前的大量准备工作。基建后勤等部门、长安校区管委会联合办公室加快各项后勤设施的建设工作，保证食堂、学生宿舍、用水、通信、道路、操场等按期投入使用，使学生的学习、生活条件得到有效保障。教务处在 2002 年 9 月 28 日前把长安校区课程安排表发放到每一位任课教师手中，各搬迁单位提前组织本单位教师到长安校区熟悉环境，资产、后勤部门做好教室设施的配备工作，确保长安校区上好第一节课、第一天课、第一周课。

在食堂、开水灶、超市、学生生活区的围墙、生活区的道路等还有待进一步完善的情况下，7 家文科院系和单位的学生平稳有序地入住长安校区。2002 年 10 月 2 日是长安校区开学的第一天，全校区 72 个班级 3300 多名学生都按时到达教室，教学工作井然有序。10 月 4 日，长安校区迎新工作正式开始，共接收报到新生 900 余人。10 月 7 日上午，在长安校区隆重举行 2002 级新生开学典礼。10 月 10 日上午，在长安校区举行高等职业技术教育学院[①]和民族预科部新生开学典礼。至此，近 7000 名师生成为长安校区最早的定居者和开拓者，陕西师大成为长安大学城入住最早的大学，而载入学校发展史册。

（三）一校两区办学格局的形成

根据教育部"多校区院校必须集中力量建设一个主体校区"的要求，学校决定集中力量把长安校区建成主校区，通过加快长安校区建设促成其形成规模、发挥效益。但受地域和办学性质影响，学校自筹资金能力较弱。面对长安校区建设资金的巨大需求，学校坚持"一心一意谋发展、过紧日子搞建设"的原则，大力压缩行政办公经费、后勤维持费等，有效控制人员经费增长，整体延缓改善教职工住房条件的进度。除依靠国家财政拨款和利用学校自有资金外，学校积极争取国债项目资金和捐赠款，高效益地使用银行贷款，集中财力推进长安校区建设。

2002 年 11 月，长安校区教学 11 楼四段阶梯教室已建成并全部投入使用。

---

① 为适应高等职业技术教育发展的新形势，促进职业技术教育工作规范健康发展，经校党委常委会 2002 年 10 月 8 日会议研究决定，将陕西师范大学分校更名为陕西师范大学高等职业技术教育学院。

同年 12 月，长安校区科技信息楼（今逸夫传媒教育楼）竣工并交付使用。2003 年 7 月 18 日，长安校区图书馆开始动工。图书馆占地约 1 万平方米，共 4 层，建筑面积约 46000 平方米，是西北地区高校系统中规模最大的图书馆。2003 年 7 月 21 日，长安校区北门正式投入使用。

为提前做好新、老校区公用房规划、调整工作，保证下学期各项工作顺利进行，学校在 2002 年 12 月 26 日至 2003 年 1 月 21 日之间，组织了第二期的搬迁工作，主要是整理和搬迁已搬入长安校区的各单位的书籍、仪器设备及其他需要搬迁的物品等。2003 年暑假期间，体育学院和计算机科学学院顺利搬迁至长安校区。至此，长安校区的教学单位由 7 个增至 9 个。2003 年新生入住后，长安校区学生的总人数达到 7447 人。

2003 年 8 月 28 日，新学期学生工作会议在长安校区召开。2003 年 9 月 9 日，2003 级新生开学典礼在长安校区综合体育馆隆重举行。时任教育部直属高校办公室主任高文兵应邀出席典礼，学校党政领导江秀乐、赵世超、武国玲、王涛、吕九如、周德明、张建祥、房喻，古典文学家霍松林教授、经济学家何炼成教授、动物学家郑哲民教授、分析化学家章竹君教授、食品营养学家陈锦屏教授一起在主席台就座。开学典礼由副校长吕九如教授主持。各院（系）院长（系主任），党总支书记、副书记，机关部、处（室）和继续教育学院、教师干部培训学院、高等职业技术教育学院等有关单位的负责人同 2003 级 3343 名本科生，827 名博士、硕士研究生参加开学典礼。这届学生是陕西师范大学有史以来招生规模最大、招生范围最广的一届。本次开学典礼也是建校以来规模最大的一次。2004 年 4 月 21 日至 23 日，陕西师范大学第 25 届春季体育运动会在长安校区新建成的体育场隆重举行，这是在长安校区举行的首次大规模的体育盛会。

2005 年，长安校区的图书馆、教学楼、实验楼、办公楼、体育馆、学生宿舍、食堂等在内的大部分教学、科研、办公、生活用房已建成并投入使用，室外管网、道路及配套设施基本齐备，绿化美化及校园景观建设已初见成效。同年 7 月，数学与信息科学学院学生搬迁到长安校区。9 月，学校机关主体也顺利迁至长安校区，这标志着学校行政中心转到长安校区，也意味着长安校区成为学校的主校区。学校将办学五十余年的老校区定名为雁塔校区，将新校区定名为长安校区，并向教育部报备，向社会公开。至此，陕西师范大学"一校两区"的办学格局基本形成。

2006年寒假，结合两个校区功能与定位的确定和长安校区1号实验楼（今格物楼）的交付使用，生命科学学院搬迁至长安校区。为以优异成绩迎接教育部本科教学工作水平评估，保证下学期教学科研工作的顺利开展，在2006年6月10日至7月25日，学校将旅游与环境学院、食品工程系搬迁至长安校区，将民族预科部又调整搬回雁塔校区。至此，全校18个学院已有13个学院整体迁入长安校区，该校区作为主要承担本科三、四年级学生和研究生培养任务功能的调整工作基本完成。

为进一步改善办学条件，优化校园布局，完善基础设施，确保教育教学、科学研究和师生生活等各项工作有序开展，在教育主管部门、广大毕业校友和社会各界的支持下，学校依据规划有步骤地持续推动以完善长安校区配套设施和功能布局为主的校园建设。2011年底，长安校区校医院、国际商学院教学楼（今文澜楼）、长安校区2号和3号实验楼（今致知楼）以及长安校区研究生公寓陆续竣工；2013年底，西北濒危药材资源中心和新勇学生活动中心竣工；2014年7月，研究生教育综合楼（今文汇楼）竣工；2016年10月，研究生公寓二期竣工；2017年4月，教育博物馆[①]和长安校区二期教职工公寓竣工；2020年底，实验动物饲养中心和科研楼竣工；2021年9月，长安校区附属中小学全面竣工并于2022年4月投入使用；2023年8月，长安校区一期学生公寓竣工；2024年底，体育训练中心、国际教育大楼和教师教育科研创新中心大楼等也将先后竣工。

陕西师范大学长安校区历经二十余年的施工建设，已建成教育教学所需的基础设施、后勤服务场所、幼小中校区以及教职工家属区等。校区整体规划体

[①] 陕西师范大学教育博物馆是国内首座综合性教育博物馆。该馆是由著名建筑大师张锦秋院士主持设计，整体为三层框架式结构，采用庭院式建筑风格，外形多使用中国元素，建筑风格与长安校区图书馆、文澜楼、文汇楼等协调统一，兼具中国传统韵味和鲜明时代特征。

现了历史文化与建筑美学的密切结合，矗立有多个地标建筑，办学设施完备、功能齐全、环境优美，是一所具有古都特色的现代高等学府，也成为陕西长安大学城独具特色的美丽校园。

二、学校规模的扩展，推进专业新增和院系调整

为适应社会发展对人才培养的要求，以及办学规模渐次扩展的发展形势，学校不断加强学科建设、调整学科布局、组建新的院系，使学科专业能更好地满足社会对高等教育的需求和支撑学校以教师教育为主要特色实现综合化的办学目标的实现。

（一）拓展办学领域，新增本科专业

在办好原有师范专业的基础上，学校逐步增加本科专业。在 2000 年后，新增了一批有发展前景的本科专业，推动学校向综合性研究型大学转型。2000 年至 2011 年，学校依托原有专业（学科）基础，增加了 32 个专业，其中的 31 个是在 2000 年至 2004 年新增加的。新增的本科专业，有力支撑和拓展了新成立学院的人才培养和学科发展，例如在 2000 年成立的新闻与传播学院新增 4 个本科专业，在 2001 年由原化学系升格组建的化学与材料科学学院增加 2 个本科专业，国际商学院新建 5 个本科专业。新增专业中非师范专业 30 个，师范专业 2 个，是在充分发挥原有师范专业办学水平的基础上，让学校的专业分布和结构更成体系和综合化，初步构建起师范专业与非师范专业发展相得益彰的格局。截至 2011 年，学校共设有 63 个本科专业，涵盖了哲学、经济学、法学、教育学、文学、历史学、理学、工学、管理学等 9 个学科门类，形成以文理基础学科为主体、以教师教育为主要特色、学科门类比较齐全的综合性本科专业结构与布局。

（二）适应规模扩展，成立新学院

为顺应办学综合化、研究型和教育创新的要求，2002 年 3 月成立国际商学院，学院采用股份制办学模式。为适应信息网络时代高等教育发展的新形势，

拓宽人才培养途径，2002年5月成立网络教育学院。为提高美术、音乐、舞蹈等艺术类专业的人才培养质量，促进艺术类专业发展和学科建设，2005年6月撤销艺术学院，成立美术学院、音乐学院。为加快国际交流与合作的步伐，进一步提高留学生教育的办学质量与层次，切实增强对外汉语教学实力，同年7月成立国际汉学院。为进一步适应经济发展对高等职业技术人才的需求，2006年1月学校恢复高等职业技术教育学院建制，并与继续教育学院实行"一套人员、两块牌子"。为更好地推进食品工程与营养科学学科的发展，2007年9月撤销食品工程系，成立食品工程与营养科学学院。为进一步彰显教师教育的办学特色，切实加强教育学、心理学学科建设，撤销教育科学学院，2008年12月成立教育学院，2009年1月成立心理学院。结合免费师范生教育硕士培养工作需要，为进一步创新教师教育办学体制，提升职后教育的办学实力，2010年7月学校对网络教育学院和继续教育学院办学资源进行整合，组建远程教育学院。为进一步凝练学科特色，做强现有的高分子材料、文物保护材料、纳米材料等学科，以引进旗帜型学科带头人为突破口，学校党委决定，将材料学科与工程学科从化学与材料学院分离出来，于2011年4月成立材料科学与工程学院，并将原有学院更名为化学化工学院，这标志着一脉发展近七十年的化学化工学科和材料学科迈上新起点。

三、办学条件的改善，推动学校规模和质量同步发展

长安校区的启用极大缓解了学校办学空间紧张的局面，也为实现"宽口径、厚基础"人才培养、综合性研究型办学目标提供了条件保障，有效地推动了学校规模和质量的同步发展。

在高等教育呈现持续扩张态势、兄弟院校发展迅速和"一校两区"办学格局基本形成的背景下，结合办学定位和战略发展目标，学校继续推进长安校区基本建设，有步骤改造雁塔校区的老旧设施，整体改善办学条件，提升学校办学水平。一是大力改善教学、科研工作条件。在加快长安校区建设的同时，2002年在雁塔校区进行了建校以来规模最大的基础设施改造，对路、

水、电、气、暖、操场等基础设施，以及教学楼、实验室、学生宿舍楼进行全面维修和改造，系统规划校园的绿化美化。在2002年至2007年间，学校的教室总面积由33160平方米增加到58680平方米，图书馆面积由13880平方米增加到60588平方米，实验室面积由19320平方米增加到50306平方米，体育馆由720平方米增加到14550平方米，学生宿舍由53603平方米增加到135239平方米。二是有步骤地完成校园网建设。从1999年起，开始进行校园网建设规划。2000年10月，建设了由校园网网络中心到校内各教学、科研、管理等楼宇的校园网主干光缆工程。2001年3月，校园主干网建成并投入使用，实现所有教学、科研、管理等楼宇的1000兆连接。2002年后，先后建设完成家属区网络、学生宿舍网络、雁塔校区教学楼网络扩充、长安校区网络建设、网络中心改造等多项校园网工程。2007年，积极推动数字校园建设，通过校园网主干网管理、数字校园软件系统等项目的实施，提高了学校信息化水平，校园网络应用深入学校各个层面。三是扩征土地，完善长安校区办学功能。为适应学校各项事业发展需要，尽快缓解教职工住房困难，2004年6月，学校经与长安区及郭杜镇政府多次协商并达成协议，在紧邻长安校区西侧再扩征400余亩土地，用于建设教工住宅、幼儿园、附小、校办产业等设施。四是改善教职工住房条件和居住环境。由于历史欠账太多，教职工住房数量不足、面积较小、设施老化等问题十分突出，对引进人才、稳定人才、激发活力、促进发展带来了严峻的挑战。为此，在雁塔校区，2002年新建1栋高层住宅楼，2005年建设3栋高层住宅楼，2010年拆除老旧住宅楼11栋，并在原址上新建3栋高层住宅楼；在长安校区，2005年启动以建设14栋小高层为主的一期工程，2012年启动建设9栋高层和4栋小高层住宅楼的二期工程。通过数年坚持抓基本建设，学校的办学条件得到极大改善，校园面貌发生了巨大变化。

办学条件的改善很好地支撑了学校办学规模的扩展，极大地提升了学校的办学质量和办学层次，所承担的人才培养任务和科研产出能力均产生质的变化。在2000年至2009年的十年间，在校本科生数由8061人增加到15017，在校研究生数由 649 人增到 6688 人，研究生与本科生比例由 1∶12.4 变为 1∶2.2；教职工数从 2442 人增加到 2850 人，专任教师数从 889 人增加到 1421 人，专任教师的占比提升到 50% 左右，有博士学位的教师比例也从 8.8% 提升到 40%，相对于学生规模的数量扩展，学校教师队伍的扩充则遵循"保质增效"的原则，即同时着力于提高专任教师的数量、教师的学历层次和高层次人才或学术团队的建设等。院（系）数量由 15 个扩增到 20 个，本科专业数由 32 个扩增到 62 个；国家重点学科、一级学科博士点、博士后流动站均实现零的突破，分别增加到 4 个①、6 个和 10 个，硕士点则由 39 个增加到 169 个，二级学科博士点由 5 个增加到 69 个。国家级科研项目和高质量学术成果也取得巨大的进步，国家自然科学基金项目、国家社会科学基金项目②年度立项数分别由 8 项和 5 项增加到 34 项和 15 项，自然科学类 SCI 论文的年度发文数由 53 篇增加到 331 篇。

第四节 以本科教学工作水平评估推进人才培养模式的多样化探索

陕西师范大学具有长期坚持并重视本科教学的优良传统，也非常注重处理好教学与科研的关系，以及师范专业和非师范专业发展的结构性平衡。为此，学校不断深化教学改革，促进良好教学秩序的建立与良好学风和教风的形成，保障人才培养质量的不断提高。尤其在世纪之交，有效应对"高校扩招""新校区建设""SARS 流行"所带来的三大教学质量滑坡风险，在第一轮本科教学工作水平评估中，学校获评优秀，并以高质量的本科人才培养在全国赢得了良好的社会声誉。

---

① 包含历史地理学、中国古代文学、中国古代史等 3 个国家重点学科和 1 个动物学国家重点（培育）学科。

② 未包含单列学科教育规划课题。

一、本科教学的历史和现状，长期坚持以教学和科研为中心的办学方针

在 1977 年恢复本科招生之后，学校逐步确立并长期坚持以教学和科研为中心的办学方针，不断调整专业结构和教学内容，深入开展教学改革，探索创新人才培养模式。尤其在承担国家免费师范生培养和获批"985 优势学科创新平台"之后，学校的本科教育又迈上一个新台阶。

（一）恢复教学秩序，提高教学质量

为恢复、稳定和健全教学秩序，教务处于 1977 年初组织各系认真修订三年制教学计划，规定政治课、业务课和体育课在总学时中应达到 80%，学工、学军及其他活动可占总学时的 20%；要求加强课堂讲授，纠正以社会实践代替理论教学的错误做法。同时，针对即将恢复的四年制本科教学，各系按照新的教育方针[①]和培养目标的要求，制定四年制的教学计划和各科教学大纲。自 1977 年起，先后恢复原有的教研组组织教学，并改称为教研室。为充分发挥教研室开展教学研究、提高教学水平的功能，制定《教研室工作暂行规定》。

1978 年 4 月，教育部召开全国教育工作会议，副校长陈立人参加了会议。会后，学校认真贯彻会议精神，提出整顿教学工作必须全面执行党的教育方针，在教学中充分发挥教师的主导作用，坚持以教学为主，达到提高教育质量的目的。同年 6 月，教育部召开全国高等学校文科教学工作座谈会，会议通过了综合大学及师范院校文科各专业的学时制和学分制的教学方案，以及文科教材编选规划、教师培训的规划等。据此，学校制定《陕西师范大学关于改革和加强教学工作，提高教学质量的几点意见》，提出要把大力提高教学质量作为当前全校教育工作的中心环节来抓，要求文科各系立即按教育部下达的各专业教学

---

① 1978 年 3 月 5 日，中华人民共和国第五届全国人民代表大会第一次会议通过《中华人民共和国宪法》，其中的第十三条指出："教育必须为无产阶级政治服务，同生产劳动相结合，使受教育者在德育、智育、体育几方面都得到发展，成为有社会主义觉悟的有文化的劳动者。"详情参见共产党员网：《中华人民共和国宪法（1978 年）》，https://news.12371.cn/2015/03/18/ARTI1426667115741768.shtml?from=singlemessage。

方案执行，开展教学和科学研究，理科各系可参照文科教学方案精神，积极修改原定的专业教学计划。学校也提出必须重点抓好学科建设、整顿教学组织和加强教学工作管理等三项工作。为此，教务处协助各系制定本专业"三基"①的教学规划和教学要求。

党的十一届三中全会之后，学校党委在工作整顿、恢复的基础上，把学校工作重点快速转移到以教学、科研为中心的轨道上来，制定《关于把我校工作重点转移到教学、科研上来的当前工作安排》。同时，积极落实教育部颁发的《高教六十条》，调整专业设置，加强学科建设，开展基础科学研究，充实师资力量，不断提高教育质量和学术水平，努力把学校办成"既是教育中心，又是科研中心"的社会主义大学，为国家更多更快地培养合格的高中教师与高等师范院校师资。

（二）开展教学改革，不断开创新局面

改革开放之初，学校通过各个方面的教学改革，逐步建立起基本的教学体系和教学制度。

一是整顿教学秩序，开展教学改革。1980年6月，教育部在北京召开全国师范教育工作会议，强调师范教育在整个教育事业中的重要地位，明确了各级师范教育的基本任务是培养教师。同年12月，学校印发《陕西师范大学关于当前教学改革的几点意见》，对本科教学提出几项改革措施：调整课程安排，精选教学内容，加强实践环节，改革教学方法，实行启发式教学，发展学生的智力和才能，培养学生具有独立获得知识、驾驭知识与解决问题的能力；努力改革教学制度，逐步试行学分制②，试行学生奖学金制度，落实优秀生拔尖培养的具体安排，以及提高外语教学水平等；继续试行教师教学工作量制度，实行教学质量奖励制度，认真执行主讲教师负责制，进一步加强教研室建设。为进一步扩大系的自主权，学校于1983年2月在中文、数学两系进行教学责任

---

① "三基"是指基础理论、基本知识和基本技能。
② 根据教育部《对高等学校教学改革的一些意见》提出"逐步推广学分制"的要求，陕西师范大学在1981年9月初，正式确定先在历史系一年级（1981级）试行学分制教学方案，作为改革教学工作的试点，为以后各专业全面实行学分制创造条件、提供经验。

制的试点，进一步发挥系一级领导教学、科研工作的主动性。

二是修订教学计划，加强实践性教学环节。1980年，在总结执行现行教学计划基础上，对1978年制定的教学计划进行全面修订：增加毕业论文和学生科研能力训练；重视和加强体育课、教育课、外语课的教学；明确规定选修课在总学时中的比重，文科专业占15%左右，理科专业占10%左右。在认真执行教学计划过程中，各系相应地对教学内容、教学方法和教育实习进行改革；逐步建立固定的教育实习基地；增加教育实习时间，从原定的四周增加到六周，改进实验课成绩考核办法等。在这期间，实行《学生守则》和《学生学籍管理办法》等，提出要严格考试、升留级和退学制度；规定按照学生实际情况，可以跨系选修课程；确有专业特长的可以转系学习；学习成绩特优的可以准予免修、跳级，以至提前毕业等。在教学改革中，学校将体育课列为各系必修课程，规定体育课不及格，不发给毕业证书。

三是倡导教书育人，既要管教又要管学。在党的十一届三中全会精神的鼓舞下，学校大力倡导教师教书育人，要求教师在教学中必须重视坚持四项基本原则，在教学环节中引导学生把个人成长与祖国四化建设联系起来，进行共产主义理想教育、爱国主义教育、世界观教育、学习目的教育、职业道德教育、学习态度方法教育等。为进一步提高教师教书育人的自觉性，学校于1984年做出规定：把教书育人列入每学年评定教学质量优秀奖的必备条件，在评定职称、调资、评选精神文明先进代表、教育先进工作者时，都列为主要条件之一，并试行专业教师兼任学生班主任制度。

四是开展教育质量调查总结，促进教育改革的深入发展。为总结教学经验，探索人才成长规律，更好地适应教育事业迅速发展的需要，学校于1983年3月至7月间，组织教育质量调查组，对1982届和1983届本科生进行毕业生教育质量的调查总结工作。1983年11月至1984年1月，学校又组织教育质量综合调查组，对1977、1978、1979级的230名毕业生的政治思想、专业知识和工作能力等方面进行全面调查。调查发现，毕业生中的绝大多数可以适应工作需要，但师范教育的特点体现不够明显。为此，学校进一步明确培养目标，强化思想政治教育工作，修订教学计划，贯彻文、理渗透原则，扩大学生的知识面，以及加强实践性教育环节，加强与中学的联系，加强教育学科的教育与研究等。

五是明确处理教学与科研的关系，坚持教学与科研"两个中心"并重。1981年上半年，学校修订《1981—1985学年全校科学研究规划》，提出要正确处理三个关系，即正确处理教学与科学研究的关系，坚持以教学为主，大力开展科学研究；正确处理科研选题与四化建设、培养目标的关系；正确处理课题布局上的重点与一般的关系。基于此，全校科学研究工作获得显著的成绩，做到了教学与科研相互促进。1982年11月至12月间，学校召开1982年全校科学报告会。这是一次检阅交流科学研究成果，推动"两个中心"建设的大会。科学报告讨论会结束时，副校长陈立人做《认真贯彻十二大精神，加强科研工作，为实现党的新时期的总任务而奋斗》的报告。报告对学校今后科研工作提出：要坚决贯彻科学研究面向经济建设，把促进国民经济发展放在首位；要坚持以教学为主，统筹兼顾，全面安排，充分发挥各专业的优势，积极开展科学研究；必须充分利用本校师范专业的特点与优势，大力开展教育科学的研究，发展教育学科。

（三）调整专业结构，加强教学管理

在改革开放和蓬勃发展的市场经济社会环境中，深化教育教学改革的任务十分紧迫。根据1985年5月颁布的《中共中央关于教育体制改革的决定》精神，学校于当月即出台《关于教学改革的十条意见》，积极进行教育教学改革。

一是改进和加强思想政治教育工作。先后多次组织有关部门及全校政治理论课教师、政工干部、学生辅导员，学习《中共中央关于改革学校思想品德和政治理论课教学的通知》，促进马列主义理论课教学内容和教学方法的改革，并新开中国革命史、社会主义建设、马克思主义原理等3门新课程。为贯彻1987年国家教委下发的《关于高等学校思想教育课程建设的意见》的政策精神，学校先后开设形势与政策、法律基础、大学生成才修养、人生哲理、职业道德

等 5 门课程。

二是分阶段有侧重地推进教学改革。第一阶段，从 1985 年起，对课程结构、教学方法与考试方法、学分制、优秀生选拔培养制度、外语教学、教学质量检查评估制度、学制等十个方面进行改革。第二阶段，学校从 1989 年春夏之交的政治风波中深切地认识到，必须在教学、科研与学科建设领域进一步落实坚持社会主义方向的措施，加强马克思主义政治理论课和思想品德教育课的教学，加强社会实践的安排和指导，加强学风考风建设。第三阶段，从 1992 年开始，教学改革的重点集中转向适应建立社会主义市场经济体制的需要，一方面改造传统专业的结构，拓宽专业方向，扩展专业的适应范围；另一方面增设新专业，包括一些社会急需的非师范专业。在 1985 年至 1994 年的十年间，学校共增设 14 个全日制本科专业[①]，基本形成师范教育为主体、非师范教育适度发展的专业建设格局。

三是加强实践教学环节与注重学生能力培养。引导教师变革"知识倾销"式的课程内容，加强训练学生能力的内容和环节，部分课程还尝试建立以训练能力为主的教学体系。在理科各系，普遍加强实验课教学，开设自选实验和设计性实验，加强对实验报告的要求、审查和评讲。在文科各系，加强课堂讨论、社会调查、论文写作的指导和评审，还在部分专业试行论文答辩。除各系安排的结合专业学习的社会实践和社会调查之外，学校还利用寒暑假组织学生参加社会实践，并规定社会实践作为一门必修的课程记录成绩，与学生的综合考评、评优挂钩。

四是加强和规范教学秩序管理。在建立社会主义市场经济体制的条件下，如何树立良好的校风和学风，是一个新的紧迫问题。学校按照"从严要求，严活结合，鼓励竞争，激发进取"的思路，先后制定和改革学籍管理制度，对学

---

① 1985 年新增的专业是教育技术学（电化教育）、计算机科学与技术（计算机科学教育）；1988 年是公共事业与管理（教育管理）、美术学（美术教育）；1989 年新增专业是经济学（经济管理）、音乐学（音乐教育）；1993 年新增专业是旅游管理（旅游经济）、社会学、秘书学（文秘教育）、心理学、电子信息科学与技术（应用电子技术）、俄语（俄语教育）；1994 年新增专业是法学、新闻学。注：括号外为现国标名称，括号内为当时专业名称。

生的课堂纪律、作业、考核和学籍变动等都做了明确规定；对教学、学科、专业实行综合评估，奖励优秀的教学、教材和科研成果；对少数差生，运用经济杠杆，实行有偿培养，尝试补考收费、留级试读收费等。其间，学校十分重视教研室的作用，充分发挥其教学管理、教学研究、科学研究和思想政治教育等功能，形成校、系、教研室三级教学管理体系。

（四）加强师范生教学能力培养，提升师范生培养质量

根据国家计划要求，学校学生规模在 20 世纪 90 年代大幅增加。1996 年的年招生总人数达到 2000 人，其中师范生仍为主体，占比为 75%。随着师范教育规模的扩大，也出现了培养质量跟进不及时的问题。针对这一现象，学校从培养合格教师的目标出发，狠抓师范技能的培养，以提高师范生能教、善教的本领。

一是改革教育理论课的教学与管理。学校成立学科教学论研究中心，各系建立学科教学论教研室，积极开展学科教学论的教研工作；学校对教育学和心理学教学实行统一大纲、统一教材、统一计划、统一命题和统一考试，将教育理论的课程成绩作为学生毕业和授予学位的重要条件之一；为适应现代中等学校教学的要求，从 1998 年开始在全校师范专业中开设教育技术学必修课程。二是通过开设微格教学课程以提高师范生实际教学能力。1996 年在教育科学学院、物理系建立两个微格教学实验室，主要承担 6 个院系 9 个师范专业的微格教学任务；规定从 1994 级开始，所有师范毕业生在进行教育实习前，必须接受微格教学训练；学科教学论课程的相关内容在微格教学实验室进行，从而提高学生的实际教学能力。三是加强教育教学实践基地建设以保障教育实习质量。在陕西各地区建立 60 多个相对固定的教育实习基地，聘请一批教学经验丰富、业务水平高的中学教师作为中教法及指导实习的兼职教师。在此基础上，建设了 20 个教学实践及基础教育研究基地。四是加强"三字一画"训练及学生综合素质提升。坚持开展"一推三练""五分钟讲课比赛"等教师基本功达标活动，并且从 1992 年起，对入学后的新生进行普通话测试，不合格的要参加普

通话训练班，毕业实习前仍不能达到用普通话教学的学生，不能参加教育实习。20 世纪 90 年代，由于学校重视学生师范技能和综合素质的培养，分配到教育系统毕业生的到位率一直保持在 95% 以上。

（五）建立新的人才培养内容体系和教学管理体制

随着各项事业进入快速发展时期，学校的本科教学改革在稳定中逐步向内涵式发展转变。为凝聚改革奋进的精气神，学校于 1998 年组织开展全校教育思想和教学观念大讨论，之后在 1999 年 6 月印发《陕西师范大学关于深化教学改革的意见》。学校第八次党代会提出，教学、科研和社会服务是培养创新型人才的三条主要渠道。在学校党委的高度重视下，教学改革的重点主要从两个方面展开：一方面建立与新的办学体制相适应的、有利于使教学工作充满生机和活力的教学管理体制，理顺学校、院（系）之间的关系；另一方面建立能够主动适应社会主义现代化建设需要与现代科学技术、文化发展趋势的教学内容体系和课程结构，深化以课程为中心的教学改革。

首先，更新培养方案和修订教学计划。为落实第一次全国普通高等学校教学工作会议精神，主动适应国家新一轮专业目录调整，及时将教育思想和教育观念大讨论中关于人才培养的质量、规格和人才培养模式，以及教学内容和课程体系改革等方面形成的共识反映并落实在人才培养过程中，1999 年 5 月印发《陕西师范大学关于修订教学计划的意见》，对教学计划进行全面修订，并从 1999 级起全面执行。这次教学计划的修订对本科人才培养有着深远影响，基本确定了陕西师范大学此后一段时期的课程学分结构和课程体系结构。

其次，规范教材选用管理。2004 年，继续在全校推广使用 21 世纪课程教材和"九五"国家级重点教材，推动教学内容和课程体系的改革，根据教材建设工作的发展需要，修订关于教材选用、评估和出版的系列规章制度；2006 年，建立国家级规划教材和获奖教材信息库，在教材选用和征订中，保证高水平教材使用信息及时传递给院系和任课教师，同时严控一般水平教材的使用。

再次，构建"考试+评估"的常规教学管理体系。一方面是全面实施教考分离，严格考试过程管理。在前期试点探索的基础上，于1994年底开始全面实施校、院（系）两级教考分离制度，把课程教学和对教学效果的检查评价相对分开。另一方面，深入开展教学评估，以评促改以评促建，主要是对教师教学质量、课程建设和院（系）级教学工作开展评估。1996年以来，学校每两年开展一次全校性的院（系）教学工作评估。"三级三类"教学评估体系实现了对教学工作的全面检查、全面督促和全面提高。这是陕西师范大学自1985年以来，坚持不懈地开展教学评估，从各方面促进教学工作不断发展和教学质量稳步提高的前提和基础。这两项基本教学制度对于扭转20世纪90年代初期的教育质量滑坡，形成和巩固良好的教学秩序起到重要的作用，使学校教学工作的整体面貌发生了根本性变化。

最后，通过建设国家基地培养基础科学研究与教学人才。1991年到1996年间，国家教委选择一批在国内具有重要影响和起骨干带头作用的数学和自然科学一级学科专业点，分五批建立106个"国家理科基础科学研究和教学人才培养基地"。1994年，国家教委又批准建立49个"国家文科基础学科人才培养和科学研究基地"。学校中国语言文学专业1995年批准为"国家文科基础学科人才培养和科学研究基地"，生物学专业1996年批准为"国家理科基础科学研究和教学人才培养基地"。两个国家基地的获批建设，对体量庞大的非师范专业建设及人才培养起到积极的引领示范作用。

（六）实施通识教育和改革本科人才培养模式

学校第九次党代会进一步明确了教学科研在学校工作中的中心地位，确立了教学是立校之本、科研是强校之路的思想。根据高等教育发展形势，学校大力实施通识教育和改革本科人才培养模式。

一是确立全新的人才培养理念。在确立"厚基础、宽口径、强能力、高素质"的新型人才培养理念之后，根据创新人才培养需要，又加上"重创新"。"厚基础、宽口径、强能力、高素质、重创新"的人才培养理念至此得以确立并长期坚持。二是实行通专融合的课程体系。全新构建"通识课程模块＋学科基础课程模块+专业课程模块+教师教育课程模块（师范）/专业技能课程模块（非师范）+实践模块"的系统性、模块化课程体系。课程体系设计坚持夯实学科基础、拓宽专业口径的原则，将学科专业教育与教师教育、通识教育与专业教育、科学教育与人文教育有机结合，体现和确保人才培养的科学性、交叉性和系统性。三是提高学生的综合素质。学校认真贯彻《中共中央 国务院关于深化教育改革全面推进素质教育的决定》（1999年6月）文件精神，积极实施"大学生素质拓展计划"，以培养学生的思想政治素质为核心，培养创新精神和实践能力为重点，将学生的综合素质拓展全面引向深入。2006年6月，学校获批"国家大学生文化素质教育基地"。依托此基地和第二课堂，学校广泛开展校园文化活动和社会实践活动，进一步将文化素质教育贯穿于育人全过程。四是关注学生心理健康教育，以培养学生健全人格为宗旨，扎实推进心理健康教育工作。2007年5月，学校获批陕西大学生心理健康教育培训基地。此外，学校从2005年起实行"4+2"人才培养模式改革，从2006级起全面实行"2+2"本科人才培养新模式，具体实践通识教育下本科人才的培养。

（七）承担国家免费师范生培养任务

为很好地践行国家推行免费师范生教育的初衷，确保吸引乐教适教的优秀学子就读师范，学校做了大量细致的工作。第一，全面贯彻落实国家战略，确保各项培养政策落地落实。学校出台《陕西师范大学师范生免费教育培养方案》和《陕西师范大学免费师范生教育硕士培养方案》，在培养体系、培养方案、实践教学等方面探索出一些有益经验和做法。第二，积极推进"2+2"教师教育人才培养模式改革。根据教师教育改革与发展趋势，结合学校实际，积极推进"2+2"教师教育人才培养模式改革，科学制定免费师范生培养方案，明确培养优秀教师和教育家的目标。第三，建立健全免费师范生培养"导师制"。专门制定《陕西师范大学免费教育师范生双导师制实施方案》，在免费师范生中积极实施"双导师制"，为免费师范生聘任学科专业导师和基础教育导师。积极开展专家导引活动，与图书馆联合设立"导师制专家导引室"，聘请校内外专家学者，每周与学生面对面讨论学习、生活问题，使学生开阔视野、增长见识等。第四，科学设计免费师范生实习实践教学体系。为此，制定《陕西师范大学免费师范生实习支教实施方案》，积极探索将分散的教育见习和集中的教育实习有机结合，实施混合编组的教育见习和教育实习新模式，以切实提高师范生教育教学实践环节的质量，建立免费师范生半年实习支教制度。第五，创建师范非师范兼招的创新实验班。2009年起，依托师范类国家特色专业，学校陆续建设了13个创新实验班，如汉语言文学（创新实验班）、数学与应用数学（创新实验班）等。这些实验班兼具师范和非师范属性，学生毕业后，可以在继续读研、企事业单位就业和基础教育从教中选择，与免费师范教育互为补充、相互支撑，很好地支持了师范专业的学科建设与综合改革。

二、完善本科教学管理机构和制度，为培养高质量人才构建基础保障

随着专业体量的增加、人才培养规模的扩大，如何确保数量与质量、规模与效益、短期与长远的协调发展，成为学校面临的一个重要问题。面对新的形势与任务，学校将人才培养作为根本任务，在稳步扩大本科办学规模的同时，狠抓常规性教学管理，成立新的本科教学管理机构和健全教学管理制度，使本科培养质量整体上保持稳中有升的良好态势。

（一）成立新的本科教学管理机构

随着育人任务的增加，学校原有的本科教学管理机构难以满足教学管理工作的需求。为保障教学工作的有序推进，学校基于专项教学工作要求，成立了新的本科教学管理机构。

一是成立负责协调职能的教学管理机构。2002年，长安校区管理委员会下设教务部，主要统筹协调和管理服务长安校区教学工作、为加强教学质量监控，保证各个教学环节工作的规范进行，维护和巩固正常的教学秩序，促进教育教学质量的全面提高，2004年12月，学校成立教学督导委员会。为贯彻落实学

校的《2006—2010年教师教育行动计划》，建设一流的教师教育创新与教学平台，2008年6月，成立教师教育办公室，为副处级建制，挂靠教务处。教师教育办公室为直属学校教师教育工作领导小组的全校教师教育工作组织协调和管理机构，其业务工作接受学校教师教育工作领导小组领导和教师教育专家委员会指导，日常管理工作由教务处协助管理。

二是建立人才培养的教学管理机构。早在20世纪60年代，陕西师范大学就是国家指定的留学生重点培养院校之一。1996年，学校在西安地区率先成立与外事处一体的西安国际汉学院。2005年7月，国际汉学院作为一个独立的教学实体正式成立，从而使留学生教育和对外汉语教学步入一个新的历史阶段。此外，为推行"2+2"人才培养模式，2006年1月，成立人文社科基础教学部和理工科基础教学部，实行本科生前两年进入两个基础教学部进行通识教育，后两年分别进入专业学院进行专业教育的培养制度。2011年4月，为建设好教师教育国家优势学科创新平台，学校整合认知神经科学、心理学、信息技术等相关学科资源，成立教师专业能力发展中心，推进并探索科技支撑教学和教师专业发展的有效途径。

三是成立思想政治理论课建设工作领导小组。该小组于2009年4月成立，对学校思想政治理论课进行宏观管理和指导，主要负责制定思想政治理论课建设的整体规划与实施方案、思想政治理论课的教学管理工作、思想政治理论课教师队伍建设工作等。

（二）健全本科教学管理制度

为推进学校教学管理工作的科学化、规范化和制度化，切实提高本科教学质量，学校制定和完善教学管理相关规章制度，构建起教育教学质量的重要保障。

一是制定提高本科教学质量的管理制度。为全面加强本科教学工作，学校于2001年10月印发《陕西师范大学关于加强本科教学工作提高教学质量的意见》，对新形势下加强本科教学工作提出了明确要求和重要措施。2007年6月印发《关于进一步深化本科教学改革全面提高教学质量的意见》，提出实施"本科教学质量与教学改革工程",把保证和不断提高教育教学质量作为学校生存和发展的生命线,着力加强内涵建设,积极创新培养模式,深化教学内容和课程体系改革,突出教师教育特色,培养拔尖创新人才。

二是规范教学事故认定和处理方式。2002年12月,学校印发《陕西师范大学教学事故认定及处理暂行规定》,进一步规范教学事故的认定和处理程序。

三是完善本科生培养的管理制度。为加快本科生导师制工作步伐,全面落实导师制各项工作要求,切实提高人才培养质量,2005年10月,学校施行《陕西师范大学本科生导师制实施方案》。本科生导师制的施行,成为建立新型师生关系,实现因材施教和个性化培养,提高人才培养质量的重要途径。为使本科生论文工作更加规范,学校于2000年4月修订印发《陕西师范大学本科生论文工作条例》。为切实做好免费师范生教育实习工作,提高免费师范生培养质量,促进教师教育的改革与发展,学校在2011年4月对《陕西师范大学免费师范生教育实习实施方案(试行)》进行了修订。

四是明确本科生专业分流和选课、排课规定。学校于2008年5月和10月分别印发《陕西师范大学专业分流实施办法》和《陕西师范大学通识教育选修课课程方案》,提出本科教学改革的重点和专业评估方式,以及完善通识教育课程体系和建设方案。为深化"2+2"本科人才培养模式改革,推进学分制建设和满足学生个性发展需求,学校于2010年7月制定《陕西师范大学跨学院选课实施办法(试行)》,同年10月印发《陕西师范大学本科生课程编排及调整规定》,推动课程编排工作全面实行校、院二级管理。

五是推行和健全学分制管理。依据高等教育改革形势和全国高校实施学分制趋势,在1999年对全校公共选修课实行学分制管理的基础上,学校从2000年开始先后在历史文化学院等7个院(系)进行学分制试点。2002年9月,根据《陕西师范大学本科学分制实施方案》,在2002级本科生中开始全面实行学分制管理,这是学校本科教学改革的一个新的里程碑。此后,学校印发《陕西师范大学关于制定本科学分制教学计划的意见》《陕西师范大学公共选修课课程方案》《陕西师范大学关于实行本科生导师制的规定》《陕西师范大学学生管理规定》《陕西师范大学大学生必读书目成绩考核办法》等系列文件，对学生注册、选课、考勤考核、成绩评定、毕业标准和修业年限、副修、攻读第二专业学士学位等做出详细的规定，为学校学分制框架的形成提供了制度保障。

三、全员参与本科教学水平评估工作，获得优秀的评估结果

为进一步加强高等学校教学工作的宏观管理和指导，努力提高本科人才培养质量，教育部于2003年3月印发《关于做好普通高等学校本科教学工作水平评估计划安排的通知》。根据《普通高等学校本科教学工作水平评估方案（试行）》，教育部从2003年开始，对全国普通高等学校的本科教学工作进行全面评估，由此拉开第一轮本科教学评估的帷幕。

（一）学校迎评工作启动及前期筹备

学校依照教育部本科教学水平评估工作部署，经过认真细致的计划，于2004年初提出将在2006年迎接教育部本科教学水平评估，并上报教育部核准。同年3月10日，学校成立迎评工作领导小组，并设立办公室（简称"评建办"）；同时，为充分做好自评和建设工作，经迎评领导小组研究，决定组建"迎评"专家组。评建办根据《普通高等学校本科教学工作水平评估方案（试行）》对学校迎评工作进行任务分解，印发《关于迎接教育部本科教学水平评估的安排意见》，制定《〈普通高等学校本科教学工作水平评估方案〉指标内涵说明》和《关于评估指标及其内涵理解》等文件。从此，学校迎评工作正式启动。

（二）自评自查阶段的相关工作

为从宏观上把握学校教学工作各个方面的情况，督促和指导评建工作，2004年4月至5月，学校评建办组织专家开展校内调研和评建检查，系统掌握各部门、各教学相关单位的基本情况，全面梳理存在的问题，提出解决建议。按照学校制定的《关于迎接教育部本科教学水平评估的安排意见》，又印发《陕西师范大学本科教学水平评估自评报告模版》，对自评报告撰写的结构、内容进行了全面规范；还列出《陕西师范大学院（系）本科教学工作水平评估支撑

材料清单》，要求各单位根据清单所列内容，做好相关文件材料的搜集整理工作。2004年6月，为进一步加强对评建工作的组织领导和监督检查，学校对评建工作领导小组成员进行调整，另成立了评建工作督查组。

（三）迎评建设阶段的工作

2004年7月，学校评建工作进入迎评建设阶段。为加强对评建工作的宏观指导和管理，明确评建工作责任和任务，学校建立评建工作项目管理机制，以立项的形式开展建设和整改工作。同时，印发《关于对评建建设阶段有关工作安排意见》，确定2005年1月完成的建设项目在项目结束时要达到A级标准，2005年6月之前完成的建设项目要实现阶段性成果的建设目标。为更好地发挥评建专家组在评建工作中系统策划、业务指导、总体把关作用，学校于2004年9月对原"校评建"专家组成员进行调整充实。

同年9月，教育部对2002年印发的《普通高等学校本科教学工作水平评估方案（试行）》进行了修订。学校及时根据修订后的方案对评建工作进行重新计划安排，将新的《普通高等学校本科教学工作水平评估方案（试行）》印发至各单位，要求各相关单位根据新的评估指标体系做好评建工作。2004年10月，学校制定《陕西师范大学评建工作进度安排一览表（2004年11月—2005年1月）》，安排评建工作宣传报道、启动计算机应用综合知识网站建设、大学生外语综合应用能力培训和校级教学水平评估支撑材料的搜集整理工作；策划研讨本科教学水平评估专题片拍摄方案，启动新一轮教育思想和教育观念大讨论活动，修订《院系级本科教学水平评估自评报告写作规范》和《院系级本科教学水平评估方案》；部署对职能部门评建分工进行首次检查评估的工作，本科教学水平评估"特色项目"和各院（系）新办专业实验室建设方案的立项论证工作，陕西师范大学"大学生英语网站"和长安校区学生体质测量评价实验室的建设工作，以及校级本科教学工作水平评估"自评报告""自评依据报告"框架的起草和论证、《大学生英语综合能力训练手册》的编写任务、校评建专家组对各院（系）和各职能部门评建工作的评估意见等工作。

10月，学校印发《关于做好院（系）评建支撑材料汇总、建档工作的通知》，对各院（系）汇总、建档材料的主要内容，支撑材料编目办法规定了具体要求，并对验收时间做了具体说明。随着评建工作的推进，2004年11月，学校成立陕西师范大学评建工作总指挥部，由一位校党委常委任总指挥；建立评建工作月联系制度，推动评建工作的高效开展。

12月上旬，根据新的评估方案，学校对指标体系的"主要观测点"进行重新分解，要求各责任单位根据学校评建工作总体安排，按照"主要观测点"A级标准的要求，认真组织策划，全力做好本单位负责的"主要观测点"的建设和整改任务。同时，学校印发《校级本科教学工作水平评估支撑材料目录》，要求各单位于2005年5月31日完成有关材料的搜集、整理工作。12月下旬，学校开展对部分院（系）2002级学生计算机应用能力的摸底工作，及时掌握学生的计算机应用水平、存在问题和解决对策。

2005年7月，学校对有关职能部门的评建工作进行首次检查，发现评建工作存在着进展情况不平衡，少数关键性指标的建设力度不够，个别评建支撑材料搜集与整理工作未达要求，以及个别项目的阶段性成果不显著等问题。同年10月，学校启动本科教学工作水平评估自评报告撰写工作，对自评报告撰写的基本框架、任务划分、写作进度进行了详细的安排，明确规定报告撰写要以教育部本科教学水平评估指标体系A级标准为准绳，对写作人员、写作内容和写作规范提出高标准要求。

（四）迎评阶段的工作

2006年3月，根据陕西省教育厅有关通知精神，结合评建工作的总体安排进度，学校定于2006年5月16日至20日接受陕西省教育厅组织的预评估工作。同时，学校印发《关于开展评建工作第三次校内检查评估的安排意见》，定于4月24日至28日开展评建工作校内检查评估，明确提出校内评估将按照教育部本科教学工作水平评估的程序、内容以及有关要求进行。4月29日，学校成立迎接本科教学工作水平省级预评估材料组、宣传组和学生活动组开展工作，确保 5 月 10 日前高质量地完成工作任务。

2006 年 5 月 16 日至 20 日，本科教学工作水平省级预评估专家组对学校本科教学工作进行了认真全面的检查评估。专家组充分肯定陕西师范大学办学六十多年，特别是 2004 年评建工作启动以来取得的成绩，并按照教育部《普通高等学校本科教学工作水平评估指标体系》A 级标准，指出学校评建工作中存在的问题。省级预评估结束之后，学校全面梳理预评估专家关于院（系）本科教学工作的意见及再整改建议，并印发至各院（系）、有关部门和校长报告、自评报告、特色报告、校级支撑材料，以及评建专题片、文艺晚会等专题组，要求各单位根据整改的时间安排，有针对性地做好再整改工作。6 月，学校对各院（系）、有关部门和各专题组开展评建工作再整改情况检查，为 9 月份的正式评估做好了充分的准备。

8 月，学校印发《关于切实做好教育部本科教学工作水平评估期间全校宣传工作的通知》和《陕西师范大学本科教学工作水平评估宣传手册》等文件材料。各职能部门随即召开党政班子评建宣传工作专题会议，各党总支召开全体教职工大会，传达学校关于迎接评估的要求，部署本单位的迎评工作。学工部门安排各院（系）召开全体学生参加的动员会议，向学生重申评建工作的目的和意义、任务和要求，并积极组织实施评估期间学生活动方案，在全校营造"人人关心重视评建、人人参与投入评建"的良好氛围，进一步强化全校师生员工对评建工作的高度重视和实战准备。

（五）教育部评估阶段的工作

2006 年 9 月 18 日至 22 日，教育部本科教学工作水平评估专家组一行 13 人，开始对学校本科教学工作水平进行全面检查评估。根据《普通高等学校本科教学工作水平评估方案（试行）》规定的每一项指标、每一个步骤和每一处环节，专家组成员都进行了认真仔细听、看、查、问，最后经过研究和讨论，对陕西师范大学的本科教学工作做出客观、公正的评价，充分肯定了学校教育教学各方面所取得的优异成绩；同时指出本科教学工作中存在的一些问题，并对学校的改革和发展提出了中肯的建议。

评估结束后，学校高度重视本科教学整改工作。在全面分析、认真梳理教育部专家组反馈意见的基础上，从建设以教师教育为主要特色的综合性研究型大学的奋斗目标出发，确定本科教学工作整改的基本思路，并形成具体的整改方案，分三个阶段进行整改落实。第一阶段，从 2006 年 9 月底到 10 月底，梳理教育部专家组反馈意见，结合学校情况，形成本科教学工作整改方案，报教育部备案；第二阶段，2006 年 11 月，开展全校性整改工作动员，营造整改氛围，细化整改方案，层层落实责任，全面启动整改工作；第三阶段，从 2006 年 11 月至 2007 年 10 月，全面开展整改工作，完成整改情况的自查和总结，向教育部报送本科教学工作整改总结报告。

2007 年 5 月 12 日，教育部印发《关于公布中国人民大学等 133 所普通高等学校本科教学工作水平评估结论的通知》，陕西师范大学在本次本科教学工作水平评估中的结果为"优秀"。至此，学校为期两年半的本科教学工作水平评估工作圆满结束。

四、探索多样化的教学改革和人才培养模式，整体提高学校办学水平

第一轮本科教学评估工作结束之后，学校根据自身的教学传统和发展实际，以及这次本科教学评估工作的经验总结和专家建议，为进一步夯实本科教学的质量基础，持续推动教学改革，完善和创新人才培养的实践体系，探索多样化的人才培养模式。

（一）完善教考分离制度

在总结前期教学改革经验的基础上，2000 年 12 月，学校发布《陕西师范大学教考分离考试实施办法》，在校、院（系）两级实行教考分离。每学期由教务处确定 20 门课程作为校级考试科目，其余作为院（系）级考试科目。考试不及格学生按有关规定实行重修重考、重读或留校试读。2004 年，学校继续实行校、院（系）两级教考分离，学校每学期抽选 20 门课程作为校级教考分离，

从命题、监考、评卷、试卷分析全程由教务处负责。其他必修课均实行院（系）级教考分离，由各院（系）负责实施。2009年完善教考分离制度，在全校继续全面实施校、院两级教考分离。每学期从全校的必修课中抽取20门课程作为校级教考分离科目，一般课程从题库随机抽题，如遇到教材有变化或更新，则由教务处聘请校内（非任课教师）或校外同行专家进行试题审核修订或重新命题。从教考分离试卷分析结果看，历届学生的考试成绩基本呈正态分布，考试的信度明显增加，较好地反映了教与学的真实水平。该制度实施以来，有力促进了考风和学风建设。

（二）探索形成"2+2"人才培养模式

为创新本科人才培养模式，2005年，学校组建人才培养模式改革创新课题组，在广泛调研和深入研究的基础上，结合学校实际，提出"2+2"人才培养模式，形成按专业类别招生、学科大类培养的人才培养框架。"2+2"人才培养模式即入学前两年以通识教育为主，学生主要学习通识课程和学科基础课程；后两年以专业教育为主，主要学习专业课程和学科基础课程。为积极配合"2+2"人才培养模式改革，2006年，学校在雁塔校区成立文科基础教学部和理工科基础教学部，并在2006级开始全面实施这一人才培养模式。该模式在学校人才培养中发挥了重大作用。此后，学校不断健全"2+2"人才培养模式改革的管理体制和运行机制，进一步完善教学计划、课程设置的落实工作，并制定与"2+2"本科人才培养模式相适应的本科人才培养方案，切实实现宽口径大类培养与专业教育、通识教育与专业教育的有机结合，科学制定相适应的专业分流实施办法，增强学生学习的积极性和主动性。

（三）实行"4+2"教育学硕士人才培养模式

为主动适应中国教师教育改革与发展的新形势，采取多种方式培养中小学教师，尽快建立起本、硕、博多层次的教师教育培养体系，学校2004年试行"4+2"人才培养模式。其中"4"是指四年的本科专业教育，"2"是两年的教育学硕士教育。"4+2"教育学硕士研究生均为保送生，实行公费制，修业年限为两年，半年的教育学理论学习，半年的农村教育实践，一年的教育理论研讨和学位论文写作。2005年，学校制定"4+2"教育学硕士研究生实习支教相关制度，确定8个实习支教基地，明确研究生导师及其工作职责，基本理顺了"4+2"教育学硕士研究生管理的责权关系。2006年，学校制定《关于调整"4+2"教育学硕士研究生培养与管理工作职责的通知》，进一步理顺"4+2"硕士研究生管理体制，修订完善《陕西师范大学"4+2"教育学硕士研究生培养方案》，为"4+2"教育学硕士生确定教师教育和基础教育研究课题，加强学生的科学研究能力培养。为进一步完善"4+2"教师教育人才培养模式，学校2010年研究制定"4+2+1"[①]教师教育人才培养方案，并完成2011级"4+2+1"硕士研究生的推免工作，实现高层次教师教育人才培养从"4+2"模式向"4+2+1"模式的顺利过渡。2011年，全面实施"4+2+1"硕士研究生培养改革工作，制定并完成"4+2+1"硕士研究生培养方案。"4+2"模式将本科层次的师范教育和研究生层次的教师教育有机贯通，形成具有专业特点的研究生层次的基础教育师资培养模式。

（四）不断完善拔尖创新人才培养机制

为推进人才培养模式改革，着力培养学生创新精神和创新能力，学校大力建设人才培养模式创新实验区。截至2011年，学校获批国家级人才培养模式创新实验区2个，省级人才培养模式创新实验区6个；先后建立校级人才培养模式创新实验区（创新实验班）16个，初步形成有利于多样化创新人才成长的培养体系。2011年，学校被省教育厅确定为"陕西省大学生创新人才培养基地"。

（五）积极开展双语教学改革

依托双语教学评建项目，2005年，学校为调动教师从事双语教学的积极性，制定鼓励教师开展双语教学的政策文件。在国家全面实施"质量工程"的大背景下，2008年，学校建设教育心理学等3门省级双语示范课程和量子力学国家级双语示范课程，实现了学校双语教学示范课零的突破。2009年，

---

① "4"是指本科四年的学科专业学习；"2"是指硕士研究生阶段两年的教育理论与学科专业知识学习，以及教育研究与学位论文撰写；"1"是指硕士研究生阶段一年的基础教育实践。

学校建设心理学概论等 8 门校级双语教学示范课程。2010 年，细胞生物学和仪器分析课程获评 2010 年度国家级双语教学示范课程。2011 年，学校立项建设校级中国文化国际交流课程 6 门，为丰富学生的暑期学习生活，培养学生的国际视野，2010 年、2011 年，连续两年开展"暑期学校"试点工作，每个暑期安排两周时间，邀请国外知名大学教授为学生开设外语授课课程。两年中，共开设 16 门"暑期学校"课程。

第五节　以科研强学科促教学全力建设有特色综合性研究型大学

"211 工程"启动后，学校积极响应国家科教兴国战略，认真贯彻落实《中共中央、国务院关于加速科学技术进步的决定》《教育部高等学校哲学社会科学繁荣计划》精神，通过不断深化科研领域综合改革，深入推进学科体系、科研攻关、科研方法、科研管理等创新，打破学科壁垒，促进学科交叉，搭建高水平研究平台，营造浓郁学术氛围等一系列富有成效的举措，极大地促进了科学研究工作的发展与繁荣。

一、从专业到学科的演变，以科学研究促进学科发展

1977 年恢复高考招生之后，学校的教育教学和科学研究工作逐渐步入正轨，并确立教学和科研并进的"两个中心"。1977 年 12 月下旬，为迎接全国科学大会的召开，学校召开"文革"后的第一次理科科学报告会，副校长陈立人在讲话中提出要加快落实知识分子政策，实施科研发展规划和计划措施，为实现教育部提出的"三年大治、八年提高、两至三年做到主要学科形成学派"的目标而奋斗。这一时期科研中心的目标要求，是以科研促进专业建设和提高教学水平。为此，学校不断拓展专业规模，并随着办学方向和总体规划的转变，实现了以科学研究促进学科和教学的发展。

（一）恢复和新办专业，发展重心逐步转向学科建设

1978年3月，学校恢复停办十几年的教育系，1982年学前教育专业开始招生，1984年新建体育系，开设体育教育专业。此后，学校在广泛调查基础教育和经济发展状况的基础上，经过充分论证，积极申报了一些新的系科和专业；到2001年，本科专业达到40个，基本形成了文理并重的专业规模。1979年学校开始招收研究生，以科研工作促进研究生教育有了一定的发展。1981年，学校入选全国首批博士和硕士学位授予单位，同时有1个博士点和10个硕士点喜获国家首批学位授权点。随着科研工作的不断推进，人才培养质量和层次不断提升，研究生教育的比重也在逐渐增大，学位点建设和学科建设成为学校建设发展的中心任务。

（二）校、院、系三级建制，推动学科建设和新兴学科的设置

20世纪90年代后期，学校开始酝酿院系改革，实行以学科发展为基础的院系建制。1993年首先成立政治经济学院，之后相继成立生命科学学院（1996）、旅游与环境学院（1996）、教育科学学院（1997）、外国语学院（1998）、体育学院（1998）和艺术学院（1999）等。1999年10月，学校印发《陕西师范大学关于推进新一轮校内管理体制改革的意见》，主要内容是按照科技发展和新教育模式的要求调整院系关系，主要目的是完善院系管理体制，形成新的运行机制，充分调动学院办学的积极性和主动性；充分发挥学院教学科研的整体优势，深化教学改革，推动专业改造，加强学科建设，增强科研实力，扩大学术交流，提高办学规模效益和人才培养质量。2000年6月，学校印发《陕西师范大学关于调整有关院、系、所的决定》。此轮院系调整，充分发挥了学院开展教学、科研和学科建设的能动性，促进科学研究主线由服务专业建设转向支撑学科发展，推动了学科建设和新兴学科的产生。

（三）集中学校资源，狠抓重点学科建设

从1980年开始，学校着手抓重点学科建设工作，以促进一般学科发展，不

断提高教学与科学研究水平。经过认真研究分析，学校确定中国历史地理、唐史、中国古代文学、分析化学、光学、中国自然地理学、超声学、无脊椎动物学等 8 个学科为重点建设学科，并选定重点学科带头人和重点科研课题，制定重点学科建设规划，形成本学科的学术梯队，以便更好地体现与发挥学科特色和优势，从而使这些学科成为既能培养较高水平的专门人才，又能提高本学科水平的基地和平台。1985 年，学校制定重点学科发展规划，在原重点建设学科的基础上，于 1987 年确定 11 个重点学科。1988 年、1991 年学校对重点学科规划的实施情况进行检查，并从人力、财力和物力上优先给予支持与保证，通过健全组织和加强领导，促使重点学科迅速发展。1995 年 7 月，学校颁布的《陕西师范大学综合改革方案》明确提出："在巩固和加强基础学科的同时，要大力建设高新技术学科和交叉边缘学科，对教育学科要予以重点扶持"，"对已经确定的 11 个校级重点学科要继续加大投入力度，并实行政策性倾斜"，并"要求历史、地理、中国古代文学、动物学、基础数学、分析化学进一步向高层次攀登，以保持其在国内的相对领先地位"。

同时，为了贯彻落实第八次党代会关于要分期分批组建一批高水平的综合性的学科群，以增强我校承担重大科研任务的实力的精神，2000 年 4 月学校设立陕西师范大学校级重点科研项目，并制定《陕西师范大学校级重点科研项目管理办法》，优先支持研究基础好、通过资助既能产出高水平理论成果或应用成果，又有利于优势学科形成和发展的项目，从而有序引导学科建设发展。2007 年 12 月，修订《陕西师范大学人文社会科学研究基金项目管理办法》，支持传统学科、新兴学科和交叉学科发展。

（四）制定学科发展规划，进一步明确教学与科研的关系

学校于 1981 年入选为全国首批博士和硕士学位授予单位之后，为了积极做好定方向、定项目、定人员、定设备、定制度的"五定"工作，有效统筹科研力量，在 1981 年上半年，学校制定《1981—1985 学年全校科学研究规划》，要求各个专业都应把科研选题与学科建设紧密挂钩，重视基础研究，文科兼顾

理论、历史、现状的研究，理科兼顾新兴科学和应用研究，进一步发挥各系、所的优势与师范教育的特点，促进科学研究工作的开展。校长李绵也在各种会议上强调，教学和科研是学校的两个中心，也是学校快速发展的两个巨轮。

1994年12月29日，学校召集40多位系处主要领导干部与校党政领导成员开会，共商学校改革的总体思路与发展大计。会上，校长赵世超发表重要讲话时强调："学校要改变面貌求得发展，首先必须从四个方面转变观念"，其中之一是"必须切实树立以教学科研为中心的观念，把教学科研工作作为提高办学水平、培养高质量人才的'重中之重'"①。1995年的《陕西师范大学综合改革方案》进一步指出："教学工作是学校工作的主旋律"，"科研改革的基本原则是稳定和加强我校具有优势的社科研究和基础科学研究"，"学科建设是高等学校的根本性建设，是各项工作的龙头"，并确定了教学、科研和学科建设的改革内容。1995年6月，研究生处委托司晓宏、田建荣撰写《关于改进和加强我校学科建设工作的调查报告》，提出科学研究作为学科建设的"两翼"之一，要瞄准前沿，主攻尖端，推出"上天入地"的科研成果。1999年，第八次党代会通过《陕西师范大学关于推进新一轮校内管理体制改革的意见》，明确提出一流师范大学必须既是教学中心又是科研中心，教学、科研和社会服务是培养创新型人才的三条主要渠道；要进一步加强学科建设和科研工作，贯彻"有所为、有所不为"的建设方针，大力加强重点学科建设；按照"稳住一头、放开一片"的原则，在科研布局上"优先发展教育研究，继续加强基础研究，大力推进应用研究"。2003年5月，学校印发《陕西师范大学关于进一步发展繁荣哲学社会科学的实施意见》，提出要建立和完善一系列能保证哲学社会科学发展的制度。2005年，学校第九次党代会通过《陕西师范大学发展战略规划》《陕西师范大学学科建设规划》等四个规划，进一步明确教学和科研在学校工作中的中心地位，确立了"教学是立校之本、科研是强校之路"的指导思想，提出要以学科建设为依托，以提高科研创新能力为重点，以产出标志性成果为

---

① 宗嗣、胜利：《党校举办系处主要领导工作研讨班》，载《陕西师大报》1995年1月5日第1版。

目标，大力推进科学研究，不断提升学术竞争力。

二、优化科研过程服务，做好科研保障工作

1978年8月，学校制定《1978—1985年文科科学研究规划纲要》和《1978—1985年理科科学研究规划纲要》（分三年和八年两种规划），提出要"建立和健全研究机构，组织研究队伍"，"配备部分科研助手和实验人员"等。此后，学校不断改进科研管理部门设置，建设和发展科研平台，做好全校的科研保障工作。

（一）科研管理部门的设置

20世纪50年代，西安师范学院独立设置之初，在教务处设立科研科，这一时期科研工作的主要任务是为教学服务。1959年，设立科学研究处，主要负责科学研究及器材设备工作。"文化大革命"初期，陕西师范大学的科学研究工作处于停滞状态。1972年恢复招生后，学校又在教务处设立科研科。1977年2月，在全国科技工作进一步发展的形势下，学校将原属教学部下的科研生产设备组扩建并独立设置为科研生产部。1978年9月，在学校机构名称大整顿时，学校撤销科研生产部及其下属各组，成立科研处，下设科研科、工厂管理科、设备科。1979年11月，原属科研处管辖的物资设备和校办工厂方面的管理工作分出，独立成立物资设备处。1981年7月，文科科研管理和研究生管理工作归并到科研处，下设理科科研科、文科科研科和研究生科，同时撤销科研科。1985年，将理科科研分设为综合计划科和成果专利科。这期间，为了加强科技信息和情报资料工作，1972年成立情报资料室（科级建制），由科研处和图书馆双重管理，1981年划归科研处管理，1987年划归图书馆管理。

1985年初，为贯彻实施专利法，促进专利申请业务发展，学校在科研处设立专利代理事务所（科级建制）。1986年，为积极配合省高教局组织陕西省高校联合对外服务工作，学校成立陕西师范大学科技服务中心，1987年，科技服务中心与科技处合署办公，为处级建制。该中心负责管理全校科技开发、科技

咨询、科技服务和技术转化等工作。

为进一步加强科学研究工作，2004年6月10日，学校撤销科研处，成立科学技术处、社会科学处（合署办公）。同年6月30日，原合署办公的科学技术处、社会科学处独立设置。这次机构调整，形成了科学技术处管理理工科科研工作、社会科学处管理人文社科科研工作的格局。目前，科学技术处下设科技项目管理科、成果专利管理科、基地管理与科技开发中心；社会科学处下设项目管理科、成果管理科。

（二）科研机构和学科发展平台的建设

1977年恢复高考招生工作后，学校初步制定科研机构发展规划。自1980年起，随着全校科学研究工作的逐步开展，一批科研机构相继建立，到1988年建立系属研究室10个。之后，除充实和扩建原有科研机构以及实验室外，又先后恢复和成立了文学研究所、中国历史地理研究所和教育科学研究所等24个校级科研机构。其中，在教育科学研究所离休后的两位老校长分别带领团队开展以学科为平台的科学研究，一位是刘泽如在普通心理学硕士学位点继续同他的助手一起从事马克思主义心理学研究，另一位是李绵在教育史学科长期领导几位专业教师从事陕甘宁边区教育研究，他们的学术都后继有人，确保了相关学科的可持续发展，并取得了在全国领先且有较大影响的科研成果。

进入21世纪，学校科研平台的数量和质量均有较大提升，支撑了全校的科研工作。为整合科研力量，突出科研优势和特色，学校2002年4月印发《陕西师范大学校级重点研究基地建设计划》及《陕西师范大学科研机构管理办法（修订）》，对校级重点研究基地的建设目标、建设标准和经费支持等制定出总体规划，对科研机构的设置条件、报批程序和组织管理等做了具体规定。为进一步推动学校基层学术组织体制改革，建设一批重点科学研究机构，从而更为合理地配置学校的学术资源，学校2007年7月印发《陕西师范大学重点研究机构建设与管理办法》，从制度层面规范了重点研究机构的设置办法、建设目标、人力资源管理、管理机制等。这些建设计划和管理办法有力地推动学校科研平台的建设与升级，促成了重大创新性学术成果的产出和创新团队的形成。同时，学校还重点抓这样几项建设工作。

一是省级重点实验室（工程中心）建设。从1998年陕西省果蔬深加工技术研究中心作为学校首个陕西省工程技术研究中心获批建设开始，学校省级重点科技创新平台发展进入快车道。2003年，陕西省GAP工程技术研究中心获批建设。2005年3月，陕西省大分子科学重点实验室作为学校第一个陕西省重点实验室获批建设；同年12月，陕西省超声学重点实验室获批建设。2006年，陕西省行为与认知心理学重点实验室和陕西省生命分析化学重点实验室获批建设。2007年，陕西省中药材规范化栽培与品种选育工程技术研究中心获批建设。2009年，陕西省文物修复与环保工程技术研究中心（陕西历史文化遗产保护科学研究中心）获批建设。

二是省级重点研究基地建设。西北民族研究中心、西北基础教育与教师教育研究中心、宗教研究中心、西北国土资源研究中心，分别于2006年、2007年、2008年和2009年获批建设。2008年，女性研究中心被陕西省妇联批准为首批陕西妇女／性别研究与培训基地。

三是教育部和其他部委重点实验室（工程中心）建设。2002年，与西北大学等高校联合申报的微检测工程研究中心获科技部批准，实现了学校国家级工程中心零的突破。2003年，学校第一个教育部重点实验室药用资源与天然药物化学教育部重点实验室获批建设。之后，学校积极建设教育部重点科技创新平台，2006年、2007年、2011年先后获批建设历史文化遗产保护教育部工程技术研究中心、应用表面与胶体化学教育部重点实验室、现代教学技术教育部重点实验室。2008年，西北濒危药材资源开发国家工程实验室获批建设，实现了国家级重点科技创新平台零的突破。

四是教育部和其他部委重点研究基地建设。2000年，西北历史环境和经济社会发展研究中心获教育部批准并挂牌运行，这是学校第一个教育部人文社科重点研究基地。体育人文社会科学研究中心2006年被确定为国家体育总局体育哲学社会科学重点研究基地，2009年被确定为国家体育总局体育文化发展中心体育文化研究基地。

三、不断改革考核评价方式，激励教师从事科研活动

为了激励教师从事科学研究，根据《中共中央关于科学技术体制改革的决定》（1985年3月）精神，学校对科研工作进行了系列改革：一方面开展多种形式的学习、讨论和宣传，提高教师对加强科研工作的认识，明确科研工作在高等师范院校中的地位和作用；另一方面改革教师职称评聘制度、科研经费管理办法和科研成果奖励制度等，从诸多方面鼓励教师从事科研活动。

（一）突出科研产出的教师职称评聘制度改革

从1978年恢复教师职称评定工作以来，学校根据国家有关教师职务名称及其确定与提升办法暂行规定的精神，在"坚持标准，保证质量，全面考核，择优提升"原则指导下，逐年进行了各类教师职称的提升、确定工作。从1986年起，学校开始恢复教师职称评聘工作。这项工作的开展极大地调动了广大教师的积极性，带动了学校教学科研工作的发展。为解决既有教师职务评聘工作中存在的问题，落实1994年1月开始施行的《中华人民共和国教师法》的第十七条规定"学校和其他教育机构应当逐步实行教师聘任制"，以及国家教委提出的"委属学校要从1996年开始，全面实行真正意义上的教师职务聘任制"的政策精神，学校在1995年相继制定了《陕西师范大学综合改革方案》《陕西师范大学人员编制办法》《陕西师范大学教师岗位聘任暂行办法》《陕西师范大学教师岗位设置方案》《关于建立教师业务考核档案册并实行定性、定量考核的意见》等系列改革文件。其中，《陕西师范大学综合改革方案》提出："教学科研和专业技术人员实行满工作量基础上的聘任制……所有被聘任人员，其工资待遇随所聘岗位变动，允许低职高聘或高职低聘"。为进一步贯彻推行专业技术职务聘任制度，学校于1996年3月印发《关于进一步贯彻实施专业技术职务聘任制及其配套办法的意见》（简称《意见》），《意见》中规定：要改变过去职称评审"因人设岗"的局面，落实"因事设岗，按岗聘任，事职相符，人

事相宜"的聘任制要求；在职称评审中，必须杜绝论资排辈、降低评审标准等一些不严肃无原则的做法；专业技术职务聘任制分为从事教学、科研人员，以及其他专业技术人员两大类别；教师职务分为正常晋升、破格晋升、特殊评聘等三个评聘通道，并制定了相应的评聘办法。这段时间，学校各类人员的职称评定和职务聘任就依据上述规定具体实施。

经过两年试行，1998年5月，学校正式颁布《陕西师范大学教师专业技术职务评审量化评估办法》（简称《办法》），对晋升讲师、副教授、教授分别在评审类别、量化项目、计分方法、计分标准等方面做了细致且操作性强的规定。该《办法》根据教学为主和科研为主、文科和理科对参评教师做了分类，以思政、教学、科研为三大计分项目，规定了正常晋升和破格晋升的具体分值，由此建构起"达到基础分值为参评条件，附加分为竞争依据"，"科研评估含量化分值和硬件条件两部分，两部分同时符合方有申报资格"，"科研产出分值高及其累加优势明显且科研产出成果突出的教师专业技术职务评审量化评估办法框架"。为明确各系列各级职务的任职条件，提高评聘标准，简化量化办法，2006年4月，学校修订和制定《陕西师范大学专业技术职务评聘工作暂行办法》以及《陕西师范大学教师职务任职条件及量化办法》等9个系列职称、职务任职条件及量化办法。其中，《陕西师范大学教师职务任职条件及量化办法》则建立起以学历及任职年限、外语水平、计算应用能力、继续教育、专业理论知识、教学要求、社会服务为基础性条件，以科研要求和破格条件为竞争性条件的助教、讲师、副教授和教授的任职条件及量化考核办法。为使广大教师和专业技术人员更加注重工作质量、注重基础理论研究与应用研究相结合，2012年1月，学校印发《〈陕西师范大学专业技术职务评聘工作暂行办法〉补充规定》，对2006年4月制定的《陕西师范大学专业技术职务评聘工作暂行办法》中教师系列高级职务评聘条件进行了部分修订，进一步提高了对教学科研人员晋升高级职务的科研要求，极大地调动了教师从事科研的积极性。

进入新时代，为健全各类人员考核评价制度，落实二级单位评审自主权，探索专业技术职务评聘新办法，2015年10月，学校颁布实施《陕西师范大学下放副教授（副研究员）及其以下专业技术职务评审工作暂行办法》，把副教授（副研究员）及其以下专业技术职务的评审工作下移，建立起"学院（学科）自主评审＋学校审定"的职称评审制度。为调整并理顺校、院两级职称评审工作职责，发挥学院在高层次人才引进上的主动性，增强学院在学科建设和人才培养上的自主性和实效性，充分发挥职称职务评聘工作在教师队伍和其他专业技术人员队伍建设中的导向作用，学校于2016年5月印发《陕西师范大学专业技术职务（教师）评聘工作办法（修订）》，以及《陕西师范大学教学科研型教师职务任职条件》《陕西师范大学教学为主型教师职务任职条件》《陕西师范大学科研为主型教师职务任职条件》《陕西师范大学教师系列职务评审量化办法》等6个配套文件。其目的一是坚持以提高学校人才培养和科学研究质量为导向，加强分类指导，强化政策激励，促进学科交叉融合；二是在教学科研型、教学为主型、科研为主型、教学实践型、学生思想政治教育等系列教师的高级职务评审工作中，把标志性、高水平的教学科研成果和项目列为必备条件，旨在激发教师教学科研的积极性和创造性。

2018年11月，教育部办公厅印发《关于开展清理"唯论文、唯帽子、唯职称、唯学历、唯奖项"专项行动的通知》，标志着新时代高校教育评价综合改革正式开始。为此，学校于2018年11月开展清理"五唯"的自查工作。2020年11月印发《陕西师范大学贯彻落实〈深化新时代教育评价改革总体方案〉工作方案》，2023年4月颁布《陕西师范大学专业技术职务评聘工作办法（修订）》《陕西师范大学教学科研型教师职务任职条件》《陕西师范大学教学为主型教师职务任职条件》《陕西师范大学学科课程与教学论教师职务任职条件》《陕西师范大学实验技术人员职务任职条件》《陕西师范大学工程技术人员职务任职条件》等17个配套文件。学校在根据不同学科、不同岗位特点进行分类评审的基础上，再次调整了教师职务评审的科研要求：一方面推行代表性成果评价，重点评价学术贡献、社会贡献以及支撑人才培养情况；另一方面对取得重大理论创新成果、前沿技术突破、解决重大工程技术难题、在经济社会事业发展中做出重大贡献的，申报高级职称时论文可不做评价限制性要求。

（二）注重激励机制的科研经费管理办法改革

为破除旧的科研管理体制对科研活动的束缚，1985年以来学校"先后采取了一系列简政放权的改革措施，将科研经费的使用、小型设备购置、参加各种学术会议审批、人员调配等权力，下放到各个系、所，由基层根据实际自行处理"。尤其是科研经费管理重心的下移，为科研工作提供了便利，也激发了教师开展科研的主动性和积极性。同时，为改变过去切块分配自拟科研经费的办法，从1985年起，学校开展以"三三制"为原则、实行"基本口粮加奖励"的科研经费分配与使用办法改革，即把自拟科研经费的分配和各系、所、室上年度争取的科研经费、完成的科研成果、发表的论文、出版的专著以及成果转让经费、获得各级奖励的数量多少紧密结合起来，进一步激发了单位和个人从事科研活动的活力。

进入21世纪，根据财政部、教育部《高等学校财务制度》以及中共中央关于"收支两条线"的规定，2000年10月，学校制定《陕西师范大学有偿服务收入分配暂行办法》，提出"为调动广大教师争取科研项目和推进科技成果转化的积极性，学校决定以到校科研经费为基数，提取一定的比例，设立立项奖和完成奖，横向项目立项奖和完成奖的提成比例不低于项目总经费的30%，纵向项目的提成比例视具体情况由科研处与财务处共同确定"。为提高科研经费的使用效益，充分调动广大教师科研人员的积极性，2001年4月，学校修订《陕西师范大学科研经费管理办法（修订）》，在规范科研经费管理、开支范围和审批权限的同时，进一步明确不同科研项目经费的提成方式以及侧重依据科研贡献进行劳酬分配的比例。

为进一步发挥学校人文社科优势，创造一个更为有利的科研环境，更好地调动哲学社会科学研究人员积极争取社科基金项目，2002年7月，学校制定《陕西师范大学哲学社会科学基金项目经费配套暂行办法》，提出对获准立项的国家或教育部的资助项目按到校经费50%的比例进行配套，对省哲学社会科学基金资助立项的项目按到校经费1∶1比例进行配套，对其立项奖和完成奖的提留比例等也做出明确规定。此外，为激发广大教师和科研人员积极争取自然科学基金项目，2003年5月，学校印发《陕西师范大学纵向科技项目经费配套方法》，提出对获准资助立项的科技项目，按项目类别、学校地位和项目经费情况等给予一定额度的经费配套，对其立项奖和完成奖的提留比例等也做出具体规定。

为引领青年教师的学术成长，20世纪80年代学校设立青年科学基金，支持年轻教师能够获得校内经费而安心向学。进入21世纪，为了全面落实江泽民同志关于加强哲学社会科学的重要讲话精神，根据《教育部关于进一步发展繁荣高校哲学社会科学的若干意见》，2003年5月，学校印发《陕西师范大学关于进一步发展繁荣哲学社会科学的实施意见》，提出"要实施制度创新，使哲学社会科学工作者的辛勤劳动能得到鼓励和承认"，"进一步加大青年社科研究基金的投入，通过承担科研课题和项目研究来促进学术新人的成长"，并设立陕西师范大学哲学社会科学重大研究课题资助基金。

（三）体现学术质量的科研成果奖励制度改革

学校一直鼓励和支持教师多出高质量、高水平的科研成果，积极参与本学科领域的学术交流，从而提升学校的科研影响力。1986年，学校制定兼顾数量和质量的《陕西师范大学科研成果综合考评奖励办法》(简称《办法》)。该《办法》"把全国的学术期刊分等划级，加以量化，给出不同的分值，然后根据每人年度内发表论文、出版专著的数量，按报刊的等级划档计分，并区分不同职称分类确定授奖标准和等级，技术成果根据为学校创效益状况划等奖励。"1990年，学校制定了高层次科研成果奖励办法，对发表在全国一级刊物上的论文和出版的优秀著作给予重奖。

在20世纪90年代末，学校侧重于通过确定科研论文任务和颁布高层次科研成果奖励办法的双向激励方式，来调动教学和科研人员的积极性。1995年发布的《陕西师范大学综合改革方案》中提出："科研人员的津贴与争取科研项目、科研经费和产出成果情况挂钩。"1998年5月，科研处制定《陕西师范大学文科各单位1998年发表科研论文及争取科研经费目标任务分配办法》和《陕西师范大学理科各单位发表科技论文及争取科研经费目标任务分配办法》，具体规定了不同职称、不同类别的科研人员在不同级别期刊的年均发文数量。同年5月，科研处制定《陕西师范大学高层次科研成果奖励办法（修订）》，把奖励分为学术著作、学术论文、科技开发和获奖项目等四个方面，其中对凡是陕西师范大学人员担任主编者在中央一级出版社出版①的学术著作、以陕西师范大学为第一署名单位在SCI、SSCI源期刊上发表的学术论文和以陕西师范大学为第一署名单位在Science和Nature发表的学术论文等按标准分别给予重奖。

进入21世纪，学校在《陕西师范大学关于进一步发展繁荣哲学社会科学的实施意见》中明确提出，要"坚持业绩津贴制度，进一步完善各种生产要素按贡献大小参与分配的办法。设立陕西师范大学哲学社会科学学术精品奖，对具有重大学术价值的各种哲学社会科学的原创性成果给予重奖"。为了激励教学科研人员围绕科学研究的前沿问题，以及关乎社会进步和经济发展的热点问题开展研究工作，产出高水平、有影响的标志性科研成果，学校设立"陕西师范大学标志性科研成果经费奖励基金"，并于2004年1月印发《陕西师范大学标志性科研成果经费奖励办法（试行）》（简称《办法》）。该《办法》把经费奖励的成果范围分为国际学术期刊发表的学术论文、国内学术期刊发表的学术论文、高层次科研成果奖和应用技术成果等四大部分，同时细分了标志性成果的层级、较大幅度地上调了经费奖励额度，以及明确规定"基金奖励经费用于资助完成成果的课题组继续开展科学研究工作"。在四年的实践经验基础上，学校对"标志性科研成果经费奖励办法"进行了修订，并于2008年1月印发《陕西师范大学标志性科研成果经费奖励办法（修订稿）》，对奖励的成果范围及奖励经费标准做了部分调整。

为鼓励广大教师产出更多有社会影响力的学术精品，学校不断加强对优秀学术著作出版的支持力度，分别于2003年、2005年和2010年对《陕西师范大

---

① 在1998年5月制定的《陕西师范大学高层次科研成果奖励办法（修订）》文件中，中央一级出版社是指人民出版社（国家）、科学出版社、中华书局、高等教育出版社、商务印书馆、中国社会科学出版社。

学优秀学术著作出版基金管理办法》进行了修订，并进一步明确：一是确定出版基金的资助范围；二是上调每本著作出版资助的额度；三是调整基金申请的程序要求；四是进一步规范基金评审的过程。此外，为加强知识产权管理工作和调动教职工及其他人员发明创造的积极性，依据国家知识产权法律、法规和政策，学校于2006年1月印发《陕西师范大学知识产权保护管理办法》，对知识产权管理、专利管理、奖惩与支持等做了详细规定。依据此，学校设立知识产权专项基金，用于支持职务发明创造专利的申请、维护和知识产权保护方面的有关费用。

四、大力开展学术交流，拓展师生学术视野

开展学术活动和学术交流，是活跃学术思想、拓展师生学术视野，提高学术水平的重要途径。随着学校科研工作的深入推进，校内外的学术交流活动越来越活跃。

（一）积极组织学术活动，有效推动科研交流

除基层教学和科研单位组织召开的经常性讨论会外，学校也非常重视并积极组织教师开展各种形式的学术活动：一是举办重要的全国性大型学术会议。1980年6月，召开全国实验物理讨论会；1981年5月，召开陕西省唐史学术研究报告会；1981年10月，召开全国《反杜林论》哲学问题讨论会和全国历史地理学讨论会；1983年4月，召开全国唐诗学术讨论会；1984年8月，召开全国拓扑学学术交流会。二是举办国际学术会议。1991年，学校召开儒学思想文化和中美青年社会学工作等两个国际学术讨论会，受到国内外学者的一致好评。"九五"期间，学校每年组织国际、国内研讨会6次左右。三是学校每年选派专家、教授进行国际学术交流。地理系聂树人教授应美国北爱荷华大学邀请，1984年6月前往讲学，并被聘为该校访问教授。化学系章竹君副教授于1982年9月和1984年2月，先后两次应邀赴美国新罕布什尔大学，同该校分析化学家塞茨教授合作研究光导纤维化学传感器，并被聘为该校客座教授。物理系仲永安副教授于1982年7月至1983年9月，赴英国拉夫罗技术大学物理

系表面物理研究室访问学习，先后参加了 4 次国际学术会议。校长李绵、陈立人分别于 1982 年 11 月和 1984 年 6 月，应邀赴澳大利亚南澳高等教育学院和美国马萨诸塞州大学、加州州立大学北岭分校、北爱荷华大学等校进行考察访问，并同这些学校签订学术交流、人员交流协议。从 1984 年到 1994 年，共有 41 人次出国参加学术会议，18 人次应邀出国讲学，23 人次出国同美国的伊利诺伊大学、北爱荷华大学、加州州立大学北岭分校、比利时安特卫普大学、澳大利亚南澳高等教育学院等院校的专家、学者进行了合作研究。四是组织多种形式校内学术交流活动。从 1985 年到 1994 年，学校教师携带论文外出参加学术讨论会 987 人次。每次会后，参加会议的教师和科研人员便向所在单位写出汇报并在教研室或研究室进行学术汇报，做到了"一人开会、大家受益"。20 世纪 90 年代，学校经常聘请校内外知名专家、学者，就学科领域中研究的热点问题，面向全校师生举行系列学术报告会，以活跃学术思想，开展学术争鸣。与此同时，由陕西师范大学倡议，同西北师范大学、新疆师范大学、青海师范大学、宁夏大学等 32 所高等院校，联合定期举行了 11 次科学报告会和讨论会。通过这些活动，既交流了学术成果，又促进了联合办学，使各校有机会互相学习，取长补短，为办好西北地区的高等师范教育起到了积极作用。据不完全统计，从 1985 年到 1994 年，召开大型学术讨论报告会共 27 次，每年平均 3 次。

（二）出台支持性政策，鼓励开展学术交流

2002 年 7 月，为促进科学研究和学科建设工作，鼓励各学院、中心和系所积极承办高层次的国际、国内学术会议，学校制定《陕西师范大学学术会议与学术交流活动专项基金使用和管理办法》，决定拨专款设立学术会议与学术交流活动专项基金账户，由科研处负责基金的管理工作；并对主持承办一次国际学术会议、全国性学术会议、省级（包括学会）学术会议，以及邀请海外学者、国内学者和省内学者来校讲学、做报告的资助额度做了细致的区分和具体的规定。在进一步加快高水平大学建设步伐、推动学校向以教师教育为主要特色的综合性研究型大学的发展目标迈进的背景下，学校于 2010

年4月印发《陕西师范大学学术会议与学术交流专项基金管理办法》。新办法明确指出，学校在编教学科研人员参加国内外学术会议皆可申请基金资助，同时调整和完善基金的管理机构职责、使用范围、资助额度和申请程序等，补充了对基金使用者的责任与义务的内容规定。这个新办法促进了院、中心和系所积极主持承办学术会议和学术讲座，也极大地支持了广大教师和科研人员参加国内外学术会议。

在交流政策和基金的支持下，学校年均举办学术交流活动30余次。2003年，学校共举办了20多次国内外学术交流会议；2004年，学校各院系利用六十周年校庆举办学术报告会43场，举办了Domain理论国际会议、第十七届国际跨文化心理学大会、2004年度世界民族问题学术研讨会等国际学术会议；2010年，学校仅理工科各学院举办的学术报告会就达到100多次。同时，学校全力支持教师参加国际学术会议与交流。据统计，在2010年社科处资助国际学术交流共11.6万元，占全年学术交流基金预算30万经费的1/3强。为进一步活跃学术气氛和开阔师生眼界，学校统筹策划和举办多种学术论坛，主要有"长安大讲堂""曲江讲坛""启夏论坛""香积讲座""教师教育论坛""西部大讲堂""图书馆专家导引室"等，邀请国内外知名学者来校做学术报告。此外，各学院还在系列讲座的基础上创立了"教授讲会""经纬论坛""生命之述""恒元物理学讲座"等学术论坛，并一直传承至今。

第六节　创新管理体制推进治理水平的不断提升

在20世纪90年代，陕西师范大学的管理体制和机制存在着办学观念陈旧、改革力度不大、缺乏科学的管理体系与激励机制等问题。在人心思变、改革图强的时代浪潮下，学校第七次党代会通过《陕西师范大学综合改革方案》，提出"教学改革是核心，体制改革是关键"的综合改革理念，并提出"运用正确的政策导向、思想教育与物质激励手段，打破平均主义，调动广大教职工的积极性，转换学校内部运行机制"的改革思路，由此拉开校内管理体制改革的序幕。为贯彻落实教育部关于进一步推动高校内部管理体制改革的精神，学校第八次党代会通过《陕西师范大学关于推进新一轮校内管理体制改革的意见》，对深化校内管理体制改革做出整体部署和安排。据此，1999年学校启动新一轮的校内管理体制改革，着重对机关岗位设置、校院系关系、人事分配制度、学术和教学委员会制度、后勤管理等方面进行系统性调整，从而推进学校治理水平的提升。

一、深化机关与院系改革，增强学校办学活力

高校机关是学校领导的参谋和助手，也是学校决策的执行机构，它的改革成功与否和工作效率高低直接关系到学校工作的兴衰成败；院系是高校管理的基层单位，院系改革是建构现代大学制度的关键步骤。因此，如何调整机关机构设置以实现精兵简政和运行有序，以及理顺校院系关系以激发办学活力，是这一时期学校改革面临最为紧迫的工作。

（一）精简机构与厘清职能，建立责、权统一的机关运行体制

在1992年和1995年机关改革的基础上，为加快学校改革发展的步伐，1999年11月至2000年4月，学校先后印发《陕西师范大学机关改革实施方案》《陕西师范大学机关机构调整精简方案》《陕西师范大学机关机构、处级干部岗位设置及各部门主要职责》《陕西师范大学机关人员聘任暂行办法》《陕西师范大学机关改革中人员岗位聘任若干问题的规定》《陕西师范大学关于机关科级机构设置和人员编制的通知》等方案和办法，启动了1999年机关改革。为深入贯彻中共中央《党政领导干部选拔任用工作条例》和中组部、人事部、教育部联合下发的《关于深化高等学校人事制度改革的实施意见》精神，2004年6月，学校制定《陕西师范大学机关工作人员第二轮岗位聘任工作实施方案》，启动了2004年机关工作人员岗位聘任改革。根据学校事业发展需要，学校对机关机构设置、岗位设置和人员编制进行适当调整，于2008年3月印发《陕西师范大学机关机构调整及管理岗位人员聘用实施方案》，启动了2008年机

关机构调整及管理岗位人员聘用改革。在精简、高效原则指导下，学校开展了本阶段的三轮机关工作人员岗位聘任工作改革。

一是通过精简调整，进一步理顺和规范校内各类机构的序列。在1999年机关改革中，撤销产业管理办公室等7个机构，新组建资产管理处等7个机构，合并与合署办公4个机构，职能重新调整、改变隶属关系6个机构，更名2个机构。精简后，机关党政处级机构由27个压缩为17个。在2004年机关工作人员岗位聘任改革中，成立处级建制的网络信息中心；外事处更名为国际交流与合作处，与港澳台办公室合署办公；撤销科研处，成立科学技术处、社会科学处；成立长安校区管理委员会（暂设机构）；撤销挂靠在学校办公室的学校调研室，等等。调整后，机关党政处级机构总数为19个。在2008年机关机构调整及管理岗位人员聘用改革中，撤销雁塔校区综合管理办公室、学生处（党委学工部）下设的毕业生就业指导服务中心和资产管理处，成立发展规划与"211"工程建设处、国有资产管理处、实验室建设与管理处、毕业生就业指导服务中心、长安校区建设协调办公室和高层次人才工作办公室，将合署的党委宣传部与党委统战部分别独立设置。此次调整后，机关处级机构总数为22个。

二是优化聘任条件与资格，建立起公平竞争、优存劣汰、能上能下、能进能出的干部制度和用人机制。经过三轮改革，全部正处级岗位、副处级岗位、科级岗位、一般干部岗位实行竞聘制。在聘任年龄上，正处级岗位干部原则上应在50岁以下，副处级应在45岁以下，科级干部应在40岁以下。同时，详细规定聘任干部的换岗交流、职称和学历，以及现任干部应聘资格和条件。此外，在1999年机关改革中，学校与处级干部、处级干部与科级干部之间都签订明确的任期目标责任书，初步实行干部任期目标管理责任制。在2004年机关工作人员岗位聘任改革中，为促进干部队伍合理流动，从制度和机制上确保干部廉洁从政，干部的聘任工作中加大干部换岗交流、合理流动的力度，鼓励干部在机关与院系之间、党务与行政之间、部门之间和部门内部岗位之间换岗交流锻炼。在2008年机关机构调整及管理岗位人员聘用改革中，明确规定：

"为促进处级干部队伍的年轻化建设,今后正、副处级干部凡年龄男满 58 岁、女满 53 岁者,均要退出领导岗位。"

三是紧缩和严控人员编制,消除机构臃肿、人浮于事的状况。学校规定机关管理人员编制按全校事业编制教职工人数的 8% 配备,部处领导岗位职数一般配备一正一副,个别任务重的部门设一正二副,科级机构原则上只设正职。经过 1999 年机关改革压缩后,机关正、副处级干部由 56 名精简为 47 名;机关正、副科级干部由 80 名缩减为 37 名;改革前机关有管理人员和工勤人员 328 个,改革后校机关定编 193 个岗位①,实际聘任 185 个岗位。在 2004 年机关工作人员岗位聘任改革中,对机关人员编制总量做适度调整和增加,调整后的机关人员编制总数为 228 个(其中,固定编制数 206 个,流动编制数 22 个),并强调今后在机关管理人员中逐步减少固定编制,扩大流动编制。

经过改革,学校撤销与其发展不相适应的机构、合并合署职能相近或职能重叠的机构、分离不具有管理职能的机构和强化了机关宏观管理,基本达到精简机构、裁减冗员的目的;打破领导干部"铁交椅"、事业职工"铁饭碗"的陈规陋习,真正建立公平竞争机制,各级管理干部的责任心和动力感明显增强;通过公开竞聘上岗,使一批思想觉悟高、创新意识强、懂业务、会管理的优秀中青年干部脱颖而出,机关干部的学历水平和业务素养得到进一步的提升。经过这三轮改革,机关工作人员的服务意识和责任意识普遍得到增强,学校的整体管理水平有明显的提高。但是,学校的管理水平、机关部门的作风还难以适应高水平大学建设的要求,存在较为明显的问题。为此,2010 年 4 月,学校印发《陕西师范大学关于进一步加强和改进机关作风建设的实施意见》,旨在深化行政管理体制改革,完善干部人事考核评价机制,建立健全机关作风建设的长效机制,使机关作风建设成为学校快速发展的内驱力和推动力。

---

① 不含工会、团委等群众组织。

（二）调整校院系关系，构建校院系三级建制、两级管理的运行机制

这一阶段的院系调整工作开始于1997年，主要是按照学科相关、先虚后实、先易后难、积极稳妥的原则，构建以院为办学实体、系为教学科研基本实施单位的运行体制，最终实现校、院、系三级管理模式。一是调整教学科研组织，优化教育资源配置。对已有的学科进行优化组合，重新规划建院方案，在完善已有学院建设的同时，以一级学科或招生规模较大的专业建系，以学科门类或基础相近的系、所组建新的学院。二是规范校院系管理体制，合理设置学院机构。学校是一级办学管理实体，学院是学校领导下的二级办学管理实体，系、所是学院领导下的教学科研基层组织；学院在学校党委和校长的领导下，实行院长负责制，院党总支发挥政治核心和监督保证作用，参与院内重大事务决策；学院下设的行政办公室与党总支办公室合并设立学院办公室，是学院的具体办事机构。三是明确校院系职责范围，扩大学院办学自主权。学校的主要职能是把握办学方向，加强宏观管理，制定发展规划，为教学科研创造良好的政策环境，筹措办学经费，指导、协调和考核学院工作；学院在学校党委和行政领导下，对全院工作实行统一管理。四是转换管理机制，实行学院目标管理。学校对学院由过程管理转为跟踪过程的目标管理，即学校在年初以《工作目标责任书》的形式向各院（系）下达综合性的年度工作任务和目标，并根据各院（系）所承担的工作任务和目标下达相配套的人员工资和公用经费总额。

经过多轮研讨和论证，学校党委于2000年6月做出《关于调整有关院、系、所的决定》。一方面在原有发展势力强劲的师范专业基础上，合并部分相近学科，组成新的学院；另一方面扶持一部分有发展前景的应用学科和专业，组建新的学院。2000年6月，政治经济学院与马列教研部、经贸系合并，组建新的政治经济学院；中文系与文学研究所、辞书编纂研究所、人文研究所合并，组建为文学院；历史系与唐史研究所、古籍整理研究所合并，组建为历史文化学院；电教系与电教影视中心及中文系的新闻专业合并，组建为新闻与传播学院；物理系与应用声学研究所、物理研究所合并，组建为物理学与信息技术学院；

计算机系与计算机中心合并，组建为计算机科学学院。2001年3月，将化学系更名为化学与材料科学学院。2001年6月，将数学系更名为数学与信息科学学院。调整重组后的学院为二级办学实体、处级建制，目的是进一步简政放权，激发院系的办学活力。

此次院系的调整重组，在充分保证原有办学优势的基础上，进一步理顺了院、系、所的运行和教育教学的关系，以及规范和改进院系内部管理方式，让人才培养、学科建设、专业发展、社会服务更为协调和更有特色，进一步提高院系自主办学的积极性和创造性。在院系调整工作结束后，院、系、所、室等办学实体由1997年的32个压缩为18个左右，初步建立起校、院、系三级建制、两级管理的办学体制。2001年12月，学校印发《陕西师范大学学院管理暂行规定》，该文件明确规定了校、院、系之间的办学责任和管理权限，也规范了学院的各项管理行为，推动学院管理工作科学化、规范化和秩序化，从制度层面夯实了"校、院、系实行三级建制、两级管理体制"的办学机制。

二、改革人事与分配制度，调动教职工积极性

人事分配制度改革作为事业单位改革的重要组成部分，改革目标是建立以岗位管理和聘用制为基础的用人制度；改革重点是转换用人机制，并通过分配制度改革，合理突显出重要的激励和导向作用，从而有效地促进学校事业的全面协调发展，吸引和稳定优秀人才。为贯彻教育部《关于当前深化高等学校人事分配制度改革的若干意见》和中组部、人事部、教育部《关于深化高等学校人事分配制度改革的实施意见》精神，学校组织有关人员奔赴东北、华北、华东等地进行调研，学习兄弟院校的改革措施和先进经验，由此制定《陕西师范大学人事分配制度改革实施意见》《陕西师范大学教学科研岗位设置及人员聘任暂行办法》《陕西师范大学党政管理岗位设置及人员聘任暂行办法》《陕西师范大学其他专业技术岗位设置及人员聘任暂行办法》《陕西师范大学校内业绩津贴分配实施办法》《陕西师范大学关于未聘人员分流安置的若干补充规定》《陕西师范大学编制管理暂行办法》和《陕西师范大学关于制定学科调整与学

科建设发展规划的意见》等 7 个配套文件，整体部署人事分配制度改革，并于 2001 年 5 月全面启动校内人事分配制度改革工作。

（一）开展岗位聘任工作，强化岗位责任意识

本着有利于促进学科建设与发展，有利于深化岗位聘任与管理意识，有利于突出重点、支持创新、鼓励冒尖，有利于提高用人效益、降低人员成本，有利于推动目标管理制度的落实等五大原则，学校积极开展岗位设置与聘任工作，陆续出台《陕西师范大学聘任兼职、双聘教授暂行规定》《陕西师范大学岗位设置及人员聘用实施方案》《陕西师范大学教师转岗分流工作暂行办法》《关于印发校聘关键岗位设置方案的通知》等政策文件。一是按需设岗，依岗定责。学校确定设置岗位的范围、类别和数量，并将全校现有的岗位分成"三类十一级"[①]。二是公开招聘，竞争上岗。按照公开招聘、平等竞争、择优聘任的原则，实施岗位聘任工作，整个岗位聘任经过岗位公布、审核评议、签订聘约三个程序。三是分类管理，协调发展。学校以规范编制和岗位设置为基础，通过岗位分类、分级管理，理顺和规范各类人员的岗位系列，明确岗位管理的权限和责任，制定各级各类岗位的上岗条件和岗位职责，并完善人才遴选、使用、激励与保障制度，建立各类人员管理的自我约束和自我发展机制。根据"人员分类管理、不断优化结构"的总体思路和要求，逐步建立健全"非升即转"和"非升即走"的退出机制，最大限度地发挥各类人才的专长。

（二）推进职务评审量化改革，激发人力资源内生活力

随着专业技术人员队伍越来越大，旧的职称条例已经远远不能适应学校发展的现状。自 1996 年开始，学校积极推行专业技术职务评审量化办法，量化的

---

① "三类"是指根据工作任务的性质和重要程度，将岗位划分为教学科研人员、管理人员和其他专业技术人员等三大系列，每一个系列又分为三个类别，即校聘关键岗位（主要包括校聘学科建设岗、校聘重点课程建设岗、校聘重点科研岗、其他专业技术关键岗和校聘管理关键岗）、院（系）处聘重要岗（以综合岗为主，不再细分）、院（系）处聘一般岗（基础岗位）。"十一级"是指根据岗位重要程度和职责大小将岗位分为十一个等级，关键岗位为 1—4 级，重要岗位为 5—7 级，一般岗位为 8—11 级。

范围包括教师（含思政兼职教师）、科研、实验、工程、图书资料（含档案）、编辑、高教管理等系列。为此，学校分别于 2000 年 11 月、2003 年 5 月和 2006 年 4 月对《陕西师范大学教师专业技术职务评审量化评估办法》进行修改完善，对晋升教授的科研成果和学历、破格或越级破格晋升教授和副教授等都提出了更加明确的要求。一是完善学历要求。从 2003 年起，凡年龄不超过 45 岁的教师晋升教授职务，必须具备博士学位，且任副教授职务五年以上；凡年龄超过 45 岁的教师晋升教授职务，必须具备硕士学位，且任副教授职务六年以上，或具备本科学历，且工作业绩突出，任副教授职务八年以上；破格、越级破格晋升教授职务者，必须具备博士学位。二是规范职称任职年限。从 2004 年起，对助教达到晋升讲师职务规定的年限后，未能及时晋升讲师职务、时间超过三年者（本科毕业八年、硕士毕业五年），以及对具有讲师职务且任职时间已达十五年及以上的教师，仍未能晋升高一级职务的，均应调整工作岗位；其他系列副高职务晋升正高职务者，其任职时间参照教师系列执行；而其他系列中级职务晋升副高职务者，必须具备正规本科学历。三是提升科研成果要求。晋升教授必须具有权威期刊、理科 SCI 源上的论文或相应级别的学术专著（独著）、高层次的科研成果及科研（含应用）项目；凡申报越级破格晋升教授者，除符合以上破格晋升教授的条件外，文科须再加权威期刊论文 1 篇，或相应水平的项目、成果 1 项；理科须再加权威期刊或 SCI 源论文 1 篇，或相应水平项目、成果 1 项。量化办法的实施打破了论资排辈的惯性，为优秀拔尖人才脱颖而出创造条件，为选拔和培养青年学科带头人铺平道路，增强了教师队伍的凝聚力和吸引力，有力地支持了重点学科和学位点建设工作。

（三）加强高层次人才[①]队伍建设，提升学校核心竞争力

随着学校师资队伍规模不断壮大和结构持续优化，学校师资水平整体有了

---

① 根据陕西师范大学在 2009 年 12 月印发的《陕西师范大学引进高层次人才暂行规定》，高层次人才是指"对带动学校某一学科发展具有重要影响和对促进教学科研水平提高具有重要作用的人才，包括旗帜型学术带头人、学术带头人和学术骨干"。

很大提高，但仍然存在着高层次拔尖创新人才极度匮乏、教师承担重大科研任务及产出高水平成果的能力较为薄弱等突出问题。对此，学校积极落实人才战略工程，推出以"聚英计划""撷英计划""育英计划"为主要内容的《陕西师范大学"三英人才计划"实施方案》，以及《陕西师范大学引进"旗帜型"学科带头人暂行规定》《陕西师范大学引进高层次人才暂行规定》《陕西师范大学引进海外优秀留学人才暂行规定》《陕西师范大学"曲江学者"特聘教授、讲座教授岗位设置暂行规定》等政策文件。这些政策的实施，进一步推动科研经费、职称评聘、生活待遇等方面向教学科研成果突出的骨干、学科带头人、高层次人才倾斜。一方面，明确界定人才层次，制定旗帜型学术带头人[①]、学术带头人、学术骨干等高层次人才标准，设立"曲江学者"特聘教授和讲座教授岗位，并对引进及常规补充人员进行区分，同时明确规定了相关人才的引进待遇。另一方面，提高人才准入门槛，要求新进人员的学术水平与经历要显著好于现人员的总体水平，并且更加注重引进海外人才。此外，学校也提高对引进和培养人才的支持力度，重点培养高层次人才，并提出自主培养院士的设想。

[①] 根据陕西师范大学2009年12月印发的《陕西师范大学引进高层次人才暂行规定》，"旗帜型学术带头人"分为三个层次：第一个层次主要包括中国科学院院士、中国工程院院士；人文社会科学资深教授、著名学者；国家自然科学奖、国家技术发明奖二等奖及其以上获得者（第1人）；国家科学技术进步一等奖及其以上获得者（第1人）；教育部科学技术委员会主任、副主任；教育部社会科学委员会召集人等。第二个层次主要包括"长江学者"特聘教授；国家自然基金委创新群体带头人；"教育部创新团队"带头人；国务院学位委员或学科评议组召集人；教育部教学指导委员会主任或副主任委员；中央马克思主义理论研究和建设工程首席专家；国家重点学科、重点实验室、国家基础学科人才培养和科学研究基地的学术带头人；"973"计划专家顾问组成员或"863"计划、国家科技支撑计划专家委员会成员；"973"计划专家咨询组或"863"计划专家组成员；"973"计划首席科学家、国家科技支撑计划重大项目责任专家；国家社会科学基金重大项目主持人；国家杰出青年科学基金获得者；高等教育国家级优秀教学成果奖一等奖及以上获得者（第1人）；国家级教学名师；国家社会科学基金项目优秀成果奖一等奖（第1人）；中国高校人文社科优秀成果奖一等奖获得者（第1人）；在 Science、Nature 等国际顶尖学术期刊上以责任作者身份发表学术论文者等。第三个层次主要包括按照《陕西师范大学"曲江学者"特聘教授、讲座教授岗位设置暂行规定》聘任的特聘教授；曾经是国家"985工程""211工程"重点建设大学的校级特聘教授。

（四）建立多结构分配体系，合理确定工资收入

为进一步完善分配体系，拓宽激励渠道，鼓励教职员工为学校多做贡献，学校不断推进分配制度改革，充分发挥分配在促进创新团队建设、强化科研成果产出，以及吸引和稳定优秀人才方面所发挥的重要作用。过去的分配模式主要有两种：一是管理人员系列，主要是与职务职称相挂钩的分配模式；二是教学科研人员系列，主要是与工作量挂钩的分配模式。这两种模式体现了工作数量，但未体现工作质量。为改变这种与学校发展不相适应的分配模式，学校根据三部委文件精神，按照效益优先、兼顾公平和按劳分配与按生产要素分配相结合的分配原则，实行校内四种结构工资分配形式：一是国家基本工资，作为存量部分，不予变动；二是岗位津贴，标准根据工作量和责任来确定，岗在薪在，岗变薪变；三是业绩津贴，这是为进一步激励教学科研人员和其他专业技术人员出高水平教学、科研成果和管理人员取得突出成绩而设立的津贴；四是特殊津贴，主要针对为学校做出突出贡献的优秀拔尖人才而设立。

（五）增强校内分配的灵活性，创建津贴制度与有偿服务分配制度

校内收入分配制度改革旨在通过发挥校内津贴的导向激励作用，进一步建立起与国家分配政策相衔接、与学校发展水平相协调、体现岗位绩效的收入分配制度。校内分配制度的灵活性改革有利于进一步理顺分配关系，激活用人机制，调动广大教职工的积极性和创造性，增强基层单位的办学活力。一方面制定校内浮动津贴制度。1999年5月，学校印发《陕西师范大学关于实行校内浮动津贴的决定》，其内容包括教学业绩津贴、科研成果业绩津贴、管理人员绩效津贴三部分，津贴标准主要依据上岗人员在完成岗位职责与任务中所取得的业绩及对学校的贡献大小确定，其最大特点是自然浮动、公开、公平，滚动机制强。这是学校分配制度改革的一次新的突破。另一方面开展有偿服务活动，多渠道筹措办学经费。为加强对有偿服务收入的有效管理，根据财政部、教育部《高等学校财务制度》以及中央关于"收支两条线"的规定，学校于2000年10月制定《陕西师范大学有偿服务收入分配暂行办法》，鼓励相关单位有

组织、有计划地开展有偿服务活动，多渠道筹措办学经费，在增强学校综合财力的同时，努力提高教职工生活待遇。

（六）建立有效的分配激励机制，向高层次人才和重点岗位倾斜

为进一步改善教职工待遇、吸引人才和稳定队伍，学校决定从2001年1月起调整《陕西师范大学人事分配制度改革实施意见》中的有关岗位津贴标准，并印发《陕西师范大学关于岗位津贴调整方案的实施意见》。一是在结构上，激励调节因素大于保障因素。强化岗位管理、岗位聘用、岗变薪变，采取灵活多样的分配形式，逐步建立以岗位绩效工资制度为核心的薪酬体系，加大对优秀拔尖人才和创新团队分配的倾斜力度，真正实现一流人才、一流业绩、一流待遇。二是分配机制中的津贴标准设置适度合理。充分考虑到学校地处西部、师资数量不足、水平有待提高的实际，以及中青年骨干承担着较为繁重的教学科研任务，要确保教师之间的收入差距不宜过大。三是突出重点，支持创新，鼓励遵循"效率优先，兼顾公平、按劳分配与按生产要素分配相结合"的原则，将职工报酬与岗位任务、职责、贡献紧密联系，分配上向优秀人才和关键岗位倾斜，重点改善在学科建设、教学、科研和管理岗位承担重要任务人员的待遇，适当向基础课教师倾斜，加大对为学校发展做出突出贡献、带来显著效益的个人和集体的支持力度。

三、完善学术委员会制度，健全学术管理体系

学校学术委员会是在校长领导下校级学术评议、咨询和决策的最高学术机构，其使命是通过对校内重大、全局性学术问题进行商议、评价或裁决，引导和规范全校师生员工的学术行为。早在1977年，科研工作逐渐步入正轨后，学校随即恢复学术委员会。根据《高教十六条》的规定，学校1979年1月成立第一届学术委员会，其主要任务是指导全校学术活动、组织参加国内国际学术交流、审议鉴定各项学术科研成果，以及对学校教育事业发展规划、教学、科研等工作中重大问题提出建议。伴随着以建立健全现代大学制度为核心的高

等教育改革不断深入，大学内部的运行机制和管理架构问题便成了人们关注的新焦点。1998 年全国人大常委会通过的《中华人民共和国高等教育法》第四章第四十二条规定："高等学校设立学术委员会，审议学科、专业的设置，教学、科学研究计划方案，评定教学、科学研究成果等有关学术事项"，以法律的形式明确了高等学校学术委员会的工作内容。为此，在第三届至第五届学术委员会期间，学校不断完善学术委员会制度，健全学术管理体系。

（一）明确学术委员会的基本性质

学术委员会的性质是决定其作用能否正常发挥的关键所在。1995 年的《陕西师范大学学术委员会章程》，将学术委员会的性质界定为"陕西师范大学学术委员会是校长领导下的学术评议、咨询、协调组织，是学校学术上的最高权威机构"①。随着高校办学自主权的进一步扩大，2005 年的《陕西师范大学学术委员会章程》将学术委员会界定为"陕西师范大学学术委员会是在校长领导下的校级学术评议、咨询和决策机构"②，增加了学术委员会的决策权。对于"决策"权的着重强调，进一步加强了学术权力在学校管理中的比重，防止学术权力被行政权力所覆盖。

（二）健全学术委员会的规章制度

1995 年的《陕西师范大学学术委员会章程》从总则、任务、组织机构、委员职责、附则等五个方面对学术委员会的工作进行了明确和规范，而 2005 年的《陕西师范大学学术委员会章程》从总则、学术委员会的性质和任务、学术委员和组织机构、学术委员会的工作方式、学术委员会委员职责、附则等六个方面对学术委员会做出了更加详细的规定。对于学术委员会的工作方式、评议手段都进行了更加具体的说明，增加了对学术委员会投票规则和学术委员会会

---

① 《陕西师大关于成立新一届学术委员会的决定》，陕西师范大学档案馆藏，科研档案库，档案号 3-1995-KY11-9.0001。

② 《关于印发〈陕西师范大学学术委员会章程〉（修订稿）的通知》，陕西师范大学档案馆藏，科研档案库，档案号 3-2005-KY11-7.0002。

议制度工作程序的规范，进一步提高了学术委员会工作的程序性和透明度。

（三）完善学术委员会组织结构

为确保学术委员会运行有序、行之有效，学校结合发展实际，逐步调整其成员构成和组织架构。一是学术委员会委员的组成和产生更加科学、更具代表性。1995年的"学术委员会由本校具有较高学术造诣的教师、科研人员及其他专业技术人员组成，其人选由校长提名校务委员会审议决定"，同时"设名誉主任委员若干人，设主任委员一人，副主任委员若干人，秘书若干人，由校长提名校务委员会决定"。而2004年的"学术委员会委员由校长根据学校学科发展战略、结构、不同学科发展的现状以及学术研究人员的个人素质与成就，在民主协商的基础上选聘"，并"设主任委员一名，由校长或校长聘请的专家担任；设副主任委员两名，由校长任命并受校长委托，两名副主任委员应分属于哲学社会科学和自然科学与技术领域的专家学者"，委员的选聘考虑到了不同学科的发展需要和话语平衡。二是学术委员会架构更精细化。第三届学术委员会确立了学校学术委员会的基本组织结构，即在校长领导下，下设哲学社会科学委员会和自然科学委员会两个分委员会的基本组织架构。第五届学术委员会组织结构更尊重学科特点与学术规律，强调"学术委员会实行学部制。哲学社会科学分委员会下设人文科学学部和社会科学学部；自然科学分委员会下设基础理学学部、应用理学学部和交叉学科学部。学部依照学术问题的性质开展工作，在组织上不与现有的学院体制相对应"。三是架构起相对自主的院级学术委员会。1995年的《陕西师范大学学术委员会章程》规定："校各系（院、所）应成立与此相应性质的系（院、所）学术委员会。各系（院、所）学术委员会在系主任（院长、所长）领导下独立开展活动。"学校不断完善学术委员会校、院两级管理体系，各学院也逐步制定本单位学术委员会章程，并按照相关要求开展工作。

（四）深度参与学校学术管理

1995年的《陕西师范大学学术委员会章程》规定了学术委员会成员肩负的

工作职责，主要包括：一是对学校教学科研的重要工作计划、职务评定、晋升及聘任工作提出建议；二是对校一级重要教学、科研成果奖励，学校设立的重要研究基金、出版基金项目计划进行评审；三是对申报校级以上各项重大奖励的教学、科研成果，拟上报的各层次科研项目进行学术审查；四是对学科建设、专业设置、校内研究机构的工作等进行评议；五是参与学校学术人才的推荐工作和重点学科带头人、中青年跨世纪人才的评选工作。第五届学术委员会成立后，不再承担具体的事务性工作，其主要任务更加符合学术委员会"治校"的性质，更多体现为政策性的指导。例如，"审议、评价学校相关重大科学研究及学科建设规划与方案；对相关重要科学研究和学科建设项目的立项及申报资格进行学术审查；对重要科研成果的质量及有关科研成果的奖励、出版资助进行审议或表决；受校长委托，参与学校相关学科建设、教学改革、人才培养、职称评定、师资队伍建设、研究机构及实验室建设等方面的学术评议、咨询、审查或人员选拔工作"。第五届学术委员会委员的职责，除推动学术建设之外，还强调对于学术不端行为监督的责任，防止学术行政化倾向。

学校每一届学术委员会都能深度参与校内学术管理，对提升科研质量和改善管理体制有着重要贡献，代表着学校内部管理体制民主化科学化的进步。然而，随着学科门类的增加，学科之间差异较大，相关事宜全部提交到校学术委员会讨论已显不合适。鉴于此，2009年7月，学校成立学部委员会，下设人文科学、社会科学、教育科学、理学、工学与信息科学技术等五个学部，同时颁布《陕西师范大学学部规程》。这持续完善了学校学术组织架构及其运行机制，构建起符合学术原则与规律的良好制度环境，并适时优化调整。

四、优化教学委员会组织，完善教学工作机制

教学委员会是学校教学管理工作的领导机构，主要任务是全面检查和评估学校的教学工作，评审现行教材的质量，确定获奖教材，审定、推荐出版优秀教材，评选和确定校级优秀教学成果奖、优秀课程及优秀教学单位，并负责校级以上各类教学成果奖的审查和推荐工作。早在1982年，陕西师范大学成立

了第一届教学质量评估组。在教学质量评估组的基础上，1988年扩大组建了教学委员会。教学委员会的成立，对学校的教学内容和课程体系改革起了极大的推动作用。在第三届至第十届教学委员会履职期间，学校持续完善其组织架构、工作职责和任职年限。

（一）教学委员会组织架构的调整

1992年第三届教学委员会下设教学质量评估分会和教材建设分会，分别负责课程建设、教学质量评估和教材建设工作。2002年第八届教学委员会调整为下设文科院系与理科院系两组教学委员会。2004年，按照工作主要内容，第九届教学委员会分为教学计划与教学大纲组、教学质量评估组、教材建设与管理组、教学改革组、教学建设组等五个工作组。2008年，第十届教学委员会增加到六个工作组，分别为教学计划与教学大纲组、教学质量评估组、教材建设与管理组、教学改革组、教学建设组和通识教育组。

（二）教学委员会工作内容的完善

1992年第三届教学委员会的工作范围主要包括：评定教学质量优秀教师，选拔推荐省级及以上优秀教学成果；评选校级优秀教材；论证并提出课程建设、教材建设计划；开展教学观摩。2004第九届教学委员会的工作内容与职责更加细化，具体内容包括：审议学校关于教学建设、教学管理和教学改革的重大方案；审议各专业教学计划及各课程教学大纲；审核各专业课程教材的选用方案及使用效果；开展院（系）本科教学评估工作、校级重点课程建设、精品课程建设及教学质量优秀奖和教学成果奖的评审工作；审核确定学校推荐的申报国家级、省部级优秀教学成果、名牌专业、优秀教材等；确定学校推荐的申报国家级、省部级有关教育教学改革研究项目，开展教学改革项目检查和结题验收工作。同时，新增两方面的工作内容：核定教师开课资格和教学工作中的责任事故；确定学校提供的陕西省跨校副修专业及跨校选修课程。2008年第十届教学委员会则新增对免费师范生教学指导的工作内容，并扩展对院（系）本科教学评估和各级各类质量工程建设项目的工作内容。

为增强工作的稳定性，教学委员会委员的任期也逐渐增长。第三届至第八届教学委员会委员的任期均为两年。第九届委员的实际任期转变为四年。从第十届起，正式以四年任期的文件进行聘任。此外，2008年第十届的《陕西师范大学教学委员会章程》正式确立教学委员会的工作形式，采用周期性工作会议制度。

五、推进后勤社会化改革，提高全员服务质量

根据教育部关于高校后勤服务社会化改革的基本精神和陕西师范大学关于推进新一轮校内管理体制改革的总体要求，以及实现转变办学模式和减轻学校负担的目标，学校1999年启动后勤社会化改革，并于2011年深化改革，走出了一条适应高校后勤社会化改革方向、符合国情与校情的后勤社会化改革之路。

（一）1999年启动改革：建构后勤企业化运行机制

1999年5月，学校印发《陕西师范大学后勤社会化改革方案》，正式启动后勤社会化改革工作。在没有经验可循、没有例子参照的情况下，后勤集团在学校党委和行政的领导下，创造性开展工作，取得了显著成效。

一是改革后勤管理体制，实行企业化管理。首先，1999年6月，学校按照企业化运行模式组建后勤集团，将原隶属总务处管理的经营实体以及通过机构改革从学校其他单位分离出来的经营实体和服务机构，一并划归后勤集团管理。后勤集团不与行政级别挂钩，而是按照市场运行规律建立灵活高效的企业化运行机制，以乙方身份向学校提供后勤保障。其次，学校撤销总务处，成立后勤办公室[①]（简称"后勤办"），并纳入学校行政序列编制，后勤办以甲方身份代表学校行使后勤行政管理职能。后勤办和后勤集团在学校党委和行政领导下开展工作。最后，后勤集团引进企业化经营运作方式，先后组建饮食服务中心、

---

① 1999年11月，根据《陕西师范大学机关改革实施方案》，学校将后勤管理办公室更名为后勤管理处。

车辆服务中心、电力供应中心、水暖供应中心、学术活动中心、维修中心、宿舍教室管理中心等独立服务实体。

二是改革人事用工机制，推行全员聘任制。从1999年6月开始，后勤集团对所有岗位统一实行公开招聘，公平竞争，择优录取聘任上岗。管理人员实行公开竞聘制，聘任期内实行服务目标和经济目标"双目标"责任制。而一般职工实行劳动合同制，即后勤集团与职工建立起规范的劳动聘用合同关系。在册的后勤职工（包括全民所有制固定工人、合同制工人、集体所有制工人）不再列入学校编制，一律归并后勤集团，按后勤集团新的人事机制管理。截至2000年4月，后勤集团原有的300多名正式职工已从学校基本剥离。

三是改革收入分配机制，实行工资企业管理。后勤集团在分配制度上由行政事业工资制度向企业工资制度转变，实行以岗定薪、薪随岗易、效益工资及非等幅增长等分配原则，主要通过岗位权值系数高低、责任大小、难易程度，合理拉开职工工资档次。在社会化的初创阶段，学校继续对后勤集团在政策上和财力上给以支持，但逐年递减对后勤集团工资总额的拨付比例。2002年6月之后，学校不再承担后勤人员的工资。

四是改变经营服务机制，实施服务收费制。首先，变行政拨款制为服务收费制。学校将原后勤经费直接拨付校内各用户单位，后勤集团承接服务项目并计价收费，形成市场驱动。其次，变事业会计核算制度为企业会计核算制度。后勤集团负责对下属中心财务实施管理。各中心实行严格的成本核算制度，通过规范性的有偿服务实现后勤服务商品化。再次，变指令性服务为企业化经营优质服务。在经营服务中引入风险机制和市场机制，依托校内市场增强造血功能，积极开拓和竞争校外市场。后勤集团在校内开办了新世纪超市、食品加工厂、校内网吧等产业，自筹资金建立阳光信息公司和塑钢门窗加工厂，并先后托管解放军政治学院、武警学院、西安陆军学院、交通职业技术学院、空军第二飞行学院西安分院、西工大软件学院等院校的餐饮业务和部分学生公寓管理业务。最后，完善服务价格自控体系，2003年11月成立学生食堂价格质量检查小组，负责学生食堂饭菜质量、价格及食品卫生安全的监督管理。

后勤社会化改革腾出了后勤服务人员所占的编制，从而得以吸收更多教学科研人员资源，为学校全面推行校内人事分配制度改革做了良好的铺垫，开创了高校后勤改革的"陕西师大模式"（也称"西安模式"）。在 2000 年到 2003 年期间，国内 150 多所高校派员派团前来考察、学习我校后勤改革的经验和做法。2001 年 1 月，陕西省人民政府印发《2001 年陕西高校后勤社会化改革工作要点》（陕政发［2001］3 号）指出："总结推广陕西师范大学等高校后勤社会化工作经验，加大工作力度，确保第一季度全部完成在陕高校后勤服务与学校行政管理系统的整体分离。" 2001 年 12 月、2002 年 7 月，《光明日报》先后以《陕西师大后勤社会化模式特色鲜明》和《为学校中心工作提供保障》为题专门报道了学校后勤社会化改革情况，在社会上引起广泛且良好的影响。

2002 年 10 月 24 日，时任中共中央政治局常委、国务院副总理李岚清莅临学校视察后勤社会化改革情况。同年 12 月 6 日至 8 日，第三次全国高等学校后勤社会化改革工作会议在西安召开，会议代表现场参观考察了陕西师范大学等高校后勤社会化改革情况。2003 年 11 月 6 日，教育部发展规划司后勤改革处朱宝桐考察学校后勤社会化改革后，提出将陕西师范大学作为全国高校后勤社会化改革典范在全国高校推广。2005 年，陕西师范大学被评为全国后勤社会化改革先进单位，教育部直送中央领导同志的专题简报中充分肯定了陕西师范大学的后勤社会化改革。2009 年，学校后勤集团被陕西省教育厅授予"服务育人先进工作单位"称号；同年，中国质量认证中心西北评审中心对后勤集团 ISO9000 质量管理体系和 ISO22000 食品安全管理体系进行全面、严格的审核，并分别颁布了两个管理体系认证证书，这标志着学校后勤集团的服务质量和服务水平迈上新台阶。

（二）2011 年深化改革：建立新的后勤管理体制

随着办学规模的不断扩大和办学水平的不断提高，已有的后勤服务体制与机制出现了一些不适应学校事业发展的因素和矛盾。为进一步提高后勤服务水平，优化后勤管理体制与机制，2011年5月，学校印发《陕西师范大学深化后勤社会化改革方案》，开展更深层次、更高愿景的后勤社会化改革。

一是形成新的后勤服务管理体制。撤销原后勤集团，将其下属的各服务实体分为后勤服务保障性实体的"陕西师范大学后勤第一集团"（简称"第一集团"）和后勤服务经营性实体的"陕西师范大学后勤第二集团"（简称"第二集团"）。第一集团以保障能力、服务质量和挖潜节支为主要考核指标，立足校内，全力以赴做好保障性服务工作，不向校外延伸经营业务，不从事后勤营利性业务。第二集团在确保校内服务职能的基础上，成为学校财力增加的渠道之一，以经济效益和对学校财力的贡献大小为主要考核指标。后勤管理处继续以甲方身份代表学校行使后勤服务监督职能，形成"一个甲方监督多个乙方"的新格局。

二是建构"绩效挂钩、开放竞争、分类管理"的运行机制。人事机制上，后勤第一集团、第二集团在人事用工制度上继续实行全员聘任制。工资机制上，后勤第一集团、第二集团在分配上实行企业工资制度，集团高层管理人员实行由基本年薪（占年薪总额的50%）和绩效年薪（占年薪总额的0—50%）组成的年薪制。后勤服务项目竞争平台搭建上，实行后勤服务准入制度，除第一集团的个别基础保障性或关键性的业务外，其他后勤服务项目有序向社会开放，各集团、中心在全成本核算的条件下积极参与项目竞争。

三是明确后勤管理处在后勤服务管理中的职能。后勤管理处代表学校以契约形式，对后勤第一集团、后勤第二集团及其下属中心的服务保障行为和服务经营行为进行检查、监督和协调，负责对经营性资产的监督与管理，确保国有资产的保值和增值，具体承担"拟定后勤发展建设规划""制定后勤服务项目招标方案，组织招标""制定考核评价体系和分级服务付费标准，组织实施对服务项目的考核评价和服务结算工作""代表学校对服务实体进行监督，维护校内消费者的权益""履行对后勤服务的生产安全、食品安全、公共卫生安全的检查监督，防止发生重大责任事故"等五大职责。

四是加强学校在后勤服务管理中的规范和领导作用。在资产管理上，学校对各类资产进行评估登记，并与各集团建立资产交接清单，签订资产使用责任协议。在后勤项目管理上，凡涉及各集团较大规模投资的建设、服务或经营项目，要报经学校批准。在后勤服务项目招标拦标价的确定上，最终由学校价格审定委员会研究决定。在考核评价上，学校建立对各集团所承担服务项目的数量、质量、效率、客户评价的考核机制，也建立服务等级制度，采取按服务等级付酬的方法。在监督保障上，凡涉及师生员工重大和切身利益的服务收费和价格标准，要实行价格听证制度，确需变更的，要报请学校批准；学校对各集团实行会计委派制，被委派的财会人员接受财务处和各集团的双重领导，财会业务受财务处统一管理。

六、第四、五届教代会召开，促进学校民主化管理

教职工代表大会是校务公开、民主管理的基本制度和形式，也是教职工行使民主权利、为学校改革发展献计献策的重要渠道。党的十五大报告指出："扩大基层民主，保证人民群众直接行使民主权利，依法管理自己的事情，是社会主义民主最广泛的实践。"学校党委十分重视民主办学以及教职工在办学中的作用发挥。第四、五届教代会的召开，把学校改革发展的政策精神传达到教代会代表以及全校教职员工，从而实现更广泛、更深入的动员。

（一）第四届教代会召开，共商学校改革发展大计

第四届教职工代表大会暨第八届工会会员代表大会（简称"双代会"）是在落实学校第八次党代会提出的各项任务，抓住西部大开发和教育事业大发展的良好机遇的背景下召开的。本届"双代会"以邓小平理论和"三个代表"重要思想为指导，贯彻党的十五大、十五届五中全会和中国工会十三大精神，落实第三次全教会精神和教育振兴行动计划。本届"双代会"召开在新世纪的第一年，也是积极实施"十五"计划的第一年，其意义更加重大。

1. 第四届教职工代表大会胜利召开

2001年4月24日，第四届教职工代表大会暨第八届工会会员代表大会召开。

经过各部门民主选举，出席本次"双代会"的代表共 209 人，分别来自教学、科研及其他管理服务岗位。学校党政领导江秀乐、赵世超、武国玲、杜鸿科、吕九如、周德明、张建祥、张渭淮、陈文植等出席大会，并认真听取了各位代表的发言。

本次大会的议题是：听取赵世超校长的学校工作报告，讨论审议学校"十五"计划；讨论审议第七届工会委员会工作报告；讨论审议《陕西师范大学人事分配制度改革实施意见》；讨论通过教代会工作委员会工作条例；选举产生第八届工会委员会；选举产生第四届教代会各工作委员会。

校长赵世超在工作报告中，就学校"十五"编制情况和"十五"发展计划，向与会代表做了说明和阐述。他在肯定"九五"期间学校事业发展取得突出成绩的同时，分析了当前的国内外教育形势，提出了学校"十五"期间的奋斗目标和主要任务。报告认为，"九五"期间学校各项工作都获得了突出的成绩。如办学规模逐渐扩大，教学科研工作进步明显，学位点建设取得实质性突破，师资队伍结构进一步优化，校内管理体制改革不断深化，多渠道筹措办学经费的能力增强，基础设施建设的步伐加快，校园文化活动健康发展，精神文明建设成就显著，等等。

第七届工会主席李春琦在报告中回顾过去五年成绩的同时，针对工会工作中仍然存在的不足，指出工会要在新的历史时期摆正自己的位置，为促进学校改革和发展做进一步的努力。

第四届教职工代表大会第一次全体会议共收到提案 40 件。提案内容共分七大类，涉及教学科研、人事福利、基础建设、民主监督、职工住房、医疗保险及其他内容。学校党政职能部门对提案做到件件有回复。

2. 第四届教职工代表大会年度会议召开

2002 年 12 月 30 日，第四届教职工代表大会第二次全体会议召开。大会听取党委书记江秀乐做的《认真贯彻十六大精神，努力实现我校跨越式发展》的报告，讨论审议校长赵世超所拟《陕西师范大学发展规划（草案）》，并就 2002 年度的基本建设、后勤设施改造、大宗物资和实验设备采购、校办产业以及人才引进和师资队伍建设等方面工作进行了校务公开。

2003年12月18日，第四届教职工代表大会第三次全体会议召开。大会听取和审议了校长赵世超关于2003年学校工作的报告、党委副书记王涛《关于学科和队伍建设规划以及校园建设规划的说明》、党委书记江秀乐所做的《以"三个代表"重要思想为指导，正确把握学校发展中的几个重大关系》的报告。

2005年1月4日，第四届教职工代表大会第四次全体会议召开。校长房喻做了校内分配制度调整的实施意见和集资建房方案的总体说明，副校长张建祥、周德明分别做关于《陕西师范大学校内分配制度调整实施意见》和《新建教职工住宅楼集资方案》的说明，王继代表教代会提案工作委员会就代表提案工作进行说明。

2005年6月30日，第四届教职工代表大会第四次教代会代表团团长（扩大）会议召开。校长房喻通报长安校区建设情况，阐述两个校区的功能定位及实现该定位的基本思考，介绍了暑期搬迁工作安排。

（二）第五届教代会召开，团结奋进开创学校工作新局面

第五届教职工代表大会暨第九届工会会员代表大会，是在学校第九次党代会圆满召开和学校发展战略规划进一步明确、各项事业呈现快速发展的大好形势下召开的。2006年是学校实施"十一五"规划的第一年，也是进入"211工程"后的第一年。本届"双代会"以邓小平理论和"三个代表"重要思想为指导，深入学习贯彻党的十六大、十六届五中全会和中国工会十四大精神，落实学校第九次党代会提出的各项任务，以进入"211工程"为动力，积极投身于学校的建设与发展工作之中，为实现以教师教育为主要特色的综合性研究型大学的发展目标而奋斗。

1. 第五届教职工代表大会胜利召开

2006年4月1日，第五届教职工代表大会暨第九届工会会员代表大会召开。在校的学校党政领导江秀乐、房喻、武国玲、王涛、张渭淮、张建祥、周德明、

王武海、冯旭东出席大会。233名教职工代表（应到代表262人）和特邀代表参加了会议。大会由党委副书记、副校长王涛主持。

大会主要议题为：听取校长房喻的学校工作报告；讨论审议第八届工会委员会工作报告；选举产生第九届工会委员会和第五届教代会四个工作委员会。大会的主要任务是：高举邓小平理论伟大旗帜，以"三个代表"重要思想为指针，全面落实科学发展观，认真贯彻落实中国工会十四大和学校第九次党代会精神，总结第四届教代会暨第八届工会工作，认清形势，明确任务，服务中心，团结动员全校教职工不断开创工会工作新局面，为把学校建成以教师教育为主要特色的综合性研究型大学而建功立业。

校长房喻做《继往开来加快发展　努力开创我校工作新局面》的工作报告，就自第四届教代会以来五年间学校事业发展情况和近期工作的一些思考向大会报告。他指出：学校在第九次党代会上进一步明确以教师教育为主要特色的综合性研究型大学的发展目标，并成功跻身于"211工程"建设大学行列。五年来，学校办学规模适度扩大，人才培养质量稳步提高，学科建设取得突破性进展，科研工作有长足发展，师资队伍建设成效显著，办学条件得到极大改善，国际交流日益广泛，社会服务能力明显增强，圆满完成"十五"计划和上届教代会提出的目标任务，学校事业实现了跨越式发展。希望广大教职工充分发挥主人翁精神，为早日把学校建成以教师教育为主要特色的综合性研究型大学而努力奋斗。

校工会主席武国玲做《全面履行工会组织职能　为实现以教师教育为主要特色的综合性研究型大学目标建功立业》的工作报告，全面总结了自第四届教职工代表大会暨第八届工会会员代表大会后校工会的工作成绩。五年间，校工会在学校党委和省教育工会的正确领导下，在学校行政的大力支持下，依法认真履行工会职能，扎扎实实推进各项工作，切实加强教师师德建设，促进青年教师健康成长，努力推进校园文化建设，切实保障教职工合法权益，全心全意为教职工办实事。

同时，大会选举产生了陕西师范大学第九届工会委员会和工会经费审查委员会成员，选举李磊为工会委员会主席，李春琦、田振军为工会委员会副主席。

第五届教职工代表大会第一次全体会议共收到代表提案48件，涉及三方面内容：一是关于学校的管理工作，有34件；二是关于学科建设和师资队伍建设，有6件；三是关于改善教职工待遇和生活条件，有6件；校办产业及其他2件。对于代表们的提案，大会件件有回复。教代会四个工作委员会从源头上维护了教职工的知情权、参与权、决策权和管理权，标志着学校民主管理工作进入一个新阶段。

2. 第五届教职工代表大会年度会议召开

2007年1月13日，第五届教职工代表大会第二次全体会议召开。与会代表听取校长房喻的2006年学校工作报告和校长助理王武海《关于我校职工住房的问题与对策》的报告，讨论审议了《陕西师范大学集资新建住宅楼选房办法》。

2008年1月11日，第五届教职工代表大会第三次会议召开。与会代表听取校长房喻的2007年学校工作报告和教代会提案监督工作委员会提案工作报告，讨论和审议《陕西师范大学岗位津贴调整方案》和《陕西师范大学职工住房模拟产权管理试行办法》。

2008年12月29日，第五届教职工代表大会第四次会议召开。会议的主要议题有两项：一是讨论和审议《陕西师范大学岗位津贴调整方案》；二是讨论和审议《陕西师范大学职工住房模拟产权管理试行办法》。副校长张建祥和副校长王武海分别做《陕西师范大学岗位津贴调整方案》和《陕西师范大学职工住房模拟产权管理试行办法》的说明。

2010年1月18日，第五届教职工代表大会第五次会议召开。本次会议的主要议题是讨论审议陕西师范大学雁塔校区和长安校区二期住宅建设规划。各位代表经过认真讨论和审议，形成两项决议：一是为解决旧住宅楼面积小、楼龄长、质量结构差等问题，进一步改善教职工的住房条件，拆除雁塔校区老旧住宅楼18栋，在原址上新建7栋高层住宅楼；二是为解决教职工住房不足的现状，启动长安校区二期住宅建设工程，建10栋高层住宅楼。

2011年4月1日，第五届教职工代表大会第六次全体会议召开。会议分别听取了副校长张建祥关于《校内分配制度改革指导思想、基本思路》和副校长王武海关于《转换住宅区物业管理机制，建设高品位大学人居环境》的报告，审议了教代会提案监督工作委员会《代表提案工作报告》。这次会议广泛听取和征集了广大教职工对学校事业发展的意见和建议，增强教职工的主人翁意识，调动教职工的工作积极性，对学校发展转型有重要意义。

第七节　发挥特色优势服务国家西部大开发战略①

作为党和国家布局在西部的一所部属师范大学，陕西师范大学始终坚守为西部基础教育培养优秀人才和提供优质服务的主责主业，并在教育理念、发展定位、办学思路等方面把为西部特别是为西北的基础教育服务作为学校发展的第一要务，同时积极响应国家西部大开发战略，为此努力做出应有的贡献。

一、坚持面向西部办学，培育扎根奉献的教师队伍

长期以来，师资问题是西部教育发展的短板之一，而地处西部及其社会经济发展相对滞后则加剧了这种短板效应。针对此，坚持面向西部办学，培育扎根西部的教师队伍一直是陕西师范大学的责任与使命，即通过人才培养和师资培训等形式，为西部教育的发展输送高质量的师资。

（一）坚持面向西部招收本科生，为西部基础教育发展培养教师

为适应西部的社会发展需求，学校积极创造条件，做好面向西部的本科生招生工作。2000年，面向西部计划招收的本科生数为1145人，占比达48.31%。为积极响应国家需求，学校持续增加面向西部的本科招生名额。2006年，面向西部计划招收的本科生数为2005人，占比达到54.19%。从2007年至2011年，这一比例均超过本科生总招生人数的50%。换言之，来自

---

① 西部大开发战略中对西部地区界定的范围是陕西、甘肃、宁夏、青海、新疆、四川、重庆、云南、贵州、西藏、广西、内蒙古等12个省、自治区、直辖市。

西部地区的学生已经成为陕西师范大学在校生的主体。此外，多数本科生毕业后扎根西部，工作在西部基础教育一线。《人民日报》2007年5月1日的头版刊发题为《投身西部热土——记到基层就业的三位陕西师范大学毕业生》的采访报道。这是陕西师范大学坚持面向西部办学，铸就学校"西部红烛两师代表"精神的真实写照。

2007年9月，学校招收首届免费师范生2580名，其中统招本科生2422名，定向西藏学生40名，2005级民考学生20名，2006级少数民族预科生98名。学校所招免费师范生数占本科招生总数的66.4%，为6所部属师范大学中招生比例最高的。2010年秋季学期，2604名首届免费师范生奔赴陕西、新疆、宁夏、甘肃、青海、西藏、重庆、河南、广东等9个省、自治区、直辖市92个县区331所学校开启实习支教之旅。①2011年5月，首届免费师范生毕业，开启"教育工作者"的践行之途。其中，到县级及县级以下中小学校就业的毕业生约占毕业生总数的85%；到贫困地区及灾区的就业人数明显增多，如非地震灾区北川籍毕业生签约北川中学11人，签约地震灾区陕西宁强县12人，到西部地区如新疆、宁夏、甘肃、青海就业512人，到西藏81人。他们在新的旅程中肩负起历史重任，为祖国的基础教育奉献青春。

（二）积极落实国家教育政策，为西部发展培育民族英才

通过开设民族预科班，面向内地西藏班、新疆班招生的方式，陕西师范大学长期履行着为西部发展培育民族英才的使命。一是开设民族预科班。作为全国最早开展民族预科教育的五所高校之一，学校自1980年设立民族预科班以来，主要面向西部招生，且集中在陕西、甘肃、青海、广西、宁夏等地。民族预科班每年招生数维持在120人左右，2008年至2011年增加到每年135人。二是面向内地西藏班招生。1984年，国务院调研组在一份与西藏相关的调研报告中提出"采取集中与分散相结合的原则，在内地省、市办学，帮助西藏

---

① 李萍：《首届免费师范生赴九省区实习支教》，载《陕西师大报》2010年9月30日第1版。

培养人才"的构想。自 1985 年起,全国 16 个省(市)相继开办内地西藏初中班和高中班。学校积极响应国家号召,2000 年开始面向内地西藏班进行招生,招生人数为 10 人,2003 年招生数量达到 40 人,2004 年至 2006 年数量稳定在 35 人左右,2007 年至 2011 年的数量有所下降,但维持在 20 人左右。三是面向内地新疆班招生。1998 年,时任中共中央总书记江泽民在新疆考察工作时强调"要有计划地选送一些优秀青少年到内地读书"。1999 年《国务院办公厅转发教育部等部门关于进一步加强少数民族地区人才培养工作的意见的通知》要求,从 2000 年起在北京、上海、天津等 12 个城市开办内地新疆高中班。自 2004 年开始,陕西师范大学面向内地新疆班进行招生,每年招生人数为 15 人,到 2011 年增加到 27 人。2007 年 6 月,陕西师范大学被教育部确定为少数民族高层次骨干人才硕士研究生基础强化培训学校,进一步扩大和提高了学校少数民族人才培养的范围和层次。

(三)发挥教师教育办学优势,面向西部开展师资培训

借助教师教育资源优势,学校面向西部开展了涉及高校、中小学以及农村学校全覆盖的师资培训。一是开展西部高校教师培训工作。自 2000 年 1 月教育部西北高校师资培训中心和教育部西北教育管理干部培训中心合署办公成立教师干部培训学院以来,学校大力开展面向西部高校教师的培训工作。二是开展面向西部基础教育教师培训工作。2002 年 11 月,教育部西北高校师资培训中心举办首期民族地区中学骨干教师培训班。截至 2007 年底,已完成中小学骨干教师国家级、省级培训 1800 余人次,进修培训 1120 余人次,教育督导干部、中小学校长培训 4000 余人次,地县教育局局长培训 380 人次。2010 年 1 月,甘肃天水市高中新课程骨干教师培训班开班,来自天水市的 210 余名高中语文、数学、英语骨干教师接受培训。学校充分挖掘资源优势为广大骨干教师提供互动学习的机会与平台,提高了西部中小学师资队伍的专业素养和师德修养。三是开展面向西部农村教育教师培训工作。一方面,开展在职学习提升工作。教育科学学院作为小学教育专业和教育管理专业自学考试

主考院校，在 1997 年至 2003 年的七年间，先后在陕西全省 70 多个县市建立 90 多个教学点，把自学考试助学辅导的课堂开设到全省偏远区县和广大农村，为广大教师提供在职学习进修的机会。七年间，共有 18000 人次参加学习，98% 的学员获得国家自考学历证书。另一方面，远程教育培训为西部农村教师专业发展赋能。在招生对象上，累计培训各类在职人员 26000 人，其中中小学教师约 20000 人，占到总人数的 80%，学员中来自西部地区的人数占到 60%。到 2006 年底，已建立的近 100 个校外学习中心中有 64% 设立在西部地区，其中设立在县级城市的占比约 80%。2006 年，推出"陕西师范大学支持西部基础教育行动计划"，进一步加大网络教学平台和网络教育资源建设力度，不断完善现有的校外教学支撑服务体系，更加有效地面向西部县乡农村一线开展现代远程教育。

二、开展校县共建工作，推动西部县域教育发展

为贯彻《中国教育改革和发展纲要》精神和创新直接为农村基础教育服务的实践，学校于 1995 年底 1996 年初，先后与陕西省旬邑县、陇县签订《校县共建教育发展工程协议》。2005 年 10 月，陕西师大与陇县、旬邑县新一轮十年共建教育发展工程大会在陇县举行，这标志着新一轮的共建工程开始在新的起点上付诸实践。在 2006 年至 2009 年间，学校定期召开校县共建的工作总结与建设计划会议。

（一）推进"三大基地"建设，实现教、研、学融合发展

自 1995 年以来，在校县双方的共同努力下，一是将两县建成陕西师范大学农村教育综合改革研究实验基地。学校在两县持续开展课题研究，也和两县基层教师一起开展教育教学研究活动，取得了良好的教育效益。二是将两县建成教育科学研究成果的推广基地。十余年来，学校基础教育学科教学研究成果和教育科学研究成果，在两县得到较大程度和较广范围的应用。特别是

包括"诱思探究教学理论"①及其他多项成果在内的教学成果被推广到两县大部分中小学，对促进两县教育教学质量的提高起到积极作用，而且辐射到省内外基础教育界更加广阔的地区。在2010年12月，组织相关教师及课题组分赴旬邑县为当地教育管理干部做专题报告，指导并研究旬邑县中长期教育改革发展行动计划。三是将两县有关中学建成教育教学实践基地。两县教育行政部门和有关中学的领导克服困难，积极创造条件，对陕西师大学生热情接待、认真指导，确保每年在两县参加教育实习活动的学生圆满完成课堂教学、班主任见习和社会调查任务。

（二）开展教师职后教育，提升两县教师专业水平

学校一直把建设能够满足两县基础教育发展需要的教师队伍作为共建的重点，采取多种形式推进两县的师资培养和培训工作，从而补充和壮大两县的教师队伍。一是在国家高考招生政策允许的情况下，从1998年起，针对两县教师教育类专业"考取少，分不来，不对口，留不住"的具体实际，以协议培养的方式，每年从两县招收10名左右的高中毕业生，接受正规的本科教育。二是依托教师干部培训学院、继续教育学院、教育科学学院等，义务培训两县中学各学科的教师和教育管理人员160余名；在旬邑县建立音乐、美术教育专科阶段函授教学点，培养音乐、美术学科教师100余名；从1998年起在陇县举办小学教师小学教育专业自学考试辅导班，义务培训陇县小学教师300余名。三是认真组织校县教育教学交流活动，积极促进两县教师综合素质的发展。1996年4月以来，组织有关专家教授20余人次，以为基础教育服务讲师团等形式，先后多次深入旬邑县和陇县，举办题为"科学技术与社会发展""诱思探究理论""青少年心理健康与教育""素质教育与减负"等专题报告。这在一定程度上提高了两县教师的工作能力和业务水平。

---

① "诱思探究教学理论"的创立者是教育科学学院的张熊飞教授，他把推广"诱思探究教学理论"的第一站选在了陇县。此后，张熊飞教授多次赴旬邑、陇县讲学，"诱思探究教学"也走向了全国30个省、自治区、直辖市的142个实验基地。

（三）中小幼学校全方位对接支持，助力两县基础教育质量提升

在中学层面，陕西师范大学附属中学坚持每年选派具有丰富教学经验的骨干教师分赴两县进行示范教学，并对高三年级进行考前强化辅导，还多次邀请两县中学的领导及任课教师，来校观摩教学或挂职锻炼，交流教学工作及教学管理经验。在小学层面，陕西师范大学附属小学围绕校县共建开展丰富多彩的活动。一方面，每年都开展全校性的"情系山区小伙伴""扶贫帮困献爱心"活动，为两县共建单位捐款9万余元，捐赠教学投影仪、单放机、图书、文具和衣服18000余件（册），并通过提供学费、课本费等方式资助旬邑县42名贫困或面临失学的儿童完成小学学业；另一方面，与陇县西大街小学、旬邑县张洪镇小学举行多次联校赛教活动，并邀请两校教师来陕西师范大学附小观摩教学。在学前教育方面，陕西师范大学幼儿园与旬邑县机关幼儿园结成对口共建单位，自1999年以来，陕西师范大学幼儿园先后安排旬邑县机关幼儿园有关人员100多人次来园观摩学习，并赠送了大量教学资料和幼儿玩具，多次选派优秀教师赴旬邑县上示范课，交流工作经验，定期对共建幼儿园的教师进行业务指导和培训。

在推广校县共建基础教育工程经验的基础上，学校于2008年10月与青海省教育厅、宁夏回族自治区教育厅，2009年3月与陕西省教育厅、新疆维吾尔自治区教育厅，2009年6月与甘肃省天水市人民政府，2009年9月与西藏自治区教育厅签订共建教师教育创新实验区协议。根据协议，学校组织实施系列教师教育改革实践和基础教育服务活动，为所在区域基础教育以及经济社会做出积极贡献。一是以创新性成果引领基础教育的改革与发展。学校广泛联合基础教育一线教研力量，组织专家学者分赴陕西、宁夏、青海、新疆等省、自治区中小学，开展基础教育课程改革调查研究活动，指导基础教育新课程改革实施工作，协助天水市、旬邑县、汉阴县等实验区教育行政部门，制定地区教育发展规划，对实验区教育改革发展发挥了较好的决策咨询与支持作用。二是为实验区学校教师专业发展提供支持。利用"国培计划""省级培训""校本研

修""送培下乡""一课三评一报告"等多种途径和形式，先后组织策划为陕西、宁夏、青海、甘肃、新疆和西藏等地培训中小学骨干教师。通过培训，帮助实验区教师掌握教育教学的新理念和新方法，促进实验区学校管理水平和教学水平的提升。三是促进基础教育学校办学实力提升。学校组织附属中学、附属小学、幼儿园等校内单位，广泛开展与实验区相关单位的教育教学合作交流和对口援建工作，推动实验区学校办学实力和办学水平提升。

校县共建工程是构建实现优质教师教育资源与西部农村教育共同发展的重要探索，是师范大学与地方政府合作双赢的重要实践。2001年，学校申报的《校县共建——高师院校探索直接为基础教育服务新模式的研究与实践》获陕西省优秀教学成果一等奖。2006年1月20日，《光明日报》以《服务西部基础教育的成功探索》为题，对陕西师范大学坚持十年创建"校县共建"模式进行报道。

三、响应西部开发战略，对口支援西北地方院校

对口支援工作对于促进西部经济社会发展，促进民族团结和社会稳定，巩固国防和国家安全都具有重要的战略意义和现实意义。为贯彻落实西部大开发战略，支持西部高校发展，教育部2001年启动对口支援西部高等学校工作。为积极响应国家号召，认真落实对口支援工作，根据教育部安排，2007年5月，学校与青海师范大学签订对口支援协议；根据《教育部关于对口支援新疆地区本科高等学校的通知》精神，2011年9月，学校与新疆昌吉学院签订对口支援协议书。为积极落实陕西省委、陕西省人民政府关于加快陕南高等教育事业发展步伐的战略决策，2006年10月，学校与安康学院签订支持办学协议书。为巩固与内蒙古师范大学的长期友好协作关系，2004年1月，学校与内蒙古师范大学签署合作办学协议书。为积极探索硕士研究生培养新机制，支持地方高校跨越发展，2006年7月，学校与西安文理学院签订合作培养硕士研究生协议书。十年间，学校积极促进支援院校在师资队伍建设、教育教学管理、学科建设、学校治理、校园数字化建设等方面的发展。

（一）帮助对口支援院校的教师干部队伍建设

根据签订协议，学校以教师干部队伍建设为切入点，以教师学历提升、进修锻炼、专项培训为主要内容，加强校际人员交流，较好地促进对口支援院校的良性发展。一是帮助对口支援院校提升教师学历层次。根据2004年签订的协议，在符合教育部有关规定的条件下，学校优先考虑内蒙古师范大学的教师以定向、委培等方式攻读硕士、博士学位，在内蒙古师范大学设点办班，帮助内蒙古师范大学提升教师的学历层次。从2007年起，由于学校与青海师范大学的交流合作不断加深，青海师范大学的教师通过各种途径攻读陕西师范大学硕士、博士学位的人数明显增多。截至2011年，有46名青海师范大学教师被录取为陕西师范大学博士研究生。2011年10月，学校给予昌吉学院7个博士指标、5个硕士指标，帮助昌吉学院教师提升学历层次。二是为对口支援院校教师提供学习进修和挂职锻炼的机会。教师进修和干部学习锻炼工作是"质量工程"对口支援工作的重要组成部分，旨在切实提高受援高校教师的教学科研能力，进一步增强师资队伍和干部队伍的整体水平。2006年，学校为安康学院的党政管理干部提供工作进修和学习锻炼的机会。从2007年9月始，青海师范大学每年分2期、每期5个月派教师和干部来学校业务进修和学习锻炼。截至2011年9月，青海师范大学共有68名教师和29名管理干部到陕西师范大学进修学习和挂职锻炼。2011年9月，昌吉学院派出1名教师和2名管理干部在学校相关单位业务进修和学习锻炼。三是为对口支援院校教师提供专项培训和学习。2008年，学校通过接收教师研修的方式，对青海师范大学相关专业专任教师进行培训。2011年5月，青海师范大学教务处5名管理干部赴陕西师范大学教务处考察学习，学习内容包括专业建设、本科培养方案、精品课程、本科教学质量监控、教育教学实践、大学生科技创新等方面的内容、举措和管理方式，从而转变其教育管理理念，提高实际管理能力，带动青海师范大学行政管理队伍整体素质的进一步提高。

（二）助力对口支援院校的学科专业发展

学科建设和专业发展是衡量高等院校发展水平的核心指标。陕西师范大学结合自身办学经验和优势，用情用心帮助对口支援院校的学科专业发展。一是促进对口支援院校的学科建设。从 2007 年开始，陕西师范大学与西安文理学院等合作培养研究生，以促进该校的学科建设。2008 年 8 月，校党委副书记、纪委书记张渭淮，副校长萧正洪及有关部门负责人赴青海师范大学商谈学科建设与研究生培养合作事宜。2011 年，学校领导再赴青海师范大学商谈学科建设与研究生培养推进事宜，并组织相关专家审读《青海师范大学"十一五"学科建设规划》。二是帮助对口支援院校的学位点建设。从 2007 年起，根据《学科建设与研究生教育工作对口支援推进计划》，遴选和聘任青海师范大学拟申报博士点专业的学术带头人担任陕西师范大学相应学科的博士生导师。2011 年，为青海师范大学的学位授权点建设提供必要的资讯，学校组织相关专家审读其学位授权点申报材料并提出建设性意见。2011 年 8 月，应昌吉学院邀请，选派 3 位专家专程赴昌吉学院，指导昌吉学院进行教育部工程专业硕士点的申报工作。三是为对口支援院校的专业建设及培养方案提供意见。2011 年 6 月，青海师范大学选派各专业负责人共 46 人，来学校观摩本专业或相近专业的本科培养方案答辩会。答辩会后，青海师范大学相关专业负责人与相应院系负责人进行了座谈交流，征求对青海师范大学专业建设及培养方案的意见建议。四是指导对口支援院校的课程建设。2011 年 7 月，选派中国古代文学史、自然地理学、中国古代史等 3 个国家级精品课程组教师赴青海师范大学指导相关课程建设工作。2011 年 11 月，昌吉学院中文系与陕西师大校文学院就汉语言文学专业精品课程建设、教学团队建设进行座谈，双方签订《陕西师范大学文学院—昌吉学院中文系对口援建工作推进计划》。2011 年 12 月，昌吉学院与我校教育学院就学前教育专业建设规划、精品课程建设、教学团队建设展开交流，并对下一步支援工作做出安排，双方签订《陕西师范大学教育学院—昌吉学院初等教育学院对口援建工作推进计划》。

（三）为对口支援院校传授教育教学管理经验

2007年，根据双方协议及《本科教学工作对口支援推进计划》，在已形成的较为成熟的以"三级三类"教学质量评估为主体的教学质量监控与评估体系及其网络化运行模式的基础上，学校从制度建设、技术支持等方面帮助青海师范大学建立健全"三级三类"教学质量监控与评估体系。2007年7月，青海师范大学召开教学工作会议，"本科教学质量与教学改革工程"正式启动。"三级三类"教学评估体系在青海师范大学得到全面引入和实施，学校还组织专家审读青海师范大学拟定的"三级三类"教学质量监控与评估体系方案和实施细则。在教育部2008年对口支援西部地区高等学校管理人员高级研修班总结会上，教育部高教司办公室主任康凯对此项工作给予充分肯定和高度评价。

（四）助推对口支援院校校园数字化建设

根据《信息化建设工作对口支援推进计划》，学校着力推进青海师范大学校园数字化建设。2008年，青海师范大学借助陕西师范大学已形成先进的网络运行管理方式、功能齐全的校园网数字化教学支撑体系、高效的校务管理信息平台基础，通过对口支援与合作，推进校园网络的高效运行，最终建立起功能齐全的网络化教学支撑体系、高效的电子校务平台。同时，根据教育部《"质量工程"对口支援工作数字化教室建设任务书》的要求，学校网络中心与青海师范大学协商制定了青海师范大学数字化教室建设方案，并顺利通过教育部专家组审核并立项。在网络中心的大力扶持下，青海师范大学校园网上开通《陕西师大精品课程开发工具》《陕西师大学生英语网站》和《陕西师大的精品课程（网络课程）建设网》等教学资源。这项举措填补了青海师范大学校园网教学资源的不足，促进了青海师范大学精品课程的建设。

（五）建立对口支援工作的长效机制

在开展工作过程中，学校探索并逐步建立起对口支援工作的长效机制。一是与对口支援院校签订合作办学或者对口支援协议书，据此具体安排下一步支援工作内容和任务。在对口支援青海师范大学工作建设中,除签订协议框架外,还制定《陕西师范大学对口支援青海师范大学教师进修和干部学习锻炼实施办法(暂行)》和《陕西师范大学青海师范大学落实"四个显著提升"工作方案(2010—2012年)》。二是成立对口支援工作领导小组。在对口支援青海师范大学的工作启动后,除指定一名校级领导专人负责此项工作外,学校还成立对口支援工作领导小组及相应工作机构。三是定期召开对口支援工作总结和推进会。与青海师范大学商定,每年在青海师范大学或陕西师范大学至少召开一次对口支援工作会议,以总结交流工作经验,并安排部署下一步合作事宜。四是建立两校领导的高层互访制度。例如,2008年10月19日,陕西师范大学校长房喻、副校长赵彬及相关部门负责人就对口支援工作赴青海师范大学访问;同年10月28日,青海师范大学党委书记张银生、校长董家平、党委副书记王振青及相关部门负责人赴陕西师范大学就对口支援工作进行访问。五是建立起专项工作模式。例如,根据青海师范大学进修学习人员的专业和培训需求,结合来访教师干部的研究或发展方向,学校在校内确定对口学习的院部或部门,为每位学员选拔优秀教师和干部做指导,实施"一对一"的指导模式;2010年,与青海师范大学建立"1+2+1"的本科生联合培养模式[①]。

四、面向西部开展支教,服务地方教育事业发展

在国家政策的支持和指导下,从1998年开始,学校面向西部地区组织研究生支教团和选派优秀教师送培支教,精准对接服务地方的教育需求,促进了当地的教育事业发展。

(一)组织研究生支教,为西部教育贡献青春力量

为更好地服务于科教兴国战略和国家"八七扶贫攻坚计划",充分开发青年人力资源,促进广大青年在实践中锻炼成长,同时缓解贫困地区教师数量不

---

① 第一学年和第四学年在青海师范大学学习,第二学年和第三学年在陕西师范大学学习。

足、质量偏低的问题，中央文明办、共青团中央从 1998 年开始组织实施青年志愿者支教扶贫接力计划。作为最早参与团中央扶贫接力计划的成员高校之一，陕西师范大学始终高度重视研究生支教工作，精心组织、公开招募、严格管理，使支教工作不断得到深化。由政治经济学院王勇、化学与材料科学学院石先莹、外国语学院祁喜红、数学科学学院谢强军等 4 位学生组成陕西师范大学首届研究生支教团，于 1999 年 9 月至 2000 年 7 月分别前往青海循化、青海大通、山西灵丘、宁夏西吉开展支教工作。从 2004 年起开始，陕西师范大学按学年向陕西山阳县派遣研究生支教团，2008 年首次向甘肃通渭县派出研究生支教团。

为保证支教工作顺利推进，1999 年 10 月成立研究生支教团招募工作领导小组，由分管学生工作的党委副书记和分管研究生工作的副校长任组长，研究生处、教务处、学生处、校团委等单位负责同志为小组成员，并由校团委具体负责研究生支教团的招募、组织和日常管理工作，由此构建起支教活动的领导机构和工作机制，为支教工作的顺利开展提供了可靠的组织保障。2000 年 10 月，印发《陕西师范大学研究生支教团招募和管理办法》，明确研究生支教团的招募任务和对象、招募条件、招募组织机构、招募程序、招募名额、保障和督导等，为研究生支教工作提供了制度保障。随着支教工作的推进，为有效实施志愿服务的项目化运作模式，变过去的"体力志愿服务"为现在的"智力志愿服务"，学校自 2008 年开始探索了一条志愿服务和社会实践项目化发展道路。

在 1998 年到 2011 年间，学校先后向青海循化、宁夏西吉、山西灵丘、陕西镇安、陕西山阳、甘肃通渭等地派出十三届研究生支教团。各届支教团志愿者不畏困难，克服高原缺氧、生活较为艰苦等方面的严峻困难，真正做到"知识回报社会，青春奉献祖国"，用实际行动支持西部大开发战略的实施，展示了陕西师大学子的理想情操。支教工作也有力地推动受援地区基础教育事业的发展。2005 年 6 月，学校向山阳县派遣 8 名研究生支教志愿者。因在中国青年志愿者扶贫接力计划研究生支教团工作中成绩突出，2005 年学校被团中央、教育部和全国学联授予"中国青年志愿者扶贫接力计划研究生支教团优秀组织单位"荣誉称号。

（二）选派教师送培支教，以智力支持西部教育发展

为贯彻落实《教育部关于新时期加强高等学校教师队伍建设的意见》《中共中央办公厅、国务院办公厅关于推动东西部地区学校对口支援工作的通知》和《国务院办公厅转发教育部等部门支援新疆汉语教师工作方案的通知》精神，学校采取各种举措、利用各种途径调动教师积极性，投身于国家发展战略和地方教育事业发展之中。一是组织专家讲学团，开展送培支教活动。2002年3月至4月，教育部西北高校师资培训中心组织专家讲学团赴宁夏讲学，以帮助宁夏地区加快师资队伍建设，培养和建设中小学骨干教师和学科带头人梯队，实施好"中小学教师继续教育工程"和"跨世纪园丁工程"。2009年8月，按照教育部的要求，采取"送培到省""送教上门"集中培训的方式，开展对口支援宁夏的教师培训项目。二是选派优秀教师，开展援疆支教工作。2003年，选派首批援疆教师。学校对援疆教师的选派条件、选派程序、管理及待遇等制定了明确要求和保障措施。2003年至2006年，学校每年选派3名中青年教师赴乌鲁木齐师范学校担任教学工作，每期时间为一年。三是结合省县需求，选派教师赴农村支教。在2007年至2011年的五年间，开展了五期支教工作，每期选派4名教师历时一年对口支援山阳县农村中学。

小 结

学校第八次党代会召开以后，校党委牢牢抓住高等教育大发展和西部大开发的历史机遇，紧紧围绕第八次党代会提出的目标任务扎实地推进各项工作。通过行政机构调整和干部聘任，实现精兵简政，厘清工作职责，机关工作作风、服务意识和工作效率明显提高；通过院系调整，理顺校院系关系，进一步扩大学院办学自主权；通过人事制度改革，优化教职工队伍结构，激活用人机制；通过分配制度改革，建立起以岗定薪、多劳多得、优劳优酬的激励机制，对吸引、稳定和培养优秀人才起到巨大的作用；通过后勤社会化

改革，创新后勤管理体制和运行机制，大大提高后勤服务的质量和水平。同时，学校坚持以教学和科研为中心的办学方针，探索多样化的教学改革和人才培养模式；全力推进学科和学位点建设，国家级重点学科、一级学科博士学位授权点和博士后流动站建设均实现零的突破；抓住机遇建设和启用长安校区，形成"一校两区"的办学格局，使学校规模得到大幅度提升；新增专业与调整学院，形成以文理基础学科为主体、以教师教育为主要特色、学科门类比较齐全的综合性本科专业结构与布局。这些改革创新和工作推进，使学校发展得到全面而系统的改观，为学校在第一轮本科教学工作水平评估中取得优秀成绩和后续的发展打下坚实的基础。

在全国高等教育由数量扩张向内涵发展的转型中，以及国家在师范教育领域构建以高水平大学为先导的现代教师教育体系的背景下，学校 2005 年 6 月召开第九次党代会，确立了以教师教育为主要特色的综合性研究型大学的办学目标。此后，学校于 2005 年底跻身"211 工程"建设高校，2008 年跨入"985 优势学科创新平台"行列，这些极大地振奋了全校师生员工和广大校友的精神，进一步夯实了办学基础，提升了办学层次，在学校发展史上具有重要的里程碑意义。在新的发展平台，学校借助"211 工程"三期建设项目，在重点学科建设、创新人才培养、队伍建设等方面取得了许多建设成就和标志性成果。尤其是一级学科博士点增加到 15 个，二级学科博士点增加到 103 个，一级学科硕士点增加到 40 个，研究生专业学位点增加到 20 个，博士后科研流动站增加到 12 个，并获得教育博士专业学位授权，在更大平台培养高层次创新人才的能力得到进一步提升。通过"985 优势学科创新平台"三年的建设周期，强化教师教育优势学科体系，创新免费师范生培养模式，搭建平台培养免费师范生实践创新能力，形成一批引领教师教育的研究成果，以及建成教师教育数字化课程教学资源，使得学校的教师教育特色发展战略深入人心，教师教育优势学科专业体系得到加强，服务基础教育的能力显著增强。与此同时，学校始终在教育理念、发展定位、办学思路等方面，把面向西部特别是为西北基础教育服务作为其发展的第一要务，积极响应国家西部大开发战略，充分发挥教师教育资源优势，培育扎根西部的教师人才，开展校县共建工作，对口支援西北的地方院校，面向西部开展支教，有力地促进了西部教育的快速发展。

第七章 踔厉奋进

推进『双一流』建设 强化学校的特色发展

从学校2011年12月召开第十次党代会至2018年12月举行第十一次党代会的七年间，陕西师范大学面向新时代确立新的目标任务，推进"双一流"建设和强化特色发展，加快以教师教育为主要特色的综合性研究型大学建设步伐。这也是本章记述学校此段发展历史的基本时限。

党的十八大以来，中国特色社会主义进入新时代，党中央统筹中华民族伟大复兴战略全局和世界百年未有之大变局，领导全国各项事业踔厉奋进、勇毅前行，其间也推进高等教育事业以提升质量为核心进行内涵式发展。同时，教育优先发展的战略地位日益凸显，高水平大学建设的竞争日趋激烈，全面提升高等教育质量不仅是世界高等教育面临的共同课题，也成为中国高等教育进入大众化教育阶段后所面临的最核心最紧迫的任务。

陕西师范大学在2011年12月召开第十次党代会至2018年12月举行第十一次党代会的七年间，各项工作进入了建设高水平大学的关键时期和攻坚阶段；而加强领导体制和治理体系的健全和完善，以"双一流"建设为契机打造学科高峰，坚持以内涵发展推进高层次人才培养质量全面提升，以优秀人才培养和旗帜型人才选拔为重点加强师资队伍建设，构建全方位立体型的西部教育援助体系等，则是学校在新时代面临的重大机遇与光荣使命。

第一节　第十次党代会的召开和学校内涵的发展

2011年12月17日至18日，学校召开第十次党代会，全面总结了第九次党代会以来取得的成绩与经验，深入分析了学校改革发展面临的新形势和阶段性特征，面向新时代确定了新的奋斗目标、发展思路和主要任务，决定加快转型发展步伐，初步实现了由教学科研型师范大学向以教师教育为主要特色的综合性研究型大学的历史转型。

一、完成既定目标任务，高水平大学特征初步彰显

陕西师范大学第九次代表大会于2005年6月召开。此后六年间，在教育部党组和陕西省委的正确领导下，学校党委团结带领全校党员和广大师生员工，深入学习和实践科学发展观，抢抓机遇，奋力进取，顺利实现了学校战略规划第一阶段的目标。学校有特色、综合性、研究型的高水平大学特征初步彰显，

综合实力和社会声誉进一步提升，成功跻身国家"211工程"重点建设大学和"985优势学科创新平台"学校行列，转型发展迈出了新的步伐。①

2005年至2011年的六年中，学校党委连续3次被评为"陕西省高等学校先进基层党委"，2010年被评为"全省理论学习先进单位"；学校纪委于2007年和2010年分别被评为"全国教育系统纪检监察工作先进集体"和"全省教育系统纪检监察工作先进集体"；学校被国务院授予"全国民族团结进步模范先进集体"，被教育部评为"全国教育系统关心下一代工作先进集体"，被陕西省政府评为"民族体育先进集体"；先后荣获"陕西省师德建设先进集体""陕西省模范职工之家"等荣誉称号；有4名教师荣获"全国先进工作者""全国优秀教师"称号，有9个基层党组织、17名党务工作者和34名党员被评为省级先进基层党组织和先进个人。在学校转型发展进程中，陕西师大人牢记使命、励精图治，抢抓机遇、共谋发展，推动学校工作取得了成效显著的快速发展和骄人成绩。学校坚持用科学发展观指导工作，自觉性与坚定性进一步增强，校级领导班子自身建设进一步完善，党委统揽全局和推动事业发展的能力进一步提升。学校各项事业全面发展，学科建设取得重大突破，成功跻身"211工程"国家重点建设高校，入选"985工程"优势学科创新平台建设高校，科学研究取得明显进展，师资队伍建设水平不断提高，国际交流与合作不断拓展，服务社会能力显著增强，校内管理体制改革不断推进，办学条件全面改善，综合办学水平有了显著提升。学校高度重视干部队伍建设、基层党组织和党员队伍建设、作风建设、反腐倡廉建设、思想政治工作、文化建设和精神文明创建等，推动党建和思想政治工作不断加强，为学校发展提供了有力的思想、政治和组织保障。

回顾六年的奋斗历程，学校党委积累了丰富的办学经验：建设高水平师范大学，必须始终坚持加强和改善党的领导，坚持和完善党委领导下的校长负责

---

① 《中国共产党陕西师范大学第十次代表大会文件汇编：党委书记甘晖同志在中国共产党陕西师范大学第十次代表大会上的报告》，陕西师范大学档案馆藏，党群档案库，档案号3-2011-DQ11-13.0001。

制,不断增强党委统揽全局、把握方向、抢抓机遇和科学决策的能力;必须始终坚持解放思想、大胆创新,以深化改革推动可持续发展;必须始终坚持发展是第一要务,坚定走以提高教育质量为核心的内涵发展之路;必须始终坚持遵从高等教育规律,崇尚学术,发展学科,千方百计增强办学实力;必须始终坚持以师生为本,坚持民主管理、依法治校,坚持全心全意依靠广大师生、全心全意服务广大师生,充分调动广大师生员工投身学校改革发展事业的积极性、主动性和创造性,让全体师大人在学校事业的发展中获得更多更大的发展空间。这些经验来之不易,它们是全校师生员工的智慧结晶,是学校进一步推进改革发展的宝贵财富。

二、确定新的目标任务,加快高水平大学建设

2011年,世界正处于大发展大变革大调整的历史时期,人才竞争导致教育竞争日趋激烈;国家正处于深化改革和全面建成小康社会的关键时期,高等教育在改革发展与社会转型中的战略地位愈加重要,高水平大学建设的竞争日趋激烈;学校进入了由传统教学科研型师范大学向以教师教育为主要特色的综合性研究型大学转型的关键时期[①]。在这样的历史背景下,陕西师范大学第十次代表大会于2011年12月17日至18日在雁塔校区积学堂召开。

第十次党代会当选代表202名,因病因事请假10名,192名代表参加了开幕式。学校知名专家学者、各民主党派负责人、市级以上人大代表和政协委员以及非代表的副处级以上干部、三级以上教授列席开幕式。开幕式由学校党委副书记王涛主持,校长房喻向大会致开幕词。

第十次党代会听取和审议了中共陕西师范大学第九届委员会工作报告和中共陕西师范大学第九届纪律检查委员会工作报告,讨论审议了《陕西师范大学文化建设规划纲要》,选举产生中共陕西师范大学第十届委员会和纪律检查委

---

① 《中国共产党陕西师范大学第十次代表大会文件汇编:党委书记甘晖同志在中国共产党陕西师范大学第十次代表大会上的报告》,陕西师范大学档案馆藏,党群档案库,档案号3-2011-DQ11-13.0001。

员会。同时，在深入分析学校改革发展面临形势和阶段性特征的基础上，大会进一步明确了第十次党代会之后的奋斗目标、发展思路和主要任务，动员全校党员和师生员工为早日把学校建设成为以教师教育为主要特色的综合性研究型大学而努力奋斗。

第十次党代会的指导思想是：高举中国特色社会主义伟大旗帜，以邓小平理论和"三个代表"重要思想为指导，深入贯彻落实科学发展观，全面落实全国教育工作会议精神和教育规划纲要，以及胡锦涛总书记在清华大学百年校庆上的讲话精神，围绕提升教育质量和创新能力，促进内涵发展，加快学校战略转型和高水平大学建设，动员和凝聚全校力量，为早日实现以教师教育为主要特色的综合性研究型大学的办学目标而努力奋斗。

第十次党代会确立的总体奋斗目标是：加快转型发展步伐，初步实现由教学科研型师范大学向以教师教育为主要特色的综合性研究型大学的历史转型，使学校综合性办学特征得到社会认可，综合办学实力明显增强，人才培养质量、科学研究水平、社会服务能力、文化传承创新能力大幅度提升，全面完成学校"十二五"规划确定的各项发展任务。

第十次党代会坚持的办学思路是：坚持服务基础教育、为国家经济社会发展和文明进步培养创新型人才的办学宗旨；坚持有特色、综合性、研究型、国际化的办学定位；坚持崇真务实、开放包容、勇于创新、追求卓越的办学理念；坚持以人为本、教授治学、民主管理的办学思想；坚持教学立校、科研兴校、人才强校的办学方略。

第十次党代会确定的主要任务和重点工作是：坚持内涵发展，全面提高人才培养质量；坚持特色发展，做强做精教师教育；坚持综合化发展，全面提升学科专业核心竞争力；坚持研究型发展，着力增强自主创新能力；坚持人才强校，努力建设高水平教师队伍；坚持制度创新，全面深化校内管理体制改革。在着力做好以上工作的同时，还要继续大力改善办学条件，巩固和深化后勤社会化改革成果，积极推动产业发展，加快校园基本建设步伐；采取切实可行的措施，千方百计增加办学财力，厉行节约，反对铺张浪费，为完成学校发展过程中的主要任务，加快学校转型发展步伐和实现高水平大学建设目标，提供有力的条件保障和服务支撑。同时，党代会还提出要全面提高学校党的建设科学化水平，加快建设与高水平大学相适应的优良文化环境。

教育部党组和陕西省委、省政府都对大会召开表示祝贺，称赞学校为社会培养了大批高素质和专业化的优秀人才，为国家经济建设和社会发展做出了重要贡献。北京师范大学、兰州大学、华东师范大学、东北师范大学、西安交通大学等10多所兄弟院校党委以及校内各民主党派也向大会发来贺信。

学校党委书记甘晖代表第九届党委会做了题为《坚持内涵发展　促进质量提升　实现战略转型　为加快建设以教师教育为主要特色的综合性研究型大学而努力奋斗》的工作报告，总结第九次党代会之后学校党委的工作，深入分析学校改革发展面临的形势和阶段性特征，提出了学校的奋斗目标以及围绕这一目标所要完成的主要任务。

学校纪委书记张渭淮代表第九届纪委会做了题为《加强反腐倡廉建设，促进学校转型发展》的工作报告，总结第九次党代会以来纪委的工作，并指出纪委将继续坚持进行反腐倡廉教育，扎实开展领导班子和领导干部作风建设，大力推进规范权力运行的机制创新，加强监督和依法依纪查办案件，加强纪检监察干部队伍建设。

12月18日，第十次党代会举行全体代表大会，按照本次党代会选举办法，选举产生第十届党委会委员27人，他们是马进福、王涛、王永安、王武海、孔祥利、甘晖、卢胜利、司晓宏、任应坤、刘继波、孙清潮、杜叶婷、李震、李卫东、李继凯、杨祖培、但锋、张建祥、张渭淮、房喻、赵彬、袁祖社、党怀兴、高子伟、萧正洪、游旭群、解勇国（以姓氏笔画为序）；选举产生第十届纪委会委员9人，他们是石海燕、田安政、李磊、李晋东、杨晓东、吴保卫、张渭淮、袁一芳、黄怀平（以姓氏笔画为序）。第十届党委会第一次全体会议选举王涛、王武海、甘晖、卢胜利、司晓宏、任应坤、张建祥、张渭淮、房喻、赵彬、萧正洪（以姓氏笔画为序）等11位同志为党委常委；选举甘晖为党委书记，王涛、张渭淮、司晓宏为党委副书记。第十届纪委会第一次全体会议选举张渭淮为纪委书记，李晋东为纪委副书记。

2011年12月27日，中共陕西省委教育工委陕教工干〔2011〕118号文件对学校第十次党代会的选举结果进行了批复，同意中共陕西师范大学第十届委员会和纪律检查委员会的选举结果。

甘晖，1957年1月生，甘肃平凉人，中共党员，研究员。1977年2月参加工作，1982年1月毕业于兰州大学汉语言文学专业并留校工作，先后担任兰州大学团委书记、人事处处长、研究生处常务副处长、"211工程"办公室主任、研究生院副院长等，2001年1月至2002年10月任兰州大学党委副书记，2002年10月起任兰州大学党委副书记、副校长。2010年12月至2018年1月任陕西师范大学党委书记。他担任陕西师范大学党委书记期间，紧紧围绕学校第十次党代会确定的目标任务，坚持和加强党的全面领导，贯彻党的教育方针，坚决执行党委领导下的校长负责制，先后与校长房喻、程光旭合作共事，携手推进、强化学科建设和师资队伍建设，推动文化建设，持续深化改革，坚持内涵发展，实现了学校由传统教学科研型师范大学向以教师教育为主要特色的综合性研究型大学的战略转型，推进陕西师范大学成为国家首批"世界一流学科"建设高校。曾兼任中国学位与研究生教育学会评估委员会副主任、中国高等教育学会理事、中国高等教育学会师资管理研究分会副理事长等。现兼任中国高等教育学会薪酬管理研究分会副理事长、中国学位与研究生教育学会学术委员会委员、中国高等教育学会"一带一路"研究分会副理事长等。2018年5月起，任陕西省社会科学界联合会主席。

程光旭，1960年6月生，山东菏泽人，中共党员，教授，博士生导师。1982年8月参加工作，1993年于西安交通大学获得博士学位。曾在加拿大滑铁卢大学做博士后研究，在美国麻省理工学院从事科学研究工作。长期从事化工过程系统可靠性与长周期安全运行、碳减排和氢能化工利用新工艺及装备等方面的研究。先后任西安交通大学环境与化学工程学院院长，西安交通大学招生办主任、教务处处长、副教务长等职。2009年1月起，任西安交通大学副校长、教务长。2014年4月至2018年1月，任陕西师范大学校长；2018年1月至2020年9月，任陕西师范大学党委书记。他担任陕西师范大学校长和党委书记期间，坚持和加强党的全面领导，贯彻落实党的教育方针，落实立德树人根本任务，认真履行党委领导下的校长负责制，先后与党委书记甘晖、校长游旭群携手，坚持内涵发展，持续推进改革，加强队伍建设，构筑学科高峰，推进陕西师范大学成为国家首批"世界一流学科"建设高校。曾兼任教育部高等学校专业设置教学指导委员会副主任、陕西省第十三届人民代表大会常务委员会人事代表选举工作委员会副主任、陕西省科学技术协会副主席、陕西省高等院校科学技术协会联合会会长、陕西省欧美同学会（留学人员联谊会）会长等。

三、推动各项事业发展，学校工作取得卓越成绩

第十次党代会之后，学校从教学科研型师范大学向以教师教育为主要特色的综合性研究型大学加速转型。在教育部党组和陕西省委的正确领导下，学校党委团结带领广大党员和全体师生员工，紧紧围绕学校发展目标，解放思想，蓄势追赶，攻坚克难，开拓创新，圆满完成了第十次党代会确定的各项任务。[①]

（一）党委统揽全局的领导核心作用得到充分发挥

坚持社会主义办学方向。学校党委全面贯彻党的教育方针，扎根中国大地办大学，努力培养担当民族复兴大任的时代新人。深入学习习近平总书记关于

[①] 《改革创新　内涵发展　为建成以教师教育为主要特色的综合性研究型大学而奋斗——在中国共产党陕西师范大学第十一次代表大会上的报告（程光旭）》，陕西师范大学档案馆藏，党群档案库，档案号3-2018-DQ13-23.0001。

教育工作的重要论述，认真贯彻全国教育大会和全国高校思想政治工作会议精神，制定落实中央 31 号文件①的实施细则。接受教育部党组巡视，对存在问题进行认真整改。严格落实意识形态工作责任制。先后成立党委教师工作部、党委研究生工作部、离退休党委，进一步加强了党对各项工作的领导。学校党委先后荣获"全省创先争优先进基层党组织""陕西省高校先进基层党组织"等荣誉称号。

综合改革取得重要进展。学校党委主动适应党和国家对高等教育发展的新要求，坚持问题导向，认真分析面临的形势与任务，制定并实施学校综合改革方案和"十三五"发展规划，破解了一系列难题，取得了显著成效。启动实施"卓越教师培养计划"和"拔尖创新人才培养计划"，人才培养质量得到稳步提升；建立岗位分类分级聘用管理制度，创新校院两级人事管理，形成了人才成长的"金字塔"体系；加强学科建设顶层设计，创建学术特区，改革科研管理服务与学术评价，学科总体水平得到大幅提升；完善综合绩效考核激励制度，激发了教学科研单位的办学积极性。教职员工绩效收入人均累计增长超过 100%。

现代大学治理体系日趋完善。学校建立了以《陕西师范大学章程》为统领的内部治理体系，有效推进依法治校、以规治教、科学发展；坚持和完善党委领导下的校长负责制，修订了党委全委会、党委常委会、校长办公会议议事制度；完善学术委员会运行机制，明确了学术委员会的决策、审议、评定和咨询等职权；完善二级教代会制度，教职工参与学校和学院治理的作用得到充分发挥；出台《陕西师范大学学院工作规则（试行）》，学院办学主体地位得到进一步落实；独立设置审计处、内部控制办公室，学校防范风险的能力得到进一步提高。

校园文化建设更有特色。学校推进《陕西师范大学文化建设规划纲要

---

① 中央 31 号文件是指中共中央、国务院印发的《关于加强和改进新形势下高校思想政治工作的意见》（中发〔2016〕31 号）详见《人民日报》2017 年 2 月 28 日第 1 版，或中华人民共和国中央人民政府网站，https://www.gov.cn/xinwen/2017-02/27/content_5182502.htm。

（2012—2016年）》的实施，确立了"淳厚博雅，知行合一"的校风和"抱道不曲，拥书自雄"的学风，初步形成了与高水平大学相适应的师大文化。开展学院文化建设评优促建工作，基本形成"一院一品"的校园文化建设新格局。积极推进文化精品培育工程，2014年获教育部首批"礼敬中华优秀传统文化"示范项目，全国仅10所高校获批；2015年获特色展示项目，是全国30所获批高校之一；2014年还荣获教育部、陕西省高校校园文化建设优秀成果一等奖。

党风廉政建设更加深入。学校党委落实全面从严治党主体责任和纪委监督责任，加强反腐败斗争。践行监督执纪"四种形态"，认真落实中央八项规定和实施细则精神，驰而不息纠正"四风"。加强制度建设，强化权力运行的制约与监督。制定出台校内巡察办法，风清气正的校园政治生态得到进一步彰显。

（二）党组织的凝聚力和战斗力显著增强

政治建设更加有力。学校不断推进党委中心组学习制度化、规范化，校院两级班子的理论水平和办学治校能力进一步提升。教育引导各级党组织和广大党员牢固树立"四个意识"，坚定"四个自信"，自觉在思想上政治上行动上与以习近平同志为核心的党中央保持高度一致。严明党的政治纪律和政治规矩，在做到"五个必须"和杜绝"七个有之"方面取得了比较显著的成绩。扎实开展党的群众路线教育实践活动、"三严三实"专题教育，推进"两学一做"学习教育常态化制度化，党员的政治觉悟和政治能力明显提高。

思想政治工作更有成效。学校大力推进习近平新时代中国特色社会主义思想"三进"工作，并成立了习近平新时代中国特色社会主义思想研究院[①]。2017年8月，《习近平的七年知青岁月》出版，学校迅速做出响应，当年9月就首创开设了《习近平的七年知青岁月》导读课。学校加强马克思主义学院建设，思想理论教育和价值引领得到进一步强化。坚持把理想信念教育放在首位，践行社会主义核心价值观，思想政治工作的亲和力和针对性不断增强。注重发挥

---

① 《我校"习近平新时代中国特色社会主义思想研究院"成立》，载《陕西师大报》2017年11月15日第1版。

马列理论读书社等理论社团的作用，切实加强对青年马克思主义者的培养。开展教书育人奖、教学终身成就奖等评选活动，选树师德典型，激励教师潜心育人、以身示教。

基层党组织更加巩固。学校党委不断优化基层党组织设置，加强基层党组织建设。截至2018年12月第十一次党代会召开，学校党委共设有33个二级党委（党总支）和419个党支部，其中，教工党支部190个，学生党支部194个，离退休党支部35个。全校党员人数达到7654人，其中学生党员3850人，教工党员2931人，离退休党员873人。开展二级党委（党总支）书记抓基层党建述职评议考核工作，突出了党建主业意识和责任意识。严格规范党员发展，切实提高了党员发展质量。

干部队伍更有活力。学校坚持正确的选人用人导向，"能者上、庸者下"的干部选用机制不断完善，"肯干事、能干事"的干部用人导向日益突出。七年间，学校提拔任用168名处级干部、126名科级干部，推荐28名干部参与援疆、定点扶贫等工作。健全干部教育培训管理机制，通过组织集中专题学习培训、分层分类干部培训、网络微课培训等方式，推动干部能力得到进一步提升。

统战、群团和离退休工作更加扎实。党委出台加强和改进新时代统一战线工作的意见，推荐党外人士在省级以上人大、政协等机构履职60余人次，7个民主党派获得省级以上先进集体荣誉称号。加强工会工作，维护教职工合法权益和服务教职工的水平进一步提升。共青团改革不断深化，服务大学生成长成才的能力持续提高。用心用情开展离退休工作，获得"全国老干部工作先进集体"等多项荣誉。

（三）学校办学实力快速提升

人才培养质量迈上新台阶。学校紧紧围绕立德树人根本任务，全力培养社会主义建设者和接班人。为此，特制定《陕西师范大学关于全面提高本科教学质量的实施意见》，完成教育部本科教学审核评估，本科教学工作得到充分肯定。大力推进教育研究与教学改革，获批国家级教师教学发展示范中心，全国仅30

家高校获批，陕西师范大学是其中之一。同时，国家级精品课程等标志性成果建设取得明显成效。七年中，学校共有 6 项成果获高等教育国家级教学成果奖。特别是 2018 年，教务处处长、物理与信息技术学院教授李贵安获得一等奖，学校此类奖项实现零的突破；另有二等奖 4 项，学校获奖数量创历史新高。创新师范生实习模式，开展"东南学艺、西部扎根"、海外游学等实践教学活动。强化创新创业教育，获批全国深化创新创业教育改革示范高校，在国家级大学生数学建模竞赛、"挑战杯"创业计划竞赛等赛事中取得优异成绩。研究生培养质量得到提升，创新能力显著增强。全日制学术型硕士研究生优秀生源比例由 38.8% 增长至 61.6%，新增陕西省优秀博士论文 38 篇，研究生科研成果的数量和质量均有提高。毕业生就业率连年保持在高位水平。

科学研究结出新硕果。学校坚持面向学术前沿、面向国家重大战略、面向国家和区域经济社会发展需求，改革科研管理方式，提升教师科研创新能力，在成果产出、科研立项、获奖数量、经费支持等方面皆取得历史最好成绩。人文社会科学研究优势进一步彰显，振奋人心的成绩有：2015 年，马克思主义学院任晓伟教授受国家重大委托，开展"加强党性修养与严守党的政治纪律和政治规矩研究"，学校也因此在国家社科基金重大委托项目上实现了零的突破，填补了历史空白；学校国家社科基金立项总数连续三年位列全国高校前十；在获奖层次和数量上，学校七年来均居陕西第一；新增国家民委和全国妇联重点研究基地各 1 个、省级重点研究基地 8 个。自然科学研究保持了稳中有进的良好发展态势，跨越性的成绩有：国家自然科学基金年度获批立项数连续超过 100 项；新增国家级重大重点项目 17 项，首次以牵头单位获批国家重点研发计划项目 2 项；获批 2 个教育部创新团队、5 个陕西省重点科技创新团队；获批 3 个高等学校学科创新引智基地；新增省部级重点实验室、工程实验室等科技创新基地（平台）12 个，占学校已有省部级及以上科技创新基地（平台）的一半；高水平论文数量逐年递增，科学研究成果突出，获得省部级科技奖励 80 项。到校科研经费从 2012 年的 7762 万元增长至 2017 年的 16660 万元，实现翻番。

学科发展水平显著提升。学校坚持突出学科建设的根本性战略地位，优化学科布局，凝练学科方向。全国第四轮学科评估有 8 个 B+ 学科，13 个学科位列前 30%，学科整体水平显著提升。博士学位授权一级学科从 15 个增加到 18 个，博士后科研流动站从 12 个增加到 18 个。4 个学科进入 ESI 全球排名前 1%。学校入选国家首批"世界一流学科"建设高校，中国语言文学学科进入国家"世界一流学科"建设名单。获批 2 个省级协同创新中心，成立人文社会科学高等研究院，启动建设科学技术高等研究院，为打造学科高峰提供了重要平台支撑。

师资队伍建设取得新成就。学校深入实施人才强校战略和人才优先发展战略，建立"学校推动、学院主动、部门联动、典型带动"的人才工作机制，着力破解教师规模不足、结构不够合理、高层次人才匮乏的难题。专任教师人数从 2011 年的 1384 人增至 2018 年的 1752 人，具有博士学位的教师从 696 人增至 1239 人，比例从 50.3% 提高至 70.8%。具有半年以上海外学习或工作经历的专任教师比例由 19.5% 增长至 44.5%，45 岁以下中青年教师所占比重达 67.6%，已成为学校师资队伍的主要力量。高层次人才类型和数量显著增加，国家"千人计划""万人计划"入选者达 12 人，国家"杰青""优青"获得者达 7 人。"长江学者奖励计划"从 4 人增加到 13 人，文化名家暨"四个一批"人才从 1 人增加到 5 人。截至 2018 年底，学校各类高层次人才总数达到 291 人次，比 2011 年底增加了 185 人次。高层次人才在人才培养、学科建设、团队建设等方面的引领作用愈加凸显。

国际交流与合作又有新进展。学校坚持开放办学，大力拓展合作伙伴，与世界上 180 多所高校和科研机构建立了合作关系，近年来与丝绸之路经济带沿线国家的交流合作快速增长。2013 年 9 月 27 日，校长房喻在人民大会堂与阿富汗驻华大使穆罕默德·卡比尔·法拉希签署《中国陕西师范大学与阿富汗喀布尔大学交流合作谅解备忘录》。签署备忘录时，国家主席习近平见证了这一历史时刻。① 习近平主席的见证，既是对学校办学质量和在国际交流与合作领域已取得成绩的肯定，又是对学校通过进一步发挥教学科研特长更好服务于国家经济社会发展的殷殷期盼，成为学校历史上具有特殊意义的一件大事。在教育国际化方面，还获批教育部国别和区域研究中心 4 个，设立孔子学院 2 所，亚利桑那大学孔子学院被孔子学院总部评为先进孔子学院。入选首批"来华留学质量认证"试点院校，在校留学生超过 1000 人，学历留学生人数增加明显。长期外国专家人数增长一倍，每年接近 40 人；短期外国专家每年超过 200 人。师生对外交流更加频繁，教师每年交流出国（境）人数从 200 余人增加至 400 余人，学生人数从不足 100 人增加至近 500 人。

社会服务出现新成效。为服务"一带一路"倡议，学校发起成立丝绸之路"教师教育联盟""人文社会科学联盟""图书档案出版联盟"，启动建设"一带一路"文化教育传播智慧港，由学校原党委书记甘晖研究员组织编纂《丝绸之路通鉴》智库集成，由中国魏晋南北朝史学会原会长周伟洲教授组织编写《丝绸之路大辞典》，由国家百千万人才工程有突出贡献中青年专家、教育部青年长江学者沙武田教授组织主编《丝绸之路研究集刊》等。创新政产学研合作模式，与数十家地方政府和大中型企业建立了稳定良好的产学研关系。入选文化部和教育部首批中国非物质文化遗产研修研习培训计划，成为陕西唯一入选高校。积极承担国家非遗保护传承任务，参与陕西省文化资源研究、开发、保护等工作，为提升陕西文化影响力做出了师大贡献。出版总社有限公司连续推出精品力作，获评"中国版权最具影响力企业"。继续教育稳步发展，教师干部教育培训规模大幅增长，教育质量稳步提高。附属学校的示范引领作用进一步增强，基础教育合作办学数量增加，学校质量的社会认可度进一步提升。积极开展精准扶贫和科技惠民，云南省景谷傣族彝族自治县和陕西省岚皋县的定点扶贫工作成效显著，受到教育部及地方政府与群众的肯定和好评。对口支援青海师范大学、昌吉学院等 15 所高校，推动受援学校服务区域经济社会发展的能力显著增强。

---

① 《我校与阿富汗喀布尔大学在人民大会堂签署交流合作谅解备忘录》，载《陕西师大报》2013 年 9 月 30 日第 1 版。

加强校友工作，建立校友数据库，自 2015 年起，学校连年举办毕业三十年校友返校活动，增强了校友凝聚力、归属感和荣誉感。

办学条件得到新改善。第十次党代会之后的七年间，学校综合财力不断增强，接受社会人士和校友捐赠 1.48 亿元①，为学校发展提供了有力支撑。基础建设成效显著，长安校区总体规划蓝图基本实现。在原用地面积基础上新征土地 240 余亩，校舍建筑面积增加约 50 万平方米，总建筑面积增长 40.6%。新勇学生活动中心、研究生公寓二期建成并投入使用，进一步改善了学校教学和办公条件。2014 年 2 月 18 日，温家宝同志亲笔致信，对学校创办教育博物馆表示充分肯定，同时对学校的师范生教育、出版工作，尤其是对免费师范生培养所取得的成绩给予了高度肯定。② 2017 年 11 月 1 日，由香港何崇本先生捐赠和学校自筹资金建成的全国首家综合性教育博物馆正式对外开放。2019 年，新中国成立七十周年之际，学校教育博物馆被载入教育部学校规划发展中心组编的《新时代高校优秀博物馆建筑图集》，并荣登封面。学生第二课堂活动场馆面积增加近 1 万平方米，学生住宿建筑面积增加约 3.9 万平方米，教学科研建筑面积增加 9 万余平方米。教职工住房条件得到较大改善，长安校区二期 13 栋、雁塔校区 3 栋教职工住宅建设完成，交付教职工住宅 2066 套；雁塔校区地下车库临近建成。完成长安校区喷泉广场的升级改造，为美丽校园再添新景。升级改造校园基础设施，改善教学楼、宿舍楼硬件条件，后勤服务水平和保障能力进一步提高。实验室建设与管理、文献资源建设、校园信息化建设对学校发展的支撑作用进一步增强。校医院医疗服务能力进一步提升。平安校园、和谐校园、绿色校园、智慧校园建设均取得了新的进展，教职工的获得感、自豪感不断增强。

"看似寻常最奇崛，成如容易却艰辛。"七年中，学校执着梦想、矢志奋斗，直面问题、勇于突破，推进教育事业发生了全方位、深层次、根本性的变化。

---

① 《改革创新　内涵发展　为建成以教师教育为主要特色的综合性研究型大学而奋斗——在中国共产党陕西师范大学第十一次代表大会上的报告（程光旭）》，陕西师范大学档案馆藏，党群档案库，档案号 3-2018-DQ13-23.0001。

② 《温家宝同志来信肯定我校师范教育工作并向全校师生表达问候》，陕西师范大学网站，https://www.snnu.edu.cn/info/1272/23598.htm。

第二节　学校领导体制和治理体系的健全完善

进入新时代之后，学校不断完善党委领导下的校长负责制，坚持和加强党对学校工作的全面领导；不断推进机构改革和干部聘任工作，提升治理能力和管理水平；高度重视教职工代表大会和相关制度的完善，推动民主管理和民主监督迈向更高水平。通过这些努力，学校的领导体制和治理体系得到不断健全与完善。

一、完善党委领导下的校长负责制，坚持党对学校工作全面领导

1999年1月1日，《中华人民共和国高等教育法》颁布实施。之后，该法案虽几经修订，但始终坚持国家举办的高等学校实行中国共产党高等学校基层委员会领导下的校长负责制。同时法案进一步明确，中国共产党高等学校基层委员会按照《中国共产党章程》和有关规定，统一领导学校工作，支持校长独立负责地行使职权；高等学校的校长全面负责学校的教学、科学研究和其他行政管理工作。从此，党委领导下的校长负责制有了切实的法律依据，成为学校事业发展的根本制度保障。

2003年7月17日，教育部印发《教育部关于加强依法治校工作的若干意见》，要求大力推进依法治校工作，加强制度建设，制定和完善学校章程，依法实行党委领导下的校长负责制。陕西省也在不断开展创优评选活动中将学校对章程的制定、贯彻、落实作为一项重要的考核内容。① 其实，学校在长期探索中已然认识到，只有突破制度性障碍，才能真正提高办学质量和效益。在教育部文件发布和陕西省活动开展之后，学校更加致力于依法治校，建立现代大学管理制度。2010年7月29日，《国家中长期教育改革和发展规划纲要（2010—2020年）》发布，要求各高校依法制定章程，依照章程规定管理学校，并将此作为加强章

---

① 为贯彻落实教育部《关于加强依法治校工作的若干意见》，促进依法治校、依法治教，从2004年开始，陕西省教育厅在全省开展了两次"依法治校示范校"创建评选活动。在2006年的评选活动中，陕西省教育厅格外重视各个学校对学校章程的制定贯彻落实情况。详见《陕西省教育厅关于做好2006年度"依法治校示范校"申报工作的通知》，陕西师范大学档案馆藏，党群档案库，档案号3-2006-DQ14-3.0005。

程建设、完善中国特色现代大学制度的重要举措。2011年5月6日，学校印发《陕西师范大学"十二五"发展规划（2011—2015年）》，将建立现代大学管理制度、制定学校章程列为深化校内管理体制改革的一项重要任务。同年11月28日，教育部发布《高等学校章程制定暂行办法》。时隔不到一个月，学校就于2011年12月17日召开第十次党代会，提出要将制定学校章程并依据章程管理学校事务作为之后几年坚持制度创新和全面深化校内管理体制改革的重要任务来抓。2012年3月16日，《陕西师范大学文化建设规划纲要（2012—2016年）》颁布，将制定学校章程作为完善制度体系、推进制度文化建设的一项重要内容。2013年9月22日，教育部印发《中央部委所属高等学校章程建设行动计划（2013—2015年）》，决定从2013年9月至2015年底，教育部及中央部门所属的114所高等学校，分批全部完成章程制定与核准工作。其中，要求陕西师范大学等18所高校于2013年12月底之前完成章程起草工作，并提交教育部核准。

  为确保章程起草顺利进行，2013年11月1日，学校召开党委常委会，研究起草相关工作，并做出决定：成立章程制订委员会和起草小组，负责学校章程的起草工作；同意聘请法律顾问，协助做好章程起草过程中的相关工作；由发展规划办公室牵头，学校办公室协助，尽快列出章程起草工作时间表，并抓紧组织实施。章程制定过程中，学校特别重视发挥教职工代表大会在现代大学制度建设中的作用，使教职工参与学校民主管理和监督的权利落到实处。2014年6月24日，学校召开第六届教职工代表大会第二次会议，副校长萧正洪做了关于《陕西师范大学章程（草案）》制定情况的说明，大会将讨论章程草案作为首要议题。学校第十届党委会第八次全体会议审议通过《陕西师范大学章程》，教育部2015年3月11日发文核准了学校章程。① 从此，学校开展对章程的学习宣传、贯彻落实、修改完善，并在此基础上加快现代大学制度建设步伐。

---

① 《中华人民共和国教育部高等学校章程核准书第60号（陕西师范大学）》，中华人民共和国教育部网站，http://www.moe.gov.cn/srcsite/A02/zfs_gdxxzc/201503/t20150317_189396.html。亦见《中华人民共和国教育部高等学校章程核准书》，陕西师范大学档案馆藏，行政档案库，档案号3-2015-XZ11-5.0001。

《陕西师范大学章程》明确规定：学校实行党委领导下的校长负责制。中国共产党陕西师范大学委员会由中国共产党陕西师范大学代表大会选举产生，每届任期五年。学校党委对党代会负责并报告工作。学校党委是学校的领导核心，全面领导学校工作，履行管党治党、办学治校的主体责任，支持校长依法独立行使职权并开展工作。学校党委坚持民主集中制原则，实行"集体领导、民主集中、个别酝酿、会议决定"的议事和决策基本制度。《陕西师范大学章程》的制定，完善了学校领导体制和治理体系，有效推动了党委领导下的校长负责制的落实。

为进一步坚持和完善党委领导下的校长负责制，更好地贯彻执行民主集中制，做到科学决策、民主决策、依法决策，促进学校事业健康持续发展，学校于 2016 年 1 月印发《陕西师范大学党委全委会、党委常委会、校长办公会议议事规则》，规定了党委全委会、党委常委会、校长办公会议的议事范围、会议制度，明确了议题准备、议事、决议执行的程序性要求，进一步健全了党委统一领导、党政分工合作、党政协调运行的工作机制。

第十次党代会之后的七年中，学校综合改革取得重要进展，现代大学治理体系日益完善，文化建设更有特色，党风廉政建设更加深入，政治建设更加有力，思想政治工作更有成效，基层党组织更加巩固，干部队伍更富活力，统战群团和离退休工作更为细致，以学术委员会为核心的学术管理体系和组织架构逐步完善，学院办学主体地位进一步落实，这一系列成绩推动着党委统揽全局的领导核心作用得到充分发挥，推动着党组织凝聚力和战斗力的显著增强，从而使党委领导下的校长负责制得到了进一步落实和加强，党对学校的全面领导得到了进一步落实和加强。

二、推进机构改革和干部聘任工作，提升学校治理能力和管理水平

进入新时代，为提升治理能力和管理水平，学校于 2012 年和 2016 年分别进行了两次机关机构改革和干部聘任工作。在这两次改革和聘任工作中，学校在坚持精简高效、按需设岗、任人唯贤、群众公认、注重实绩、公平公开、竞

争择优、民主集中、依法办事、德才兼备等一些基本原则的同时，2012年更强调总量控制、统筹配置，2016年更注重德才兼备、以德为先。

（一）2012年机关机构调整及全校管理岗位人员聘任

为深化校内管理体制改革，促进学校内涵发展，适应建设以教师教育为主要特色的综合性研究型大学的需要，学校于2012年决定对机关机构适度调整并对全校处科级管理岗位人员择优聘用，以优化管理机构设置，激发管理队伍活力，提高管理效率和科学化水平，为学校转型发展提供有力保障。为推进调整和聘用工作高质量完成，学校组建了6个调研小组，由校领导带队，分赴国内20余所高校进行专项调研，并在校内广泛征求意见和反复论证的基础上，制定《陕西师范大学管理岗位编制核算办法》《管理岗位编制方案》《机关机构调整及全校管理岗位（机关第四轮）人员聘用工作实施方案》《陕西师范大学第四轮岗位聘用中人员分流和聘余人员管理暂行办法》《关于加强机关机构调整及全校管理岗位人员聘用工作期间有关纪律要求的通知》等文件。学校按正处、副处、科级岗位的顺序，组织实施人员聘用，加速优化队伍结构。此次机构改革和干部聘任涉及正处岗位50个，116人报名，106人答辩，选任50人，其中新提任19人；副处岗位97个，185人报名，162人答辩，选任92人，其中新提任34人；科级岗位124个，214人报名，202人答辩，选任124人，其中新提任58人。

学校根据发展需要，对机关机构和部分直属附属单位进行了适度调整，包括机构合署、成立新机构、机构撤销、机构更名、机构职能调整等。其中，党委宣传部与新闻中心合署，资产经营有限责任公司与产业开发处合署。新成立"211工程"与学科建设处、发展规划办公室、对外合作办学办公室；学校办公室，增设综合科；党委宣传部（新闻中心），下设理论教育科和新闻宣传科（实际运行中并未设立新闻宣传科，而是设立了校报编辑部和广播电视台）；党委学工部（学生处），增设学生心理健康教育（咨询）指导中心办公室；人事处，增设博士后管理科；教务处，增设教学实践科；科学技术处，下设项目基地管理科、成果专利管理科、科技开发中心；社会科学处，下设项目管理科、成果管理科；实验室建设与管理处，下设实验室建设科、实验室管理科；国际交流与合作处，下设综合管理科、国际交流与项目管理科；基建处，下设办公室、规划设计科、综合科、计划财务科、长安校区施工管理科、雁塔校区施工管理科；成立陕西师范大学留学生管理办公室。撤销发展规划与"211工程"建设处、住宅建设办公室。将北京办事处更名为陕西师范大学北京发展研究中心；南方办事处更名为陕西师范大学南方发展研究中心；党委学工部（学生处）下设的教育管理二科，更名为雁塔校区教育管理科；公安处（保卫处、武装部）下设的治安一科更名为雁塔校区治安科，治安二科更名为长安校区治安科，派出所更名为消防与综合管理科；教务处下设的教务二科，更名为雁塔校区教务科。党委组织部承担的机构设置与管理职能，划归人事处负责；人事处承担的行政系统科级人员选拔任用管理职能，划归党委组织部负责；原研究生部承担的博士后流动站建设及博士后管理工作职能，划归人事处负责；基建处承担的长安校区国有土地使用证办理职能，划归长安校区建设协调办公室负责；学校综合类奖学（教）金的评审职能，划归教育基金会负责。

（二）2016年机关机构调整及全校管理岗位人员聘任

2016年，为进一步优化管理机构设置，激发管理队伍活力，提高管理效率和科学化水平，建设一支信念坚定、乐于为师生服务、勤政务实、勇于担当、清正廉洁的高素质干部队伍，全面落实学校"十三五"规划、加快实现既定办学目标，学校党委决定进行新一轮机构改革和干部聘任。

学校制定并印发《陕西师范大学机构调整及全校管理岗位（机关第五轮）人员聘用工作实施方案》及相关文件、公告、通知等，顺利完成了正处、副处、正科岗位3层次6批次的干部调整和选拔聘用。提拔任用正处级管理干部11人，同级任职17人，继任原岗位28人；提拔任用副处级管理干部30人，同级任职30人，继任原岗位43人；提拔任用正科级管理干部59人，同级任职35人，继任原岗位38人。同时，根据教育部要求，完成校级后备干部遴选和相关材料的上报；组织实施三、四级职员的岗位聘用；配备二级单位行政领导班子，完成物理学与信息技术学院、化学化工学院等 4 个学院行政领导班子的换届和组建，完成外国语学院行政领导班子成员空岗补充等。

学校根据发展需要，对机关机构和部分直属附属单位进行了适度调整，包括新增机构、独立设置机构、合署机构、合并机构、撤销机构、更名机构、调整机构职能等。在人事处设立外籍教师管理科；在教务处设立考试科；在财务处设立综合管理科。独立设置教育基金会秘书处（校友总会办公室）。公安（保卫）处（武装部）与长安校区建设协调办公室合署办公。校园卡管理中心并入网络信息中心。撤销人文社科基础教学部和理工科基础教学部。"211 工程"与学科建设处，更名为学科建设处；公安（保卫）处（武装部）原消防与综合管理科，更名为综合管理科；党委学工部（学生处）雁塔校区教育管理科，更名为雁塔校区综合办公室；研究生院综合管理科，更名为教育管理科；实验室建设与管理处原实验室建设科，设备招标采购等职能转至物资设备采购招标管理办公室，并更名为综合管理科；基建处综合科，更名为招标核算科，其办公室更名为综合管理科。发展规划办公室（高等教育研究与评估中心），由直属机构调整为机关职能部门，主要职能调整为制定实施学校发展规划、评估学校办学质量与管理绩效、考核评价综合管理与发展绩效、开展院校研究与高等教育理论研究、为学校和相关部门提供政策咨询和服务、承担学校学术委员会相关工作等；基建处原计划财务科，机构及人员划转至财务处，并更名为基建财务科，基建处不再承担基建财务职能。

通过 2012 年和 2016 年的两次机构改革和干部聘用，学校优化了管理机构设置，强化了教学、科研的中心地位，创新了选拔聘用机制，取得了较好成效。学校实行无任职推荐和党委全委会票决制度，增加公布岗位报名情况和延长个人报名时间等环节；拓宽竞争上岗范围；加大教师评委比重，扩大了群众在干部工作中的知情权、参与权、选择权和监督权；采取多种措施和办法，推进管理人员在机关与学院、党群与行政等部门之间轮岗交流；通过择优聘用，优化了处级干部队伍的学历、年龄和性别结构，调动了干部积极性和创造性，激发了管理队伍活力，有效提高了行政部门的管理效率与服务水平，为推进学校转型发展提供了高素质干部人才保障。这两次机构改革和干部聘用，进一步加强了党对学校工作的全面领导，提升了学校治理能力和管理水平，为切实推动学校各项事业改革发展提供了有力保障，有助于打造学科高峰、推进以教师教育为主要特色的综合性研究型大学建设目标的早日实现。

三、召开第六届教职工代表大会，完善学校民主管理和监督制度

（一）第六届教职工代表大会召开的背景

教职工代表大会是教职工行使民主权利、参与学校民主管理和民主监督的基本形式，是学校领导体制和治理体系的重要组成。为了依法保障教职工参与学校民主管理和监督，完善现代学校制度，教育部自2012年1月1日起实施《学校教职工代表大会规定》，这是加强学校民主政治建设，促进依法治校的重要规章。从此，学校的教代会制度进入不断完善的新阶段。同年11月8日，党的十八大报告要求健全以职工代表大会为基本形式的企事业单位民主管理制度，保障职工参与管理和监督的民主权利。[①] 2013年10月23日，习近平总书记在同中华全国总工会新一届领导班子集体谈话时强调，工会要把做好新形势下职工群众工作，调动职工群众积极性和创造性作为中心任务，把巩固党执政的阶级基础和群众基础作为政治责任，竭诚为职工群众服务，切实维护职工群众权益。[②] 2018年10月29日，习近平总书记再次同中华全国总工会新一届领导班子集体谈话时强调，要团结动员亿万职工积极建功新时代，开创我国工运事业和工会工作新局面。[③] 2012年至2018年，学校恰好处于高水平大学建设的关键

[①] 胡锦涛：《坚定不移沿着中国特色社会主义道路前进 为全面建成小康社会而奋斗——在中国共产党第十八次全国代表大会上的报告》，人民出版社，2012年，第27页。

[②] 《习近平在同中华全国总工会新一届领导班子集体谈话时强调 竭诚服务职工群众维护职工群众权益 为实现中国梦再创新业绩再建新功勋》，载《人民日报》2013年10月24日第1版。

[③] 《习近平谈工会工作：从群众中来、到群众中去的工作方法不能变》，人民网，http://jhsjk.people.cn/article/30370006。

时期，不断提升治理能力和管理水平是必须解决的重要问题，健全和完善民主管理和监督制度也因此成为提升学校治理能力和管理水平的重要内容。

（二）第六届教职工代表大会的胜利召开

在国家推动学校民主管理和监督制度不断完善的历史背景下，学校第六届教职工代表大会暨第十届工会会员代表大会于 2012 年 12 月 14 日召开。① 在校的党政领导甘晖、房喻、王涛、司晓宏、张渭淮、赵彬、萧正洪、王武海、游旭群，党委常委任应坤、卢胜利，校长助理杨祖培、党怀兴、韦广雄，258 名教职工代表、工会会员代表以及特邀代表、列席代表等参加了开幕式。

大会的主要任务是听取并审议学校工作报告、工会工作报告、财务工作报告、二期住宅建设报告等四个报告，选举产生第六届教代会四个工作委员会和第十届工会委员会。

校长房喻做了《内涵发展 提高质量 全面推进有特色高水平大学建设》的工作报告，全面总结了自第五届教代会以来学校在学科建设、人才培养、科学研究、队伍建设、国际化办学、社会服务和文化传承创新、校园建设和条件保障等七个方面取得的显著成绩，深入分析了在国家高等教育进入以质量提升为核心的内涵式发展大背景下，学校既要完成以扩大规模为特征的外延式发展任务，又要适应时代要求，推进以质量提升、效率提升、品质提升为核心的内涵式发展。

校工会负责人杜叶婷做了《凝心聚力 开拓创新 为促进学校转型发展建功立业》的工会工作报告，并指出工会紧密围绕学校中心工作，履行教代会职能，保障教职工权益，协同师德建设，增强教职工归属感，开展校园文化活动，为促进学校改革发展发挥了应有作用。

副校长张渭淮在《不断增强学校财力 为建设高水平大学提供坚实保障》的财务工作报告中指出，学校坚持控制赤字、保障运转、强化发展、增收节支

---

① 《凝心聚力 开拓创新 促进内涵发展 加快学校转型 我校第六届教职工代表大会暨第十届工会会员代表大会胜利召开》，载《陕西师大报》2012 年 12 月 15 日第 1 至 8 版。

的原则，通过精心聚财、科学用财、依法理财，建立科学规范、权责明确、管理严格、监督有效的财务运行机制，为实现内涵式发展提供坚实的经费保障，并努力在2020年实现年人均收入翻一番的目标，让广大教职工过上比较体面的生活，心无旁骛潜心治学。

在第五届教职工代表大会第六次全体会议上，曾有代表提案建议为教职工在长安和雁塔两个校区各配置一套住房或通过校内租房解决孩子上学陪护问题。为最大程度落实教职工的民生诉求，学校提出"多措并举、积极建设、科学使用、保障发展"的指导思想，启动了二期住宅建设工程，并组建专门机构负责推进。本次教代会期间，二期住宅建设工程已经启动，副校长王武海专门做了《关于我校二期住宅建设相关情况的报告》。经党政共同努力，克服重重困难，学校不但保证了每户拥有一套住房的愿望，而且解决了教职工跨校区上班和子女上学陪护等问题，教职工的安居心愿在教代会推动下逐步变为现实。

在大会交流中，机关代表团谈了高水平大学建设过程中人才培养的相关问题，新闻与传播学院代表团提出进一步改善教职工生活待遇的建议，化学化工学院、材料科学与工程学院代表团表示要凝聚学术力量提高科研水平，数学与信息科学学院代表团提出进一步改善教职工工作、学习和生活环境的建议，旅游与环境学院代表团指出教职工要扎根师大、追求卓越、积极奉献等。学校领导认真听取教职工心声并为之努力，民主管理和监督制度得到进一步落实。

大会选举产生了第十届工会委员会，选举杜叶婷为工会主席、韩旭辉为副主席。党委副书记司晓宏在选举大会上指出，新一届工会委员会要充分发挥桥梁作用，团结引导广大教职工，积极开展民主管理和监督工作，为推进学校高水平建设做出新的贡献。第六届教职工代表大会第一次全体会议共收到代表提案51件，涉及人才队伍建设、教学科研管理、行政管理、住宅建设及后勤服务等。学校对代表的提案项项有回复，件件有落实，形成了党政工共同关心和维护教职工权益的良好氛围，体现了教职工在民主参与学校治理中推动着学校领导体制和治理体系的健全与完善。

（三）第六届教职工代表大会年度会议的召开

2014年6月24日，第六届教职工代表大会第二次全体会议召开。① 会议审议通过了党委副书记张建祥报告的《陕西师范大学校内收入分配制度调整实施方案（草案）》和工会主席杜叶婷报告的《陕西师范大学教职工代表大会实施办法（草案）》等，对副校长萧正洪报告的《陕西师范大学章程》提出了修改意见。大会充分肯定了学校七十年建设发展取得的成绩，确立要进一步促进学科内涵发展，提高教学科研水平，以教师队伍建设为重点，推进学校事业向新的目标迈进。

2015年12月25日，第六届教职工代表大会第三次全体会议召开。② 校长程光旭做了《凝心聚力 求真务实 努力开创学校改革与发展新局面》的学校工作报告，副校长杨祖培做了《转变观念 适应新常态 努力提升财务保障能力》的财务工作报告，会议听取了《陕西师范大学"十三五"发展规划（草案）》制定情况说明、《陕西师范大学二级教职工代表大会实施细则（暂行）（草案）》修订情况说明等。在落实《细则》的过程中，学校依法办学和民主管理得到了进一步增强。

2017年3月31日，第六届教职工代表大会第四次全体会议召开。③ 大会听取并审议了学校工作报告和财务工作报告，听取了关于修订《陕西师范大学教职工代表大会专门委员会工作规则（草案）》和制定《陕西师范大学教职工代表大会提案工作委员会工作细则（草案）》的情况说明。各位代表围绕"双一流"建设等事关学校发展的各个方面建言献策，充分体现了广大教职工关心学校前途和描绘学校未来的主人翁精神，切实增强了建设高水平大学的责任感和紧迫感。

---

① 《我校召开第六届教职工代表大会第二次会议》，载《陕西师大报》2014年7月1日第3版。
② 《勇担使命 凝神聚力 共谋"双一流"高水平大学建设 我校召开第六届教职工代表大会第三次全体会议》，载《陕西师大报》2015年12月31日第1、6版。
③ 《我校第六届教职工代表大会第四次全体会议隆重召开》，载《陕西师大报》2017年4月1日第1版。

2018年5月5日，第六届教职工代表大会第五次全体会议召开。① 校长游旭群做《聚焦一流建设　奋力拼搏赶超　努力开创新时代学校发展新局面》的工作报告，其内容鼓舞士气、振奋人心。副校长杨祖培做《精心聚财　提升绩效　为新时代学校事业发展保驾护航》的财务工作报告。各位代表紧紧围绕两个报告展开讨论，在充分肯定学科建设、人才培养、科学研究、队伍建设、教师教育等事关学校核心竞争力方面取得显著成绩的同时，在进一步深化学校内部改革、切实加强一流学科建设、多举措关心青年教师成长、不断完善科研评价机制、进一步改善办学条件、合力推进"双一流"建设等方面建言献策。

第六届教代会四次年度会议的召开，激发了师生员工心系师大、关心改革、谋划发展的教育情怀和使命担当，推动了党的十八大精神、习近平总书记关于工会工作的重要讲话精神以及国家出台的《学校教职工代表大会规定》等精神，在陕西师大人的新时代奋进历程中得到充分落实。

第三节　以"双一流"建设为统领着力打造高峰学科

建设世界一流大学和一流学科，是新时代党和国家对高等教育发展做出的重大战略规划。学校以"双一流"建设为契机，以中国语言文学学科进入"世界一流学科"国家建设计划为统领，不断推动着高峰学科快速发展，推动着学校整体办学质量不断提升，为引领学科迈入国家建设计划而不懈奋斗。

一、开启"双一流"建设，党和国家对高等教育的战略规划

世界一流大学和一流学科建设简称"双一流"建设，这是继"211工程"和"985工程"之后，党中央和国务院对高等教育发展做出的又一重大战略规划。2015年8月18日，中央全面深化改革领导小组会议审议通过《统筹推进世界一流大学和一流学科建设总体方案》（简称《总体方案》），将"211工程""985

---

① 《适应新形势　实现新突破　谋求新发展　我校第六届教职工代表大会第五次全体会议隆重召开》，载《陕西师大报》2018年5月15日第1版。

工程""优势学科创新平台""特色重点学科项目"等统一纳入世界一流大学和一流学科建设中。该方案于 2015 年 10 月 24 日由国务院正式印发。①

"双一流"建设的基本原则是坚持以一流为目标，坚持以学科为基础，坚持以绩效为杠杆，坚持以改革为动力。"双一流"建设的总体目标是，到 2020 年，若干所大学和一批学科进入世界一流行列，若干学科进入世界一流学科前列；到 2030 年，更多的大学和学科进入世界一流行列，若干所大学进入世界一流大学前列，一批学科进入世界一流学科前列，高等教育整体实力显著提升；到本世纪中叶，一流大学和一流学科的数量和实力进入世界前列，基本建成高等教育强国。"双一流"建设的主要任务，包括建设一流师资队伍，培养拔尖创新人才，提升科学研究水平，传承创新优秀文化，着力推进成果转化。改革的着力点在于，加强和改进党对高校的领导，完善内部治理结构，实现关键环节突破，构建社会参与机制，推进国际交流合作。"双一流"建设加强了总体规划，鼓励和支持不同类型的高水平大学和学科差别化发展，每五年一个周期，采用第三方评价来提高评价科学性和公信度。

二、聚焦"双一流"目标，学校全面启动一流学科建设

国务院于 2015 年颁布并实施《总体方案》时，恰好是学校"十二五"规划的收官之年，也是全面谋划"十三五"发展的重要时期。随着国家"双一流"战略的部署，学校全面启动了一流学科建设规划，为建设以教师教育为主要特色的综合性研究型大学描绘出清晰的蓝图。从 2015 年开始，学校以一流学科建设、省部共建项目、ESI 排名分析、"十三五"规划、人文社会科学高等研究院建设等工作为抓手，积极推动学科管理体制改革，推进学科内涵式发展。

（一）全面启动一流学科建设

在国务院印发《总体方案》之前，学校党委就已认识到党中央高度重视推

---

① 《国务院关于印发统筹推进世界一流大学和一流学科建设总体方案的通知》，国发〔2015〕64 号文件，中华人民共和国中央人民政府网站，https://www.gov.cn/zhengce/zhengceku/ 2015-11/05/content_ 10269.htm。

进世界一流大学和一流学科建设，并将工作重点放在世界一流学科建设上。为此，学校于 2014 年开始组织编写《陕西师范大学学科发展简史》，这对学校及时认识学科发展状况、大力推进"双一流"建设具有重要意义。2014 年 12 月，学校通过《陕西师范大学一流学科建设规划（2014—2024 年）》，迅速启动各层次建设学科的申报和遴选工作。经过各学科申报、校外专家评审、校内答辩、校务会议审定等环节，于 2015 年 4 月 15 日印发《关于确定我校一流学科建设规划各层次建设学科的通知》，初步确定 11 个国内一流、国际知名的建设学科，8 个国内知名建设学科，5 个特色发展建设学科，并于 17 日举行一流学科建设工作会议暨任务书签订仪式。校长程光旭与 24 个入选学科的负责人逐一签订任务书，全面拉开了一流学科建设的帷幕。

（二）积极争取省部共建项目

由地方政府支持"双一流"建设是国务院总体方案的明确要求。陕西师范大学立足陕西、扎根西北、面向西部，将服务三秦作为学校发展的重要使命。在积极推进争创世界一流学科的过程中，2014 年 12 月 2 日，学校与陕西省发展改革委签署了全面落实省部共建合作备忘录，争取到省发展改革委的支持，获得 2015 年专项经费 4000 万元，用于学校全面提高办学水平，服务"三个陕西"建设[①]。仅 2015 年一年，学校就先后 4 次组织召开省部共建一流学科专题会议，就省部共建项目遴选、资金分配与使用等进行研究。为最大限度发挥经费效益，学校还专门制定《陕西师范大学省部共建专项资金管理办法》，印发《陕西师范大学省部共建一流学科专题会议纪要》，以确保省部共建项目顺利开展。

（三）通过 ESI 排名分析学科建设的优势与不足

要建设世界一流高校，就必须拥有世界一流学科。ESI 学科排名是用来评价学科国际影响力的重要参考，能够入选 ESI 全球排名前 1% 的学科，在国际范围内被公认为具有较大影响力。2015 年，学校农业科学成为 ESI 全球排名前

---

① "三个陕西"建设是指建设"富裕陕西、和谐陕西、美丽陕西"，这是"中国梦"在陕西的具体实践。

1%的学科，这是继化学、工程学、材料科学之后学校第四个进入ESI全球排名前1%的学科。至此，学校入选的学科数量在全国师范大学中仅次于北京师范大学和华东师范大学，与华南师范大学并列第三；在陕西高校中也仅次于西安交通大学和第四军医大学（今中国人民解放军空军军医大学），位列第三。这是学校学科建设的重大突破，学校党委高度重视，基于四个入选学科的详细数据，并进行深入分析，结合中央颁布的《总体方案》，理清了学校开展"双一流"建设的优势与不足。

（四）推进协同创新中心的培育建设

高等学校创新能力提升计划即"2011计划"[①]，是国家高等教育创新发展中一项重大举措。学校高度重视，并根据国家关于提高高等学校创新能力的要求及时启动相关工作，经过广泛调研和积极培育，于2012年12月成立了教师教育协同创新中心、陕西文化资源开发协同创新中心、国际长安学协同创新中心、陕西省表界面技术协同创新中心、秦巴山区生物资源保护利用与可持续发展协同创新中心等5个校级协同创新中心，并划拨专项经费用于协同创新中心的培育和建设。2013年，国际长安学协同创新中心（国际长安学研究院）被认定为陕西省"2011协同创新中心"，教育部副部长李卫红与陕西省副省长庄长兴一起为其揭牌。陕西文化资源开发协同创新中心在协同研究上取得较大进展，顺利争取到陕西省文化厅的共建函，获批陕西省非物质文化遗产研究基地。"双一流"建设名单公布前夕，学校已经有1个参加国家级协同创新中心，即中国基础教育质量监测协同中心；1个牵头省级协同创新中心。另外还有4个培育校级协同创新中心，并加入兰州大学和华中师范大学牵头的协同创新中心，形成了国家级、省级、校级，参加、牵头、参与较为完整的协同创新中心建设体系。

---

① 2011年4月24日，中共中央总书记、国家主席胡锦涛在清华大学百年校庆上发表讲话时提出"推动协同创新"的理念和要求。2012年5月7日，教育部、财政部联合召开工作会议，正式启动实施《高等学校创新能力提升计划》，即"2011计划"，旨在推进高等教育内涵式发展和深化科技体制改革，而全面提升创新能力是"2011计划"的重要目标。

（五）通过"十三五"规划推进学科建设

2016年2月25日，学校印发《陕西师范大学"十三五"发展规划（2016—2020年）》，提出一流学科建设引领原则：以一流学科建设为统领，统筹推进学校的队伍建设、人才培养、科学研究、国际交流与合作、社会服务、文化传承与创新等工作，提升核心竞争力。该规划以国家推进一流大学和一流学科建设为契机，着力推动人才培养、科学研究、社会服务和文化传承与创新能力得到显著提升，推动学校综合办学实力进入国内高水平大学行列，为2024年基本实现以教师教育为主要特色的综合性研究型大学的建设目标夯实基础。"十三五"规划以国家需求为导向，全面提升学校学科水平，大力推动特色教师教育、一流人文社科、优势理科工科和新兴交叉学科等学科群建设，力争部分学科早日进入国家一流学科建设行列。学校大力推进落实《陕西师范大学一流学科建设规划（2014—2024年）》，优先发展教师教育支撑学科及相关基础学科，打造教育学、心理学等学科高峰，大力加强人文社科、自然科学的优势学科，扶持新兴交叉学科。通过政策、资金和资源的倾斜，促进人才队伍、研究平台建设等向特色优势学科和新兴交叉学科汇聚，使部分优势学科率先达到国内一流水平，为其他学科实现跨越式发展积累经验，实现学科整体水平大幅提升。全面构建以学科要素为核心的学科绩效管理新体系，强化政策引导，参照学科评估关键指标，以人才培养、科学研究、队伍建设为抓手，建立部门联动机制，构建起以学科发展为中心的网状化、多维度的学科管理新体系。积极探索以学科特区为着力点的学科建设新举措，立足学科发展现状，汲取国内外高水平大学学科建设的成功经验，组建人文社科高等研究院、高等科学技术研究院，开辟学科特区，创设科学高效的学科特区治理架构和队伍聘任体系，建立符合学科发展规律的体制机制，实现了人文社科和基础学科的跨越式发展。稳步推进以绩效导向为杠杆的学科激励制度，创新资源分配方式，突出绩效导向，形成了激励约束机制。遵循国家财政经费改革思路，整合学科经费，依据建设目标与层次，建立了整体预算、间接管理的学科经费管理新模式。完善绩效评价机制，根据评价结果、资金使用效率等情况，动态调整支持力度，增强了建设的有效性，实现了人、财、物的合理配置及效能提升。

（六）建设人文社会科学高等研究院

陕西师范大学在人文社会科学领域有着优良的历史传统。为更好地继承发扬这些优良传统，突破学科发展瓶颈，快速建成若干一流人文社会科学学科，切实推进以教师教育为主要特色的综合性研究型大学建设，学校于2016年成立了人文社会科学高等研究院，期望打破学科壁垒，突破发展瓶颈，建设世界一流学科，探索中国特色现代大学制度和创新体制机制的实践路径，积极应对竞争压力，开辟"学科＋学术"特区，打造学科高峰，推动人文社会科学各学科争创一流。从2017年开始，着力将人文社会科学高等研究院打造成国内一流、国际上有较大影响力的学术高地，每年划拨1000万元左右的经费支持相关学科建设，优先围绕中国语言文学、中国史、民族学等学科提出的重点领域和重大任务，组建了一批水平突出、极富创见、成果卓著的平台和团队，带动众多人文社会科学学科达到了国内一流水平。

（七）编写世界一流学科建设方案

2012年，在教育部学位与研究生教育发展中心开展的第三轮学科评估与排名中，学校的中国语言文学就已经进入前20%，教育学、中国史、心理学、化学进入前30%，中国语言文学、心理学、化学、民族学、教育学、中国史、地理学等一级学科的整体排名进入全国前15位。2017年6月，收到《教育部办公厅关于编制世界一流大学和一流学科建设方案的通知》后，学校高度重视，多次召开专题会议研讨建设方案。根据国家"双一流"建设的基本要求和已有学科基础，经反复论证，确立以中国语言文学为龙头，以心理学、化学为两翼，并分别以这三个学科为重心，以诸多研究领域带动相关学科发展的"一头两翼"一流学科群建设思路。根据这一建设思路，组织编写《陕西师范大学建设世界一流学科建设方案》，于2017年7月8日召开论证会，邀请校内外专家就方案进行评审。专家组一致认为，建设方案的政策举措有力，责任主体明确，具有较强的前瞻性和可操作性，同意通过并建议予以立项。经过不断完善，同年7月10日，学校将该方案提交教育部。

长期坚持不懈的努力终于换来了可喜的收获。2017年9月20日，教育部、财政部、国家发展改革委印发《关于公布世界一流大学和一流学科建设高校及建设学科名单的通知》①，公布了世界一流大学和一流学科建设高校及建设学科名单，陕西师范大学成为国家首批"世界一流学科"建设高校，"中国语言文学"学科进入国家"世界一流学科"建设名单。

三、推动高峰学科快速发展，入选"双一流"对学校的影响

国家统筹推进一流大学和一流学科建设，给学校发展带来又一次重大机遇和挑战。学科是大学的基石，是推进学校内涵发展和战略转型的核心。长期以来，学校坚持"立足基础，加强应用，促进交叉，突出重点，强化特色，形成优势"的学科建设方针，积极调整学科结构，形成了优势学科与特色学科相协调、基础学科与应用学科相结合、传统学科与新兴学科相促进、综合协调发展的学科布局，为转型发展打下了坚实基础。同时，学校集中力量打造具有引领性的高峰学科，努力实现学科建设从"梯形"向"三角形"的跨越，并采取多项措施推进一流学科建设步伐。

首先，科学地进行学科发展体系的顶层设计。根据教育部推进一流大学和一流学科建设的总体部署，学校坚持"有所为有所不为"的发展思路，以创建一流学科为目标，大力实施《陕西师范大学一流学科建设规划（2014—2024年）》，按照服务需求、学科优势、分层分类、效率优先、动态开放等五大原则将学科划分为国内一流和国际知名学科、国内知名学科、特色发展学科等三个层次以及新兴交叉学科两大类别进行建设，重点支持第一建设层次中的个别学科向世

---

① 《教育部　财政部　国家发展改革委　关于公布世界一流大学和一流学科建设高校及建设学科名单的通知》，教研函〔2017〕2号文件，中华人民共和国教育部网站，http://www.moe.gov.cn/srcsite/ A22/moe_ 843/201709/t20170921_314942.html。

界一流学科发起冲击。学校以学科交叉创新为纽带，打破学科之间的壁垒，重点支持一流人文学科群、特色教育学科群、优势理科学科群以及新兴工科学科群建设，按照学科集群配置资源；通过交叉学科建设，激发学科间合作的内生动力和研究共鸣，产生新的学科增长点，提升学科的协同创新能力；以服务国家战略和区域经济社会发展为引领，积极瞄准国家重大需求，调整和优化学科结构，凝练学科方向，构建起结构合理、特色鲜明、融合发展的学科体系，努力做到了"人无我有、人有我优，人优我特"，改变"一片高原、没有高峰"的学科发展状况；通过政策、资金、资源的倾斜，推动部分学科率先达到一流水平，从而带动其他学科，实现了学科整体水平的大幅提升。

其次，持续加强学科体制机制创新。学校积极探索以学科特区为抓手的学科建设新途径，借鉴国内外高水平大学学科建设的成功经验，组建人文社会科学高等研究院、科学技术高等研究院，开辟"学科＋学术"特区，创设科学高效的学科特区治理架构和人才队伍聘任体系，建立符合学科发展规律、满足高端人才工作需求的新型体制机制，突破制约学科发展的瓶颈，实现人文学科和基础理科学科的跨越式发展；不断建立和完善学位授权点动态调整机制，按照社会需求，结合学位授权点评估结果、学科评估结果以及学校的发展目标，撤销了建设质量不高、没有发展潜力以及与学校办学定位不相符合的学位授权点，如艺术学理论、政治学、光学工程、生物医学工程、药物分析学、法学理论、民商法学、水土保持与荒漠化防治、第四纪地质学等硕士学位授权点；增设了符合国家需求、符合学校发展的学位授权点，如国家安全学、城市管理、应用统计、法律、会计等硕士学位授权点，党的建设、民族学、体育学、外国语言文学、新闻传播学、考古学、计算机科学与技术、化学工程与技术、工商管理学、教师教育学、体育教育学、民间文学与文化、文化遗产材料保护与工程等博士学位授权点；简政放权，一院一策，真正将人、财、物的使用权交给学科建设责任单位，明确各方的责权利，建立起整体预算、间接管理的学科经费管理新模式，激发了学科发展活力。

再次，不断完善学科绩效评价体系。学校进一步创新资源分配方式，突出绩效导向，建立以绩效为杠杆的资源配置新模式，根据学科建设核心要素，参照学科评估关键指标，构建以人才培养、科学研究、学科队伍、学科声誉等为抓手的学科绩效评价体系。强化政策引导，不断完善学科评价和动态监测机制，实施动态跟踪管理，加强过程管理，在一流学科建设规划分层分类建设的基础上，将学科建设投入与学科建设绩效相挂钩，对建设绩效突出的学科给予优先支持并加大投入力度，同时将考核结果纳入年终绩效评价，调动各学科的积极性和主动性；对学科带头人进行考核评测，充分发挥他们在学科建设工作中的示范引领作用，使其成为学科建设的脊梁；不断推进人事和薪酬体系改革，建立健全科研人员与岗位职责、工作业绩、实际贡献密切联系的分配激励机制，通过人才驱动引领学科发展，进而构筑学科高峰。

构筑学科高峰是学校一流学科建设的核心内容，事关学校发展的前途，是学校学科建设的必然选择。为此，学校通过凝心聚力团结协作，理清思路统筹推进，在一流建设学科"中国语言文学"的引领带动下，各项相关工作取得了长足进步。学科发展水平显著提升，在全国第四轮学科评估中取得优异成绩，博士学位授权一级学科数量和博士后科研流动站的数量显著增加，多个学科进入 ESI 全球排名前 1%。人才培养质量迈上新台阶，在国家级教师教学发展示范中心、国家级精品课程、高等教育国家级教学成果奖一等奖等标志性成果建设方面取得明显成效。科学研究取得丰硕成果，在国家社科基金立项总数、国家社科基金重大项目立项数等方面持续位居全国前列，国家自然科学基金立项数量连年过百，国家级重大重点项目不断增加。师资队伍建设取得骄人成绩，国家"千人计划""万人计划""杰青""优青""长江学者奖励计划"等各种高层次人才类型和数量显著增加。国际交流与合作取得新的进展，与世界上越来越多的高校和科研机构建立了合作关系，入选首批"来华留学质量认证"试点院校，国际化办学理念日益深入人心。办学条件和教职工生活得到根本改善，学校总体收入大幅增加，校园建设不断完善，教职工收入成倍增长，住房条件得到切实改善，教职工的获得感、自豪感不断增强。

第四节　实施拔尖创新计划，提高非师范专业人才培养质量

为不断适应中国特色社会主义现代化建设对高等师范院校培养人才提出的新要求，也为以教师教育为主要特色综合性研究型大学的建设目标能够早日实现，学校从改革开放之初就积极响应国家号召开办非师范专业，通过多种方式服务国家现代化建设。进入新时代，学校大力实施拔尖创新人才培养计划，进一步提高非师范人才培养质量。

一、开办非师范专业，多渠道服务经济建设和社会发展

1985年5月27日，中共中央印发《关于教育体制改革的决定》，要求高等学校担负起培养高级专门人才和发展科学技术文化的重大任务；要求扩大高等学校办学自主权，加强其同生产、科研和社会其他各方面的联系，使其具有主动适应经济和社会发展需要的积极性和能力。从此，高等教育改革进入新的历史阶段。

（一）非师范专业的创办

从1985年起，学校不断进行改革和创新，在坚持社会主义办学方向的基础上，认真贯彻"教育必须为社会主义现代化服务，必须同生产劳动相结合，培养德、智、体全面发展的建设者和接班人"的方针，以全面提高教育质量、更好为基础教育服务为中心，对学校工作进行了全方位改革。其中，在教学改革方面，学校把培养合格的高质量人才看作办好学校的生命线，在重视研究生培养、更多更好地为西北地区高等师范院校培养优秀教师的同时，坚定不移地把培养合格本科生放在中心位置，积极进行教育教学改革，制定《陕西师范大学关于教学改革的十条意见》，调整专业结构，扶植和发展短线专业，加强实践教学，拓宽专业面，从培养适应市场经济发展要求的人才出发，修订教学计划，改革教学内容和方法，强化管理制度，使教育教学质量得到了稳步提升。

学校不断调整专业设置，改革课程结构，培养适应现代化建设的合格人才。在对基础教育进行大量调查和对社会主义市场经济体制发展状况进行深入研究的基础上，积极申报和成立新的系科和专业。从 1985 年起，学校先后建立了计算机科学系、电化教育系、心理学系、艺术系（设音乐专业和美术专业），并在地理系增设旅游专业。到 1990 年，学校全日制本科、专科专业由 1985 年的 16 个增加到 23 个。1990 年以后，特别是邓小平南方谈话以后，国家教育形势变化很大，改革步子明显加快。学校根据社会主义市场经济发展的需要，进一步深化专业改革，推动学科构成更趋多样、更加合理。在原有的旅游类相关专业基础上，于 1992 年成立旅游系。为适应市场经济建设，特别注重培养学生理论与实践结合的能力，如在重视理论物理教学的基础上，增设了电子测量技术等应用物理和电子技术方面的选修课程；为扩大学生知识面，增强学生实践能力和适应能力，在传统教育专业中增加教育统计与测量等实用性课程，在心理学专业中增加实验心理等培养学生动手能力的课程；当调查发现政教系国民经济管理专业的社会需求量有限时，又结合实际增加了一些微观和应用方面的课程，使得该专业能够兼顾微观和应用领域的经济管理需要；通过调整生物系食品营养与加工教育专业的课程设置，引导专业向食品检验和食品卫生方向发展；引导数学系财会与审计专业向着涉外会计方向改革；依托地理系旅游专业，举办旅游专业培训班，为社会培养急需的旅游人才，并逐步为成立相关专业做准备；中文系的文秘专业、教育系的特殊教育专业、物理系的应用电子技术专业等也都是应社会需求建立起来的。学校通过对专业和课程进行不断改革和调整，推动了人才培养更好地适应着社会主义现代化建设的需要。

为了在更多领域服务经济社会发展，学校不断申请和开设新的非师范专业。1986 年获批心理学，1987 年获批公共事业管理（环境保护与社会保险方向），1989 年获批旅游管理、经济学等非师范专业。面对改革开放和市场经济的蓬勃发展，深化教学改革的任务变得十分紧迫。从 1992 年开始，以邓小平南方谈话为起点，学校教学改革的重点集中转向适应建立社会主义市场经济体制的需要，一方面改造传统专业结构，拓宽专业方向，扩展专业适应范围，给传统专业注入新活力；另一方面根据建立社会主义市场经济体制的需要，增设新专业，包括一些社会急需的非师范专业。1992年获批社会学、俄语非师范专业，1994年获批法学、新闻学、市场营销非师范专业。学校不断深入思考如何办好非师范专业，把学生培养成什么样的人才，并逐步有了明确的认识和清晰的专业设置思路。截至1994年9月，学校已经拥有教育、心理学、政治教育、中国语言文学、历史、外语、艺术、数学、物理、化学、生物、地理、旅游、电化教育、计算机、体育、经济管理、经济贸易、信息管理学等19个系35个专业。其中，为适应我国经济建设发展需要设置了15个非师范专业。

同时，学校不断对人才培养目标进行深入思考，厘清师范专业与非师范专业的不同培养目标。1998年12月，学校在《陕西师范大学关于修订教学计划的意见》中明确指出，师范专业主要培养德智体全面发展的中等学校师资，兼顾培养教育行政管理人员；非师范专业主要培养适应社会发展和经济建设所需要的高级专门人才。在学校当时已有的非师范专业中，国民经济管理专业，开设在政治经济学院，目标是培养能在综合经济部门从事宏观经济管理工作以及在学校、研究单位从事教学和研究工作的德才兼备的高级专门人才；社会学专业，开设在政治经济学院，目标是培养德智体全面发展的能在党政机关、企事业单位、群众团体、教育、科研部门从事社会调查、政策研究、社会规划与管理、公共关系等实际工作的高级专门人才；法学专业，开设在政治经济学院，目标是培养德智体全面发展，能够从事政法机关和其他部门（单位）的法律实际工作及法学教学、研究工作的高级专门人才；心理学专业，开设在教育、心理学系，目标是培养具有坚实的心理学基础，获得科学研究的初步训练，能在心理学及有关领域从事科研、教学和实际应用工作的专门人才；新闻学专业，开设在中国语言文学系，目标是培养德、智、体全面发展的能够从事新闻、出版与宣传工作的高级专门人才；城市建设与历史地理专业，开设在历史系，目标是培养能在国家和地方政府有关部门从事行政区划与管理、区域开发政策、地名管理、区域规划等方面工作的干部，以及在中等专业学校从事教学与研究工作的专门人才；俄语专业，开设在外语系，目标是培养能在外事、经贸、文化、新闻出版、教育、科研、旅游等部门从事翻译、研究、教学管理工作的德才兼备的俄语高级专门人才；俄语专业（外贸方向），开设在外语系，目标是培养能在对外经济贸易部门、涉外企业及有关部门从事经济贸易实际工作，或从事大专院校俄语专业教学、科研工作的高级专门人才；财会与审计专业，开设在数学系，目标是为各级职业技术学校、中小型企业、乡镇企业、三资企业及国家事业单位培养德才兼备的财会与审计专业师资和经济管理干部；教育管理专业（现代考试与招生管理方向），开设在数学系，目标是培养能在我国各级各类考试、招生管理机构、各中等和高等院校教务管理等部门从事考试与招生管理工作的专门人才；化工分析与检测专业，开设在化学系，目标是培养能在各工业部门进行应用化学分析和现代化仪器分析的应用型技术人才；旅游管理专业，开设在旅游系，目标是培养能在各类旅游企业、饭店及有关部门从事旅游资源开发和管理的德才兼备的高级专门人才；装潢设计与工艺教育专业，开设在艺术系，目标是培养能在企事业、专业设计部门、学校、科研单位从事产品及包装装潢设计、广告设计、书籍装帧设计、展示设计、装饰艺术设计的具有较强适应能力的德才兼备的专门人才；市场营销专业，开设在经济贸易系，目标是培养能在各类工商企业及有关组织从事市场营销工作的德才兼备的高级专门人才；经济信息学专业，开设在信息管理学系，目标是培养能在经济、商贸、金融、政府机关、科研单位、图书、情报等部门从事信息管理与服务工作的专门人才。

（二）调整非师范专业的设置

1995年9月27日，国家教委办公厅印发《关于高等师范院校设置非师范本科专业的几点意见》，指出：为适应我国社会主义市场经济体制建立与发展的需要，当时一段时期有相当多的高等师范院校相继设置了一批非师范本科专业，在一定程度上给高等师范院校的改革和发展增强了活力；但由于科学论证不够，一些专业出现不必要的重复设置，影响专业结构优化，也难以保证人才培养质量，个别学校甚至影响了师范专业自身的建设。《意见》的总基调就是要对高等师范院校设置本科非师范专业加强管理、从严控制。在此之前，为加强非师范专业高质量发展，国家教委于1991年启动国家基础学科人才培养基地建设，陕西师范大学国家文科基础学科人才培养和科学研究基地也经教育部批准而设立。此后，1995年学校获批中国语言文学（基地），1996年获批生物学（基地）。1997年学校获批应用化学非师范专业，2000年获批环境科学、地理信息系统非师范专业。

1998年7月7日，教育部要求高校对本科专业进行整理，对其数量进行核定。1998年10月26日，提交给教育部的《陕西师范大学现设本科专业整理方案》指出，学校有31个本科专业，其中非师范类专业9个，师范兼非师范专业3个。9个非师范专业分别为开设在政治经济学院的经济学（原名为国民经济管理）、法学、社会学，开设在教育科学学院的心理学，开设在外国语学院的俄语，开设在化学系的应用化学，开设在经济贸易系的市场营销，开设在旅游与环境学院的旅游管理，开设在中国语言文学系的新闻学。3个师范兼非师范专业分别为汉语言文学，原名为汉语言文学教育，开设在中国语言文学系；生物科学，原名生物学教育，开设在生命科学学院；思想政治教育，开设在政治经济学院。

1998年，在教育部正式颁布新修订的《普通高等学校本科专业目录》之后，学校根据新的专业目录对原设专业进行了调整。截至2001年12月，学校共有40个本科专业，分布于经济学、法学、教育学、文学、历史学、理学、工学、管理学等8个学科门类。其中，师范专业有23个，非师范专业有17个。17个非师范专业分别是：经济学、法学、社会学、新闻学、心理学、俄语、应用化学、地理信息系统、环境科学、旅游管理、市场营销、对外汉语、运动训练、播音与主持艺术、信息与计算科学、电子信息科学与技术、生物技术。学校的本科非师范专业，1994年至1996年一直是8个，1997年至1999年一直是9个，2000年有11个，2001年开始有了比较明显的增加，达到17个，这与学校2001年颁布实施的《陕西师范大学2001—2005年事业发展计划》密切相关。

通过前一阶段的发展，学校已经初步形成了一个以文理学科为主体、以教育学科为特色的师范教育体系；而此时的非师范专业已经初具规模，并从 2001 年开始逐步进入新的发展阶段。

二、扩展招生专业领域，稳步推进非师范人才培养

2001 年 6 月 15 日，学校党委颁行《陕西师范大学 2001—2005 年事业发展计划》（即"十五"计划）。"十五"计划一方面贯彻落实教育部《全国教育事业"十五"计划（草案）》中的相关精神，另一方面也解决学校专业建设存在的问题。2001 年 12 月 20 日，学校印发《陕西师范大学"十五"本科专业建设规划》，对非师范专业发展做了更加具体的安排。

（一）扩展非师范专业招生领域和方向

前一阶段，学校在非师范专业建设已经取得显著成绩的同时，也发现一些问题。一是师范专业较多，非师范专业偏少。为适应高等教育的大众化形势，必须调整专业结构，适当增加非师范专业。二是传统专业较多，新兴专业特别是电子（电气）信息类、生物技术和生物工程类专业偏少，不足 5 个。传统专业老化问题凸显，有的不适应科学发展的新形势，有的不适应市场经济的新常态，还有的不适应学科发展的新需要，改造老专业，增设新专业，努力培育新的学科增长点已经迫在眉睫。三是基础学科专业较多，有较大影响的名牌专业却不多。应用学科专业偏少，如何适应市场经济，特别是加入世界贸易组织新形势的需要，成为急需关注的问题。

为解决上述问题，加强专业建设，全面提高教学质量和办学效益，学校根据《普通高等学校本科专业设置规定》等文件精神以及专业建设的具体实际，制定了《陕西师范大学 2001—2005 年事业发展计划》（简称《发展计划》）和《陕西师范大学"十五"本科专业建设规划》（简称《建设规划》）。其中，《发展计划》指出，学校要加强本科专业建设，在继续办好师范专业的同时，"稳步发展非师范性专业"；到 2005 年，非师范专业由 2000 年的 11 个快速增长

至 25 个左右，本科专业总数从 34 个增加到 50 个以上，基本覆盖 10 个学科门类，为学位点建设提供依托；按照素质教育的要求，修订专业培养计划，推进名牌专业建设，使若干专业成为具有全国一流水平的名牌专业。《建设规划》进一步强调，要遵循面向未来，适度超前，发挥优势，扶植重点的原则，建设综合性研究型大学，以提高教育教学质量、培养全面发展的高素质合格人才为宗旨，以经济社会发展对人才有效需求为导向，以学校已经具备的和潜在的办学条件为基础，充分利用已有教育资源，解放思想，实事求是，加大专业整合力度，积极发展非师范专业，逐步改造师范专业，重点创建优势专业和名牌专业，优化专业结构与布局，把专业建设同学科建设有机结合起来。两个文件的出台，拉开了学校积极发展非师范专业的序幕。"为把我校建设成为以教师教育为主要特色的综合性研究型大学而努力奋斗"，这是 2005 年 6 月 28 日学校第九次党代会上提出来的办学目标。为实现这一目标，学校很早就开始布局，从 2001 年起积极发展非师范专业就是举措之一，这同时也推动着学校非师范专业建设进入积极发展的新阶段。

（二）稳步推进非师范专业人才培养

学校本着"师范专业内涵发展、非师范专业发展规模"的办学理念，一方面，从师范类优势专业出发，发展本科师范教育，满足基础教育对中学师资培养的要求；另一方面，在此基础上使专业向经、法、管、工等应用性、综合性和边缘性学科专业扩展，不断实现师范专业与非师范专业协调发展，加快应用型人才的培养，满足区域经济发展尤其是西部大开发对人才的需要，为地方经济建设和社会发展不断贡献着师大力量。学校不断加强重点学科专业建设，逐步实现了学科专业的优化组合，向着有特色、综合性的方向坚定发展。在逐步形成学科群的基础上，集中人、财、物等资源，分期分批建设本科专业，充分发挥教育资源优势，打破了师范与非师范的相互封闭状态，促进了双方的交汇与交叉融合。通过课程体系改革，推进了基础课程通用化，拓宽了专业基础，扩展了专业面向。发挥多学科优势，注重文理渗透、理工结合，促进了学科间的综合交叉、融合、互补，不断适应着社会对多学科、多层次的高素质复合型人才的需求。着重于处理师范专业与非师范专业的关系，以师范专业的质量提高带动了非师范专业的数量增加，以非师范专业的健康发展，促进了学科专业间的综合化；着重于处理长线专业与短线专业的关系，局部与整体的关系，传统与新兴的关系，基础与应用的关系，存量调整与增量调整的关系，不断根据人才市场需求调整专业结构，调配招生规模，扶优保重，为教育事业的发展和西部大开发培养了大批急需人才。

为推进非师范专业人才培养，学校做了大量工作，采取的方式方法有：加强领导，成立学科专业建设指导委员会，设立学科专业建设工作办公室，并在院系成立学科专业建设领导小组；组建相应教研室，建立教研室主任岗位责任制；进一步加大高学历、高职称以及紧缺人才的培养和引进力度，注重专兼结合，建立了一支结构优化、政治素质过硬的创新型教师队伍；修订完善本科学分制人才培养方案，制定完善本科教学计划，确保相关专业建设规划稳步落实；根据专业特点和培养目标精心研究和编写教学计划与教学大纲；科学合理地进行课程设置，把课程建设与学科建设有机结合了起来；加强教材建设，选择高水平的国家级教材，积极鼓励教师参加教材编写，鼓励引进最新版本的英文原版教材；加强图书馆文献资源建设，并进一步完善各个学院的图书资料室，面向各个学科提供更加系统和更具专业性的文献资源服务与保障；加大力度建设多媒体教室，促进教学手段现代化；按本科专业的教学要求配齐实验室并提高实验层次，培养学生创新能力和实践操作能力；强化校园网络建设，满足网络教学科研需求；加强实践教学基地建设，逐步规范和扩大非师范专业实习基地。

经过一段时期的发展，截至 2006 年 8 月，在本科教学工作水平评估期间，学校已有 18 个院（系），62 个本科专业，其中师范专业 24 个，非师范专业 38 个，涵盖了哲学、经济学、法学、教育学、文学、历史学、理学、工学和管理学等 9 个学科门类。非师范专业的数量得到大幅提升，并超过师范专业，与 2000 年的专业情况形成鲜明对比。这 38 个非师范专业分别是：教育科学学院的心理学、应用心理学，政治经济学院的法学、社会学、哲学、行政管理，文学院的对外汉语，历史文化学院的古典文献、博物馆学，外国语学院的俄语、日语，音乐学院的表演，美术学院的绘画、艺术设计，数学与信息科学学院的信息与计算科学，物理学与信息技术学院的电子信息科学与技术，化学与材料科学学院的应用化学、材料化学，生命科学学院的生物技术，旅游与环境学院的旅游管理、环境科学、地理信息系统，体育学院的运动训练，新闻与传播学院的新闻学、播音与主持艺术、编辑出版学、广播电视编导、摄影，计算机科学学院的信息管理与信息系统、软件工程，食品工程系的食品科学与工程，国际商学院的经济学、市场营销、电子商务、金融学、工商管理、人力资源管理、财务管理等。学校已经建设有12个省级名牌专业，分别是中国语言文学（基地）、生物学（基地）、思想政治教育、教育学、化学、历史学、地理科学、数学与应用数学、心理学、物理学、体育教育、教育技术学。其中，3个是非师范专业，分别是中国语言文学（基地）、生物学（基地）、心理学，非师范专业在质量上也得到了稳步提升。截至2006年，学校已建成180个能够满足实践教学需要、分布广泛、相对稳定的教学实践基地，其中非师范专业实习实践基地74个，形成了以陕西省为中心、遍布西北、辐射全国的实习基地总体布局。学校不断明确人才培养目标，科学制定人才培养方案，为准备从事教师职业的学生提供了一个师范专业学生和非师范专业学生都可以修读的课程模块，打通了师范专业与非师范专业的界限，促进了师范专业与非师范专业的优势互补，充分发挥了综合性的学科优势，体现了学校为基础教育服务的办学定位和特色。

（三）改革和加强非师范专业建设

通过长期不懈的努力，非师范专业建设虽然取得了显著成绩，但在前一阶段稳步推进非师范专业人才培养过程中，学校也发现，需要继续改革和加强非师范专业建设。因为，部分非师范专业特色不明显，人才培养目标定位不清晰，对社会和经济建设的人才需求了解得还不够透彻，毕业生就业率不高；部分非师范专业硬件设施与实践教学环节相对薄弱，专业教师队伍数量不足；学校对一些新兴、边缘、交叉专业建设发展的重视程度还需进一步加强；学校还没有完全建立起十分有效的专业评估和淘汰机制等。为进一步加强非师范专业建设，推进学校综合化发展，学校于 2009 年 11 月 27 日印发《陕西师范大学关于加强非师范专业建设的意见》。从此，学校进一步明确要建成一批特色鲜明的品牌非师范专业，重点在于适当增加专业数量，稳定专业规模，注重办学实效，走内涵式发展道路，按照综合性研究型大学的办学目标进行专业建设。为此，学校不断加强分类指导，推进非师范专业内涵建设，为建成一批国内一流、国际知名、特色鲜明的品牌非师范专业积极谋划、持续努力。在广泛调研基础上，深入研究各非师范专业的性质特点，准确定位，明确目标，形成特色。进一步发挥国家文理科人才培养基地的示范作用，着力建设了一批文、理基础性非师范专业；在培养学术研究型高端人才的同时，建设了一批工科、术科应用性非师范专业，培养了一批适应社会需求的具有创新意识的高级专门人才，逐渐提升了相关专业的社会认可度和影响力。同时，不断优化非师范专业的结构与布局，紧密结合国家经济社会发展需求与学校总体发展规划，采用停招、新增、改造、整合等方式，使非师范专业的数量稳定在了 40 个左右；加强文、理、工、艺术等多学科专业的交叉渗透与相互合作，形成了多学科协调发展的非师范专业结构与布局，促进非师范专业与师范专业均衡发展，为实现综合性研究型大学的发展目标和建设高水平大学奠定了坚实基础。

为改革和加强非师范专业建设，学校不断加强宏观指导，在广泛调研的基础上，结合国家发展战略、区域社会经济发展需求以及学校总体发展目标，从培养方案、课程体系、硬件建设、实验实践教学、师资队伍、教学管理、资金配套、招生就业、校园文化建设等方面，制定了非师范专业建设规划，针对不同专业形成了各自特色。具体措施有：创新非师范专业培养模式，加强非师范专业内涵建设；遵循专业自身发展规律，科学制定人才培养方案；坚持通识教育与专业教育相结合，科学制定课程体系；紧紧围绕人才培养目标，加强课程建设与改革；结合教学改革的优秀成果，积极推进教材建设；加强非师范专业图书资料建设，为教学科研服务；以能力培养为主导，积极改革教学模式和方法；加强实验教学，构建完整的实验教学体系；建立推动本科生参与科研创新活动的长效机制，培养学生的创新精神与实践能力；加强实验室建设，改善实验教学条件和环境；推进实验系列教师队伍建设，提高实验教学水平；制定新的非师范专业见习与实习经费管理办法，加大实习就业基地建设；加强对非师范专业学生的就业指导与培训；建立以促进学生就业、服务社会为主要目标的各类专业发展中心和专业认证中心，对非师范生加强专业能力教育与培训；加强校园创业文化建设，制定体现非师范专业特点的校园文化实施方案；鼓励学生组建相关创业社团，举办创业论坛，设立大学生创业专项项目和经费，开展创业教育；加强师资队伍建设，重视非师范专业教师队伍补充和引进；加强改造、培养现有师资队伍，积极培养非师范专业青年教师；推动教学管理制度改革与创新，促进管理重心下移，提高管理质量；建立鼓励教师积极参与教学的机制，提高教师教学积极性；加大国际国内交流与合作力度，拓宽学生视野；加强非师范专业申报与专业评估工作，强化对非师范专业的领导与管理；建立非师范专业建设责任制，鼓励各院系和相关部门探索创新建设路径，形成了非师范专业建设的多样化发展格局。

三、实施拔尖创新计划，进一步提高人才培养质量

2002年11月8日，党的十六大提出要培养"一大批拔尖创新人才"[①]。作为教育部直属重点师范大学，学校随即对拔尖创新人才的培养问题进行深入思考和积极研讨。同年12月，在四届二次教代会上，党委书记江秀乐谈及学校在人才培养上如何创新的问题，指出按照综合化的思路打通师范与非师范专业的区别，尝试进行"学科专业教育＋教师专业教育"培养模式的试点改革等。2006年，学校提出"厚基础、宽口径、高素质、强能力、重创新"的本科人才

---

① 江泽民：《全面建设小康社会，开创中国特色社会主义事业新局面——在中国共产党第十六次全国代表大会上的报告》，人民出版社，2002年，第40页。

培养理念，此后便一直遵循该理念开展高水平本科人才培养。在建设高水平大学进程中，学校从 2011 年开始强化非师范专业建设，积极探索拔尖创新人才培养方式，采取设置创新实验班的新思路，示范带动全校复合型拔尖创新人才培养模式改革。学校进一步加强人才培养模式创新实验区建设，从 2012 年开始探索实施拔尖创新人才培养计划，筹备组建拔尖创新人才培养实验班，培养具有创新精神和实践能力的拔尖创新人才。2013 年，开始探索构建"普通班—院级创新班—基地班—校级创新班"的层级式创新人才培养体系。2014 年，在院级创新实验班的基础上，组建校级拔尖创新人才培养实验班，逐步探索完善"院级（创新班）—校级（拔尖创新人才培养实验班）—国家级（生物基地班、中文基地班、卓越新闻人才班等）"三级拔尖创新人才培养体系。

在国家"双创"和"双一流"建设背景下，为进一步加强非师范专业建设和非师范拔尖创新人才培养，破解非师范专业建设中存在的学生专业认同感不强、与师范专业培养趋同等诸多困局，补齐部分非师范专业发展定位不够准确、特色不够鲜明等短板，学校于 2015 年 6 月 19 日和 2016 年 2 月 25 日先后印发《陕西师范大学关于全面提高本科教学质量的实施意见》和《陕西师范大学"十三五"发展规划（2016—2020）》，提出要实施"陕西师范大学拔尖创新人才培养计划"，构建"国家级—校级—院级"三级非师范专业拔尖创新人才培养体系。两个文件出台之后，学校不断探索与完善非师范专业人才培养的体制机制，遵循"有所为有所不为"的专业建设思路，根据社会评价、市场需求和现有教师队伍状况，调整专业设置，整合非师范专业，集中力量推进非师范品牌专业建设，提升高素质、创新型、应用型人才培养质量，提升非师范专业的市场竞争力。2016 年起，学校大力加强非师范专业建设，于当年 5 月 26 日印发《陕西师范大学本科非师范专业大类招生培养改革方案（试行）》，开始对非师范生进行大类招生和培养。学校将 47 个非师范本科专业（含基地班、各级创新班）分为心理学类、经济学类、工商管理类、化学类、物理学类、计算机类、数学类、生物科学类、地理科学类、食品科学与工程类、中国语言文学类、历史学类、外国语言文学类、新闻传播学类、美术学类共15个大类进行招生，并在大学一年级按大类培养，不分具体专业，主要开设通识教育核心课程，同时开设学科大类导引课程以及学科专业公共基础课程。学生在一年级第二学期中期之后，通过分流确定拟进入的专业，并从二年级开始进行具体专业学习。大类内的分流，学生可以自由选择专业。大类之间的专业分流由各学院考核，并将动态进出控制在一定比例范围之内。公共事业管理（教育管理方向）、思想政治教育（创新实验班）、哲学、法学、社会学、行政管理、日语、俄语、旅游管理、运动训练、播音与主持艺术、广播电视编导、音乐表演、非师范的音乐学、非师范的舞蹈学等15个本科专业因专业特殊性，仍暂时按专业进行招生和培养。之后，学校不断对招生大类和招生专业进行优化调整。2017年，学校建立起特色通识教育课程体系，设置了若干门通识教育核心课程，产出了一批高水平通识教育研究成果。同时，学校还不断完善拔尖创新人才培养体制机制，在总结经验的基础上，于2018年2月8日印发《陕西师范大学拔尖创新非师范人才培养实施方案（试行）》，推动拔尖创新非师范人才的培养工作进一步走向规范化。

拔尖创新人才培养是一流学科建设的重要内容，也是提高本科人才培养质量的重要途径。经过多年探索实践，学校在非师范拔尖创新人才培养方面取得了丰硕成果。学校坚持"厚基础、宽口径、高素质、强能力、重创新"的人才培养理念，以"组建实体培养班级、制定特色培养方案、推行导师负责制度、创新教育教学模式、实施特色培养举措、设立综合创新项目"为主要途径，对拔尖创新人才培养的关键环节进行了全面改革和创新，构建起有利于拔尖创新人才培养的新氛围、新机制、新体系，朝着实现"知识结构一流、实践能力一流、综合素养一流、创新素质一流"的拔尖创新人才培养目标不断迈进。以"坚持立德树人、关注个性发展、培养合作意识、激发创新精神、引领实践探索"为核心切入点，组建了一批特色各异的本科拔尖创新人才培养实验班，遵循拔尖创新人才成长规律，落实立德树人根本任务，树立社会主义核心价值观，传承中华民族优秀文化，培养了一批基础宽厚、视野广阔、思维活跃、理论素养深厚的具有继续培养潜质的学术型人才，以及一批专业扎实、业务精湛、素质全面、富有创新创业创意能力的复合型高级专门人才，为造就一批人文底蕴深厚、专业知识扎实、创新能力高强、国际视野宽广的未来科学精英和行业骨干搭建起坚实的平台。学校把拔尖创新人才培养作为一流专业、一流学科建设的基础和根本，以拔尖创新人才培养促进一流学科专业建设迈上新台阶，以一流学科专业建设促进拔尖创新人才培养产出新成效，做到了二者相辅相成和有效衔接。坚持专业教育与通识教育相互融合，在注重高质量专业教育、奠定学生知识结构和能力的同时，还注重通识教育和全人教育，提高学生科学素养和人文素养，培养了学生正确的价值观、人生观、思辨能力、创新能力以及与人合作的能力，促进了学生全面成长和发展，为学生的可持续发展奠基，让学生在众多领域都有无限可能。坚持少而精，凸显精英教育思维，遴选优秀学生，精研培养方案，严控培养规模，实施小班教学；坚持"多对一"，构建起项目主任、专业导师、企业导师一体化的"多对一"拔尖创新人才培养新机制；坚持个性化，因材施教，一班一特色，一班一方案，一案一亮点；坚持开放性，通过"走出去、请进来"的方式，拓宽了国内国际合作与交流渠道，开阔了学生视野，提高了培养层次。

拔尖创新人才培养计划主要面向非师范专业，实施的主体对象为"国家级—校级—院级"三级非师范专业拔尖创新人才培养实验班，即国家基地班、校级实验班和院级实验班。截至2020年，学校建立的拔尖创新非师范人才培养体系中，已有国家级创新实验班2个，分别是文学院的汉语言文学基地班、生命科学学院的生物科学基地班；校级创新实验班10个，分别是哲学与政府管理学院的丝路经济带法学实验班，地理科学与旅游学院的行远旅游管理实验班，新闻与传播学院的斯诺卓越新闻人才实验班，齐越卓越播音主持人才实验班，化学化工学院的笃学化学实验班，心理学院的泽如心理学实验班，生命科学学院的哲民生物技术实验班，数学与信息科学学院的国俊数学实验班，物理学与信息技术学院的恒元物理实验班，历史文化学院的念海史学实验班；院级创新实验班有11个，分别是马克思主义学院的思想政治教育创新实验班、文学院的汉语言文学创新实验班、外国语学院的英语创新实验班、化学化工学院的化学创新实验班、地理科学与旅游学院的地理科学创新实验班、教育学院的教育学创新实验班、计算机科学学院的计算机科学与技术创新实验班、数学与信息科学学院的数学与应用数学创新实验班、物理学与信息科学学院的物理学创新实验班、历史文化学院的历史学创新实验班、体育学院的体育教育创新实验班。这些实验班每班人数均不超过30人，具有严格的学生选拔标准，实行动态进出机制，在大二学年结束后对学生进行二次选拔。实验班实行项目主任制，项目主任由富有创新精神的教授担任；实行学业导师制，配备若干名专业导师和企业（行业）导师，分组对学生进行学业科研和创新创业等方面的指导；实行教授（名师）上课制，组建教授（名师）授课团队，对专业核心课程以及创新创业特色课程进行全程授课。利用各种媒体平台进行宣传、凝聚和引导，加大了对拔尖创新人才培养的宣传力度和氛围营造。形成了机制健全、政策到位的拔尖创新人才培养一流格局，把拔尖创新人才培养作为各个学院的"一把手工程"，由院长牵头制定拔尖创新人才培养的具体实施方案。构建了形式多样、内涵丰富的拔尖创新人才培养一流平台，与第二课堂紧密结合，鼓励学生自主创办创新创业社团，组织、开展跨学科社团活动和素质拓展活动。支持学生自行编印学术刊物，刊登学术论文，提高了学生研究能力和学术水平；定期开展本科生拔尖创新学术论坛，由学生自主开展学术沙龙活动，加强了思想交流和碰撞。不断创设氛围浓厚、多元开放的拔尖创新人才培养一流环境，通过在世界范围内邀请著名科学家、杰出校友、知名创业成功者等来校访问并举办创新创业经验报告会，发挥了榜样的作用，激发了学生求知欲和创新愿望。通过开设高质量通识课程等形式，引导学生接触不同的领域和文化，培养学生的综合素质和优秀品质。坚持错位发展，为实验班制定专门人才培养方案，不同学科专业、同一专业实验班与普通班之间，分别形成了各自的人才培养特色，分别制定有各自的人才培养方案，并在课程设置上得到了体现。

学校在拔尖创新非师范人才培养过程中不断探索和积累经验，使得非师范人才培养质量在高水平大学的建设过程中得到不断提高，非师范人才的升学深造率也在逐年攀升。同时，在非师范专业建设过程中，学校的学科领域不断完善，教师教育的主责主业因此得到进一步彰显，以教师教育为主要特色的综合性研究型大学的办学指导思想不断得到充分落实。学校在发展非师范专业方面做出的努力，不仅更好服务了社会事业，进一步提高了人才培养质量，而且充分体现了学校始终从国家需要出发，将学校发展融入中华民族伟大复兴的宏伟蓝图之中，不断探索高等师范教育发展规律，勇于改革，积极创新，奋进一流的坚定理想和信念！

第五节　全学科研究生教育体系的逐步形成和高质量建设

早在 20 世纪中期，学校就已经开展研究生教育，其间因客观原因而中断，于 70 年代末恢复，之后便不断地改革发展并完善建制。80 年代中期设立研究生处，推动研究生教育向着制度化和规范化发展。面向新时代成立研究生院，为构建全学科多层次的人才培养体系不断奋力创新，由此推动着学校人才培养层次不断迈向新高度。

一、开启研究生教育，发展高层次人才培养方式

陕西师范大学是国内较早开展研究生教育的高校之一，早在 20 世纪 60 年代就已经开始研究生招生和培养工作。1961 年上半年，陕西省高教局批准学校的古汉语、中国古典文学、外国文学、电子学、光学理论、声学、有机化学、无机化学、函数论等 9 个专业招收硕士研究生。学校高度重视，指定专人负责招生。当年的招生工作于 10 月结束，9 个专业共招收 13 名硕士研究生。其中，理科 10 名，文科 3 名。这是学校第一批研究生，当年 11 月开学。1962 年下半年，在机构调整和人员精减的巨大压力下，学校不得不暂停研究生培养，并为全部研究生分配了工作。

1978 年，陕西省高教局确定全省 7 所高等院校在当年下半年恢复研究生招生，并要求认真做好培养工作。学校随即安排教务处着手筹备，并于 1978 年底恢复招生。1979 年初，学校成立研究生招生办公室，挂靠教务处，负责研究生的招生与管理。同时，学校支持有学术专长的教师指导研究生，为高等师范院校和学校自身发展培养师资，并有计划地选拔毕业研究生留校工作。

1979 年春季学期，学校迎来"文革"后的第一届硕士研究生。马克思主义哲学、中国古代文学、文艺学、外国文学、唐史、泛函分析、量子光学、微量分析、昆虫学、中国区域自然地理、中日关系史、苏联史等 12 个专业的 35 名研究生，从全国各个地区来到学校攻读硕士学位。学校从此向培养高层次人才的方向一路迈进，再未停歇。当年入学的研究生，其学制多为三年，少数为两年，1980 年以后均定为三年。学生在第一学年主要学习马列主义理论课、外语、专业基础课；第二学年学习专业课，参加教学实践、社会调查等，并开始准备毕业论文；第三学年进行论文撰写和答辩。

1981 年 11 月 25 日，国务院学位委员会下发《关于下达首批博士和硕士学位授予单位的通知》，批准陕西师范大学为首批有权授予博士和硕士学位的高等院校之一。[①] 这一年，学校共获批 11 个研究生学位授权点。其中，博士学位授权点有 1 个，即历史地理学，这是当年陕西省唯一具有博士学位授予权的文科类学科[②]；硕士学位授权点有外国教育史、普通心理学、中国古代文学、汉语史、中国古代史、历史地理学、光学、声学、分析化学、区域地理学等 10 个。截至 1986 年 7 月，学校的博士、硕士学位授予权学科专业增加到 23 个，其中博士点 3 个，硕士点 20 个；另有 16 个学科专业的 37 个研究方向可招收硕士研究生。

为加强培养管理，1981 年 9 月，学校在科研处设立研究生科，全面负责培养工作，制定实施《陕西师范大学培养研究生实施办法》，建立了比较完善的研究生管理制度，并根据研究生特点完善教学环节，在上课、答疑、批改作业、

---

① 国务院学位委员会：《关于下达首批博士和硕士学位授予单位的通知》，学位字〔1981〕018 号文件，1981 年 11 月 25 日发布。

② 《国务院学位委员会办公室学位工作简报第 4 期》，陕西师范大学档案馆藏，文书档案库，档案号 3-1982-WD-49.0003。

指导论文等方面均做到了规范化，同时鼓励研究生积极学习、刻苦钻研。学校的这些措施和办法有力保证了研究生的培养质量。据统计，在恢复招生后的四年中，研究生先后在全国性学术刊物上发表论文 51 篇，在省级学术刊物上发表论文 134 篇，在国外学术刊物上发表论文 2 篇，在国际学术会议上宣读或被选用论文 5 篇。绝大多数毕业研究生主要从事教学工作。据用人单位反馈，学校培养的研究生政治思想好，业务能力强，都能较好地胜任本职工作；部分研究生在教学科研上已经取得显著成绩，成为所在学校的骨干；少数研究生还考取了国内著名重点大学、中国科学院以及美国有关大学的博士研究生。

1982 年 2 月，教育部批准学校成立学位评定委员会，负责评定研究生的学位授予工作。首届学位评定委员会由 19 名教授和副教授组成。学位评定委员会坚持学位标准和质量第一原则，认真负责地开展着学位评定与授予工作，进一步推动了学校的研究生培养管理走向正规化。

为了保证研究生培养质量，学校稳步发展学科专业招生规模，先后增加了中国现代文学、中国古典文献学、汉语史、历史地理、中国古代史、历史文献学、世界古代中世纪史、世界近现代史、经济学、基础数学、数学教育与数学史、声学、分析化学、无机化学、动物学、区域地理学、自然地理学等 17 个学科专业。到 1984 年，学校研究生招生专业数量和招生人数每年在逐步提高，已连续招收 6 届 32 个专业 67 个研究方向的硕士生 222 名，博士生 2 名。毕业的三届研究生共计 76 人，获得硕士学位的有 68 人，占 89%。截至 1984 年底，学校共有在校研究生 147 人，其中，攻读硕士学位 135 人，攻读博士学位 2 人，同时还有一些在职和代培的研究生。随着学科专业和招生人数的不断增加，学校开始迈入研究生教育新的发展阶段。

二、设立研究生处，推动研究生教育制度化建设

（一）研究生教育制度化发展

学校研究生教育在 1985 年至 1994 年的改革中获得了较快发展。其间，共

有 36 个专业招收研究生，文科 20 个，理科 16 个。有 22 个专业先后获得了硕士学位授予权，文科 16 个，理科 6 个；博士点有 3 个。具有博士学位授予权的专业除历史地理学外，又增加了中国古代文学和动物学。相应地，增加了中国古代文学的博士生指导教师霍松林教授，以及动物学的博士生指导教师郑哲民教授。研究生招生人数逐年增加，截至 1993 年，全校共招收博士研究生 44 人，已毕业 23 人，授予博士学位 23 人；共招收硕士研究生 1370 人，已毕业 1050 人，授予学位 1009 人。随着招生人数持续快速增加，为加强管理、保证质量，学校于 1986 年 6 月成立研究生处，下设招生办公室和培养管理科，全面负责研究生的招生、培养及学位授予工作。1987 年，成立研究生党总支，负责全校研究生的思想政治工作，配有若干专、兼职干部，并按年级和文理科组建了党支部。研究生处和研究生党总支的建立，推动了研究生教育制度化发展。1993 年，学校根据发展需要，撤销了研究生党总支，并将研究生思想政治工作交由各培养单位的党总支负责。学校不断健全组织和加强领导，在总结经验的基础上制定了 29 种管理办法，编制了《研究生工作手册》，并于 1988 年实施，推动着研究生管理制度不断完善，形成了完整规范的培养体系。

在研究生培养过程中，为加强教师队伍建设，学校首先制定《陕西师范大学关于遴选硕士研究生指导教师的暂行规定》，健全了遴选制度，使一批治学态度严谨、重视教书育人的优秀教师走上了导师岗位，使承担研究生教育的教师队伍得到不断充实和提高。1979 年刚恢复研究生招生时，学校仅有 19 名导师，到 1993 年已经发展至 249 名。1989 年以后，国家教委规定，没有学位授予权的专业暂停招生。此时，学校能够继续招收研究生的导师仍有 157 人，其中文科 97 人，理科 60 人。学校的研究生导师不仅具有坚实的基础理论和系统渊博的专业知识，而且教学经验丰富，科研能力突出。几位博士生导师更是具有深厚的学术造诣，科研成果突出，在国内外享有很高的声誉。正因为学校建设了一支高水平的导师队伍，研究生培养质量才获得了稳步提高。

为确保研究生培养质量持续提高，学校十分重视培养方案的制定和实施。

1985年开始，不断总结培养经验，制定《陕西师范大学关于制订博士研究生培养计划的意见》和《陕西师范大学关于修订各专业硕士学位研究生培养方案的意见》，要求各专业导师根据学校意见认真制定培养方案，并在实践中不断调整与完善。在此基础上，学校对培养方案进行过两次重大修订。第一次修订是在1986年，学校根据国家教委当年《关于改进和加强研究生工作》的文件精神，认真贯彻"面向现代化、面向世界、面向未来"的指导思想，全面修订了各类研究生的培养方案和计划，还多次组织学校研究生导师与国家教委直属的其他师范大学的研究生导师交流经验，共同磋商、提高。通过这次修订，学校重点调整了课程设置，加强了基础理论教育，明确了学位课程，更新了教学内容，适当拓宽了研究生的专业范围，扩大了知识面，提高了研究生的适应能力。第二次修订是在1991年，学校根据国家经济建设和社会发展对各类人才的需要，以及国家教委关于硕士生的培养目标主要是培养各种类型的高层次应用人才的改革精神，结合师范院校的特点，对各专业培养方案再次进行了全面修订。通过修订，增设了一些应用型课程，增加了一部分对学科专业发展和经济社会建设有重大理论和实践意义的研究方向，加强了马列主义基础理论教育；制定《哲学社会科学硕士研究生社会实践试行办法》，加强了实践环节，进一步完善了培养方案。在方案实施过程中，为提高研究生进行国际学术交流和查阅外文资料的能力，学校于1991年在公外教研部成立了研究生外语教研组，与国家教委直属的其他5所师范大学合作编写英语教材，并安排具有高级职称的教师开展教学工作。针对研究生培养，学校提出科研、实习、教学并重，要求教师因材施教，尝试采用启发式、学生轮讲式、师生讨论式等新方式进行教学，提高教学质量，多方面培养研究生的才能。

为激励研究生刻苦学习、努力攻关，除加强日常教育和管理外，学校从1987年起建立了研究生中期考核筛选制度，并制定了筛选办法。经考核评定，对一些学习不努力、研究能力差的研究生进行淘汰，将竞争机制引入研究生培养工作，这大大提高了研究生的学习积极性，建立了良好的教学秩序，树立了刻苦钻研的优良学风。在指导论文方面，学校要求导师抓好三个环节：一是指导学生选好论文题目；二是帮助学生全面搜集资料，做好资料综述，提出论文大纲；三是对学生的论文进行严格把关和定向。在学位授予方面，学校本着"保证质量，严格要求，宁缺毋滥"的原则，按照《中华人民共和国学位条例》和《中华人民共和国学位条例暂行实施办法》的要求，从研究生提出申请、学位点组织答辩，到学位评定委员会审批等各个环节，都坚持做到了认真审查、严格把关、保证质量。截至1994年，学校先后授予博士学位23人，授予硕士学位1009人。

学校的一系列有力举措推动了研究生培养质量得到大幅提升。大部分研究生的毕业论文以不同形式公开发表，有些高质量论文还发表在了《哲学研究》《经济研究》《历史研究》《文学评论》《新华文摘》《数学学报》《物理学报》《化学学报》《生物学报》等著名刊物上。用人单位普遍反映学校研究生政治素质高，能坚决拥护党，拥护社会主义，业务基础好，工作能力强，能出色完成单位安排的各项教学科研任务。学校有100多名硕士研究生先后进入全国重点大学、中国科学院、美国和法国等大学攻读博士学位，一些博士毕业生还进入博士后流动站开展科研工作。由于研究生培养质量突出，学校受到了国内外学者的关注。1988年11月15日至16日，国务院学位委员会派专家组对学校辩证唯物主义与历史唯物主义专业的硕士学位授权点及其研究生培养质量进行全面检查评估。专家组按照国务院学位办公室规定的"哲学博士、硕士学位授予质量评估指标体系"，对全国44个硕士点进行了定性和定量评价，陕西师范大学名列第17位，在教育部直属师范大学中排名第三。1991年6月23日，国务院学位委员会派专家组对学校国际共产主义运动专业的硕士学位授权点进行检查评估；1992年至1993年，陕西省学位委员会受国务院学位委员会和国家教委的委托，对学校的声学、光学、生物学和中国语言文学、历史学等3个一级学科的9个硕士点进行了深入细致的检查。在众多检查评估中，学校研究生培养工作均得到了国家和社会的充分肯定。

（二）以综合化改革快速推进研究生教育

1995年，学校开始综合改革，逐步扩大研究生招生规模，在完成国家计划的同时，积极开展横向联合培养、委托培养和定向培养等工作。学校在研究生培养过程中积极发挥学位点教授群体优势，推动研究生思维方式和专业知识全方位发展。规定研究生在校期间必须完成一定数量的教学、科研和其他工作任务，要求博士生在高层次刊物上发表文章、硕士生在公开刊物上发表文章。学校不断理顺关系，加强研究生管理和思想政治工作。1999年，开始改革研究生培养制度，以提高创新能力为重点，拓宽学生专业基础，规范课程体系，改革导师上岗制度，完善研究生兼任助教、助研、助管制度，加强实践环节，严格论文答辩和学位授予制度。在提高培养质量的同时，有计划、有重点地扩大招生规模，同时推进中学教师的研究生学历教育工作。大力加强研究生教育和管理，总结研究生教育二十余年的成功经验，科学规划各学科门类研究生的招生规模，改革教学内容、课程体系和教学方法，加强研究生科研能力和实践能力训练，培养其创新精神和创业意识；落实中期筛选制度，制定并实施在学期间应完成科研成果的量化标准，加大奖惩力度，加强思想政治教育和日常管理，帮助研究生树立远大理想，培养为祖国为人民做贡献的高尚情操。在综合改革的推动下，截至2000年学校拥有7个二级博士学位授权点，2003年拥有2个一级博士学位授权点，2006年拥有6个一级博士学位授权点，研究生工作取得重要进展。

从2001年开始，学校积极采取措施加快发展研究生教育：其一，扩大培养规模，为适应西部大开发对高层次人才的迫切需求，2005年的研究生规模比2001年扩大了六倍；其二，加强导师队伍建设，根据招生规模稳步发展导师队伍，严格执行遴选考核条例，努力改善学历和年龄结构，实现了导师队伍的良性发展；其三，推进管理改革，完善培养计划，加强课程和教材建设，探索教育教学新途径和新方法，改进培养方式，推行导师负责与集体培养相互结合的方式，定期对培养质量进行评估；其四，提高培养质量，全面推行素质教育，高度重视培养科研创新能力和社会实践能力，积极引导学生研究学科领域中的重大理论问题和现实问题，坚持每年评选校级优秀博、硕士论文并给予奖励。2003年，学校根据教育部相关要求，启动"研究生教育创新工程"，深化教育改革，提高研究生培养质量，在实施《陕西师范大学研究生优秀科研奖评选奖励办法》《陕西师范大学研究生培养优秀成果奖励办法》的基础上，启动实施《陕西师范大学研究生培养创新基金资助办法》，进一步健全了鼓励创新的培养机制。2004年，深化研究生教育改革，推行学分制和研究生培养导师负责制，以及助研、助教和助管制度；评选优秀学位论文，举办学术论坛，鼓励和支持研究生参加科研工作，增强科研能力和创新能力。为积极适应高等学校研究生教育发展新形势的需要，进一步加强研究生教育培养与管理工作，学校党委常委会2004年12月24日会议研究决定，成立陕西师范大学研究生教育学院，与研究生处合署办公，负责贯彻执行国家有关学位授予和研究生教育的政策法规，组织实施学校的学科与学位点建设、研究生的招生与培养、博士后流动站管理、学位授予及研究生就业、研究生思想政治教育及管理等工作。

（三）在快速发展中不断改革创新研究生教育

从2005年开始，学校不断改革创新研究生教育，主要做法有：积极扩大教育规模，大力推进研究生教育创新计划，改善办学条件；深化招生选拔制度改革，推行本硕连读、硕博连读、保送读硕、提前攻博、降低笔试成绩权重、提高面试考核权重等举措，确保生源质量；创新培养体制，推行跨学科培养，设立跨学科专业核心课程，实行研究生培养导师资助制和助研、助教、助管岗位制；改革培养模式，把研究生有机组织到科研团队和学术创新活动中，完善研究生奖学金管理办法，设立优秀论文和高层次成果奖励基金，为研究生参与学术创新活动提供必要条件，推进研究生教育与学校科研工作协同发展。2006年，研究生教育培养质量迈上新台阶，由历史文化学院李范文教授指导的我校中国古代史专业博士研究生韩小忙的博士学位论文入选当年全国百篇优秀博士学位论文，实现学校全国优秀博士学位论文零的突破，填补了陕西省人文社会科学全国优秀博士学位论文的空白。稳步推进研究生培养模式改革，2008年开始试行新的《陕西师范大学研究生培养机制改革方案》，落实以科学研究为主导的导师负责制，对专业和学院的培养工作进行评估，并与资源配置挂钩。2009年开始，不断完善《陕西师范大学研究生培养机制改革试行方案》的配套办法，健全以科学研究为导向的导师负责制和资助制度，推进教学体制改革，提高教育质量和创新人才培养水平，建立健全工作机构和管理机制，全面论证学校的优势与不足，不断为申报试办研究生院进行着各项准备。这一年，学校按照国家当年提出研究生教育结构转型的改革思路，首次开展了全日制专业学位研究生的招生、培养工作，尤其突出了专业学位实践性的培养，同时利用学校教师教育建设平台，分别在新疆及广东深圳为全日制专业学位研究生联系了实践基地。全面落实《陕西师范大学关于推进研究生教育教学改革的意见》，2010年，深入分析研究生培养新机制实施两年后取得的成绩和存在的问题，修订方案实施细则，完善保障机制和导师责任制，发挥激励机制的作用；研究新形势下的生源问题，改革招生办法，规范管理制度，建立生源基地，确保学术性研究生的生源质量和培养水平，探索新增专业学位研究生培养模式和方法。在不断完善学科结构基础上，从2010年开始调整研究生分专业招生计划；调整类别比重，稳步扩大专业学位招生规模；创新培养模式，完善以科学研究为主导的导师负责制和以奖助学金为主体的研究生资助体系，实施个性化培养；拓展培养渠道，改革教学方式。同时，完善和修订创新基金制度，加大研究生到国内外高水平大学访学和联合培养的力度，积极推进教育国际化；完善管理制度，加强教育教学质量监控；积极探索专业学位研究生培养的新思路；建立学术型和专业学位研究生综合考核制度、专业学位研究生实践评估制度，全面提高培养质量。研究生教育结构日趋合理，专业研究生规模逐年扩大。2010年，学校成功获批国家专业学位教育综合改革试点单位。同年，一级学位授权点申报工作取得重大突破，经国务院学位委员会批准，学校新增哲学、理论经济学、教育学、心理学、数学、物理学、材料科学与工程等7个博士学位授权一级学科，博士学位授权一级学科由原来的6个增加到13个，并且首次在哲学、经济学、教育学、工学等4个学科门类中获得博士学位授权一级学科。自此，学校的博士学位授权一级学科已经覆盖了哲学、经济学、法学、教育学、文学、历史学、理学、工学等学科门类，博士生培养的学科领域和专业得到进一步拓展，学科体系和结构更趋完善。

经过六年努力，学校研究生教育取得快速发展，招生规模大幅增加，在校研究生与本科生的数量比由2005年的1∶3.7提高到了2011年的1∶2.3。在2011年研究生招生中，博士生招生人数达到232人，硕士生招生人数达到2309人。其中，来校留学的硕士生有28人，留学的博士生有6人。2011年，毕业研究生2143人。学校积极推进研究生培养机制改革，大力实施创新人才培养系统性工程。2011年，研究生培养创新基金立项61个课题，研究生教材建设立项5个课题，精品课程建设立项5个课题，教学改革与研究立项12个课题，定向资助立项7个课题；资助34名研究生参加国内与境外研修，12人参加国际会议。研究生拔尖创新人才培养取得新突破，六年中共有3篇博士学位论文入选全国优秀博士论文，有4篇入选提名论文。研究生科研能力和水平显著提升，与2005年相比，研究生2011年在核心刊物上发表的论文从201篇增加到650篇，在权威刊物上发表的论文从72篇增加到276篇，国家专利从2项增加到28项。这一阶段，学校不断推动研究生教育制度化建设，在研究生培养方面取得了显著成绩。

三、成立研究生院，构建全学科多层次人才培养体系

1996年，学校在制定《陕西师范大学2000年建设规划和2010年奋斗目标（讨论稿）》的过程中，就已经提出建立研究生院的设想：研究生教育的基本目标是依托学位点的增长，扩大招生规模，完善培养体系，提高培养层次和质量，到21世纪初，力争成立研究生院，把学校建成学科齐全、结构合理、培养规格多样的研究生教育基地。1999年，学校党委书记江秀乐在第八次党代会报告

中指出，在提高培养质量的同时，要逐步扩大研究生招生规模，适时成立研究生院。2001 年，《陕西师范大学 2001—2005 年事业发展计划》提出，要在扩大研究生教育规模的基础上创建研究生院或研究生教育学院。2002 年，四届二次教代会通过的《陕西师范大学发展规划（草案）》对国家级省级校级重点学科、博士后科研流动站、一级学科博士学位授权点等做出明确的增长要求，提出要在此基础上成立研究生院，进一步加大发展研究生教育的力度。2003 年，学校党委的工作要点指出，要力争一级学科博士授权点和博士后流动站有新突破，二级博士点有较大增幅，硕士点布局更加合理，为申办研究生院打好基础。同年，校长赵世超在四届三次教代会上进一步提出，要积极扩大研究生规模，努力争取建成研究生院。教代会还讨论了《陕西师范大学学科建设和队伍建设规划（征求意见稿）》，指出到 2010 年，随着博士、硕士学位授权点以及博士后科研流动站的迅速增长，要建成或提前建成研究生院；为顺利向研究生院过渡，计划在 2004 年先建立研究生教育学院，按照研究生院的模式进行管理，为正式申报研究生院打下一定的基础。然而，建立研究生院要由国家学位委员会规划批准，不是学校所能左右的，但是学校已经在积极筹备、精心谋划、积攒实力、全力争取。2005 年，党委书记江秀乐在第九次党代会上指出，要把学科建设与学位点建设紧密结合起来，积极开拓和申报新的学位点，在此基础上成立研究生院。同年，学校党委印发《陕西师范大学学科建设规划（2005 年—2024 年）》，提出在 2009 年之前，争取在研究生教育学院的基础上建成研究生院。同时，按照研究生院的管理模式进行研究生教育与管理改革，建立健全相应的管理机构和制度，逐步将研究生教育学院实体化，提高研究生教育和管理水平。随即，学校党委就将积极扩大研究生招生规模尤其是博士生规模、提高生源质量、做好研究生院的申报准备工作，列入 2006 年的工作要点。2008 年，校长房喻在五届三次教代会上指出，要把研究生院的申报作为学校当年的重要工作，争取用 100% 的努力去实现 1% 的可能。学校党委在 2008 年工作要点中也指出了要提前动手，统筹安排，全力做好申报研究生院的相关准备工作。2009 年，学校不断建立健全相应工作机构和管理机制，全面论证优势和不足，从研究生培养条件、规模、科研成果、导师队伍等各个方面进行充分准备。2011年，党委书记甘晖在第十次党代会上指出，学校要改革创新研究生教育，以建设研究生院为契机，进一步拓展和搭建研究生教育的办学空间和平台，把研究生院建设成为学校高层次人才培养和为国家及地方解决经济社会发展、科技进步重大科研课题的重要基地。同年，《陕西师范大学"十二五"发展规划（2011—2015年）》也指出要适时成立研究生院，推进研究生培养质量显著提升。

经过长期努力和不懈奋斗，学校成立研究生院的申请终于获得教育部批准。为进一步加强学位与研究生教育，创新教育管理体制机制，提升研究生教育质量和人才培养水平，加快以教师教育为主要特色的综合性研究型大学建设步伐，更好地为国家和地方经济社会发展服务，学校第十届党委常委会2012年6月13日会议研究，决定成立陕西师范大学研究生院，同时成立中共陕西师范大学委员会研究生工作部，与研究生院合署办公，撤销陕西师范大学研究生部。①2012年6月17日，陕西师范大学、长安大学研究生院成立暨揭牌仪式在西安曲江宾馆隆重举行。学校成立研究生院受到了教育部和陕西省人民政府的高度重视，陕西省人民政府副省长朱静芝，国务院学位委员会办公室常务副主任、教育部学位管理与研究生教育司司长郭新立出席会议并揭牌。陕西省政府副秘书长徐春华，陕西省教育厅厅长杨希文等有关领导，陕西师范大学校领导、长安大学校领导及两校有关部门负责同志出席了会议。学校党委书记甘晖、长安大学党委书记雷达分别宣读了两校成立研究生院的文件。学校校长房喻、长安大学校长马建先后在揭牌仪式上发言。陕西师范大学研究生院的成立标志着学校学位与研究生教育进入新的发展阶段，标志着学校从教学科研型师范大学向以教师教育为主要特色的综合性研究型大学转型迈出了重要而坚实的一步。②

---

① 《关于成立陕西师范大学研究生院的决定》，陕西师范大学档案馆藏，党群档案库，档案号3-2012-DQ13-14.0002。

② 《陕西师范大学研究生院成立 朱静芝郭新立等出席仪式并揭牌》，载《陕西师大报》2012年6月30日研究生院成立专刊第1版。

从此，学校开始进一步加强学位与研究生教育，不断为把研究生院建设成为承担高层次人才培养任务，解决国家和地方经济社会发展重要问题，促进科学文化繁荣的重要基地而努力着。在进一步优化学科结构的基础上，学校不断提升学科建设水平；进一步加强科学研究，持续提升科学研究水平；深化研究生培养机制改革，探索建立拔尖创新人才培养新模式；坚持以学生为本，不断改善研究生培养条件；努力推进管理体制改革，建立科学高效的工作机制，进一步提升研究生教育管理水平。为了研究生教育能够长期持续地高质量发展，学校以中央和教育部精神为指导，制定并完善《陕西师范大学研究生教育改革方案》《陕西师范大学研究生培养机制改革实施方案》，制定出台《关于进一步加强和改进研究生思想政治教育的实施意见》《陕西师范大学研究生思想政治工作条例》《陕西师范大学研究生思想政治工作考核办法（试行）》等一批制度文件，以进一步推进研究生培养机制改革，提升研究生人才培养规模和质量。

通过全力建设，学校2014年初拥有15个学术型博士学位授权一级学科，一个专业学位博士学位授权学科（教育博士），40个学术型硕士学位授权一级学科，20个专业学位硕士学科。在国家当时已有的13个学科门类中，学校学位授权点覆盖了哲学、经济学、法学、教育学、文学、历史学、理学、工学、管理学、农学、医学、艺术学等12个学科门类，中国语言文学、教育学、中国史、心理学、化学等学科已经在全国产生较大影响，研究生教育得到高质量发展，为学校成功进入"双一流"建设高校打下了坚实基础。研究生院成立以后，学校几乎每年招收超过2500名的研究生，在校研究生达到9000余人；另外，每年招收免费师范毕业生在职攻读教育硕士2000余人。学校有4篇博士论文入选全国百篇优秀博士论文，5篇获得提名，还有一些研究生在国际国内高水平学术期刊上发表了有较大影响力的研究成果。毕业研究生多数成为所在学校或科研院所的学术带头人或骨干，一批已毕业研究生在国外取得了引人注目的成绩，也有不少成长为党政部门和其他行业的优秀人才。这些成绩表明，学校所培养研究生的社会声誉普遍良好，绝大多数毕业研究生的业务能力与品德得到了社会的充分认可。

为进一步完善以研究生成才为中心的培养机制，健全以导师为中心的责权机制，形成专业学位研究生培养主动服务于行业和产业的职业能力导向机制，优化人才培养的资源配置，加大资源投入量，大力建设管理和质量保障体系，建立和完善科学合理的质量监控体系与评估办法，开设研究生国际暑期学校，提高研究生培养的国际化程度，根据《国家中长期教育改革和发展规划纲要（2010—2020年）》、教育部等三部委《关于深化研究生教育改革的意见》等精神，学校自2014年开始不断采取措施深化研究生教育改革，提高研究生培养质量。在各项措施中，学校尤其重视对研究生开展思想政治教育。学校深刻认识到，研究生工作要发展，思想政治教育绝不能放松。学校坚决将研究生思想政治教育作为学生工作的重要内容，也视之为学校高层次人才培养的关键。为此，学校不断加强对研究生思想政治教育的组织领导，加强研究生学术道德教育，将教书育人贯穿于研究生培养的全过程，充分发挥课堂教学主导作用并切实加强研究生思想政治教育师资与课程建设。通过这些努力，学校进一步加强和改进了研究生思想政治教育，提高了研究生思想政治觉悟，促进了研究生综合素质全面发展。其他具体措施还包括：围绕国家经济社会发展和学术进步的需要，在不断调整完善学科结构的基础上，合理调整研究生招生计划，建立与培养目标相适应的招生选拔制度；合理配置教学资源，推进课程、教材、文献资源建设；推进科研创新工程，促进教学与科研有效结合，大力改革教学方式；不断拓展培养渠道，有计划地推进"产学研"结合与国际合作培养，加强专业学位实践教学和实践基地建设力度；不断改革研究生的培养和评估制度，重视分类培养，以学生为中心，以学科为核心，实施个性化培养；加强研究生教育教学质量监控，推动人才培养模式改革的理论与实践研究；改进激励、评价、监督机制，健全质量保障体系等。除此之外，为确保研究生培养质量，学校还不断加强导师队伍建设，推进导师岗位管理机制改革，全面落实导师责权机制。2023年，学校出台新的《陕西师范大学研究生导师岗位管理办法》，将政治素质过硬、师德师风高尚、业务素质精湛作为对导师的基本素质要求；将落实立德树人根本任务、做好教育教学与研究指导工作、注重对研究生学术道德规范教育、加强研究生全过程学业指导、优化研究生培养条件、注重对研究生的人文关怀作为导师必须履行的基本职责；将培养主导权、评奖评优推荐权、成果审核权作为导师应该享有的基本权利；将岗位、招生与培养工作紧密结合，引入动态进出理念，实行导师上岗申请制，逢招生必申请；在导师上岗遴选过程中，尊重学科与培养类型差异，坚持分层分类遴选与多维评价，突出高质量科研业绩导向，实行师德失范"一票否决"等。

经过几十年坚持不懈的努力，学校研究生培养质量明显提升，已经能够跻身于国内高校一流水平，部分学科的研究生培养已经在国际上享有一定声誉，基本建成了规模结构同学校性质和办学目标相适应、特色鲜明、整体质量不断提升、拔尖创新人才不断涌现的研究生教育体系。

第六节　以优秀人才培养和旗帜型人才选拔为重点的师资队伍建设

推动教育高质量发展的根本在于人，而建设一支优秀的师资队伍是保障高质量大学教育的关键。为此，学校党委不断做出谋划和决策，对新时代的师资队伍建设进行总体规划，并采取积极举措有效地推进师资队伍规划实现。通过一段时期的努力，学校高水平人才不断涌现，建立起一支比较优秀的师资队伍，为实现既定办学目标打下了坚实的人才队伍基础。

一、制定专门政策，新时代师资队伍总体规划

坚持人才强校，努力建设高水平的教师队伍，是学校对新时代师资队伍建设的总体要求。围绕这一要求，学校在第十次党代会、"十二五"规划、"十三五"规划中对新时代师资队伍建设进行了科学的规划。

陕西师范大学第十次党代会对学校一段时期内的奋斗目标和主要任务进行

了总体规划，在涉及师资队伍建设时指出，要坚持人才强校，努力建设高水平教师队伍，通过体制机制创新、政策引领和环境营造等方式，努力打造与学校发展目标相适应的具有国际视野的高水平教师队伍。围绕这一目标，第十次党代会具体从人才强校战略、高层次人才队伍建设、师资队伍管理、提高国际化水平等方面进行规划，这些规划成为学校之后七年持续不断的奋斗目标。

同时，学校在《陕西师范大学"十二五"发展规划（2011—2015年）》中对2011年至2015年的师资队伍建设进行了具体部署：到2015年，要建设一支规模适度、结构合理、素质优良、积极进取、富有活力、身心健康的高水平教职工队伍，实施人员分类管理；固定编制与流动编制相结合的用人模式更加规范，进一步扩大流动编制比例；教师队伍结构更加优化，专任教师中获得硕博士学位的比例、具有高级职称的比例、高级职称中年轻教师的比例、外校学缘的教师比例、具有国外学习经历的教师比例都有较大幅度提高；汇聚一批在国际国内学术界有一定影响的学科带头人、具有创新能力与发展潜力的学术带头人、青年学术骨干、教学名师等；培育一批有重要影响的校级创新团队、优秀学术群体、教育部优秀创新团队，力争在国家自然科学基金委创新研究群体上有新突破；增加博士后流动站数量，扩大博士后在站人员规模；提高管理干部和其他专业技术人员的研究生比例等。

《陕西师范大学"十三五"发展规划（2016—2020年）》接着对2016年至2020年的师资队伍建设进行了更进一步的部署，提出要深入实施人才强校战略，深化人事制度改革，加大队伍建设力度，厚植人才成长土壤，统筹兼顾，分类指导，形成能够支撑研究型大学发展的教师队伍、专业技术队伍和管理服务队伍，努力实现各支队伍的协调发展；要优化教职员工队伍结构，加快高层次人才引培步伐，调整其他专业技术人员队伍结构，适度扩大博士后流动站规模，实现校内博士学位授予权的一级学科博士后流动站全覆盖等。

二、采取积极举措，面向重点学科有效落实

在第十次党代会、"十二五"规划、"十三五"规划对师资队伍建设做出

总体部署之后，学校在第十次党代会至第十一次党代会的七年间采取积极举措，大力推动学校师资队伍建设总体规划有效落实，朝着规划的目标不断奋进。

（一）大力实施人才强校战略

通过树立"人才资源是第一资源""人才优势是最大优势"的观念，营造尊重知识、尊重人才的氛围；修订、制定和完善专任教师和管理干部、教学科研技术支撑队伍的建设规划，实施岗位分类管理；创新人才工作思路，积极探索灵活多样的选贤、引才和用人模式，建立起有效的人才培养、引进、流动和考核机制，努力把人才资源优势转化为学科专业优势、教学科研优势和管理服务优势。

（二）持续推进"三英人才计划"

实施"聚英计划"，吸引、遴选和造就了一批在国际、国内学术界有一定影响、能带领学科跟踪科学前沿以及赶超国际先进水平的旗帜型学科带头人，开展原创性、重大理论与实践问题研究和关键领域攻关，探索"学科带头人＋学术骨干＋创新团队"的学科队伍建设新模式；实施"撷英计划"，培养和支持了一批学术基础扎实、具有突出创新能力和发展潜力的优秀学术带头人、青年学术骨干和教学名师，开展创新性研究工作；实施"育英计划"，推进中青年教师学历提升、出国研修、国内访学、外语培训、岗前培训工作，培养了一大批教学科研骨干教师。大力引进领军型人才，在增加数量的同时，充分发挥高端人才在师资队伍建设中的示范作用，不断为突破院士和"杰青"的培养产生而努力；重视交叉学科和应用类学科的人才引进与培养，积极推动学科优化进程；加大博士后流动站建设力度，使之成为学校一支重要的研究力量，为博士后在站人员提供优良的学习、工作和生活条件，积极规划，加大投入，重视"事业留人、感情留人、环境留人、待遇留人"，使博士后成为学校青年教师队伍补充的重要来源。

（三）健全全方位人才成长支持体系

把握青年才俊成长规律，针对人才成长不同阶段的特点设计相适应的支持制度，构建人才成长层级通道。为青年教师成才制定成长规划和阶段目标，将青年教师职业发展和团队建设、学科建设结合在一起。完善专任教师考核办法，优化选人用人机制、人才引进流动机制、激励保障机制，实行教师师德表现一票否决制。

（四）加强高层次人才队伍建设

贯彻"择优引进、强力培养、优化结构、培育团队、成就名师"的师资队伍建设方针，坚持培养、引进、激励并举，以学科建设为导向，优先保障一流备选学科的人才队伍建设需求，以建设重点学科创新团队为核心，以完善师资队伍管理机制为保证，全面提高教师队伍的整体素质，不断为师资队伍质量与规模、层次与结构尽快达到或超过国内一流学科建设水平而努力。充分发挥"千人计划""长江学者和创新团队发展计划""三秦学者""百人计划""曲江学者计划"在师资队伍建设中的重要作用。特别重视交叉学科和应用类学科的人才引进与培养，积极推动学科优化，将各类人才的引培工作与一流学科建设规划有机结合，不断为在千人计划、长江学者支持计划和创新团队发展计划、国家杰出青年科学基金等方面有新进展而努力做好相关工作。

（五）加快吸纳和服务人才发展的特区建设

增设特聘岗位，将其独立于学校常规岗位分级聘用体系，单独考核管理，增强对学科建设亟须高层次人才的吸引力；配合高等科学技术研究院和人文社科高等研究院建设，建立了符合高层次人才发展特点的人事管理服务机制，大力推进学术创新研究团队的建设。

（六）创设人力资源配置与学科发展的联动机制

统筹规划学科发展与人力资源建设，依据学校学科建设需要，确定不同学科教师规模与结构，制定各个学院教师队伍的编制与岗位，动态调整教师数量与比例，确保了人力资源配置向一流学科倾斜。

（七）完善师资队伍管理体制与机制建设

推进落实校院两级师资队伍建设目标责任制，构建了校院两级人事管理新体系。加强学校对人事工作的顶层设计，明确学校与学院人事管理权限，强化了学院在人力资源配置方面的主体作用；加强人员编制规划与管理，落实了"学校推动、学院主动、典型带动、部门联动"的工作机制。充分发挥学科在师资队伍建设中独特而重要的作用，建立了与学科建设任务相适应的人力资源评价机制和开放式的教师队伍管理模式；完善专任教师考核办法，形成了"按需设岗、以岗定薪、公开竞聘、择优聘用、合约管理"的选人用人机制和开放有序的人才引进流动机制，实现了"效率优先、体现公平、生产要素按贡献参与分配、向拔尖人才和关键岗位倾斜"的激励保障机制；不断优化人力资源配置，在最大程度上发挥每一位教师的潜能和才干，用其所长，调动工作积极性。

（八）探索建立岗位分类分级聘用管理制度

在规范编制管理的基础上，进一步理顺了编制与岗位、聘用与分配的关系。探索多元化岗位设置，强化岗位职责与考核评价，突出绩效导向，实行岗位绩效薪酬制度。实施全员聘用制度，加强了各类人员岗位标准制定与聘用管理。建立教学科研人员准聘长聘制度，明确准聘与长聘岗位聘任条件，实现了分轨聘用。设计相应的考核评价及薪酬制度，完善了人员退出机制和人事争议调解机制。

（九）积极推进"走出去、请进来"计划

完善学校教师出国研修办法，制定学院（中心）国际交流与合作实施办法。加大引进国外智力的工作力度，根据需要聘请了相当数量的外籍专家任教，特别是一些重点学科已经拥有一定数量的较高水平的学科专业外籍专家，提升了学校师资队伍、学科建设、科学研究的国际化水平。

三、涌现高端人才，师资队伍建设取得卓越成绩

第十次党代会之后的七年，为培养能够为中华民族伟大复兴贡献才智的高端人才，学校不断强化教师政治素质和师德师风建设，推进"两学一做"学习教育常态化和制度化，通过多种形式宣讲习近平新时代中国特色社会主义思想

和党的十九大精神，开展教师理想信念教育；出台《关于进一步加强和改进新形势下宣传思想工作的意见》《关于进一步加强和改进新形势下思想政治工作的实施意见》等重要文件，对加强教师思想政治工作做出全面部署；结合青年教师群体特点，出台《陕西师范大学关于进一步加强青年教师队伍建设的实施意见》，定期开展思想政治状况调研，有针对性地加强青年教师思想政治教育；选优配强教师党支部书记，开展教工党支部书记轮训，对优秀教师党支部和优秀党员予以表彰，发挥了教师党支部教育管理监督党员和宣传引导凝聚师生的战斗堡垒作用，发挥了党员教师的先锋模范作用；修订《陕西师范大学师德建设长效机制实施办法》，从师德教育、宣传、考核、监督、激励、惩处以及实施保障等角度做出了明确要求；为每位教师建立了师德档案，作为师德考核的重要依据；定期进行教师自评、学生测评、教师互评、系（室）评估、院（部、中心、所）综合评估、学校审核等工作，将师德考核作为教师考核的重要内容，并在新教师聘任、专业技术职务评聘、岗位聘任、人才计划推荐等重要环节中对师德失范现象实行一票否决；通过组织评选"教书育人先进个人""学生最喜爱的教师"等活动树立师德典型，开展广泛宣传。

学校在采取积极措施有效落实师资队伍建设规划的同时，还不断采取创新性举措，大力推动学校人才高质量发展，促进高端人才持续涌现。这些创新性的举措包括：成立党委教师工作部，贯彻落实国家和学校关于教师思想政治工作和师德师风建设的决策与部署，统筹开展教师思想教育和管理服务工作；探索科学的人才评价机制，坚持实行分类评价，坚持评价工作重心下移，坚持科学设置评价指标，持续完善与国际接轨的同行专家评价机制；提供全面的人才成长保障，树立"以岗定薪、优劳优酬、鼓励冒尖、支持创新"的理念，科学处理薪酬保障、激励和调节三大功能之间的关系，建立定期联系专家制度，为人才提供"一对一"服务，形成与学校发展需求相适应、人尽其才、才尽其用的人才发展制度体系和良好的校园文化氛围；开辟有效的教师成长成才路径，出台"三英人才计划"、文科资深教授评定、理工科领军人才培养计划、优秀青年学术带头人及学术骨干资助计划、师资博士后实施办法等校内人才培养计划，形成青年教师成长为国家顶尖人才的完整人才成长"金字塔"体系；不断健全人才组织机构，成立深化人才发展体制机制改革工作领导小组，就人才战略、宏观政策、发展定位、阶段目标等进行顶层设计；不断更新人力资源管理理念，从分级管理转向扁平化管理，推动人力资源建设重心下移，在人才招聘配置、评价考核等方面赋予学校二级单位更多自主权，探索人才工作"放管服"改革，探索实行全员合约化管理，探索新进教学科研人员准聘长聘制度。在各种创新性举措的有力作用下，教学科研人员的学术潜力得到充分释放，进而推动学校高端人才不断涌现。

截至 2018 年 5 月，学校共有教职工 3188 人，其中教师 1752 人，占比 54.9%，包括思政教师、专任教师、专职科研人员等三大类；博士后 274 人，在全体教学科研人员中占比 15.6%。从学历学位结构看，具有博士学位的教师有 1250 人，具有硕士学位的有 346 人，本科学历 152 人，大专及以下学历 2 人，博士率 71.4%，教师学历水平显著提高。从年龄结构看，35 岁及以下教师 403 人，36 岁至 45 岁教师 707 人，46 岁至 55 岁教师 494 人，56 岁至 60 岁教师 97 人，61 岁及以上教师 49 人，45 岁及以下的青年教师人数为 1110 人，占比 63.4%，师资队伍充满活力。从职称结构看，正高职称教师 472 人，副高职称 701 人，中级职称 536 人，初级职称 41 人，具有正高和副高职称的教师占比 67%，师资队伍力量显著增强。在学校 1752 名教师中，文科教师 1079 人，占比 61.6%，理科教师 673 人，占比 38.4%；具有 1 年以上海外学习或工作经历的教师 729 人，占比 41.6%；有 121 位教师在海外获得学位，占比 6.9%；还有来自英国、美国等 5 个国家和地区的外籍专业教师 8 人。

通过常抓不懈努力建设，学校高层次人才培养取得可喜成绩。在国家级人才计划中，双聘院士 5 人，国家有突出贡献中青年专家 4 人，"万人计划"领军人才 4 人，"万人计划"青年拔尖人才 2 人，国聘教授 1 人，海外优青计划 5 人，文化名家暨"四个一批"人才 3 人，国家"百千万人才工程"6 人，"杰青"3

人,"优青"3人,国家级教学名师2人。在教育部人才计划中,部聘教授6人、讲座教授6人,"新世纪优秀人才支持计划"入选者40人,高校青年教师奖2人,优秀青年教师资助计划入选者8人,教育部霍英东教育奖励基金获得者8人。在陕西省人才计划中,"创支计划"70人,"特支计划"7人,"三秦学者"创新团队4个,"六个一批"人才4人,有突出贡献专家6人,"三五"人才14人,重点领域顶尖人才3人,省级教学名师18人,青年科技新星20人,中青年科技创新领军人才7人,高校人文社会科学青年英才支持计划入选者11人。在校级人才计划中,文科资深教授5人,理工科领军人才培养对象3人,"曲江学者"特聘教授、讲座教授岗位10人,撷英青年学术骨干13人。全校有309人次获得人才称号。其中,国家级人才计划占比36%,省级占比53%,校级占比11%。教师中拥有高层次人才称号者215人,占比15%。以C级人才计划为标准,学校入选C级及以上人才计划的有258人。在274名博士后中,师资博士后占29.9%,外籍博士后占0.7%,项目博士后占0.4%,人事关系转入学校的博士后11.0%,人事关系未转入的占58%。思政教师共81人,正高职称占2.5%,博士学位超3/4,男性比例近2/3,45岁以下的青年教师占绝大多数。学校2013年至2018年间,教职工总数持续增加,2013年有2825人,2018年增加到3188人,增加了363人,增幅12.8%。其中,教师从1495人增加到1750人,增加了255人,增幅17.1%,明显高于教职工整体规模的增加。教师的博士率、青年教师人数、高级职称比例都在持续增长。其中,博士率从57.3%提高至71.4%;青年教师从960人增加至1110人;高级职称占比从59.0%提高至67.1%。高层次人才数量也在逐年增长,从155人增加至309人,增加154人次,增幅近100%。在这些高层次人才中,国家级人才从90人次增加至109人次,增加20人次,增幅达22.2%;省级人才从57人次增加至165人次,增加109人次,增幅达189.4%;校级人才从8人次增加至34人次,增加26人次,增幅达325%。学校齐心协力,推动高层次人才培养取得了显著成绩。在"万人计划"领军人才中,心理学院游旭群教授、文学院邢向东教授、哲学与政府管理学院袁祖社教授、文学院杨宏科教授都入选了哲学社会科学领军人才；化学化工学院李兴伟教授入选了科技创新领军人才。历史文化学院青年长江学者沙武田教授入选国家百千万人才工程，并被授予有突出贡献中青年专家荣誉称号，又于2024年被聘为"长江学者"特聘教授。历史文化学院李化成教授、中国西部边疆研究院吾斯曼江·亚库甫教授入选了"万人计划"青年拔尖人才。化学化工学院曹睿教授、数学与信息科学学院王拓教授、生命科学学院肖辉和黄华腾教授、物理学与信息技术学院张松斌教授入选了国聘计划青年项目。出版总社刘东风编审入选了全国新闻出版行业领军人才、中宣部文化名家暨"四个一批"人才，荣获2019年度"中国十大出版人物"称号、全国出版界个人荣誉最高奖"韬奋出版奖"。

学校不断健全完善人才成长的"金字塔"体系，持续优化人才队伍顶层设计，不断提升人才队伍素质，使师资队伍从规模优先转向了质量优先，其活力不断得到了释放，从而厚植了人才成长的优良土壤。尤其师资队伍建设上的卓越成绩，是在学校党委统筹规划、学校行政奋力落实、全校教职工共同努力下取得的，是学校在新时代不断强化内涵发展的重要体现，推动着学校的"双一流"建设不断前行。

第七节 全方位立体型援助西部教育体系的建构和实施

2015年11月，《中共中央 国务院关于打赢脱贫攻坚战的决定》发布之后，全党、全国上下齐心协力开展一场以"消除贫困、改善民生、逐步实现共同富裕"为基本目标的脱贫攻坚战，这是中国全面建成小康社会的艰巨任务和光荣使命。作为一所教育部直属师范大学，学校始终坚守这一使命，在不懈奋斗中全方位立体性地推动西部教育高质量发展。进入新时代，学校大力开展对口支援工作，践行着部属师范高校的使命担当；开展教育帮扶，在伟大脱贫攻坚中勇担重任；进行校地合作，在服务地方经济社会发展中不断贡献力量。

一、对口支援，践行部属高校新时代新使命

（一）教育部对口支援西部地区高等学校计划

实施西部大开发战略，加快中西部地区发展，是我国迈向现代化建设第三步战略目标的重要部署。积极发展西部地区高等教育，加快培养急需的高级专门人才，是实施西部大开发战略的重要任务。为落实西部大开发战略，2001年5月10日，教育部发布通知，要求实施"对口支援西部地区高等学校计划"[①]，简称"对口支援计划"。

对口支援计划根据西部地区重点建设高校即受援高校的学科特点和意愿，首次提出时指定北京大学、清华大学等13所高校为支援高校，采取一对一方式支援受援高校并开展全方位合作。在2001年5月10日发布的方案中，陕西的支援高校只有西安交通大学，支援对象为新疆大学。2005年2月25日，教育部向社会公布了对口支援西部地区高等学校扩展计划，要对新疆、西藏两个自治区的全部14所本科院校实现对口支援。同年7月11日，教育部印发了《关于全面实施对口支援新疆、西藏本科高等学校有关事宜的通知》，并发布了《对口支援新疆地区本科高等学校扩展方案》，分别增加了8所支援高校和6所受援高校。之后，教育部又陆续发布了一些高校之间的支援和受援方案。

（二）学校拉开践行对口支援新使命的帷幕

为进一步加大对青海省高等教育的支持力度，教育部研究决定，由陕西师范大学对口支援青海师范大学，并于2006年11月1日印发《教育部关于陕西师范大学对口支援青海师范大学的通知》[②]，学校从此正式拉开践行对口支援新使命的帷幕。

[①]《教育部关于实施"对口支援西部地区高等学校计划"的通知》，教高〔2001〕2号文件，中华人民共和国教育部网站，http://www.moe.gov.cn/jyb_xxgk/gk_gbgg/moe_0/moe_7/moe_16/tnull_145.html。

[②]《教育部关于陕西师范大学对口支援青海师范大学的通知》，教高函〔2006〕22号文件，中华人民共和国教育部网站，http://www.moe.gov.cn/srcsite/A08/moe_744/200611/t20061101_79452.html。

作为同处西北地区的师范大学，陕西师范大学和青海师范大学有着一定的地缘优势与相近的办学特色。长期以来，两校紧密合作、共同发展，结成了深厚友谊。学校充分理解对口支援的重要意义，积极承担时代新使命，主动开展前期协商。在深入分析青海师范大学教学科研、学科建设、学校管理中存在问题和薄弱环节的基础上，明确工作目标，根据教育部对口支援要求和两校合作意愿，本着"落实对口支援，促进两校合作"的原则，与青海师范大学积极达成对口支援协议，正式启动了全方位合作，有针对性地开展对口支援。

2007年至2012年间，学校在学科建设、课程建设、科学研究、教学管理、师资及干部队伍建设、信息化建设、教材建设、图书资料建设、实验室建设等方面，对青海师范大学进行支援和全方位合作，推动了两校相互促进、共同提高。[1] 为了对青海师范大学的学科建设与研究生教育提供具体帮助，学校制定了《学科建设与研究生教育工作对口支援推进计划》。在学科建设方面，帮助青海师范大学成为博士学位授权单位并获得博士学位授权点；对其硕士点建设提供实质性意见与建议，帮助其音乐学、美术学、英语语言文学成为硕士学位授权点。在研究生培养方面，在部分学科专业合作培养博士学位研究生，建立交流合作培养硕士研究生的机制。为促进其教育教学质量和内部管理水平全面提高，制定《本科教学工作对口支援推进计划》，结合青海师范大学发展实际，帮助其建立健全"三级三类"[2] 教学质量监控与评估体系。为贯彻落实教育部对质量工程的要求，制定《"质量工程"工作建设对口支援推进计划》，在教师进修、干部学习锻炼、实验教师培训等方面给予实质性帮助。为帮助青海师范大学建立符合其发展需要的校园网应用系统，制定《信息化建设工作对口支援推进计划》，进一步提高其信息化水平，促进教育教学质量和内部管理水平得到全面提高。

---

[1] 《陕西师大对口支援青海师大的协议书》，陕西师范大学档案馆藏，行政档案库，档案号 3-2007-XZ11-10.0003。

[2] "三级三类"教学评估制度是指针对教师的课堂教学效果评估、针对教研室的课程建设质量评估、针对院（系）的本科教学水平评估。其中，"三级"是指院系级、教研室和教师个人三个评估级别，"三类"是指以院系教学工作水平、课程建设质量、课堂教学效果等为评估内容的三种评估类型。

（三）学校践行对口支援新使命所做的贡献

学校积极进行顶层设计，把对口支援工作当作大事来抓。2007年至2012年间，学校以学科建设与研究生教育、本科教学、质量工程、信息化建设等四个方面为切入点开展对口支援，推动青海师范大学在几个事关改革与发展的关键点上取得了进展与突破。学校在对口支援过程中积极探索，走出了自己的路子，为西部大开发和落实国家对西部高校的扶持政策做出了积极贡献，为高校特别是高等师范院校之间的对口支援工作探索了一条成功路径。五年间，在学校鼎力进行对口支援的过程中，青海师范大学抓住机遇乘势而上，学科建设成效显著，博士学位授权点实现从无到有；师资队伍结构实现较大突破，硕、博士比例位居青海高校之首；人才培养质量显著提升，综合实力明显增强，社会声誉逐步提升；青海师范大学正朝着建设综合性教学研究型大学的目标迈进。这些成绩来之不易，充分表明学校的对口支援工作在青海师范大学教育事业发展中发挥了重要作用。为进一步加快青海师范大学的建设与发展，扩大其影响力，提升其服务经济社会发展的能力与水平，学校在2013年至2017年间，针对青海师范大学开展了第二轮对口支援工作。学校将重心下移，调动院系积极性，进一步加强和深化对青海师范大学更广层面、更深层次、更多领域的支援与帮扶，全面推动了青海师范大学在教学、科研和管理等领域的快速发展。[①]

在人才培养方面，学校继续深化和扩大对青海师范大学在教师教育改革和优秀师资培养方面的支援和指导；帮助开展"本科教学工程"项目的前期论证、申报及建设工作，提高国家级、省级"本科教学工程"建设项目的数量与质量；每年接收优秀本科生进行联合培养，接收硕士研究生参加主干课程学习，进行学分互认、资源共享，提高培养质量；每年接收优秀本科毕业生免试攻读硕士学位；帮助其提升大学生就业能力，建设运行教师发展中心，实现本科专业结构调整，尤其是新增工科类专业。

---

① 《陕西师范大学对口支援青海师范大学协议书》，陕西师范大学档案馆藏，行政档案库，档案号3-2018-XZ11-1.0004。

在师资队伍与学科建设方面,接受青海师范大学选派的教师来校进修;每年选择优秀教学团队对其相应团队进行对口帮扶;实施新一轮"百名博士计划",接收青年教师来学校攻读硕、博士学位;帮助实现五个支撑学科达到博士学位授权一级学科的要求;帮助开展已有一级学科硕士点建设,加强已有二级学科硕士点建设,使其快速达到硕士学位授权一级学科的要求;帮助其大力发展专业学位,增加硕士专业学位点;实施"名师青海行"工程,每年选派优秀教师赴青海师范大学举办系列学术报告与讲座。

在科学研究方面,积极搭建联合科研平台,联合申报项目,共同开展科学研究,共享科研项目成果;积极推动对口部门、院系、课题组及教师之间开展交流与合作,提升整体科研能力;帮助开展协同创新工作,并在高原生物资源开发研究、藏文信息处理技术、青藏高原民族文化、青藏高原环境变化过程等领域设立联合攻关开放课题;以"青藏高原环境与资源研究""青藏高原文化研究"为平台,在科研基地建设、科研成果转化等方面开展合作,探索产学研有机结合新机制,通过联合、共建、融合等方式加强其与地方的合作,不断增强服务地方经济社会发展的能力,帮助青海师范大学形成服务地方科技工作的新特色和新亮点。

在管理及干部交流方面,为青海师范大学章程的制定提供帮助与指导,建立干部挂职互派制度,青海师范大学聘请学校行政干部和学科带头人到校任实职,每年选派后备干部和新提任干部来校挂职锻炼。

在国际交流与合作方面,指导青海师范大学扩大国际合作与交流,拓宽国际合作领域与渠道,促进与国外大学和科研机构的国际性合作、人才培养和联合办学,推动其国际合作与交流工作迈上新台阶。

在公共服务体系建设与信息共享方面,建立有效合作机制,实现网络共享学校文献资源;共享教学和图书资源;全面推动其信息化建设;运用信息技术提升其科学化、精细化管理水平和教学科研水平;对其新校区建设运行给予技术、人才、管理层面的支持和帮助。

为践行对口支援新使命，切实帮助青海师范大学快速发展，学校不断健全工作机制、制定年度计划、建立督察制度、设立专项资金，学校主管领导还定期与对方召开会议，讨论解决对口支援中遇到的问题。2017年7月12日，学校与青海师范大学举行对口支援工作十周年总结活动，青海师范大学校长刘同德在致辞中表达了对学校无私帮助的感谢，并指出学校能够认真贯彻中央重大战略部署，在学科建设、学术交流、科学研究、人才联合培养、教师队伍建设等领域对青海师范大学进行了全方位、立体化、高水平的指导和帮助。青海师范大学已经"明确了一个愿景、实现了两个重大突破、打造了三个特色品牌、完成了四个跨越发展"，实现了欠发达地区高等学校跨越式发展的成功之路。[①]

在践行对口支援新使命的过程中，按照教育部的部署，学校除2006年开始对口支援青海师范大学之外，还于2011年开始对口支援新疆昌吉学院，2019年开始对口支援宁夏大学；按照陕西省的部署，学校从2015年开始与宁夏师范学院、陕西理工大学、榆林学院、陕西学前师范学院、宝鸡文理学院建立对口支援关系，从2016年开始与西藏民族大学建立对口支援关系；此外，学校还主动对口支援了新疆师范大学、伊犁师范大学、商洛学院等学校，截至2019年12月，学校主动支援的西部高校已有15所。[②] 多年来，学校按照"整体规划、分步实施、点面结合、重点突破"的总体思路，在受援高校积极配合下，不断完善支援机制、优化支援方式、扩大支援效应，重点推进各受援高校的学科建设、师资队伍建设、人才培养质量和科研水平提升，不断践行着针对受援高校的全方位、立体化、高水平对口支援，推动受援高校办学水平和治校能力得到快速提升，对区域经济社会发展的贡献程度不断提高。通过这些年的努力，学校积极响应西部大开发的国家战略，并将教育部对口支援西部高校的战略部署落到实处，充分彰显了教育部直属师范大学的使命与担当。

---

① 《我校与青海师范大学举行对口支援工作十周年总结活动》，师大要闻，陕西师范大学网站，https://www.snnu.edu.cn/info/1272/19697.htm。

② 游旭群：《传承西部红烛精神 肩负教育报国使命》，载《光明日报》2019年12月3日第15版。

二、教育帮扶，在伟大脱贫攻坚中勇挑重任

消除贫困、改善民生、逐步实现共同富裕，是社会主义的本质要求，是中国共产党的重要使命。2011年12月，中共中央、国务院印发《中国农村扶贫开发纲要（2011—2020年）》[①]，这是一段时期内中国农村扶贫开发工作的纲领性文件，对于实现到2020年全面建成小康社会奋斗目标具有重要意义。2012年7月5日，教育部印发《教育部定点联系滇西边境山区工作方案》[②]，学校从此便承担起面向云南省普洱市景谷傣族彝族自治县滇西专项扶贫使命。

学校党委把扶贫开发工作视为重大政治任务来抓，带着强烈的责任感、使命感和紧迫感，真抓实干，推动"西部红烛两代师表"精神在扶贫工作中熠熠生辉，在矢志不渝的坚守中书写了陕西师大的时代担当，在脱贫攻坚战场上纵马驰骋，为推动帮扶地区如期实现脱贫摘帽和乡村振兴奋力书写了一所社会主义师范大学的历史责任与担当，努力践行着打赢脱贫攻坚战的时代新使命，为"四史"学习教育提供了典型案例，也为学校在新时代践行"四个服务"[③]做出了陕西师大人的响亮回答。

（一）高度重视，统筹谋划

学校党委和行政从"四个服务"根本使命出发，按教育部党组要求，专门成立"陕西师范大学扶贫开发工作领导小组"，由学校党委书记和校长任组长，开展顶层设计，形成"学校—部门（学院）—挂职（驻村）干部—教育科技人员"四位一体的扶贫工作管理机制，确定了以基础教育帮扶为龙头，

[①] 《中共中央 国务院印发〈中国农村扶贫开发纲要（2011—2020年）〉》，国务院公报，2011年35号文件，中华人民共和国中央人民政府网站，https://www.gov.cn/gongbao/content/2011/content_ 2020905.htm。

[②] 《教育部定点联系滇西边境山区工作方案》，教发函〔2012〕108号文件，2012年7月5日发文。

[③] 2016年12月7日至8日，习近平总书记在全国高校思想政治工作会议上强调："我国高等教育发展方向要同我国发展的现实目标和未来方向紧密联系在一起，为人民服务，为中国共产党治国理政服务，为巩固和发展中国特色社会主义制度服务，为改革开放和社会主义现代化建设服务。"

以科技帮扶和文化旅游帮扶为两翼，以基层党政干部培训、民生条件改善、基层党建、社会力量参与、爱心捐赠等为辅助措施的"1+2+X"扶贫模式，统筹校内资源，发挥学校优势，提高精准扶贫和脱贫攻坚成效，取得了良好效果。学校党政领导先后30多次深入帮扶一线，相继选派10余位挂职（驻村）扶贫干部扎根基层，50余个单位和千余名师生热情参与，构筑起扶贫工作的强大方阵。2012年开始，多次召开专题会议研究滇西扶贫工作，按教育部要求建立滇西扶贫工作机制，并由校领导负责相关工作。学校多次与地方党委、政府沟通，积极提供学术、资源和人才支持，充分发挥智力资源和科技资源优势，为景谷的教育、中药产业、旅游文化产业等提供大力支持，将其发展成学校的科技示范基地和产业孵化基地，将学校的科研优势，尤其是西北濒危药材资源开发国家工程实验室的科研成果转化为生产力，实现了学校与地方的共赢发展。

（二）勇挑重任，帮扶四县一村

2012年7月5日，教育部颁布《教育部定点联系滇西边境山区工作方案》，安排学校承担云南省普洱市景谷傣族彝族自治县滇西专项扶贫工作任务；2012年7月9日，中共陕西省委办公厅、陕西省人民政府办公厅印发《关于进一步做好省级领导干部和省级机关、企事业单位"两联一包"扶贫工作的通知》，安排学校承担岚皋县官元镇团兴村扶贫任务；2017年5月31日，中共陕西省委高教工委办公室印发《关于开展高校党外人士服务旬邑县活动启动仪式的通知》，推动学校党外人士承担旬邑县教育扶贫任务；2017年6月30日，中共陕西省委高教工委、陕西省教育厅、陕西省扶贫开发办公室发布《高校结对帮扶贫困县助力脱贫攻坚行动计划实施方案》，安排学校承担陕西省安康市岚皋县结对帮扶任务；2018年6月13日，中共陕西省委高教工委发布《深度贫困地区及部分县（区）"双百工程"联帮联扶工作实施方案》，安排学校承担陕西省咸阳市三原县联帮联扶工作任务。这就是学校在2012年至2018年间，承担的"四县一村"艰巨而光荣的扶贫任务。[①] 除此之外，学校还于 2014 年开始对陕西省安康市岚皋县官元镇的二郎村、于 2017 年开始对陕西省安康市岚皋县四季镇的天坪村、于 2020 年开始对贵州省铜仁市的沿河土家族自治县进行了教育帮扶。2015 年至 2019 年，学校连续五年获得陕西省驻村联户扶贫工作考核年度优秀等次，相继被陕西省脱贫攻坚指挥部、省教育工委授予"陕西省脱贫攻坚先进帮扶单位"和"双百工程"扶贫工作先进单位，还收到云南省教育厅、安康市脱贫攻坚指挥部、景谷县委县政府、三原县教育局、岚皋县四季镇政府等帮扶地区送来的感谢信和锦旗。学校的教育帮扶，真正帮在了困难地区人民的心中。

（三）多措并举，教育提质

教师是教育教学的主导，教师的从教能力对提高教育教学质量至关重要。学校在推动帮扶地区教师队伍水平整体提升的过程中，将"师范"特色和"示范"效应贯穿始终，坚持"请进来"和"走出去"相结合，紧扣"广、多、宽、深、常"五字方略，因人因地因时因事实施教育帮扶"五个一批"工程，引导带动县域中小学教学质量稳步增强，打通了教育提质的重要关节点。学校邀请教育专家赴景谷讲学，努力提升当地教学质量；建立教育实践基地，搭建优质教育资源共享平台；多渠道争取各项支持，改善当地办学条件；倾心举办景谷中小幼管理人员培训班；发挥教育优势，把创建"景谷班"、送教到县、跟岗培训、支教实习、教育捐赠作为帮扶教育提质的主要抓手。"景谷班"的创办，不仅使景谷学子直接享受到学校的优质教育，更是为边穷山区的孩子走出大山、孕育人生梦想打下了基础。2018 年 11 月 15 日《云南日报》做出这样的报道：夯实基础教育，推进精准扶贫——陕西师大用心用情定点帮扶景谷县，体现了

[①] 陕西师范大学扶贫办：《打好教育脱贫攻坚战，师大人在路上！》，陕西师范大学微信公众号，2020 年 10 月 16 日。另外，"四县一村"这一说法，其中的"四县"是确定的，一般是指景谷、旬邑、岚皋、三原，但是"一村"在不同时期和场合略有调整，因为学校的定点帮扶对象也在不断变化，所以"一村"在不同时期可分别指代团兴村、二郎村、天坪村。

学校对边区最实的帮扶和最深的情结。① 砥砺前行之中,"西部红烛两代师表"精神在景谷教育一线遍地开花。"骨干红烛"走上"送教景谷"的讲台,"预备红烛"通过"浸入式"跟岗研修完成了蜕变,"退休红烛"在景谷教育一线渗透了先进的办学理念和管理模式,"未来红烛"通过在景谷的教育实习把"西部红烛两代师表"精神融入了血脉,把发展祖国教育事业当成了奋斗目标。

(四)文旅融合,科技造血

学校将中国语言文学世界一流学科建设与脱贫攻坚紧密联系,在学科建设中充分发挥社会服务能力。以文史挖掘保护、文旅融合发展、文化研修培训、文学纪实创作为重点,相继产出了《岚皋历史文化丛书》、杨家院子乡愁馆、长篇报告文学《化蛹成蝶》等文化扶贫重要成果,摸索出一条扶贫创新道路。帮助景谷县、岚皋县制定《全域旅游发展规划》;帮助岚皋县的二郎村和天坪村建成神仙树、魔芋、中药材种植基地;设立科技扶贫专项,帮助企业和贫困村突破发展技术瓶颈。依靠西北濒危药材资源开发国家工程实验室的技术优势,推动当地药企拥有自主知识产权,形成集科研生产于一体的技术平台,打造完整产业链,带动百姓脱贫致富,实现经济和社会效益最大化。截至2017年3月,指导普洱、西双版纳企业和群众种植珍稀濒危药材6000余亩,建成珍稀濒危药材资源圃及良种繁育基地300余亩,帮扶400余户,辐射带动千余户百姓种植药材,仅种植产业的规模效益就超过了6亿元。在滇西连片贫困县区、陕甘宁革命老区22个贫困县、陕南3市10余个县大力推进科技转化与产业化推广,扶持当地企业开展药材规范化生产基地建设,带给企业及当地药农新增产值数百亿元,累计帮扶百余万百姓脱贫致富,走出了一条"学校技术支撑—企业资金投入—基地建设产出—贫困户增收致富"四级联动的特色产业脱贫新路。成立陕西高校第一个扶贫政策研究和第三方评估专业机构"陕西师范大学扶贫政策与评估研究中心",已承担国务院和陕西省的多项评估工作,成为高校服务

---

① 《夯实基础教育,推进精准扶贫——陕西师大用心用情定点帮扶景谷县》,载《云南日报》2018年11月15日第11版。

脱贫攻坚的重要智库。2017年2月，教育部发展规划司副司长刘昌亚一行特意前往"陕西师范大学教育部滇西产业扶贫示范基地"调研，高度评价了学校滇西产业扶贫的特色做法。①

（五）红烛引领，青年力行

学校扎根西部，服务西部，以爱心社团为平台，以品牌活动为载体，不仅致力于提升学生能力，而且教育学生感恩回馈社会，将爱心社团建设成"凝聚力量、传递爱心"的平台，开展了一系列主题鲜明、特色突出的活动。2011年，获得新长城助学金的学生发起成立自强社，开展"小包裹，大爱心——捐献爱心包裹，给力贫困老区学生"的爱心活动，为陕北地区贫困小学生捐赠学习用具和爱心包裹，受到中国扶贫基金会表彰。2012年，学校组织举办20多场获奖受助学生座谈会，教育引导学生"受助思源，获奖思进，传递爱心，回报社会"；改革勤工助学资助模式，以项目形式运作，其中的志愿服务项目支持了7个爱心社团开展社会公益活动，新长城自强社组织的"爱心包裹劝募项目"受到中国扶贫基金会的肯定和表彰；深化青年志愿者"知识援助行动"和"扶贫支教"品牌项目；免费师范生踊跃走进西部、扎根西部、服务西部，陕西、甘肃、新疆等成为免费师范生就业最多的地区；由博士生和硕士生组成的暑期"三下乡"服务队深入西部基层，服务当地教育。2013年，"知识援助行动"被树为全省、全国关爱农民工子女优秀活动品牌，被评为全省高校校园文化建设优秀成果一等奖；5月，团中央第一书记秦宜智亲临学校关爱农民工子女志愿服务基地，对青年志愿者的工作给予高度评价；12月5日，中央电视台以新闻特写的形式专门报道了"知识援助行动"志愿服务工作，学校也被团中央评为"全国大学生志愿服务西部计划优秀等次项目办"。2014届的毕业生，有5名参加大学生志愿服务西部计划，19名赴陕西、甘肃等地的贫困地区从事扶贫支教工作。学校积极开展"到基层去，到艰苦地方去"的主题教育活动，大力推进"三支一扶"、

---

① 《我校定点扶贫县景谷傣族彝族自治县顺利实现脱贫摘帽》，载《陕西师大报》2019年5月15日第5版。

西部志愿者行动计划等西部就业项目，通过举办大学生赴基层从医从教专场招聘会、基层就业政策宣讲会等，鼓励、引导毕业生面向基层、面向西部、面向国家需要的区域、领域就业。2015年，25名学生奔赴青藏高原奉献青春。2017年，学校组织"扶贫攻坚博士团"，开展脱贫攻坚理论宣讲、精准扶贫社会观察、田间地头科技支农、脱贫攻坚中的环境保护等调研实践，被团中央评为全国大中专学生志愿者暑期"三下乡"社会实践优秀团队，荣获陕西省委颁发的陕西大中专学生志愿者暑期社会实践活动标兵团队。2018年，组织学生参加中国社会工作教育对口扶贫，深入景谷、柞水、岚皋等地开展扶贫调研实践。2018年至2020年，组织师生赴景谷、岚皋、三原和旬邑开展大学生理论宣讲、科技进校园、暑期社会实践和支教系列活动，走访当地百余户干部和群众，完成千余份调查问卷，整理万余字记录，在最美青春路上留下了绚烂多彩的青春印记。

（六）爱心聚力，消费增收

学校的扶贫工作还得到了教职工党支部、民主党派和党外人士的大力支持。校内多个教职工党支部在岚皋县开展双联共建、主题党日、健康扶贫等活动。民盟陕西师大委员会在岚皋县、旬邑县开展科普大篷车、民主监督、图书捐赠、心理健康辅导讲座、消费扶贫等活动。民进陕西师大总支在旬邑县开展专题报告、课程诊断等教育帮扶活动。校医院组织医疗专家到镇安县青铜关镇开展扶贫帮困下基层义诊活动，学校机关党委帮助岚皋县官元镇二郎村建成和加固"爱心便民桥"。国有资产管理处拓宽资产处置方式，助力精准教育扶贫，不断捐赠闲置电脑、电脑桌、钢琴、课桌椅等设备和家具，极大地改善了贫困地区学校的教学硬件。图书馆连年向贫困地区捐献书籍，从知识及情感上向贫困地区不断传递着爱心。工会在教职工福利品发放中连年采购岚皋县、三原县的特色农产品，通过"农户分散种植、企业收购生产、学校集中购买"的模式，辐射带动120余户贫困户稳定增收。后勤管理与保障处在学校公共日常用纸采购中直采景谷县纸品企业产品；后勤服务集团在校内商超设置景谷、岚皋等扶贫专柜，通过大宗采购、食堂直供等方式搭建农、校对接绿色通道。同时，校内各个单位和师生以及毕业校友也积极通过线上平台和大宗采购等形式大量购买景谷扶贫产品，全体师大人爱心凝结，为贫困地区的学生和百姓逐步过上了幸福生活做出努力。

学校扶贫工作受到了人民日报、人民网、光明日报、央广网、教育部网站、中国教育报、陕西日报、云南日报、中国青年网、中国社科网、科学网、凤凰网、国际在线等20余家权威媒体的广泛关注和持续报道。学校被陕西省扶贫开发办公室、中共陕西省委组织部、陕西省人力资源和社会保障厅连续多年评为优秀扶贫工作单位，相关扶贫案例和工作经验被陕西省教育厅、人民网、中国教育网络电视台等重要部门和主流媒体报道。学校真正做到了不忘初心、牢记使命、扎根西部、服务学生，做到了教育改革的奋进者、教育扶贫的先行者、学生成长的引导者，为贫困地区教育事业发展与祖国下一代健康成长贡献了师大力量。

三、校地合作，在服务地方发展中贡献力量

除对口支援、教育帮扶之外，学校还在教师教育的改革实践中，在基础教育的改革发展中，在高层次人才的培养过程中，在社会科学和自然科学的研究实践中，在教育基金会和毕业校友的深切关注中，不断彰显师大特色，进行校地合作，服务地方社会发展。

（一）在教师教育的改革实践中服务地方社会发展

学校充分利用教师教育优势，整合校内教师教育资源，形成教师教育职前与职后相互衔接、教育与培训相互结合、理论与实践相得益彰的新格局，不断发挥引领作用，为地方基础教育改革发展提供师大方案，贡献师大智慧。

学校创新思路，与国家教育行政学院合作，成立中国教育干部网络学院陕西分院，服务国家教育干部培养；与陕西省委组织部合作，建立陕西省干部教育培训基地，开展省直党政机关和市县领导干部培训；与陕西省委宣传部合作，共建新闻与传播学院，服务陕西新闻传播事业快速发展；与陕西省文化厅合作，共建陕西文化资源开发协同创新中心，以文化事业贡献陕西发展。同时，积极

与地方政府合作，对教育行政部门管理干部、高校中层管理干部、教师教育骨干教师、中小幼骨干校（园）长和班主任等开展高级研修培训。2013年，获批教育部农村校长助力工程示范性项目，开始承担教育部中小学校长法制教育专题培训、教育部全国高校辅导员骨干培训、"国培计划"陕西省公办民办幼儿园园长高级研修、西安市中小学名校长工程高级研修等示范性项目，推动教育管理干部培训迈出可喜步伐。成立教师教育发展研究院，培育教师教育协同创新中心、陕西文化资源开发协同创新中心、国际长安学协同创新中心（国际长安学研究院）、陕西省表界面技术协同创新中心、秦巴山区生物资源保护利用与可持续发展协同创新中心，从区域发展、文化传承、科技进步等方面服务地方经济社会。国际长安学协同创新中心于2013年被认定为省级"2011协同创新中心"。成立陕西师范大学中小学校长培训中心，获批陕西省中小学校长幼儿园园长任职资格省级培训机构，连年承办教育部及陕西省、新疆维吾尔自治区等全国性的和地方性的相关培训。承担各级各类教育管理干部培训，在区域性社会培训方面开创了新局面。2016年，开始大量培训陕西省直机关和市县处级及以上领导干部，得到省委组织部高度认可，在服务陕西的社会发展中发挥了积极作用。

除与国家和地方政府等合作开展教育管理干部培训之外，学校还获批教育部"国培计划"示范性项目培训资质，成为国家级中小学教师培训基地。从2012年起，学校开展教育部国培计划示范性集中培训，在国培计划中的西部项目上取得了突破，进一步巩固了陕西省教师教育省级培训基地的龙头地位。2013年，联合西北地区21所高等院校和高等教育出版社成立西北教师教育联盟，服务西北地区教师教育事业。另外，西北教师教育联盟建设、卓越教师培养计划、教师教育协同创新中心建设、教育实习模式改革、高校青年教师教学能力提升、中小学教师网络研修社区建设等成为国家教师队伍建设示范项目，通过教师教育服务社会发展能力显著增强。改革国培项目管理，通过送教下乡培训和教师网络研修，初步建立了陕西省乡村教师专业发展支持服务体系，形成了区域与校本研修常态化运行机制，有力支持了陕西村小和教学点教师、乡村幼儿园教师和乡村校园长培训。浸入式、送培下园、送培下县等模式日益完善，成为陕西省国培知名品牌，引起社会高度关注和好评。为中小学农村骨干教师建设全学科专题资源，填补了陕西省空白。建设基础教育教师专业发展与教学研究培训课程资源，为教师职前、职后专业发展和教学能力提升提供了保障。2016年，成立陕西省高等教育慕课中心，搭建数字化教学共享平台，加速了优质教师教育资源的推广应用，更好服务了陕西省的教师教育事业。2016年，古代汉语、中国古代史入选第一批国家级网络教育精品资源共享课。坚持国培优先，大力发展区域培训，兼顾短期集中培训，形成了以远程网络培训为主的非学历培训，国培、省培、市培、县培、校培的培训体系日益完善。同时，与各地培训管理部门签订战略合作协议，长期服务地方教育事业发展。成功申报教育部首次设立的新入职高校教师国培示范项目，跻身高校教师培训国家队行列。成立陕西省中小学幼儿园教师培训评估中心，建立起多元评估体系。坚持高标准，建成了一支由国内领军专家、省内学科专家、一线优秀教师组成的高端培训师资队伍。2016年，在教育部全国高校教师网络培训体系工作评选中，学校取得全国第一的骄人成绩，被授予"全国高校教师网络培训工作先进集体"，这是学校第五次蝉联此荣誉。成立陕西师范大学基础教育研究院，依托出版总社充分发挥服务基础教育的作用。成立高等学历继续教育教学指导委员会和高等学历继续教育工作委员会，全面提高高等学历继续教育质量。2018年，获批教育部"国培计划"中小学名师领航工程培养基地，承担了当时国内高端的教师培养项目。获教育部小学数学、初中语文、高中历史、高中化学、高中生物、高中心理健康教育等学科的名师培养资质，成为"国培计划"中小学名师培养14个基地之一。承担陕西省中小学校长和幼儿园园长任职资格培训示范性项目，遴选、培养、确定陕西省中小学学科带头人，充分发挥了以教师教育服务地方发展的师大特色。

（二）在基础教育的改革发展中服务地方社会发展

发挥产业优势、积极开展对外合作办学是学校通过基础教育改革服务地方社会发展的重要途径。自2003年起，学校开始不断探索对外办学模式，积累服务地方基础教育的经验。2004年，学校与陕西龙安房地产开发有限责任公司合作建设陕西师范大学锦园国际学校，覆盖幼儿园、小学、初中、高中整个基础教育阶段，正式开启服务地方基础教育的历程。2006年，学校走出西安，在咸阳建设了陕西师范大学金泰·丝路花城学校、陕西师范大学奥林匹克花园学校等。学校不断探索与地方政府合作，2010年与曲江新区管理委员会合作建立陕西师范大学曲江第一中学。作为合作办学的突出代表，曲江一中于2015年获评省级示范高中、区域名校、社会及家长心目中的好学校。曲江一中开办一年半后破格晋升为陕西省标准化高中，又经过三年半的拼搏，成为陕西省普通高中示范学校，五年跨越两大步，开创了陕西省基础教育先例，成为学校通过合作办学服务地方社会发展的典范。学校牢记服务西部使命，2013年走出陕西，与甘肃省陇南市成县人民政府合作，建立陕西师范大学成州中学，拓宽了学校服务西部基础教育的辐射面，促进了基础教育均衡发展。学校加强制度建设，制定《陕西师范大学基础教育对外合作办学管理暂行办法》等文件，进一步规范合作办学，彰显服务社会的宗旨，推进对外办学从"师大品牌"转向"师大品质"。

学校践行"西部红烛两代师表"精神，不断输出优质教育资源，先后创办了28所学校，涵盖基础教育各个阶段。其中，初高中一体中学7所，初级中学3所，小学15所，幼儿园3所，累计培养毕业生14万余人，创造经济效益5个亿，形成以西安市经济文化核心区域为中心，辐射其他地区和省份的基础教育联合办学格局。学校始终坚持提升办学质量，赢得良好社会声誉，6所学校成为西安市大学区学区长学校，14所学校获选参与西安市"名校+"工程，4所高中晋升为省标准化学校，其中1所获得省级示范高中称号，多所小学分别获得省、市级素质教育优秀学校称号，2所幼儿园获陕西省省级示范园称号。这些荣誉，代表着学校在基础教育的改革发展中服务地方社会发展能力的显著增强。学校高度重视学生全面发展，素质教育成效显著，全国英语浸入式教学研究实验基地、全国啦啦操实验学校、国家轮滑基地、全国书法教育教学实践基地、西安红拳总会红拳培训基地、优秀少儿美术教育基地、希望中国青少年英语教育戏剧研究院示范基地、中小学心理健康教育基地等特色项目的创建，更好发挥了学校优质资源的辐射引领作用。学校不断探索灵活有效的办学体制，与政府、事业单位、企业等不同主体组织合作，采取公办校、民办校、公办民营校、委托管理办学等多种形式，更为灵活地服务地方教育发展。学校不断推进形成政府、大学、中小学协同办学机制，构建基础教育发展新生态，多所学校成为教育部西北管理干部教育实践基地和教育部"国培计划"教育实践基地、西安市中小学教师培训基地、各个高校的教育实践基地等。学校基础教育集团化办学成果显著，已经形成以陕西师范大学品牌价值和教师教育特色资源为核心依托，附属学校与20余所合办学校联盟的名校集团。在积极开展教育帮扶的过程中，学校多年来选派了大批优秀名校长和教学骨干奔赴偏远地区开展教育支援和培训，为地方基础教育持续输出优秀的管理与教学经验，不断提升其办学质量，充分彰显了学校服务地方基础教育的社会担当。

（三）在高层次人才培养过程中服务地方社会发展

学校积极承担陕西省招办的委托项目，长期承担陕西省编导类和播音类专业课统考、陕西省学业水平测试7个科目的阅卷工作，并从2012年开始承担陕西省高考语文阅卷工作。十几年来，无一件泄密事件，无一张错判答卷，无一个违规人员，多次受到省招办及省政府的高度肯定和表扬。2012年，学校组织首届免费师范毕业生攻读教育硕士，既具有改革试点意义，又服务了地方教育发展，受到社会普遍关注。深化专业学位研究生教育改革，将教育硕士培养与地方基础教育紧密结合。学校与西安铁一中滨河学校联合申报建立教育硕士专业学位研究生联合培养示范基地，并于2014年获评"全国教育硕士专业学位研究生联合培养示范基地"。加强教育实习基地建设，构建"师范大学—地方政府—基地学校"三结合的实习指导和管理模式。2013年，陕西师范大学—陕西卫视新闻传播人才实践教育基地、陕西师范大学法学教育实践基地等获批省级校外实践基地，在锻炼学生的同时发挥了服务地方社会的作用。学校与省发展改革委合作，从2014年开始全面启动省部共建，围绕一流学科群、新型高校智库、工程中心（实验室）、大学生就业创业等开展全面合作，服务"三个陕西"建设。学校还与西北农林科技大学、西安电子科技大学、长安大学三所在陕部属高校联合，面向贫困县实施对农村学生自主选拔录取的"携手工程"，在省外设立考点，方便学生就近参加考试，制定人性化招生方案，大力推动教育公平。

组织研究生参加社会调查、志愿服务、公益活动等，使学生在实践中受教育、长才干、服务地方和社会。响应团省委号召，组建由博士生和硕士生组成的暑期"三下乡"服务队，下沉到各地村镇进行社会实践和服务，受到广泛好评。选派研究生开展义务支教，"知识援助行动""红凤工程"等活动受到国家和省市部门的多项表彰。组织学生赴全国各地开展社会实践，牵头联合西北师范大学、青海师范大学、新疆师范大学、宁夏师范学院等高校，开展丝路沿线国家级贫困县教育发展调研实践，2016年，学校被评为陕西省暑期社会实践工作先进单位。

（四）在社会科学和自然科学研究中服务地方经济社会发展

长期以来，学校大力倡导人文社会科学研究，坚持自然科学研究要为国家和地方社会经济发展服务。为此，组织人文社会科学力量，研究和解决与地方人民群众切身利益密切相关的实际问题，为地方经济社会文化发展建言献策；支持应用与对策研究，推动大智库建设水平及其服务地方社会发展的能力显著提升。2016年，西北历史环境与经济社会发展研究院、中国西部边疆研究院、西北国土资源研究中心、"一带一路"建设与中亚研究协同创新中心等四个智库成为国家智库垂直搜索引擎和数据管理平台CTTI首批来源智库；2017年，中国西部边疆研究院和西北国土资源研究中心入选中国核心智库。学校组织知名文科教授为陕西省政府领导班子做有关陕西省历史文化、旅游经济、文化产业等方面的专题讲座，受到高度赞扬。支持文科团队下沉地方，针对地方经济社会发展开展应用对策研究。对榆林市榆阳区现代农业发展目标与路径选择问题开展研究，被誉为"为榆阳区现代农业发展指明了方向，在榆阳农业发展史上具有里程碑式的长远意义"。① 深入开展西北边疆安全稳定问题研究、丝绸之路经济带战略问题研究，相关成果受到国家安全部、中央统战部、省委宣传部等国家和省级部门高度认可，并获国家领导人重要批示，对中央科学决策边疆民族问题做出了突出贡献。这些荣誉和批示，是党和国家对学校科学研究的肯定，也是对学校通过科学研究服务地方社会乃至中国社会发展的充分肯定。

实施"2011协同创新预研计划"，鼓励特色优势学科围绕科技经济和社会发展中的重大需求，积极与高校、科研院所、行业企业、地方政府开展实质性合作，建立多学科融合、多团队协作、产学研用一体化的研发与应用平台，提升科研创新能力，服务地方经济社会发展。横向项目数量和经费不断突破，以科学技术研究服务地方经济社会发展的能力不断增强。2014年，房喻教授团队研发的SRED爆炸物探测仪项目成果，以无形资产作价入股的形式与深圳中物功能材料研究院有限公司（后更名为深圳砺剑防卫技术有限公司）进行产业化合作，产品在全国范围内得到广泛应用，为学校科技成果转化和产业化以及落实国家创新驱动发展战略、服务经济社会发展探索出了一条有效路径。2016年，与中国第二历史档案馆合作进行特藏档案抢救保护，与多个地方政府合作进行实用科学研究和技术开发，与陕西省土地工程建设集团合作共建国家土地整治工程技术研究中心培育基地和土地工程大数据分析应用研究院，与中国石油化工股份有限公司合作进行技术开发等。2018年，国家级重点研发计划项目取得突破，学校作为牵头单位，首次承担国家重点研发计划项目两项，分别是现代服务业共性关键技术研发及应用示范专项"民族民间文化资源传承与开发利用技术集成与应用示范"、中医药现代化研究专项"山茱萸、黄芩、白及高品质道地中药材规模化种植及精准扶贫示范研究"。为进一步提高科技创新水平，服务区域经济社会发展和国家战略，学校于2018年开始建设文化教育智慧传播工程技术研究中心、未来教育研究中心、行星风沙科学研究院、扶贫政策与

---

① 《陕西师范大学2013年社科简报》，陕西师范大学档案馆藏，科研档案库，档案号3-2013-KY11-28.0001。

评估研究中心等,主动服务国家"一带一路"倡议,助力陕西追赶超越和大西安建设早日实现。

(五)广大校友和教育基金会依托学校办学资源和优势服务地方社会发展

学校充分调动广大校友及校内教学科研资源,通过地方校友会及学校教育基金会精心筹划项目,不断增强服务地方社会的能力。学校不断扩大广大校友及教育基金会服务地方社会的范围和影响力。2017年,数学系本科毕业校友戴琼海当选中国工程院院士,在人工智能领域产出巨大成果,做出杰出贡献。在基础教育领域更是涌现出众多基础教育名师、名校长,于教学实践、教育研究和基础教育事业发展中取得卓越成就,为地方社会发展贡献着师大力量。其中,有驻守边疆三十余载的全国教学名师,有扎根山区数十年的"西部红烛"筑梦人,有赴改革开放最前沿任教的校长,也有毕业回到家乡从教的全国最美教师,还有脱贫攻坚先进创业新青年等。通过策划为中国而教"未来教育家"基金项目、新长城—特困大学生自强项目、临夏基础教育发展项目、自强之星——"明珠国际"奖、青川英华教师培训项目、庆阳革命老区基础教育质量提升协同创新计划、田家炳中学质量提升项目等具有明显服务地方社会发展的项目,为落后地区中小学量身定制发展方案,帮助其提升建设水平。通过"名校长+分管职责""名师+学校教学"等精准项目,为陕西南郑和宜川、四川通江、甘肃临夏回族自治州、甘肃庆阳革命老区等地的基础教育事业提升贡献着师大力量。广大校友、慈善机构、爱心人士等纷纷通过设立奖助学金、实习就业基地和发展论坛等方式扩大学校与社会的合作范围,增强学校社会影响力,更好服务于地方社会的高质量发展。2017年,学校基金会被认定为陕西省首批慈善组织。通过多年的校友文化培育、活动平台搭建、校友交流互动等,学校基金会和广大校友在学校自身发展和服务地方经济社会发展中发挥的作用愈加显著。

小　结

　　中共陕西师范大学第十次代表大会之后的七年间，学校不断健全领导体制与治理体系，通过完善党委领导下的校长负责制坚持和加强了党对学校工作的全面领导，通过推进机构改革和干部聘任提升了学校治理能力和管理水平，通过不断完善教职工代表大会制度推进了学校民主管理和民主监督；学校积极参与实施党和国家制定的高等教育"双一流"战略，在不懈奋斗中迈入国家"双一流"建设高校行列，并以"双一流"建设为统领不断推动着高峰学科快速发展；学校通过开办非师范专业多渠道服务经济社会发展，扩展招生专业领域以稳步推进非师范人才培养，实施拔尖创新人才计划提高人才培养质量；学校在开启研究生教育以提升人才培养层次、设立研究生处以推动研究生教育制度化建设的基础上，成立研究生院并加快学位点建设，构建起全学科多层次的人才培养体系；学校不断制定政策对新时代的师资队伍建设进行总体规划，采取积极举措有效落实师资队伍建设规划，从而推动高端人才不断涌现、师资队伍建设取得显著成绩；学校通过对口支援践行部属高校的新时代新使命，通过教育帮扶在脱贫攻坚战中勇担重任，通过校地合作在服务地方经济社会发展中贡献师大力量，努力建构和实施全方位立体性的西部教育援助体系，探索出援助西部教育快速、高质量发展的新路径。这七年，是学校从教学科研型师范大学向以教师教育为主要特色的综合性研究型大学加速转型的关键七年，是改革任务最重、取得成绩最多、发展速度最快的时期之一，学校发展水平达到新高度，为建设中国特色、世界一流师范大学奠定了坚实基础。

　　同时，学校在七年的快速发展中也遇到不少困难和挑战，并深刻认识到：学校党委统筹推进改革、攻坚克难的力度需要加强，干部队伍适应形势变化、主动谋事干事和干成事的能力需要提高，基层党组织作用发挥有待增强，校院两级治理体系、治理能力需要完善和提升；高水平的师资缺乏，拔尖创新人才培养能力有待提升，基础研究能力有待加强，应用研究转化成果有待丰富，解决国家和区域经济社会发展重大问题的能力有待提高，体现研究型大学特征的科学研究成果有待加强；文理基础学科传统优势凸显不够，学科高峰没有完全形成，应用学科发展相对缓慢，体现综合性的高水平学科布局尚未形成；校内教师教育资源还未有效整合，彰显教师教育特色的要素不够突出，缺少引领性标志性科研成果，在服务国家教育发展和贡献师大智慧方面有待加强；学校快速发展与办学资源不足的矛盾日益显现，办学经费、办学空间、博士研究生招生规模等制约性因素依然存在，以社会服务赢得支持学校发展的能力亟待提高。[①] 第十一次党代会之后，全校上下积极回应这些突出问题，面对挑战迎难而上，为全面推进中国特色、世界一流师范大学建设再谱华章。

---

① 《改革创新　内涵发展　为建成以教师教育为主要特色的综合性研究型大学而奋斗——在中国共产党陕西师范大学第十一次代表大会上的报告》，陕西师范大学档案馆藏，党群档案库，档案号 3-2018-DQ13-23.0001。

第八章 再谱华章

中国特色、世界一流师范大学的全面推进

2018年12月至2024年8月，陕西师范大学以第十一次党代会精神为统领，以实施"十四五"发展规划为抓手，形成了推动学校发展的"四梁八柱"，进而实现了"六个第一"，标志着学校的各项工作进入新的发展阶段，也是本章记述学校这段历史的基本时限。

这一时期，党中央开启全面建设社会主义现代化国家新征程，向着第二个百年奋斗目标前进，改革开放和社会主义现代化建设深入推进，中华民族伟大复兴进入新时代，中国式现代化为人类实现现代化提供了新的选择，科学社会主义焕发出了新的蓬勃生机，中华民族实现了从站起来、富起来到强起来的伟大飞跃，中国的发展具备了更加坚实的物质基础、更为完善的制度保证。在教育领域，党的十九届五中全会将建成教育强国作为实现社会主义现代化的远景目标之一，党的二十大报告提出"加快建设教育强国"[①]，彰显了教育"国之大计、党之大计"的战略地位。陕西师范大学顺应新时代高等教育高质量发展的新要求，坚持社会主义办学方向，落实立德树人根本任务，传承办学传统和特色优势，上下一心、改革创新，向着中国特色、世界一流师范大学发展目标迈进。

第一节　第十一次党代会的召开和学校"十四五"规划的制定

2018年12月到2024年8月期间，学校召开了第十一次党代会和第七次教职工代表大会，编制并实施学校"十四五"发展规划，确定了建设中国特色、世界一流的师范大学发展目标，擘画了学校新发展蓝图，明晰了学校发展策略和思路，陕西师范大学的发展翻开了新的一页。

一、第十一次党代会召开，绘制学校发展新蓝图

自2011年12月第十次党代会召开至2018年12月第十一次党代会召开，七年来，学校的教学科研事业及人才培养取得了显著成绩，但仍面临"推进改革、攻坚克难的力度需要加强"[②]等问题。第十一次党代会正是在这样的历史背景

[①]《高举中国特色社会主义伟大旗帜，为全面建设社会主义现代化国家而团结奋斗》，见《习近平著作选读》第1卷，人民出版社，2023年，第28页。

[②]《改革创新　内涵发展　为建成以教师教育为主要特色的综合性研究型大学而奋斗——在中国共产党陕西师范大学第十一次代表大会上的报告》，陕西师范大学档案馆藏，党群档案库，档案号3-2018-DQ13-23.0001。

下召开的一次适应新形势、展现新作为、谋求新发展的大会。

（一）第十次党代会任务的推进落实

第十次党代会召开以来，在学校党委的领导下，全校党员干部和师生员工紧扣发展目标，解放思想，蓄势追赶，攻坚克难，开拓创新，圆满完成了第十次党代会确定的各项任务。

1. 学校党委统揽全局的领导核心作用得到充分发挥

学校党委坚持社会主义办学方向，全面贯彻党的教育方针，深入学习习近平总书记关于教育的重要论述，认真贯彻全国教育大会和全国高校思想政治工作会议精神，扎根中国大地办大学，努力培养担当民族复兴大任的时代新人。严格落实意识形态工作责任制，先后成立了党委教师工作部、党委研究生工作部、离退休党委，进一步加强了党对各项工作的领导，马克思主义在意识形态领域的指导地位更加巩固。全面落实从严治党主体责任和纪委监督责任，践行监督执纪"四种形态"，认真落实中央八项规定和实施细则精神，加强反腐败斗争，形成风清气正的校园政治生态。主动适应党和国家对高等教育发展的新要求，制定并实施了学校综合改革方案和"十三五"发展规划，启动实施"卓越教师培养计划""拔尖创新人才培养计划"，建立岗位分类分级聘用管理制度，创建学术特区，破解了一系列难题，激发了教学科研单位的办学积极性，取得了显著成效。学校建立了以《陕西师范大学章程》为统领的内部治理体系，坚持和完善党委领导下的校长负责制，修订了党委全委会、党委常委会、校长办公会议议事规则，完善了二级教代会制度，独立设置了审计处、内部控制办公室等，有效地推进依法治校、以规治教。为推进《陕西师范大学文化建设规划纲要（2012—2016年）》的实施，学校确立了"淳厚博雅，知行合一"的校风和"抱道不曲，拥书自雄"的学风，初步形成了与高水平大学相适应的师大文化。

2. 学校党组织的凝聚力和战斗力显著增强

学校党委教育引导各级党组织和广大党员牢固树立"四个意识"，坚定"四个自信"，自觉在思想上政治上行动上同以习近平同志为核心的党中央保持高度一致。严明党的政治纪律和政治规矩，做到"五个必须"，杜绝"七个有之"，推进党委中心组学习制度化规范化。扎实开展党的群众路线教育实践活动、"三严三实"专题教育，推进"两学一做"学习教育常态化制度化，党的政治建设更加有力，党员的政治觉悟和政治能力明显提高。坚持把理想信念教育放在首位，学校成立习近平新时代中国特色社会主义思想研究院，开设《习近平的七年知青岁月》导读课，加强马克思主义学院建设，践行社会主义核心价值观，开展以树师德典型为示范的教书育人奖、教学终身成就奖等评选活动，发挥马列理论读书社等理论社团的作用，思想理论教育和价值引领进一步得到强化。学校党委不断优化基层党组织设置，开展二级党委（党总支）书记抓基层党建述职评议考核工作，突出了党建主业意识和责任意识。严格规范党员发展，切实提高党员发展质量。

截至2018年12月，全校党员人数已达7654人，其中学生党员3850人，教工党员2931人，离退休党员873人，基层党组织建设得到了真正加强。"能者上、庸者下"的干部选用机制不断完善，学校"肯干事、能干事"的用人导向日益突出，干部教育培训管理机制更加健全，干部的干事能力得到进一步提升。学校党委出台了加强和改进新时代统一战线工作的意见，加强工会建设，深化共青团改革，推荐党外人士在省级以上人大、政协等机构履职60余人次，7个民主党派获得省级以上先进集体荣誉称号，统战、群团和离退休工作水平和效率显著提高。①

3. 学校办学实力进一步提升

学校制定《陕西师范大学关于全面提高本科教学质量的实施意见》，大力推进教育研究与教学改革，完成了教育部本科教学审核评估，获批国家级教师教学发展示范中心，国家级精品课程等标志性成果建设取得明显成效，实现了国家级教学成果奖一等奖零的突破。创新师范生实习模式，强化创新创业教育，

---

① 《改革创新　内涵发展　为建成以教师教育为主要特色的综合性研究型大学而奋斗——在中国共产党陕西师范大学第十一次代表大会上的报告》，陕西师范大学档案馆藏，党群档案库，档案号3-2018-DQ13-23.0001。

开展"东南学艺、西部扎根"、海外游学等实践教学活动,学生在国家级大学生数学建模竞赛、"挑战杯"创业计划竞赛等赛事中均有优异的表现,学校获批全国深化创新创业教育改革示范高校。研究生培养质量得到提升,创新能力显著增强,新增陕西省优秀博士学位论文38篇,毕业生就业率连年保持在高位水平,人才培养质量迈上新台阶。学校坚持面向学术前沿、面向国家重大战略、面向国家和区域经济社会发展需求,在成果产出、科研立项、获奖数量、经费支持等方面都取得历史最好成绩。国家社科基金立项总数连续三年位列全国高校前十位;国家社科基金重大委托项目实现零的突破,填补了学校科研项目的历史空白;国家自然科学基金年度获批立项数连续超过100项,新增国家级重大重点项目17项,首次以牵头单位获批国家重点研发计划项目2项;获批2个教育部创新团队,获批3个"高等学校学科创新引智基地"(简称"111基地"),新增省部级重点实验室、工程实验室等科技创新基地(平台)12个,获得省部级科技奖励80项。到校科研经费从2012年的7762万元增长至2017年的16660万元,实现翻番。

学科布局进一步优化。博士学位授权一级学科从15个增加到18个,博士后科研流动站从12个增加到18个;4个学科进入ESI全球排名前1%;学校成为国家首批"双一流"建设高校,中国语言文学学科入选国家"双一流"建设学科名单;教育部第四轮学科评估有8个B+学科,13个学科位列前30%,学科整体水平显著提升。①

建立"学校推动、学院主动、部门联动、典型带动"的人才工作机制,着力破解教师规模不足、结构不够合理、高层次人才匮乏的难题。学校高层次人才类型和数量显著增加,国家"千人计划""万人计划"入选者12人,国家"杰青""优青"获得者7人。"长江学者奖励计划"入选者从4人增加到13人,文化名家暨"四个一批"人才从1人增加到5人。学校专任教师人数从2011

---

① 《改革创新 内涵发展 为建成以教师教育为主要特色的综合性研究型大学而奋斗——在中国共产党陕西师范大学第十一次代表大会上的报告》,陕西师范大学档案馆藏,党群档案库,档案号3-2018-DQ13-23.0001。

年的 1384 人增至 1752 人。高层次人才在人才培养、学科建设、团队建设等方面的引领作用愈加凸显。

坚持开放办学。学校与世界上 180 多所高校和研究机构建立了合作关系，获批 4 个教育部国别和区域研究中心，1 个国家民委国别与区域研究中心，入选首批"来华留学质量认证"试点院校，在校留学生人数超过 1000 人，教师每年交流出国（境）人数由 200 余人增加至 400 余人，学生人数由不足 100 人增长到近 500 人，国际交流与合作取得新的进展。学校发起成立了丝绸之路"教师教育联盟""人文社会科学联盟""图书档案出版联盟"，启动建设"一带一路"文化教育传播智慧港，创新政产学研合作模式，承担国家部委非遗培训任务，稳步提高继续教育和教师干部培训，对口支援青海师范大学、昌吉学院等 15 所西部高校。为加强校友工作，学校建立校友数据库，每年举办毕业 30 年校友返校活动，扩大学校的社会影响力。

积极实施开源节流，改善师生的教学和学习环境，基本实现了长安校区总体规划蓝图。学校新征建设用地 240 余亩，新建校舍建筑面积约 50 万平方米，总建筑面积增长 40.6%。新勇学生活动中心、研究生公寓二期建成并投入使用，教育博物馆落成开放，学生第二课堂活动场馆面积增加近 1 万平方米，学生住宿建筑面积增加约 3.9 万平方米。长安校区二期 13 栋教职工公寓、雁塔校区 3 栋高层住宅建设完成，交付教职工公寓 2066 套。[①]

（二）第十一次党代会召开的背景

中国特色社会主义进入新时代，高等教育发展也被赋予了新使命。新时代，党和国家对高等教育的需求、对科学知识和卓越人才的渴求，比以往任何时候都更加迫切和强烈。党的十九大强调，必须把教育事业放在优先位置。全国教育大会进一步指出，教育是国之大计、党之大计，要坚持把优先发展教育事业

---

① 《改革创新　内涵发展　为建成以教师教育为主要特色的综合性研究型大学而奋斗——在中国共产党陕西师范大学第十一次代表大会上的报告》，陕西师范大学档案馆藏，党群档案库，档案号 3-2018-DQ13-23.0001。

作为推动党和国家各项事业发展的重要先手棋。大力振兴教师教育，实施教师教育振兴行动计划，为学校发展提供了时代性机遇。

国家"双一流"建设的实施，全面开启了建设高等教育强国的新征程，高等学校迎来了新的发展机遇期。学校虽进入了国家"世界一流学科"建设高校行列，但学科整体实力还不够强，学科高峰还没有形成，距离世界一流水平还存在较大差距。能否在新一轮竞争中赢得发展机遇，是学校发展面临的重大挑战。

经过七十多年传承积淀和几代师大人砥砺奋斗，学校已基本形成了综合性、研究型大学的发展格局。能否在有特色、综合性、研究型的内涵建设上下功夫，以超常规的举措向"世界一流"发起冲锋，顺利实现办学目标，是学校面临的严峻考验。

新时代创造的发展机遇与学校面对的发展挑战，是学校面临的基本发展形势，也是推进内涵式发展、加快"双一流"建设的基本依据。开好学校第十一次党代表大会，全面总结发展经验，抢抓发展机遇，科学确立今后五年以及更长一段时期的发展战略和目标任务，对于进一步统一思想、凝聚力量，全面推进学校内涵发展，具有重大而深远的意义。

（三）第十一次党代会的任务和目标

2018年12月24日至25日，中国共产党陕西师范大学第十一次代表大会在长安校区新勇学生活动中心隆重举行，210名代表参加了大会。学校专家学者代表，各民主党派负责人，省级以上党代表、人大代表和政协委员，非代表的正处级干部，校团委书记、学生会主席、研究生会主席等列席开幕式。校党委副书记卢胜利主持开幕式。

校长游旭群致开幕词，指出在全面建成小康社会的决胜阶段、中国特色社会主义进入新时代的关键时期，在深入贯彻落实全国教育大会和全国高校思想政治工作会议精神，推进学校内涵式发展、加快"双一流"建设的重要时刻，学校召开第十一次党代会，规划未来，谋划方略，进一步明确学校的办学思路和目标，把学校建成以教师教育为主要特色的综合性研究型大学，开启特色鲜明世界一流大学建设的新征程。校党委书记程光旭代表中国共产党陕西师范大学第十届委员会向大会做题为《改革创新　内涵发展　为建成以教师教育为主要特色的综合性研究型大学而奋斗》的工作报告。报告分为四个部分：第十次党代会以来的工作回顾与总结；学校发展面临的主要形势、办学目标和基本原则；今后五年的发展任务和主要举措；坚定不移全面从严治党，为实现学校奋斗目标提供坚强保证。

大会还以书面形式向各位代表提交了《中国共产党陕西师范大学纪律检查委员会向陕西师范大学第十一次党代会的工作报告》，报告回顾和总结了第六届纪委七年的工作情况，提出了今后的工作任务和基本举措。

第十一次党代会的主题是：以习近平新时代中国特色社会主义思想和党的十九大精神为指引，贯彻全国教育大会和全国高校思想政治工作会议精神，落实立德树人根本任务，改革创新，内涵发展，奋力把学校建成以教师教育为主要特色的综合性研究型大学，开启特色鲜明世界一流大学建设的新征程。

大会审议《中国共产党陕西师范大学第十一次代表大会关于第十届党委工作报告的决议》和《中国共产党陕西师范大学第十一次代表大会关于第十届纪委工作报告的决议》，选举产生第十一届学校党委会和纪律检查委员会。

第十一次党代会提出"三步走"战略目标：第一步，到2024年，教师教育特色更加彰显，综合性研究型大学特征进一步凸显，人才培养质量、科学研究水平、社会服务能力、文化传承创新能力、国际化程度显著提升，若干学科进入世界一流学科行列，学科整体水平大幅提升，建成以教师教育为主要特色的综合性研究型大学，学校进入国内高水平大学行列，为建设特色鲜明世界一流大学奠定基础，为全面建成小康社会做出应有贡献；第二步，到2034年，以一流学科为核心、相关学科协调发展的学科体系基本建成，更多学科进入世界一流学科行列，学校综合实力、核心竞争力再上新台阶，形成特色鲜明世界一流大学的基本格局，跻身国内高水平大学前列，为国家基本实现社会主义现代化做出应有贡献；第三步，到本世纪中叶，一批学科进入世界一流学科行列，若干学科进入世界一流学科前列，办学理念、办学实力、办学特色得到社会公认，基本建设成为特色鲜明世界一流大学，为建设富强民主文明和谐美丽的社会主义现代化强国，实现中华民族伟大复兴中国梦做出应有贡献。①

（四）选举产生新一届"两委会"

根据本次党代会选举办法，大会选出学校第十一届党委委员29人，他们是马晓云、马博虎、马瑞映、王永安、王海彬、卢胜利、田安政、任晓伟、刘少锋、刘建军、刘继波、孙清潮、杜海斌、李磊、李卫东、李贵安、杨祖培、陈鹏、罗永辉、郑海荣、胡波、姚若侠、袁祖社、党怀兴、高玲香、董治宝、程光旭、游旭群、雒朝梁（以姓氏笔画为序）；选出学校第十一届纪律检查委员会委员11人，他们是丁虹、马博虎、王金秀、孙伟、杜叶婷、李恒朝、李晋东、杨晓东、但锋、宋传东、袁一芳（以姓氏笔画为序）。在第十一届党的委员会第一次全体委员会议上，选举马晓云、马博虎、王永安、卢胜利、任晓伟、李磊、李贵安、杨祖培、罗永辉、党怀兴、董治宝、程光旭、游旭群（以姓氏笔画为序）为党委常委会委员，选举程光旭为党委书记，游旭群、卢胜利、马博虎、王永安为党委副书记；在纪律检查委员会第一次全体委员会议上，选举马博虎为纪委书记，袁一芳、但锋为纪委副书记。

同时，中共陕西省委教育工作委员会下发陕教工组〔2019〕1号批复文件，同意中共陕西师范大学第十一届委员会、纪律检查委员会选举结果。

2018年1月3日，教育部下发教任〔2018〕8号文件，任命游旭群为陕西师范大学校长。

游旭群，1963年9月生，湖南新化人，中共党员，心理学博士，教授，博士生导师。2005年至2012年任陕西师范大学教育科学学院院长、心理学院院长。2012年6月起任陕西师范大学党委常委、副校长。2018年1月起任陕西师范大学校长、党委副书记。先后于

---

① 《改革创新　内涵发展　为建成以教师教育为主要特色的综合性研究型大学而奋斗——在中国共产党陕西师范大学第十一次代表大会上的报告》，陕西师范大学档案馆藏，党群档案库，档案号3-2018-DQ13-23.0001。

2018年1月至2020年9月与党委书记程光旭、2020年10月至今与党委书记李忠军搭班子。他担任校长以来，紧紧围绕学校第十一次党代会和"十四五"发展规划确定的目标任务，坚决贯彻执行党委领导下的校长负责制，与李忠军书记携手，带领班子成员深入推进治理体系和治理能力现代化，积极构建"1+8+X"党建与思想政治工作制度体系、"2+4+X"教育评价改革制度体系，按照"以教师教育和学科建设为主线、以人才和队伍建设为根本、以教育评价改革为关键"的发展思路，在彰显办学特色、提升核心竞争力、提高综合实力等方面取得了优异成绩，实现学校A类学科和教育部人文社科一等奖的历史性突破，学校2024年软科排名位居第62位，较2018年的103位提升了41个位次。同时，他在国内开创了航空航天心理学博士点，是陕西师范大学心理学一级学科负责人、心理学博士后科研流动站负责人、国家级教学团队（基础心理学）负责人、国家级特色专业（心理学）负责人，曾任中国心理学会理事长，担任《心理学报》副主编，入选教育部"长江学者奖励计划"、国家"万人计划"哲学社会科学领军人才、文化名家暨"四个一批"人才、国家"新世纪百千万人才工程"、陕西省"三秦学者"创新团队等多项国家级和省部级人才计划，享受国务院政府特殊津贴。荣获教育部人文社科一等奖1项、国家级教学成果二等奖1项、全国首届优秀教材二等奖（高等教育类）1项等多项教学和科研荣誉。出版专著及教材10余部，发表论文300余篇，主持国家社会科学基金重大项目、教育部哲学社会科学重大攻关项目、国家自然科学基金项目及军民融合等科研项目30余项。

2020年9月，程光旭由于年龄关系不再继续担任学校党委书记。9月30日，中共教育部党组下发教党任〔2020〕144号文件，任命李忠军担任陕西师范大学党委书记。

李忠军，1968年11月生，吉林通榆人，中共党员，教授，法学博士，博士生导师。1995年东北师范大学毕业后留校工作。2013年6月至2014年5月任东北师范大学党委副书记兼副校长。2014年5月任东北师范大学党委副书记、纪委书记。2016年1月至2020年9月任吉林大学党委副书记、纪委书记。2020年10月至2024年5月任陕西师范大学党委书记。2024年5月起任东北师范大学党委书记。他担任陕西师范大学党委书记期间，认真履行管党治党、办学治校政治责任，构建"1+8+X"党建与思想政治工作体系，持续加强党的全面领导，深入推进全面从严治党，以高质量党建引领高质量发展。提出了"以教师教育和学科建设为主线、以人才和队伍建设为根本、以教育评价改革为关键"的发展思路，健全了"2+4+X"教育评价改革制度体系，带领班子成员在进一步彰显办学优势、提升学科竞争力、厚植人才和队伍发展根基、激发发展活力等方面取得了显著成绩。实现学校A类学科和教育部人文社科一等奖的历史性突破，学校软科排名实现从2018年的第103位跃升到2024年的62位。他长期从事马克思主义理论和思想政治教育基础理论研究，在学术界较早提出"铸魂育人"思想政治教育本质观，提出当代中国社会主义意识形态建设遵循理想（中国梦）、价值（社会主义核心价值观）、精神（中国精神）"三位一体"铸魂逻辑，提出围绕"信仰、信念、信心"深化铸魂固本工程，形成了特色鲜明的研究方向和成果体系。现担任教育部马克思主义理论研究和建设工程教材编写首席专家，教育部高等学校马克思主义理论类专业教学指导委员会副主任委员，全国普通高校教育行业毕业生就业创业指导委员会副主任委员。享受国务院政府特殊津贴专家，入选第六批国家"万人计划"哲学社会科学领军人才、文化名家暨"四个一批"人才（理论界），国家百千万人才工程并被授予"有突出贡献中青年专家"称号，教育部新世纪优秀人才支持计划入选者。

二、制定"十四五"发展规划，确定未来五年的发展目标

为规划好学校未来五年的发展，根据中共中央、国务院《中国教育现代化2035》《中华人民共和国国民经济和社会发展第十四个五年规划和2035年远景目标纲要》《深化新时代教育评价改革总体方案》以及《陕西师范大学章程》等，学校制定了"十四五"发展规划。

（一）学校"十三五"期间的主要成效

"十三五"期间，学校秉承"崇真务实、开放包容、勇于创新、追求卓越"的办学理念，抢抓机遇，加快发展，完成了"十三五"规划确定的目标任务。

1. 学校党委对学校的全面领导进一步加强，全面从严治党要求落到实处，思想政治教育持续改进，牢牢掌握意识形态工作的领导权、管理权和话语权

学校党委扎实开展"两学一做"学习教育、"不忘初心、牢记使命"主题教育，推行校院两级中心组嵌入式互动学习制度，实施基层党建工作责任制，党建示范创建和质量创优取得良好成绩。学校共获批2个全国党建工作标杆院系、2个全国党建工作样板支部、1个全国高校"百个研究生样板党支部"、1位全国"百名研究生党员标兵"、1个首批全国高校"双带头人"教师党支部书记工作室。校党委构建以分责、定责、履责、追责为主要内容的党风廉政建设责任制，建立并完善校内巡察制度，对10个二级单位党组织开展了巡察。校党委实施"思想政治理论课建设体系创新计划"，加快推进课程思政建设，立项建设了67门课程思政示范课程。

2. 学校人才培养改革不断深化，实践育人特色进一步强化，人才培养能力明显增强

"十三五"期间，学校本科专业27个入选国家级、7个入选省级一流本科专业建设点，2个师范专业通过第三级认证，7个师范专业通过第二级认证。25门课程入选首批国家级一流本科课程，26门课程在中国大学MOOC平台

开放。卓越教师培养和拔尖创新人才培养力度逐步加大，学校每年设立13个"卓越教师实验班"、3个"人文科学试验班"、4个"理科试验班"。精心组织"互联网+""挑战杯""创青春"创新创业大赛，获得国家级奖项12项，学校入选首批高层次国际化人才培养创新实践基地、第二批教育部深化创新创业教育改革示范高校。研究生人才培养完成了50个学位授权点合格评估，招生指标和优秀生源率稳步提升，高水平硕博学位论文获奖层次位居陕西省前列。获得国家级高等教育教学成果奖一等奖1项、二等奖4项。新增国家级实验教学示范中心（虚拟仿真实验教学中心）2个，国家级虚拟仿真实验教学一流课程11项。

3. 世界一流学科建设成效初显，学术研究特区效应初步彰显，学科整体发展水平不断提高

学校入选国家首批"世界一流学科"建设高校，中国语言文学学科进入国家"世界一流学科"建设学科名单。学校新增3个一级学科博士学位授权点、1个一级学科硕士学位授权点和2个硕士专业学位授权点，获批1个陕西省协同创新中心。人文社科高等研究院对学科建设的支撑效应明显加强。

4. 人力资源配置与学科发展联动机制形成，人才成长"金字塔"体系持续优化，师德师风建设进一步加强

学校成立党委教师工作部，统筹教师思想政治工作和师德师风建设，创新人事管理制度体制机制改革，创新人才工作机制，建立工作目标责任制。"十三五"期间，1人获评全国优秀教师，1个团队获评全国高校黄大年式教师团队，多人次和团队荣获省级师德标兵、先进示范集体。高层次人才引培不断加快，国家、省部、校级各类高层次人才达到419人次，高层次人才队伍建设水平明显提高。

5. 科学研究机制建设日趋完善，创新能力和活力进一步提升，研究成果层次和水平持续增强

"十三五"期间，学校新增16个省部级哲学社会科学研究基地、1个教育部工程研究中心、2个学科创新引智基地、12个省部级科技创新平台、6个

省级科技创新团队。学校高水平代表性科研论文数量大幅提升，实现了国际顶级期刊发表文章零的突破。学校获批国家社科基金（含重大）项目 296 项，获批国家自然科学基金项目 542 项，承担理工科国家重大（重点）项目 20 项，9 项成果获得教育部第八届高等学校科学研究优秀成果奖，2 项成果入选国家哲学社会科学成果文库，高水平研究平台和研究成果数量大幅提升，扩大了学校的影响力。

6. 师生对外交流水平逐步提升，"一带一路"沿线特色建设稳步推进，国际化办学优势初显

学校首倡牵头成立了丝绸之路教师教育联盟、丝绸之路人文社会科学联盟和丝绸之路图书档案出版联盟；"十三五"期间，学校建成了 5 个国家部委国别和区域研究中心，开设了 200 多门国际暑期学校课程，开发了 162 个实质性学生交流项目，派出 1400 多名学生赴国外进行长短期学习、交流或实习。

7. 政产学研用融合深度推进，精准扶贫与对口支援有序开展，服务社会的能力和成效明显提升

"十三五"期间，学校获批国家教师发展协同创新实验基地，积极开展各类综合性社会服务培训，累计培训人员超过 7 万人次。获批 3 项国家级基础教育教学成果奖二等奖，出版总社 2 种图书接连荣获中国出版三大奖之一的中华优秀出版物奖，11 家智库入选 CTTI 来源智库，扶贫案例入选全国典型案例。

8. 学校长安校区建设基本完成，公共服务体系更加完善，师生的幸福感明显提升

"十三五"期间，学校建成并运行教育博物馆，建成并投入使用研究生二期公寓、专家公寓、实验动物饲养中心，长安校区二期 1670 余套公寓及车位，雁塔校区地下停车场亦交付使用。后勤管理和保障、医疗服务、"一站式"网上办事服务大大便捷了师生的生活，离退休人员的生活条件也得到了有效改善。

9. 学校治理能力与体系建设不断优化，资源募集配置与管理改革推向纵深，中国特色现代大学制度更加完善

"十三五"期间，学校修订党委全委会、党委常委会和校长办公会议议事规则，完善"三重一大"决策制度。修改了《陕西师范大学章程》，落实了《高等学校学术委员会规程》，修订了《二级教职工代表大会实施细则》，实行校务公开，校内治理体系更加完善。服务一流学科建设的财务资源配置更加健全，财务工作中的预算管理、收支管理、债务管理等各项财务制度和管理更加规范。

（二）学校"十四五"发展规划制定的时代背景

立足 21 世纪第三个十年的起点上，适应"师范院校把办好师范教育作为第一职责"的要求，学校肩负着振兴西部基础教育之责。这就需要学校主动融入新时代社会主义现代化建设，聚焦高等教育高质量内涵发展和高素质创新型人才培养，强化发展定位，对接国家创新驱动战略，做国家教师教育创新的探索者、引领者和示范者，为建成教育强国贡献陕师大的智慧和力量。

（三）"十四五"发展规划的指导思想、发展目标与思路

1. 制定规划的指导思想

以习近平新时代中国特色社会主义思想为指导，全面贯彻党的教育方针，坚持社会主义办学方向，坚持党的全面领导，落实立德树人根本任务，坚守师范教育主责主业，弘扬"西部红烛两代师表"精神，以高质量发展、加速发展为主题，以改革创新为动力，五育并举提高人才培养能力，全力建设高素质专业化创新型教师队伍，打造师范教育学科高峰，深度融入社会发展进程，主动服务国家重大战略需求，加快实现治理体系和治理能力现代化，奋力建成教师教育特色鲜明的综合性研究型师范大学，开启中国特色、世界一流的师范大学建设新征程。

2. "十四五"的发展目标

对接新时代高等教育、师范大学的高质量发展要求，传承办学历史和特色优势，到本世纪中叶，将学校建设成为中国特色、世界一流的师范大学。根据

新时代国家对高等师范院校的新要求,学校将2005年第九次党代会上确定的"以教师教育为主要特色的综合性研究型大学"办学目标调整为"中国特色、世界一流师范大学"办学目标。

3. 实施规划的发展思路

第一,聚焦高质量发展主题。根据新时代发展要求和学校现阶段发展实际,将高质量发展加速发展摆在更加突出的位置。坚持聚焦特色、点位突破,统筹把握和处理好规模结构质量效益之间的关系,以高质量的人才培养、人才队伍、成果产出和高水平的治理体系治理能力,统筹推动学校全面高质量发展,促进学校综合实力和高显性指标明显提升。第二,彰显教师教育特色优势。坚持师范为本的办学定位,强化综合性合力和研究型引领,形成多学科支撑的师范人才培养模式,培养学识扎实、情怀深厚、灵魂高贵的卓越教师。打造教师教育、基础教育的西部龙头和全国枢纽,补齐西部基础教育短板,激发西部基础教育的内生力量,协同推进教育现代化。第三,激发学院学科发展动能。发挥学科建设统领作用,统筹学校学院学科学术协同发展关系,坚持学校全局主导,落实学院办学主体地位,明确学科负责人责任和自主权,以高质量学术成果支撑学院学科发展。聚焦一流学科建设,凝练学科特色方向,聚集创新团队,革新体制机制,催发重大学术成果产出,支撑高峰高原学科崛起。第四,改革创新破解发展困境。聚焦学校发展的主攻方向,运用系统思维,加强顶层设计,用落实改革清单的办法深入推进,集中发力、重点突破,切实破解困扰学校高质量发展的瓶颈障碍。坚持问题导向与目标导向相统一,创新体制机制,激发教师、学生和管理干部活力,加速推进学校事业高质量发展。

(四)"十四五"发展规划的建设与改革任务

1. 加强党对学校工作的全面领导,构建党建与思想政治工作"1+8+X"制度体系

"1"指的是《中共陕西师范大学委员会关于加强和改进党的建设和思想政治工作的实施意见》。"8"指的是八项重点工作制度,即《中共陕西师范

大学委员会关于进一步加强和改进党的政治建设的实施方案》《中共陕西师范大学委员会关于进一步加强和改进安全稳定工作的实施办法》《中共陕西师范大学委员会关于进一步推进全面从严治党、加强党风廉政建设的意见》《中共陕西师范大学委员会关于进一步加强和改进基层党组织建设的实施办法》《中共陕西师范大学委员会关于进一步加强和改进学生思想政治工作的实施意见》《中共陕西师范大学委员会关于进一步加强和改进教师思想政治工作和师德师风建设的实施办法》《中共陕西师范大学委员会关于进一步加强和改进思政课程和课程思政建设的实施办法》《中共陕西师范大学委员会关于进一步加强和改进意识形态工作的实施办法》。"X"指的是若干项推进落实的制度,包括政治建设、思想政治工作、意识形态工作、安全稳定工作等诸多方面。通过建立健全"1+8+X"制度体系,形成完善的运行机制,大力推进基层党组织建设,强化基层党组织的政治功能、组织功能和服务功能。加强思想政治工作,深入实施思想政治工作提升工程;加强党对统战群团工作的领导,充分发挥工会、共青团等群团组织在联系广大师生员工方面的桥梁纽带作用。健全选人用人机制,完善干部工作制度机制,加强干部思想政治建设,锤炼干部忠诚廉洁的政治品德,焕发干部队伍奋进担当的精神面貌。

2. 坚守教师教育主责主业,培养时代需要的卓越教师

坚持师范为本的办学定位,整合教师教育机构和资源,开展高质量教师教育研究,建设一流教师教育学科专业,实施卓越教师培养计划2.0,培养卓越教师和未来教育家。建设国家师范教育基地,建设西部教师教育创新示范区,推进国家教师发展协同创新实验基地建设,示范引领西部教师教育发展。以综合性和研究型支撑教师教育,推进教师教育特色与综合性、研究型融合创新发展,建成教师教育特色鲜明的综合性研究型师范大学。

3. 落实立德树人根本任务,提高人才培养质量

在政治思想教育方面,坚持用习近平新时代中国特色社会主义思想铸魂育人,加强爱国主义、集体主义、社会主义教育和"四史"教育,以社会主义价

值观为引领，坚定学生理想信念、厚植家国情怀，推动理想信念教育常态化制度化。在优化生源质量方面，坚持生源质量导向，创新招生模式。探索综合评价等多元录取机制，健全研究生招生计划分配与管理机制，持续提高生源质量。在人才培养质量方面，系统推进人才培养创新，改进全过程质量保障体系。建立完善"三级五类"教学质量评价与保障体系，完善专业动态调整机制，加强课程和教材建设，系统建设覆盖优势特色专业、适应新时代人才培养要求的拔尖创新人才培养体系。在学生工作方面，引导教师潜心育人，创新学生工作机制，构建"大学工"格局，加强大学生创新创业载体建设，探索建立课程培训、实践等相互衔接的创新创业教育体系，实施大学生创新创业训练计划，以实践育人强化提升毕业生就业质量，促进其充分就业。

4. 加大高层次人才队伍建设力度，形成教师队伍新发展格局

坚持师德师风第一标准，完善师德师风建设制度体系，推动师德师风建设常态化、长效化。聚焦高峰学科建设，造就一批学术领军人才和创新科研团队，支撑学科可持续高质量发展。坚持党管人才，实施人才优先发展战略，构建更为开放灵活的人才引育与效能发挥机制。坚持把教师队伍建设作为基础工作，深化人才发展体制机制改革，畅通中青年教师成长渠道，健全质量导向的教师队伍考核制度；完善党务行政管理人员队伍建设机制，加强其他专业技术人员队伍建设；聚焦重点建设学科，稳步有序地扩大教师规模，形成规模结构与质量效益相协调的教师队伍发展新格局。

5. 完善学科建设机制，着力打造学科高峰

进一步强化学科意识，健全"学科+学术"特区体制机制，建强学科支撑平台，优先建设世界一流学科，重点建设世界一流学科培养学科，协调推进国内一流、校内一流学科建设，有序提升其他学科综合实力。重点支持教师教育学科、优势人文学科、特色理工学科建设，培育和支撑新兴交叉学科发展，集中资源打造学科高峰，形成不同学科相互支撑、相互促进的学科发展体系。

6. 创新学术发展体制机制，提升科研实力

创新有组织科研模式，激发创新活力，释放学术创新潜能，实施重点建设领域标志性成果产出专项计划，设置重大、重点培育项目，催生标志性学术成果和国家级奖项。持续实施哲学社会科学基础研究推进计划、重大项目提升计划、标志性成果产出计划，实施理工科基础研究和科技创新能力提升工程，聚焦关键技术和重点领域，服务国家战略和区域发展。打造教学科研创新团队，建立科研支撑学科高峰崛起机制，健全学术评价机制，调整科研资源配置方式，推动重点领域项目、基地、人才、资金一体化融合，推进科学研究实现从量的积累到质的飞跃，从点的突破到整体提升。

7. 拓宽国际交流合作，提升服务社会能力

落实"一带一路"驼铃计划，加强国际合作交流顶层设计，推动科学研究国际交流合作，培养具有全球视野的高层次国际化人才，提升国际交流合作质量，提高学校国际影响力。集中优势学科资源，打造高水平智库。推进科技成果转化，提高学校参与公共事务、推动科技创新的影响力。发挥学校教师教育特色，出版高质量教育理论著作和教材，持续扩大人文学术出版和教育文化服务影响力，提升基础教育服务能力，推动教育服务高质量发展。

8. 做好学校文化的传承与创新，不断提高办学资源保障建设

打造高品质校园文化品牌，挖掘凝练"西部红烛两代师表"精神，聚焦教书育人使命，引导教师潜心育人。深化校史挖掘与研究，深入开展各类主题教育活动，发挥文化育人的功能。健全筹资管理机制，充分挖掘增收潜力。优化资源配置结构，解决好广大师生员工最关心的问题，开创全校师生员工共谋发展、共创伟业、共享成就的良好局面。

此外，规划还对优化内部治理体系，完善两校区办学功能定位，推进"人工智能＋教育"建设等提出了明确任务。最终，形成了学校"十四五""1+5+N"规划体系，即学校总体规划牵引下的5个专项规划（教师教育、学科建设、人才队伍、文化建设、校园建设），以及各教学科研单位编制的各自"十四五"发展规则。目前学校"十四五"规划任务已经取得阶段性成绩，并稳步推进中。

三、第七届教职工代表大会召开，彰显教职工民主参与治校

（一）第七届教职工代表大会召开的时代背景

在深入贯彻落实学校第十一次党代会精神、全面推进"双一流"高校建设的征程中，学校工会积极发挥桥梁纽带作用，在民主管理、师德师风、职工文化、慰问帮扶以及自身建设方面做了大量的工作。新时代，努力打造教职工信赖的"职工之家"，打造政治性、先进性、服务型工会组织，团结和动员广大教职工立足岗位、建功立业，组成了推进学校事业发展、彰显教职工民主参与治校的重要内容。

（二）第七届教职工代表大会的召开

2019年6月21日至22日，陕西师范大学第七届教职工代表大会暨第十一届工会会员代表大会在长安校区新勇学生活动中心举行。学校党政领导、党委常委，部分原校级领导，305名教职工和工会会员代表及特邀代表、列席代表参加了开幕式。

大会的指导思想是：以习近平新时代中国特色社会主义思想为指导，深入贯彻落实党的十九大精神和中国工会十七大精神，全面落实学校第十一次党代会工作部署，进一步推进校务公开，加强民主管理，竭诚服务广大教职工，动员和带领广大教职工弘扬"西部红烛两代师表"精神，凝心聚力，攻坚克难，谱写学校"双一流"建设新篇章，为把陕西师范大学建成以教师教育为主要特色的综合性研究型大学而努力奋斗。

大会的主要任务是：听取和审议学校工作报告、学校财务工作报告、第十届工会委员会工作报告、第六届教代会提案工作委员会工作报告、第十届工会经费审查委员会工作报告、《陕西师范大学章程》修订情况报告等，选举产生第十一届工会委员会、工会经费审查委员会、第七届教代会专门委员会（提案工作委员会、青年教师工作委员会、民主评议干部委员会、财务监督工作委员会暨第十一届工会经费审查委员会）和第十一届女职工委员会。

校长游旭群做《同心协力　内涵发展　开创特色鲜明一流大学建设新局面》的工作报告。他从党建领航、改革驱动、一流引领三个方面总结了第六届教代会以来学校在党建与思想政治工作、人才培养、学科建设、队伍建设、国际交流与合作、社会服务以及资源保障等方面阐述了取得的成绩，全面分析了在中国特色社会主义进入新时代，中国高等教育迈入新时期，学校改革发展要做到"三个坚持""三个必须"：在实践中坚持把加强党的领导作为学校事业发展的根本保证，坚持把人才培养作为学校事业发展的核心使命，坚持把加强师资队伍建设作为学校事业发展最重要的基础性工作；必须把内涵式发展作为学校事业发展的重要遵循，必须把国际化开放办学作为学校事业发展的必由之路，必须把深化综合改革作为学校事业发展的根本动力。今后一段时间，学校的重点工作思路为"一条主线，五个方面"，"一条主线"就是"推进学校内涵式发展"，"五个方面"就是"树精神、促改革、彰特色、强学科、惠民生"。围绕学校工作的基本思路，全校上下要团结一心、砥砺奋进，在建设特色鲜明世界一流大学的征程上，谱写陕西师大更加壮丽的篇章。

副校长杨祖培在《强化管理　优化服务　为学校事业发展保驾护航》的学校财务工作报告中，从学校收入支出情况和财务重点工作两个方面汇报了2013年以来学校财务工作情况。校工会主席杜叶婷代表第十届工会委员会做《凝心聚力　团结奋进　为实现学校事业发展和教职工对美好生活的向往而努力奋斗》的工作报告。她从推进教代会建设、履行工会职能、助力教师队伍建设等方面回顾了第十届工会委员会的工作，并从加强思想引领、维护服务、加强自身建设、推进工会党的建设等方面提出了今后工会工作的任务。教代会提案工作委员会主任田振军做了《陕西师范大学第六届教职工代表大会提案工作委员会工作报告》，从加强制度建设，进一步规范工作程序；重视提案落实，进一步推进民主管理等方面回顾了六年来提案工作，并进一步明确了提案工作今后努力的方向。发展规划办公室主任孔祥利做《陕西师范大学章程》修订情况说明，对《章程》的19处修正内容做了详细解释。李晋东做《陕西师范大学第十届工会经费审查委员会工作报告》，从履行监督职责，进行工会经费审查审计工作，不断改革创新，努力推进经审工作规范化，加强自身建设，不断完善组织体系服务职能等方面回顾了六年来工会经费审查审计工作，从提高站位、规范管理、优化队伍等方面提出了今后审查审计工作的主要任务。

大会审议了五个报告和《陕西师范大学章程》修正内容，选举产生了十一届工会委员会。第十一届工会委员会第一次全体会议选举杜叶婷为工会委员会主席，韩旭晖、王勇慧为工会委员会副主席，提名产生了女职工委员会委员名单，推选了女职工委员会主任及副主任。

（三）第七届教职工代表大会年度会议的召开

2020年12月19日，第七届教职工代表大会暨第十一届工会会员代表大会第二次全体会议召开，会议审议了校长游旭群做的《登高望远 砥砺奋进 奋力谱写学校高质量发展新篇章》工作报告、副校长杨祖培做的《学校财务工作报告》、教代会提案工作委员会主任田振军做的《提案工作委员会工作报告》、发展规划办公室主任孔祥利做的《关于编制学校"十四五"发展规划思路的说明》、人事处处长胡波做的《关于〈陕西师范大学教职工年度考核工作暂行办法（草案）〉起草情况的说明》等。

2021年4月10日，第七届教职工代表大会第三次全体会议召开，校长游旭群做《关于〈陕西师范大学"十四五"发展规划（草案）〉编制情况说明》的主题报告，介绍了学校"十四五"发展规划的编制过程，包括意见建议征集与调研、问题梳理与目标导向、专题研讨与凝聚共识、广泛征求意见等四个阶段；指出"十四五"规划确定加速发展、高质量发展两个主题，确定教师教育和学科建设两项系统性任务的主要考虑；介绍了"十四五"规划的指导思想、办学使命、办学定位、建设任务、改革任务、组织领导、资源保障和推进实施等基本框架；对规划编制的后续工作和规划实施的开局工作做了部署。21个代表团围绕学校"十四五"发展规划草案、"十四五"期间学校办学定位、教师教育主业建设、建设任务、改革任务、组织领导和资源保障以及规划草案具体的表述等提出意见和建议。

2022年5月15日，第七届教职工代表大会第四次全体会议暨第十一届工会会员代表大会第三次全体会议召开，听取和审议了校长游旭群做的《凝心聚力　锐意进取　全面开启建设中国特色、世界一流师范大学新征程》工作报告，以及学校财务工作报告、人才和队伍建设报告、教师教育工作推进落实情况报告、学科建设工作推进落实情况报告和教代会提案工作报告，印发和审议了工会委员会工作报告和工会经费审查委员会工作报告等。代表们围绕大会报告进行了分组讨论，同时对学校发展提出了建设性的意见和建议。大会还进行了第十一届工会委员会、工会经费审查委员会（教代会财务监督工作委员会）委员补选。

2023年12月9日，第七届教职工代表大会第五次全体会议暨第十一届工会会员代表大会第四次全体会议召开。会议听取和审议了校长游旭群以《向关键点发力　向紧要处攻坚　为实现学校事业高质量发展取得新突破而努力奋斗》为题所做的工作报告，以及学校财务工作报告，学校教育评价改革推进情况报告，扩充办学条件、服务发展需求报告，教代会提案工作委员会工作报告。书面审议了工会委员会工作报告、工会委员会经费预决算情况等报告。各代表团围绕大会报告展开了深入讨论，并结合报告内容和工作实际，为学校事业发展提出了意见和建议。

总之，学校第十一次党代会的召开，"十四五"发展规划的编制及第七届教职工代表大会和五次全体会议的召开，明确了学校的长远发展目标和近期发展规划，充分调动了全校师生员工的积极性、主动性、创造性，凝聚了共识，统一了思想，将一张蓝图绘到底，学校事业进入加速发展高质量发展的新阶段。

第二节　学校"二一一"发展思路提出及其实现的主要举措

在面临世界百年未有之大变局和开启全面建设社会主义现代化国家新征程的形势下，学校党委在习近平新时代中国特色社会主义思想指导下，依据学校第十一次党代会确定的发展目标和"十四五"发展规划中需要完成的任务，提出"两条主线、一个根本、一个关键"的发展思路，也称"二一一"发展思路。

这一发展思路是对学校第十一次党代会和"十四五"规划确定目标的精准概括，也是为落实党代会和规划规定任务所明确的工作重点。

一、契合国家战略需求，提出"二一一"发展思路

（一）"二一一"发展思路提出的时代背景

2021年是国家"十四五"规划的开局之年，中国高等教育处在"两个一百年"的历史交汇点上，高质量成为教育工作主要目标要求和衡量标准，这必然要求超越以前的发展理念和模式，必然要求支撑发展的条件及基础应有进一步改进和提升。同时，国内外环境的深刻复杂变化既给教育工作带来一系列新机遇，也带来一系列新挑战，作为高等教育机构要努力危中寻机、转危为机，以准确识变、科学应变、主动求变来应对形势变化的不确定性。学校紧盯解决突出问题，推动改革和发展深度融合、高效联动，让改革主动适应发展的需要、基层的需要和群众的需要。

面对新的形势和任务，校党委确定了学校的建设目标是建设中国特色、世界一流的师范大学。这个目标的内涵包括五个方面，即一流的社会声誉、一流的研究成果、一流的师资队伍、一流的人才培养和一流的教师教育。如何实现这一建设目标呢？习近平总书记提出的"不求最大、但求最优、但求适应社会需要"[①]办学理念影响深远，为学校高质量发展提供重要启示。因此，明确办学的目标定位，抓好学校的主责主业，契合国家的战略需求，就成了中央政府对不同类型学校发展的基本要求。要实现这一目标和要求，必须跳出教育看教育、立足全局看教育、放眼长远看教育，抓住重大机遇，开创教育新局面。

（二）学校"二一一"发展思路提出及其指导思想

1. "二一一"发展思路的提出

学校党委经过认真研判、广泛讨论和深入思考，总结凝练出学校今后一段时期的发展思路：以教师教育、学科建设为主线，以人才和队伍建设为根本，

[①] 这是习近平同志在福建福州工作期间，兼任闽江职业大学校长时提出的办学理念。

以成果成效导向的教育评价改革为关键，深入实施"十四五"规划，推动学校关键领域指标取得新突破，内部治理改革取得新进展，综合办学实力实现新提升。这就是学校党委提出的"二一一"发展思路，即"两条主线、一个根本、一个关键"。

2. "二一一"发展思路的指导思想

学校发展思路形成与实施的指导思想是：以习近平新时代中国特色社会主义思想为指导，弘扬伟大建党精神，坚定实施科教兴国战略、人才强国战略，紧紧围绕统筹推进"五位一体"总体布局，协调推进"四个全面"战略布局，坚定"四个自信"；在党的坚强领导下，全面贯彻党的教育方针，坚持马克思主义指导地位，坚持中国特色社会主义教育发展道路，坚持社会主义办学方向，立足基本国情，遵循教育规律，坚持改革创新；以凝聚人心、完善人格、开发人力、培养人才、造福人民为工作目标，培养德智体美劳全面发展的社会主义建设者和接班人，加快推进教育现代化，建设教育强国，办好人民满意的教育。

同时，将服务中华民族伟大复兴作为教育的重要使命，坚持教育为人民服务，为中国共产党治国理政服务，为巩固和发展中国特色社会主义制度服务，为改革开放和社会主义现代化建设服务；优先发展教育，大力推进教育理念、体系、制度、内容、方法和治理现代化，着力提高教育质量，促进教育公平，优化教育结构，为决胜全面建成小康社会、实现新时代中国特色社会主义发展的奋斗目标提供有力支撑。

二、明确"二一一"发展思路内涵，理顺其内在逻辑关系

（一）"二一一"发展思路的基本内涵

"二一一"发展思路的基本内涵就是坚持教师教育和学科建设两条主线不动摇，依托人才和队伍建设这一共同基础，将教育评价作为实现学校内部治理体系和治理能力现代化的关键一环，为学校事业整体发展提供坚实的制度基础和强大的引擎动力。

教师教育是立校之本，更是学校的主责主业，体现着学校的办学特色。学校在发展中破除固有思维，强化主责主业意识，把教师教育作为核心竞争力，不断做大规模、做优质量、做强影响。学校不断强化建设国家标准的、能支撑和服务"教育强国"和西部教育崛起的强大教师培养和培训体系。这条不动摇的主线牵动着作为师范大学人才培养和为基础教育服务的所有因素和要素。在教师教育方面，学校把目光聚焦在西部，把视野放眼于全国，放宽在国际，抓住新时代振兴中西部高等教育攻坚行动的利好政策，抓住实施"新时代基础教育强师计划"和"师范教育协同提质计划"等重要历史机遇，坚持成果成效导向，引领国家教师教育特别是西部教师教育发展。

学科建设是强校之脉，是实现高质量发展和办学目标的直接支撑，是办学实力的展示窗口，是办学高度的显著标识。学科这条主线牵动着涉及支撑学校办学方向、彰显办学实力、标识学校发展高度的方方面面，是学校发展的命脉所在。学校强化高点，培育重点，扶持增长点，按照学校发展的战略和策略，构建"四维驱动"的学科布局和发展思路，即构建以中国语言文学、中国史为牵引的文史学科之维，以化学为牵引的理工科学科之维，以教育学、心理学为牵引的教师教育学科之维，以哲学、马克思主义理论、国家安全学为牵引的哲学社会科学学科之维。四维之间既各有使命又互为支撑和依托，文史是学校的优势和传统，理工是学校的良好积淀和必不可缺模块，教师教育是学校的主业主责，哲学社会科学是学校参与治国理政、服务社会必不可少的。因此，在"四维驱动"的学科发展总体格局中，学校按当前策略要求每维中都有突出抓好的学科。如抓中国语言文学世界一流学科建设，抓中国史、教育学冲一流学科建设，抓中国语言文学、中国史、教育学、马克思主义理论等学科提档升级；还要预备未来可能提质进位学科，如数学、生物学、地理学等。抓重点提上线的同时，学校还开展所有学科基本水平评估，保学科建设底线。对处在基本水平以下的学科，学校将采取整改和停办转办等措施，以质量优先突出学科建设水平。

人才和队伍建设是兴校之根，是实现高质量发展的迫切需求和现实要求，是长远发展的基础资源和战略资源，是追赶超越、提升位次的根本举措和根基所在，是学校发展的基础性、战略性工程。高水平人才队伍是学校实现高质量发展最重要的基础和底气，是办学兴校的根基所在。优秀的学者汇聚到哪里，哪里就是学术的高地，哪里就有一流的学科。所以，学校始终将人才资源看作学校发展的第一资源，人才优势是学校发展的最大优势，人才竞争力是学校最核心的竞争力，把人才和队伍建设作为竞争之本、发展之要。学校在尊重学科发展规律的前提下，以具体的改革举措激发广大人才和教师教书育人、科学研究、服务社会、创新创造的活力，使学校人气更旺盛、人才更荟萃、精英更云集。

成果成效导向的教育评价改革是荣校之基，是激发学校发展内生动力的指挥棒。教育评价改革涉及人事、人才、成果、绩效等既与学校发展又与教师切身利益息息相关的问题，是树立正确导向、破除顽瘴痼疾、提升办学成效的重要抓手，是深化其他各领域综合改革的重要牵引，是促进学校加速发展、高质量发展的内生动力。学校坚持破立并举，通过新制度建设和已有制度完善，建立起具有师大特色、充分激发教师队伍活力、精准学科导向的教育评价体系，为学校高质量发展提供有力支撑。

（二）"二一一"发展思路的内在逻辑关系

"两条主线、一个根本、一个关键"是交叉递进的关系，是协同重塑、整合提升的关系，也是有机联系、互为依存、相互促进的关系。哪一步不到位，就会影响到其他方面，从而影响到整体。教师教育是学校学科建设的特色和优势，学科建设是学校高水平教师教育的保障，人才和队伍建设是教师教育与学科建设的支撑，教育评价改革是更好实现引才育才、推动教师教育发展和学科建设的活力之源。

具体来说，"二一一"发展思路的逻辑关系表现在：两条主线，即教师教育和学科建设之间相互依存，相互促进。一流的学科实力是支撑一流教师教育的柱石，一流的教师教育助力提升一流的学科实力，并且作为师范大学，一流教师教育是一流的学科实力的重要组成部分。同时，要走好这两条主线之路，都要依靠一个共同的基础，即人才和队伍。如果没有一支一流的师资队伍，就不可能实现学校事业高质量发展，而且它本身也是一流师范大学内涵标准的直接体现。

发展思路的落实需要完备的制度体系保障，如此才能使改革激发源源不断的动力，才能使改革行稳致远。因此，教育评价改革是实现学校内部治理体系和治理能力现代化的关键一环，它为"两条主线"和"一个根本"，乃至整个学校事业发展提供了坚实的制度基础和强大的引擎动力。

三、制定具体实施举措，落实"二一一"发展思路

（一）强化教师教育建设

学校围绕抓牢教师教育主责，制定具体措施如下：一是强化师德养成教育，创新本、硕、博一体化教师培养模式，实施教师专业能力提升工程；二是以学科专业建设为支撑，全力推进一流教师教育学科和一流师范专业建设；三是以师资队伍建设为关键，全面提升规模质量，完善评价机制，构建师资共同体；四是以平台建设为依托，建成高水平国家教师发展协同创新实验基地、国家师范教育基地和教师发展研究院等，并创建西部教师教育创新示范区；五是以成果产出为导向，强化教师教育基础研究，深化教师职业心理健康研究，着力打造教师教育高端智库；六是以服务基础教育为宗旨，提高培训质量，服务西部教师专业发展，助力西部乡村教育振兴；七是以构建支持体系为保障，优化整合教师教育资源，奋力开启学校教师教育高质量发展的新局面。

（二）规划学科布局和建设

学校以"坚持重点建设实现突破，坚持服务需求创新发展，坚持特色发展赢得优势，坚持改革创新激发活力"为学科建设思路，不断优化学科结构，整合学科资源，推进协同创新，凝练学科方向，培育新兴学科，为学校实现事业发展目标奠定坚实的学科基础。学校围绕抓紧一流学科建设，一是优化学科布局。围绕师范为本办学定位和教师教育主责主业，积极申报艺术学一级学科博

士学位授权点，形成以教育学、心理学为核心，语、数、英、理、化、生、政、史、地、体等一级学科直接支撑的师范大学学科架构。创新学科建设思路和举措，加快建设国家安全学成为一级学科博士学位授权点，申请设置材料与化工、汉语国际教育等博士专业学位授权点。二是分层分类建设学科。全力打造高峰学科群，实施重点建设学科"一科一策"改革，以保障世界一流和国内一流两个建设层次的学科建设与发展。三是促进学科内涵发展。精准对接学科发展需求，着力凝练学科特色方向，加速推进学科高质量发展，推动新兴交叉学科特色发展。四是强化学科载体建设。理顺学科与学院学术机构关系，加快推进"学科＋学术"特区建设和重点创新基地平台建设。尤其要多措并举推进陕西教师发展研究院、人文科学高等研究院、新概念传感器与分子材料研究院、哲学社会科学高等研究院4个学科特区建设。

（三）加强人才和队伍建设

学校按照"调控规模、优化结构、提高质量、提升效益"的建设思路，坚持传承"西部红烛两代师表"精神，铸塑两代师表形象，浸润涵育高尚师德师风，加快体制机制创新，全面推进人才和队伍建设。学校围绕抓好人才和队伍建设，一是强化政治引领，筑牢人才和队伍发展根基。进一步健全人才工作领导体制机制，完善人才引进把关工作专班运行机制，强化党委联系服务专家（人才）制度，全方位多角度做好人才政治引领工作。二是压实引才责任，提升人才和队伍规模质量。聚焦"十四五"建设目标和年度引育任务，聚焦马克思主义理论和中国语言文学、中国史、化学、心理学、教育学等重点建设学科，分析人才和队伍情况，构建清晰的赶超目标。压实二级单位主体责任，完善奖惩机制，激发单位引才育才积极性。三是分层自主培养，推动人才和队伍梯次发展。实施"红烛名师"培育计划、"红烛菁英人才"储备计划、"红烛青年学者"计划，更大力度实施"优秀青年学术骨干支持计划"，持续推进"青年教师培训计划"，分层分类构建青年教师培养体系，加大培育力度，促进青年教师快速成才。四是加快制度创新，激发人才和队伍竞争活力。学校出台《高层次人才特聘岗位设置及聘用办法》，分批建设约 25 个优秀青年创新团队、教学创新团队、哲学社会科学创新团队和理工科创新团队等，完善落实"揭榜挂帅"制度，推动形成你追我赶、争先恐后、尽锐出战的局面。五是完善评价体系，增强人才和队伍产出效能。构建专业技术职务评聘新体系，推动绩效分配改革，修订《学院综合管理与发展津贴实施办法》《业绩奖励津贴实施办法》等，对标任务做实年度考核和聘期考核，严格考核结果使用，完善人员流动机制，启动教师岗位分级聘用，激发教师干事创业的积极性和创造性。六是优化文化生态，提高人才和队伍服务水平。建立人才工作联席例会制度，建立人事人才工作定期培训机制，凝聚人才工作共识，提升人才工作能力。增强服务意识和保障能力，提供精细化服务，大兴识才爱才敬才用才之风，优化学校和二级单位文化生态。

（四）推进教育评价改革

学校遵循教育规律，系统设计、辩证施策，全面推进治校办学、教师评价、学生评价、用人评价改革，树立科学的教育发展观、人才成长观和选人用人观，着力建设形成一套系统完备、科学规范、运行高效的制度体系（2+4+X），确立新的评价"指挥棒"，引领学校高质量发展。围绕教育评价改革落实，学校构建以"2+4+X"为核心的五类评价政策体系，推动实现学校高质量发展。这里的"2"指的是哲学社会科学与自然科学高质量科研业绩认定办法；"4"指的是学校发布的特聘岗位设置和聘用办法，教师岗位分级聘用办法，专业技术职务评聘办法，研究生导师岗位管理办法；"X"指学校近些年出台的有关教育评价改革的其他相关文件。

四、开展新一轮机构改革和人员聘任，推进"二一一"发展思路落实

学校根据"二一一"发展思路和"十四五"发展规划，为理顺管理体制，优化机构和管理岗位设置，提升治理能力和管理水平，助力各项事业发展，于

2021年制定并实施《陕西师范大学机构调整及管理岗位设置方案》，并根据学校发展需要不断调整优化。

（一）教学科研单位的调整归并

为统筹推进学校教师教育学科建设，深化课程与教学研究，强化学科课程与教学论教师队伍建设，由教育学院、教育实验经济研究所、高等教育研究与评估中心合并组建教育学部。将教育部陕西师范大学基础教育课程研究中心、陕西省教育考试与评价研究会、陕西师范大学教育评价研究所并入教育学部，成人教育学硕士点的建设及研究生培养工作由教育学部承担。

为夯实"四维驱动"学科发展格局，突出哲学社会科学的优势与特色，促进马克思主义理论学科加速发展高质量发展，学校于2023年正式组建马克思主义学部。

教师干部教育学院更名为教师干部培训学院，教师专业能力发展中心、教师教学发展示范中心并入教师干部培训学院。

独立设置现代教学技术教育部重点实验室，不设行政级别建制。

成立陕西师范大学体育场地设施管理办公室，挂靠体育学院，统筹学校各类体育场地和设施的管理等工作。

（二）党政职能部门的调整组建

（1）调整学校办公室（党委办公室、校长办公室）机构名称及机构设置。党委办公室、校长办公室统称党委校长办公室；成立政策研究室，负责各类政策研究、学校部门政策统筹审定、学校决策咨询等相关工作；成立法律事务办公室，主要开展依法治校相关工作，承担法律咨询服务，草拟、修改和审查学校有关法律文书与各类合同，参与学校有关法律诉讼，配合学校有关部门开展法制宣传和教育活动等；成立附属学校办公室，主要统筹附属学校管理工作，推动附属中学、附属小学、幼儿园建设发展和办学质量提升；机关党委、学校扶贫办公室与党委校长办公室合署办公；党委办公室成立督办科。

（2）调整党委组织部机构设置。党委组织部成立组织员办公室，统筹组织员选配管理等工作。

（3）组建党委学生工作部（武装部、学生处）。武装部机构和职能并入党委学生工作部（学生处）；教育管理科更名为本科生教育管理科，雁塔校区综合办公室更名为综合办公室；学生资助管理中心统筹开展本科生、研究生的资助育人等相关工作；学生心理健康（咨询）指导中心统筹开展本科生、研究生的心理健康监测、咨询指导和危机干预等工作。新组建的党委学生工作部统筹全校本科生、少数民族学生的教育管理和全校学生的国防教育等相关工作。

（4）调整保卫处（保卫部、武装部、长安校区建设协调办公室）机构名称及机构设置。保卫处更名为党委保卫部（保卫处、政保办公室），撤销长安校区建设协调办公室，撤销政保科，成立政保办公室，与保卫处合署办公。

（5）调整人事处（高层次人才办公室）机构名称及机构设置。人事处更名为人力资源部，负责学校人力资源规划、机构岗位设置管理、各类人员队伍建设及聘用管理、薪酬社保管理等相关工作；高层次人才办公室独立设置并更名为人才工作处，负责高层次人才队伍规划与建设、人才管理服务、考核评价等工作。

（6）撤销教师教育办公室，成立教师教育处。教师教育处承担教师教育办学资源的组织协调、职前职后教育培训规划统筹等工作；陕西省"国培计划"项目执行办公室挂靠教师教育处，负责协助陕西省教育厅做好全省"国培计划"的项目管理和项目执行等工作。

（7）组建学科建设与发展规划处（"双一流"建设办公室）。学科建设处、发展规划办公室合并组建学科建设与发展规划处，统筹学校学科建设与事业发展规划工作，承担学位授权点申报、评估与考核工作；成立"双一流"建设办公室，统筹推进学校"双一流"建设工作。

（8）调整研究生院（党委研究生工作部）机构设置。研究生院招生办公室更名为研究生招生办公室；研究生院培养办公室更名为学术学位培养办公室，专业学位办公室更名为专业学位培养办公室,分别承担学术学位研究生和专业学位研究生的培养方案制定、日常教学与培养的组织管理等工作;成立教育专业学位办公室,承担教育专业学位申请与授予管理、学位授予质量评估及质量监控等工作;成立综合办公室;党委研究生工作部教育管理科更名为研究生教育管理科。

(9)调整实验室建设与管理处机构设置。成立实验室技术安全科,负责实验室安全体系建设和管理相关工作,落实教育部关于学校实验室安全检查整改意见;成立大型仪器设备共享中心,挂靠实验室建设与管理处,负责学校大型仪器设备运行管理制度建设、购置论证、共享机制建设和共享使用服务等工作。

(10)调整国际交流与合作处(港澳台办公室)机构名称及机构设置。国际交流与合作处(港澳台办公室)更名为国际交流与合作处(港澳台办公室、"一带一路"办公室);撤销挂靠在国际汉学院的留学生管理办公室,其有关职能划转至国际交流与合作处;成立"一带一路"办公室,负责统筹推进"一带一路"3个联盟建设和"一带一路"沿线国家教育、科技、文化交流合作等工作。

(11)调整学校资产管理相关机构设置。撤销产业与对外合作处,经营性资产管理由国有资产管理处负责;撤销国有资产管理处房产科,成立公房管理科、住房管理科、事业性资产管理科、经营性资产监管中心;成立教育发展监管办公室,挂靠国有资产管理处,承担教育发展相关项目申报、论证、资产使用权评估与监管等相关工作。

(12)撤销网络信息中心,成立信息化建设与管理处(网络与信息安全办公室)。信息化建设与管理处负责统筹开展学校信息化建设规划、网络信息相关基础设施建设、信息技术标准化建设、大数据分析研究等工作;成立网络与信息安全办公室,与信息化建设与管理处合署办公,负责防范、控制和抵御学校信息安全风险,提高学校网络信息的整体安全防护水平。

(13)撤销物资设备采购招标管理办公室,组建采购招标管理办公室,负责统筹学校物资设备与服务、基建工程、维修工程等招标采购管理工作。

（14）成立社区管理与服务处，开展社区党建、公共卫生、治安消防、养老医疗、优抚救济、计划生育等社区公共事务工作，提升社区管理与服务质量。

（15）独立设置党委教师工作部，完善教师思想政治和师德师风建设工作体制机制。

（16）合并本科生招生办公室、学生就业指导服务中心，组建招生就业处，形成招生、人才培养、就业联动机制。

此外，对学校部分单位的机构名称也进行了调整，如财务处更名为计划财务处。

（三）直属附属机构的调整成立

团委调整为正处级建制，负责学校本科生、研究生的思想教育引导、素质深化拓展、大学生校园文化建设、团的组织建设等工作，负责指导学生会、研究生会等创新开展工作；成立学校妇女工作委员会，承担学校妇女理论政策研究、妇女权益保护、妇女组织建设等工作；拟设立深圳（南方）教育发展研究院；调整部分直属附属单位机构名称及机构设置，如教育基金会秘书处（校友总会办公室）更名为校友总会办公室（教育基金会秘书处）等。

（四）管理岗位的优化设置

教学单位党委原则上设置书记岗位1个，副书记、纪委书记岗位1个。教学单位党总支原则上设置书记岗位1个，副书记、纪检委员岗位1个。教学单位原则上设置院长岗位（由教学科研人员兼任）1个，业务副院长2—3个（由教学科研人员兼任），行政副院长岗位1个。未独立设置行政副院长岗位的，相关行政管理工作由其他班子成员承担。各学院设置专职组织员岗位1—2个，其中1个为组织员、团委（团总支）书记岗位。学院（部）设置党政办公室主任。

党政职能部门、直属附属单位处级岗位按照"精简高效"的原则，根据工作需要结合实际情况进行设置，通过增加科级或一般岗位可满足工作要求的，原则上不增设处级岗位。兼职管理人员不占管理岗位数量。

(五) 相关岗位人员的选拔聘任

岗位优化设置后,人员的聘任就成为发挥岗位管理优势的关键。此次学校岗位聘任分三步进行:第一步,根据岗位设置要求,结合个人申请,校党委对现有干部进行优化调整。调整过程中,校党委充分考虑干部个人的经历、学识、任职以来的考核结果,结合岗位的需求和学校发展目标确定调整对象。第二步,对于优化调整中岗位干部配备不全的,采取竞争性选拔机制,鼓励全校教职员工根据岗位要求和个人特长报名参加竞争选拔。学校党委在组织考察的基础上研究确定拟聘任人选。第三步,根据干部调整和选拔聘任结果,人力资源部统筹选聘一般管理人员。相关人员的选拔聘任,体现了人尽其才、能力优先的原则,激发了全校干部谋事干事的活力,优化了干部队伍结构,提升了组织效能和服务质量。

经过新一轮的机构调整和管理岗位优化设置及其相关人员聘任,学校党的组织机构建设进一步完善,决策和监督体系更加科学,执行能力和综合效能明显提升。经过调整和改革,优化了层级结构,明晰了权责关系和运行机制,学校治理能力和管理水平全面提升。经过调整和聘任,强化了本科生、研究生教育管理职能,突出了教师教育主要特色,建立起教师教育协同发展的体系,学校管理育人、服务育人的能力和水平进一步提升。经过改革和调整,推进了学科建设资源的优化整合,促进了学科的交叉融合,催生了学科新的增长点,形成了学校学科建设的合力;优化了治理体系,提升了治理水平,为推动学校各项事业发展提供了有力保障。

总之,通过"二一一"发展思路的落实,进一步发挥党委的核心领导作用,全校上下同心同德、同向同行,奋力开启了中国特色、世界一流师范大学的新征程,为培养堪当民族复兴大任的时代新人贡献师大智慧、师大方案和师大力量。

第三节　以特色立校加快建设服务国家发展战略的人才培养体系

为更好地履行师范大学培养人才的职责使命，学校借助新时代振兴中西部高等教育攻坚行动的政策利好，抓住"新时代基础教育强师计划""师范教育协同提质计划"等重要历史机遇，健全优化卓越教师、拔尖创新人才培养体系，使人才培养成效和特色显著增强。同时，学校在即将走过八十年师范教育发展历程之际，也有必要对本校人才培养体系建设以及学科发展体系、人才队伍建设体系、评价制度体系等做一个全面系统的总结。

一、彰显教师教育特色，持续优化教师教育培养体系

作为一所以教师教育为主责主业的师范大学，培养有理想信念、有道德情操、有扎实学识、有仁爱之心的"四有"好老师是学校长期坚守和奉行的人才培养目标。

（一）办好教师教育是新时代师范大学发展的基本要求

在习近平总书记关于教育的重要论述指导下，师范教育面向率先实现中华民族教育现代化强国这一目标，进入了新时代发展的新阶段。2018年1月，中共中央、国务院发布《关于全面深化新时代教师队伍建设改革的意见》，指出要大力振兴教师教育，加大对师范院校的支持力度，实施教师教育振兴行动计划。① 随之，教育部等五部门印发《教师教育振兴行动计划（2018—2022年）》，提出要经过五年左右努力，办好一批高水平、有特色的教师教育院校和师范类专业，教师培养培训体系基本健全，建强做优教师教育。2020年10月，中共中央、国务院制定的《深化新时代教育评价改革总体方案》明确提出，要"改进师范院校评价，把办好师范教育作为第一职责，将培养合格教师作为主要考

---

① 《中共中央　国务院关于全面深化新时代教师队伍建设改革的意见》，国务院公报，2018年5号文件，中华人民共和国中央人民政府网站，https://www.gov.cn/gongbao/content/2018/content_5266234.htm。

核指标"。① 这些政策赋予新时代师范教育新任务，充分彰显了高等师范教育在世界一流大学建设布局中的战略地位。2020年5月，中共中央、国务院发布的《关于新时代推进西部大开发形成新格局的指导意见》中进一步明确强调，要"支持西部地区高校'双一流'建设，着力加强适应西部地区发展需求的学科建设"。② 因此，续写新时代教师教育的新辉煌，大力发展西部师范教育具有重大的战略意义。

作为西部地区教育部直属师范大学，学校在履行新时代教师教育发展新使命中有着重要担当。在八十年的发展历程中，学校用理想、信念和情怀高举西部教育大旗，铸就了以"扎根西部、甘于奉献、追求卓越、教育报国"为基本内涵的"西部红烛两代师表"精神。承担国家公费师范生十多年以来，学校培养的公费师范生90%到中西部中小学就业，71%到西部地区就业；公费师范生到西部省会城市城区及地级市城区就业比例近70%，到县级及以下地区就业比例约30%，对推进西部基础教育均衡发展做出了重要贡献。进入新时代，根据国家发展师范教育和教师教育战略布局，学校恪守师范大学的初心使命和主责主业，内联西部高师院校，外连东部前沿高校，使学校逐步成为东中西部共同体中围绕服务西部师范教育、进行高师院校合作的西部龙头和全国枢纽。同时，不断提升服务基础教育和推进西部师范教育的能力，探索打造现代化西部教师教育示范园区模式，将使学校成为西部教师培训提升的集散地、教师资源的配置地、教师教育现代信息技术发展的创新地以及东部拉动西部教师教育一体发展的对接地，在建设西部教师教育珠峰、辐射引领西部师范院校过程中，创造新时代师范教育发展的新辉煌。

（二）卓越教师培养体系的建立及持续优化

培养卓越的基础教育师资是国家赋予师范院校的重要使命，《教育部关于

---

① 《中共中央 国务院关于印发〈深化新时代教育评价改革总体方案〉的通知》，陕西师范大学档案馆藏，教学档案库，档案号3-2020-JX11-14.0002。

② 《中共中央 国务院关于新时代推进西部大开发形成新格局的指导意见》，中华人民共和国中央人民政府网站，https:// www.gov.cn / zhengce / 2020-05 / 17 / content_ 5512456. htm。

实施卓越教师培养计划 2.0 的意见》提出，要通过实施卓越教师培养，在师范院校办学特色上发挥排头兵作用，在师范专业培养能力提升上发挥领头雁作用，在师范人才培养上发挥风向标作用。

1. 卓越教师培养模式的建立与发展

2015 年，学校获批教育部"卓越教师培养计划项目"，开设国家级卓越教师实验班，培养未来卓越的教师和人民教育家。在卓越教师培养方面，学校创新选拔方式，遴选优秀学生组建培养实验班；加强协同培养，实施"三位一体"协同培养机制；实施国际化培养，全面实施学生海内外游学制度。在师德养成教育方面，学校深入实施"师范生铸魂工程"，将师德教育贯穿公费师范生培养全过程，通过深入弘扬"西部红烛两代师表"精神，引导师范生践行"以德立身、以德立学、以德施教、以德育德"；实施陕西师范大学课堂教学改革创新行动计划，开展形式多样的课堂教学方式改革，大力提升了师范生的课堂教学质量，培养效果显著增强。在师范生综合素养方面，学校加强教育教学技能训练，实施综合素养提升行动，完善师范生职业生涯规划教育。在质量保障方面，学校致力于完善以"三级五类"为核心内容的本科教学内部质量保障体系，将建设质量文化内化为全校师生的共同价值追求和自觉行为，构建自觉、自省、自律、自查和自纠的质量文化，同时建立了教育行政部门与社会第三方共同参与的外部质量保障体系。这些工作举措取得的成绩有：

一是支撑推进了西部基础教育发展。仅自 1960 年合并成立陕西师范大学以来，学校为国家培养各类毕业生近 42 万人，有 30 万人服务西部教育事业。2007 年，国家启动公费师范生教育之后，学校共招收公费师范生 3 万余人（32614 人，不含 2022 年），占国家公费师范生总数的 1/4，师范专业招生规模占学校本科招生总规模的 51%。其中，在西部地区招生 2 万余人（22923 人，不含 2022 年），占学校招生总数的 70% 以上；在中西部地区招生、就业的公费师范生比例达 90% 以上。2022 年，通过实施"高校专项计划（红烛专项）"和"国家优师专项计划"，面向中西部欠发达地区定向培养优秀教师 770 人，较 2021

年增长1.9倍，为中西部基础教育师资提供了有力支撑。

二是建强做优了教师教育学科专业。学校20个本科师范教育专业中，有18个专业入选国家级一流本科专业。汉语言文学、化学、英语、数学与应用数学、物理学等专业通过国家师范类专业第三级认证，计算机科学与技术、地理科学、历史学、思想政治教育等10个专业通过师范类专业第二级认证。拥有教育硕士学位的领域涉及19个专业，覆盖中小学所有学科，设置了"教师教育学"博士学位授权二级学科。教育学、心理学、体育学等直接支撑教师教育的学科均是博士学位授权点，实现了教育类一级学科博士学位授权点基本覆盖，为打造高水平教师教育学科奠定了坚实的学科基础。

三是打造起教师教育协同创新平台。2020年，学校成立国家教师发展协同创新实验基地，牵头成立"西部师范大学教师教育创新与发展联盟"和"陕西教师教育创新与发展联盟"，向教育部申请实施"西部教师教育师资博士专项计划"。该计划实施以来，面向西部联盟高校和基础教育一线已经招收271名教育博士。举办了联盟教务处处长、马克思主义学院院长等联席会议，以及首届联盟高校教师课堂教学创新展示活动和陕西省首届师范生教育教学能力大赛等，持续服务西部师范院校教师教育创新发展。2021年，学校获批教育部第二批人工智能助推教师队伍建设行动试点单位，同时与陕西省教育厅签订义务教育质量监测合作协议，搭建了省级义务教育质量监测平台，完成了陕西省4个市县义务教育质量监测试测工作，充分彰显了学校服务基础教育的深厚情怀和责任担当。

四是教师教育高端智库建设不断加强。2021年12月，学校成立陕西教师发展研究院，建设集人才培养、教师发展、教育研究为一体的实体性科研机构，着力培养一批教育家型教师和基础教育校园长，催生一批高质量研究成果，打造西部教师教育研究重镇。截至2023年，学校已有国家教师发展协同创新实验基地、中国基础教育质量监测协同创新中心陕西师范大学分中心、教育部陕西师范大学基础教育课程研究中心、教育部教育立法研究基地、陕西基础教育质量监测与评估研究中心等各级各类研究平台 10 余个，形成了基础教育质量监测、乡村教育振兴、教师职业心理健康、中小学生心理健康教育、义务教育均衡发展、教育立法等服务国家和地方发展的高端智库。承担各级各类教师教育与基础教育研究课题 400 余项，获得国家级基础教育教学成果二等奖 3 项，第六届全国教育科学研究优秀成果奖 6 项，该奖项获奖总数位列全国第 9 名。获批陕西省基础教育教学改革与发展课题立项 5 项，陕西省教师教育与教师发展研究项目 1 项。获评陕西省第十二届基础教育教学成果奖特等奖 5 项、一等奖 4 项、二等奖 2 项，取得历史最好成绩，高居全省首位。房喻院士、胡卫平教授分别牵头研制了 2022 年版义务教育化学、科学课程标准，进一步彰显了学校在教师教育与基础教育领域的影响力和引领力。

五是持续服务西部基础教育质量提升。学校聚力教育脱贫攻坚，持续对口支持"三区三州"，建设"教育部中小学教师信息技术应用能力提升工程创新培训平台"，助力临夏州中小学信息化建设和教师信息技术应用能力提升；积极实施国家滇西景谷县专项帮扶，实施陕西省"双百工程"，对口帮扶陕西省岚皋县。"十三五"期间，学校承担"国培计划""省培计划"等各级各类培训 950 余项，培训中小学教师及教育管理干部 25 万余人次，有力促进了西部基础教育师资水平提升。全体党委常委深入西部地区开展西部基础教育"百校行"调研活动，总结梳理西部基础教育发展中的重点难点问题，制定了《服务对接西部基础教育高质量发展实施方案》，为解决西部教师教育与基础教育重大理论和实践问题贡献了师大方案。

2. 教师教育培养体系的持续优化

学校坚守教师教育主责主业，抢抓机遇推进中西部教育振兴，强化教师教育办学优势，增强服务国家战略需求的能力；在总结以往卓越教师培养经验的基础上，不断优化教师教育培养体系，打造西部教师教育创新与培养培训品牌，引领带动西部教师教育振兴发展。这些工作举措取得的成绩有：

一是以扎实的教育研究推动教师教育转型升级。教育科学研究是加强教师教育的一个关键方面。师范院校需要以教育科学研究的视角看待教师培养过程，以培养具有教学思维、反思探究能力的师范生为目标，将科学研究的方法贯穿于教师培养全过程，包括指导师范生如何进行教学、如何反思教学、如何研究学习、如何将最新的研究成果应用于教学等，以此提升师范生的专业发展能力。为此，学校通过丰富的教学研究和科学研究来滋养师范生的教学思维与研究能力，形成了理论学习、研究反思和实践体验有机融合的教师教育培养方式。学校在 2018 年国家级教学成果奖评选中，获国家级高等教育教学成果奖一等奖 1 项、二等奖 4 项，获国家级基础教育教学成果奖二等奖 3 项；在 2022 年国家级教学成果奖评选中，获国家级教学成果奖 9 项，其中本科教育获二等奖 4 项，研究生教育获二等奖 1 项，基础教育获二等奖 4 项，位居师范院校前列；在第八届高等学校科学研究优秀成果奖（人文社会科学）评选中，有 9 项成果获奖。学校在各类科研项目立项中也表现突出，这些研究成果涵盖了教学研究和科学研究的各个方面，为师范生培养奠定了坚实的科研基础。

二是以一流学科建设和一流师范专业建设提高教师培养层次。学校加强直接支撑教师教育的文理基础学科建设，实现教师教育基础学科率先取得佳绩。2022 年，在教育部第五轮学科评估中，中国语言文学、教育学、心理学实现历史性突破。在进一步加强教师教育文理学科博士点建设的基础上，又新获批体育学等一级学科博士学位授权点，从而通过打造学科高峰支撑和引领促进教师教育发展。同时，推进教师教育交叉学科建设，打造教师教育特色学科，探索设立教育评价、教育测量等专业方向，提升教师教育学科实力和国内国际影响力。立足卓越教师培养要求，建设一流的教师教育教学体系、课程体系、教材体系和评价体系。整合学科资源，强化学科课程与教学论学术型博士点、硕士点以及教育博士、教育硕士专业学位点的内涵发展，强化教师教育的学术研究和人才培养。以"新师范"理念为引领，根据国家师范类专业第三级认证标准要求，争取将师范生培养涉及的专业全部建设成为国家级一流专业。同时，优化师范专业课程体系，推进"一流学科专业教育＋一流教师教育"，打造"人工智能＋教师教育"的人才培养体系，高位整合学术性和师范性课程，使学科专业课程学分不低于总学分的50%。加强学科专业课程教学，培养师范生扎实的学科知识；加强课程思政建设，建设师德"灵魂课程"，涵养师德情怀。打造教师教育金课，编写出版教师教育系列教材，建设教师教育优秀案例库，完善实践教学体系，贯通教育见习、教育实习、教育研习实践教学过程。实施师范生教师专业能力标准和学业预警机制，加强师范生培养过程考核和教师职业能力测试，提升师范生教育教学能力水平和综合竞争力。

三是以深度参与区域教育事业增强服务基础教育的能力。进入新时代，中国社会的主要矛盾在教育层面体现为人民日益增长的对高质量教育需求与不平衡不充分教育发展之间的矛盾，而区域教育发展的不平衡是矛盾的核心问题之一。因此，要着力解决区域教育均衡发展问题，要求每一所师范院校都能够结合自身的区域定位深度参与区域教育发展。学校党委在参与区域教育发展上有着清晰的战略思路和行动举措。2021年，学校开展"百校行"西部基础教育服务对接活动，专家学者、中青年教师深入西部12个省、自治区、直辖市及海南省149所中小幼学校调研走访，精准对接当地基础教育高质量发展的具体实际需求。为贯彻落实教育部关于加强中西部欠发达地区教师定向培养的重要指示，学校面向22个中西部省份共计招收150名国家优师专项师范生，并为优师专项师范生开设了系统特色课程，建立了跟踪指导机制，旨在培养适应中西部乡村教育发展的名教师。2021年12月，陕西教师发展研究院在陕西师范大学正式成立，目的是培养一批教育家型教师和校园长，发挥他们的辐射带动作用。为此，学校迅速组建了一批引领区域教育发展的高水平教师团队，将培养人才与教育研究结合起来，以有效支撑陕西和西部教育高质量发展。研究院还在政策研究、协同育人、精准培训等方面与地方教育部门深度合作，服务西部乡村教师专业发展，助力西部乡村教育振兴。

同时，教育平台建设是提升师范人才培养质量的重要组成部分，学校已建成国家师范教育基地，加强教师专业能力发展中心建设，遴选设立100个基础教育行动研究基地，形成西部教师教育"示范点""活标本""新高地"，创建西部教师教育创新示范区，创新高效发展和社会服务相互促进的优秀教师培养新模式。

四是以推进教育国际交流合作提高教师的国际化水平和适应国际竞争的能力。在推进共建"一带一路"教育行动中，教育对外开放新格局正在形成。学校响应国家"一带一路"倡议，坚持"请进来，走出去"，借助教师教育学科优势，积极推进与"一带一路"国家的人文交流与合作，与丝绸之路沿线国家和地区的高校及教育机构在学者互访、合作研究、国际会议、留学生教育等方面保持密切联系，取得了丰硕成果。学校着力实施"1311丝绸之路教育与人文交流工程"，倡导共建了丝绸之路"教师教育联盟""人文社会科学联盟""图书档案出版联盟"3个联盟，培养了一批"一带一路"专项国际留学生，策划出版了一系列"一带一路"精品图书。学校目前有4个教育部国别和区域研究中心、1个国家民委"一带一路"国别和区域研究中心，还与世界知名师范大学建有长期合作关系，设有联合培养项目和交换生项目，设置了国际联合开发的课程供师范生选修，拓宽了学生的国际视野，教师的国际化培养水平显著提升。

教师教育不仅关乎"校之大者"，更关乎"国之大者"。学校为坚守主责主业，开展的工作包括：一是加强师范专业建设，全面提高师范生培养质量。加大师范专业支持力度，着力推动师范专业认证，确保所有师范专业通过二级认证，基础教育主干学科对应专业通过三级认证。优化师范生培养方案，加强师范生课程管理，构建多维度教学实践体系，提升师范生教学能力。持续扩大师范生、教育硕士、教育博士招生规模，稳固公费师范生、"优师计划"招生比例和数量的优势地位。探索"双师型"教师体制机制，鼓励教师参与师范生和教育硕士培养，完善师范生培养过程性考核和结果性考核机制。二是构建多层次、立体化和开放式的优质教师培训体系，形成教师职业生涯全周期服务新格局。加强全校教师教育资源统筹，让师资培训"陕师品牌"更加闪亮。积极参与"国培计划""省培计划"等各类教师培训项目，不断扩大职后培训规模，提升培训质量。为毕业生提供职后培训和能力提升专项服务项目，做好师范生、教育硕士培养的职后支持、质量监测和能力提升。策划边疆地区基础教育学校师资培训项目，切实助力边疆地区基础教育质量提升。三是打造服务基础教育新模式，提升支持基础教育发展的适切性。建好陕西教师发展研究院，采用基础教育学校"一对一"个性化服务新模式，有针对性地帮助提高帮扶学校的办学水平。组织开展教师教育和基础教育研究，力争产出一批引领性、权威性成果，打造出有重要影响力的教师教育智库。持续开展西部基础教育"百校行"活动，主动问需、加强互动，拓展基础教育服务的广度和深度。建设好"西部教师教育创新与发展联盟"和"西部基础教育发展共同体"，进一步增强学校在教师教育和基础教育领域的影响力。

面向新时代高等教育、师范大学的高质量发展要求，学校坚守教师教育主责主业，创新卓越教师培养模式，强化实践育人环节的培养过程，弘扬"西部红烛两代师表"精神，服务国家重大战略需求，遵循"聚焦高质量发展主题、彰显教师教育特色优势、激发学院学科发展动能、改革创新破解发展困境"四大发展思路，不断提高师范生人才培养质量，奋力开启世界一流师范大学建设新征程。

二、契合国家发展战略，探索"四新"体系下拔尖创新人才培养

2019年，教育部全面实施"六卓越一拔尖"计划2.0和"双万计划"，着力推进新工科再深化、新医科新突破、新农科高位推动、新文科再拓展。这"四新"学科建设是高等教育人才培养的"中国方案"，是高等教育高质量发展的战略布局。为适应国家教育改革，推进拔尖创新人才培养，建设一流本科教育体系，提升人才培养质量，经教育部批准，学校决定从2020年开始实施文理科试验班培养改革，构建"四新"学科建设的陕师大模式。

（一）"四新"学科建设的指导思想、基本原则与培养目标

1. "四新"学科建设的指导思想

以习近平新时代中国特色社会主义思想为指导，贯彻落实全国教育大会精

神，落实教育部"六卓越一拔尖"计划2.0和"四新"学科建设战略，发挥学校人文社会科学和理科基础学科优势，遵循"学科融合、模式创新、资源共享、持续改进、追求卓越"思路，结合新技术革命时代人类社会发展的新特点和新趋势，改革机制体制，创新培养模式，构建"多元化通识教育与宽口径专业教育有机融合"的拔尖人才培养新体系，培养具有"家国情怀、使命意识、担当精神"和"超前思维、扎实功底、卓越能力、国际视野"的新时代拔尖创新人才。

2. "四新"学科建设的基本原则

学校"四新"建设坚持目标导向原则，突出需求导向，把社会对拔尖创新人才的强烈需求作为改革的原动力和内生力；坚持立德树人，把培养新时代高素质拔尖创新人才作为改革的出发点和落脚点；实现人才培养理念与培养目标、途径、效果相统一。坚持有机融合原则，依据"新文科"人才及"基础学科拔尖人才"培养理念，结合文、史、哲等人文学科和数、理、化、生等理科基础学科特点，开展科学合理的学科融合与专业交叉，实现多元化通识教育与宽口径专业教育的有机融合。坚持相对独立原则，在强化交叉融合的基础上，创新保持本学科的特色和优势，坚持本学科的主体地位不动摇，为学生专业成长发展提供"宽度"的同时，更注重增强其"厚度"，实现有"高度"的学科拔尖创新人才培养目标。坚持协同推进原则，大胆破除学科壁垒，突破传统思维，同向同行，共建共享，实现校院协同、学院协同、学科协同、专业协同、教师协同、学生协同、师生协同等多领域和多主体的协同，形成育人育才的强劲合力。坚持持续改进原则，遵循"学生中心、产出导向、持续改进"理念，创新发展思路，及时研究和解决发展中出现的新问题、新情况，持续完善人才培养方案，健全人才培养机制，最终实现可持续发展。

3. "四新"学科的培养目标

学校各新文科试验班坚持"厚基础、宽口径、高素质、强能力、重创新"的人才培养理念，注重社会主义核心价值观塑造，注重中华民族优秀文化传承，培养一批具有深厚人文素养、坚实人文学科知识功底，以及能够综合运用新技术和理科思维进行人文学科研究和创新的具有继续培养潜质的学术型人才，为学生将来成为文史哲大家、大师奠定坚实基础。

学校各新理科试验班坚持与新文科试验班一样的人才培养理念，注重社会主义核心价值观塑造，注重中华民族优秀文化传承，培养一批扎根中国大地、具有深厚科学素养、坚实自然科学知识功底，以及能够综合运用新技术和人文社会科学理论与方法进行自然科学研究和创新的具有继续培养潜质的学术型人才，为学生将来成为科学家、学术大师、学科领军人物奠定坚实基础。

（二）"四新"学科的培养模式和特色

经过四年多的实践探索，学校在"四新"学科理念驱动下的拔尖创新人才培养初步形成了独特的模式与体系。

1. "1+3"本科阶段拔尖创新人才培养模式

该培养模式中的"1"是指为期一年的学科基础教育，以多元化通识教育为主，兼顾专业教育，做强学科基础；"3"是指为期三年的专业教育，以宽口径专业教育为主，兼顾通识教育，做强专业教育。反映在课程设置上，试验班分别对应的培养班大一的课程体系和模块原则上保持一致，学科基础课等课程采取合班授课；后面三年以本学科为主，在保证开好本学科核心课程的基础上，进行"科学、合理、有效"的交叉融合，互选专业课程，互开融合课程。

2. "通识教育 + 专业教育 + 融合课程"的过程培养

在"四新"学科的过程培养中，通识教育坚持"贯通融合，多元超前"思路，在开好通识教育必修课的基础上，重构通识教育选修课，分别设置文、理科试验班平台选修课。平台选修课凸显"文理贯通、古今贯通、中外贯通"思路，融入人工智能和大数据等新技术及新媒体领域前沿知识，为学生提供多元超前的课程选择。专业教育坚持"大文科、大理科"思路，在专业课程体系设计上，充分考虑学科属性和特点，有机融入其他相关学科课程，从有利于增强专业教育厚度的出发点优化专业课程体系，开足开好专业核心课，精选专业选修课，精开跨专业选修课。同时，文科专业特别注重加大经典研读课程学时学分比重，理科专业特别注重加大实验教学学时学分比重。融合课程开发坚持"共建共享"原则，按照"两性一度"（高阶性、创新性和挑战度）的标准建设，开发契合"四新"学科建设理念的课程，如文史哲经典研读、数字人文、虚拟仿真实验等融合新一代信息技术的融创课程，旨在培养学生的批判性思维、跨学科意识以及学术创新能力。

（三）建立以政策和经费支持为核心的支撑机制

学校为文、理科试验班配备项目主任、班主任和学业导师，设立专项资金支持学生开展科研创新训练、创新创业能力训练以及交流学习和访学。同时，学校专门设立挂靠在教务处的"文、理科试验班"培养办公室，成立校院两级专家委员会，负责培养方案、课程体系、融合课程开发、培养举措实施等重大事项的决策与咨询，基于时代需求持续优化拔尖创新人才培养过程。

三、贯通本硕博一体化培养，全面提升研究生培养质量

学校于2022年开始实施本硕博一体化人才培养改革。这一人才培养方式是深化教育评价改革的重要举措，能继承和发扬学校已有科学研究优势，促进形成研究特色、支持高水平人才培养和成果产出，对推动学校"双一流"建设具有重要的意义。

（一）一体化人才培养方式的指导思想和基本原则

本硕博一体化人才培养的指导思想是以习近平新时代中国特色社会主义思想为指导，深入贯彻落实习近平总书记关于教育的重要论述及全国研究生教育会议精神，深化教育评价改革，落实立德树人根本任务，健全协同育人机制，推进拔尖创新人才培养和研究生教育教学改革。

本硕博一体化人才培养的基本原则，是以落实国家发展战略、培养服务国家重大需求和社会急需领域的高层次复合型人才为出发点，构建将学科和科研优势资源投入人才培养的内生动力机制，打造全链条的拔尖创新型学术人才培养体系，建立全新的高层次人才培养模式，提高人才培养质量。

（二）一体化人才培养方式的培养目标和培养过程

一体化培养选拔具有学术潜质和创新能力的本校优秀本科生，贯通本科、硕士和博士三个培养阶段的人才培养模式，通过创新优化教学与课程体系，培养出一批品德高尚、理想信念坚定、专业基础扎实、科学素养好、实践能力强、国际视野广、能够适应新发展要求的高层次创新人才。

培养过程中，学校从本科二年级末开始在相关专业学生中进行研究生培养环境熏陶和宣传动员，本科三年级开始培育选拔，进入导师团队学习，进行本科段和研究生段的课程融合；三年级末组织考核，合格者大四学年开始研究生阶段的核心课程学习，并参与科研训练；硕士研究生一年级为科研训练和课题研究学段，开始参加导师的课题研究；硕士研究生一年级期末开始硕博连读选拔，进入博士阶段培养。每个阶段考核不合格者，或者达不到要求者，按照前一阶段的考核要求准予毕业。

（三）一体化人才培养方式的主要培养举措

在课程设置方面，课程体系具有连贯性和层次性特点，课程模式充分体现"本科阶段重基础，硕士阶段重提升，博士阶段重创新"的原则，侧重独立从事科学研究能力、解决实际问题能力以及创新意识和能力的培养。在科学研究方面，从本科三年级开始，配备高水平的博士生导师担任指导教师，在导师研究团队中培养学生的科学研究素养。在学术交流方面，推荐一体化培养的优秀学生参加国内外相关领域的学术会议，参加与国内外高校联合设置的联合培养项目，支持一体化培养学生参与学术创新活动，开展学术交流，并为其提供一定的经费支持和政策保障。

四、加强校园文化建设，以新校训引领学校新风尚

学校在长期的办学实践中，逐步形成并在六十周年校庆确定了"厚德、积学、励志、敦行"的新校训。"厚德"一词意为大地具有广厚之德，所以无所不载，具体到学校发展中，就是要在教育工作中坚持育人为本、德育为先，把学生优

良品德的养成始终置于教育教学工作的首位，同时倡导广大教职工以身示范，立德树人。"积学"一词意为积累学问，旨在倡导学生以学习为天职，勤奋好学，刻苦攻读，努力掌握科学文化知识；倡导教师树立终身学习的理念，努力做到精通业务，钻研学问。"励志"一词意为奋志，集中心思致力于某种事业，意在引导广大师生员工志存高远，追求卓越，并在学习和工作中具有坚韧不拔、顽强拼搏、锐意进取的意志品质。"敦行"一词指的是勉力去做，强调动手的能力、实践的作风和对道德的践履，旨在倡导广大师生员工坚持身体力行，学以致用，知行统一，始终保持脚踏实地、埋头苦干的作风。八个字的校训既反映了学校深厚的办学传统，也反映了时代的精神，更是师大人的一种精神追求和文化自觉。

七十周年校庆时，学校根据新校训和办学实践，确定了"淳厚博雅，知行合一"的校风和"抱道不曲，拥书自雄"的学风。"淳厚"取淳朴敦厚之意，形容为人诚实，性情忠厚，执着坚韧。"博雅"取学识渊博，品行端正优雅之意。"知行合一"取道德与行为、思想与实践相统一之意。"淳厚博雅，知行合一"这一校风比较贴切地概括了师大人勤勉质朴、执着坚守、不尚空谈，注重自身修养的行为品质。"抱道不曲"取持守正道之意，"拥书自雄"意为以学养高深、博古通今为荣，在学有所成的基础上享有独立人格，自由精神，心怀天下，勇于担当。"抱道不曲，拥书自雄"旨在倡导广大师生追求真理、学做真人，崇尚学术、探求真知，修身立学、学以致用。校风、学风是全体师生员工及校友共同智慧的结晶，是对学校办学历史和传统的总结和凝练，成为学校精神文化的重要组成部分。其中，校风是学校办学传统、办学特色、育人理念的直接反映。倡导和践行校风，就是倡导学校的教育理念，提升文化自觉，构建起全校师生员工共同的行为准则和价值追求。学风是师生在求学、治学过程中所表现出来的学习状态和学术风貌。倡导和践行学风，就是引导师生端正学习态度，增强学习动力，遵从学术道德，恪守学术伦理，营造浓郁的学习和学术氛围，锻造优良的精神品格。

全校师生在校训、校风、学风的带动下，凝聚共识，不断提升学科的竞争力，持续提高学生的获得感、幸福感和可持续发展能力。首先构建学风建设大格局。学校坚持人才培养与立德树人工作不可分割，教风、学风建设与保障监督机制不可分割，一流学科和一流专业建设与五育并举不可分割，构建以教风带学风、以管理促学风、以文化育学风、以实绩彰学风的学风建设工作大格局，推动"三全育人"格局的发展。其次，学校以制度建设引领推动校风、学风的践行。学校党委教师工作部等部门出台政策，将师德师风考核作为评价教师的第一标准，实施师德失范"一票否决制"，引导教师强教风，促进教师爱教爱生。为此学校修订《陕西师范大学教师职业道德考核办法》，试行《陕西师范大学教师师德失范行为处理办法》，修订《陕西师范大学本科生综合素质考评办法》，印发《陕西师范大学青年教师担任班主任管理办法》《陕西师范大学本科生先进集体和先进个人评选办法》等，部分学院出台了《学生行为规范》等。坚持"学生的第一任务就是读书学习"，营造教师爱教、学生勤学的良好育人环境，引导学生正学风，乐学勤学，以制度建设推动教风和学风建设长效机制的落实。再次，学校依托专业教师、辅导员（班主任）、校友和智库（社会共建基地），构建"四位一体"学风育人共同体。学校有启夏名家论坛、红烛讲坛、集贤讲堂、师说新语等数十个校院两级师生学习交流阵地。学校利用寒暑假组织学生赴国内外实践基地进行参观学习，举行游学活动和丰富多元的学习和实践活动，开设开阔学生视野的暑期学校，提升学生的学习成就感与获得感，为学生未来发展的核心竞争力奠定坚实基础。最后，充分发挥校风学风的引领作用。学校在开学第一课，利用各种自媒体平台，开展演讲比赛、先进个人和先进集体评选宣传、诚信活动教育等，以示范引领促成教师和学生对校风学风的理解和传承。学校创新新生入学教育系统工程，通过前置入学教育时间、创新入学教育形式，坚持"入学教育与军训教育相结合、适应教育与学业教育相结合、集中教育与分散教育相结合"的原则，帮助学生适应大学生活、坚定专业理想、养成良好习惯；通过打造"优秀学生标兵宣讲团""优秀学生颁奖典礼""优秀学生先进事迹报告会""经典阅读"等品牌活动，充分发挥榜样的示范带动作用，激励广大学生学榜样做表率。学校每年有近2400名学生接受表彰，3000名学生接受榜样教育，引领优良学风；打造学风阵地精品工程，通过夯实一年级学生晚自习制度、加强早操晨读和学习型宿舍建设、举办学术讲坛活动月、诚信活动月等，引导学生成为优良学风的建设者和推动者，传承师大优良教风学风。

在践行校风学风的过程中，学校弘扬"西部红烛两代师表"精神，以卓越人民教师和拔尖创新人才培养质量提升为圆心，以学习综合能力提升为一层圆，以实践创新能力提升为二层圆，以学业拔尖能力升级为三层圆，以就业可持续竞争力拓展为外层圆，从而形成了"一心四圆"的学风养成机制，为人才培养提供良好的文化沃土和育人氛围。

总之，学校落实立德树人根本任务，以"双一流"建设目标和第十一次党代会确立的本科教育"四个地位""四个重视"理念为指引，以"五育并举"为目标，弘扬"西部红烛两代师表"精神，践行校风学风，主动适应国家社会发展需求和高等教育发展趋势，坚持特色立校与内涵发展，全面提高人才培养质量，努力培养德智体美劳全面发展的卓越教师、未来教育家和拔尖创新人才，为探索卓越教师教育培养培训体系、拔尖创新人才培养体系贡献了陕西师大的智慧和方案。

第四节 以学科强校着力构建并实施"四维驱动"的学科发展体系

学校自第十一次党代会召开以来，以完成"十四五"发展规划为主要任务，以"坚持重点建设实现突破，坚持服务需求创新发展，坚持特色发展赢得优势，坚持改革创新激发活力"为学科建设思路，不断优化学科结构，整合学科资源，推进协同创新，凝练学科方向，培育新兴学科，为实现事业发展新的目标奠定了坚实的学科基础。

一、规划"四维驱动",学科发展体系形成的时代背景

学科是大学的基石,没有一流学科就没有一流大学。自国务院于 2015 年颁布《统筹推进世界一流大学和一流学科建设总体方案》之后,教育部、财政部、国家发展改革委三部委陆续在 2017 年出台《统筹推进世界一流大学和世界一流学科建设实施办法(暂行)》,2018 年出台《关于高等学校加快"双一流"建设的指导意见》,2020 年印发《"双一流"建设成效评价办法(试行)》,2022 年出台《关于深入推进世界一流大学和一流学科建设的若干意见》,学科建设在高等教育现代化建设中被提升到了前所未有的高度。"双一流"建设的政策指向,为大学深入推进学科建设、优化学科布局提供了发展机会和选择。

2017 年,学校入选"世界一流学科"建设高校。围绕首轮"双一流"建设目标,学校着力加强学科建设工作。2018 年新增 3 个一级学科博士学位授权点、1 个一级学科硕士学位授权点和 2 个硕士专业学位授权点,自主设置备案教师教育学、体育教育学二级学科博士学位授权点,自主撤销 5 个一级学科硕士学位授权点和 6 个二级学科硕士学位授权点。2021 年,体育学、新闻传播学、考古学、化学工程与技术、工商管理等 5 个学科获批一级学科博士学位授权。授权审核后,学校一级学科博士学位授权点覆盖了教育学门类全部学科,其中体育学和新闻传播学一级学科博士学位授权点分别填补了西北地区和陕西省的空白。从此,学校学科建设的规模结构更趋合理,教师教育学科一级学科博士学位授权点全覆盖,为彰显师范大学的教师教育特色提供了有力的学科支撑,也使学科结构布局持续优化。同时,学科融合交叉平台成效开始显现,获批 1 个陕西省协同创新中心平台,并以人文科学高等研究院、哲学社会科学高等研究院等为代表,面向国家和区域经济社会发展重大需求,整合优势学科资源,推进学科交叉融合,推进了政、产、学、研、用协同创新,而且建设成效显著。中国语言文学作为"世界一流学科"建设学科取得长足进步,其他人文社会学科、教师教育特色学科的优势和影响力也明显提升。这种布局的优化和平台建设的强化,带

动了学科建设整体水平提升，学校实力得到增强。

在首轮"双一流"建设周期内，尽管学校的学科建设取得了一定成绩，但从学科的整体发展来看，仍面临着挑战和压力。如在第四轮学科评估中，学校没有高峰学科，"双一流"建设学科也仅有1个，学科建设面临"提档升级"的严峻形势，部分优势学科发展竞争力较弱，一些学科在建设过程中缺乏危机感和使命感，科学研究的原创性不够，社会服务的贡献度不强，学科建设的机制有待完善，建设效益有待提高。这些问题制约着学校整体的学科建设和办学质量提升。

2021年进入第二轮"双一流"建设周期以来，为进一步推动学校的学科建设提档升级，学校将学科建设确立为学校发展的两条主线之一，进一步夯实学科建设的龙头作用，并形成以服务国家重大战略和区域经济社会发展需求为动力，以人才培养为核心，以队伍建设为抓手，以科学研究为支撑，以管理创新为保障的学科建设思路，不断优化学科结构，整合学科资源，推进协同创新，凝练学科方向，培育新兴学科，为建设中国特色、世界一流师范大学奠定坚实的学科基础。在这一指导思想下，学校的学科建设思路进一步聚焦，学科建设布局得以进一步优化。

二、强化顶层科学设计，全面构建"四维驱动"学科格局

世界一流学科的建设需要长期的历史积淀，是一个持续不断并不断创新建设思路的发展过程。在"双一流"建设的激烈竞争条件下，有限的办学资源不可能兼顾到所有的学科，也不可能全面齐头并进，必须找准定位，突出重点，制定合理的策略，对优势学科进行重点建设和大力投入，优先发展特色优势学科，带动学校其他学科的发展，进而逐步提高学校的发展水平。

2022年，教育部、财政部、国家发展改革委联合发布通知，公布了第二轮"双一流"建设高校及建设学科名单，学校的中国语言文学学科成功入选，顺利进入第二轮建设期。面对新一轮"双一流"建设周期的新要求和新使命，在贯彻以一流学科推动一流师范教育、构筑西部地区师范教育新高地的过程中，学校

以新的学科自觉和育人自觉的工作精神，紧紧围绕"建设什么样的特色学科、如何以一流学科支撑一流师范教育"这一主题，于2022年第十一届党委常委会第128次会议上提出"四维驱动"的概念，确立了"四维驱动"的学科新布局和发展新思路，即构建以中国语言文学、中国史为牵引的文史学科之维，以化学为牵引的理工科学科之维，以教育学、心理学为牵引的教师教育学科之维，以哲学、马克思主义理论、国家安全学为牵引的哲学社会科学学科之维。这四维之间各有清晰任务，又互为支撑和依托。

教师教育是学校的主责主业，也是学校确定的发展主线之一，其学科建设的质量和驱动能力对学校的整体发展有着重要的影响。为加速推进教师教育学科建设，学校率先在原有院系的基础上，整合资源和力量，成立了教育学部，加速教育学学科建设的提质升级。同时，为推进教师教育发展，提升教师教育人才培养质量，学校与陕西省教育厅紧密合作，成立了陕西教师发展研究院和陕西师范大学教师发展学院，以策划重大系列成果产出，培养硕博人才，扩大教师教育培训的影响力，带动相关学科整体发展，践行师范大学使命，突出师范大学办学特色。

学校地处古都西安，有着研究中国历史和文学的地缘资源，历史和中文学科长期以来一直是学校人文社会科学发展的优势与传统，史念海、霍松林等老一辈学者打下了坚实的学科发展基础。因此，以中国语言文学和中国史为牵引，推动学校文史科学研究的守正创新，符合学校的历史发展传统，也契合国家传承发扬优秀传统文化的需求。为进一步加强文史学科建设，学校在以往院系推动学科建设的基础上，成立了人文科学高等研究院，集中优势资源，创新制度体制，创建文史学科发展特区，以驻院学者开展专题研究产出重大成果，带动人才梯队建设，扩大学科的学术影响力，支撑文史学科全面发展。

学校理工科学科具有良好的历史积淀，是不可或缺的模块，在学科内涵建设和教师教育特色彰显上具有不可替代的作用。多年来，学校在化学学科的发展中积累了丰富的经验，产出了在学界有重要影响的成果，并带动了材料科学与工程、化学工程与技术等相关学科的发展。基于学校现有的学科基础，以及学科驱动效应的发挥，确定以化学为聚焦点，驱动带动理工科学科群。为集中资源加快理工科学科的建设与发展，学校在校内外遴选卓有影响的科研和科技创新团队，以院士工作站及加盟新概念传感器与分子材料研究院的方式开展研究，扩大团队力量和团队影响力，搭建协同创新平台，以协同共建推动理工科学科群的集约化发展。

哲学社会科学是参与治国理政、服务社会发展的必要学科。学校在学科布局中以国家重大战略需求为导向，以马克思主义理论学科建设和全国重点马院建设为牵引，带动哲学、国家安全学等学科的建设，从而形成马克思主义理论学科带动下的哲学社会科学学科布局。为进一步支撑哲学社会科学学科建设，学校成立了哲学社会科学高等研究院的学科特区，创建哲学书院，在学科建设和人才培养方面全面发力。哲学尤其是中国哲学和马克思主义哲学一直是学校的传统优势学科，当前和今后的发展战略是优中求强、强变一流，形成与其他社会科学类学科相互支撑、相互促进的发展格局，将马克思主义理论学科建成全国一流学科。

三、坚持"有所为有所不为"，分层分类学科建设模式逐步形成

学校为推动聚焦优势实现学科建设的高质量内涵发展，遵循集中资源、重点建设突破的"有所为有所不为"学科发展理念，基于不同学科发展的基础、优势以及目标定位的不同，优化学科发展梯队结构，对校内学科进行分层分类建设，按照"世界一流、国内一流、陕西一流"逐层明晰建设目标和支持举措，围绕不同学科建设层次的目标、任务和实际需求，统筹配置人、财、物等学科建设资源，全力保障世界一流和国内一流两个建设层次的学科建设与发展。开源节流与目标牵引、成果导向、精准发力并重，实现有限资源的优化配置，形成学科精准建设和效益最大化。

与此同时，为了促进高峰学科快速崛起，学校于 2022 年启动"6+2"学科

建设专项行动①，并组建由校领导任责任领导、学科建设单位和职能部门共同担任成员单位的工作专班，负责研究、协调、解决学科提档升级、提质进位过程中遇到的问题与困难。2023年2月，根据学校学科建设需要，增加地理学工作专班，原"6+2"学科建设专项行动调整为"7+2"学科建设专项行动。② 在"7+2"学科建设专项行动的探索基础上，围绕一流学科建设与发展规划，学校实施"一科一策"改革，制定每个学科的建设任务与发展目标，明确目标定位、建设路径和实际需求。2024年4月，为适应新发展需求，结合学科建设现状，学校将原"7+2"学科建设专项行动进一步调整为"7+4"学科建设计划（陕师党发〔2024〕19号），即围绕7个优势学科及数学、生物学、物理学、外国语言文学4个腰部学科开展专项学科建设计划，以学科建设主线强化教师教育主线，夯实中国特色、世界一流师范大学建设目标。

学校为了进一步推动学科实力的提升，以理顺学科与学院学术机构间的关系为契机，推动学部机构的设立。学部制以一级学科建设为导向，调整优化分散在多个机构建设的一级学科和建设多个一级学科的机构，梳理一级学科建设主体，明确各一级学科的主建和共建单位，明确每位教学科研人员的学科归属，以学科整体建设和学科群建设推动学部建设，分别于2021年2月和2023年7月推动成立了教育学部和马克思主义学部。

在整合力量的同时，学校科学运用学科评估指标、同行专家会诊把脉问诊等方式，找准学科特色优势，分层建设的每个学科着力凝练3—5个学科方向，紧扣学科目标定位，聚焦主干领域方向重点建设，坚持人才培养、学术团队、

---

① "6+2"学科建设专项行动指的是围绕学校马克思主义理论、教育学、心理学、中国语言文学、中国史、化学等6个一级学科按照"四维驱动"的学科格局，成立学科建设提档升级工作专班；围绕艺术学和国家安全学2个一级学科申报博士学位授权点的任务目标，成立2个学位授权点提质进位工作专班。

② "7+2"学科建设专项行动指的是学校为提升学科内涵建设、推动学科高质量发展而采取的学科建设专项行动，将学校重点建设的学科分为"提档升级"和"提质进位"两大类。"提档升级"类包括中国语言文学、中国史、教育学、心理学、马克思主义理论、化学和地理7学科；"提质进位"类包括艺术学和国家安全学2个学科。每个类别中的每个学科由一位校领导牵头负责，实现学科高质量发展的目标。

科研创新"三位一体",搭建优质的学科发展平台,汇聚高水平人才队伍,编制好学科建设方案,明确学科进一步的建设思路与发展对策,实现学科发展新的突破,推动各一级学科特色发展、加速发展、高质量发展。

四、加强学科内涵和平台建设,全面提高学科发展水平

学校坚持守正创新,围绕教师教育开展与其相关学科的全覆盖建设,以及与国家战略需求和科技发展前沿对接的新兴学科和交叉学科建设,学科建设的整体实力显著提高,学科内涵建设取得了新的成效。2022年,中国语言文学学科顺利进入新一轮"双一流"建设学科名单,实现了由自定一流学科转为国家认定一流学科的目标。2023年,在教育部第五轮学科评估中,中国语言文学、教育学、心理学取得历史性突破,马克思主义理论、中国史、化学、地理学、数学、生物学等学科成绩喜人,学科整体水平较第四轮学科评估有较大提升,部分优势人文学科、特色教师教育学科具备了冲击更高层次的实力。近几年,软科大学排名由2017年的全国第105位提升至2024年的全国第62位,提升了43个位次。2023年11月发布的软科中国最好学科排名中,学校26个学科上榜,上榜率达70%以上,其中7个优势学科均位列前15%,2个学科进入前5%。在软科中国大学文科实力评级中学校位列第19位,首次进入中国文科实力A+大学序列。ESI前1%学科数达到13个,化学、材料科学位列前2‰。

同时,学校积极推进学科交叉融合平台建设和新兴交叉学科特色发展。学校以服务国家重大战略和区域经济社会发展需求为学科建设与发展的源动力,推动学术探索与服务需求紧密结合,着眼于国家社会发展需求和同类学科发展状况,通过精准对接需求,在科技创新、思想理论创新、服务资政决策等方面正在产出一批高质量研究成果。社会服务的贡献度和引领作用更加彰显,在技术转移与成果转化效益、服务国家重大战略和行业产业发展及区域发展需求、特色高端智库建设等方面取得显著成绩。

学校近年来获批5个国家级国别和区域研究中心,2个陕西省协同创新中心平台。以此为契机,学校聚焦重点建设一级学科及其重点建设方向,加强各

类国家级和教育部等部委级重点创新基地平台建设，有力支撑所属一级学科建设。以人文科学高等研究院、哲学社会科学高等研究院、"一带一路"文化教育传播智慧港、新能源高等技术研究院等为代表的学术特区和创新平台，面向国家及区域经济社会发展重大需求，整合优势学科资源，促进学科交叉融合，推进政、产、学、研、用协同创新，建设成效显著。学校还鼓励具备条件的学科建设高质量学术期刊，提高《陕西师范大学学报》《当代教师教育》《中国历史地理论丛》《唐史论丛》《西北民族论丛》《丝绸之路研究集刊》等期刊和集刊的办刊质量与学术影响力。

学校着力打破学科、学院壁垒，以项目建设为驱动和连接纽带，推进一级学科交叉创新，孵化新兴交叉学科，丰富全校学科布局。学校西北濒危药材资源开发国家工程实验室、药用植物资源与天然药物化学教育部重点实验室、历史文化遗产保护教育部工程研究中心、应用表面与胶体化学教育部重点实验室、现代教学技术教育部重点实验室、西部果品资源高值利用教育部工程研究中心、农业农村部国家苹果加工技术研发专业中心、西北历史环境与经济社会发展研究院、土耳其研究中心、医学与文明研究院等研究机构为重点建设平台，推动学科的交叉融合和新兴学科、交叉学科建设。为发挥学校在哲学社会科学方面的研究优势，学校专门成立了国家安全学院，推进国家安全学交叉学科建设，通过凝练方向、培育特色发展，面向科学前沿和经济社会发展重大需求，培养和建设具有发展潜力的交叉学科项目。

在"双一流"建设背景下，学校通过学科群建设促进不同学科之间交叉融合，协调各学科之间的关系，加强学科之间的相互协作、齐心协力、明确分工，汇聚各种资源并合理分配，提高资源的使用效率；并以基础学科为辅助支撑，以优势特色学科为引领和核心，以前沿交叉学科为创新提供动力，培育交叉学科，优化学科内部结构，提升学科的综合实力，促进行业特色高校的整体发展。学校还在学科建设中聚焦政府认同、学界认同，增强各学科建设的精准性、实效性和可持续性；坚持促进优势学科特色发展、非优势学科错位发展，挖掘学科的独特性和不可替代性，积极探索"中国特色、世界一流、陕师风格"的学科发展之路。加强学科特区考核和监管，强化问效管理，发挥学科特区引擎作用。同时，学校在学科建设中着力完善学科建设体制机制，充分发挥关键岗位带动作用，高质量、高标准遴选学科建设关键岗位人选；健全学科建设监测机制、评价机制、激励机制，调整优化学科建设梯队；完善以学科为基础的资源配置模式，分类配置保障性资源、引导性资源和竞争性资源，强化学科建设绩效；积极探索学部制建设，适时优化学院和科研机构设置，形成促进学科发展的良好制度环境，有效推进学科交叉和融合发展。

总之，在"四维驱动"的学科发展格局下，学校的学科结构持续优化，现有23个博士学位授权一级学科，1个博士专业学位授权点，35个一级学科硕士学位授权点和25个硕士专业学位授权点。学科水平不断提升，学校入选"世界一流学科"建设高校，中国语言文学为"世界一流学科"建设学科；学科融合进一步深入，学科建设与管理机制持续改进，学科内涵建设取得新成效。学校在学科建设中，促进学生德智体美劳全面发展的人才培养能力显著增强，形成高水平人才培养体系，立德树人取得显著成效。教师思想政治素质不断提高，师德师风建设扎实有效，教师队伍水平、影响力和发展潜力显著提高。科学研究的创新性和贡献度有较大提升，科技创新、思想理论创新、服务资政决策等方面产出了一批高质量成果。社会服务的贡献度和引领作用更加彰显，技术转移与成果转化效益、服务国家重大战略和行业产业发展及区域发展需求、特色高端智库建设等方面成效明显增强。

第五节　以人才兴校全面提升人才队伍的建设体系

为贯彻第十一次党代会确定的目标和任务，学校按照"调控规模、优化结构、提高质量、提升效益"的建设思路，坚持传承"西部红烛两代师表"精神，铸塑两代师表形象，浸润涵育高尚师德师风，加快体制机制创新，全面推进人才和队伍体系建设。

一、支持学校高质量发展，提升人才和队伍建设体系的时代背景

2021年9月，党中央召开中央人才工作会议，习近平总书记发表重要讲话，科学回答了新时代人才工作的一系列重大理论和实践问题，为做好新时代人才工作指明了方向。其中特别提到，要加快建设世界重要人才中心和创新高地。党的二十大报告指出，要"加快建设教育强国、科技强国、人才强国"。高校特别是"双一流"建设高校，作为重要的人才集聚地和创新主阵地，应当在人才强国和教育强国战略中发挥牵引作用。在建设中国特色、世界一流师范大学的征程中，学校要始终坚持正确的政治方向，确保党中央的重大决策部署指向哪里，学校各项工作就跟进到哪里；国家重大战略推进到哪里，学校各项工作就跟进到哪里。

人才和队伍建设在国家战略布局与学校综合发展中处于突出的地位，也是推动学校发展的关键所在。但学校的人才和队伍建设仍面临着与国家战略需求、学校发展定位和学科建设实力综合提升不够匹配的问题，这制约着学校的质量建设和一流学科建设。其存在的问题一是人才与队伍数量严重不足，教师队伍整体规模不足，大部分学科专任教师数量对标高水平学校仍有很大差距。教师中有国家级人才（含团队带头人）的数量和质量在部属师范大学及同城部属高校中处于不利位置。特别是在学术界具有较高影响力的领军人才极度匮乏，对一流学科建设的支撑作用明显不够。在学科方面，各个学科的高层次人才距一流学科建设的要求还有差距。二是人才与队伍效能发挥不够，教师爱校荣校的使命感不强，人均学科贡献值较弱。现有高层次人才产出高质量成果能力不强，在重大科研成果（项目和奖励）中的贡献占比不显著。学校与部属师范高校和高水平地方师范高校相比，在高端人才、学科水平、科学研究、重大项目成果等指标方面优势并不明显，特别是在科技成果转化、专利产出、技术转让等方面亟待突破和强化。三是人才与队伍建设缓慢，一些教学科研单位对人才和队伍建设的顶层性设计、前瞻性谋划、战略性布局、系统性推进还不够有力，一

些干部对人才和队伍建设的主动性、积极性不够。

正是基于对学校历史发展特点、办学定位、现实条件、主要矛盾和矛盾主要方面的判断，学校党委在全面推进"两条主线、一个根本、一个关键"的基础上，把工作重心锁定在人才和队伍建设上，强调要围绕"四维驱动"学科发展目标和重点布局，依托"学科树"绘制"人才树"，优先布局、积极物色和精准引进高水平优秀人才。战略管方向，事关根本；策略促落实，必须精准。学校人才和队伍建设始终将战略的根本性与策略的精准性有机结合起来。战略的根本性要求，各单位以"全校一盘棋"的思维优化资源配置，自上而下统筹协同学科布局结构和学科内部结构、人才队伍数量比例结构和布局结构，处理好局部与全局的利益关系。策略的精准性意味着，各单位抓住"十四五"时期这一关键期，坚持问题意识和问题导向，深入分析和准确研判推进人才与队伍建设工作面临的机遇挑战和优势不足，自下而上制定各自的行动方案，深刻领会做好人才工作的政治要求，以更高站位谋划人才工作。环境好，则人才聚、事业兴；环境不好，则人才散、事业衰。近年来，学校以"等不起"也"慢不得"的精神状态奋力推进学校人才工作，努力在人才竞争中抢占先机，切实扭住发展之要、筑牢强校之基、夯实竞争之本，打好学校加速发展高质量发展的主动仗和翻身仗，优先布局、积极物色和精准引进高水平优秀人才。这是学校党委从事业发展全局、长远、大势上提出的战略策略。

二、完善党管人才制度，统筹运行人才建设机制

党管人才是做好人才工作的根本原则和政治保证。学校人才和队伍建设把党管人才置于首位，以深化人才发展体制机制改革为动力，构建人才建设的责任体系和工作格局，优化干事创业的制度环境，形成人才工作高质量发展的生动局面。学校不断完善党委统一领导，组织人才部门牵头，职能部门紧密配合，各教学科研单位主动作为，全校师生广泛支持参与的人才工作格局。在人才和队伍建设工作中，学校充分发挥二级党组织的政治核心作用，注重对各类人才的政治把关和政治引领；充分发挥党支部的战斗堡垒作用，使教师党支部成为

推动学校人才工作高质量发展的关键力量，发挥人才党员和教师党员的先锋模范作用，让党旗始终引领人才成长航向。

工作机制上，学校党委发挥其在人才工作中的核心领导作用，管宏观、管政策、管协调、管服务，把握人才工作方向，谋划人才工作大局，强化人才政治引领。坚持"一把手"抓"第一资源"，党委书记带头抓好人才工作，党委常委按照分工抓好分管联系单位的人才工作。学校还成立党委人事人才工作领导小组（党委人才工作委员会），统筹安排学校深化人才发展体制机制改革、协调推进人才和队伍建设等各项工作，为党委常委会会议、校长办公会议决策提供前期论证和先行把关。

在党委统一领导下，学校科学合理确定校内各单位的人才工作职责。党委组织部统筹规划党的干部工作和人才工作，建立协调发展的运行机制，履行人才工作牵头抓总职责，统筹协调各部门各单位形成人才工作强大合力。人才工作处、人力资源部按照职责范围分别牵头拟订并组织实施学校中长期人才和队伍发展规划、重点人才项目、年度人才引进等工作，促进学校各类人才充分发挥自身作用。党委教师工作部负责加强人才政策和人才工作的宣传、人才先进典型的选树、师德师风的教育等工作，学校其他部门主动参与，共同推动人才工作各项任务的落实。

学校赋予教学科研单位充分的用人自主权，发挥用人单位的主体作用。各教学科研单位根据本单位及其学科发展规划和人才培养规模，科学制定人才队伍建设规划和人才引进计划，做好人才的培养、引进及使用工作，营造潜心育人、潜心科研、激发创造活力的用人环境。同时，学校也发挥学会、工会、校友会的作用，拓宽人才工作渠道，服务于学校人才工作大局。

学校建立党委人才工作委员会成员单位联络员例会制度，完善人才和队伍建设的沟通协调机制。学校每月召开一次工作例会，交流沟通人事人才工作进展情况，研究解决工作中遇到的新情况、新问题，保证有关政策有效衔接、互补互促。

学校坚持开放包容、广纳英才的政策，持续加强人才引育力度，在"引得进"上狠下功夫。面对顶尖人才匮乏、师资整体规模不足的问题，学校积极谋划、主动出击，从"要我引"转向"我要引"。学校各级部门联动，着眼现实需要和长远需求，以宽广的胸襟、爱才的诚意、容才的雅量，深入分析人才和队伍需求、锁定引进目标，全力出击、多措并举，引入了一大批学科领军人才和高层次人才，填补关键领域空白，补齐学科发展短板。

为提高人才引进质量，学校采取量质并举政策，精准识才，严格把关。无论是人才引进还是常规补充，学校健全完备的考察体系，建立涵盖人事人才、教务、教师教育、学科、科技、社科等部门的会商制度，全方位评估人才，必要时委托第三方进行评价。各单位清晰瞄准引才目标，或瞄准学科急需，或注重发展潜力，保证人才的精准性和实用性。因此，学校针对不同引进目标制定不同的引进方案，做到一人一策，提高引才的针对性和成功率。学校人事人才工作突破思维定式，围绕学科建设重点需要，对具有国家级人才称号或急需的高层次人才采取柔性引进方式。

总之，党管人才的工作机制就是在学校党委的统一领导下，在学校职能部门的统筹协调下，发挥各教学科研单位的用人主体作用，形成党委宏观协调管理下的人才引培机制，调动各方力量，发挥人才和队伍建设的合力。

三、加强师德师风建设，落实立德树人根本任务

学校党委大力弘扬教育家精神，践行"西部红烛两代师表"精神，把师德师风作为评价教师队伍素质的第一标准，加强思想政治和师德师风教育，2022年出台《中共陕西师范大学委员会关于进一步加强和改进教师思想政治工作和师德师风建设的实施办法》，2023年出台《陕西师范大学教师思想政治与师德师风建设三年行动计划》，引导教师砥砺报国之志、厚植为民情怀，争当"大先生""好老师"。学校实施高层次人才国情省情校情轮训计划，以增强政治认同感和向心力为重点，大力弘扬爱国奉献、爱校荣校精神，激励爱国之情、报国之志、兴校之心、荣校之行。学校实施高层次人才政治素

养提升计划，每学期面向高层次人才举办一次政治理论专题培训，增强人才对党的科学理论的认识和理解，把人生理想融入党的教育事业和学校发展。学校实施"红烛浸润教育"培训计划，以强化职业伦理为重点，每年组织人才开展浸润式师德教育，引导人才自觉弘扬科学家精神，为人师表须正心明道、怀德自重，持续提高思想觉悟、精神境界，做"经师"和"人师"的统一者。学校坚持用习近平新时代中国特色社会主义思想武装教师头脑。通过每月发布学习提示、教师撰写学习笔记和心得体会等方式，开展习近平新时代中国特色社会主义思想系统化、常态化学习，重点加强对习近平总书记关于教育的重要论述的学习，让教师学懂弄通、入脑入心，自觉将学习的成果运用到课程思政和思政课程的建设中，运用到教书育人的实践中，运用到指导实践教学和团学工作中，用马克思主义的立场观点方法，教育引导学生认清中国和世界发展大势，增进对新时代中国特色社会主义思想的政治认同、思想认同、理论认同、情感认同。学校教育引导教师弘扬中华优秀传统文化、革命文化和社会主义先进文化，培育科技创新文化，深入了解世情、党情、国情、社情、民情，强化教育强国、教育为民的责任担当。2021年6月，李忠军书记代表学校在教育部党史学习教育推进会上交流发言，介绍学校教育的经验，对学校教育成效予以肯定。

学校在师德师风建设和落实立德树人根本任务上充分发挥教师党支部和党员教师的带头示范作用。先后开展了"双带头人"教师党支部和教师样板党支部的培育建设工作，每年开展支部、基层党委和学校党委优秀党员、党支部书记和党支部的评选活动，使教师党支部成为涵养师德师风的重要平台。让优秀党支部和党员成为践行高尚师德的中坚力量，重视在高层次人才和优秀青年教师中发展党员工作，组织党员教师与非党员教师结对联系，充分发挥教师党支部的战斗堡垒作用与党员教师的先锋模范作用。学校党委不断提升党建工作水平，纵深推进全面从严治党，营造风清气正校园环境和干事创业良好氛围；注重树立尊重人才、理解人才、爱护人才、帮助人才的正确导向，引导全校上下高度重视人才工作，形成爱才敬才的舆论环境。学校党委还通过完善政策制度和体制机制创新破解师资队伍发展障碍及壁垒，建立教师荣誉体系，鼓励教师干事业，支持教师干成事业，帮助教师干好事业，让优秀教师能够脱颖而出并发挥作用。

学校党委突出典型树德，持续开展优秀教师选树宣传活动。近年来，一方面邀请全国优秀教师的典型代表，以及校友中涌现出来的扎根西部教育的杰出代表到学校做报告；另一方面通过选树典型，如通过章竹君教授、张新科教授等先进事迹报告会、演讲等方式，让身边的师德典型代表现身说法，感染更多的教师向师德模范学习。学校党委宣传部和党委教师工作部着力宣传师德典型代表爱岗敬业、甘于奉献、改革创新的新形象，形成学校有典型、榜样在身边、人人可学可做的新风尚。同时，学校利用教师节等重要节日活动，组织教师中的黄大年式教师团队、国家教学名师等开展师德宣讲，把师德先进个人请到教师的身边，通过他们的课堂示范、师德引领，用真人真事诠释师德内涵。学校党委坚持每年差额评选教书育人先进个人，组织演讲比赛以及各种先进个人和先进集体的评选活动，加大优秀树德的力度，形成良好的师德师风建设氛围。2021年，学校党委发布《陕西师范大学"西部红烛两代师表奖"评选表彰办法》，列出了具体的评选条件，诠释"西部红烛两代师表"精神和"四有"好老师，进一步营造了尊师重教的良好风尚，推动形成好老师不断涌现的良好局面。

学校党委严格师德督导，严肃违规惩处，建立多元监督体系和制度保障机制。学校在校园显著位置公示校党委教师工作部及书记、校长的邮箱等信息，依法依规接受监督举报。为进一步规范学校教师履职履责行为，落实立德树人根本任务，弘扬新时代高校教师师德风尚，建设有理想信念、有道德情操、有扎实学识、有仁爱之心的高校教师队伍，造就政治素质过硬、业务能力精湛、育人水平高超的高素质教师队伍，学校于2019年修订完善了《陕西师范大学教师职业道德考核办法》，从爱国守法、崇教敬业、教书育人、严谨治学、为人师表、服务社会 6 个方面对教师职业道德提出了明确的要求和规范，并确定了教师师德考核等次、考核评估方式和评估程序，明确提出师德考核不合格者在评奖评优、职务晋升、职称评定、工资晋级、干部选任、申报人才计划、申报科研项目等方面实行"一票否决"。为进一步规范教师履职履责行为，全面提高学校师德建设水平，2019 年，学校又颁布了《陕西师范大学教师师德失范行为处理办法（试行）》，列出 8 项属于师德失范行为的负面清单，明确了具体的处理程序和处理措施，为规范教师师德师风建设提供了制度保障。同年，为健全师德师风问题应对机制，提高突发事件处置能力，有效预防、及时控制和妥善处理师德失范突发事件，学校印发《陕西师范大学师德失范问题应急处理预案（试行）》，详细规定了应急处置工作机制和处置程序，为及时有效地处理师德师风突发问题提供了预案。

四、优化人才人事管理，提高人才队伍建设质量

学校坚持爱才敬才和严格管理相统一。做到政治上充分信任、工作上创造条件、生活上关心照顾，优化人才人事管理制度，积极为人才办实事、解难事、做好事，增强人才的荣誉感、归属感和获得感，为提高人才队伍建设质量提供切实的服务保障。

学校坚持目标导向、系统思维，全方位打造人才培养体系。自主培养人才，是从根本上解决人才和队伍发展需求问题的最终路径。高质量的人才和队伍培养体系，能够充分发挥人才潜能和第一资源的作用，更好地促进学校人才和队伍可持续发展、高质量发展。要提高人才培养质量，首先在于尊重人才成长规律。

学校为遵循人才成长规律，合理制定人才培养的中长期发展规划。针对不同类别、不同年龄、不同层次的教师，制定有针对性的培养计划，使人才各尽其用。学校为基础学科和"高精尖缺"领域研究的人才，提供了充足的成长时间和广阔的发展空间，不苛求一蹴而就。

学校抓好源头培养，有关部门努力甄别、发现有培养潜力的青年教师，每年遴选一定数量青年学术骨干重点支持，高起点、严要求、重点培养。为给人

才发展提供坚实的储备，学校进一步扩充师资博士后的规模，分学科、分研究类型构建博士后多元化培养体系，做宽做深师资蓄水池。以"红烛名师"培育计划、"红烛菁英人才"储备计划等项目为支撑，学校形成分层分类青年教师培养体系，促进青年教师快速成才；还主动为青年教师搭建平台，让其在关键岗位上和重大项目攻关中经风雨、见世面、壮筋骨、长才干，真正使青年教师人生的关键期成为事业发展的黄金期。

学校抓实过程跟踪，建立跟踪培养机制，完善全链条培养体系，畅通人才成长渠道；不断优化教师培训体系，丰富教师职业培训形式和内容，形成"系统化、专业化、国际化"培养培训机制；经常性关心引导有高潜质、大志向的教师，为其排忧解难，让他们潜心教学科研，勇攀学术高峰；深入实施校院两级领导干部联系人才制度，开展经常性谈心谈话，加强与人才"一对一"联系沟通，及时为人才答疑解惑，加油鼓劲。

学校不断健全人才服务保障工作体系，完善教师荣誉表彰制度，做好人才平时激励、专项表彰奖励工作，落实医疗保障、休养休假、子女教育等政策，定期开展走访慰问活动，关注心理健康，丰富文体活动，保障合法权益，切实解决人才的后顾之忧，让人才安家、安身、安心、安业，更好履职奉献。在为人才提供保障和服务的同时，学校也着力做好人才的考核和激励，定期梳理研判人才安全面临的风险挑战，及时开展人才安全风险排查，建立人才安全事件应急预案，为教师成长及时纠正偏差，强化动力，确保教师始终行进在正确的人生成长轨道上，确保人才意识形态、敏感信息、人身财产等方面的安全。

学校不断加大支持力度，积极支持教师冲击国家级项目和国家级人才支持计划，推动实施《陕西师范大学优秀青年创新团队建设计划实施办法》等，强化团队培育，扩大人才基数，以团队建设推动更多的人才脱颖而出。

学校长期坚持绩效导向，通过深化改革，充分发挥人才和教师队伍的效能，为用好用活各类人才，学校树立正确的导向，建立科学的评价体系。

一是深化评价机制改革。学校明确人才基础岗位职责，着力破"五唯"、立新标，将讲授本科生及研究生核心课程、组建学术团队，以及解决国家战略需求、承担国家重大重点科研项目等作为人才基础岗位职责，引导人才落实立德树人根本任务，践行教书育人使命。学校完成以成果成效为导向的评价改革，突出成果质量贡献导向，把教育教学实绩、创新能力水平、成果质量贡献作为考核评价的核心要素，积极探索过程评价和结果评价、短期评价和长期评价、个人评价和团队评价相结合的评价方式办法，推行代表性成果评价，探索长周期评价，建立健全适合不同学科特点和要求的评价标准，构建高质量导向更加鲜明的专业技术职务评聘新体系，树立正确导向，激发内生动力。

二是深化激励机制改革。学校推动绩效分配改革，修订《学院综合管理与发展津贴实施办法》等，进一步理顺一次分配和二次分配的关系，突出一次分配的"绩效"导向和二次分配的"精准"要求，健全成果贡献奖励制度，加大激励，拉开差距，激活存量，扩大增量，推动形成"你追我赶、争先恐后、尽锐出战"的局面，鼓励引导人才产出更多高水平、标志性重大成果；启动教师岗位分级聘用，建立"岗位能上能下，待遇能升能降"的竞聘工作机制，激发教师干事创业的积极性和创造性，推动高质量成果产出；出台《陕西师范大学"红烛"特聘岗位设置及聘用办法》，以创新价值、能力、贡献为导向，破除身份限制，建立特聘岗位开放竞争机制和动态调整机制。

三是深化资源配置改革。学校建立了以业绩贡献为主要依据的岗位设置、团队人员配备、研究生招生指标分配、物理空间分配等资源配置模式，强化资源使用效益意识。基于此，学校优化资源配置方式，加强对资源的问效，减少基础性资源配置比例，增加奖励性资源配置比例，为想干事、能干事的人才倾斜更多资源，让资源跟着事业走，最大限度地提高资源使用效益。

学校的人才和队伍建设成效初步显现。在示范引领方面，西北濒危药材资源开发国家工程实验室教师团队、中国古代文学教师团队接连入选全国高校黄大年式教师团队，现代教育技术教师团队入选陕西省高校黄大年式教师团队，外籍教师娜塔莉·察廖娃荣获"陕西三秦友谊奖",陈亚芍、章竹君、李少梅等先后获评全国优秀教师、陕西省教书育人楷模、陕西省师德标兵等荣誉称号。在人才和队伍建设方面,据2022年统计,学校45岁及以下青年教师人数从1055人增长至1246人(占比61.8%),成为学校各项事业发展的主力军。在入选"博士后创新人才支持计划"、各类博士后基金资助方面取得新成绩,位居部属师范大学前列。2018—2021年连续四年入选"博士后创新人才支持计划",2022年获得中国博士后科学基金共计15项,在部属师范大学和同城高校中均排名第三,全国排名为第57位,博士后作为师资队伍"蓄水池"和科研后备力量的作用日益凸显。在高层次人才引育方面,2019—2022年,学校新增各类国家级人才37人次,省级人才57人次,学校顶尖人才数量大幅增长,国家级人才增幅达到近60%,新增全国高校黄大年式教师团队等8个省部级以上团队。学校现有国家级人才(含团队带头人)68人,其中中国科学院院士1人,双聘院士8人,国家级领军人才22人(含万人、千人、长江、杰青等计划入选人才),青年拔尖人才25人(含青拔、青千、青长、优青等计划入选人才);另有省部级人才211人。尤其是2021年,学校院士评选取得历史性突破,房喻教授入选中国科学院院士,学校实现自主培养院士零的突破。2023年,学校新增国家级领军人才9人、四青人才6人,另有3人获批国务院政府特殊津贴,15人新入选省级人才(团队)计划,国家级高层次人才引育数量再创新高。体育学、音乐学国家级人才取得历史突破。

总之,学校建立了党委统一领导、各单位分工负责、用人单位承担主体责任、各职能部门广泛参与的党管人才工作系统。在这个工作系统中,学校统筹协调各方面力量形成做好人才工作的合力,厚植育苗沃土,着力筑巢引凤,打造了一支适应学校加速发展高质量发展需要的政治强、业务精、师德优、有作为的高素质人才队伍。学校党管人才机制日臻完善,师德师风建设成效明显,人才队伍规模质量持续攀升,人事人才管理制度不断优化,人才和队伍建设体系有力地助推了全面建设世界一流师范大学任务的有效落实。

第六节　以评价荣校科学保障实现高质量发展的制度体系

第十一次党代会召开以来，学校遵循教育发展规律，系统设计、辩证施策，全面推进治校办学、教师评价、学生评价、用人评价改革，树立科学的教育发展观、人才成长观、选人用人观，着力建设形成一套系统完备、科学规范、运行高效的"2+4+X"制度体系，确立起新的科学评价标准，引领学校高质量发展。

一、聚焦重大改革课题，推进教育评价改革的时代背景

改革开放以来，经过多年的探索与实践，教育评价在理论和实践方面取得了巨大成绩，在引导教育改革及教育发展方向上发挥了重要作用。教育评价理念不断与时代相衔接，逐步确立起教育评价体系，评价的科学化和民主化水平不断提高。但教育评价体系仍存在较多的不足，唯分数、唯文凭、唯帽子等问题较为突出，与新时代建设教育强国、办好人民满意的高等教育目标不很一致，因而高等教育评价改革成为重大教育改革中的重要课题之一。

党的十八大以来，习近平总书记高度重视教育评价改革，做出一系列重要指示批示，为深入推进教育评价改革提供了工作指导方针。2018年9月，习近平总书记在全国教育大会上强调，要坚决克服唯分数、唯升学、唯文凭、唯论文、唯帽子的顽瘴痼疾，从根本上解决教育评价指挥棒问题。2020年9月，习近平总书记在教育文化卫生体育领域专家代表座谈会上强调，要抓好深化新时代教育评价改革总体方案出台和落实落地，构建符合中国实际、具有世界水平的评价体系。2022年4月，习近平总书记在考察中国人民大学时又强调，我国有独特的历史、独特的文化、独特的国情，建设中国特色、世界一流大学不能跟在别人后面依样画葫芦，简单以国外大学作为标准和模式，而是要扎根中国大地，走出一条建设中国特色、世界一流大学的新路。党的二十大报告中指出：要"深化教育领域综合改革""完善学校管理和教育评价体系"①，强调要坚持以教

---

① 《高举中国特色社会主义伟大旗帜，为全面建设社会主义现代化国家而团结奋斗》，见《习近平著作选读》第1卷，人民出版社，2023年，第28页。

育评价改革牵引教育领域综合改革的方向和重点。2023年5月，在中共中央政治局第五次集体学习时，习近平总书记再次强调，建设教育强国要深化新时代教育评价改革，构建多元主体参与、符合中国实际、具有世界水平的教育评价体系。习近平总书记的重要指示精神，深刻揭示了新时代教育评价改革的重点任务和关键环节，为深化新时代教育评价改革提供了行动指南和方法路径，也为深化新时代教育评价改革指明了前进方向，明确了奋斗目标。

为破解教育评价改革这一世界性、历史性和实践性难题，2020年10月，中共中央、国务院制定新中国首个关于教育评价系统改革的文件《深化新时代教育评价改革总体方案》。该《方案》以新时代为背景，以克服"唯分数、唯升学、唯文凭、唯论文、唯帽子"（简称"五唯"）的顽瘴痼疾，通过顶层设计、科学筹划来推动教育评价改革进一步深化，是一项全面、系统、专门性的教育政策。其目标在于构建具有中国特色世界水平的教育评价体系，引导教育回归立德树人轨道，服务于社会主义现代化强国建设和中华民族伟大复兴。

《方案》颁布之后，各省市、各学校结合自己的工作实际，开始探索契合国家战略又紧贴自身发展特色和实际的具体实施方案。2021年4月，学校印发了《陕西师范大学深化教育评价改革实施方案》[①]，着力构建符合师大实际、具有国内一流水平的教育评价体系。

二、围绕"2+4+X"制度体系，制定学校教育评价改革实施方案

教育评价改革是荣校之基，也是实现学校内部治理体系和治理能力现代化的关键一环。它为"两条主线"和"一个根本"，乃至整个学校事业发展提供了坚实的制度保障和强大的引擎动力。

学校积极探索构建形成一套系统完备、科学规范、运行高效的"2+4+X"评价制度体系，引导教学科研人员潜心研究与探索创新，培养一流人才，产出

[①]《陕西师范大学关于报送〈陕西师范大学深化教育评价改革实施方案〉的函》，陕西师范大学档案馆藏，业务指导库1，档案号3-2021-行政11-11.0003。

一流成果，主动服务国家需求。其主要组成要素的内涵分别是：

"2"是指哲学社会科学与自然科学高质量科研业绩认定办法。2022年5月，学校制定《陕西师范大学哲学社会科学高质量科研业绩认定办法（试行）》《陕西师范大学自然科学高质量科研业绩认定办法（试行）》。两个《办法》以习近平新时代中国特色社会主义思想为指导，坚持以质量、绩效、贡献为核心评价指标，进一步完善以质量为导向、符合哲学社会科学与自然科学特点和发展规律的科研评价体系，以评价改革激发教学科研人员的积极性和创造性，促进产出高质量的科研成果。该办法坚持分类评价与整体评价、内容评价与形式评价、同行评价与期刊评价、学校评价与学院评价、团队评价与个人评价相结合，构建起业绩成果T级认定体系，分为T0—T6共计7个级别。其中，哲学社会科学的业绩包括纵向项目、横向项目、成果奖、科研论文、著作、科研平台和应用成果7个类别，将项目驱动研究、高水平研究成果产出、科研和教学成果获奖、社会服务和服务国家战略需求等紧密结合，涵盖了哲学社会科学研究成果产出的方方面面，更有助于激发教师的科研活力和贡献精神，做到人尽其才、努力奋进。自然科学类科研业绩包括纵向项目、横向项目、成果奖、科研论文、著作、重点科技创新平台、标准（知识产权）、成果转化、应用成果9个类别，将高水平科研成果产出、科研成果转化、科研创新团队建设和平台建设以及应用成果等统一纳入评价范围，形成了与国家基础研究和重大科技创新研究战略相匹配的评价导向，有利于科研创新潜力的发挥和高质量研究成果的产出。这两个《办法》的出台，强化了分类评价，按照成果类型建立了新的评价标准，破除了"五唯"顽疾，激发了学院工作的主动性，实现了多种评价方式方法的紧密结合，符合新时代教育评价改革的导向和目标。

"4"是指学校近年来相继出台的特聘岗位设置和聘用办法、教师岗位分级聘用办法、专业技术职务评聘办法、研究生导师岗位管理办法等。具体来说，一是构建高层次人才特聘新机制，优化人才评价体系。制定《高层次人才特聘岗位设置及聘用办法》，构建起高层次人才特聘岗位开放竞争和动态调整机制，全方位培养、引进、用好人才。该机制的特点为四个突出。突出重点，学校围绕"四维驱动"学科布局和发展思路，基于学科建设与学校发展需要设置岗位，引进人才；突出实绩，实行"帽子＋成果"模式，将在人才培养、科学研究、社会服务等方面取得突出业绩成果的同等水平人才，分类纳入相应层次高层次人才特聘岗位；突出职责，各层次人才与学校签订聘用合同，约定明确清晰的高标准岗位职责，从严考核；突出激励，学校根据岗位类型、层次和职责，科学确定特聘岗位薪酬待遇、住房待遇、平台建设经费和其他相应支持条件。二是出台教师与其他专业技术岗位设置及人员聘用办法，优化专业技术职务分级评价体系。强化标志性业绩要求，树立高质量成果导向，岗位职责和聘用条件的制定均强调高质量、标志性和代表性，增强专业技术人员的岗位责任意识和竞争意识；推进按需设岗及按岗聘用，根据一流学科建设和学校事业发展需要，科学设置各单位各系列专业技术职务人员各级各类岗位；建立常态化岗位晋升机制，调整按轮次开展岗位聘用机制，学校原则上每年发布通知开展一次空岗补聘工作，激发队伍活力；规范岗位聘用程序及要求，明确立德树人和师德考核要求，设置聘用的限制条件和"一票否决"，建立直通车机制，分层分类确定聘用程序。三是构建专业技术职务评聘新机制，优化职称评价体系。根据修订后的《陕西师范大学专业技术职务评聘工作办法》，形成专业技术职务评聘的新机制如下：实行代表性成果机制，破除论文、项目、学历、出国境经历等对于人才发展的束缚，全面实行代表性成果评价，改"单一性""唯一性"指标为"多元化""显示度"指标，弱化成果数量要求；优化分类评价机制，按不同类型教师以及不同系列其他专业技术人员，分别制定评价标准和晋升条件，进行分类管理、精准评价；健全发展性评价机制，改"必备＋选项"模式为"菜单式"，参评人员可根据自身特长和发展方向选择不同类型成果进行积累；完善多元晋升机制，在继续实行正常晋升、破格晋升及按临近退休参评的基础上，增设校长提名通道，改革特聘人才评审渠道；构建评审监管机制，建立完善的工作监督、申诉受理和诚信承诺等机制，加强评审过程的监管力度。四是构建研究生导师管理新机制，优化导师评价体系。严格政治要求，导师管理实行师德师风失范"一票否决"；明确导师的职责与权利，落实导师立德树人根本任务；打破身份固化，推动导师管理从身份管理向岗位管理转变，实现导师岗位评聘合一；实行逢招生必申请，突出标志性成果与高质量培养绩效导向与多元化评价体系；实行"岗前＋在岗"校院两级培训体系，健全以"立德树人、履职尽责"为核心的导师考核评价体系。

"X"是指学校近年来出台的与教育评价改革相关的政策文件。2021年，学校印发《陕西师范大学教育改革评价实施方案》，开展了涉及6类评价主体28项规章制度或具体做法的清理规范工作，完成了85项改革举措的落地。这些改革评价举措强化绩效导向，将绩效评价结果作为项目调整、后续支持的重要依据，引导基本科研业务费向优秀人才和团队倾斜，提高科研经费使用效益。同时，加快建成全方位、全过程、全覆盖的学校预算绩效管理体系，探索构建学校全成本核算管理办法，全面、真实地反映学校成本信息，建立了投入产出评价机制。在"X"体系中，学校积极推进各项具体措施落地生效，如改进预算管理、优化资源配置的制度保障等，充分发挥这些改革举措的导向作用。

三、贯彻"四个落实"，构建彰显师大特色的评价机制

学校建成的"2+4+X"教育评价制度体系，体现了对两条主线的落实，凸显了师范大学的办学特色，反映了建设中国特色、世界一流师范大学的目标定位。具体来说，学校的教育评价体系改革体现了"四个落实"。

一是落实党对改革的全面领导，坚持正确办学方向。改革教育评价体系，提高各级党委和行政班子科学履职水平，完善学校立德树人落实机制，健全引导教师潜心育人的评价制度，促进学生全面发展的评价办法多元化，促使选人用人方式更加科学，是新时代党和国家推动全面深化教育改革的重大部署。因此，把党的领导落实到教育评价改革中去，增强党在教育评价改革各个层面、各个环节的统领作用，以高质量党建引领推动教育评价改革工作高质量开展，

是扭转不科学的教育评价导向、克服"五唯"顽瘴痼疾、促使教育回归育人本位的制胜法宝。

坚持党的全面领导是教育评价改革在陕师大方案中遵循的根本原则。在改革的组织领导方面，学校深化教育评价改革领导小组由党委书记和校长担任双组长，其他常委会委员、校长助理和党委校长办公室主任为成员。学校党委认真落实领导责任，坚持和完善党委领导下的校长负责制，将党委统一领导、党政齐抓共管、部门各司其职的领导体制落到实处。把思想政治工作作为学校各项工作的生命线，构建学校党建和思想政治工作"1+8+X"制度体系，制定出台校院"两级四类"议事规则，修订"三重一大"、风险评估办法，规范常设性议事协调机构运行程序。修订完善学院党委（党总支）会议、党政联席会议议事规则，进一步坚持和加强党的全面领导。强化"一线规则"实施和监督考核，提高"一线规则"落实质量。

同时，学校以党建引领推动教育评价改革措施的落实，强化责任意识和使命担当，把思想和行动统一到党中央的决策部署上来，实现"党建＋教育评价"同频共振，切实发挥"火车头"的政治引导作用，把正确的教育评价改革理念贯彻落实到学校教育教学及管理工作的具体实践之中。

二是落实立德树人根本任务，坚持以人才培养为中心。坚持在教育评价改革中立德树人，是培养德智体美劳全面发展的社会主义建设者和接班人的应有之义与应遵循的基本原则。在国家颁布的《深化新时代教育评价改革总体方案》中，指导思想、实施原则、具体措施都体现了落实立德树人根本任务的要求。在指导思想中，《方案》明确提出"落实立德树人根本任务"，突出了立德树人在教育评价改革中的思想指导地位。在主要原则中，《方案》强调"坚持立德树人，牢记为党育人、为国育才使命"，阐明了教育评价改革中应体现立德树人的成效。在学校及其学生评价中，《方案》强调学校评价的重点是"做好思想政治工作和意识形态工作"，学生评价的要求是"坚持以德为先、能力为重、全面发展"。从这些方面可以看出，立德树人成效贯穿于《方案》始终，是《方案》的思想引领、行动指南和内容要求。

在《方案》指导下，学校坚持将立德树人成效作为教育评价改革的根本标准，坚持"育人的根本在于立德"，遵循教育规律和人才成长规律，坚持以德为先、能力为重、全面发展，发挥好教育评价的导向、激励、引领作用。为此，学校先后出台了《陕西师范大学研究生课程思政建设推进实施办法》《陕西师范大学本科教材建设与管理办法》《陕西师范大学研究生教材建设与管理办法》《新时代本科生劳动教育工作实施方案（试行）》等一系列文件，推动完善本科生、研究生思政课程和课程思政体系建设，强化公共艺术中心美育功能，加大体育教育和评价比重，补齐劳动教育短板，做实教育教学实践，在考核评价上凸显以"德"为先；还出台了《陕西师范大学本科生导师制实施方案（修订）》，明确教授和各类导师为本科生上课、指导论文和各级各类学生竞赛等职责，凸显人才培养根本，促进学生全面发展。

三是落实"破五唯立新规"要求，坚持成果质量导向。《深化新时代教育评价改革总体方案》要求改变科研评价、人才称号在教师评价中的权重，着力提升师德师风、教育教学的地位。因此，学校构建了丰富多元的评价体系，以完善教育评价生态系统，这有利于促进教育回归教师"教书育人"的本质，塑造良好的教育生态。

为实现教育评价中破和立的结合，学校出台哲学科学与自然科学高质量科研业绩认定办法，构建起业绩成果T级认定体系，以对一流学科建设的贡献度为标准，重点支持从0到1的突破；强化分类评价，按成果类型建立新标准，破除"五唯"顽疾；进一步落实"放管服"，按成果层次采取"学校指定＋学院推荐认定"的模式，激发学院主动性。尤其是突出了质量导向，重点评价学术贡献、社会贡献以及支撑人才培养情况，不将论文数、项目数、课题经费等科研量化指标与绩效工资、奖励挂钩。

四是落实引领基础教育责任，坚持师范教育主业。不同类型高校分类发展，引导不同类型大学科学定位，办出特色、办出水平，是中国式教育现代化建设的重要内容。建设教育现代化强国既需要各类型学校培养出各类型优质人才，也需要不同类型高校做出不同的科学研究服务于社会、教育的发展。在此背景下，基于高等教育类型的不同，其评价改革的实质是不同类型高校的个性与高等教育共性之间的统一。促进高校分类评价是高等教育评价改革的本质要求，是推进高等教育分类发展、强化不同类型大学办学特色的重要举措。因此，引导高等教育分类评价，建立符合其办学特色的评价指标体系，既能保证不同类型大学在评价时的公平，又可以防止受评价"指挥棒"的影响而模糊自我办学定位和特色。

学校作为一所师范大学，教师教育是立校之本，是主责主业，也是特色和优势所在。学校坚持以教师教育为本的办学定位，加强教师教育主责主业建设，积极参与构建师范院校和合格教师评价体系。学校成立教育学部，统筹学校教师教育学科建设、课程与教学研究、学科课程与教学论教师队伍发展工作；成立教师教育处，做好教师教育办学资源的组织协调、职前职后教育培训规划统筹；成立附属学校管理办公室，主要负责统筹附属学校管理工作，推动附属中学、附属小学、幼儿园建设发展和办学质量提升，推动基础教育资源与教师教育深度融合；成立陕西师范大学教师发展研究院，与陕西省教育厅共同建设，以加强教师教育研究。学校还以师范专业认证体系为标准，不断完善师范生人才培养体系和师范生评价体系建设，培养德智体美劳全面发展的新时代卓越教师，突出学校教师教育特色。总体来说，学校强化教师教育研究体系和师范生人才培养实践体系，以理论与实践相结合加强卓越教师培养体系和评价体系建设。

四、遵循"四个坚持"，构建国内一流的教育评价模式

教育部把深化教育评价改革作为"龙头之战"和"最硬的一仗"，全面落实好《方案》是学校综合改革的重点工作，而落实的关键在于构建国内一流的教育评价模式。经过自我的探索与实践，结合国内外高校教育评价模式的实践经验，学校探索出一种既贯彻落实国家《方案》精神，又契合学校自身发展特

点的教育评价模式,其内容具体体现在遵循"四个坚持"上。

第一,坚持立德树人。学校牢记为党育人、为国育才使命,坚持师范为本的办学定位,坚持将立德树人的成效作为评价的根本标准,确立科学育人目标,牢牢把握正确办学方向。

学校将落实党的全面领导、坚持正确办学方向、加强和改进学校党的建设以及党建带团建队建、做好思想政治工作和意识形态工作、依法治校办学、维护安全稳定,作为评价学校及其领导人员、管理人员的重要内容。近年来,学校制定了《陕西师范大学加强校级领导班子建设实施细则》《陕西师范大学处级领导班子和领导干部年度考核办法》以及学院综合管理与发展津贴实施办法等,印发了科级以上干部违反党规党纪、校纪校规负面清单,明确校领导的行为准则和工作要求,完善处级干部分类考核机制,将立德树人成效作为教学科研单位考核的主要标准,突出立德树人在评价学校、学院发展中的重要作用。

学校将践行教书育人使命、师德师风规范作为教师评价的第一标准。在落实教师评价改革中,学校制定《陕西师范大学加强和改进新时代师德师风建设实施细则》,健全完善师德考核机制,把师德表现作为业绩考核、职称评聘、评优奖励的首要要求,强化教师思想政治素质考察,推动师德师风建设常态化、长效化。学校系统设计教师荣誉制度,奖励贡献突出的教学一线教师,深入学习宣传师德先进典型,鼓励二级单位开展荣休相关活动,推选优秀教职工讲述教学、科研、管理和服务的经验与故事,营造尊师重教、崇德尚美的良好氛围。

在学生评价改革方面,树立科学成才观念。学校坚持以德为先、能力为重、全面发展,修订本科生、研究生综合考评办法,建立本科生、研究生综合素质档案,科学设计各级各类教育的德育目标要求,探索学生、家长、教师以及社区等参与评价的有效方式,完善综合素质评价体系,切实引导学生坚定理想信念,厚植爱国主义情怀,加强品德修养,增长知识见识,培养奋斗精神,增强综合素质。

第二，坚持问题导向。学校从党中央关心、社会关注、师生关切的问题入手，破立并举，将评价改革落地，以推进教育评价关键领域改革取得实质性突破。

在学校评价方面，制定《陕西师范大学一流学科建设管理办法》，建立以任务为牵引的管理模式，强化人才培养中心地位，淡化论文收录数、引用率、奖项数等数量指标，突出学科特色、质量和贡献权重，纠正片面以学术头衔评价学术水平的做法，教师成果严格按署名单位认定、不随人走。

在教师评价方面，克服重科研轻教学、重教书轻育人的现象，把师德表现作为业绩考核、职称评聘、评优奖励首要条件，强化教师思想政治素质考察。学校制定《陕西师范大学加强和改进新时代师德师风建设实施细则》，在教师招聘和引进、合同管理、考核、职称评聘、岗位聘用、项目申报、评优评奖、导师遴选等教师管理工作中，把师德表现和认真履行教学职责作为基本要求。学校健全完善师德考核机制，全面实行师德年度考核工作，推动师德师风建设常态化、长效化。学校建立师德失范通报警示制度，定期发布师德失范典型案例，建立师德师风问题严重教师禁入制度。学校在改进教师科研评价方面突出质量导向，确立基于学术贡献、社会贡献以及支撑人才培养情况的评价制度。根据不同学科、不同岗位特点，建立不同形式科研成果在人才申报、职称评审、教师岗位分级聘任等方面的使用机制，将科研成果纳入包含思想政治、师德师风、教育教学、社会服务、专业发展等方面的综合评价，不简单将科研成果数量作为教师评价的限制性前置条件。学校规范高校教师聘用和职称评聘条件设置，不再将国（境）外学习经历作为限制性条件。学校切实精简人才"帽子"，不再将人才称号作为承担科研项目、职称评聘、评优评奖、学位点申报的限制性条件。在修订后的《陕西师范大学特聘岗位设置和聘用办法》中，依据实际贡献合理确定人才薪酬，构建起适应新时代发展要求的人才评价和考核机制。

在学生评价方面，建立了全人教育的综合评价机制。学校修订了本科生、研究生综合考评办法及校院两级各类学生奖助学金评选奖励办法，建立了本科生、研究生综合素质档案，把德育、智育、体育、美育和劳动教育的学习和实践情况纳入学生综合素质档案。

在用人评价方面，学校坚持树立正确的用人导向。修订教师岗位设置和聘用办法，扭转"唯名校""唯学历"的用人倾向，建立以品德和能力为导向、以岗位需求为目标的人才使用机制，改变人才"高消费"状况，形成了不拘一格降人才的良好局面。

第三，坚持科学有效。学校改进结果评价，强化过程评价，探索增值评价，健全综合评价，利用新一代信息技术，提高教育评价的科学性、专业性和客观性。

在学校整体评价方面，突出绩效导向。学校制定了《陕西师范大学"一流学科"建设高校实施方案》，突出培养一流人才、产出一流成果、主动服务国家需求，引导全体师生争创世界一流。为突出教师教育这条主线，学校加强教师教育评价能力建设，围绕师范院校评价、合格教师评价，开展专业化研究和评价标准探索。学校改进高校经费使用绩效评价，完善预算绩效管理制度，建立投入产出评价机制，加大对教育教学、基础研究支持力度，使资金分配向教育教学、基础研究倾斜。

在教师评价方面，学校突出过程性评价，强调教师综合贡献的考核。学校修订了《陕西师范大学本科教学工作量管理办法》《陕西师范大学研究生教学工作量管理办法》，将教师参与教研活动、编写教材和案例，以及指导学生毕业论文（设计）、就业、创新创业、社会实践、社团活动、竞赛展演等计入工作量。学校实施教材建设国家奖励制度，完善国家教学成果奖评选制度，优化获奖种类和入选名额分配。学校根据认定的高质量高水平科研成果，修订的业绩奖励激励办法，突出质量导向，建立基于学术贡献、社会贡献以及支撑人才培养状况的评价制度。学校对取得重大理论创新成果、前沿技术突破、解决重大工程技术难题、在经济社会事业发展中做出重大贡献的人员，申报高级职称时论文可不做限制性要求。学校鼓励首个聘期考核优秀的高层次人才续聘时与学校签订科学规范、业绩导向显著的长期服务合同，并建立奖惩和退出机制。

在学生评价方面，树立科学成才的观念。学校在学生评价中，利用现代信息技术，通过开发 App 等形式，探索出了学生、家长、教师以及社区等参与评价的有效方式。学校还通过修订本科生、研究生培养方案,改进评价机制等方式,在本科一、二年级开设体育必修课,在本科三、四年级和研究生阶段开设体育选修课,明确公共艺术课程和艺术实践学分要求,以及劳动教育的目标要求、学生参加劳动的具体内容和要求,并将体育、美育和劳动教育的考核结果纳入学生综合素质档案。学校完善本科生和研究生学业考评制度,强化学业各环节考核,提高过程性考核比重,将过程性考核与终成性评价有机结合。学校修订《陕西师范大学学分银行管理实施细则》,建立灵活多样、包容性强、科学合理的学分积累和转换机制,实现不同类型教育、学历与非学历教育、校内与校外教育之间互通衔接,打通终身学习与人才成长的渠道。

在用人评价方面,学校科学合理地确定各岗位职责,完善以岗定薪、按劳取酬、优劳优酬的重实绩、重贡献的激励机制。

第四,坚持统筹兼顾。针对学校、教师、学生和教学、科研等评价体系建设,学校稳步推进各项改革工作,以系统、整体、协同的设计来推进改革措施的落地,以增强改革的实效性。

学校科学把握"破与立""唯与不唯"的辩证关系,破立并举地统筹推进改革任务"废、立、改、留",让改革举措既遵循文件精神,又能指导实际工作,在实践层面切实破解难题,从而推进整体发展。尤其是对学校、教师和学生评价,按照破"五唯"要求,学校评价聚焦立德树人成效,教师评价聚焦教书育人使命、师德师风建设、一线学生工作、人才评聘与考核,学生评价聚焦德智体美劳全面发展、严格学业标准,以促进其科学成才。学校还通过官方网站、微信、微博等媒体不断加大宣传力度,合理引导改革预期,促进全校师生达成共识,综合提升学校治理能力。

学校成立深化教育评价改革领导小组,由党委书记、校长担任双组长,统筹协调、宣传引导和督促落实教育评价改革工作;成立深化教育评价改革工作组,负责制定贯彻落实教育评价改革的工作方案、任务清单和负面清单。在领导小组的领导下,学校围绕6个方面20项改革任务,结合学校实际,以85条具体举措推进改革任务落地,从而进一步完善教师潜心育人的评价制度、立德树人的落实机制和促进学生全面发展的评价办法等。同时，秉承激活力、增动力、高站位、扎实推进教育评价改革，出台了科研经费管理办法、中央高校基本科研业务费管理办法和高质量科研业绩认定办法等，建立了科研成果 T 级认定体系；坚持五育并举方针，制定体育、美育、劳动教育实施方案，出台了优秀研究生指导教师评选办法等文件，有效提升教学科研活力。截至 2023 年底，《陕西师范大学教育改革评价实施方案》中 85 项改革举措，已完成或阶段性完成 80 项，完成率 94%，已出台教育评价改革相关文件 33 份。教育评价改革在学校发展中的引擎作用正在显现。

总之，学校以落实中共中央、国务院《深化新时代教育评价改革总体方案》为指引，在校党委的统一领导下，以"四个坚持"为根本，完善党对学校工作全面领导的机制体制，重点围绕学校评价改革、教师评价改革、学生评价改革以及用人评价改革而开展工作，从而建立起有助于落实立德树人根本任务，有助于树立风清气正的风气，有助于推动潜心育人环境更好发展，有助于实现全人教育评价体系构建的系统综合评价体系，形成了坚持师范为本的办学定位，统筹兼顾过程与终成、增值评价与综合发展的特色评价体系。

第七节　附中、附小、幼儿园的历史沿革和发展成就

作为一所以教师教育为主责主业的师范大学，主办附属中小学和幼儿园，既是助力所在大学教师教育发展的客观需要，又是引领所在地区基础教育发展的目标定位所为。陕西师范大学附属中学、附属小学和幼儿园为国家基础教育事业的发展做出了重要贡献，引领示范西北乃至全国基础教育发展。并且，陕西师范大学附属中学、附属小学和幼儿园，在解决教职工子女教育的后顾之忧且稳定教师队伍，为大学师生提供教育教学实习和教研基地，服务基础教育改革和发展，振兴中西部教育等方面，为学校的高质量发展贡献了智慧和力量。

一、附属中学的办学历史及对陕西师范大学发展的贡献

陕西师范大学附属中学是一所拥有悠久办学历史和鲜明红色基因的完全中学，是教育部义务教育教学改革实验校，是陕西省首批示范高中。在一百一十四年的发展历程中，始终坚守"爱国·模范"教育初心，牢记教育强国使命，秉承"为学生可持续发展奠基"的办学理念，弘扬"西部红烛两代师表"精神，为国家培养了数以万计的优秀人才，为学校的发展做出了重大贡献。

（一）附属中学的办学历史

陕西师范大学附属中学肇始于1910年陕西提学使余堃创办的位于西安北大街二府坑的陕西省模范两等小学堂（1910—1912年）。之后历经了长安小学校（1912—1917年）、私立成德中学校及附属小学校（1917—1927年）、陕西省立中山中学校（1927—1934年）、陕西省立西安第二初级中学（1934—1940年，1938年迁往宝鸡）、陕西省立西安第二中学（1940—1949年，1946年迁回西安北大街）、陕甘宁边区西安第二中学（1949—1950年）、陕西省西安第二中学（1950—1955年）、西安师范学院附属中学（1955—1960年，1956年迁到南郊长延堡今陕西师范大学雁塔校区院内）、陕西师范大学第一附属中学（1960—1972年，1961年迁到大雁塔西侧翠华路115号现址）、西安市第八十四中学（1972—1979年）这些时期，于1979年更名为陕西师范大学附属中学，校名和校址保持至今。2023年，在长安区设立附中新校区，学校在漫长的历史演变中，7次变更校址，11次变更校名，涌现出屈武、杨明轩、张寒晖、江隆基等一批勇立时代潮头的杰出师生代表。改革开放四十多年来，学校立足悠久校史，开拓创新进取，推动各方面工作发生了翻天覆地的变化，谱写了基础教育的华丽篇章。

（二）附属中学对陕西师范大学发展的贡献

1. 提供教育教学实践和就业发展平台，为学校师范生培养质量提升提供有力支撑

附属中学作为陕西师范大学公费师范生教育教学实习基地学校，通过跟岗

实践、学科指导，切实提升了陕西师范大学毕业生教育教学等业务水平，同时为附属中学培养了一批又一批优秀的青年教师。截至 2024 年 5 月，学校有专任教师 318 人，高、中级职称教师占 90% 以上；正高级教师 6 人，特级教师 2 人，博士 9 人（含在读），硕士 221 人；省市区级名师、省市区级学科带头人、教学骨干、教学能手共 210 人次；省市区级名师工作室、工作坊 22 个，国家级赛教一等奖获得者 59 人。特级教师、名师在对大学部选派的师范生实践培养中发挥示范引领作用，通过提供专题讲座、讲授示范公开课、指导学生实习、提供学生见习和研习的机会等方式，切实提高了师范生的培养质量。

2. 打造大学中学教研共同体，助力学校发挥基础教育领域示范引领作用

附属中学围绕着大学教师教育基地建设以及教师教育发展这条主线，服务和推动西部基础教育事业发展，创新"地方—高校—中小学"协同机制，打造教师发展的"示范点""新高地""桥头堡"，为全省乃至全国教师发展提供附中经验和师大模式。附中被评为西安市普通高中新课程新教材实施市级示范学校，获批陕西省中小学学科优质教学基地、西安市教师教育实践基地、北京大学博雅人才共育基地、清华大学创新人才培养基地、陕西师范大学大中小学"大思政课"一体化建设基地等教育基地。

1990 年 8 月，经国家教委教直〔1990〕034 号文件批准，由陕西师范大学教育系张熊飞教授主持的"诱思探究教学"实验研究列入国家教委直属师范大学基础教育改革与发展研究项目。从 1991 年开始，附中的语文、数学、外语、物理、化学五科参与"诱思探究教学"实验，逐步形成了"教师为主导、学生为主体、思维为主攻、训练为主线"的基本教学特色。1995 年 10 月，经全国教育科学规划领导小组办公室主持通过国家级鉴定，1996 年 3 月，由陕西省教委下发文件向全省推广。在多年的实验研究中，附中部分教师一直参与其中，"诱思探究教学"实验研究已经历了调查体验、实验摸索、筛选深化三个阶段，取得了显著的社会效益，显示了它的生命力，初步形成了比较系统的"诱思探究教学理论"。

生态体验德育是陕西师范大学附属中学与大学专家学者合作开展的又一教学研究项目。2005年9月，附中加入"十五"规划教育部重点课题"生态体验：培养健康人格的德育模式研究"的研究团队。2007年10月，附中获批了"十一五"规划教育部重点课题"生态体验式德育的案例和问题研究"的实验基地和子课题。参与课题研究的教师结合附中实际，开展一种融合德育实践与德育模式的生态体验德育实验，目的是探索道德教育的有效途径和策略。2007年9月，附中加入香港中文大学和北京东方道德研究所共同主持的中华美德教育行动课题研究。通过参与生态体验德育课题研究，在拓展训练和体验式教育亲验活动中，不断提升师生道德认知水平和道德行为能力，着力培养学生认知与行为的一致性，使道德教育在实践中凸显出它的实效性和整体教育意义。

"春笋计划"是在陕西师范大学专家学者主持下实施的一项推动创新型人才培养的项目，由陕西省教育厅于2010年发起，附中参与其中。在陕西师范大学生命科学学院有关专家的指导下，附中投资50万资金建设了专门用于学生自主完成生物探究性实验的实验室，先后有20多名学员获得优秀学员称号，20余个课题被评选为优秀课题，10位教师荣获优秀指导教师称号，附中多次获评"春笋计划"优秀生物基地学校。截至2013年，以附中"春笋学员"署名共发表科学研究论文25篇，其中SCI源期刊17篇。经"春笋计划"培训的绝大多数学生的创新意识、探索精神、实践能力都有显著提升，真正实现了大学与中学在人才培养中的协同创新。

3. 实施"名校+"工程，共享优质教育资源，振兴基础教育

附属中学积极响应党和政府"办人民满意教育"的号召，对标陕西师范大学党委提出"把附中办成陕西师范大学在基础教育领域的一张亮丽名片"的要求，积极推动与属地政府合作举办以义务教育为主的公办学校。2010年9月，陕西师范大学与曲江新区管委会联合举办曲江一中，由附中全面负责教育教学和管理工作。2015年，附中与长安大学附属中学、西安市第九十九中学、陕西师大附中分校（今西安崇是中学）组建成大学区，并与蓝田焦岱镇初级中学大

学区、泾河新城大学区组建成跨行政区域大学区。学区内各学校积极开展听课、评课、教学研讨等活动，学区内成员学校与学区长学校互派管理干部和骨干教师40余人。由于在附中的引领下实行大学区制成效显著，附中被西安市教育局评为"大学区管理制"示范校。自2018年开始，附中先后与临潼区、沣西新城、泾河新城、雁塔区、国际港务区管委会合作举办了渭北中学、沣西新城第二学校、沣西新城第四学校、泾河新城第二学校、雁塔区第二中学、西安国际港务区陆港初级中学等6所公办学校。2021年，在陕西师范大学全力推动下，附中长安校区建成并投入使用。2024年与雁塔区合作举办雁塔区第四中学。由此形成了以附中为龙头，多所学校为成员的"名校+"共同体集团化办学模式。为不断满足所在区域广大群众上好学校的需求，彰显陕西师范大学的办学特色和在基础教育领域的影响力，附中"名校+"共同体按照"一长多校"的管理模式，着眼于学校管理、教师队伍建设和教育教学层面的重点问题，加大深度融合和一体发展，进一步发挥了"名校"的辐射带动作用，不断提升"+校"的发展水平以及家长学生的认可度和社会美誉度，促进基础教育优质均衡发展。

自1985年起，完成了中组部、人社部、教育部、陕西省、陕西师范大学在陕西陇县、宁强、汉阴、淳化、蓝田、柞水、延川、甘肃临夏、环县，新疆阿勒泰、哈密，西藏阿里、林芝，云南景谷傣族彝族自治县，贵州沿河县等地的帮扶支教及振兴县域高中工作，不断拓展扶贫支教对象、方式和规模。支教期间，附中通过接收被帮扶学校多批次教师跟岗学习，创建帮扶班级，开展"1+1"结对提升名师培养，"浸入式"跟岗研修，配备结对导师等途径，为当地培养了一大批优秀教师，促进了地方基础教育快速发展，弘扬了陕西师范大学"扎根西部、甘于奉献、追求卓越、教育报国"的"西部红烛两代师表"精神，产生了很好的示范引领效应。

4. 开辟有内涵的特色培养之路，彰显学校教师教育特色

附中一直以陕西师范大学的教师教育办学特色为指引，稳步推进高中特色化建设，逐步形成了以海军航空实验班、公费师范生基地班、国际班、体

育特长生为特色的拔尖人才、高素质国防人才、国际化人才、高水平运动员的培养格局，凸显了"全面加特长、规范有活力、优秀可持续"的办学特色。2008年6月，陕西省教育厅下发通知，决定在附中设立"公费师范生生源基地班"。近十年来，附中为陕西师范大学等部属师范大学输送了一批批优秀师范教育人才。2008年，国家体育总局批准附中成立国家级青少年体育俱乐部。附中以此为依托，大力开展阳光体育、青少年足球、田径训练和比赛活动等，其中足球队成绩突出，稳居陕西省中学校园足球第一。2009年，经教育部备案、陕西省教育厅批准，附中国际部正式成立。经过十余年发展，附中国际部培养的学生遍布英国、美国、加拿大、澳大利亚、瑞士等国，打通了多国别留学、多元化升学的办学路径。2019年3月，附中被教育部、公安部和中央军委政治工作部联合授予"海军青少年航空学校"称号，开办了西北首个海军航空实验班，成为全国14所海军青少年航空学校之一。

自建校以来，尤其是改革开放以来，附中汲取百年文化之精蕴，践行团结、奉献、实干、担当的工作作风，弘扬陕西师范大学"西部红烛两代师表"精神，围绕"内提品质，外塑品牌"的总体目标，培育时代新人，奋力追赶超越，争做基础教育高质量发展的"领头雁"，为陕西师范大学建设中国特色、世界一流师范大学贡献附中力量。

二、附属小学的办学历史及对陕西师范大学发展的贡献

陕西师范大学附属小学系陕西师范大学附属单位，有长安、雁塔2个校区，总占地面积88亩。附属小学全面贯彻党的教育方针，落实立德树人根本任务，发扬"健康的身　温暖的心"校训文化，践行陕西师范大学"西部红烛两代师表"精神，牢固树立服务大学和地方教育发展的理念，不断培养德智体美劳五育并举、全面发展的社会主义建设者和接班人。

截至目前，附属小学的办学规模已经达到教学班68个[①]、学生3400人[②]、

---

① 雁塔校区43个教学班、长安校区25个教学班，合计68个教学班。
② 雁塔校区2300人、长安校区1100人，合计3400人。

教职工 276 人①，拥有一支由 13 位博士、95 位硕士、4 位特级教师、6 位正高级教师、48 位高级教师、1 位国家级名师、74 位省级骨干教师组成的高学历、高职称、高水平的教师队伍，持续在西北地区乃至全国发挥部属类师范大学附属小学的影响力，引领和推动地方基础教育发展。

（一）附属小学的历史沿革

1. 附属小学名称之确立（1958—1962）

1958 年，作为独立建制的西安师范学院在西安南郊吴家坟开办。同年 8 月，西安师范学院、陕西师范学院、西北俄文专科学校联合提请陕西省高等教育局筹办西安师范学院教职工子弟小学，8 月 27 日高等教育局函复批复后，西安师范学院附属小学与陕西师范学院附属小学于同年秋天相继成立。

1960 年 1 月，陕西省人民委员会将陕西师范学院与西安师范学院合并，建立陕西师范大学，两院原有附属小学分别更名为陕西师范大学第一附属小学、陕西师范大学第二附属小学，直至 1962 年 5 月 29 日，这两所附属小学合并，更名为"陕西师范大学附属小学"（简称"附属小学"）。

2. 附属小学开办初期之特色（1962—1978）

创办初期的附属小学由毕德海担任校长，在他的带领下附属小学以"三坚决两坚持"②的做法在办学初期走出了一条实践联系理论的特色道路，形成劳动教育与儿童团组织建设的有效经验，其中于 1964 年形成的《我校四年来建立儿童团组织的实验报告》为陕西师范大学教育系相关学科建设提供了实践经验。

3. 附属小学发展之里程碑（1978）

1978 年 8 月，陕西师范大学划归教育部直属，成为教育部直属的六所重点师范大学之一，附属小学也随之划归教育部主管，这在学校发展史上具有重要的里程碑意义，意味着附属小学迎来了春天，步入了一个新的历史时期。那一年，

---

① 雁塔校区 155 人、长安校区 121 人，合计 276 人。
② "三坚决"即坚决搞好教学工作、坚决执行教学计划、坚决支持教师开展教学工作，"两坚持"即坚持开展思想政治教育工作、坚持做好劳动教育。

时任附属小学校长的罗实琼带领附小人强化党风政风、深化教育改革、扩大办学规模、提升科研能力，干劲十足。

4. 附属小学发展之"快车道"时期（1979—2005）

从 20 世纪 80 年代到 21 世纪初，高素勤、李芳兰、高红健等三任校长励精图治，不断完善管理、精进业务、健全制度，助推学校发展步入"快车道"。

1984 年，学校设立党支部书记、校长、副校长等岗位，设立教导处、教育处、少年队等职能处室，形成组织架构的雏形；1988 年，首次实施家校联系；20 世纪 80 年代末，学校为四至六年级开设信息课；学校编写的《小学数学写写标标第五册》成为全省通用的教学参考用书；附属小学被列入西安市第一批教育教学质量信得过学校，被陕西师范大学评为先进党支部。

学校在高速发展期间，于 1992 年完成了建校后的第 3 次校址搬迁，之后又持续在教学、德育、硬件建设、内涵管理等方面发力，于 1996 年、1997 年连续两年被陕西省少工委授予陕西省红领巾示范校，于 1998 年被西安市教育委员会命名为西安市一级小学，于 1999 年被教育部命名为现代教育技术实验小学、被陕西省教育委员会命名为陕西省示范小学等。

5. 附属小学发展之"科研兴校"时期（2005—2015）

进入 21 世纪，时任附属小学校长的刘建君确定了学校"科研兴校"新发展模式，以"崇尚科学、弘扬人文、彰显特色、突出个性、追求卓越"为准则，积极创建团体认同、心灵安全、个性开放、敢于尝试、乐于探索的师生共同成长的家园。

在 2005 年至 2015 年这十年间，学校尝试开设书法、快乐学国学、少先队活动课等校本课程，探索英语"浸入式"实验教学、"学思维"新课程教学、"电子书包"实验教学等，并在部分学校推广应用，取得了良好的效果，还出版了两部教育成果《嬗变与适应》《探究与提升》，收获颇丰。

6. 附属小学发展之"高质量"时期（2016 年至今）

2016 年至今，附属小学在现任校长侯西科的带领下全面革新办学理念，将校园文化深入浅出地转化为"一所学校过日子的方式",形成了"助力每一个生命的成长"的新时代办学理念,从育人目标中提炼出"健康的身　温暖的心"八字校训,以"注重细节　日常浸润"的方式育人,持续走实、走稳、走好协同教育特色道路,致力于创办部属师范类大学附属小学的典范。

近年来,附属小学在教育教学成果、科技发展、心理健康、体育运动、国学经典、书香校园、美育发展等方面高质量发展,已成为一所具有广泛社会影响力的省级"头雁学校"。2023年学校教育教学成果《"S-U-I-P"协同模式支持下的"梧桐之声"校本化课程开发与实践》获评2022年基础教育国家级教学成果奖二等奖（陕西省第十一届基础教育教学成果特等奖）、学校足球队一举夺得西安市小学男子组足球联赛冠军,2022年学校在全国范围首创了《学生运动技能等级评价标准（试行）》,开创了五育中"体"育量化评价的先河,获得国际、全国、省市区级荣誉不胜枚举。

（二）附属小学对陕西师范大学发展的贡献

1. 同心发展：时刻牢记创办初期的初心与使命

"为大学教职工子女教育服务"的初心：追溯至1958年,当时创办附属小学是为了解决西安师范学院和陕西师范学院等学校教职工子女的基础教育问题,学校是一所子弟小学。为满足教职工一直以来的需求,附属小学砥砺初心,以解决大学教职工子女入学（小学段）问题为己任,为大学高层次人才师资队伍建设、"人才强校"战略实施做出贡献。

"理论联系实际的试验园地"使命：早在1961年就明确了附属小学的办学性质为"教育系理论联系实际的试验园地,是教育系的实习工厂,是一所实验性质的学校"。学校牢记使命,从3个维度践行使命：第一个维度是育人,即育学生,在教书育人的过程中学校不断革新育人方式、完善学科建设、更新课堂模式、创新育人方式；第二个维度是教学,即指向教师,大学培养的教育人才流向小学,开启"人才内循环"模式；第三个维度是教研,目标指向教育教学成果,形成"理论+实践"的独特教研模式。

2. 同向追寻：坚守主责主业为教育强国踔厉奋发

教育是立国之本、强国之基，陕西师范大学是党和国家布局在西部地区的一所部属师范大学，作为其附属小学与有荣焉。

附属小学与大学同向同行，从建校起便坚守教育的主责主业，为教育救国攻坚克难、为教育救国筚路蓝缕、为教育兴国勇立潮头、为教育强国踔厉奋发，不断追寻着大学铸就的"扎根西部、甘于奉献、追求卓越、教育报国"的"西部红烛两代师表"精神，培养了一批批具有"教育家精神"的教师。优秀教师们曾走进甘肃庆阳、临夏，西藏，陕北延安、榆林，陕西宝鸡、旬阳、蓝田、安康等地市支教、送教，在大学的统一部署下形成陕西师范大学基础教育联盟、创新集团化办学新业态，托管了西咸新区泾河新城第三学校、陕西师范大学雁塔第一实验学校等，培育了一批五育并举、全面发展的社会主义建设者和接班人，为祖国西部基础教育的发展做出贡献。

3. 同根生长：躬耕教坛向下扎根，向上生长

终南幽幽，雁塔相伴，附属小学和大学一脉相承，在学校发展的六十六年里，形成了"S-U-I-P"梧桐之声课程体系、心理健康特色教育、教育德育并重、美育体育并行、劳动教育、科技教育等办学品牌和特色，荣获全国学校艺术教育工作先进单位、校园冰雪运动特色校、陕西省素质教育"316工程"督导评估优秀学校、陕西省文明校园等多项荣誉。

多年来附属小学扎根在大学这片"厚德、积学、励志、敦行"的土壤中，在大学的生态环境中向上生长，充分发挥出部属师范大学附属小学在基础教育（小学段）的引领作用。

三、幼儿园的办园历史及对陕西师范大学发展的贡献

陕西师范大学雁塔和长安两个校区均设有幼儿园，并为陕西省示范幼儿园。两园区共开设各年龄班30个，收托幼儿900余名。目前有专任教师85人，其中正高级职称2人，高级职称18人，获得三级三类骨干体系荣誉教师67人次。长期以来，幼儿园根据教育部以及各级教育行政部门和大学部人才引进、师资

培养、学生实践、创新实验等方面的工作部署，着力服务大学部事业发展，聚焦责任与使命，在稳定教师队伍、服务教学科研、协助师范生培养、助力脱贫攻坚、弘扬"西部红烛两代师表"精神等方面，做出了重大的贡献。

（一）幼儿园的办园历史

1953年初，西北大学师范学院的部分行政单位和系室搬迁至西安南郊吴家坟新校址开始办学之后，为解决教职工子女入托教育问题，学院立即开办附属幼儿园，1954年8月更名为西安师范学院幼儿园，主要收托3至6.5周岁本院工会会员子女。1956年3月根据国家的方针政策及学校发展的需要，为了解决教职工实际问题及后顾之忧，成立了托儿所，收托56天至3周岁的婴幼儿，随后合并到幼儿园之中，从此幼儿园收托幼儿的年龄为56天至6周岁。

1956年暑假期间，以陕西师范专科学校为基础成立陕西师范学院之后，即在学院开办临时幼儿园，收托56天至6周岁寄宿制儿童。1959年10月正式命名为陕西师范学院附属幼儿园。

1960年5月，西安师范学院与陕西师范学院合并成立陕西师范大学，同年7月，西安师院幼儿园与陕西师院幼儿园合并组建为陕西师范大学幼儿园，园址在西安南郊吴家坟陕西师范大学家属区院内。从此，园舍环境有了较大改变，每班均有教室、寝室及活动场地等。

1990年初，陕西师范大学开始改善幼儿园办园条件，在学校家属区西面选择新址，投资120万元，建成了占地面积3700平方米、建筑面积3300平方米的幼儿园（今陕西师范大学雁塔校区幼儿园）。1991年，幼儿园通过西安市一级一类幼儿园，1997年被陕西省教育厅命名为省级示范幼儿园。

2010年，为满足居住在长安校区教职工子女就近入托问题，学校在长安校区家属区北侧建成占地面积16亩的现代化幼儿园，开启一园两址办园模式。2015年2月，陕西师范大学长安校区幼儿园被陕西省教育厅命名为陕西省示范幼儿园。

历经多年发展与沉淀，幼儿园先后获得陕西省"316工程"素质教育暨质量提升优秀幼儿园、陕西好青年集体、西安市师德建设示范团队等多项荣誉。同时，幼儿园还是教育部幼儿园园长培训中心实践教学基地、全国教育硕士专业学位研究生联合培养示范基地、陕西省学前教育家园共育示范基地、陕西省学前教育课程建设示范基地、陕西省教师教育实践基地、陕西省幼儿园优质教科研基地等。

（二）幼儿园对陕西师范大学发展的贡献

1. 深耕教育实践，提升学前教育育人质量

作为大学的附属单位，幼儿园始终以提供高质量的学前教育、培养新时代教师队伍和全面发展的儿童为主责主业，聚焦办园质量和内涵建设，深化课程改革与实践研究，构建全面系统的育人体系，有效彰显师范院校办园优势，成为大学吸引优秀人才、稳定教师队伍的安心工程；同时积极发挥示范幼儿园的引领带动作用，有效提升了社会影响力和美誉度，助力师大基础教育品牌建设。

2. 突出实践导向，创新师范生培养模式

作为陕西师范大学教师教育学科群的实践教学基地，幼儿园从实践指导、人才培养、课程建设、科学研究、职后培养等方面助力师范生培养工作。承担学前教育本科生和研究生教育见习、实习任务三十多年，年均接待学生300余人次；推行院园一体化协同育人机制，参与审议学前教育专业人才培养方案，优化师范生课程体系；配合大学部学前教育专业研究生、本科生双导师制相关安排，为学生实践实习、专业研究、职前规划、职后引育等提供指导与支持，形成全员、全程、全方位的育人格局，实现理论与实践的有效贯通。

3. 提供基地保障，助力大学部科研产出

自1959年起，幼儿园作为大学部教学科研基地，全力配合教育学院、心理学院、音乐学院、体育学院、美术学院等院系及图书馆、博物馆教师进行基础教育研究和资源的开发与互动。通过提供研究对象、汇总实验数据、研究案例参考、文本资料收集等方式，有效检验成果的信度与效度；通过实践不断诊断、

改善、优化教育成果；通过实践检验促成学前教育教学成果的快速孵化，为幼儿教师对教育教学现象从感性到理性的深入认知、高校教师对教育规律的潜心探究提供研究的"环境""标本""土壤"，有效助力高校师生科学研究工作，实现科研项目的高质量产出。

4. 弘扬"西部红烛两代师表"精神，推动西部学前教育发展

陕西师范大学幼儿园始终践行大学"西部红烛两代师表"精神，推广幼儿园在园所建设与发展方面取得的成果，积极发挥师范院校办园的优势及省级示范性幼儿园的辐射引领作用，助推区域范围内幼儿园办园水平持续提升。

1996年起，幼儿园先后与陕西、甘肃、云南等省域的30余所幼儿园建立了学前教育协同发展共同体，助力共同体幼儿园提升办园质量和水平，为西部学前教育事业发展贡献了师大智慧与力量，形成的师大模式在西部地区不断被复制、迭代与创新。在多年办园经验凝练的基础上，以西部地区幼儿园保教质量提升为目标、"高校—地方政府—幼儿园"多主体参与的协同发展共同体建设研究成果"西部地区幼儿园保教质量提升的'CO-OP'协同发展模式建构与实践"荣获2022年国家级教学成果二等奖、陕西省第十二届基础教育教学成果特等奖。

2011年以来，幼儿园通过接待教育部"园长培训项目"，承办陕西省"幼师国培"项目，有效推动薄弱地区学前教育师资培养，总结梳理的国培案例获评教育部"国培计划"十年优秀案例，为国家乡村振兴贡献了力量。

在七十余年的发展历史上，幼儿园始终秉承坚持"让幼儿愉快生活、主动学习、快乐游戏、健康成长"的办园宗旨，立足师大，面向社会，积极为陕西师范大学教职工和周边社区群众提供优质的学前教育资源，"尊重　合作　博爱　奉献"的教育内涵在办园过程中不断沉淀、发扬、传承与升华，形成了"蒙以养正　行稳致远"的文化核心理念，让儿童能够正身心，教师能够正三观，并与"学为人师、行为世范"的教师教育精神一脉相承，为陕西师范大学高质量发展提供了坚实保障。

总之，作为陕西师范大学的附属学校，附中、附小和幼儿园不断创新育人模式，为陕西师范大学教职工子女入学教育提供了有力的保障，让教职工能够安心地从事教学科研等工作，有效地协助大学部教育事业的整体发展。同时，她们与大学部的教师教育学科群协同推进建设，共同谱写理论创新与实践检验的新篇章，为大学部教师教育特色优势的彰显和教师教育学科群建设贡献了智慧；她们发挥部属师范大学附属学校的示范引领作用，在助力支持和振兴西部基础教育发展方面贡献了力量。

第八节　推进西部教育现代化的精准教育援助

进入新时代，学校以习近平新时代中国特色社会主义思想为指导，充分发挥自身的科教优势和平台资源，推动西部教育全面振兴，为脱贫攻坚成果的巩固、推动乡村振兴贡献了大学的智慧和经验，为服务经济文化发展、国家安全稳定、民族团结进步做出了应有的贡献。

一、响应党和国家号召，精准援助西部贫困地区教育

在脱贫攻坚阶段，学校通过深入学习习近平总书记精准扶贫思想，认真贯彻中央精准扶贫精准脱贫战略方略，充分发挥自身科教优势和平台资源，承担起云南省普洱市景谷傣族彝族自治县，陕西省安康市岚皋县及四季镇天坪村、咸阳市三原县和旬邑县的"四县一村"的扶贫任务，走出了一条以基础教育帮扶为龙头，以科技帮扶和文化旅游帮扶为两翼，以消费扶贫、学生志愿活动等为补充的"1（教育帮扶）+2（科技和文旅帮扶）+X（消费帮扶、志愿活动等）"扶贫之路，为推动帮扶县区如期实现脱贫摘帽、实现教育发展书写了西部地区教育部直属师范大学的历史责任和时代担当。

（一）精准"把脉"，找准援助西部贫困地区教育的突破口

自精准援助实施以来，学校党政领导20余次带队深入援助地区基础教育

一线调研，2次开展西部基础教育"百校行"调研活动，通过实地调研，现场走访，与地方政府领导、教育管理部门负责人、一线教师和学生座谈交流等形式，全面了解西部各省、自治区、直辖市基础教育现状，精准对接西部革命老区、民族地区、边疆地区、"三区三州"地区的基础教育发展关键点，以及他们对师范大学办学的要求，形成调研报告，为服务西部地区基础教育找准制约发展的难点和痛点，为进一步开展精准援助和支持做好了前期工作。

通过调研发现，西部贫困地区教育大多都存在着教育教学质量不高、教师队伍老龄化现象突出、教育基础设施建设滞后、学校精细化管理水平低、教育发展不均衡、尊师重教氛围不浓等制约当地教育发展的主要因素，其根本在于教师队伍建设和教学管理队伍建设亟待提升这一突出问题。

（二）精准"开方"，找准援助西部贫困地区教育的解决方法

学校通过把脉问诊，找出了制约西部贫苦地区基础教育发展的症结所在，因而围绕教师队伍提升和教育教学管理能力提升开出"药方子"。学校遵循教师是教育教学的主导、教师的从教能力是提高教育教学质量的关键这一理念，在推进帮扶学校教师队伍水平整体提升的过程中将自身的"师范"特色和"示范"效应贯穿始终，采用"请进来"和"走出去"相结合的方式，通过采取名师送教援培、专题帮扶网络培训、大学生顶岗实习和社会实践、退休教师扎根帮扶、"浸入式"跟岗实践研修等措施，探索出一条以"双向交流、标本兼治"为主要方式、以培育内驱力为重点的教育帮扶"景谷模式"。

"景谷模式"的核心是以校园长和骨干教师为主体，多措并举，辐射带动县域教育教学质量稳步提升，不断激发出县域教育提质增效的内生动力。具体举措：一是为景谷一中在学校管理、教育教学、信息化建设等方面提供优质教育资源；二是开展校际结对，为当地教师拓宽视野、增加阅历、提高能力等方面提供平台；三是通过对口帮扶、派遣专家、跨区域校际合作、远程共享、接收留学生、培养卓越教师等模式，推进教育均衡发展，从而实现"让更多孩子享受优质教育，让更多教师成为好教师，让更多校长成为名校长，让更多学校

成为人民满意的学校"的奋斗目标。

在"景谷模式"的推动下,景谷县2019年、2020年连续两年高考成绩捷报频传。2019年,景谷县高考取得历史性突破,全县一本上线人数36人,远超2017年的14人和2015年的9人,创景谷恢复高考以来的最好成绩。理科最高分636分,文科最高分592分,本科上线人数223人,比2018年增加了119人,形成了景谷高考成绩的"高原"和"高峰"。2020年,景谷县高考再创新高,景谷一中一本上线人数达到55人,比2019年增加20人,600分以上5人,实现了"高原更大、高峰更多"的全新突破。2020年,学校援助贵州省铜仁市沿河土家族自治县第三中学,率先复制和推广"景谷模式",使该校教师从教能力以及教育教学水平都有了显著的提高。2021年高考,沿河县第三中学一本上线人数67人,比2020年增加了42人;理科一本上线人数61人,其中600分以上2人;全县理科前三名均出自沿河县第三中学。

(三)精准施策,找准政策落地和实现当地教育可持续发展的发力点

学校充分发挥教师干部培训学院平台资源以及附属中学、幼儿园、合作办学单位多年的成功办学经验和名校品牌效应,广泛发动校内50个部门、学院、直属附属单位、合作办学单位积极参与,形成了推动帮扶地区基础教育提升的强大方阵。

学校依托优势教育资源,遴选强大教育帮扶方阵,靶向教育帮扶对象。利用校内各类教学资源以及在校教师寒暑假工作空档期,综合考虑参训单位及参训人员的个体差异和实际需求,为景谷县的校园长和骨干教师专门量身定制了"送教援培""1+1导师制名师成长计划"和"浸入式"跟岗研修等多类培训项目,多学科、多学段、多层次、多角度地覆盖到景谷县教师教育教学能力提升的方方面面,从而达到培训效果既有"一对一"的针对性和精准度,又有"1对N""N对N"的辐射带动效应。自2020年以来,学校附属中学接收了3批共31位沿河县乡村教师在校开展三周至两个月的"浸入式"跟岗实践研修培训项目,安排每位参训教师与附中正高级教师、特级教师、省市教学能手组建"1+1"指

导体系，全面参与集体备课、教学研讨、公开课堂及专家报告等培训环节，有针对性地参加教师教学技能展评、隆基讲堂、影子培训系列讲座、英语风采大赛等特色活动，通过观课评议、学习反思、教研活动、专题交流、外出学习、个人授课六大板块全力帮助沿河县中学教师更新教学理念，改进教学方法，提高教学质量。针对岚皋县，学校持续开展"名校+""名校长+""名师+"活动，有计划地开展岚皋县中小幼学校教师"浸入式"跟岗实践，在教育管理、教学科研、师生心理健康教育等方面给予指导和帮扶，推动"理念共享、资源共建、人才共育"，形成"1帮1"或"N帮1"的教育协同提质工作格局。

学校在靶向教育帮扶对象的同时，还着力找准教育提升抓手。围绕教师与学生二者角色相互转换、能力相互促进这一辩证关系，紧扣"广、多、宽、深、常"五字方略，为当地量身定制并因人因地因时因事实施"广覆盖的名师到县送培一批、多层次的跟岗研修辐射一批、宽领域的学生实习顶岗一批、深融合的插班观摩提升一批、常更替的教师扎根带动一批"的教育帮扶"五个一批"工程。在帮扶景谷期间，学校组织6批30多位优秀教师走上"送教景谷"的讲台，邀请4批22位中小学名校校长和骨干教师做客"转向帮扶景谷教育培训项目"的"云讲台"，分学科分学段培训当地中小幼教育工作者3100余人次；由附属中学、附属幼儿园等开展13批两周至半年的景谷县中小幼一贯制骨干教师跟岗研修培训活动，培训当地教师109人次；安排落实当地骨干教师免费插班参加学校承担的"国培计划""省培计划"等教师研修培训项目；贯彻落实教育部、财政部印发的《银龄讲学计划实施方案》，动员组织附属中学及西安其他名校10人次退休教师在景谷开展至少一年的教育帮扶工作；派遣多批次公费师范生和教育硕士研究生赴景谷教育教学实践基地进行四个月至半年的顶岗实习，有效缓解了当地教师数量不足、水平不高、学科结构不合理的问题。在贵州沿河县，学校支教教师深入受援中学课堂开展课堂诊断和示范展示，分享个人教案讲义材料，围绕教师专业发展、教学方法指导、学校德育、师德师风建设、党史学习教育等多个专题，在沿河多个乡镇开展师资培训20余场，培训全县高中教师、扶贫返岗干部和新入职教师等3000余人次，有力地提升了沿河县教师队伍整体素质。在安康岚皋，学校以岚皋县党政管理干部、中小幼校园长、基础教育一线教师为主体，组织开展多批次、广覆盖、宽领域的送教援培、云端讲座和课程诊断工作，做好新高考、新课改、"双减"背景下的教学质量提升等转向培训及交流研讨，增强教研能力；学校持续向岚皋中学等中小学定向选派教育硕士、公费师范生顶岗实践锻炼，加强薄弱学科课程质量建设，开展主题丰富的大学生"三下乡"暑期社会实践活动，助力岚皋教育的综合可持续发展。在甘肃临夏州东乡族自治县，学校于2020年为该县101名中小学、幼儿园教师举办了为期三个月的"语言文字能力提升在线示范培训班"，提高了普通话普及率，助力教育质量提升。学校通过一系列的工作举措，在援助西部基础教育过程中，找准了教育提升抓手，从而打造了西部地区基础教育振兴的"人才蓄水池"。

（四）加强教育帮扶投入，补齐当地教育发展的部分短板

近年来，学校多渠道争取各项支持，拉动社会力量爱心捐助，连年向当地捐资捐物，通过设立"陕西师范大学红烛励学基金"，推动受援学校图书资料室建设和校园文化提升，向偏远学校基础设施建设进行教育捐赠等，为地方基础教育发展提供硬件支撑。在云南景谷县，学校直接投入和拉动帮扶资金1000余万元，在当地实施"陕西师范大学红烛励学基金"，帮助建立校园图书室和中小学科学探究实验室等实体项目，改善偏远学校的办学条件。在贵州沿河，学校结合地域特点，安排专项经费资助沿河县教师开展贵州省沿河县基础教育研究、面向扶贫地区中小学拓展性实验教材开发编写等教研项目，赠阅学校出版的"中学教学参考"系列期刊，带动受援中学教师关注基础教育研究前沿，推动教学研究工作上台阶、出成果；结合沿河县部分学生家庭经济困难的实际，学校向受援中学捐赠15万元设立"红烛励学基金"，帮助学生解决学习生活困难。在陕西岚皋，2019年，学校基础实验教学中心向岚皋县捐赠了一批科教仪器，民盟陕西师大委员会赴岚皋县开展图书捐赠、心理健康辅导讲座等活动；2020年，学校向岚皋县四季镇天坪村捐赠"陕西师范大学红烛励学基金"10万元。

学校以铸牢中华民族共同体意识为主线，组织师生到云南、广西、新疆、西藏、内蒙古等5省区10县开展大手拉小手，红烛育苗圃——边境国门学校"红烛苗圃"实践交流，先后吸引了10县的2000余名小学生参与其中，辐射边疆边境地区的5200余人参加该项活动，将国家安全、民族团结的种子播撒进各族青少年的心田。

除精准帮扶西部地区基础教育之外，学校还按照中央部署和教育部要求，结合自身的学科特点、办学特色，先后开展对昌吉学院、伊犁师范大学、新疆师范大学、塔里木大学、青海师范大学等高校的对口支援工作，制定《陕西师范大学银龄教师支援西部计划实施方案》，形成了"重点突出、注重实效、点面结合、共建共享"的对口支援工作总体思路。在这一总体思路下，学校多措并举，稳步推进对口支援工作。通过招收受援高校教师攻读博士学位，专项落实对口支援高校教师进修和访学计划，助力受援高校师资队伍学历提高；通过实施银龄计划，发挥专家学者优势，推动受援高校教学科研水平提升；通过开展联合培养，构建起本科生"1+2+1"模式、研究生"2+1"模式，联合培养本科生和研究生，完善学生培养方案，提高受援高校人才培养质量；积极选派挂职干部担任受援高校校级和处级干部，组织受援高校干部开展多层次进修和学习锻炼，提高了受援学校教师的教学科研能力、干部队伍的教育水平和管理能力；邀请受援高校共建由陕西师范大学首倡的丝绸之路"教师教育联盟""人文社会科学联盟""图书档案出版联盟"，主动为区域经济社会发展提供有力的智力支持。这一系列援助举措，传递了教育温度，对提高受援高校的整体办学实力和社会影响力发挥了重要作用。

二、发挥学校教师教育优势，以"四个服务"助力西部乡村振兴

为深入贯彻习近平总书记关于扶贫工作的重要论述以及乡村振兴系列重要讲话精神，落实中共中央、国务院《关于实现巩固拓展脱贫攻坚成果同乡村振兴有效衔接的意见》，教育部等四部门《关于实现巩固拓展教育脱贫攻

坚成果同乡村振兴有效衔接的意见》总体部署，学校在脱贫攻坚期教育帮扶成功经验和模式的基础上，围绕体现教师教育特色的帮扶长效机制建设，以"脱贫攻坚精神"为引擎，以"西部红烛两代师表"精神为驱动，推行陕西师范大学教育帮扶成功经验和模式向纵深和宽广的方向同时发展。学校充分发挥中国语言文学一流建设学科和西北濒危药材资源开发国家工程实验室2个"国字号"资源优势，推动振兴乡村教育和教育振兴乡村的良性循环，为欠发达地区脱贫攻坚成果的巩固同乡村振兴有效衔接贡献陕西师大的智慧和经验，为乡村振兴和教育强国建设贡献力量。

基于以上总体思路，学校谋划"以科技创新为先导、以产业振兴为目标、以成果推广为抓手、以人才平台为保障"的整体方略，确立了以中药材种植产业和文化旅游产业"双轮驱动"，以食品科学、地理科学、信息科学、哲学社会科学多元融合的"2+N"工作思路，通过科技创新巩固拓展脱贫攻坚成果、提升乡村振兴成效，取得了显著的社会效益和经济效益。

（一）构建"协议+人员+学科+资金"四重保障体系，为乡村振兴提供体制机制支撑

学校成立乡村振兴工作组，单独设立乡村振兴与对口支援办公室，党政领导20余人次赴帮扶县调研指导，相继与景谷县、岚皋县等签订《文化旅游资源开发共赢框架协议》《中药材产业发展框架协议》《非遗文旅小镇（杨家院子）项目策划合作框架协议》等，明确重点工作。学校配强人员力量，组织教职工党支部和各学院师生赴有关地区实地调研，并实施中国非物质文化遗产传承人群研修研习培训计划，围绕岚皋县"巴山豆腐制作与饮食文化"及民间传统技艺剪纸、刺绣、泥塑、面花、皮影、木版年画、社火脸谱、传统雕刻等开设系统培训班，培训乡村从业人员。学校还充分发挥学科优势，将学科资源优势转化为帮扶主导力量。为做好乡村振兴，学校除划拨帮扶工作专项经费外，还统筹校内相关经费，广泛拉动社会资金支持乡村振兴战略的落实。

（二）立足当地区域资源和地理条件，重点推广"两个产业"

在"绿水青山就是金山银山"理念的指引下，学校结合云南普洱景谷傣族彝族自治县和陕西安康岚皋县的气候与资源条件，发挥学校的学科优势，重点帮助景谷发展中药材种植产业，帮助岚皋开发文化旅游资源，还把帮扶中药材产业发展的"景谷模式"嫁接移植到滇西、陕南等集中连片欠发达地区，形成了一套可复制、能推广、有实效的科技助力产业发展经验和做法。

学校重点推广的一个帮扶产业是中药材产业。学校相继承担了国家"十三五"重点研发计划中医药现代化研究专项"山茱萸、黄芩、白及高品质道地中药材规模化种植及精准扶贫示范研究""秦巴山区高品质中药材规模化生产示范研究"等各级项目30余项。依托这些项目，学校开展濒危中药材优良品种推广应用，在西部七省30余个县市区选育、推广濒危优良新品种12个，种植面积20余万亩，指导企业、合作社建成育苗工厂和种苗基地130余个，建立并完善天麻、猪苓、白鲜、苍术、白及、黄精、太白贝母等36种珍稀濒危药材种苗繁育技术体系，累积繁育种苗100亿株，实现经济效益50亿元以上。为进一步提高濒危中药材育种与推广，学校实施中药材规范化生产技术培训，组织编制培训教材与视频，开发虚拟仿真培训软件，指导培训西部50余个脱贫县、300余家企业和合作社的药农与技术人员30万人次。学校还推广中药材高值加工技术，与50余家企业合作开发绞股蓝酸枣仁饮料、丹参绞股蓝胶囊、黄精益生菌、黄芪多糖、天麻酵素等产品，延伸中药材产业链，提升经济效益，助力乡村经济发展。

学校重点推广的另一个帮扶产业是文化旅游产业，以文旅产业赋能乡村振兴。学校组织专家编制《岚皋县全域旅游发展规划（2018—2030）》，全面剖析当地旅游资源、旅游市场和发展条件，为发展旅游产业提供科学指引和理论支撑。在科学理论指引下，学校通过校县协议和项目合同牵引，开展巴山非遗小镇"杨家院子"的形塑策划，设计布展小镇"乡愁馆""体验馆""作坊小院"等实体标识，助推"杨家院子"建成国家AAA级景区和陕西省旅游度假区，入选全国乡村旅游重点村名录，岚皋县四季镇被评为陕西省旅游特色名镇。"杨家院子"成了岚皋县文旅融合振兴乡村的一张闪亮名片，作为乡风民俗和特色美食体验的打卡胜地，年接待游客收入2000余万元，带动1200名困难群众稳定增收，助推当地全域旅游业综合发展。在文旅产业开发的带动下，小镇农家乐服务持续增加，带动脱贫群众增收超过60余万元，带动龙头企业增收600余万元，拉动民宿业投资6000万元。协助嘉瑞祥农产品开发公司发展成为省级农业产业化重点龙头企业，并通过"就业岗位+蔬菜种植收购+三变改革入股分红"的模式辐射带动周边百余农户人均年增收2000余元。

（三）深耕地方历史文化沃土，以文化研究助推乡村振兴

学校围绕乡村振兴，发挥哲学人文社会科学研究优势，聚集人才力量，围绕民间传说、历史掌故、民间歌谣、诗文遗存、家风家规、巴山文化6个方面，全额资助出版120万字的《岚皋历史文化丛书》，制作12集非遗动漫短剧《神奇的岚皋》，由此弘扬民族精神和中国优秀传统文化。以岚皋县农家女子王三翠为背景创作的报告文学作品《化蛹成蝶》，展现了中国农村在实现"两个一百年"奋斗目标历程中的巨变，激发了贫困群众勤劳致富的奋斗力量。该报告文学刊出后，得到了《时代报告·中国报告文学》编辑部、岚皋县文联的盛赞。

为进一步发挥科研优势，学校专门成立了乡村振兴研究院，获批建设西部果品资源高值利用教育部工程研究中心、民歌智能计算与服务技术文化和旅游重点实验室、农业农村部国家苹果加工技术研发专业中心等，打造服务国家重大战略的重要研究基地、成果产出基地、人才培养基地和重要高端智库。学校还先后承担国家社科基金重大项目"乡约文献辑考及乡约文化与乡村治理体系建构研究"、国家重点研发计划项目"民族民间文化资源传承与开发利用技术集成与应用示范""传统村落保护利用价值的分级分类体系与评价导则""中国村镇建设与资源环境协调度评估及其类型和模式研究"等，部分研究报告被国家和省市有关部门采纳使用，产生了良好的社会反响。

（四）探索"消费帮扶+"农校对接新模式，为乡村振兴贡献师大智慧

近年来，学校充分调动全校平台资源，发挥自身消费大市场作用，采取"边采购、边打造，采购稳固短期收益，打造提升长远发展"的长短结合思路，构建消费帮扶"745模式"，为农特产品走进校园、走入城市、走向全国赋予科技动能和文化力量。

"745模式"是指确定由校扶贫办、学校办公室、学生工作处、研究生院、离退休职工工作处、校工会、后勤服务集团等7部门牵头，实施"节日集中营销+专柜日常展销+福利慰问采购+食堂食材直供"的"四策"方案，明确在帮扶产品采购招标、食堂特色菜品窗口开设、餐厅原材料供应、扶贫专柜建立等方面的重点任务。"745模式"为农、校对接铺设了一条宽广的县区直销"高速路"，拉近了帮扶地区与学校心与心的距离，使许多农特产品进入教职工的家中和学生的日常生活消费中。2020年，岚皋农产品入驻"e帮扶"App"一校一馆"，实现了校内师生"掌上下单，送货到家"的消费帮扶购物新体验。

在创新帮扶模式的同时，学校还将文化、科技等因素融入消费帮扶，为乡村经济振兴注入发展的"生命力"。学校无偿为岚皋"杨家院子"及"南翠姐"系列产品设计品牌logo，为宣传海报、折页及文创产品包装设计多种方案，让包装设计唱响巴山特产"新声音"。学校还帮助岚皋农特产品企业改进生产工艺，解决长途运输中的保鲜问题，大大增加了产品的市场认可度和消费群体，为企业的发展注入了科技动力。学校还通过教师志愿购买、志愿帮扶等形式书写师大人的大爱大德大情怀。

学校通过创新模式、更新理念、融入科技文化元素，消费帮扶工作逐渐呈现出"线上与线下交映、县域与校园交通、科技与文化交织、大爱与大德交融"的"四交"特色，探索出"消费帮扶+师生+文化+科技+志愿"的模式，形成了学校围绕教育主责主业、践行科学研究、人才培养、社会服务、文化传承与创新"四个职能"的完整闭环式发展，为增强乡村振兴活力贡献了师大方案和智慧。

三、弘扬"西部红烛两代师表"精神，助推西部教育高质量发展

在振兴中西部教育和乡村发展中，学校以"西部红烛两代师表"精神为引领，把教育脱贫、乡村振兴与学校教育事业发展有机融合起来，坚持立德树人、铸魂育人，推进国家战略的落地实施，为实现中华民族伟大复兴贡献力量。

（一）发扬"西部红烛两代师表"精神，擎起教育帮扶大旗

秉承着教育报国的初心，学校始终牢记师范大学的责任和使命，坚持为基础教育服务，以理想、信念和情怀扛起西部教育大旗的历史责任与时代担当，以对国家、民族和人民的赤胆忠诚与无私奉献，铸就伟大的"西部红烛两代师表"精神，为祖国西部贫瘠的教育土壤培养了一代又一代"西部红烛两代师表"精神的继承者与传承人，为西部教育的发展注入了内生动力。

通过教育传承和教育帮扶，陕西师大人身上所展现出的"西部红烛两代师表"精神像一面旗帜一样牢牢插在西部地区的教育土壤里，深深埋在当地教育管理者、教师、学生和家长心中，成为他们在今后人生中不断前进、不懈奋斗的精神力量。参与帮扶的教师和学生也加深了对"西部红烛两代师表"精神的理解和认识，唤醒了内心深处的家国情怀与时代责任。

同时，在"西部红烛两代师表"精神指引下的教育帮扶也获得了基层群众与社会各界的高度认可。教育部专题网站、陕西省教育厅、《云南日报》等持续报道学校以"双向交流机制"为特色的教育帮扶模式。学校教育帮扶景谷县典型案例《弘扬"西部红烛精神"，擎起云南景谷教育帮扶一面旗》入选全国教育扶贫典型案例。

（二）传承"西部红烛两代师表"精神，提升育人铸魂效果

在"西部红烛两代师表"精神引领下，学校资助育人文化工程以文化育人理念为先导，以精准自主为手段，以全面育人为目标，在学生资助工作实践中将"扶困"与"扶智"、"扶困"与"扶志"相结合，教育引导学生树立和践

行社会主义核心价值观，不断提高学生自身思想水平、政治觉悟、道德品质、文化素养，努力使学生成长为德才兼备、全面发展的人才。学校有效地实现了资助育人文化工程的目标，就是让学生成长成才，从而改变家庭的经济状况，改变乡村的发展面貌，以教育振兴推动乡村振兴。

学校的资助育人文化工程受到了社会各界的广泛关注，多次被人民日报、陕西日报、央视新闻等主流媒体报道，教育部全国学生资助管理中心给予了"用心感受、用情温暖、用爱记录"的评价。

学校还将育人铸魂使命与对口帮扶紧密结合，在推动乡村振兴的同时，也将帮扶打造成学校青年学子了解中国农村、国家方针政策的学习基地，厚植家国情怀的育人基地，扛起责任担当的出发基地。

学校以精准资助和资助育人为重点，深入结合脱贫攻坚工作，形成了"解困—育人—成才—回馈"的良性循环，探索出资助育人的新路径，发展了育人铸魂与对口帮扶的深度融合，很好地完成了教育帮扶与人才培养紧密结合的教育工作使命。

（三）践行"西部红烛两代师表"精神，谱写西部乡村振兴新篇章

面对后脱贫时代乡村振兴的新挑战，学校在现有帮扶成果的基础上，按照帮扶重点再聚焦，以基础教育"扶智"、文化挖掘"弘智"、特殊教育"培智"、产业培训"育智"的"四位一体"大教育战略思想为抓手，用弘扬"西部红烛两代师表"精神的实际行动，为帮扶县区后脱贫时代的乡村振兴不断书写校、县跨区域协作发展的奋进之笔。

以"西部红烛两代师表"精神为引领，学校发挥马克思主义、文学、新闻、生物、音乐、美术、食品等多学科资源力量，同时实施文化帮扶、智力帮扶、志愿帮扶、教育帮扶、产业帮扶、消费帮扶的多重帮扶举措，产生了"1+1大于2"的实际效果。通过注入历史底蕴和文化自信，学校帮扶工作成效的稳定性和长效性得到了提升。岚皋非遗文旅小镇自建设以来，天坪村农家乐数量增加，带动了周边群众固定为农家乐提供食材、长期吸纳务工等，实现了乡村经济较为

快速的发展，稳固了脱贫攻坚的成果。

近年来，学校以习近平新时代中国特色社会主义思想为指导，大力弘扬学校"西部红烛两代师表"精神，以服务获支持，以贡献求发展，在教育强国建设和推动乡村振兴方面做出了巨大贡献。为此，学校获批国家教师发展协同创新实验基地，组织西部省份师范专业认证，参与国家和区域教师教育及基础教育有关标准的构建，与陕西省、西安市签订基地共建协议，牵头成立西部师范大学教师教育创新与发展联盟，为28所西部师范院校搭建起优势互补、资源共享、整体提升、系统发展的合作平台，凝聚和引领着西部教师教育发展。学校扎实开展服务对接西部基础教育"百校行"调研活动。2021年第一届"百校行"调研活动，学校深入西部12个省、自治区、直辖市和海南省走访调研69个教育行政部门、149所学校。2023年第二届"百校行"调研活动，学校党政领导、专家学者、中青年教师共80余人组成的13支调研队伍，分赴西部12个省、自治区、直辖市及海南省，开展组团式、联合式调研走访70个教育行政主管部门、172所中小学校、20余家企业、10余所高校，回收有效调研问卷7万余份。"百校行"调研活动加深了对基础教育现状与需求的了解，形成了系列调研报告，产生了广泛的社会影响，受到教育部的高度肯定。学校积极、主动对接国家战略，扎实推进云南景谷、陕西岚皋等地区帮扶工作，高起点推进师范院校协同提质计划和县中托管帮扶，采取创新举措助力边疆地区和贫困地区基础教育发展，形成了不断巩固的以"教育帮扶为主体，文化、产业、消费帮扶为辅助，多元帮扶形式为补充"的工作格局，推动了"双百工程"在引领乡村振兴的实践中实现新突破、开拓新局面、取得新成绩。学校与省内多个地区签署基础教育战略合作框架协议，与陕西省教育厅共建的陕西教师发展研究院，着力打造教师教育发展新样板、基础教育师资队伍建设示范区，服务国家和区域教育事业新实践，以服务社会获取政府支持与吸纳教育资源的能力显著提升，受到陕西省委、省政府高度认可和赞誉，社会影响力不断扩大。

小 结

　　学校自第十一次党代会召开以来,坚持以习近平新时代中国特色社会主义思想为指导,沿着社会主义办学方向,全面贯彻党的教育方针,科学分析形势变化及其发展趋向,运用正确的工作方针、策略和方法,推进实施"十四五"发展规划,聚焦加速发展与高质量发展,彰显教师教育特色,激发学院学科发展动能,不断破解困扰和制约发展的瓶颈性问题,各方面工作都取得了显著成绩。

　　这一阶段,学校实现了院士、一流学科、A类学科、人才数量等方面的重大突破;在人才培养、科学研究和社会服务等方面也取得了良好成效,全校师生和广大校友的荣誉感、归属感、幸福感明显提升;以高质量党建工作引领赋能高质量发展的作用充分彰显,风清气正的政治生态基本形成,昂扬奋进的精神风貌持续巩固,干事创业的精力神气不断提振,校风教风学风实现全局性、系统性、根本性好转。

　　这一阶段,学校坚持和加强党对教育工作的全面领导,校党委对学校事业发展进行全方位思考、系统性谋划,进一步理清"十四五"时期的发展目标和发展思路;坚定不移固优势,实施关键点突破,推动高质量发展,综合实力跃上新台阶;持之以恒补齐制度和政策短板,治理体系与治理能力现代化水平显著提升;以更大力度深化改革,办学活力持续激发;以服务获支持,以贡献求发展,社会影响力和美誉度不断扩大;着力保障和改善民生,教职工福祉全面增强。

　　这一阶段,学校面临的一些发展困难和问题仍不容忽视,主要是学科发展不平衡、不充分问题仍然突出,高峰学科尚未完全形成,学科整体水平还有待提高;教师教育的绝对竞争力还不很强,引领性成果、权威性贡献不够;高层次人才的数量不足、师资队伍结构不协调、充分调动活力的评价体系不够健全等,这些诸多影响发展的瓶颈性问题依然没有彻底解决;国家科技三大奖、国家教学成果特等奖等一些关键指标至今没有取得突破；民生保障和学校管理方面还存在一些薄弱环节。面对这些问题，学校将通过全方位深化改革，进一步激发办学活力，全面提升学校的办学水平和服务国家战略的能力。

历经八十年岁月洗礼的陕西师范大学，经过一代又一代师大人的不懈奋斗，已为实现更加宏伟的梦想夯实了根基，步入了新的发展阶段，开启了历史的新征程。在未来的发展征途中，全校上下将为教育强国的建设与西部教育的振兴倾注更强大的力量，为实现中华民族伟大复兴再创新辉煌。

附录

一、历史沿革图

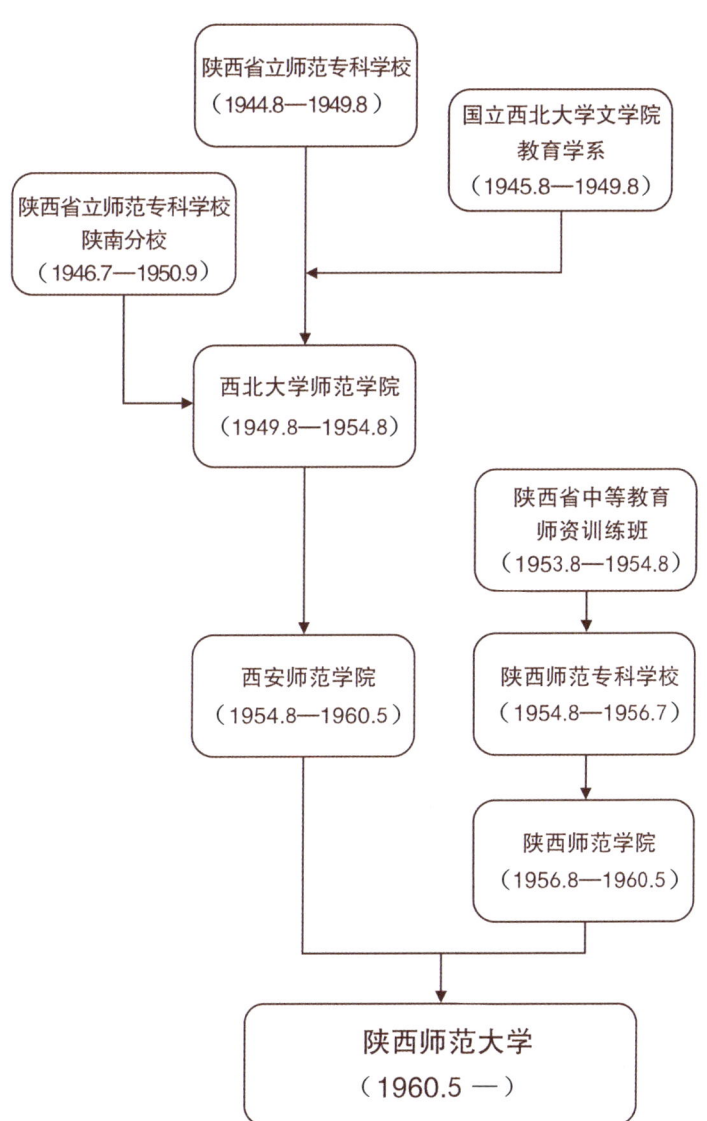

二、历任学校领导

（一）历任党委书记、副书记和纪（监）委书记

学校名称	党委书记		党委副书记		纪（监）委书记	
	姓名	任职时间	姓名	任职时间	姓名	任职时间
西北大学师范学院						
陕西省中等教育师资训练班						
陕西师范专科学校						
西安师范学院	刘泽如	1954.10—1960.4	李　绵 巩重起 郭　琦 方　知	1954.8—1960.4 1954.10—1957.9 1957.3—1960.4 1958.10—1959		
陕西师范学院	王鲁南	1957.10—1960.4	文普华 刘敬修	1957.11—1960.4 1959.7—1960.4	文普华（兼）	1958.8—1960.4
陕西师范大学	刘泽如 王志恒（军代表） 丛一平 李　绵 张肇民 赵小松 谢振中 江秀乐 甘　晖 程光旭	1960.4—1966.8 1970.12—1973.11 1973.11—1977.6 1977.6—1983.11 1983.11—1987.9 1987.9—1988.2（代理） 1988.2—1993.9 1993.9—1994.10 1994.10—2010.12 2010.12—2018.1 2018.1—2020.9	郭　琦 刘敬修 文普华 李向农 王静之 丛一平 孙永增 李　绵 宋嘉洪 陈立人 王周发 谢振中 武国玲 晋保平 陈文植 王　涛 张渭淮 司晓宏 张建祥 马博虎 程光旭 王永安	1960.4—1966.8 1960.4—1963.3 1960.4—1966.8 1964.5—1966.8 1970.12—1973.11 1972.3—1973.11 1972.3—1975.6 1973.11—1977.6 1975.6—1976.11 1977.6—1980.10 1977.12—1987.11 1985.5—1993.9 1991.8—2010.12 1993.9—1994.10 1994.10—2000.1 1999.12—2016.12 2005.7—2012.6 2008.6—2015.7 2012.6—2015.7 2015.8—2022.9 2017.4—2018.1 2018.10—2023.1	李剑刚 王周发（兼） 赵　正 丁淑元（代理） 王周发 于明昌 陈文植（兼） 张建祥 张渭淮 马博虎	1963.5—1965 1979.8—1980 1980—1982.12 1983.1—1984.10 1986—1990.12 1991.8—1994.10 1994.10—1995.10 1997.8—1999.11 2012.6—2015.7 1999.12—2012.6 2015.8—2022.9

注：1. 1951.9—1953.3 刘泽如任中共西北大学师范学院支部委员会书记。1953.3—1953.11 李绵任中共西北大学师范学院支部委员会书记，朱勃任副书记。1953.11—1954.8 李绵任中共西北大学师范学院总支部委员会书记，康伯乐、巩重起先后任副书记。
2. 1953 年 8 月邝萍任中共陕西省中等教育师资训练班支部委员会书记。
3. 1954.9—1956.1 李岩任中共陕西师范专科学校支部委员会书记。1956 年 1 月洛文任中共陕西师范专科学校总支部委员会书记，李岩任副书记。
4. 1956 年 9 月洛文任中共陕西师范学院总支部委员会书记，李岩任副书记。

（二）历任校长、副校长

学校名称	校长		副校长			
	姓名	任职时间	姓名	任职时间	姓名	任职时间
陕西省立师范专科学校	郝耀东 刘安国	1944.7—1948.8 1948.8—1949.5				
西北大学师范学院	刘泽如	1949.8—1954.8	李绵	1953.3—1954.8		
西安师范学院	刘泽如	1954.8—1960.4	李绵 李瘦枝 丁子文 郭琦	1954.8—1960.4 1954.10—1956.12 1957.2—1958 1957.8—1960.4		
陕西省中等教育师资训练班	景岩征	1953.12—1954.8	洛文	1953.12—1954.8		
陕西师范专科学校	原政庭	1954.10—1956.7				
陕西师范学院			原政庭 刘敬修	1957.2—1960.4 1958.1—1960.4		
陕西师范大学	刘泽如 王志恒 （军代表、革委会主任） 丛一平 （革委会主任） 李绵 陈立人 王国俊 （代理） 赵世超 房喻 程光旭	1960.4—1966.8 1971.2—1973.11 1973.11—1977.6 1977.6—1983.11 1983.11—1986.5 1986.5—1986.12 1986.12—1994.10 1994.10—2004.5 2004.5—2014.4 2014.4—2018.1	郭琦 刘敬修 原政庭 王静之 邢石操 （军代表） 程振华 （工宣队） 李子新 丛一平 孙永增 （工宣队） 李绵 宋嘉洪 （工宣队） 陈立人 赵恒元 史念海 文普华 韦固安 赵小松 陈俊民 赵万怀 李钟善	1960.4—1966.8 1960.4—1961.2 1960.4—1966 1971.2—1972.2 1971.2—1973.11 1971.2—1972.2 1971.2—1982.12 1972.2—1973.11 1972.2—1975.6 1973.11—1977.6 1975.6—1976.11 1977.6—1983.11 1978.12—1983.11 1978.12—1983.11 1979.2—1982.12 1981.12—1983.11 1983.11—1993.9 1983.11—1987.12 1983.11—1992.12 1986.5—1994.10	江秀乐 宋文周 刘谦光 高安民 武国玲 陈志龙 杜鸿科 吕九如 周德明 张建祥 房喻 赵彬 萧正洪 王涛 王武海 张渭淮 游旭群 冯旭东 高子伟 党怀兴	1987.12—1990.12 1993.9—1994.10 1990.12—1994.10 1990.12—1999.5 1992.12—1993.9 1992.12—2004.5 1993.9—1994.10 1994.10—2002.12 1994.10—2004.5 1997.8—2008.6 1999.5—2012.6 2002.12—2004.5 2004.5—2015.7 2004.5—2015.7 2005.7—2015.7 2008.6—2015.7 2012.6—2015.7 2012.6—2018.1 2015.7—2018.10 2015.7—2020.12 2015.7—2023.1

注：1. 刘泽如为1949年5月西安解放后西安市军事管制委员会派驻陕西省立师范专科学校接收学校的军事代表。

2. 陕西省文教厅厅长景岩征兼中教班班主任，洛文任副班主任。

3. 2005.8—2008.6 司晓宏任陕西师范大学副校级干部。2011.8—2015.7 冯旭东任陕西师范大学副校级干部。

三、现任学校领导

职务	姓名	任职时间	备注
党委书记	李忠军	2020.9	
校长	游旭群	2018.1	
党委副书记	卢胜利	2015.7	2016.4—2018.4 挂职重庆市永川区，任区委常委、副区长
	石　峰	2022.9	
	罗永辉	2023.1	
纪委书记	石　峰	2022.9	
副校长	杨祖培	2015.7	
	李　磊	2018.10	
	任晓伟	2018.10	2022.7 至今援藏
	董治宝	2018.10	
	周正朝	2023.1	
	陈新兵	2023.1	

四、机构设置（2024年6月统计）

（一）教学单位

序号	单位名称	序号	单位名称
1	马克思主义学部	15	地理科学与旅游学院
2	教育学部	16	计算机科学学院
3	马克思主义学院	17	新闻与传播学院
4	哲学学院	18	体育学院
5	国家安全学院（政法与公共管理学院）	19	音乐学院
6	文学院	20	美术学院
7	历史文化学院	21	国际商学院
8	心理学院	22	国际汉语文化学院
9	外国语学院	23	食品工程与营养科学学院
10	数学与统计学院	24	民族教育学院
11	物理学与信息技术学院	25	教师发展学院
12	化学化工学院	26	教师干部培训学院
13	材料科学与工程学院	27	远程教育学院
14	生命科学学院	28	基础实验教学中心

（二）科研机构

序号	机构名称	序号	机构名称
1	西北历史环境与经济社会发展研究院	6	"一带一路"文化研究院
2	中国西部边疆研究院	7	人文科学高等研究院
3	西北国土资源研究中心	8	哲学社会科学高等研究院
4	"一带一路"建设与中亚研究协同创新中心	9	教育部高校思想政治工作队伍培训研修中心（陕西师范大学）、思想政治教育研究院、党建研究院
5	国际长安学研究院	10	南方教育发展研究院

（三）党政职能部门

序号	部门名称	序号	部门名称
1	党委校长办公室	16	科学技术处
2	纪委办公室（监察处）	17	社会科学处
3	党委巡察工作办公室	18	实验室建设与管理处
4	党委组织部（党校）	19	计划财务处
5	党委宣传部	20	审计处（内部控制办公室）
6	党委统战部	21	国际交流与合作处（港澳台办公室、"一带一路"办公室）
7	党委教师工作部	22	国有资产管理处
8	党委学生工作部（武装部、学生处）	23	信息化建设与管理处（网络与信息安全办公室）
9	党委保卫部（保卫处、政保办公室）	24	招生就业处
10	人才工作处	25	后勤管理与保障处（爱卫会）
11	人力资源部	26	基建处
12	教务处	27	离退休职工工作处（离退休党委）
13	教师教育处	28	采购招标管理办公室
14	学科建设与发展规划处（"双一流"建设办公室）	29	社区管理与服务处
15	研究生院（党委研究生工作部）		

（四）直属机构

类别	序号	机构名称
直属业务机构	1	校友工作办公室（教育基金会秘书处）
	2	校园卡管理中心（信息化建设与管理处代管）
	3	资金结算中心（计划财务处代管）
	4	学报期刊社
直属服务机构	1	图书馆
	2	档案馆
	3	博物馆
	4	校医院
	5	后勤服务集团
	6	校史编研和校庆工作办公室
直属党群组织	1	机关党委
	2	团委
	3	工会（妇委会）

（五）附属机构

附属中学　附属小学　幼儿园　实验小学　实验幼儿园

（六）其他机构

资产经营有限责任公司　出版总社有限公司　教学仪器厂

五、本科专业设置（2024年6月统计）

（一）师范专业

序号	专业名称	专业代码	授予学位	所在学院（部）	一流专业建设	师范标识
1	教育学	040101	教育学	教育学院	▲	J
2	教育技术学	040104	理学	教育学院	▲	J
3	学前教育	040106	教育学	教育学院	▲	S
4	特殊教育	040108	教育学	教育学院	■	S
5	思想政治教育	030503	法学	马克思主义学院	▲	J
6	汉语言文学	050101	文学	文学院	▲	J
7	历史学	060101	历史学	历史文化学院	▲	J
8	英语	050201	文学	外国语学院	▲	J
9	音乐学	130202	艺术学	音乐学院	▲	J
10	舞蹈学	130205	艺术学	音乐学院	▲	J
11	美术学	130401	艺术学	美术学院	▲	J
12	数学与应用数学	070101	理学	数学与信息科学学院	▲	J
13	物理学	070201	理学	物理学与信息技术学院	▲	J
14	化学	070301	理学	化学化工学院	▲	J
15	生物科学	071001	理学	生命科学学院	▲	J
16	地理科学	070501	理学	地理科学与旅游学院	▲	J
17	体育教育	040201	教育学	体育学院	▲	J
18	计算机科学与技术	080901	理学	计算机科学学院	▲	J
19	心理学	071102	理学	心理学院	▲	J
20	书法学	130405T	艺术学	美术学院		J
21	科学教育	040102	教育学	材料科学与工程学院		S

注：1. ▲为国家级一流本科专业建设点；■为省级一流本科专业建设点。
　　2. S代表师范专业；J代表师范非师范兼招专业。

（二）非师范专业（未含师范专业设置非师范专业方向）

序号	专业名称	专业代码	授予学位	所在学院（部）	一流专业建设	师范标识
1	教育学	040101	教育学	教育学部	▲	J
2	教育技术学	040104	理学	教育学部	▲	J
3	公共事业管理	120401	管理学	教育学部		
4	心理学	071101	理学	心理学院	▲	J
5	应用心理学	071102	理学	心理学院		
6	思想政治教育	030503	法学	马克思主义学院	▲	J
7	马克思主义理论	030504T	法学	马克思主义学院		
8	哲学	010101	哲学	哲学学院	▲	
9	社会学	030301	法学	哲学学院	▲	
10	法学	030101K	法学	国家安全学院（政法与公共管理学院）		
11	行政管理	120402	管理学	国家安全学院（政法与公共管理学院）		
12	政治学与行政学	030201	法学	国家安全学院（政法与公共管理学院）		
13	汉语言文学（含基地班）	050101	文学	文学院	▲	J
14	秘书学	050107T	文学	文学院	▲	
15	汉语国际教育	050103	文学	文学院		
16	古典文献学	050105	文学	历史文化学院		
17	历史学	060101	历史学	历史文化学院	▲	J
18	文物与博物馆学	060104	历史学	历史文化学院	▲	
19	世界史	060102	历史学	历史文化学院		
20	英语	050201	文学	外国语学院	▲	J
21	俄语	050202	文学	外国语学院	▲	
22	日语	050207	文学	外国语学院	■	
23	翻译	050261	文学	外国语学院	▲	

续表

序号	专业名称	专业代码	授予学位	所在学院（部）	一流专业建设	师范标识
24	法语	050204	文学	外国语学院		
25	音乐表演	130201	艺术学	音乐学院		
26	音乐学	130202	艺术学	音乐学院	▲	J
27	舞蹈学	130205	艺术学	音乐学院	▲	J
28	绘画	130402	艺术学	美术学院	▲	
29	美术学	130401	艺术学	美术学院	▲	J
30	视觉传达设计	130502	艺术学	美术学院		
31	环境设计	130503	艺术学	美术学院		
32	数学与应用数学	070101	理学	数学与统计学院	▲	J
33	信息与计算科学	070102	理学	数学与统计学院	▲	
34	统计学	071201	理学	数学与统计学院		
35	物理学	070201	理学	物理学与信息技术学院	▲	J
36	电子信息科学与技术	080714T	理学	物理学与信息技术学院	▲	
37	化学	070301	理学	化学化工学院	▲	J
38	应用化学	070302	理学	化学化工学院	▲	
39	材料化学	080403	工学	材料科学与工程学院	▲	
40	新能源材料与器件	080414T	工学	材料科学与工程学院		
41	生物科学 （含基地班）	071001	理学	生命科学学院	▲	J
42	生物技术	071002	理学	生命科学学院	▲	
43	生态学	071004	理学	生命科学学院		
44	地理科学	070501	理学	地理科学与旅游学院	▲	J
45	旅游管理	120901K	管理学	地理科学与旅游学院	▲	
46	环境科学	082503	理学	地理科学与旅游学院	■	
47	地理信息科学	070504	理学	地理科学与旅游学院	▲	

续表

序号	专业名称	专业代码	授予学位	所在学院(部)	一流专业建设	师范标识
48	体育教育	040201	教育学	体育学院	▲	J
49	运动训练	040202K	教育学	体育学院	▲	
50	广播电视编导	130305	艺术学	新闻与传播学院	▲	
51	播音与主持艺术	130309	艺术学	新闻与传播学院	▲	
52	新闻学	050301	文学	新闻与传播学院	▲	
53	编辑出版学	050305	文学	新闻与传播学院	▲	
54	网络与新媒体	050306T	文学	新闻与传播学院		
55	计算机科学与技术	080901	理学	计算机科学学院	▲	J
56	人工智能	080717T	工学	计算机科学学院		
57	信息管理与信息系统	120102	管理学	计算机科学学院		
58	软件工程	080902	工学	计算机科学学院	▲	
59	食品科学与工程	082701	工学	食品工程与营养科学学院	■	
60	食品质量与安全	082702	工学	食品工程与营养科学学院		
61	食品营养与健康	082710T	工学	食品工程与营养科学学院		
62	经济学	020101	经济学	国际商学院	▲	
63	市场营销	120202	管理学	国际商学院		
64	财务管理	120204	管理学	国际商学院	■	
65	人力资源管理	120206	管理学	国际商学院		
66	电子商务	120801	管理学	国际商学院		
67	金融学	020301K	经济学	国际商学院	■	
68	大数据管理与应用	120108T	管理学	国际商学院		
67	金融学	020301K	经济学	国际商学院	■	
68	大数据管理与应用	120108T	管理学	国际商学院		

注：1. ▲为国家级一流本科专业建设点；■为省级一流本科专业建设点。
    2. J代表师范非师范兼招专业。

六、硕士学位授权点（2024年6月统计）

（一）学术学位授权点

学位点类型	学科门类	学科代码	学科名称	批准时间
硕士学位授权一级学科点	02 经济学	0202	应用经济学	2006.1
	03 法学	0303	社会学	2011.3
	07 理学	0714	统计学	2011.8
	08 工学	0810	信息与通信工程	2011.3
		0830	环境科学与工程	2011.3
		0832	食品科学与工程	2011.3
		0835	软件工程	2011.8
	10 医学	1008	中药学	2006.1
	12 管理学	1204	公共管理学	2006.1
	13 艺术学	1301	艺术学	2023.9
	14 交叉学科	1402	国家安全学	2011.8
		1403	设计学	2021.11
目录外二级学科（硕士）	04 教育学	0401Z3	民族教育	2012.12
		0401Z4	少年儿童组织与思想意识教育	2012.12
	12 管理学	1204Z1	城市管理	2019.7

（二）专业学位授权点

专业学位类别代码	专业学位类别名称	专业学位领域	批准时间
0252	应用统计		2021.11
0351	法律		2018.3
0352	社会工作		2010.9
0451	教育	045101 教育管理	1996.6
		045102 学科教学（思政）	1996.6
		045103 学科教学（语文）	1996.6
		045104 学科教学（数学）	1996.6
		045105 学科教学（物理）	1996.6
		045106 学科教学（化学）	1996.6
		045107 学科教学（生物）	1996.6
		045108 学科教学（英语）	1996.6
		045109 学科教学（历史）	1996.6
		045110 学科教学（地理）	1996.6
		045111 学科教学（音乐）	1996.6
		045112 学科教学（体育）	1996.6
		045113 学科教学（美术）	1996.6
		045114 现代教育技术	1996.6
		045115 小学教育	2009.6
		045116 心理健康教育	2009.6
		045117 科学与技术教育	2009.6
		045118 学前教育	2010.9
		045119 特殊教育	2013.6
		045120 职业技术教育	2015.7

续表

专业学位类别代码	专业学位类别名称	专业学位领域	批准时间
0452	体育	045201 体育教学	2009.6
		045202 运动训练	
0453	国际中文教育		2009.6
0454	应用心理		2010.9
0551	翻译		2010.9
0552	新闻与传播		2010.9
0553	出版		2014.5
0651	博物馆		2023.9
0854	电子信息		2019.5
0856	材料与化工		2019.5
0857	资源与环境		2019.5
0860	生物与医药		2019.5
1251	工商管理		2009.6
1252	公共管理		2010.9
1253	会计		2018.3
1254	旅游管理		2010.9
1352	音乐		2023.9
1353	舞蹈		2023.9
1354	戏剧与影视		2023.9
1356	美术与书法		2023.9
1357	设计		2023.9
1451	文物		2023.9

七、博士学位授权点（2024年6月统计）

（一）学术学位授权点

学位点类型	学科门类	学科代码	学科名称	批准时间
博士学位授权一级学科点	01 哲学	0101	哲学	2011.3
	02 经济学	0201	理论经济学	2011.3
	03 法学	0304	民族学	2018.3
		0305	马克思主义理论	2006.1
	04 教育学	0401	教育学	2011.3
		0402	心理学	2011.3
		0403	体育学	2021.11
	05 文学	0501	中国语言文学	2006.1
		0502	外国语言文学	2018.3
		0503	新闻传播学	2021.11
	06 历史学	0601	考古学	2021.11
		0602	中国史	2011.8
		0603	世界史	2011.8
	07 理学	0701	数学	2011.3
		0702	物理学	2011.3
		0703	化学	2006.1
		0705	地理学	2003.9
		0710	生物学	2006.1
		0713	生态学	2011.8
	08 工学	0805	材料科学与工程	2011.3
		0812	计算机科学与技术	2018.3
		0817	化学工程与技术	2021.11
	12 管理学	1202	工商管理学	2021.11
博士学位授权二级学科点	02 经济学	020201	国民经济学	2006.1

续表

学位点类型	学科门类	学科代码	学科名称	批准时间
目录外二级学科（博士）	02 经济学	0201Z1	实验经济学	2014.12
	03 法学	0305Z1	党的建设	2022.3
	04 教育学	0401Z1	教育管理学	2011.12
		0401Z2	科学教育学	2011.12
		0401Z5	教师教育学	2019.7
		0401Z6	体育教育学	2020.7
		0402Z1	航空航天心理学	2012.12
	05 文学	0501Z2	文体研究与文学教育	2008年备案，2012.4 重新备案
		0501Z4	民间文学与文化	2022.3
	06 历史学	0602Z1	艺术文化史	2008年备案，2012.4 重新备案
	07 理学	0701Z1	量子信息学	2014.12
		0703Z1	化学生物学	2007年备案，2012.4 重新备案
		0703Z2	食品化学	2008年备案，2012.4 重新备案
		0705Z1	区域环境学	2005年备案，2012.4 重新备案
		0705Z2	国土资源学	2008年备案，2012.4 重新备案
		0705Z3	自然灾害学	2008年备案，2012.4 重新备案
		0710Z1	运动生物学	2008年备案，2012.4 重新备案
		0710Z2	生物信息学	2014.12
	08 工学	0805Z2	文化遗产材料保护与工程	2022.3
交叉学科（博士）		99J1	学习科学	2014.12
		99J2	文化资源与文化产业	2014.12
		99J3	复杂系统	2014.12
		99J4	新能源材料与器件	2014.12

（二）专业学位授权点

学位类别代码	学位类别名称	学位领域	批准时间
0451	教育		2009.7

八、博士后科研流动站（2024年6月统计）

序号	流动站名	依托单位	批准时间
1	中国语言文学博士后科研流动站	文学院	2003.10
2	数学博士后科研流动站	数学与统计学院	2003.10
3	物理学博士后科研流动站	物理学与信息技术学院	2003.10
4	地理学博士后科研流动站	地理科学与旅游学院	2003.10
5	生物学博士后科研流动站	生命科学学院	2003.10
6	教育学博士后科研流动站	教育学部	2007.8
7	心理学博士后科研流动站	心理学院	2007.8
8	化学博士后科研流动站	化学化工学院	2007.8
9	哲学博士后科研流动站	哲学学院	2007.8
10	马克思主义理论博士后科研流动站	马克思主义学院	2009.9
11	材料科学与工程博士后科研流动站	材料科学与工程学院	2009.9
12	计算机科学与技术博士后科研流动站	计算机科学学院	2012.8
13	理论经济学博士后科研流动站	国际商学院	2012.8
14	工商管理博士后科研流动站	地理科学与旅游学院、国际商学院	2012.8
15	民族学博士后科研流动站	中国西部边疆研究院	2012.8
16	生态学博士后科研流动站	生命科学学院	2012.8
17	中国史博士后科研流动站	历史文化学院、西北历史环境与经济社会发展研究院	2012.8
18	世界史博士后科研流动站	历史文化学院	2012.8
19	外国语言文学博士后科研流动站	外国语学院	2023.10
20	化学工程与技术博士后科研流动站	化学化工学院	2023.10

九、国家"双一流"建设学科（2024年6月统计）

学科代码	学科名称	公布时间
0501	中国语言文学	2017.9

十、国家级人才培养基地（中心）（2024年6月统计）

序号	基地（中心）名称	所在单位	批准单位	批准时间
1	中国语言文学国家文科基础学科人才培养和科学研究基地	文学院	国家教育委员会	1995.3
2	生物学国家理科基础科学人才培养和科学研究基地	生命科学学院	国家教育委员会	1996.10
3	具有西部特色播音与主持艺术跨学科复合型人才培养模式创新实验区	新闻与传播学院	教育部	2007.11
4	国家文科基地（中文）创新实验区	文学院	教育部	2009.1
5	陕西师范大学-西安铁一中滨河学校"全国教育硕士专业学位研究生联合培养示范基地"	研究生院	全国教育专业学位研究生教育指导委员会	2014.1
6	教育部卓越教师培养计划项目（中学教育）	学校项目	教育部	2014.8
7	教育部卓越教师培养计划项目（学前教师）	学校项目	教育部	2014.8
8	陕西师范大学-陕西师范大学附属幼儿园"全国教育硕士专业学位研究生联合培养示范基地"	教育学部	全国教育专业学位研究生教育指导委员会	2019.1
9	教育部人文科学试验班拔尖人才培养项目	文学院、历史文化学院、哲学学院	教育部	2020.7
10	教育部理科试验班拔尖人才培养项目	数学与统计学院、生命科学学院、物理学与信息技术学院、化学化工学院	教育部	2020.7
11	中国语言文学拔尖学生培养基地2.0	文学院	教育部	2021.11

十一、省部级以上科研创新平台（2024年6月统计）

（一）人文社科类

序号	平台名称	批准时间	平台类别	管理部门
1	西北历史环境与经济社会发展研究院	2000.9	教育部人文社会科学重点研究基地；CTTI智库、陕西高校新型智库	教育部
2	中国西部边疆研究院	2005.1	陕西（高校）哲学社会科学重点研究基地；AMI核心智库、CTTI智库	陕西省教育厅
3	体育人文社会科学研究中心	2006.1	国家体育总局体育哲学社会科学重点研究基地	国家体育总局
4	西北基础教育与教师教育研究中心	2005.1	陕西省高校哲学社会科学重点研究基地	陕西省教育厅
5	宗教研究中心	2008.10	陕西省高校哲学社会科学重点研究基地	陕西省教育厅

续表

序号	平台名称	批准时间	平台类别	管理部门
6	西北国土资源研究中心	2009.12	陕西（高校）哲学社会科学重点研究基地；AMI核心智库、CTTI智库	陕西省教育厅
7	中国旅游研究院西部旅游发展研究基地	2010.1	文化和旅游部研究基地；CTTI智库	文化和旅游部
8	女性研究中心	2013.7	全国妇联重点研究基地	中华全国妇女联合会
9	国际长安学研究院	2013.11	陕西省2011协同创新中心	陕西省教育厅
10	语言资源开发研究中心	2015.7	陕西省高校哲学社会科学重点研究基地；CTTI智库	陕西省教育厅
11	"一带一路"与中亚区域协同创新研究中心	2015.12	陕西省哲学社会科学重点研究基地；CTTI智库	陕西省哲学社会科学规划办公室
12	丝绸之路人文交流研究中心	2017.6	教育部国别和区域研究中心	教育部
13	土耳其研究中心	2017.6	教育部国别和区域研究中心；CTTI智库	教育部
14	乌兹别克斯坦研究中心	2017.6	教育部国别和区域研究中心；CTTI智库	教育部
15	阿富汗研究中心	2017.6	教育部国别和区域研究中心	教育部
16	陕西省重点中国特色社会主义理论体系研究中心	2017.1	陕西省重点中国特色社会主义理论体系研究中心	陕西省哲学社会科学规划办公室
17	陕西省重点舆情信息研究中心	2017.1	陕西省重点舆情信息研究中心	陕西省哲学社会科学规划办公室
18	教育实验经济研究所	2017.12	CTTI智库	光明日报社、南京大学组织评选
19	儿童青少年心理与行为健康研究中心	2018.9	陕西（高校）哲学社会科学重点研究基地	陕西省教育厅
20	陕西文化资源开发协同创新中心	2018.1	陕西省2011协同创新中心	陕西省教育厅
21	中国被盗（丢失）文物信息发布平台英文翻译中心	2018.11	陕西省公安厅	陕西省公安厅
22	高校思想政治工作队伍培训研修中心（陕西师范大学）	2019.1	教育部高校思想政治工作队伍培训研修中心	教育部
23	公共治理与政策创新研究中心	2019.2	陕西高校新型智库	陕西省教育厅
24	国家语言文字推广基地	2020.1	教育部国语委国家语言文字推广基地	国家语言文字工作委员会
25	中华优秀传统文化传承基地（陕西皮影）	2019.11	教育部中华优秀传统文化传承基地	教育部
26	扶贫政策与评估研究中心	2019.12	CTTI智库	光明日报社、南京大学组织评选
27	环黑海研究中心	2020.8	国家民委"一带一路"国别和区域研究中心	国家民族事务委员会
28	新时代思想政治工作体系与创新研究基地	2020.12	陕西省思想政治工作重点研究基地	陕西省委宣传部
29	陕西基础教育质量监测与评估研究中心	2020.4	陕西高校新型智库	陕西省教育厅

续表

序号	平台名称	批准时间	平台类别	管理部门
30	西部民族历史与文化研究中心	2020.12	国家民委中华民族共同体研究基地（原国家民委民族理论政策研究基地，2017年10月获批）；CTTI智库	国家民族事务委员会
31	教育部教育立法研究基地	2020.1	教育部教育立法研究基地	教育部
32	教师教育协同创新中心	2021.1	陕西省2011协同创新中心	陕西省教育厅
33	陕西省少数民族传统体育研究与训练基地	2021.1	陕西省民族宗教事务委员会、陕西省体育局	陕西省民族宗教事务委员会、陕西省体育局
34	国家安全教育研究院	2021.3	陕西（高校）哲学社会科学重点研究基地	陕西省教育厅
35	延安精神与中国共产党精神体系研究中心	2021.3	陕西（高校）哲学社会科学重点研究基地	陕西省教育厅
36	国外藏学研究中心	2021.3	陕西（高校）哲学社会科学重点研究基地	陕西省教育厅
37	陕西省当代世界邪教研究中心	2021.4	陕西省科学技术协会、陕西省科学技术厅	陕西省科学技术协会、陕西省科学技术厅
38	陕西省铸牢中华民族共同体意识研究基地	2021.6	陕西省铸牢中华民族共同体意识研究基地	陕西省委统战部、陕西省民族宗教事务委员会
39	陕西省儿童青少年体育研究中心	2021.7	陕西省体育局	陕西省体育局
40	中国电影地缘文化研究基地	2021.11	陕西省电影评论和电影理论研究中心	陕西省委宣传部、陕西省电影局
41	马克思主义文艺理论与中国电影研究基地	2021.11	陕西省电影评论和电影理论研究中心	陕西省委宣传部、陕西省电影局
42	陕西哲学社会科学发展研究基地	2022.4	陕西省社会科学界联合会	陕西省社会科学界联合会
43	陕西省人民政协理论与实践研究基地	2022.11	陕西省人民政协理论与实践研究基地	中国人民政治协商会议陕西省委员会
44	陕西师范大学体育与健康教育科普基地	2023.1	陕西师范大学体育与健康教育科普基地	国家体育总局、科学技术部
45	陕西省关心下一代研究中心	2023.1	陕西省哲学社会科学重点研究基地（2021年与陕西省关心下一代工作委员会共建）	陕西省委宣传部
46	张载关学与传统文化研究基地	2023.1	陕西省哲学社会科学重点研究基地	陕西省委宣传部
47	丝绸之路漆艺文化传播研究中心	2023.1	陕西省哲学社会科学重点研究基地	陕西省委宣传部
48	"医学与文明"研究基地	2023.1	陕西省哲学社会科学重点研究基地	陕西省委宣传部
49	语音大数据研发和应用陕西省高等学校重点实验室	2024.1	陕西省高等学校重点实验室	陕西省教育厅

（二）理工科类

序号	平台名称	批准时间	平台类别	管理部门
1	西北濒危药材资源开发国家工程实验室	2008.6	国家工程实验室	国家发展和改革委员会
2	陕西省果蔬深加工工程技术研究中心	1998.12	陕西省工程技术研究中心	陕西省科学技术厅
3	药用资源与天然药物化学教育部重点实验室	2003.11	教育部重点实验室	教育部
4	陕西省大分子科学重点实验室	2005.3	陕西省重点实验室	陕西省科学技术厅
5	陕西省超声学重点实验室	2005.12	陕西省重点实验室	陕西省科学技术厅
6	历史文化遗产保护教育部工程研究中心	2006.6	教育部工程研究中心	教育部
7	陕西省生命分析化学重点实验室	2006.9	陕西省重点实验室	陕西省科学技术厅
8	陕西省行为与认知神经科学重点实验室	2007.1	陕西省重点实验室	陕西省科学技术厅
9	应用表面与胶体化学教育部重点实验室	2007.2	教育部重点实验室	教育部
10	陕西省中药材规范化栽培与品种选育工程技术研究中心	2008.11	陕西省工程技术研究中心	陕西省科学技术厅
11	陕西省文物修复与环保工程技术研究中心	2009.8	陕西省工程技术研究中心	陕西省科学技术厅
12	现代教学技术教育部重点实验室	2011.12	教育部重点实验室	教育部
13	陕西省能源新技术工程实验室	2015.10	陕西省工程实验室	陕西省发展和改革委员会
14	陕西省食品绿色加工与安全控制工程实验室	2015.11	陕西省工程实验室	陕西省发展和改革委员会
15	陕西省旅游信息化工程实验室	2015.11	陕西省工程实验室	陕西省发展和改革委员会
16	陕西省旅游信息科学重点实验室	2016.5	陕西省重点实验室	陕西省科学技术厅
17	陕西省教学信息技术工程实验室	2016.6	陕西省工程实验室	陕西省发展和改革委员会
18	中俄食品与健康科学国际联合研究中心	2016.7	陕西省国际科技合作基地	陕西省科学技术厅
19	陕西省能源新材料与器件重点实验室	2016.10	陕西省重点实验室	陕西省科学技术厅
20	陕西省农产品贮藏加工危害因子风险评估实验室	2017.6	陕西省农产品质量安全风险评估实验室	陕西省农业厅
21	陕西区域创新与改革发展软科学研究基地	2017.11	陕西省软科学研究基地	陕西省科学技术厅
22	污染暴露与生态环境健康国际联合研究中心	2017.12	陕西省国际科技合作基地	陕西省科学技术厅
23	国家苹果加工技术研发专业中心	2018.9	国家农产品加工技术研发专业中心	农业农村部

续表

序号	平台名称	批准时间	平台类别	管理部门
24	陕西省合成气转化重点实验室	2018.12	陕西省重点实验室	陕西省科学技术厅
25	谷物科学国际联合研究中心	2018.12	陕西省国际科技合作基地	陕西省科学技术厅
26	碳资源高效利用与污染防治重点实验室	2018.12	学科类国家重点实验室培育对象	陕西省科学技术厅
27	西部果品资源高值利用教育部工程研究中心	2019.10	教育部工程研究中心	教育部
28	金属有机催化化学国际联合研究中心	2019.12	陕西省国际科技合作基地	陕西省科学技术厅
29	陕西省文化载体保护与文化传承科技融合示范基地	2019.12	陕西省文化和科技融合示范基地	陕西省科学技术厅
30	陕西省汉阴县富有机硒食品科技创新试验示范站	2020.11	省级县域科技创新试验示范站	陕西省科学技术厅
31	西部多语种文化资源智慧出版重点实验室	2021.2	出版业科技与标准重点实验室	国家新闻出版署
32	民歌智能计算与服务技术文化和旅游部重点实验室	2021.5	文化和旅游部重点实验室	文化和旅游部
33	光电材料科学国际联合研究中心	2021.12	陕西省国际科技合作基地	陕西省科学技术厅
34	陕西省基础学科（表界面化学）研究中心	2022.5	陕西省基础学科研究中心	陕西省科学技术厅
35	陕西省"四主体一联合"先进钼化合物功能材料校企联合研究中心	2022.11	陕西省"四主体一联合"校企联合研究中心	陕西省科学技术厅
36	"低碳城市"关键材料未来产业创新研究院	2022.12	未来产业创新研究院	陕西省教育厅
37	榆林沙漠黄土过渡带生态与环境陕西省野外科学观测研究站	2023.3	陕西省野外科学观测研究站	陕西省科学技术厅
38	感光与纸质等多种材质档案保护重点实验室	2023.11	国家档案局重点实验室	国家档案局
39	陕西省肉品安全生产与营养控制工程技术研究中心	2023.12	陕西省工程技术研究中心	陕西省科学技术厅
40	陕西省"四主体一联合"传统食品创新校企联合研究中心	2023.12	陕西省"四主体一联合"校企联合研究中心	陕西省科学技术厅
41	陕西省"四主体一联合"农用环保塑料校企联合研究中心	2023.12	陕西省"四主体一联合"校企联合研究中心	陕西省科学技术厅
42	陕西省"四主体一联合"神经免疫疾病辅助诊断校企联合研究中心	2023.12	陕西省"四主体一联合"校企联合研究中心	陕西省科学技术厅
43	沙产业陕西省高等学校重点实验室	2024.1	陕西省高等学校重点实验室	陕西省教育厅

十二、高等学历继续教育专业设置（专升本）（2024年6月统计）

序号	专业代码	专业名称	学习形式	招生科类	学制	授予学位
1	050101	汉语言文学	函授	文史类	2.5年	文学学士
2	040101	教育学	函授	教育学类	2.5年	教育学学士
3	040106	学前教育	函授	教育学类	2.5年	教育学学士
4	070101	数学与应用数学	函授	理工类	2.5年	理学学士
5	120402	行政管理	函授	管理类	2.5年	管理学学士
6	060101	历史学	函授	文史类	2.5年	历史学学士
7	030503	思想政治教育	函授	法学类	2.5年	法学学士
8	050201	英语	业余	文史类	2.5年	文学学士
9	130202	音乐学	业余	艺术类	2.5年	艺术学学士
10	130401	美术学	业余	艺术类	2.5年	艺术学学士

十三、历年教职工人数统计表

学校名称	年份	专任教师		其他专业技术人员（教辅人员）		管理人员（行政人员）		工勤人员		总计
		人数	比例	人数	比例	人数	比例	人数	比例	
陕西省立师范专科学校	1944	41	—	—	—	45	—	—	—	86
	1945	—	—	—	—	—	—	—	—	94
	1946	—	—	—	—	—	—	—	—	98
	1947	—	—	—	—	—	—	—	—	85
	1948	—	—	—	—	—	—	—	—	85
	1949	—	—	—	—	—	—	—	—	57
陕西省立师范专科学校陕南分校	1946	12	—	—	—	—	—	—	—	—
	1947—1949	—	—	—	—	—	—	—	—	—
西北大学师范学院	1949—1952	—	—	—	—	—	—	—	—	—
	1953	120	35.93%	66	19.76%	82	24.55%	66	19.76%	334
	1954	144	47.52%	39	12.87%	51	16.83%	69	22.77%	303

续表

学校名称	年份	专任教师		其他专业技术人员（教辅人员）		管理人员（行政人员）		工勤人员		总计
		人数	比例	人数	比例	人数	比例	人数	比例	
西安师范学院	1954	196	50.00%	51	13.01%	67	17.09%	78	19.90%	392
	1955	256	54.35%	—	—	132	28.03%	83	17.62%	471
	1956	263	46.14%	32	5.61%	147	25.79%	128	22.46%	570
	1957	304	44.31%	40	5.83%	164	23.91%	178	25.95%	686
	1958	287	54.05%	18	3.39%	175	32.96%	51	9.60%	531
	1959	265	28.43%	35	3.76%	275	29.51%	357	38.3%	932
	1960	—	—	—	—	—	—	—	—	—
陕西省中等教育师资训练班	1953	—	—	—	—	—	—	—	—	—
	1954	20	—	—	—	15	—	—	—	35
陕西师范专科学校	1954	44	—	—	—	—	—	—	—	—
	1955	70	—	—	—	—	—	—	—	—
	1956	—	—	—	—	—	—	—	—	—
陕西师范学院	1956	172	43.22%	30	7.54%	94	23.62%	102	25.63%	398
	1957	204	45.54%	33	7.37%	114	25.45%	97	21.65%	448
	1958	214	36.27%	29	4.92%	183	31.02%	164	27.80%	590
	1959	223	35.57%	30	4.78%	213	33.97%	161	25.68%	627
	1960	247	38.18%	30	4.64%	210	32.46%	160	24.73%	647
陕西师范大学	1960	597	38.64%	65	4.21%	510	33.01%	373	24.14%	1545
	1961	710	42.64%	167	10.03%	457	27.45%	331	19.88%	1665
	1962	458	44.73%	62	6.05%	291	28.42%	213	20.80%	1024
	1963	431	40.09%	36	3.35%	352	32.74%	256	23.81%	1075
	1964	384	44.34%	65	7.51%	218	25.17%	199	22.98%	866
	1965	383	45.92%	69	8.27%	194	23.26%	188	22.54%	834
	1966	—	—	—	—	—	—	—	—	896
	1967—1970	—	—	—	—	—	—	—	—	—
	1971	431	42.17%	36	3.52%	352	34.44%	203	19.86%	1022
	1972	347	37.23%	74	7.94%	252	27.04%	259	27.79%	932
	1973	397	35.99%	79	7.16%	317	28.74%	310	28.11%	1103
	1974	407	41.53%	79	8.06%	267	27.24%	227	23.16%	980
	1975	459	43.14%	84	7.89%	285	26.79%	236	22.18%	1064
	1976	505	45.70%	87	7.87%	288	26.06%	225	20.36%	1105

续表

学校名称	年份	专任教师		其他专业技术人员（教辅人员）		管理人员（行政人员）		工勤人员		总计
		人数	比例	人数	比例	人数	比例	人数	比例	
陕西师范大学	1977	549	45.67%	93	7.74%	327	27.20%	233	19.38%	1202
	1978	648	50.47%	99	7.71%	317	24.69%	220	17.13%	1284
	1979	657	53.16%	137	11.08%	258	20.87%	184	14.89%	1236
	1980	681	45.74%	173	11.62%	270	18.13%	365	24.51%	1489
	1981	734	44.08%	151	9.07%	270	16.22%	510	30.63%	1665
	1982	878	41.03%	299	13.97%	549	25.65%	414	19.35%	2140
	1983	853	46.28%	258	14.00%	337	18.29%	395	21.43%	1843
	1984	942	40.09%	331	14.09%	639	27.19%	438	18.64%	2350
	1985	1005	40.25%	349	13.98%	690	27.63%	453	18.14%	2497
	1986	1074	41.09%	294	11.25%	729	27.89%	517	19.78%	2614
	1987	957	46.39%	321	15.56%	371	17.98%	414	20.07%	2063
	1988	946	44.92%	317	15.05%	400	18.99%	443	21.04%	2106
	1989	964	45.17%	298	13.96%	421	19.73%	451	21.13%	2134
	1990	953	44.68%	305	14.30%	435	20.39%	440	20.63%	2133
	1991	956	44.36%	262	12.16%	484	22.46%	453	21.02%	2155
	1992	956	44.36%	262	12.16%	484	22.46%	453	21.02%	2155
	1993	987	44.20%	335	15.00%	443	19.84%	468	20.96%	2233
	1994	1062	45.25%	342	14.57%	451	19.22%	492	20.96%	2347
	1995	987	43.71%	334	14.79%	406	17.98%	531	23.52%	2258
	1996	909	42.01%	337	15.57%	364	16.82%	554	25.60%	2164
	1997	942	45.93%	272	13.26%	321	15.65%	516	25.16%	2051
	1998	872	44.58%	291	14.88%	335	17.13%	467	23.88%	1956
	1999	842	49.47%	341	20.04%	283	16.63%	236	13.87%	1702
	2000	889	52.63%	291	17.23%	251	14.86%	258	15.28%	1689
	2001	926	53.81%	294	17.08%	248	14.41%	253	14.70%	1721
	2002	1013	56.56%	290	16.19%	254	14.18%	234	13.07%	1791
	2003	1099	57.93%	289	15.23%	264	13.92%	245	12.92%	1897
	2004	1182	61.56%	278	14.48%	261	13.59%	199	10.36%	1920
	2005	1302	63.57%	325	15.87%	227	11.08%	194	9.47%	2048
	2006	1399	64.47%	284	13.09%	297	13.69%	190	8.76%	2170
	2007	1420	65.23%	275	12.63%	303	13.92%	179	8.22%	2177

续表

学校名称	年份	专任教师		其他专业技术人员（教辅人员）		管理人员（行政人员）		工勤人员		总计
		人数	比例	人数	比例	人数	比例	人数	比例	
陕西师范大学	2008	1423	64.68%	205	9.32%	397	18.05%	175	7.95%	2200
	2009	1439	59.71%	278	11.54%	347	14.40%	346	14.36%	2410
	2010	1470	52.44%	569	20.30%	372	13.27%	392	13.99%	2803
	2011	1489	53.10%	584	20.83%	369	13.16%	362	12.91%	2804
	2012	1552	54.08%	474	16.52%	506	17.63%	338	11.78%	2870
	2013	1627	54.87%	487	16.42%	530	17.88%	321	10.83%	2965
	2014	1722	56.57%	507	16.66%	547	17.97%	268	8.80%	3044
	2015	1860	58.92%	576	18.25%	479	15.17%	242	7.67%	3157
	2016	1946	60.25%	588	18.20%	475	14.71%	221	6.84%	3230
	2017	1991	60.39%	611	18.53%	502	15.23%	193	5.85%	3297
	2018	2005	61.17%	610	18.61%	496	15.13%	167	5.09%	3278
	2019	2080	61.90%	582	17.32%	540	16.07%	158	4.70%	3360
	2020	2159	62.83%	585	17.03%	548	15.95%	144	4.19%	3436
	2021	2194	62.26%	642	18.22%	552	15.66%	136	3.86%	3524
	2022	2193	61.98%	637	18.00%	590	16.68%	118	3.34%	3538
	2023	2208	62.43%	642	18.15%	583	16.48%	104	2.94%	3537

注：1986年前教职工总人数中包含附属学校和外派机构人数（1983年教职工总人数中仅查阅到校本部人员总数，未包含附属学校和外派机构人数）。

十四、历年专任教师结构统计表

学校名称	年份	学历 博士 人数	博士 比例	硕士 人数	硕士 比例	本科及以下 人数	本科及以下 比例	职称 正高 人数	正高 比例	副高 人数	副高 比例	中级及以下 人数	中级及以下 比例	性别 男 人数	男 比例	女 人数	女 比例	总计
陕西省立师范专科学校	1944	—	—	—	—	—	—	—	—	—	—	—	—	—	—	—	—	41
	1945—1946	—	—	—	—	—	—	—	—	—	—	—	—	—	—	—	—	—
	1947	—	—	—	—	—	—	30	40.54%	26	35.14%	18	24.32%	—	—	—	—	74
	1948	—	—	—	—	—	—	—	—	—	—	—	—	—	—	—	—	—
	1949	—	—	—	—	—	—	26	63.41%	9	21.95%	6	14.63%	—	—	—	—	41
陕西省立师范专科学校陕南分校	1946	—	—	—	—	—	—	—	—	—	—	—	—	—	—	—	—	12
	1947—1949	—	—	—	—	—	—	—	—	—	—	—	—	—	—	—	—	—
西北大学师范学院	1949—1951	—	—	—	—	—	—	—	—	—	—	—	—	—	—	—	—	—
	1952	—	—	—	—	—	—	45（高级职称）	64.29	—	—	25	35.71%	—	—	—	—	85
	1953	—	—	—	—	—	—	22	25.89%	12	14.12%	51	59.99%	—	—	—	—	144
	1954	—	—	—	—	—	—	26	18.06%	20	13.89%	98	68.05%	—	—	—	—	196
西安师范学院	1954	—	—	—	—	—	—	28	14.29%	20	10.20%	148	75.51%	—	—	—	—	256
	1955	—	—	—	—	—	—	27	10.55%	23	8.98%	206	80.47%	—	—	—	—	263
	1956	—	—	—	—	—	—	24	9.13%	21	7.98%	218	82.89%	—	—	—	—	304
	1957	—	—	—	—	—	—	—	—	—	—	—	—	—	—	—	—	287
	1958	—	—	—	—	—	—	—	—	—	—	—	—	—	—	—	—	265
	1959	—	—	—	—	—	—	—	—	—	—	—	—	—	—	—	—	—
	1960	—	—	—	—	—	—	—	—	—	—	—	—	—	—	—	—	—

续表

学校名称	年份	学历						职称						性别				总计
		博士		硕士		本科及以下		正高		副高		中级及以下		男		女		
		人数	比例	人数	比例	人数	比例	人数	比例	人数	比例	人数	比例	人数	比例	人数	比例	
陕西省中等教育师资训练班	1953—1954	—	—	—	—	—	—	—	—	—	—	—	—	—	—	—	—	—
陕西师范专科学校	1954	—	—	—	—	—	—	—	—	—	—	—	—	—	—	—	—	44
	1955	—	—	—	—	—	—	—	—	—	—	—	—	—	—	—	—	70
	1956	—	—	—	—	—	—	—	—	—	—	—	—	—	—	—	—	—
陕西师范学院	1956	—	—	—	—	—	—	4	2.32%	—	—	164	95.36%	—	—	—	—	172
	1957	—	—	—	—	—	—	4	1.96%	—	—	196	96.08%	—	—	—	—	204
	1958	—	—	—	—	—	—	—	—	—	—	—	—	—	—	—	—	214
	1959	—	—	—	—	—	—	7	3.13%	3	1.34%	213	95.51%	176	78.92%	47	21.08%	223
	1960	—	—	—	—	—	—	—	—	—	—	—	—	—	—	—	—	247
	1960	—	—	—	—	—	—	—	—	—	—	—	—	—	—	—	—	597
	1961	—	—	—	—	—	—	—	—	—	—	—	—	—	—	—	—	710
	1962	—	—	—	—	—	—	22	4.8%	16	3.49%	420	91.71%	—	—	—	—	458
	1963	—	—	—	—	—	—	25	5.80%	12	2.78%	394	91.41%	—	—	—	—	431
	1964	—	—	—	—	—	—	45（高级职称）			11.72%	339	88.28%	—	—	—	—	—
陕西师范大学	1965	—	—	—	—	—	—	15	3.92%	25	6.53%	343	89.55%	—	—	—	—	383
	1966—1970	—	—	—	—	—	—	—	—	—	—	—	—	—	—	—	—	—
	1971	—	—	—	—	—	—	25	5.80%	12	2.78%	394	91.41%	—	—	—	—	431
	1972	—	—	—	—	—	—	—	—	—	—	—	—	—	—	—	—	347
	1973	—	—	—	—	—	—	—	—	—	—	—	—	—	—	—	—	397
	1974	—	—	—	—	—	—	13	3.19%	21	5.16%	373	91.65%	—	—	—	—	407

续表

学校名称	年份	学历						职称						性别				总计
		博士		硕士		本科及以下		正高		副高		中级及以下		男		女		
		人数	比例	人数	比例	人数	比例	人数	比例	人数	比例	人数	比例	人数	比例	人数	比例	
陕西师范大学	1975	—	—	—	—	—	—	—	—	—	—	—	—	—	—	—	—	459
	1976	—	—	—	—	—	—	23	4.55%	20	3.96%	473	91.49%	—	—	—	—	505
	1977	—	—	—	—	—	—	—	—	—	—	—	—	—	—	—	—	549
	1978	—	—	—	—	—	—	11	1.7%	25	3.86%	612	94.44%	—	—	—	—	648
	1979	—	—	—	—	—	—	—	—	—	—	—	—	—	—	—	—	657
	1980	—	—	—	—	—	—	—	—	—	—	—	—	—	—	—	—	681
	1981	—	—	—	—	—	—	—	—	—	—	—	—	—	—	—	—	734
	1982	—	—	—	—	—	—	18	2.05%	89	10.14%	771	87.81%	729	83.03%	149	16.97%	878
	1983	—	—	—	—	—	—	—	—	—	—	—	—	—	—	—	—	853
	1984	—	—	—	—	—	—	19	2.02%	140	14.86%	783	83.12%	—	—	—	—	942
	1985	—	—	—	—	—	—	19	1.89%	137	13.63%	849	84.48%	—	—	—	—	1005
	1986	—	—	—	—	—	—	21	1.96%	139	12.94%	914	85.1%	—	—	—	—	1074
	1987	1	0.1%	265	27.69%	691	72.21%	40	4.18%	205	21.42%	712	74.40%	747	78.06%	210	21.94%	957
	1988	5	0.53%	337	35.62%	604	63.85%	45	4.76%	219	23.15%	682	72.09%	762	80.55%	184	19.45%	946
	1989	5	0.52%	350	36.31%	609	63.17%	44	4.56%	219	22.72%	701	72.72%	771	79.98%	193	20.02%	964
	1990	9	0.94%	365	38.30%	579	60.76%	45	4.72%	194	20.36%	714	74.92%	742	77.86%	211	22.14%	953
	1991	9	0.94%	393	41.11%	554	57.95%	45	4.71%	274	28.66%	637	66.63%	737	77.09%	219	22.91%	956
	1992	17	1.78%	318	33.26%	621	64.96%	59	6.17%	266	27.82%	631	66.01%	701	73.33%	255	26.67%	956
	1993	20	2.03%	321	32.52%	646	65.45%	72	7.29%	313	31.71%	602	60.99%	743	75.28%	244	24.72%	987
	1994	20	1.88%	345	32.49%	697	65.63%	77	7.25%	303	28.53%	682	64.22%	780	73.45%	282	26.55%	1062

续表

学校名称	年份	学历						职称						性别				总计
		博士		硕士		本科及以下		正高		副高		中级及以下		男		女		
		人数	比例	人数	比例	人数	比例	人数	比例	人数	比例	人数	比例	人数	比例	人数	比例	
陕西师范大学	1995	20	2.03%	323	32.72%	644	65.25%	87	8.81%	311	31.51%	589	59.68%	713	72.24%	274	27.76%	987
	1996	31	3.41%	260	28.60%	618	67.99%	96	10.56%	329	36.19%	484	53.25%	615	67.66%	294	32.34%	909
	1997	36	3.82%	285	30.25%	621	65.92%	100	10.62%	342	36.30%	500	53.08%	615	65.29%	327	34.71%	942
	1998	45	5.16%	349	40.02%	478	54.82%	90	10.32%	292	33.49%	490	56.19%	581	66.63%	291	33.37%	872
	1999	74	8.79%	312	37.05%	456	54.16%	104	12.35%	280	33.26%	458	54.39%	552	65.56%	290	34.44%	842
	2000	94	10.57%	300	33.75%	495	55.68%	105	11.81%	309	34.76%	475	53.43%	611	68.73%	278	31.27%	889
	2001	113	12.20%	330	35.64%	483	52.16%	122	13.18%	327	35.31%	477	51.51%	659	71.17%	267	28.83%	926
	2002	139	13.72%	352	34.75%	522	51.53%	160	15.79%	364	35.93%	489	48.27%	688	67.92%	325	32.08%	1013
	2003	196	17.83%	353	32.12%	550	50.05%	176	16.01%	370	33.67%	553	50.32%	703	63.97%	396	36.03%	1099
	2004	205	17.34%	418	35.36%	559	47.29%	175	14.81%	393	33.25%	614	51.94%	735	62.18%	447	37.82%	1182
	2005	280	21.50%	502	38.56%	520	39.94%	219	16.82%	411	31.57%	672	51.61%	818	62.83%	484	37.17%	1302
	2006	353	25.23%	572	40.89%	474	33.88%	276	19.73%	448	32.02%	675	48.25%	874	62.47%	525	37.53%	1399
	2007	416	29.30%	565	39.79%	439	30.91%	289	20.35%	456	32.11%	675	47.54%	876	61.69%	544	38.31%	1420
	2008	503	35.35%	519	36.47%	401	28.18%	292	20.52%	462	32.47%	669	47.01%	859	60.37%	564	39.63%	1423
	2009	575	39.96%	520	36.14%	344	23.90%	294	20.43%	471	32.73%	674	46.84%	859	59.7%	580	40.3%	1439
	2010	670	45.58%	492	33.47%	308	20.95%	309	21.02%	507	34.49%	654	44.49%	875	59.5%	595	40.5%	1470
	2011	768	51.58%	450	30.22%	271	18.20%	332	22.30%	527	35.39%	630	42.31%	892	59.9%	597	40.1%	1489
	2012	881	56.77%	454	29.25%	217	13.98%	362	23.32%	593	38.21%	597	38.47%	926	59.7%	626	40.3%	1552
	2013	1001	61.52%	438	26.92%	188	11.56%	370	22.74%	610	37.49%	647	39.77%	969	59.6%	658	40.4%	1627
	2014	1113	64.63%	433	25.15%	176	10.22%	401	23.29%	645	37.46%	676	39.25%	1029	59.8%	693	40.2%	1722

续表

学校名称	年份	学历						职称						性别				总计
		博士		硕士		本科及下		正高		副高		中级及以下		男		女		
		人数	比例	人数	比例	人数	比例	人数	比例	人数	比例	人数	比例	人数	比例	人数	比例	
陕西师范大学	2015	1279	68.76%	395	21.24%	186	10.00%	430	23.12%	703	37.80%	727	39.08%	1085	58.3%	775	41.7%	1860
	2016	1389	71.38%	383	19.68%	174	8.94%	450	23.12%	744	38.23%	752	38.65%	1120	57.6%	826	42.5%	1946
	2017	1478	74.23%	353	17.73%	160	8.04%	477	23.96%	759	38.12%	755	37.92%	1144	57.5%	847	42.5%	1991
	2018	1515	75.56%	342	17.06%	148	7.38%	490	24.44%	759	37.86%	756	37.70%	1150	57.4%	855	42.6%	2005
	2019	1585	76.20%	348	16.73%	147	7.07%	500	24.04%	757	36.39%	823	39.57%	1189	57.2%	891	42.8%	2080
	2020	1666	77.17%	352	16.30%	141	6.53%	549	25.43%	764	35.39%	846	39.18%	1235	57.2%	924	42.8%	2159
	2021	1708	77.85%	394	17.96%	92	4.19%	590	26.89%	825	37.60%	779	35.51%	1246	56.8%	948	43.2%	2194
	2022	1747	79.66%	330	15.05%	116	5.29%	623	28.41%	861	39.26%	709	32.33%	1246	56.8%	947	43.2%	2193
	2023	1784	80.80%	323	14.63%	101	4.57%	673	30.48%	885	40.08%	650	29.44%	1242	56.3%	966	43.8%	2208

注：1. 1944—1970 年数据来源于学校档案馆档案材料中各类有关人员信息的表述或统计。
2. 1971—1986 年数据来源于学校档案馆档案材料中各表有关人员信息的统计表格，其中 1983 年数据为校本部人员数量，未包含附属学校和外派机构数量。
3. 1987—2009 年数据来源于学校向教育部上报的高基报表数据（不含科研机构、附属学校、校办产业）。
4. 2010—2023 年数据来源于学校人力资源部统计的历年专任教师数据。

十五、高层次人才队伍（2024年6月统计）

（一）国家级

姓名	入选年度	姓名	入选年度	姓名	入选年度	姓名	入选年度
刘昭铁	1996	袁祖社	2018	高 平	2021	陈 峰	2023
安忠维	1996	乔全生	2018	王 欣	2021	孟永宏	2023
李玉虎	1996	王喆之	2018	赵 奎	2021	田振军	2023
林书玉	1997	傅钢善	2019	张 伟	2021	曹 睿	2023
董治宝	2007	庄振华	2019	王 伟	2021	牛敬飞	2023
邢向东	2009	何晓明	2019	祁占勇	2021	黄 键	2023
尤西林	2009	翟全国	2019	冯 起	2022	李敬峰	2023
刘生忠	2011	曹小曙	2019	李 森	2022	刘力波	2023
郝文武	2011	游旭群	2020	胡金木	2022	马佳妮	2023
唐艳丽	2012	李 青	2020	吕 薇	2022	沙武田	2024
张新科	2014	赵玉明	2020	尚永亮	2022	张正龙	2024
王启龙	2014	刘东风	2020	杨 鹏	2022	刘全国	2024
刘忠文	2014	房 喻	2021	王长号	2022		
王 拓	2015	李忠军	2021	徐 华	2022		
李兴伟	2015	李化成	2021	王亚平	2023		
漆红兰	2015	陈 鹏	2021	任晓伟	2023		
张松斌	2016	肖光辉	2021	吾斯曼江·亚库甫	2023		
黄华腾	2016	刘 洋	2021	热合木江·沙吾提	2023		
肖 辉	2016	柯西钢	2021	高民政	2023		
刘成辉	2016	张 璐	2021	程 翔	2023		

(二) 省部级

姓名	入选年度	姓名	入选年度	姓名	入选年度	姓名	入选年度
赵 彬	1995	陈亚芍	2008	马 强	2012	杨晓斌	2016
吉国兴	1999	杨 平	2009	徐学红	2012	尹 峰	2016
黄 原	1999	周剑平	2009	陈晓明	2012	刘峰毅	2016
侯甬坚	1999	胡卫平	2009	刘 静	2013	贾丽超	2016
胡 舶	2001	赵卫国	2010	王 攀	2013	孙 昌	2016
吴建华	2001	施建雄	2010	陈彦军	2014	齐以涛	2016
李永明	2001	金 燕	2010	王勇刚	2014	刘晓宏	2016
于晓平	2001	周宏伟	2010	王新刚	2014	吕 萍	2016
王社教	2002	王双怀	2010	胡鉴勇	2014	禹 勇	2016
刘 鹏	2003	马 苗	2010	张成孝	2014	曹怀信	2016
李保新	2004	江金强	2011	杨兴斌	2014	许加彪	2016
张治河	2004	吴晋峰	2011	张文兰	2014	李艳茹	2016
卢新卫	2005	吴晓军	2011	方 兰	2014	段新瑞	2016
吴言生	2005	周正朝	2011	马聪敏	2014	席政军	2016
曹小红	2006	吴 光	2011	任晓东	2014	寇东亮	2017
董文生	2006	段克勤	2011	韩晓勇	2014	赵晶晶	2017
阎树群	2006	杨 波	2011	李 佳	2014	舒洪英	2017
于赓哲	2007	陈晓端	2011	胡安顺	2015	张正龙	2017
韩小忙	2007	谢小涛	2011	孙根年	2015	江瑞斌	2017
卜风贤	2007	聂 华	2012	卢红兵	2015	刘治科	2017
拜根兴	2008	丁立平	2012	邓宇巍	2015	刘全国	2017
张丽锦	2008	李广林	2012	李宗俊	2015	郑浩铨	2017
王勇慧	2008	郭龙江	2012	白 凯	2015	边红涛	2017

续表

姓名	入选年度	姓名	入选年度	姓名	入选年度	姓名	入选年度
吴 笛	2017	裴亚莉	2018	王 超	2021	赵 曦	2022
孔庆军	2017	吴合文	2018	顾 泉	2021	王国栋	2024
郑家昊	2017	王筱冰	2018	王 霞	2021	周红军	2024
毕经纬	2017	潘明虎	2019	林海平	2021	薛 东	2024
王圣军	2017	贾艳敏	2019	李少梅	2022	王林波	2024
王 宁	2017	张建中	2019	姬 鸣	2022	陈 亮	2024
张 忠	2017	窦井波	2019	何 宁	2022	罗扬眉	2024
常 明	2018	刘永峰	2019	高健智	2022	于江霞	2024
李 震	2018	孟永宏	2019	李敬峰	2022	许 宁	2024
唐三一	2018	汪开云	2019	张正偲	2022	段海军	2024
张宝山	2018	刘姬娜	2019	丁自成	2022		
郭志华	2018	李 琪	2019	向万春	2022		
王 涛	2018	康中乾	2020	陈新兵	2022		
闫亚平	2018	李继凯	2020	李 婷	2022		
常 文	2018	田洪磊	2020	张建强	2022		
薛东旭	2018	魏灵灵	2020	梁作中	2022		
何学侠	2018	朱保成	2020	杨 辉	2022		
张 磊	2018	刘宗怀	2020	任 杰	2022		
王振宏	2018	龙宝新	2020	史维娟	2022		
刘生良	2018	岳大鹏	2020	郝亮亮	2022		
郑海荣	2018	彭浩南	2020	穆海亮	2022		
石 峰	2018	杨红红	2020	马佳娜	2022		
张 媛	2018	王红艳	2020	成越洋	2022		
任晓伟	2018	张天平	2021	金 鑫	2022		

十六、历年学生人数统计表

（一）全日制本、专科生

学校名称	年份	本科生						专科生						总计	
		师范生			非师范生			师范生			非师范生				
		招生	在校	毕业	招生	在校	毕业	招生	在校	毕业	招生	在校	毕业	招生	毕业
陕西省立师范专科学校	1944							268	268					268	
	1945							347	615					347	
	1946							117	730	343				117	343
	1947							142	529	270				142	270
	1948							52	311	117				52	117
	1949							—	—	—				—	—
陕西省立师范专科学校陕南分校	1946							116	116					116	
	1947							112	228					112	
	1948							58	286	228				58	228
	1949							—	—	—				—	—
	1950							—	—	—				—	—
西北大学师范学院	1949	73	210											73	
	1950	83	271	15										83	15
	1951	295	461	49				248	248					543	49
	1952	174	529	41				226	303	171				400	212

续表

学校名称	年份	本科生						专科生						总计	
		师范生			非师范生			师范生			非师范生				
		招生	在校	毕业	招生	在校	毕业	招生	在校	毕业	招生	在校	毕业	招生	毕业
西北大学师范学院	1953	277	736	46				142	208	229				419	275
	1954	250	897	38						66					104
西安师范学院	1954	250	897					166	308					416	
	1955	342	982	231				149	294	142				491	373
	1956	703	1484	155				412	587	145				1115	300
	1957	815	2040	213				155	546	222				970	435
	1958	466	2223	224				673	818	391				1139	615
	1959	814	2598	320				209	871	145				1023	465
	1960														
陕西省中等教育师资训练班	1953							288	288					288	
	1954									288					288
陕西师范专科学校	1954							407	407					407	
	1955	163	231	32				396	646	119				396	119
	1956									349					349
陕西师范学院	1956							832	1329					995	
	1957	294	479					274	1224	265				568	297
	1958	246	709					819	1089	950				1065	950
	1959	553	1183	34				293	1084	270				846	304
	1960														

续表

学校名称	年份	本科生						专科生						总计	
		师范生			非师范生			师范生			非师范生				
		招生	在校	毕业	招生	在校	毕业	招生	在校	毕业	招生	在校	毕业	招生	毕业
陕西师范大学	1960	1424	4416	722				69	564	1441				1493	2163
	1961	882	4189	1008					66	495				882	1503
	1962	139	2349	692						66				139	758
	1963	371	2625	1255										371	1255
	1964	366	2835	147										366	147
	1965	458	2543	1158										458	1158
	1966		2144	920											920
	1967		2144												
	1968		1218	926											926
	1969		457	761											761
	1970			457				107	107					107	457
	1971								107	107					107
	1972	916	916											916	
	1973	756	1671											756	
	1974	594	2300					35	35	35				629	
	1975	600	1951	915				129	129	35				729	950
	1976	432	1623	757				224	324	29				656	786
	1977	945	2286	582										945	582

续表

学校名称	年份	本科生						专科生						总计	
		师范生			非师范生			师范生			非师范生				
		招生	在校	毕业	招生	在校	毕业	招生	在校	毕业	招生	在校	毕业	招生	毕业
陕西师范大学	1978	789	2410	695				111	111					900	695
	1979	888	2737	514					113					888	514
	1980	928	3522	133					80	33				928	166
	1981	960	4476							80				960	80
	1982	1006	3762	1706										1006	1706
	1983	1206	4087	874				139	139					1345	874
	1984	1333	4564	922				108	248					1441	922
	1985	1452	5092	938				751	857	140				2280	1078
	1986	1193	5225	1063				119	870	106				1312	1169
	1987	1368	5314	1277				159	277	751				1527	2105
	1988	1655	5619	1374				147	381	118				1802	1492
	1989	1007	5178	1454	41	41		305	444	236				1353	1690
	1990	1199	5155	1209	60	102		126	415	139				1385	1348
	1991	1252	5116	1355	48	149		124	220	289				1424	1644
	1992	1048	4496	1653	26	174	41	544	668	96	12	12		1630	1749
	1993	783	4086	1083	31	199	119	809	1444	144	112	74		1735	1268
	1994	751	3467	1131	207	522	105	528	1328	587	126	265	77	1612	1837
	1995	869	3191	1127	315	726		464	989	782	143	273	137	1791	2151

续表

| 学校名称 | 年份 | 本科生 ||||||| 专科生 |||||| 总计 ||
| | | 师范生 ||| 非师范生 ||| 师范生 ||| 非师范生 ||| | |
		招生	在校	毕业	招生	在校	毕业	招生	在校	毕业	招生	在校	毕业	招生	毕业
陕西师范大学	1996	1000	3922	701	308	1167	106	482	725	459	215	315	137	2005	1403
	1997	1284	3328	881	413	939	98	161	945	514	100	354	126	1958	1619
	1998	1231	4421	780	295	1271	206	137	379	430	78	186	190	1741	1607
	1999	1842	5523	933	448	1392	328	63	203	215	80	158	90	2433	1566
	2000	1973	6578	1052	438	1483	343	42		159	50	130	78	2503	1613
	2001	1868	7028	1334	736	1927	371	483	581	181	75	228	17	3162	1881
	2002	2081	7341	1299	285	2754	284	340	1004	98	136	405	110	2842	1791
	2003	1993	7782	1837	1289	3551	454	725	52	23	6	52	23	4013	2355
	2004	2059	7938	1995	1560	4593	463		728	311		6	14	3619	2783
	2005	2215	8338	2011	1422	5175	725		4	717			5	3637	3458
	2006	2245	8622	1993	1452	5437	1062	509	500	4				4206	3059
	2007	2584	9070	2069	1395	5537	1259	507	918					4486	3328
	2008	2641	9548	2026	1425	5467	1479	586	1439					4652	3505
	2009	2908	10334	2091	1561	5632	1362		922	408				4469	3861
	2010	2803	10923	2193	1594	5823	1374		478	441				4397	4008
	2011	2000	10305	2596	2500	7047	1284		2	475				4500	4355
	2012	1892	9558	2619	2656	8269	1391		1	2				4548	4012
	2013	1900	8553	2830	2633	9326	1584			2				4533	4416

续表

学校名称	年份	本科生						专科生						总计	
		师范生			非师范生			师范生			非师范生				
		招生	在校	毕业	招生	在校	毕业	招生	在校	毕业	招生	在校	毕业	招生	毕业
陕西师范大学	2014	1909	7671	2766	2515	10240	1544							4424	4310
	2015	1937	7612	1973	2375	10079	2467							4312	4440
	2016	2031	7760	1863	2426	9848	2605							4457	4468
	2017	1975	7848	1864	2482	9698	2552							4457	4416
	2018	1888	7798	1885	2547	9729	2423							4435	4308
	2019	2151	8145	1901	2366	9525	2354							4517	4255
	2020	2221	8735	2020	2299	9032	2358							4520	4378
	2021	2401	9195	1958	2292	8758	2419							4693	4377
	2022	2851	10411	1920	2107	8068	2424							4958	4344
	2023	2924	10937	2307	2131	8040	2155							5055	4462
合计		91925	353421	81903	46678	171720	37739	15934	32130	14823	1210	2612	1004	155747	135447

附：2007年以来公费师范生人数统计表

年份	招生		在校		毕业	
	人数	占本科生人数比例	人数	占本科生人数比例	人数	占本科生人数比例
2007	2544	63.94%	2472	15.92%		
2008	2611	64.22%	5243	31.86%		
2009	2892	64.71%	8130	48.14%		
2010	2775	63.11%	10923	63.42%		
2011	1973	43.39%	9541	54.99%	2430	62.63%
2012	1862	40.94%	9479	53.17%	2619	65.31%
2013	1884	41.56%	8553	47.84%	2830	64.11%
2014	1887	42.65%	7671	42.83%	2766	64.18%
2015	1915	44.41%	7612	43.03%	1973	44.44%
2016	2013	45.16%	7760	44.07%	1863	41.70%
2017	1962	44.02%	7848	44.73%	1864	42.21%
2018	1872	42.21%	7798	44.49%	1885	43.76%
2019	2071	45.85%	7977	45.14%	1901	44.68%
2020	2104	46.55%	8090	45.53%	2020	46.14%
2021	2114	45.05%	8221	45.79%	1958	44.73%
2022	2100	42.36%	8572	46.39%	1875	43.16%
2023	2105	42.18%	8596	45.30%	2089	46.82%
合计	36684				28073	

招生数据备注：

1.1985年，专科经济管理专业开始招收非师范专业。

2.1999年前，主要根据专业名称是否带"教育"来区分师范、非师范专业。

3. 少数民族预科招生人数统计至下一年的招生计划里。

4. 数据来源：1944—1994年根据《陕西师范大学校史（1944—1994）》；1994—2006年根据党委校长办公室提供的《陕西师范大学统计资料汇编》；2007—2023年根据本科招生办公室工作总结，其中2011年根据招生计划整理。

在校毕业数据备注：

1.1999年前，主要根据专业名称是否带"教育"来区分师范、非师范专业。

2. 数据来源：1944—1993年根据《陕西师范大学校史（1944—1994）》；1994—2023年根据党委校长办公室提供的《陕西师范大学统计资料汇编》。

（二）研究生

年份	硕士生						博士生						总计	
	全日制			非全日制			全日制			非全日制				
	招生	在校	毕业	招生	在校	毕业	招生	在校	毕业	招生	在校	毕业	招生	毕业
1979	35	—											35	
1980	32	—											32	
1981	25	—	39										25	39
1982	35	—	6										35	6
1983	41	—	40										41	40
1984	76	—	28				2	—					78	28
1985	258	—	42				2	—					260	42
1986	110	—	108				4	—					114	108
1987	146	—	214				3	—					149	214
1988	130	—	43				3	—	2				133	45
1989	102	—	146				5	—	5				107	151
1990	105	—	125				6	—	5				111	130
1991	104	—	72				8	—	4				112	76
1992	104	—	127				6	—	7				110	134
1993	104	—	106				7	—	6				111	112

续表

年份	硕士生							博士生							总计	
	全日制			非全日制				全日制			非全日制					
	招生	在校	毕业	招生	在校	毕业		招生	在校	毕业	招生	在校	毕业		招生	毕业
1994	114	—	116					11	—	6					125	122
1995	106	—	121					7	—	6					113	127
1996	135	—	139					9	—	5					144	144
1997	146	—	180					8	—	10					154	190
1998	147	—	170					8	—	7					155	177
1999	183	—	172					15	—	9					198	181
2000	272	—	—	166	—	—		22	—	—					460	—
2001	372	—	149	264	—	—		30	—	7					666	156
2002	491	—	185	250	—	—		36	—	—					777	185
2003	757	—	263	289	—	—		72	—	19					1118	282
2004	1165	—	375	297	—	—		120	—	29					1582	404
2005	1388	—	490	302	—	—		132	—	42					1822	532
2006	1580	—	733	310	—	—		140	—	58					2030	791
2007	1707	—	1160	295	—	—		170	—	81					2172	1241
2008	1901	—	1358	301	—	—		180	—	102					2382	1460
2009	2172	—	1483	297	—	—		210	—	104					2679	1587

续表

年份	硕士生							博士生						总计	
	全日制			非全日制				全日制			非全日制				
	招生	在校	毕业	招生	在校	毕业	招生	在校	毕业	招生	在校	毕业	招生	毕业	
2010	2299	—	1517	200	—	—	217	—	133				2716	1650
2011	2309	—	2005	200	—	—	232	—	138				2741	2143
2012	2411	—	2292	2306	—	—	239	—	180				4956	2472
2013	2479	—	2319	2716	—	—	241	—	156				5436	2475
2014	2530	—	2378	2871	—	—	242	—	159				5643	2537
2015	2570	6998	2388	2770	9227	765	257	1210	159				5597	3312
2016	2594	6947	2454	1485	9301	896	263	1274	177				4342	3527
2017	2565	7096	2405	1718	9482	1232	293	1376	184				4576	3821
2018	2680	7209	2494	1708	9519	1524	324	1492	193	15	15		4727	4211
2019	2770	7378	2479	1749	9896	1212	339	1613	200	14	29		4872	3891
2020	3202	7868	2628	1922	10579	1226	385	1741	251	15	45		5524	4105
2021	3277	8623	2459	2018	11414	1040	465	1944	276	15	60	2	5775	3777
2022	3397	9041	2864	2017	8834	1742	581	2042	302	0	58	1	5995	4909
2023	3482	9323	3111	2018	9161	1247	626	2323	304	0	54	4	6126	4666
合计	52608		41983	28469		10884	5920		3326	59		7	87056	56200

续表

（三）留学生

年份	学历生											非学历生			总计	
	本科生			硕士生			博士生								
	招生	在校	毕业	招生	在校	毕业	招生	在校	毕业	招生	在校	毕业	招生	毕业
1965										100	100	0	100	0
1966											100	100		100
1967—1981														
1982										6	6	0	6	0
1983										12	18	0	12	0
1984										205	217	190	205	190
1985										40	67	15	40	15
1986										31	83	83	31	83
1987										58	58	58	58	58
1988										95	95	95	95	95
1989										8	8	8	8	8
1990										6	6	0	6	0
1991										118	124	124	118	124
1992										25	25	25	25	25

续表

年份	学历生									非学历生			总计	
	本科生			硕士生			博士生							
	招生	在校	毕业	招生	在校	毕业	招生	在校	毕业	招生	在校	毕业	招生	毕业
1993										27	27	27	27	27
1994										16	16	16	16	16
1995										32	32	32	32	32
1996	1	1	0	0	0	0	0	0	0	48	48	48	49	48
1997	0	1	0	0	0	0	0	0	0	47	47	47	47	47
1998	0	1	1	1	1	0	0	0	0	63	63	0	64	1
1999	0	0	0	0	1	0	0	0	0	230	293	61	230	61
2000	3	3	0	1	2	0	0	0	0	15	247	83	19	83
2001	0	3	1	0	2	0	0	0	0	2	166	166	2	167
2002	21	23	4	2	4	4	0	0	0	181	181	112	204	120
2003	8	27	22	2	2	0	0	0	0	113	182	182	123	204
2004	0	9	0	1	3	3	0	0	0	186	186	186	187	189
2005	3	12	2	2	2	0	0	0	0	189	189	378	194	380
2006	53	63	3	5	7	3	0	1	0	372	183	314	430	320
2007	18	78	23	2	6	0	1	1	0	381	250	250	402	273
2008	28	83	31	3	9	6	2	3	2	217	217	114	250	153

续表

年份	学历生									非学历生			总计	
	本科生			硕士生			博士生							
	招生	在校	毕业	招生	在校	毕业	招生	在校	毕业	招生	在校	毕业	招生	毕业
2009	10	62	0	2	5	0	2	3	2	172	275	108	186	110
2010	54	116	0	18	23	18	2	3	0	367	534	227	441	245
2011	92	208	111	9	14	6	9	12	9	770	1077	639	545	765
2012	65	162	6	3	11	3	2	5	0	253	691	507	323	516
2013	36	192	96	4	12	10	2	7	4	683	867	764	725	874
2014	47	143	58	5	7	0	1	4	1	570	673	574	623	633
2015	32	117	22	12	19	0	9	12	3	656	755	636	709	661
2016	54	149	63	33	52	16	19	28	1	627	746	643	733	723
2017	71	157	48	26	62	4	15	42	1	556	659	541	668	594
2018	18	127	37	34	91	17	30	71	4	433	551	418	515	476
2019	79	169	35	40	114	35	45	112	14	278	411	300	442	384
2020	50	184	70	34	113	53	46	144	48	208	319	286	338	457
2021	18	131	0	19	79	7	9	105	0	123	156	148	169	155
2022	8	140	23	24	96	13	36	141	43	99	107	62	167	141
2023	17	134	26	35	118	12	33	131	23	171	216	115	256	176
合计	786		682	317		210	263		155	8454		8347	9820	9394

（四）高等学历继续教育学生

学校名称	年份	学习形式									总计	
		函授		业余（夜大学）		脱产		网络教育			
		招生	毕业	招生	毕业	招生	毕业	招生	毕业	招生	毕业
陕西省立师范专科学校	1944—1949										
陕西省立师范专科学校陕南分校	1946—1948										
西北大学师范学院	1949—1954										
西安师范学院	1954										
	1955	250								250	
	1956	585								585	
	1957	658								658	
	1958	4308								4308	
	1959	2141	536							2141	536
	1960										
陕西省中等教育师资训练班	1953—1954										
陕西师范专科学校	1954—1956										
陕西师范学院	1956—1960										
	1960	4038								4038	
陕西师范大学	1961	1559	126							1559	126
	1962		1766								1766

续表

学校名称	年份	学习形式							总计	
		函授		业余（夜大学）		脱产		网络教育		
		招生	毕业	招生	毕业	招生	毕业	招生	毕业	招生	毕业
陕西师范大学	1963		896								896
	1964										
	1965		1469								1469
	1966—1982										
	1983	401								401	
	1984	1631	1745	175						1806	1982
	1985	883	534	325	238					1208	772
	1986	1261	1024	253	189					1514	1208
	1987	808	1021	258	237					1066	1237
	1988	1705	1672	274	238					1979	1877
	1989	1885	1552	237	184					2122	1735
	1990	2051	1645	219	216					2270	1891
	1991	1161	1552	377	205					1538	1459
	1992	1345	1552	324	183					1669	1735
	1993	890	839	195	246					1085	1085
	1994	1559	1137	273	322					1832	1459
	1995	1440	1140	347	260					1787	1400

续表

学校名称	年份	函授		业余(夜大学)		脱产		网络教育		总计	
		招生	毕业	招生	毕业	招生	毕业	招生	毕业	招生	毕业
陕西师范大学	1996	1361	843	369	201	25				1755	1044
	1997	1550	1394	345	259	70				1965	1653
	1998	1387	1319	324	192	88				1799	1511
	1999	2029	1250	402	379	452	158			2883	1787
	2000	4621	1413	478	325	893	61			5992	1799
	2001	2147	1317	982	312	780	249			3909	1878
	2002	1545	1763	919	397	1236	276	1531		5231	2436
	2003	1317	3715	559	448	587	410	9185		11648	4573
	2004	1389	1530	717	906	998	598	5038	610	8142	3644
	2005	1551	1282	662	842	1080	107	12512	5250	15805	7481
	2006	1638		666		741	931	13012	3601	16057	4532
	2007	1930	1369	568	772		787	13689	12022	16187	14950
	2008	1712	1109	2566	632		921	10625	6037	14903	8699
	2009	1430	2691	2724	1187		617	14723	11440	18877	15935
	2010	1154	1777	1388	514		80	12888	10062	15430	12433
	2011	1264	1613	1018	2078		63	14035	11872	16317	15626
	2012	1040	1236	431	2066			15124	13306	16595	16608

续表

| 学校名称 | 年份 | 学习形式 ||||||| 总计 ||
| | | 函授 || 业余(夜大学) || 脱产 || 网络教育 || | |
		招生	毕业	招生	毕业	招生	毕业	招生	毕业	招生	毕业
陕西师大学	2013	846	1054	516	1142			16251	12724	17613	14920
	2014	410	1061	337	832			15915	12322	16662	14215
	2015	469	957	342	395			18874	13850	19685	15202
	2016	395	777	267	410			28769	14996	29431	16183
	2017	430	471	193	326			44741	13382	45364	14179
	2018	463	445	184	280			40081	19198	40728	19923
	2019	275	357	99	232			16059	25803	16433	26392
	2020	157	383	51	173			14185	45468	14393	46024
	2021	756	396	245	158			27195	22700	28196	23254
	2022	1535	241	254	87			19682	15591	21471	15919
	2023	2777	145	223	46				16975	3000	17166
合计		65360	48179	21086	17871	6950	5258	364114	295198	460287	366506

注：1. 夜大学招生时间为1984—2001年，毕业时间为1989—2003年；业余招生时间为2002年至今，毕业时间为2004年至今。依据教育部规定夜大学和业余是两种不同的学习分类。因业余形式延续夜大学的教学计划和培养方案，且有时间序列上的延续性，因此合并为一栏统计。

2. 受2003年"非典"疫情影响，当年成人招生考试时间由5月变为11月，新生于2004年元月入学，因此2006年函授、业余无毕业生。

十七、2000年以来获得的国家级教学成果奖

编号	获奖项目名称	成果完成人	获奖等级	年份
1	基础心理学学科建设与素质教育研究	王有智 张岗英 欧阳仑	二等奖	2001
2	面向21世纪高等师范院校地理学专业课程体系改革与实践	黄春长 孙根年 马耀峰 延军平 吴应驹	二等奖	2001
3	高等学校教考分离的研究与实践	吕九如 刘新平 赵晓林 党怀兴 苏乃兰	二等奖	2001
4	师范院校公共课《现代教育技术》网络课程建设与实践	傅钢善 张文兰 乜勇 石云 邱建波	二等奖	2005
5	国外教育发展网络课程建设	徐辉 刘新科 陈坚 杨晓萍 周谊	二等奖	2005
6	构建西部教学团队，深化数学教育课程建设与教学改革，积极服务基础教育	宋乃庆 朱德全 罗增儒 李忠如 吕世虎等	一等奖	2009
7	现代教育技术学科发展与教学实践研究	傅钢善 谢百治 刘雍潜 李冰 韩锡斌	二等奖	2009
8	基于课程群的物理化学课程体系构建与实践	陈亚芍 房喻 王文亮 白云山 胡道道 刘守信 张颖 马竹红 陈世荣 张聪杰 宋永红 尹世伟 王渭娜 丁立平 许春丽	二等奖	2014
9	诱思探究教学的理论和实践	张熊飞 游旭群 吴聪玲 赵华荣 左景祥 杨占枝	二等奖	2014
10	大学与普通高中联合培养创新人才的实践——"春笋计划"	胡卫平 吕明凯 张荣祖 秦德增 雷守学 武宝军	二等奖	2014
11	探索理论，更新理念，厘革路径，贯穿PACE要素的三元课堂模式创新与实践	李贵安 衣新发 宋永成 何聚厚 龙宝新 郑海荣 乜勇 李铁绳 王文博 李正德 耿晓丹	一等奖	2018
12	十年坚守：创新中华经典学习与汉字教育体系，提升大学生人文素养	党怀兴 李贵安 刘生良 曹胜高 郭迎春 石洛祥 王文博 朱晓彧 余志海 张向侠 张小东	二等奖	2018
13	中国古代文学博士研究生培养模式的探索与实践	张新科 霍松林 刘锋焘 高益荣 刘生良 傅绍良 吴言生 赵望秦 霍有明 曹胜高 高一农 柏俊才 杨晓斌 程世和	二等奖	2018
14	以提升学生实践与创新能力为核心的"多学科融合式"基础实验教学探索与实施	张尊听 白云山 杨万民 张宗权 段玉峰 刘志存 彭菊芳 秦健 张玉梅 闫生忠 苏惠敏 强雪	二等奖	2018
15	理论引领，平台支撑，模式创新，高校教师专业能力发展的有效探索与实践	赵彬 胡卫平 党怀兴 李贵安 何聚厚 傅钢善 石洛祥 石云 胡雯洁 王文博 李正德 段海军	二等奖	2018
16	基于创新素质提升的"学思维"综合活动课程的开发与实践	胡卫平 张蕾 单欣欣 武宝军 严文法 陈勇刚	二等奖	2018
17	大学与中小学共生发展的"U-F-S"模式探索	陈鹏 龙宝新 周兆海 冯加渔 王乐 胡金木	二等奖	2018
18	社会主义核心价值观融入小学教育实践机制探索	胡金木 冯建军 高政 王云 刘玲 侯西科	二等奖	2018
19	铸红烛·塑师表·育良师：西部基础教育卓越教师培养的体系构建与实践探索	游旭群 党怀兴 李贵安 郭建中 陈新兵 傅钢善 张新科 薛东 刘全国 李永明 李瑛 董辉 冯军 侯西科 张文芳	二等奖	2022

续表

编号	获奖项目名称	成果完成人	获奖等级	年份
20	师德引领，四维一体：十五年汉语言文学专业公费师范生培养体系的构建与实践	张新科 李跃力 柯西钢 刘生良 王 伟 李军亮 贺卫东 柏俊才 赵学勇 周淑萍	二等奖	2022
21	六重强基，知能并重：国家中文基地二十八年拔尖创新人才培养体系探索与实践	李西建 尤西林 张新科 陈 越 杨国庆 程世和 苏仲乐 李跃力 邢向东 李继凯 刘生良	二等奖	2022
22	协同提质、持续改进的"三级五类"本科人才培养内部质量保障体系创新与实践	郭建中 党怀兴 李贵安 田振军 马 俊 梁 广 毋兆鹏 徐振军 雒朝梁 蒋毓新 许广玺 曹宇巍 王 伟	二等奖	2022
23	"素养为要 能力为本"物流化学类研究生五维一体培养模式的探索与实践	房 喻 丁立平 刘 静 杨 鹏 彭军霞 边红涛 刘凯强 刘太宏 彭浩南 苗 荣 刘忠山	二等奖	2022
24	西部地区幼儿园保教质量提升的"CO-OP"协同发展模式建构与实践	张文芳 李创斌 张璐璐 高东慧 沈效功 李尔琳	二等奖	2022
25	一个都不能少："双系统、三层级"小学学困生教学支持体系的实践探索	罗 坤 赵 微 李 军 刘朦朦 潘元贞子 王 娟	二等奖	2022
26	"S-U-I-P"协同模式支持下的"梧桐之声"校本化课程开发与实施	侯西科 何军华 张明珠 张立昌 杨晓研 祁占勇	二等奖	2022
27	指向核心素养发展的思维型教学研究与实践探索	林崇德 严文法 韩 琴 胡玮玮 解慧明	二等奖	2022

后 记

八十年筚路蓝缕，八十载弦歌不辍。为全面回顾陕西师范大学发展历史，认真总结办学经验，创新继承优良教育传统，大力弘扬学校"西部红烛两代师表"精神，喜迎学校八十华诞，学校党委决定编写出版《陕西师范大学史（1944—2024）》，并明确编写工作是建立在修订1994年出版的《陕西师范大学校史（1944—1994）》的基础上，续写1995年到2024年的发展历史。

为高质量完成《陕西师范大学史（1944—2024）》编写工作，学校党委成立以党委书记李忠军、校长游旭群为主任的编审委员会，以原党委副书记王涛为主任的咨询委员会，由副校长李磊和教育学部教授栗洪武担任主编，校史编研和校庆工作办公室主任刘建斌担任责任编辑，并组建了以教师为主的编写组和以管理干部为主的工作专班。编写组成员有卜学海、方海兴、任晓伟、李后东、沈萍霞、邵志毅、周兆海、郭响宏、常亚慧（以姓氏笔画为序）。工作专班组长是李磊，副组长是刘建斌，成员有马进福、王煜、王秀铭、石萍、田向阳、刘洪超、孙清潮、杜林、宋传东、苟亚锋、庞莉、胡智勇、崔胜强、惠刚（以姓氏笔画为序）。档案馆工作人员王攀、牛冬冬、刘雨珊、杜林、李楠、张莺、林诚、庞莉、高旭、曹妍、雷天娇（以姓氏笔画为序）等，协助编写工作提供档案史料。

编写《陕西师范大学史（1944—2024）》的指导思想是：以马克思列宁主

义、毛泽东思想、邓小平理论、"三个代表"重要思想、科学发展观、习近平新时代中国特色社会主义思想为指导，以立德树人为根本，以服务国家发展战略为使命，坚守创办师范教育的初衷，深入溯源红色根脉，认真总结办学经验，充分展示发展成就，深刻揭示育人规律，全面诠释学校"西部红烛两代师表"精神。

从2022年5月开始，编写组成员在充分调研、学习以及广泛搜集、研究史料的基础上，历时两年，经过编制大纲、起草初稿、打磨书稿、征求意见、终审书稿五个环节，完成了近70万字的编写任务。本书各章执笔人具体为：序章是副校长任晓伟，第一章是教育学部卜学海，第二章是教育学部常亚慧，第三章是马克思主义学院李后东，第四章是马克思主义学院方海兴，第五章是教育学部沈萍霞，第六章是教育学部周兆海，第七章是图书馆邵志毅，第八章是历史文化学院郭响宏。

编写组成员在完成本职工作的同时，利用寒暑假和周末等休息时间，认真仔细收集资料，用情用心研究史料，加班加点完成撰写工作。经主编和责任编辑三次大的审读统稿和执笔人在主编指导下的多次修改打磨，初步形成校史初稿。随后进行精准征求意见、重点征求意见、广泛征求意见，以及征求现任领导、校友代表和专家意见等，共7批128人次阅读后提出修改建议。其间，召开主编碰头会九次、专题研讨会六次、编写组例会五次，大家统一思想，提高认识，讨论解决编写过程中发现的问题和征求意见对象提出的意见建议。校史书稿最终经校长办公会审议后予以定稿。在工作推进过程中，杜林、崔胜强同志不但完成了大量史料收集汇编、行政事务处理等工作，而且在党委组织部赵雪如，人才工作处宋月莹、程雨尘、郭李乐，人力资源部卢昕山、田潇、龚子琪、闵晨，教务处汪新庄、李正德、杨国光、秦楠、崔荣、葛小川，教师教育处张文杰，学科建设与发展规划处马卓如、傅钰媛，研究生院李冬飞、王博、闫喜龙、魏茜、武思宇、罗鑫帅，科学技术处包宇，社会科学处王卓、鲁双、张闻箫、曹乐，国际交流与合作处黄璐、许茜怡，远程教育学院李铜、王莉、王全盈等部门和单位工作人员的配合下，完成了附录部分的信息核对和数据填报工作。在撰写本科教学（第六章第四节）、科学研究（第六章第五节）、非师范教育（第七章第四节）、研究生教育（第七章第五节）等涉及高等教育的主要内容时，教务处秦文静、李正德、耿晓丹，科学技术处屈新运，社会科学处杨松、鲁双、王卓，研究生院武思宇、社区管理与服务处石云等老师做了初稿撰写和提供资料的工作。在撰写附属中学、附属小学、幼儿园的发展历史及其对大学部的贡献时，附属中学张辉、王建军、索海峰，附属小学陈锐、徐秋枫，幼儿园高东慧等老师给予了大力支持。学报期刊社郭向宁、出版总社李江明等人也参加了审读和修改工作。

《陕西师范大学史（1944—2024）》编写过程中，党委书记李忠军、校长游旭群一直高度重视，已离任的学校主要领导、部分老同志和学校现任领导始终悉心指导，党政职能部门、图书馆、档案馆、校友工作办公室等单位通力配合，出版总社给予大力支持。正是在学校党委的坚强领导、各方面的全力帮助、编写组和工作专班的共同努力下，《陕西师范大学史（1944—2024）》如期出版。在此，谨向各位领导、老同志和师生校友等表示衷心的感谢！

《陕西师范大学史（1944—2024）》梳理了陕西师范大学的主体史和发展史，对学校重大发展历史和重大事件做了客观记述，没有过多涉及各个学院的发展历史和师生校友的典型事迹。各学院的院史或学科发展史，由学院组织人员负责编写。同时，为了深刻阐释和大力弘扬陕西师范大学经过八十年筚路蓝缕和不懈奋斗铸就的"西部红烛两代师表"精神，学校党委又组织人力编写了《西部红烛　两代师表——陕西师范大学服务西部基础教育史诗》，这是陕西师范大学的精神史和贡献史。这些将成为《陕西师范大学史（1944—2024）》的必要补充部分。

受限于史料、时间和水平等，本书难免会有疏漏和不足之处，诚挚欢迎全体师生、广大校友和社会各界人士批评指正。

本书编审委员会

2024 年 6 月